Sommaire

Inhaltsverzeichnis
Sommario
Contents

INTRODUCTION

FRANÇAIS
Mode d'emploi	4
Engagements	6
Édito	7
Classements & distinctions	8
Équipements & services	10
Prix	11
Villes	13
Plans	15

→ INTRODUZIONE

ITALIANO
Come leggere la guida	28
Principi	30
Editoriale	31
Categorie e simboli distintivi	32
Installazioni e servizi	34
I prezzi	35
Le città	37
Le piante	39

→ EINLEITUNG

DEUTSCH
Hinweise zur Benutzung	16
Grundsätze	18
Lieber Leser	19
Kategorien & Auszeichnungen	20
Einrichtung & Service	22
Preise	23
Städte	25
Stadtpläne	27

→ INTRODUCTION

ENGLISH
How to use this guide	40
Commitments	42
Dear reader	43
Classification & awards	44
Facilities & services	46
Prices	47
Towns	49
Town plans	51

Suisse
Schweiz
Svizzera
2010

LES DISTINCTIONS 2010

Les tables étoilées	56
Les Bib Gourmand	60
Les Bib Hôtel	62
Les hôtels agréables	64
Les restaurants agréables	66
Liste des Spas	68

→ AUSZEICHNUNGEN 2010

Sterne-Restaurants	56
Bib Gourmand	60
Bib Hotel	62
Angenehme Hotels	64
Angenehme Restaurants	66
Liste der Wellness-Hotels	68

→ DISTINZIONI 2010

Esercizi con stelle	56
Bib Gourmand	60
Bib Hotel	62
Alberghi ameni	64
Ristoranti ameni	66
Lista degli Spas	68

→ AWARDS 2010

Starred establishments	56
Bib Gourmand	60
Bib Hotel	62
Pleasant hotels	64
Pleasant restaurants	66
List of Spas	68

POUR EN SAVOIR PLUS

Les langues parlées	73
Carte des cantons	74
Fromages	77
Vins et spécialités régionales	81
Automobile clubs	86
Stations de sports d'hiver	462
Jours fériés	472
Calendrier des foires	476
Lexique	480
Cartes régionales	503

→ GUT ZU WISSEN

Die Sprachen	73
Karte der Kantone	74
Käse	77
Wein und regionale Spezialitäten	81
Automobil Clubs	86
Wintersportorte	462
Feiertage	472
Wichtigste Messen	476
Lexikon	487
Regionalkarten	503

→ PER SAPERNE DI PIÚ

Le lingue parlate	73
Carta dei cantoni	74
Formaggi	77
Vini e specialità regionali	81
Automobile clubs	86
Stazioni di sport invernali	462
Festività	472
Principali fiere	476
Lessico	494
Carta regionali	503

→ FURTHER INFORMATION

Spoken languages	73
Maps of the Swiss districts	74
Cheeses	77
Wines and regional specialities	81
Motoring organisations	86
Winter sports stations	462
Public holidays	472
Main fairs	476
Lexicon	480
Regional maps	503

→ VILLES de A à Z	89	→ CITTÀ da A a Z	89
→ STÄDTE von A bis Z	89	→ TOWNS from A to Z	89

Mode d'emploi

INFORMATIONS TOURISTIQUES

Distances depuis les villes principales,
offices de tourisme, sites touristiques locaux,
moyens de transports,
golfs et loisirs...

CORTAILLOD – 2016 Neuchâtel (NE) – **552** F17 – 4 40
- Bern 58 – Neuchâtel 9 – Biel 44 – La Chaux-
- rue Grande, ℰ 032 812 34 56, info@cortaillo
- Panorama autour du lac AE D – Neuchâtel

Le Galion
à Petit Cortaillod – ℰ 032 843 44 36 – Fermé 18 décembre - 8 ja
– Fax 032 843 44 36 – Fermé 18 décembre - 8 ja ̶ ½P
22 ch ⌕ – ♦110/130 CHF ♦♦180/230 CHF – ½P
Rest – (fermé dimanche d'octobre à mars) (
♦ Au plus près de la nature, entre lac et vign
décorées, pour des nuitées sans remous. Le
et spécialités du lac. Cuvée maison proven

La Retraite
18 r. Chanélaz – ℰ 032 844 22 34 – ww
– Fermé 22 décembre - 8 janvier et din
25 ch ⌕ – ♦75/100 CHF ♦♦160/190 CHF
Rest – (17 CHF) Menu 49/89 CHF – Car
♦ Hôtellerie familiale établie dans u
Ses deux chalets renferment d'ampl
apprécié pour son confort et pour

La Pomme de Pin
14 av. François-Borel – ℰ 032 842
– Fax 032 842 29 43
Rest – (fermé Noël et Nouvel A
♦ Table entièrement rénovée
tisme : perches, homards, frui
à la détente.

L'HÉBERGEMENT

De 🏠🏠🏠🏠 à 🏠 :
catégories de confort.
En rouge 🏠🏠🏠🏠 ... 🏠 :
les plus agréables.

LES MEILLEURES ADRESSES À PETITS PRIX

🏠 Bib Hôtel.
😊 Bib Gourmand.

LES RESTAURANTS

De 🍴🍴🍴🍴🍴 à 🍴 : catégories de confort.
En rouge 🍴🍴🍴🍴🍴 ... 🍴 : les plus agréables.

COSSONAY – 1304 Vaud (VD) – 5
- Bern 107 – Lausanne 1

Le Petit Comptoir
22 r. du Temple – ℰ 0326
– Fermé 24 décembre - 5
Rest – Menu 80 CHF (dé
Spéc. Pressée de thon
Mille-feuille de bœuf
♦ Ancienne maison
mobilier Louis XVI,
Du plaisir pour les y

LES TABLES ÉTOILÉES

✿✿✿ Vaut le voyage.
✿✿ Mérite un détour.
✿ Très bonne cuisine.

RGENAY – 2950 Ju
92 – Del

CARTE MICHELIN
Références de la carte Michelin où vous retrouverez la localité.

8 **C2**

LOCALISER LA VILLE
Repérage de la localité sur la carte régionale en fin de guide (n° de la carte et coordonnées).

t. 482
ds 34 – Lausanne 65

≤ 斧 📶 & ch 🛏 AE ① ◉ VISA

BS **e**

lion.ch

LES HÔTELS TRANQUILLES
🍃 Hôtel tranquille.
🍃 Hôtel très tranquille.

Menu 49/63 CHF – Carte 51/87 CHF
ois catégories de chambres joliment
urant vogue entre recettes classiques
s vignes.

斧 P ✿ 🛏 AE ① ◉ VISA ⚡

AU **b**

DESCRIPTION DE L'ÉTABLISSEMENT
Atmosphère, style, caractère et spécialités.

raite.ch – Fax 032 844 22 35
e
36 CHF
84 CHF
rtier résidentiel, donc exempte de chahut. Restaurant
mbres à touches campagnardes.
n apporté à se préparations.

斧 P AE ① ◉ VISA

CU **d**

LOCALISER L'ÉTABLISSEMENT
Localisation sur le plan de ville (coordonnées et indice).

5 – www.lapommedepin.ch
enu 18 CHF – Carte 43/87 CHF 🎀
nt l'orientation culinaire ne manque pas d'éclec-
e mer et produits terrestres. Terrasse d'été propice

12 **A3**

D9 – **2 487 h.** – **alt. 565**
Fribourg 78 – Genève 62 – Yverdon-les-Bains 28

AE ◉ VISA

ÉQUIPEMENTS ET SERVICES

26 20 – www.lepetitcomptoir.ch – Fax 032 861 46 21
nvier, 9 juillet - 3 août et dimanche
/240 CHF – Carte 128/208 CHF
ariné aux herbes. Gnocchi à la truffe noire et jus de légumes.
s Monts.
u 18e s. mariant harmonieusement décor ancien - élégant
cienne cheminée en pierre moulurée - et cuisine innovante.
ux et le palais.

PRIX

5 **D7**

a (JU) – **551** H4 – **2 099 h.** – **alt. 488**
mont 24 – Basel 54 – Biel 57 – Montbéliard 38

斧 P AE ① ◉ VISA

71 22 35 – www.petitalbertine.ch
r – Carte 33/72 CHF
ines dotées de
cieuse.

Engagements

« Ce guide est né avec le siècle et il durera autant que lui. »

Cet avant-propos de la première édition du guide MICHELIN 1900 est devenu célèbre au fil des années et s'est révélé prémonitoire. Si le guide est aujourd'hui autant lu à travers le monde, c'est notamment grâce à la constance de son engagement vis-à-vis de ses lecteurs.
Nous voulons ici le réaffirmer.

Les engagements du guide MICHELIN :

La visite anonyme : les inspecteurs testent de façon anonyme et régulière les tables et les chambres afin d'apprécier le niveau des prestations offertes à tout client. Ils paient leurs additions et peuvent se présenter pour obtenir des renseignements supplémentaires sur les établissements. Le courrier des lecteurs nous fournit par ailleurs une information précieuse pour orienter nos visites.

L'indépendance : la sélection des établissements s'effectue en toute indépendance, dans le seul intérêt du lecteur. Les décisions sont discutées collégialement par les inspecteurs et le rédacteur en chef. Les plus hautes distinctions sont décidées à un niveau européen. L'inscription des établissements dans le guide est totalement gratuite.

La sélection : le guide offre une sélection des meilleurs hôtels et restaurants dans toutes les catégories de confort et de prix. Celle-ci résulte de l'application rigoureuse d'une même méthode par tous les inspecteurs.

La mise à jour annuelle : chaque année toutes les informations pratiques, les classements et les distinctions sont revus et mis à jour afin d'offrir l'information la plus fiable.

L'homogénéité de la sélection : les critères de classification sont identiques pour tous les pays couverts par le guide MICHELIN.

… et un seul objectif : tout mettre en œuvre pour aider le lecteur à faire de chaque sortie un moment de plaisir, conformément à la mission que s'est donnée MICHELIN : contribuer à une meilleure mobilité.

Édito

Cher lecteur,

Nous avons le plaisir de vous proposer notre 17ᵉ édition du guide MICHELIN Suisse. Cette sélection des meilleurs hôtels et restaurants dans chaque catégorie de prix est effectuée par une équipe d'inspecteurs professionnels, de formation hôtelière. Tous les ans, ils sillonnent le pays pour visiter de nouveaux établissements et vérifier le niveau des prestations de ceux déjà cités dans le guide.

Au sein de la sélection, nous reconnaissons également chaque année les meilleures tables en leur décernant de ✸ à ✸✸✸. Les étoiles distinguent les établissements qui proposent la meilleure qualité de cuisine, dans tous les styles, en tenant compte du choix des produits, de la personnalité de la cuisine, de la maîtrise des cuissons et des saveurs, du rapport qualité/prix ainsi que de la régularité. Cette année encore, de nombreuses tables ont été remarquées pour l'évolution de leur cuisine. Un « **N** » accompagne les nouveaux promus de ce millésime 2010, annonçant leur arrivée parmi les établissements ayant une, deux ou trois étoiles.

De plus, nous souhaitons indiquer les établissements « *espoirs* » pour la catégorie supérieure. Ces établissements, mentionnés en rouge dans notre liste, sont les meilleurs de leur catégorie. Ils pourront accéder à la distinction supérieure dès lors que la régularité de leurs prestations, dans le temps et sur l'ensemble de la carte, aura progressé. Par cette mention spéciale, nous entendons vous faire connaître les tables qui constituent, à nos yeux, les espoirs de la gastronomie de demain.

Votre avis nous intéresse, en particulier sur ces « *espoirs* » ; n'hésitez pas à nous écrire. Votre participation est importante pour orienter nos visites et améliorer sans cesse votre guide.

Merci encore de votre fidélité. Nous vous souhaitons de bons voyages avec le guide MICHELIN 2010.

Consultez le guide MICHELIN sur
www.ViaMichelin.ch
et écrivez-nous à :
leguidemichelin-suisse@ch.michelin.com

Classement & distinctions

Le guide MICHELIN retient dans sa sélection les meilleures adresses dans chaque catégorie de confort et de prix. Les établissements sélectionnés sont classés selon leur confort et cités par ordre de préférence dans chaque catégorie.

🏨🏨🏨	XXXXX	**Grand luxe et tradition**
🏨🏨	XXXX	**Grand confort**
🏨	XXX	**Très confortable**
🏨	XX	**De bon confort**
🏠	X	**Assez confortable**
sans rest garni, senza rist		**L'hôtel n'a pas de restaurant**
avec ch mit Zim, con cam		**Le restaurant possède des chambres**

LES DISTINCTIONS

Pour vous aider à faire le meilleur choix, certaines adresses particulièrement remarquables ont reçu une distinction : étoiles ou Bib Gourmand. Elles sont repérables dans la marge par ✿ ou 🙂 et dans le texte par **Rest**.

LES ÉTOILES : LES MEILLEURES TABLES

Les étoiles distinguent les établissements, tous styles de cuisine confondus, qui proposent la meilleure qualité de cuisine. Les critères retenus sont : la qualité des produits, la personnalité de la cuisine, la maîtrise des cuissons et des saveurs, le rapport qualité/prix ainsi que la régularité.

✿✿✿	**Cuisine remarquable, cette table vaut le voyage**
	On y mange toujours très bien, parfois merveilleusement.
✿✿	**Cuisine excellente, cette table mérite un détour**
✿	**Une très bonne cuisine dans sa catégorie**

LES BIBS : LES MEILLEURES ADRESSES À PETIT PRIX

🙂	**Bib Gourmand**
	Établissement proposant une cuisine de qualité à moins de 60 CHF (prix d'un repas hors boisson).
🛏	**Bib Hôtel**
	Établissement offrant une prestation de qualité avec une majorité de chambres à moins de 180 CHF (prix pour 2 personnes, petit-déjeuner compris).

LES ADRESSES LES PLUS AGRÉABLES

Le rouge signale les établissements particulièrement agréables. Cela peut tenir au caractère de l'édifice, à l'originalité du décor, au site, à l'accueil ou aux services proposés.

🏠 à 🏠🏠🏠🏠🏠 **Hôtels agréables**

X à XXXXX **Restaurants agréables**

LES MENTIONS PARTICULIÈRES

En dehors des distinctions décernées aux établissements, les inspecteurs Michelin apprécient d'autres critères souvent importants dans le choix d'un établissement.

SITUATION

Vous cherchez un établissement tranquille ou offrant une vue attractive ? Suivez les symboles suivants :

- 🕊 **Hôtel tranquille**
- 🕊 **Hôtel très tranquille**
- ≤ **Vue intéressante**
- ≤ **Vue exceptionnelle**

CARTE DES VINS

Vous cherchez un restaurant dont la carte des vins offre un choix particulièrement intéressant ? Suivez le symbole suivant :

🍇 **Carte des vins particulièrement attractive**
Toutefois, ne comparez pas la carte présentée par le sommelier d'un grand restaurant avec celle d'une auberge dont le patron se passionne pour les vins de sa région.

Équipements & services

30 ch (Zim, cam)	Nombre de chambres
🛗	Ascenseur
A/C	Air conditionné (dans tout ou partie de l'établissement)
📞	Connexion internet « ADSL » dans la chambre
((¡))	Connexion internet « Wireless Lan » dans la chambre
♿	Établissement en partie accessible aux personnes à mobilité réduite
👫	Équipement d'accueil pour les enfants
🌳	Repas servi au jardin ou en terrasse
SPA	SPA : bel espace de bien-être et de relaxation
♨	Cure thermale, hydrothérapie
🏋 ♨	Salle de remise en forme, sauna
🏊 🏊	Piscine : de plein air ou couverte
🌳 🍃	Jardin de repos – parc
🎾 ⛳18	Tennis – Golf et nombre de trous
🎤	Salles de conférences
🍽	Salons pour repas privés
🚗	Garage dans l'hôtel (généralement payant)
P	Parking réservé à la clientèle
P	Parking clos réservé à la clientèle
🚫🐕	Accès interdit aux chiens (dans tout ou partie de l'établissement)

NON-FUMEURS

Dans quelques cantons il est interdit de fumer dans les restaurants.
La réglementation peut varier d'un canton à l'autre.
Dans la majorité des hôtels sont proposées des chambres non-fumeurs.

Prix

Les prix indiqués dans ce guide ont été établis à l'été 2009. Ils sont susceptibles de modifications, notamment en cas de variation des prix des biens et des services. Ils s'entendent taxes et service compris. Aucune majoration ne doit figurer sur votre note sauf éventuellement la taxe de séjour.

Les hôteliers et restaurateurs se sont engagés, sous leur propre responsabilité, à appliquer ces prix aux clients.

À l'occasion de certaines manifestations : congrès, foires, salons, festivals, événements sportifs…, les prix demandés par les hôteliers peuvent être sensiblement majorés.

Par ailleurs, renseignez-vous pour connaître les éventuelles conditions avantageuses accordées par les hôteliers.

RÉSERVATION ET ARRHES

Certains hôteliers demandent le versement d'arrhes en signe d'engagement du client. Il est souhaitable de bien demander à l'hôtelier d'indiquer dans sa lettre d'accord si le montant ainsi versé sera imputé sur la facture (dans ce cas, les arrhes servent d'acompte) ou non. Il est également conseillé de se renseigner sur les conditions précises du séjour.

CARTES DE PAIEMENT

Cartes de crédit acceptées :
VISA **MC** **AE** **D** — Visa – Mastercard (Eurocard) – American Express – Diners Club

CHAMBRES

29 ch (Zim, cam)	Nombre de chambres
👤 100/150 CHF	Prix minimum 100 CHF et /maximum 150 CHF pour une chambre d'une personne.
👥 200/350 CHF	Prix minimum 200 CHF et /maximum 350 CHF pour une chambre de deux personnes.
ch (Zim,cam) ⌒ -	Petit-déjeuner compris.
⌒ 20 CHF	Prix du petit-déjeuner (Suites et junior suites : se renseigner auprès de l'hôtelier.)

DEMI-PENSION

½ P 30 CHF	Prix du supplément pour la demi-pension par personne/jour.
(inkl. ½ P.)	Prix de la chambre, demi-pension inclus. La plupart des hôtels saisonniers pratiquent également sur demande la pension complète.

RESTAURANT

⊃⊂ Restaurant proposant un plat du jour **à moins de 20 CHF**

Plat du jour :

(16 CHF) Prix moyen du plat du jour généralement servi au repas de midi, en semaine.

Menu à prix fixe :

Prix d'un repas composé d'un plat principal, d'**une entrée** et d'**un dessert**.

Menu 36/80 CHF **Prix du menu :** minimum 36 CHF/maximum 80 CHF
(Menü – Menu)

Repas à la carte :

Carte Le premier prix correspond à un repas simple comprenant une
50/95 CHF entrée, un plat garni et un dessert.
(Karte – Carta) Le second prix concerne un repas plus complet (avec spécialité) comprenant une entrée, un plat principal et un dessert.

Villes

GÉNÉRALITÉS

(BIENNE)	Traduction usuelle du nom de la localité
✉ 3000	Numéro de code postal de la localité
✉ 3123 Belp	Numéro de code postal et nom de la commune de destination
C - K	Chef-lieu de canton
Bern (BE)	Canton auquel appartient la localité
551 I6	Numéro de la carte Michelin et coordonnées permettant de se repérer sur la carte
1 057 h. (Ew. – ab.)	Nombre d'habitants
Alt. (Höhe) 1 500	Altitude de la localité
Kurort / Stazione termale	Station thermale
Wintersport / Sport invernali	Sports d'hiver
1 200/1 900	Altitude de la station minimum et altitude maximum atteinte par les remontées mécaniques
🚠 2	Nombre de téléphériques ou télécabines
⛷14	Nombre de remonte-pentes et télésièges
🎿	Ski de fond
BY **b**	Lettres repérant un emplacement sur le plan de ville
⛳18	Golf et nombre de trous
※ ≼	Panorama, point de vue
✈	Aéroport
🚘	Localité desservie par train-auto. Renseignements au numéro de téléphone indiqué
🛈	Information touristique
⊛	Touring Club Suisse (T.C.S.)
⊚	Automobile Club de Suisse (A.C.S.)

INFORMATIONS TOURISTIQUES

INTÉRÊT TOURISTIQUE

★★★	Vaut le voyage
★★	Mérite un détour
★	Intéressant
	Les musées sont généralement fermés le lundi

SITUATION DU SITE

👁	A voir dans la ville
🅖	A voir aux environs de la ville
	La curiosité est située :
Nord, Süd, Sud,	au Nord, au Sud
Est, Ost,	à l'Est
Ouest, West, Ovest	à l'Ouest
② ④	On s'y rend par la sortie ② ou ④ repérée par le même signe sur le plan du Guide et sur la carte Michelin
2 km	Distance en kilomètres

MANIFESTATIONS LOCALES

Sélection des principales manifestations culturelles, folkloriques ou sportives locales.

Plans

- ● Hôtels
- ● Restaurants

CURIOSITÉS

 Bâtiment intéressant
🛆 🛆 ╪ ╪ 🛆 🛆 ╪ ╪ Édifice religieux intéressant : Catholique – Protestant

VOIRIE

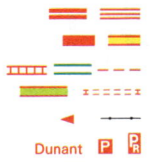

Autoroute
Double chaussée de type autoroutier
Grande voie de circulation
Voie en escalier – Allée piétonnière - Sentier
Rue piétonne– Rue réglementée ou impraticable
Sens unique – Tramway
Rue commerçante – Parking – Parking Relais
Porte – Passage sous voûte – Tunnel
Gare et voie ferrée
Funiculaire, voie à crémaillère
Téléphérique, télécabine

SIGNES DIVERS

Information touristique
Mosquée – Synagogue
Tour – Ruines
Jardin, parc, bois – Cimetière
Stade – Golf – Hippodrome – Patinoire
Piscine de plein air, couverte – Port de plaisance
Vue – Panorama – Table d'orientation
Monument – Fontaine – Usine – Centre commercial
Aéroport – Station de métro – Gare routière
Transport par bateau :
- passagers et voitures, passagers seulement
(3) Repère commun aux plans
et aux cartes Michelin détaillées
✉ Bureau principal de poste restante
Hôpital – Marché couvert
Bâtiment public repéré par une lettre :
G   H   - Police cantonale (Gendarmerie) – Hôtel de ville
J   M   - Palais de justice - Musée
P T U - Préfecture – Théâtre - Université, grande école
POL.   - Police municipale
(18) Passage bas (inf. à 4 m 50) – Charge limitée (inf. à 19 t)
Touring Club Suisse (T.C.S.)
Automobile Club de Suisse (A.C.S.)

Hinweise zur Benutzung

TOURISTISCHE INFORMATIONEN

Entfernungen zu grösseren Städten, Informationsstellen, Sehenswürdigkeiten, Verkehrsmittel, Golfplätze und lokale Veranstaltungen...

DIE HOTELS

Von 🏨🏨🏨 bis 🏠:
Komfortkategorien.
In Rot 🏨🏨🏨 ... 🏠:
Besonders angenehme Häuser.

DIE BESTEN PREISWERTEN ADRESSEN

🛏️ Bib Hotel.
😊 Bib Gourmand.

DIE RESTAURANTS

Von ✂️✂️✂️✂️✂️ bis ✂️: Komfortkategorien.
In Rot ✂️✂️✂️✂️✂️ ... ✂️: Besonders angenehme Häuser.

DIE STERNE-RESTAURANTS

✺✺✺ Eine Reise wert.
✺✺ Verdient einen Umweg.
✺ Eine sehr gute Küche.

CORTAILLOD – 2016 Neuchâtel (NE) – **552** F17 – 4 4
▸ Bern 58 – Neuchâtel 9 – Biel 44 – La Chau
🛈 rue Grande, ℰ 032 812 34 56, info@cortaill
◉ Panorama autour du lac AE **D** – Neuchât

Le Galion
à Petit Cortaillod – ℰ 032 843 44 35 – www.h
– Fax 032 843 44 36 – Fermé 18 décembre - 8 j
22 ch ⚏ – †110/130 CHF ††180/230 CHF – ½P
Rest – (fermé dimanche d'octobre à mars)
♦ Au plus près de la nature, entre lac et vig
décorées, pour des nuitées sans remous.
et spécialités du lac. Cuvée maison prove

La Retraite ♨
18 r. Chanélaz – ℰ 032 844 22 34 – ww
– Fermé 22 décembre - 8 janvier et di
25 ch ⚏ – †75/100 CHF ††160/190 CH
Rest – (17 CHF) Menu 49/89 CHF – Ca
♦ Hôtellerie familiale établie dans
Ses deux chalets renferment d'amp
apprécié pour son confort et pou

La Pomme de Pin
14 av. François-Borel – ℰ 032 84
– Fax 032 842 29 43
Rest – (fermé Noël et Nouvel A
♦ Table entièrement rénovée
tisme : perches, homards, fru
à la détente.

COSSONAY – 1304 Vaud (VD) – 5
▸ Bern 107 – Lausanne 1

Le Petit Comptoir
22 r. du Temple – ℰ 032
– Fermé 24 décembre - 5
Rest – Menu 80 CHF (dé
Spéc. Pressée de thon
Mille-feuille de bœuf
♦ Ancienne maison
mobilier Louis XVI, a
Du plaisir pour les y

NAY – 2950 Ju

MICHELIN-KARTE

Angabe der Michelin-Karte auf der Ort zu finden ist.

8 **C2**

LAGE DER STADT

Markierung des Ortes auf der Regionalkarte am Ende des Buchs (Nr. der Karte und Koordinaten).

alt. 482
nds 34 – Lausanne 65

⇐ 🛖 🏠 & ch 🛋 AE ⓘ ⓜ VISA

BS **e**

galion.ch

RUHIGE HOTELS

🦢 Ruhiges Hotel.
🦢 Sehr ruhiges Hotel.

Menu 49/63 CHF – Carte 51/87 CHF
trois catégories de chambres joliment
aurant vogue entre recettes classiques
es vignes.

🛖 P ⇔ 🛋 AE ⓘ ⓜ VISA ✗

AU **b**

BESCHREIBUNG DES HAUSES

Atmosphäre, Stil, Charakter und Spezialitäten.

traite.ch – Fax 032 844 22 35

he
36 CHF
/84 CHF
artier résidentiel, donc exempte de chahut. Restaurant
ambres à touches campagnardes.
in apporté à se préparations.

🛖 P AE ⓘ ⓜ VISA

CU **d**

LAGE DES HAUSES

Markierung auf dem Stadtplan (Planquadrat und Koordinate).

45 – www.lapommedepin.ch

Menu 18 CHF – Carte 43/87 CHF 🍽
nt l'orientation culinaire ne manque pas d'éclec-
e mer et produits terrestres. Terrasse d'été propice

12 **A3**

EINRICHTUNG UND SERVICE

D9 – **2 487 h.** – **alt. 565**
Fribourg 78 – Genève 62 – Yverdon-les-Bains 28

AE ⓜ VISA

PREISE

26 20 – www.lepetitcomptoir.ch – Fax 032 861 46 21
nvier, 9 juillet - 3 août et dimanche
/240 CHF – Carte 128/208 CHF
ariné aux herbes. Gnocchi à la truffe noire et jus de légumes.
s Monts.
u 18ᵉ s. mariant harmonieusement décor ancien - élégant
cienne cheminée en pierre moulurée - et cuisine innovante.
ux et le palais.

5 **D7**

(JU) – **551** H4 – **2 099 h.** – **alt. 488**
mont 24 – Basel 54 – Biel 57 – Montbéliard 38

🛖 P AE ⓘ ⓜ VISA

71 22 35 – www.petitalbertine.ch

Carte 33/72 CHF
es dotées de

Grundsätze

„Dieses Werk hat zugleich mit dem Jahrhundert das Licht der Welt erblickt, und es wird ihm ein ebenso langes Leben beschieden sein."

Das Vorwort der ersten Ausgabe des MICHELIN-Führers von 1900 wurde im Laufe der Jahre berühmt und hat sich inzwischen durch den Erfolg dieses Ratgebers bestätigt. Der MICHELIN-Führer wird heute auf der ganzen Welt gelesen. Den Erfolg verdankt er seiner konstanten Qualität, die einzig den Lesern verpflichtet ist und auf festen Grundsätzen beruht.

Die Grundsätze des MICHELIN-Führers:

Anonymer Besuch: Die Inspektoren testen regelmässig und anonym die Restaurants und Hotels, um deren Leistungsniveau zu beurteilen. Sie bezahlen alle in Anspruch genommenen Leistungen und geben sich nur zu erkennen, um ergänzende Auskünfte zu den Häusern zu erhalten. Für die Reiseplanung der Inspektoren sind die Briefe der Leser im Übrigen eine wertvolle Hilfe.

Unabhängigkeit: Die Auswahl der Häuser erfolgt völlig unabhängig und ist einzig am Nutzen für den Leser orientiert. Die Entscheidungen werden von den Inspektoren und dem Chefredakteur gemeinsam getroffen. Über die höchsten Auszeichnungen wird sogar auf europäischer Ebene entschieden. Die Empfehlung der Häuser im MICHELIN-Führer ist völlig kostenlos.

Objektivität der Auswahl: Der MICHELIN-Führer bietet eine Auswahl der besten Hotels und Restaurants in allen Komfort- und Preiskategorien. Diese Auswahl erfolgt unter strikter Anwendung eines an objektiven Massstäben ausgerichteten Bewertungssystems durch alle Inspektoren.

Einheitlichkeit der Auswahl: Die Klassifizierungskriterien sind für alle vom MICHELIN-Führer abgedeckten Länder identisch.

Jährliche Aktualisierung: Jedes Jahr werden alle praktischen Hinweise, Klassifizierungen und Auszeichnungen überprüft und aktualisiert, um ein Höchstmass an Zuverlässigkeit zu gewährleisten.

… und sein einziges Ziel ist es, dem Leser so hilfreich wie möglich zu sein, damit jede Reise und jeder Restaurantbesuch zu einem Vergnügen werden – entsprechend der Aufgabe, die sich MICHELIN gesetzt hat, die Mobilität in den Vordergrund zu stellen.

Lieber Leser

Lieber Leser,

Wir freuen uns, Ihnen die 17. Ausgabe des MICHELIN-Führers Schweiz vorstellen zu dürfen. Diese Auswahl der besten Hotels und Restaurants in allen Preiskategorien wird von einem Team von Inspektoren mit Ausbildung in der Hotellerie und Gastronomie erstellt. Sie bereisen das ganze Jahr hindurch das Land. Ihre Aufgabe ist es, die Qualität und Leistung der bereits empfohlenen und der neu hinzukommenden Hotels und Restaurants kritisch zu prüfen.

In unserer Auswahl weisen wir jedes Jahr auf die besten Restaurants hin, die wir mit ✿ bis ✿✿✿ kennzeichnen. Die Sterne zeichnen die Häuser mit der besten Küche aus, wobei unterschiedliche Küchenstilrichtungen vertreten sind. Als Kriterien dienen die Qualität der Produkte, die fachgerechte Zubereitung, der Geschmack der Gerichte, die persönliche Note und das Preis-Leistungs-Verhältnis sowie die Beständigkeit der Küchenleistung. Ferner werden zahlreiche Restaurants für die Weiterentwicklung ihrer Küche hervorgehoben. Um die neu hinzugekommen Häuser des Jahrgangs 2010 mit einem, zwei oder drei Sternen zu präsentieren, haben wir diese mit einem **„N"** gekennzeichnet.

Ausserdem möchten wir die *"Hoffnungsträger"* für die nächsthöheren Kategorien hervorheben. Diese Häuser, die in der Sterne-Liste und auf unseren Seiten in Rot aufgeführt sind, sind die besten ihrer Kategorie und könnten in Zukunft aufsteigen, wenn sich die Qualität ihrer Leistungen dauerhaft und auf die gesamte Karte bezogen bestätigt hat. Mit dieser besonderen Kennzeichnung möchten wir Ihnen die Restaurants aufzeigen, die in unseren Augen die Hoffnung für die Gastronomie von morgen sind. Ihre Meinung interessiert uns! Bitte teilen Sie uns diese mit, insbesondere hinsichtlich der *"Hoffnungsträger"*. Ihre Mitarbeit ist für die Planung unserer Besuche und für die ständige Verbesserung des MICHELIN-Führers von grosser Bedeutung.

Wir danken Ihnen für Ihre Treue und wünschen Ihnen angenehme Reisen mit dem MICHELIN-Führer 2010.

Den MICHELIN- Führer finden Sie auch im Internet unter
www.ViaMichelin.ch
oder schreiben Sie uns eine E-mail:
leguidemichelin-suisse@ch.michelin.com

Kategorien & Auszeichnungen

KOMFORTKATEGORIEN

Der MICHELIN-Führer bietet in seiner Auswahl die besten Adressen jeder Komfort- und Preiskategorie. Die ausgewählten Häuser sind nach dem gebotenen Komfort geordnet; die Reihenfolge innerhalb jeder Kategorie drückt eine weitere Rangordnung aus.

🏨🏨🏨	XXXXX	**Grosser Luxus und Tradition**
🏨🏨	XXXX	**Grosser Komfort**
🏨	XXX	**Sehr komfortabel**
🏠	XX	**Mit gutem Komfort**
🏠	X	**Mit Standard-Komfort**
sans rest garni, senza rist		**Hotel ohne Restaurant**
avec ch mit Zim, con cam		**Restaurant vermietet auch Zimmer**

AUSZEICHNUNGEN

Um ihnen behilflich zu sein, die bestmögliche Wahl zu treffen, haben einige besonders bemerkenswerte Adressen dieses Jahr eine Auszeichnung erhalten. Die Sterne bzw. „Bib Gourmand" sind durch das entsprechende Symbol ❀ bzw. 🙂 und **Rest** gekennzeichnet.

DIE STERNE : DIE BESTEN RESTAURANTS

Die Häuser, die eine überdurchschnittlich gute Küche bieten, wobei alle Stilrichtungen vertreten sind, wurden mit einem Stern ausgezeichnet. Die Kriterien sind: die Qualität der Produkte, die persönliche Note, die fachgerechte Zubereitung und der Geschmack sowie das Preis-Leistungs-Verhältnis und die immer gleich bleibende Qualität.

❀❀❀	**Eine der besten Küchen: eine Reise wert**
	Man isst hier immer sehr gut, oft auch exzellent.
❀❀	**Eine hervorragende Küche: verdient einen Umweg**
❀	**Ein sehr gutes Restaurant in seiner Kategorie**

DIE BIBS : DIE BESTEN PREISWERTEN HÄUSER

🙂	**Bib Gourmand**
	Häuser, die eine gute Küche für weniger als 60 CHF bieten (Preis für eine dreigängige Mahlzeit ohne Getränke).
🏨	**Bib Hotel**
	Häuser, die eine Mehrzahl ihrer komfortablen Zimmer für weniger als 180 CHF anbieten (Preis für 2 Personen mit Frühstück).

DIE ANGENEHMSTEN ADRESSEN

Die rote Kennzeichnung weist auf besonders angenehme Häuser hin. Dies bezieht sich auf den besonderen Charakter des Gebäudes, die nicht alltägliche Einrichtung, die Lage, den Empfang oder den gebotenen Service.

🏠 bis 🏠🏠🏠🏠🏠 **Angenehme Hotels**

✕ bis ✕✕✕✕✕ **Angenehme Restaurants**

BESONDERE ANGABEN

Neben den Auszeichnungen, die den Häusern verliehen werden, legen die Michelin-Inspektoren auch Wert auf andere Kriterien, die bei der Wahl einer Adresse oft von Bedeutung sind.

LAGE

Wenn Sie eine ruhige Adresse oder ein Haus mit einer schönen Aussicht suchen, achten Sie auf diese Symbole:

    🕊   **Ruhiges Hotel**

    🕊   **Sehr ruhiges Hotel**

    ≼   **Interessante Sicht**

    ≼   **Besonders schöne Aussicht**

WEINKARTE

Wenn Sie ein Restaurant mit einer besonders interessanten Weinauswahl suchen, achten Sie auf dieses Symbol:

    🍇   **Weinkarte mit besonders attraktivem Angebot**
              Aber vergleichen Sie bitte nicht die Weinkarte, die Ihnen vom Sommelier eines grossen Hauses präsentiert wird, mit der Auswahl eines Gasthauses, dessen Besitzer die Weine der Region mit Sorgfalt zusammenstellt.

Einrichtung & Service

30 Zim (ch, cam)	Anzahl der Zimmer
🛗	Fahrstuhl
A/C	Klimaanlage (im ganzen Haus bzw. in den Zimmern oder im Restaurant)
📞	Internetzugang mit DSL (High-speed) in den Zimmern möglich
📶	Internetzugang mit W-LAN in den Zimmern möglich
♿	Einrichtung für Körperbehinderte vorhanden
👫	Spezielle Angebote für Kinder
🌳	Garten bzw. Terrasse mit Speiseservice
Spa	Wellnessbereich
⚕	Badeabteilung, Thermalkur
🏋 ♨	Fitnessraum, Sauna
🏊	Freibad oder Hallenbad
🪑 🌳	Liegewiese, Garten – Park
🎾 ⛳18	Tennis – Golfplatz und Lochzahl
💼	Konferenzraum
🎪	Veranstaltungsraum
🚗	Hotelgarage (wird gewöhnlich berechnet)
🅿	Parkplatz reserviert für Gäste
🅿	Gesicherter Parkplatz für Gäste
🚫🐕	Hunde sind unerwünscht (im ganzen Haus bzw. in den Zimmern oder im Restaurant)

NICHTRAUCHER

In vielen Kantonen ist das Rauchen in Restaurants verboten. Die genauen Bestimmungen variieren je nach Kanton.
In den meisten Hotels werden Nichtraucherzimmer angeboten.

Preise

Die in diesem Führer genannten Preise wurden uns im Sommer 2009 angegeben. Änderungen sind vorbehalten, vor allem bei Preisschwankungen von Waren und Dienstleistungen. Bedienung und MWSt sind enthalten. Es sind Inklusivpreise, die sich nur noch durch die evtl. zu zahlende Kurtaxe erhöhen können.

Die Häuser haben sich verpflichtet, den Kunden die von den Hoteliers selbst angegebenen Preise zu berechnen.

Anlässlich grösserer Veranstaltungen, Messen und Ausstellungen werden von den Hotels in manchen Städten und deren Umgebung erhöhte Preise verlangt.

Erkundigen Sie sich bei den Hoteliers und Restaurateuren nach eventuellen Sonderbedingungen.

RESERVIERUNG UND ANZAHLUNG

Einige Hoteliers verlangen die Bezahlung eines Haftgeldes als Zeichen der Verpflichtung des Kunden. Es ist empfehlenswert, den Hotelier aufzufordern, in seinem Bestätigungsschreiben anzugeben, ob dieser bezahlte Betrag an die Rechnung angerechnet wird (in diesem Fall dient das Haftgeld als Anzahlung) oder nicht. Es wird ebenfalls empfohlen, sich über die präzisen Konditionen des Aufenthaltes zu informieren.

KREDITKARTEN

Akzeptierte Kreditkarten:

VISA – Mastercard(Eurocard) – American Express – Diners Club

ZIMMER

29 Zim (ch, cam)	Anzahl der Zimmer
100/150 CHF	Mindest- und Höchstpreis für ein Einzelzimmer
200/350 CHF	Mindest- und Höchstpreis für ein Doppelzimmer
ch (Zim,cam) ⌒ -	Zimmerpreis inkl. Frühstück
⌒ 20	Preis des Frühstücks (Suiten und Junior Suiten: sich erkundigen)

HALBPENSION

½ P 30 CHF	Aufschlag zum Zimmerpreis für Halbpension pro Person und Tag
(inkl. ½ P.)	Zimmerpreis inkl. Halbpension
	In den meisten Hotels können Sie auf Anfrage auch Vollpension erhalten.

RESTAURANT

       🍝   Restaurant, das einen Tagesteller **unter 20 CHF** anbietet

Tagesteller:
(16 CHF)   Mittlere Preislage des Tagestellers im allgemeinen mittags während der Woche.

Feste Menüpreise:
Preis einer Mahlzeit aus Vorspeisen, Hauptgericht und Dessert.
Menu 36/80 CHF **Menüpreise:** mindestens 36 CHF/höchstens 80 CHF
(Menü – Menu)

Mahlzeiten „à la carte":
Carte   Der erste Preis entspricht einer einfachen Mahlzeit mit Vorspeise,
50/95 CHF Hauptgericht mit Beilage und Dessert.
(Karte – Carta) Der zweite Preis entspricht einer reichlicheren Mahlzeit (mit Spezialität) aus Vorspeise, Hauptgang und Dessert.

Städte

ALLGEMEINES

(BIENNE)	Gebräuchliche Übersetzung des Ortsnamens
✉ 3000	Postleitzahl
✉ 3123 Belp	Postleitzahl und Name des Verteilerpostamtes
C - K	Kantonshauptstadt
Bern (BE)	Kanton, in dem der Ort liegt
551 I6	Nummer der Michelin-Karte mit Koordinaten
1 057 Ew. (h. – ab.)	Einwohnerzahl
Höhe (Alt.) 1 500	Höhe der Ortschaft
Station thermale – Stazione termale	Kurort
Sports d'hiver – Sport invernali	Wintersport
1 200/1 900	Minimal-Höhe der Station des Wintersportortes/Maximal-Höhe, die mit Kabinenbahn oder Lift erreicht werden kann
⛷2	Anzahl der Luftseil-und Gondelbahnen
⛷14	Anzahl der Schlepp- und Sessellifte
⛷	Langlaufloipen
BY **b**	Markierung auf dem Stadtplan
⛳18	Golfplatz mit Lochzahl
※ ≤	Rundblick, Aussichtspunkt
✈	Flughafen
🚗	Ladestelle für Autoreisezüge. Nähere Auskünfte unter der angegebenen Telefonnummer
🛈	Informationsstelle
⊛	Touring Club der Schweiz (T.C.S.)
⊛	Automobil Club der Schweiz (A.C.S.)

SEHENSWÜRDIGKEITEN

BEWERTUNG

★★★	Eine Reise wert
★★	Verdient einen Umweg
★	Sehenswert
	Museen sind im Allgemeinen montags geschlossen

LAGE

👁	In der Stadt
🄲	In der Umgebung der Stadt
	Die Sehenswürdigkeit befindet sich :
Nord, Süd, Sud,	Im Norden, Süden der Stadt
Ost, Est	Osten der Stadt
West, Ouest, Ovest	Westen der Stadt
② ④	Zu erreichen über die Ausfallstrasse ② bzw. ④, die auf dem Stadtplan und der Michelin-Karte identisch gekennzeichnet sind
2 km	Entfernung in Kilometern

LOKALE VERANSTALTUNGEN

Auswahl der wichtigsten kulturellen, folkloristischen und sportlichen lokalen Veranstaltungen

Stadtpläne

- Hotels
- Restaurants

SEHENSWÜRDIGKEITEN

Sehenswertes Gebäude
Sehenswerte katholische bzw. evangelische Kirche

STRASSEN

	Autobahn
	Schnellstrasse
	Hauptverkehrsstrasse
	Treppenstrasse – Fussweg – Weg, Pfad
	Fussgängerzone – Gesperrte Strasse oder Strasse mit Verkehrsbeschränkungen
	Einbahnstrasse – Strassenbahn
Dunant	Einkaufsstrasse – Parkplatz, Parkhaus – Park-and-Ride-Plätze
	Tor – Passage – Tunnel
	Bahnhof und Bahnlinie
	Standseilbahn, Zahnradbahn
	Seilbahn, Kabinenbahn

SONSTIGE ZEICHEN

- Informationsstelle
- Moschee – Synagoge
- Turm – Ruine
- Garten, Park, Wäldchen – Friedhof
- Stadion – Golfplatz – Pferderennbahn – Eisbahn
- Freibad – Hallenbad – Jachthafen
- Aussicht – Rundblick – Orientierungstafel
- Denkmal – Brunnen – Fabrik – Einkaufszentrum
- Flughafen – U-Bahnstation – Autobusbahnhof
- Schiffsverbindungen: Autofähre – Personenfähre
- ③ Strassenkennzeichnung (identisch auf Michelin-Stadtplänen und -Abschnittskarten)
- Hauptpostamt (postlagernde Sendungen)
- Krankenhaus – Markthalle
- Öffentliches Gebäude, durch einen Buchstaben gekennzeichnet:
- G   H – Kantonspolizei – Rathaus
- J   M – Gerichtsgebäude – Museum
- P   T   U – Präfektur – Theater – Universität, Hochschule
- POL – Stadtpolizei
- ⑱ Unterführung (Höhe bis 4,50 m) – Höchstbelastung (unter 19 t)
- Touring Club der Schweiz (T.C.S.)–
- Automobil Club der Schweiz (A.C.S.)

Come leggere la guida

INFORMAZIONI TURISTICHE

Distanza dalle città di riferimento, uffici turismo, siti turistici locali, mezzi di trasporto, golfs e tempo libero...

L'ALLOGGIO

Da 🏨 a 🏠: categorie di confort.
In rosso 🏨 ... 🏠:
I più ameni.

I MIGLIORI ESERCIZI A PREZZI CONTENUTI

🏨 Bib Hotel.
😊 Bib Gourmand.

I RISTORANTI

Da XXXXX a X: categorie di confort.
In rosso XXXXX ... X: i più ameni.

LE TAVOLE STELLATE

❁❁❁ Vale il viaggio.
❁❁ Merita una deviazione.
❁ Ottima cucina.

CORTAILLOD – 2016 Neuchâtel (NE) – **552** F17 – 4
🚉 Bern 58 – Neuchâtel 9 – Biel 44 – La Chau
🛈 rue Grande, ℰ 032 812 34 56, info@corta
🅖 Panorama autour du lac AE **D** – Neuchâ

Le Galion
à Petit Cortaillod – ℰ 032 843 44 35 – www.
– Fax 032 843 44 36 – Fermé 18 décembre –
22 ch ⌐ – ♦110/130 CHF ♦♦180/230 CHF – ½
Rest – (fermé dimanche d'octobre à mar
♦ Au plus près de la nature, entre lac et vi
décorées, pour des nuitées sans remou
et spécialités du lac. Cuvée maison pro

La Retraite 🌿 – ℰ 032 844 22 34 – w
18 r. Chanélaz – ℰ 032 844 22 34 – w
– Fermé 22 décembre - 8 janvier et
25 ch ⌐ – ♦75/100 CHF ♦♦160/190
Rest – (17 CHF) Menu 49/89 CHF – C
♦ Hôtellerie familiale établie dan
Ses deux chalets renferment d'an
apprécié pour son confort et po

La Pomme de Pin
14 av. François-Borel – ℰ 032
– Fax 032 842 29 43
Rest – (fermé Noël et Nouv
♦ Table entièrement réno
tisme : perches, homards,
à la détente.

COSSONAY – 1304 Vaud (VD)
🚉 Bern 107 – Lausann

Le Petit Comptoi
22 r. du Temple – ℰ 0
– Fermé 24 décembr
Rest – Menu 80 CHF
Spéc. Pressée de t
Mille-feuille de bo
♦ Ancienne mai
mobilier Louis X
Du plaisir pour

GENAY – 295

CARTE MICHELIN
Riferimento alla carta Michelin in cui figura la località.

LOCALIZZARE LA CITTÀ
Posizione della località sulla carta regionale alla fine della guida (n° della carta e coordinate).

GLI ALBERGHI TRANQUILLI
🐿️ Albergo tranquillo.
🐿️ Albergo molto tranquillo.

DESCRIZIONE DELL'ESERCIZIO
Atmosfera, stile, carattere e spécialità.

LOCALIZZARE L'ESERCIZIO
Localizzazione sulla pianta di città (coordinate ed indice).

INSTALLAZIONI E SERVIZI

PREZZI

Principi

« Quest'opera nasce col secolo e durerà quanto esso. »

La prefazione della prima edizione della guida MICHELIN 1900, divenuta famosa nel corso degli anni, si è rivelata profetica. Se la guida viene oggi consultata in tutto il mondo è grazie al suo costante impegno nei confronti dei lettori.

Desideriamo qui ribadirlo.

I principi della guida MICHELIN:

La visita anonima: per poter apprezzare il livello delle prestazioni offerte ad ogni cliente, gli ispettori verificano regolarmente ristoranti ed alberghi mantenendo l'anonimato. Questi pagano il conto e possono presentarsi per ottenere ulteriori informazioni sugli esercizi. La posta dei lettori fornisce peraltro preziosi suggerimenti che permettono di orientare le nostre visite.

L'indipendenza: la selezione degli esercizi viene effettuata in totale indipendenza, nel solo interesse del lettore. Gli ispettori e il caporedattore discutono collegialmente le scelte. Le massime decisioni vengono prese a livello europeo. La segnalazione degli esercizi all'interno della guida è interamente gratuita.

La selezione: la guida offre una selezione dei migliori alberghi e ristoranti per ogni categoria di confort e di prezzo. Tale selezione è il frutto di uno stesso metodo, applicato con rigorosità da tutti gli ispettori.

L'aggiornamento annuale: ogni anno viene riveduto e aggiornato l'insieme dei consigli pratici, delle classifiche e della simbologia al fine di garantire le informazioni più attendibili.

L'omogeneità della selezione: i criteri di valutazione sono gli stessi per tutti i paesi presi in considerazione dalla guida MICHELIN.

… e un unico obiettivo: prodigarsi per aiutare il lettore a fare di ogni spostamento e di ogni uscita un momento di piacere, conformemente alla missione che la MICHELIN si è prefissata: contribuire ad una miglior mobilità.

Editoriale

Caro lettore,

Abbiamo il piacere di presentarle la nostra 17a edizione della guida MICHELIN Svizzera.

Questa selezione, che comprende i migliori alberghi e ristoranti per ogni categoria di prezzo, viene effettuata da un'équipe di ispettori professionisti di formazione alberghiera. Ogni anno, percorrono l'intero paese per visitare nuovi esercizi e verificare il livello delle prestazioni di quelli già inseriti nella guida.

All'interno della selezione, vengono inoltre assegnate ogni anno da ✿ a ✿✿✿ alle migliori tavole. Le stelle contraddistinguono gli esercizi che propongono la miglior cucina, in tutti gli stili, tenendo conto della scelta dei prodotti, la personalità della cucina, dell'abilità nel raggiungimento della giusta cottura e nell'abbinamento dei sapori, del rapporto qualità/prezzo, nonché della costanza.

Anche quest'anno, numerose tavole sono state notate per l'evoluzione della loro cucina. Una **« N »** accanto ad ogni esercizio prescelto dell'annata 2010, ne indica l'inserimento fra gli esercizi con una, due o tre stelle.

Desideriamo inoltre segnalare le *« promesse »* per la categoria superiore. Questi esercizi, evidenziati in rosso nella nostra lista, sono i migliori della loro categoria e potranno accedere alla categoria superiore non appena le loro prestazioni avranno raggiunto un livello costante nel tempo, e nelle proposte della carta. Con questa segnalazione speciale, è nostra intenzione farvi conoscere le tavole che costituiscono, dal nostro punto di vista, le principali promesse della gastronomia di domani.

Il vostro parere ci interessa, specialmente riguardo a queste *« promesse »*. Non esitate quindi a scriverci, la vostra partecipazione è importante per orientare le nostre visite e migliorare costantemente la vostra guida.

Grazie ancora per la vostra fedeltà e vi auguriamo buon viaggio con la guida MICHELIN 2010.

Consultate la guida MICHELIN su
www.ViaMichelin.ch
e scriveteci a :
leguidemichelin-suisse@ch.michelin.com

Categorie & simboli distintivi

LE CATEGORIE DI CONFORT

Nella selezione della guida MICHELIN vengono segnalati i migliori indirizzi per ogni categoria di confort e di prezzo. Gli escercizi selezionati sono classificati in base al confort che offrono e vengono citati in ordine di preferenza per ogni categoria.

🏨🏨🏨	XXXXX	Gran lusso e tradizione
🏨🏨	XXXX	Gran confort
🏨🏨	XXX	Molto confortevole
🏨	XX	Di buon confort
🏠	X	Abbastanza confortevole
senza rist garni, sans rest		L'albergo non ha ristorante
con cam mit Zim, avec ch		Il ristorante dispone di camere

I SIMBOLI DISTINTIVI

Per aiutarvi ad effettuare la scelta migliore, segnaliamo gli esercizi che si distinguono in modo particolare. Questi ristoranti sono evidenziati nel testo con ✿ o 🙂 e **Rest.**

LE STELLE : LE MIGLIORI TAVOLE

Le stelle distinguono gli esercizi che propongono la miglior qualità in campo gastronomico, indipendentemente dagli stili di cucina. I criteri presi in considerazione sono: la scelta dei prodotti, la personnalità della cucina, la padronanza delle tecniche di cottura e dei sapori, il rapporto qualità/prezzo nonché la regolarità.

✿✿✿	**Una delle migliori cucine, questa tavola vale il viaggio** Vi si mangia sempre molto bene, a volte meravigliosamente.
✿✿	**Cucina eccellente, questa tavola merita una deviazione**
✿	**Un'ottima cucina nella sua categoria**

BIB : I MIGLIORI ESERCIZI A PREZZI CONTENUTI

🙂	**Bib Gourmand** Esercizio che offre una cucina di qualità a meno di 60 CHF. Prezzo di un pasto, bevanda esclusa.
🏨	**Bib Hotel** Esercizio che offre un soggiorno di qualità a meno di 180 CHF per la maggior parte delle camere. Prezzi per 2 persone, compresa la prima colazione.

GLI ESERCIZI AMENI

Il rosso indica gli esercizi particolarmente ameni. Questo per le caratteristiche dell'edificio, le decorazioni non comuni, la sua posizione ed il servizio offerto.

🏠 a 🏠🏠🏠🏠🏠 **Alberghi ameni**

🏋 a 🏋🏋🏋🏋🏋 **Ristoranti ameni**

LE SEGNALAZIONI PARTICOLARI

Oltre alle distinzioni conferite agli esercizi, gli ispettori Michelin apprezzano altri criteri spesso importanti nella scelta di un esercizio.

POSIZIONE

Cercate un esercizio tranquillo o che offre una vista piacevole?
Seguite i simboli seguenti :

    🕊   **Albergo tranquillo**
    🕊   **Albergo molto tranquillo**
    ≼   **Vista interessante**
    ≼   **Vista eccezionale**

CARTA DEI VINI

Cercate un ristorante la cui carta dei vini offra una scelta particolarmente interessante?
Seguite il simbolo seguente:

     Carta dei vini particolarmente interessante
    Attenzione a non confrontare la carta presentata da un sommelier in un grande ristorante con quella di una trattoria dove il proprietario ha una grande passione per i vini della regione.

Installazioni & servizi

30 cam (ch, Zim)	Numero di camere
🛗	Ascensore
A/C	Aria condizionata (in tutto o in parte dell'esercizio)
📞	Connessione internet « alta velocità » in camera
📶	Connessione internet « Wireless Lan » in camera
♿	Esercizio accessibile in parte alle persone con difficoltà motorie
👫	Attrezzatura per accoglienza e ricreazione dei bambini
🍽️	Pasti serviti in giardino o in terrazza
spa	Spa/Wellness center: centro attrezzato per il benessere ed il relax
♨	Cura termale, Idroterapia
🏋 ♨	Palestra, sauna
🏊 🏊	Piscina: all'aperto, coperta
🪑 🌳	Giardino – Parco
🎾 ⛳18	Tennis – Golf e numero di buche
🪑	Sale per conferenze
🍽️	Saloni privati nei ristoranti
🚗	Garage nell'albergo (generalmente a pagamento)
P	Parcheggio riservato alla clientela
P	Parcheggio chiuso riservato alla clientela
🐕‍🦺	Accesso vietato ai cani (in tutto o in parte dell'esercizio)

VIETATO-FUMARE

In qualche cantone è vietato fumare nei ristoranti. La regolamentazione può variare da un cantone all'altro.
Nella maggior parte degli alberghi sono proposte camere per non fumatori.

I prezzi

I prezzi che indichiamo in questa guida sono stati stabiliti nell'estate 2009; potranno subire delle variazioni in relazione ai cambiamenti dei prezzi di beni e servizi. Essi s'intendono comprensivi di tasse e servizio. Sul conto da pagare non deve figurare alcuna maggiorazione, ad eccezione dell'eventuale tassa di soggiorno.

Gli albergatori e i ristoratori si sono impegnati, sotto la propria responsabilità, a praticare questi prezzi ai clienti.

In occasione di alcune manifestazioni (congressi, fiere, saloni, festival, eventi sportivi…) i prezzi richiesti dagli albergatori potrebbero subire un sensibile aumento.

Chiedete informazioni sulle eventuali promozioni offerte dagli albergatori.

LA CAPARRA

Alcuni albergatori chiedono il versamento di una caparra per confermare la prenotazione del cliente. E consigliato di chiedere all'albergatore d'indicare chiaramente nella lettera d'accettazione se la somma versata sarà dedotta dalla fattura finale (nel qual caso la caparra sarà trattata come un acconto) o se è pagata a fondo perso. E ugualmente consigliato d'informarsi riguardo alle condizioni precise del soggiorno.

CARTE DI CREDITO

Carte di credito accettate:

VISA MC AE — Visa – Mastercard(Eurocard) – American Express –
DC — Diners Club

CAMERE

25 cam (Zim, ch)	Numero di camere
100/150 CHF	Prezzo minimo e massimo per una camera singola
200/350 CHF	Prezzo minimo e massimo per una camera doppia
ch (Zim,cam) ☕ -	Prima colazione compresa
☕ 20 CHF	Prezzo della prima colazione (Suite e junior suite: informarsi presso l'albergatore)

MEZZA PENSIONE

½ P 30 CHF	Questo supplemento per persona al giorno va aggiunto al prezzo della camera per ottenere quello della ½ pensione.
(½ P. incluso)	Prezzo della mezza pensione è incluso nel prezzo della camera. La maggior parte degli alberghi pratica anche, su richiesta, la pensione completa.

RISTORANTE

    🥜   Esercizio che offre un **pasto semplice per meno di 20 CHF**

Piatto del giorno
(16 CHF) Prezzo medio del piatto del giorno generalmente servito a pranzo nei giorni settimanali.

Menu a prezzo fisso: minimo 36 CHF/massimo 80 CHF
Menu 36/80 CHF Prezzo di un pasto composto dal piatto, da **un primo** ed
(Menü – Menu) **un dessert.**

Pasto alla carta
Carte Il primo prezzo corrisponde ad un pasto semplice comprendente:
50/95 CHF primo, piatto e dessert. Il secondo prezzo corrisponde ad un
(Karte – Carta) pasto più completo (con specialità) comprendente: primo, un piatto e dessert.

Le città

GENERALITÀ

(BIENNE)	Traduzione in uso dei nomi di comuni
✉ 3000	Codice di avviamento postale
✉ 3123 Belp	Numero di codice e sede dell'ufficio postale
C - K	Capoluogo cantonale
Bern (BE)	Cantone a cui la località appartiene
551 I6	Numero della carta Michelin e del riquadro
1 057 ab. (h. – Ew.)	Popolazione residente
Alt. (Höhe) 1 500	Altitudine
Station thermale Kurort	Stazione termale
Sports d'hiver – Wintersport	Sport invernali
1 200/1 900	Altitudine minima della stazione e massima raggiungibile con gli impianti di risalita
🚠 2	Numero di funivie o cabinovie
🚡 14	Numero di sciovie e seggiovie
🎿	Sci di fondo
BY **b**	Lettere indicanti l'ubicazione sulla pianta
⛳18	Golf e numero di buche
✻ ≤	Panorama, vista
✈	Aeroporto
🚙	Località con servizio auto su treno Informarsi al numero di telefono indicato
🛈	Ufficio informazioni turistiche
⊕	Touring Club Svizzero (T.C.S.)
⊕	Club Svizzero dell'Automobile (A.C.S.)

INFORMAZIONI TURISTICHE

INTERESSE TURISTICO

★★★	Vale il viaggio
★★	Merita una deviazione
★	Interessante
	I musei sono generalmente chiusi il lunedì

UBICAZIONE

👁	Nella città
🌀	Nei dintorni della città
	Il luogo si trova :
Nord, Sud, Süd,	a Nord, a Sud della città
Est	a Est della città
Ouest, Ovest	a Ovest della città
② ④	Ci si va dall'uscita ② o ④ indicata con lo stesso segno sulla pianta e sulla carta stradale Michelin
2 km	Distanza chilometrica

MANIFESTAZIONI LOCALI

Selezione delle principali manifestazioni culturali, folcloristiche e sportive locali.

Le piante

- Alberghi
- Ristoranti

CURIOSITÀ

Edificio interessante
Costruzione religiosa interessante: Cattolica – Protestante

VIABILITÀ

Autostrada
Strada a carreggiate separate
Grande via di circolazione
Via a scalini – Passeggiata – Sentiero
Via pedonale – Via regolamentata o impraticabile
Senso unico – Tranvia
 Via commerciale – Parcheggio – Parcheggio Ristoro
Porta – Sottopassaggio – Galleria
Stazione e ferrovia
Funicolare, ferrovia a cremagliera
Funivia, cabinovia

SIMBOLI VARI

Ufficio informazioni turistiche
Moschea – Sinagoga
Torre – Ruderi
Giardino, parco, bosco – Cimitero
Stadio – Golf – Ippodromo – Pista di pattinaggio
Piscina: all'aperto, coperta – Porto turistico
Vista – Panorama – Tavola d'orientamento
Monumento – Fontana – Fabbrica – Centro commerciale
Aeroporto – Stazione della metropolitana – Autostazione
Trasporto con traghetto:
  passeggeri ed autovetture, solo passeggeri
③ Simbolo di riferimento comune alle piante ed alle carte MICHELIN particolareggiate
Ufficio centrale di fermo posta
Ospedale – Mercato coperto
Edificio pubblico indicato con lettera:
G H   – Polizia cantonale (Gendarmeria) – Municipio
J M   – Palazzo di Giustizia – Museo
P T U – Prefettura – Teatro – Università, Scuola superiore
POL.   – Polizia
⑱ Sottopassaggio (altezza inferiore a m 4,50) – Portata limitata (inf. a 19 t)
Touring Club Svizzero (T.C.S.)
Club Svizzero dell'Automobile (A.C.S.)

How to use this guide

TOURIST INFORMATION

Distances from the main towns, tourist offices, local tourist attractions, means of transport, golf courses and leisure activities...

CORTAILLOD – 2016 Neuchâtel (NE) – **552** F17 – 4 4
- Bern 58 – Neuchâtel 9 – Biel 44 – La Chau
- rue Grande, ℰ 032 812 34 56, info@cortail
- Panorama autour du lac AE D – Neuchât

Le Galion
à Petit Cortaillod – ℰ 032 843 44 35 – www.h
– Fax 032 843 44 36 – Fermé 18 décembre - 8
22 ch ☐ – †110/130 CHF ††180/230 CHF – ½P
Rest – (fermé dimanche d'octobre à mars)
♦ Au plus près de la nature, entre lac et vig
décorées, pour des nuitées sans remous.
et spécialités du lac. Cuvée maison prove

La Retraite
18 r. Chanélaz – ℰ 032 844 22 34 – ww
– Fermé 22 décembre - 8 janvier et d
25 ch ☐ – †75/100 CHF ††160/190 C
Rest – (17 CHF) Menu 49/89 CHF – Ca
♦ Hôtellerie familiale établie dans
Ses deux chalets renferment d'amp
apprécié pour son confort et pou

La Pomme de Pin – ℰ 032 84
14 av. François-Borel
– Fax 032 842 29 43
Rest – (fermé Noël et Nouvel
♦ Table entièrement rénové
tisme : perches, homards, fr
à la détente.

COSSONAY – 1304 Vaud (VD) –
- Bern 107 – Lausanne

Le Petit Comptoir
22 r. du Temple – ℰ 032
– Fermé 24 décembre
Rest – Menu 80 CHF (C
Spéc. Pressée de tho
Mille-feuille de bœu
♦ Ancienne maiso
mobilier Louis XVI
Du plaisir pour les

URGENAY – 2950 J
Bern 92 – De

HOTELS

From 🏨 to 🏠: categories of comfort.
In red 🏨 ... 🏠: the most pleasant.

GOOD FOOD AND ACCOMMODATION AT MODERATE PRICES

- 🏨 Bib Hotel.
- 😊 Bib Gourmand.

RESTAURANTS

From 🍴🍴🍴🍴🍴 to 🍴: categories of comfort.
In red 🍴🍴🍴🍴🍴 ... 🍴: the most pleasant.

STARS

- ✦✦✦ Worth a special journey.
- ✦✦ Worth a detour.
- ✦ A very good restaurant.

40

MICHELIN MAPPING
References for the Michelin map which cover the area.

LOCATING THE TOWN
Locate the town on the regional map at the end of the guide (map number and coordinates).

QUIET HOTELS
🏡 Quiet hotel.
🏡 Very quiet hotel.

DESCRIPTION OF THE ESTABLISHMENT
Atmosphere, style, character and specialities.

LOCATING THE ESTABLISHMENT
Located on the town plan (coordinates and letters giving the location).

FACILITIES AND SERVICES

PRICES

Commitments

"This volume was created at the turn of the century and will last at least as long".

This foreword to the very first edition of the MICHELIN guide, written in 1900, has become famous over the years and the guide has lived up to the prediction. It is read across the world and the key to its popularity is the consistency of its commitment to its readers, which is based on the following promises.

The MICHELIN guide's commitments:

Anonymous inspections: our inspectors make regular and anonymous visits to hotels and restaurants to gauge the quality of products and services offered to an ordinary customer. They settle their own bill and may then introduce themselves and ask for more information about the establishment. Our readers' comments are also a valuable source of information, which we can then follow up with another visit of our own.

Independence: Our choice of establishments is a completely independent one, made for the benefit of our readers alone. The decisions to be taken are discussed around the table by the inspectors and the editor. The most important awards are decided at a European level. Inclusion in the guide is completely free of charge.

Selection and choice: The guide offers a selection of the best hotels and restaurants in every category of comfort and price. This is only possible because all the inspectors rigorously apply the same methods.

Annual updates: All the practical information, the classifications and awards are revised and updated every single year to give the most reliable information possible.

Consistency: The criteria for the classifications are the same in every country covered by the MICHELIN guide.

… and our aim: to do everything possible to make travel, holidays and eating out a pleasure, as part of MICHELIN's ongoing commitment to improving travel and mobility.

Dear reader

Dear Reader,

We are delighted to introduce the 17th edition of The MICHELIN guide Switzerland.

This selection of the best hotels and restaurants in every price category is chosen by a team of full-time inspectors with a professional background in the industry. They cover every corner of the country, visiting new establishments and testing the quality and consistency of the hotels and restaurants already listed in the guide.

Every year we pick out the best restaurants by awarding them from ✿ to ✿✿✿. Stars are awarded for cuisine of the highest standards and reflect the quality of the ingredients, the flair and skill in their preparation, the combination of flavours, the value for money and the consistency of culinary standards all these qualities not just once, but time and time again.

One highlights those restaurants which, over the last year, have raised the quality of their cooking to a new level. Whether they have gained a first star, risen from one to two stars, or moved from two to three, these newly promoted restaurants are marked with an '**N**' next to their entry to signal their new status in 2010.

We have also picked out a selection of *"Rising Stars"*. These establishments, listed in red, are the best in their present category. They have the potential to rise further, and already have an element of superior quality; as soon as they produce this quality consistently, and in all aspects of their cuisine, they will be hot tips for a higher award. We've highlighted these promising restaurants so you can try them for yourselves; we think they offer a foretaste of the gastronomy of the future.

We're very interested to hear what you think of our selection, particularly the *"Rising Stars"*, so please continue to send us your comments. Your opinions and suggestions help to shape your guide, and help us to keep improving it, year after year.

Thank you for your support. We hope you enjoy travelling with the MICHELIN guide 2010.

Consult the MICHELIN guide at
 www.ViaMichelin.ch
and write to us at:
leguidemichelin-suisse@ch.michelin.com

Classification & awards

CATEGORIES OF COMFORT

The MICHELIN guide selection lists the best hotels and restaurants in each category of comfort and price. The establishments we choose are classified according to their levels of comfort and, within each category, are listed in order of preference.

🏨🏨🏨	XXXXX	**Luxury in the traditional style**
🏨🏨	XXXX	**Top class comfort**
🏨🏨	XXX	**Very comfortable**
🏨	XX	**Comfortable**
🏠	X	**Quite comfortable**
sans rest garni, senza rist		**This hotel has no restaurant**
avec ch mit Zim, con cam		**This restaurant also offers accommodation**

THE AWARDS

To help you make the best choice, some exceptional establishments have been given an award in this year's Guide. They are marked ✿ or 🅑 and **Rest**.

THE STARS : THE BEST CUISINE

MICHELIN stars are awarded to establishments serving cuisine, of whatever style, which is of the highest quality. The cuisine is judged on the quality of ingredients, the flair and skill in their preparation, the combination of flavours, the value for money and the consistency of culinary standards.

✿✿✿	**Exceptional cuisine, worth a special journey** One always eats extremely well here, sometimes superbly.
✿✿	**Excellent cooking, worth a detour**
✿	**A very good restaurant in its category**

GOOD FOOD AND ACCOMMODATION AT MODERATE PRICES

🅑	**Bib Gourmand** Establishment offering good quality cuisine for under 60 CHF (price of a meal not including drinks).
🏨	**Bib Hotel** Establishment offering good levels of comfort and service, with most rooms priced at under 180CHF (price of a room for 2 people, including breakfast).

PLEASANT HOTELS AND RESTAURANTS

Symbols shown in red indicate particularly pleasant or restful establishments: the character of the building, its decor, the setting, the welcome and services offered may all contribute to this special appeal.

🏠 to 🏠🏠🏠🏠   **Pleasant hotels**

X to XXXXX   **Pleasant restaurants**

OTHER SPECIAL FEATURES

As well as the categories and awards given to the establishment, Michelin inspectors also make special note of other criteria which can be important when choosing an establishment.

LOCATION

If you are looking for a particularly restful establishment, or one with a special view, look out for the following symbols:

       🌿   **Quiet hotel**

       🌿   **Very quiet hotel**

       ≤   **Interesting view**

       ≤   **Exceptional view**

WINE LIST

If you are looking for an establishment with a particularly interesting wine list, look out for the following symbol:

       🍇   **Particularly interesting wine list**
                         This symbol might cover the list presented by a sommelier in a luxury restaurant or that of a simple inn where the owner has a passion for wine. The two lists will offer something exceptional but very different, so beware of comparing them by each other's standards.

Facilities & services

30 ch (Zim, cam)	Number of rooms
🛗	Lift (elevator)
AC	Air conditioning (in all or part of the establishment)
📞	High-speed internet access in bedrooms
((¡))	Wireless Lan internet access in bedrooms
♿	Establishment at least partly accessible to those of restricted mobility
👫	Special facilities for children
🍽	Meals served in garden or on terrace
spa	Wellness centre: an extensive facility for relaxation and well-being
⚕	Hydrotherapy
🏋 ♨	Exercise room, sauna
🏊 🏊	Swimming pool: outdoor or indoor
🌳 🌳	Garden – Park
🎾 ⛳18	Tennis – Golf course and number of holes
🏢	Equipped conference room
🍴	Private dining rooms
🚗	Hotel garage (additional charge in most cases)
[P]	Car park for customers only
🅿	Enclosed car park for customers only
🐕‍🚫	No dogs allowed (in all or part of the establishment)

NON-SMOKERS

In some cantons it is forbidden to smoke in restaurants. The regulations can vary from one canton to another.
Most hotels offer non-smoking bedrooms.

Prices

Prices quoted in this guide supplied in summer 2009. They are subject to alteration if goods and service costs are revised. The rates include tax and service and no extra charge should appear on your bill with the possible exception of visitor's tax.

By supplying the information, hotels and restaurants have undertaken to maintain these rates for our readers.

In some towns, when commercial, cultural or sporting events are taking place the hotel rates are likely to be considerably higher.

Certain establishments offer special rates. Ask when booking.

RESERVATIONS AND DEPOSIT

Certain hoteliers will request the payment of a deposit which confirms the commitment of the customer. It is desirable that you ask the hotelier to indicate in its written confirmation if the amount thus paid will be charged to the invoice (in this case, the deposit is used as a down payment) or not. It is also advised to get all useful information about the terms and conditions of the stay.

CREDIT CARDS

Credit cards accepted by the establishment:

VISA **MC** **AE** — Visa – Mastercard(Eurocard) – American Express – Diners Club

ROOMS

29 ch (Zim, cam) — Number of rooms

👤 100/150 CHF — Lowest price 100CHF and highest price 150CHF for a comfortable single room

👥 200/350 CHF — Lowest price 200CHF and highest price 350CHF for a double or twin room for 2 people

ch (Zim,cam) ☕ - Breakfast included

☕ 20 CHF — Price of breakfast
(Suites and junior suites: ask the hotelier)

HALF BOARD

½ P 30 CHF — This supplement per person per day should be added to the cost of the room in order to obtain the half board price.

(inkl. ½ P.) — Price of the room including half board.
Most hotels also offer full board terms on request.

RESTAURANT

∞	Restaurant serving a dish of the day **under 20 CHF**
	Dish of the day:
(16 CHF)	Average price of midweek dish of the day, usually served at lunch.
	Set meals:
	Price of a main meal with an entrée and a dessert.
Menu 36/80 CHF	**Price of the set meal:** lowest price 36 CHF/ highest price 80 CHF
(Menü – Menu)	
	A la carte meals:
Carte	The first figure is for a plain meal and includes entrée, main dish and
50/95 CHF	dessert. The second figure is for a fuller meal (with "spécialité")
(Karte – Carta)	and includes entrée, main course and dessert.

Towns

GENERAL INFORMATION

(BIENNE)	Usual translation for the name of the town
✉ 3000	Local postal number
✉ 3123 Belp	Postal number and name of the postal area
C - K	Capital of the "Canton"
Bern (BE)	"Canton" in which a town is situated
551 I6	Michelin map and co-ordinates or fold
1 057 h. (Ew. – ab.)	Population
Alt. (Höhe) 1 500	Altitude (in metres)
Kurort / Stazione termale / Station thermale	Spa
Wintersport / Sport invernali / Sports d'hiver	Winter sports
1 200/1 900	Lowest station and highest points reached by lifts
🚠 2	Number of cablecars
🚡 14	Number of ski and chairlifts
🎿	Cross-country skiing
BY **b**	Letters giving the location of a place on the town plan
⛳ 18	Golf course and number of holes
※ ≼	Panoramic view, viewpoint
✈	Airport
🚗	Places with motorail pick-up point
	Further information from telephone number indicated
🛈	Tourist Information Centre
⊛	Touring Club Suisse (T.C.S.)
⊚	Automobile Club der Schweiz (A.C.S.)

TOURIST INFORMATION

STAR-RATING

★★★	Highly recommended
★★	Recommended
★	Interesting
	Museums and art galleries are generally closed on Mondays

LOCATION

👁	Sights in town
☾	On the outskirts
	The sight lies:
Nord, Sud, Süd,	north, south of the town
Est, Ost,	east of the town
Ouest, West, Ovest	west of the town
②	Sign on town plan and on the Michelin road map indicating the road leading to a place of interest
2 km	Distance in kilometres

LOCAL EVENTS

Selection of the main cultural, traditional and sporting events

Town plans

- Hotels
- Restaurants

SIGHTS

Place of interest
Interesting place of worship: Catholic-Protestant

ROADS

Motorway
Dual carriageway with motorway characteristics
Main traffic artery
Stepped street – Footpath – Path
Pedestrian street – Unsuitable for traffic; street subject to restrictions
One-way street – Tramway
Shopping street – Car park – Park and Ride
Gateway – Street passing under arch – Tunnel
Station and railway
Funicular – Rack railway
Cable car, cable way

VARIOUS SIGNS

Tourist Information Centre
Mosque – Synagogue
Tower or mast – Ruins
Garden, park, wood – Cemetery
Stadium – Golf course – Racecourse – Skating rink
Outdoor or indoor swimming pool – Pleasure boat harbour
View – Panorama – Viewing table
Monument – Fountain – Factory – Shopping centre
Airport – Underground station – Coach station
Ferry services:
passengers and cars, passengers only
Reference number common to town plans and Michelin maps
Main post office with poste restante
Hospital – Covered market
Public buildings located by letter:
- Local Police Station – Town Hall
- Law Courts – Museum
- Offices of Cantonal Authorities – Theatre – University, College
- Police
Low headroom (4m50 - 15ft max) – Load limit (under 19 t)
Touring Club Suisse (T.C.S.)
Automobile Club der Schweiz (A.C.S.)

Distinctions 2010

Auszeichnungen 2010
Distinzioni 2010
Awards 2010

Les Tables étoilées 2010
Die Sterne Restaurants

La couleur correspond à l'établissement le plus étoilé de la localité.
Die Farbe entspricht dem besten Sterne-Restaurant im Ort.

Brent ✻✻✻ La localité possède au moins un restaurant 3 étoiles
Ort mit mindestens einem 3 Sterne-Restaurant

Basel ✻✻ La localité possède au moins un restaurant 2 étoiles
Ort mit mindestens einem 2 Sterne-Restaurant

Zürich ✻ La localité possède au moins un restaurant 1 étoile
Ort mit mindestens einem 1 Stern-Restaurant

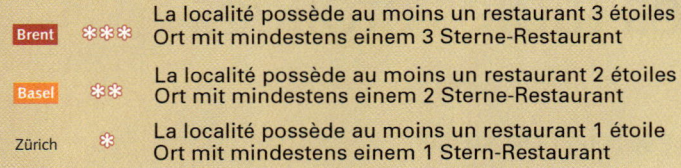

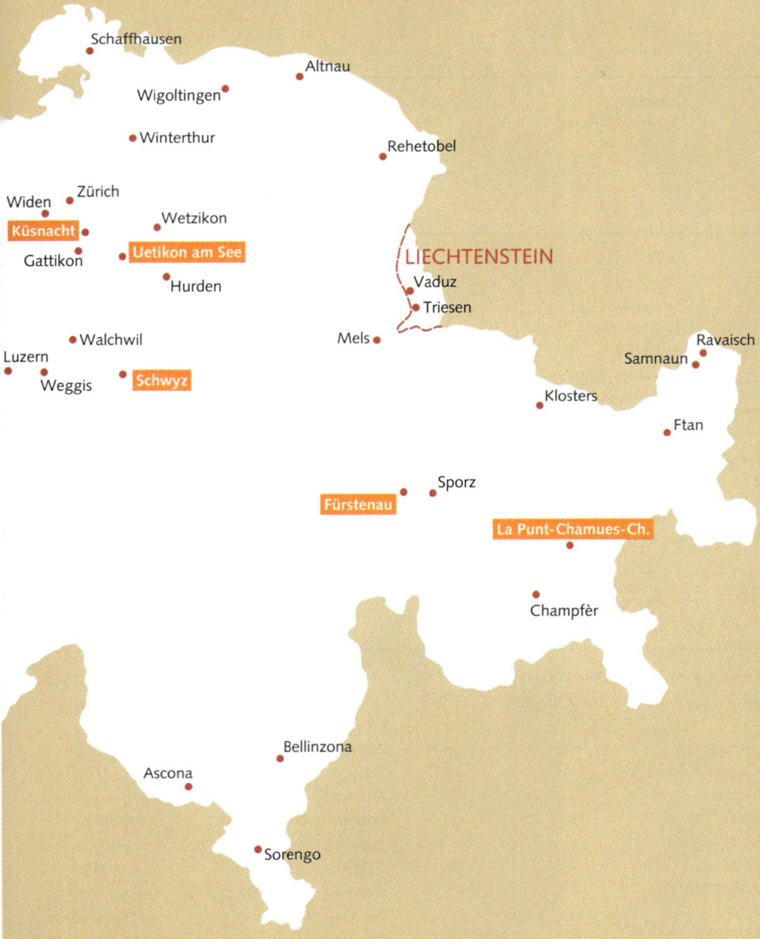

Les tables étoilées

Sterne-Restaurants
Gli esercizi con stelle
Starred restaurants

❀❀❀ 2010

Crissier	Philippe Rochat
Montreux / Brent	Le Pont de Brent

❀❀ 2010

Basel	Cheval Blanc
Cossonay	Le Cerf
Fürstenau	Schauenstein
Hägendorf	Lampart's
Küsnacht	Petermann's Kunststuben
Lausanne / Ouchy	Anne-Sophie Pic **N**
Le Noirmont	Georges Wenger
La Punt-Chamues-Ch.	Bumanns Chesa Pirani
Satigny / Peney-Dessus	Domaine de Châteauvieux
Schwyz / Steinen	Adelboden
Sierre	Didier de Courten
Uetikon am See	Wirtschaft zum Wiesengrund
Vevey	Denis Martin

❀ 2010

En rouge *les espoirs 2010 pour* ❀❀
→ ***In rosso*** *le promesse 2010 per* ❀❀
→ ***In rot*** *die Hoffnungsträger 2010 für* ❀❀
→ ***In red*** *the 2010 Rising Stars for* ❀❀

Altnau	Urs Wilhelm's Restaurant	**Escholzmatt**	Rössli - Jägerstübli
Anières	Auberge de Floris	**Flüh**	Zur Säge
Ascona	Ecco	**Fribourg**	Le Pérolles / P.- A. Ayer
Basel	Bel Etage	**Fribourg / Bourguillon**	Des Trois Tours
Basel	Les Quatre Saisons	**Ftan**	Paradies - La Bellezza
Basel	Stucki	**Gattikon**	Sihlhalden
Bellinzona	Orico	**Genève**	Buffet de la Gare des Eaux-Vives
Bern	Wein und Sein	**Genève**	Le Chat Botté **N**
Burgdorf	Emmenhof	**Genève**	Rasoi by Vineet **N**
Champéry	c21 **N**	**Genève**	Vertig'O **N**
Crans-Montana	Hostellerie du Pas de l'Ours	**Genève / Cologny**	Auberge du Lion d'Or

N → *Nouveau* → *Neu* → *Nuovo* → *New*

Genève / Thônex	Le Cigalon
Genève / Troinex	La Chaumière
Gstaad	Chesery
Gstaad	Prado
Hurden	Markus Gass zum Adler
Interlaken / Wilderswil	Gourmetstübli
Klosters	Walserhof
Lausanne	La Table d'Edgard
Lenzerheide / Sporz	Guarda Val
Lugano / Sorengo	Santabbondio
Luzern	Jasper
Mels	Schlüssel - Nidbergstube
Le Mont-Pèlerin	Le Trianon **N**
Montreux	L'Ermitage
Nebikon	Adler
Neuchâtel / Saint-Blaise	Au Bocca
Olten / Trimbach	Traube
Rehetobel	Gasthaus Zum Gupf
Saas Fee	Waldhotel Fletschhorn
Samnaun	Gourmet Stübli La Miranda
Samnaun	Homann's Restaurant
Sankt Moritz / Champfèr	Jöhri's Talvo
Schaffhausen	Rheinhotel Fischerzunft
Scheunenberg	Sonne
Sion / Vex	L'Argilly
Sonceboz	Du Cerf
Sugnens	Auberge de Sugnens
Thörigen	Löwen
Triesen (Liechtenstein)	Schatzmann
Vaduz (Liechtenstein)	Park-Hotel Sonnenhof
Verbier	La Table d'Adrien
Vevey / Saint-Légier	Auberge de la Veveyse
Vevey / Saint-Saphorin	Auberge de l'Onde - La Rôtisserie **N**
Vouvry	Auberge de Vouvry
Vufflens-le-Château	L'Ermitage
Walchwil	Sternen
Weggis	Annex
Wetzikon	Il Casale
Widen	Ryokan Hasenberg - Usagiyama
Wigoltingen	Taverne zum Schäfli
Winterthur / Wülflingen	Taggenberg
Yvorne	La Roseraie
Zürich	Mesa
Zürich	Rigiblick - Spice
Zürich	Sankt Meinrad **N**
Zürich	Sein **N**
Zürich	The Restaurant

LES ESPOIRS 2010 POUR ✸
Die Hoffnungsträger 2010 für ✸
Le promesse 2010 per ✸
The 2010 Rising Stars for ✸

Mollens	Panorama
Vevey / Chardonne	Le Montagne

N → *Nouveau* *Neu* *Nuovo* *New*

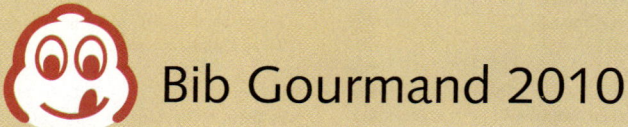

Bib Gourmand 2010

Localités possédant au moins un établissement avec un Bib Gourmand.
Orte mit mindestens einem Bib-Gourmand-Haus.

Bib Gourmand

Repas soignés à prix modérés
Gute Küche zu moderaten Preisen
Pasti accurati a prezzi contenuti
Good food at moderate prices

Abtwil	Panoramahotel Säntisblick
Aclens	Auberge Communale
Aeschi bei Spiez / Aeschiried	Panorama
Allschwil	Mühle
Altdorf	Goldener Schlüssel
Anières	Le Bistrot
Au	Burg **N**
Basel	Oliv
Basel / Bottmingen	Basilicum
Bellinzona	Osteria Malakoff
Bern	Flo's
Bern	Kirchenfeld
Bern	mille sens **N**
Blatten bei Malters	Krone - Gaststube
Bülach	Zum Goldenen Kopf
Cadro	La Torre del Mangia
Crans-Montana / Bluche	Edo **N**
Ebersecken	Sonne
Escholzmatt	Chrüter Gänterli
Fläsch	Landhaus
Flims	Cavigilli **N**
Flims	Las Caglias
Genève	Bistrot du Boeuf Rouge
Heiden	Rosengarten
Interlaken / Wilderswil	Alpenblick - Dorfstube
Lömmenschwil	Neue Blumenau - Bistro **N**
Lugano	Osteria Calprino
Lugano / Massagno	Grotto della Salute
Mammern	Adler
Mammern	Zum Schiff
Martigny	Kwong Ming **N**
Martigny / Chemin	Le Belvédère
Meiringen	Victoria
Mels	Schlüsselstube
Mézières	Du Jorat - Café

N → *Nouveau* → *Neu* → *Nuovo* → *New*

Morcote / Vico	Vicania
Münchenbuchsee	Moospinte - Gaststube
Nebikon	Beizli
Osterfingen	Bad Osterfingen **N**
Ottenbach	Reussbrücke - Bistro
Pleujouse	Château de Pleujouse
La Punt-Chamues-Ch.	Gasthaus Krone
Reichenbach	Bären
Ried-Muotathal	Adler
Riemenstalden	Kaiserstock
Sankt Niklausen	Alpenblick
Schaffhausen	Schaffhauserhof **N**
Schaffhausen	Vinopium
Scheunenberg	Bistro
Sion	La Sitterie **N**
Sion / Saint-Léonard	Buffet de la Gare
Solothurn	Stadtbeiz
Solothurn / Riedholz	Attisholz - Gaststube
Sonceboz	Brasserie
Stans	Zur Linde - Gaststube
Sugiez	De l'Ours
Tannay	Auberge au Lion d'Or - Café
Thun	Burehuus
Thun / Hilterfingen	Schönbühl **N**
Thun / Steffisburg	Panorama - Bistro
Trun	Casa Tödi **N**
Ulmiz	Zum Jäger
Urnäsch	Frischknecht's Anker
Urnäsch	Urnäscher Kreuz **N**
Utzenstorf	Bären
Versoix	Du Lac **N**
Villarepos	Auberge de la Croix Blanche - Café
Weinfelden	Pulcinella
Wetzikon	Bistro
Wil	Hof zu Wil
Zürich	Bistro Quadrino
Zug	Rathauskeller - Bistro

N ➜ *Nouveau* ➜ *Neu* ➜ *Nuovo* ➜ *New*

Bib Hôtel

Bonnes nuits à petits prix
Hier übernachten Sie gut und preiswert
Un buon riposo a prezzi contenuti
Good accomodation at moderate prices

Arbon	Römerhof
Arbon	Seegarten
Arnegg	Arnegg
Arolla	Du Pigne
Basel	Au Violon
Bergün	Bellaval
Bern / Oberbottigen	Bären
Bischofszell	Le Lion
Breil	Alpina
Champex	Alpina **N**
Courgenay	De la Gare
Davos / Sertig-Dörfli	Walserhuus
Dürrenroth	Bären
Egnach	Seelust
Eschikofen	Thurtal
Felben-Wellhausen	Schwanen
Ftan	Munt Fallun
Fuldera	Staila
Gilly	Auberge Communale
Gordevio	Casa Ambica
Grächen	Walliserhof
Güttingen	Seemöwe
Guggisberg	Sternen
Iseltwald	Chalet du Lac
Kreuzlingen / Tägerwilen	Trompeterschlössle
Madiswil	Bären
Meiringen	Victoria
Menzberg	Menzberg
Mörigen	Seeblick
Mollens	Panorama **N**
Mühledorf	Kreuz
Muri	Ochsen
Oberentfelden	Aarau West
Porrentruy	Bellevue

N → *Nouveau* → *Neu* → *Nuovo* → *New*

Salgesch	Arkanum
Sax	Schlössli
Schmerikon	Strandhotel
Sedrun	La Cruna
Sion	Rhône
Sumiswald	Bären
Thun / Hilterfingen	Schönbühl
Thyon-Les Collons	La Cambuse
Worb	Zum Löwen

N → *Nouveau* → *Neu* → *Nuovo* → *New*

Hôtels agréables

Angenehme Hotels
Alberghi ameni
Particularly pleasant hotels

Bad Ragaz	Grand Resort
Genève	Four Seasons Hôtel des Bergues
Interlaken	Victoria-Jungfrau
Lausanne	Beau-Rivage Palace
Le Mont-Pèlerin	Le Mirador Kempinski
Montreux	Fairmont Le Montreux Palace
Sankt Moritz	Badrutt's Palace
Sankt Moritz	Carlton
Sankt Moritz	Kulm
Sankt Moritz	Suvretta House
Zürich	The Dolder Grand

Arosa	Tschuggen Grand Hotel
Ascona	Castello del Sole
Ascona	Eden Roc
Ascona	Giardino
Ascona	Parkhotel Delta
Basel	Grand Hotel Les Trois Rois
Genève	Beau-Rivage
Genève	D'Angleterre
Genève	De la Paix
Genève / Bellevue	La Réserve
Gstaad	Grand Hotel Bellevue
Lugano	Grand Hotel Villa Castagnola
Lugano	Villa Principe Leopoldo
Morcote	Swiss Diamond Hotel Olivella
Murten / Meyriez	Le Vieux Manoir
Pontresina	Grand Hotel Kronenhof
Vevey	Grand Hôtel du Lac
Weggis	Park Hotel Weggis
Zermatt	Grand Hotel Zermatterhof
Zermatt	Mont Cervin Palace
Zermatt	Riffelalp Resort
Zürich	Widder

Adelboden	Parkhotel Bellevue
Appenzell / Weissbad	Hof Weissbad
Arosa	BelArosa
Brienz / Giessbach	Grandhotel Giessbach

Crans-Montana / Plans-Mayens	Le Crans
Ftan	Paradies
Genève	Les Armures
Grindelwald	Schweizerhof
Gstaad	Le Grand Chalet
Gstaad / Schönried	Ermitage-Golf
Klosters	Vereina
Lenk	Lenkerhof
Lenzerheide / Sporz	Maiensäss Hotel Guarda Val
Leukerbad	Les Sources des Alpes
Luzern	Montana
Merligen	BEATUS
Montreux / Glion	Victoria
Neuchâtel / Monruz	Palafitte
Pontresina	Walther
Rapperswil	Schwanen
Saint-Luc	Bella Tola
Samnaun	Chasa Montana
Sils Maria	Waldhaus
Sils Maria / Segl Baselgia	Margna
Vaduz (Liechtenstein)	Park-Hotel Sonnenhof
Verbier	Le Chalet d'Adrien
Villars-sur-Ollon	Chalet Royalp
Zermatt	Alex
Zermatt	Alpenhof
Zermatt	The Omnia
Zürich	Alden Hotel Splügenschloss

Gstaad / Schönried	Alpenrose
Kandersteg	Waldhotel Doldenhorn
Scuol	Belvédère
Scuol / Tarasp	Schlosshotel Chastè
Wengen	Caprice
Wengen	Jungfrau
Zermatt	Julen
Zürich	Florhof
Zuoz	Castell

Ascona	Riposo
Beckenried	Schlüssel
Bever	Chesa Salis
Carona	Villa Carona
Château-d'Oex	Hostellerie Bon Accueil
Kandersteg / Blausee-Mitholz	Blausee
Lodano	Ca'Serafina
Pontresina	Albris
La Punt-Chamues-Ch.	Gasthaus Krone
Saas Fee	Au Chalet Cairn
Sachseln	Kreuz
Scuol	Engiadina
Sementina	Fattoria L'Amorosa
Sils Maria	Sonne
Soazza	Al Cacciatore
Zermatt	Bella Vista
Zürich	Kindli

Restaurants agréables

Angenehme Restaurants
Ristoranti ameni
Particularly pleasant restaurants

Basel	Cheval Blanc
Genève	Il Lago
Genève / Cologny	Auberge du Lion d'Or
Lausanne	Anne-Sophie Pic
Satigny / Peney-Dessus	Domaine de Châteauvieux
Vufflens-le-Château	L'Ermitage
Zürich	The Restaurant

Anières	Auberge de Floris
Basel	Stucki
Cossonay	Le Cerf
Fürstenau	Schauenstein
Gstaad	Chesery
Gstaad	Prado
Hägendorf	Lampart's
Klosters	Walserhof
Luzern	Château Gütsch - Petit Palais
Le Mont-Pèlerin	Le Trianon
Montreux	L'Ermitage
Montreux / Brent	Le Pont de Brent
Neuchâtel / Saint-Blaise	Au Bocca
Le Noirmont	Georges Wenger
La Punt-Chamues-Ch.	Bumanns Chesa Pirani
Rehetobel	Gasthaus Zum Gupf
Saas Fee	Waldhotel Fletschhorn
Sankt Moritz / Champfèr	Jöhri's Talvo
Schaffhausen	Rheinhotel Fischerzunft
Weggis	Annex

Altnau	Urs Wilhelm's Restaurant
Arbon	Römerhof
Arnegg	Ilge
Arosa	Kachelofa-Stübli
Ascona / Losone	Osteria dell'Enoteca

Bern / Liebefeld	Landhaus Liebefeld
Birmenstorf	Zum Bären - Orangerie
Breil	Casa Fausta Capaul
Bubikon	Löwen - Apriori
Flüh	Zur Säge
Gattikon	Sihlhalden
Genève	Brasserie du Parc des Eaux-Vives
Genève	Rasoi by Vineet
Goldach	Villa am See
Gstaad	La Bagatelle
Hurden	Markus Gass zum Adler
Intragna	Stazione «Da Agnese e Adriana»
Kandersteg	Au Gourmet
Kirchdorf	Spycher mille privé
Lenzerheide / Sporz	Guarda Val
Münchenbuchsee	Moospinte - Gaststube
Rapperswil	Villa Aurum
Samnaun	Gourmet Stübli La Miranda
Sankt Pelagiberg	Sankt Pelagius
Scheunenberg	Sonne
Schwyz / Steinen	Adelboden
Sugiez	De l'Ours
Taverne	Motto del Gallo
Tegna / Ponte Brolla	Da Enzo
Thun	Arts Schloss Schadau
Vevey / Chardonne	Le Montagne
Wädenswil	Eder's Eichmühle
Weesen	Flyhof
Zürich	Il Gattopardo
Zürich	Mesa

Altendorf	Steinegg
Ascona	Seven
Erlenbach	Zum Pflugstein
Fläsch	Landhaus
Genève	Buffet de la Gare des Eaux-Vives
Genève	Vertig'O
Genève / Conches	Le Vallon
Kandersteg	Ruedihus - Biedermeier Stuben
Lömmenschwil	Ruggisberg
Sankt Moritz	Chesa Veglia - Patrizier Stuben
Zeihen	Ochsen

Wellness

Bel espace de bien-être et de relaxation
Schöner Bereich zum Wohlfühlen
Centro attrezzato per il benessere ed il relax
Extensive facility for relaxation and well-being

Adelboden	Parkhotel Bellevue	🏠🏠🏠
Adelboden	Solis Cambrian	🏠🏠🏠
Appenzell / Weissbad	Hof Weissbad	🏠🏠🏠
Arosa	Arosa Kulm	🏠🏠🏠
Arosa	Tschuggen Grand Hotel	🏠🏠🏠
Arosa	Waldhotel National	🏠🏠🏠
Ascona	Castello del Sole	🏠🏠🏠
Ascona	Eden Roc	🏠🏠🏠
Ascona	Giardino	🏠🏠🏠
Ascona	Parkhotel Delta	🏠🏠🏠
Bad Ragaz	Grand Resort	🏠🏠🏠🏠
Bad Ragaz	Schloss Ragaz	🏠🏠
Celerina	Cresta Palace	🏠🏠🏠
Crans-Montana	Alpina et Savoy	🏠🏠🏠
Crans-Montana	Art de Vivre	🏠
Crans-Montana	Aïda Castel	🏠🏠🏠
Crans-Montana	Grand Hôtel du Golf	🏠🏠🏠
Crans-Montana	Hostellerie du Pas de l'Ours	🏠🏠🏠
Crans-Montana	L'Etrier	🏠🏠
Crans-Montana	Royal	🏠🏠🏠
Crans-Montana / Plans-Mayens	Le Crans	🏠🏠🏠
Feusisberg	Panorama Resort und Spa	🏠🏠🏠
Flims	Adula	🏠🏠🏠
Flims	Waldhaus Flims	🏠🏠🏠
Genève	InterContinental	🏠🏠🏠
Genève / Bellevue	La Réserve	🏠🏠🏠
Gstaad	Grand Hotel Bellevue	🏠🏠🏠
Gstaad	Grand Hotel Park	🏠🏠🏠🏠
Gstaad	Gstaad Palace	🏠🏠🏠🏠
Gstaad / Schönried	Ermitage-Golf	🏠🏠🏠
Gstaad / Saanenmöser	Golfhotel Les Hauts de Gstaad	🏠🏠🏠
Heiden	Heiden	🏠🏠
Interlaken	Lindner Grand Hotel Beau Rivage	🏠🏠🏠
Interlaken	Victoria-Jungfrau	🏠🏠🏠🏠

Klosters	Vereina	⭐⭐⭐
Lausanne	Beau-Rivage Palace	⭐⭐⭐⭐
Lausanne	Lausanne Palace	⭐⭐⭐⭐
Lavey-Village	Grand Hôtel des Bains	⭐⭐
Lenk	Lenkerhof	⭐⭐⭐
Lenzerheide	Schweizerhof	⭐⭐⭐
Leukerbad	Les Sources des Alpes	⭐⭐⭐
Leukerbad	Mercure Hotel Bristol	⭐⭐⭐
Locarno / Minusio	Esplanade	⭐⭐⭐
Lugano	Grand Hotel Eden	⭐⭐⭐⭐
Lugano	Grand Hotel Villa Castagnola	⭐⭐⭐⭐
Lugano / Massagno	Villa Sassa	⭐⭐⭐
Luzern	Palace	⭐⭐⭐⭐
Merligen	BEATUS	⭐⭐⭐
Le Mont-Pèlerin	Le Mirador Kempinski	⭐⭐⭐⭐
Montreux	Fairmont Le Montreux Palace	⭐⭐⭐⭐
Morcote	Swiss Diamond Hotel Olivella	⭐⭐⭐⭐
Morschach	Swiss Holiday Park	⭐⭐⭐
Pontresina	Grand Hotel Kronenhof	⭐⭐⭐⭐
Saas Almagell	Pirmin Zurbriggen	⭐⭐
Saas Fee	Ferienart Resort und SPA	⭐⭐⭐⭐
Saas Fee	Schweizerhof	⭐⭐⭐
Saillon	Bains de Saillon	⭐⭐⭐
Saint-Luc	Bella Tola	⭐⭐⭐
Samnaun	Chasa Montana	⭐⭐⭐
Sankt Moritz	Badrutt's Palace	⭐⭐⭐⭐
Sankt Moritz	Carlton	⭐⭐⭐⭐
Sankt Moritz	Kempinski Grand Hotel des Bains	⭐⭐⭐⭐
Sankt Moritz	Kulm	⭐⭐⭐⭐
Sankt Moritz	Suvretta House	⭐⭐⭐⭐
Sigriswil	Solbadhotel	⭐⭐
Sörenberg	Rischli	⭐⭐
Verbier	Le Chalet d'Adrien	⭐⭐⭐
Vevey	Trois Couronnes	⭐⭐⭐⭐
Villars-sur-Ollon	Chalet Royalp	⭐⭐⭐
Weggis	Park Hotel Weggis	⭐⭐⭐⭐
Weggis	Rössli	⭐⭐
Zermatt	Alpenhof	⭐⭐⭐
Zermatt	Grand Hotel Zermatterhof	⭐⭐⭐⭐
Zermatt	La Ginabelle	⭐⭐⭐
Zermatt	Mirabeau	⭐⭐⭐
Zermatt	Mont Cervin Palace	⭐⭐⭐⭐
Zürich	The Dolder Grand	⭐⭐⭐⭐

Pour en savoir plus

Gut zu wissen
Per saperne di piú
Further information

Charas lecturas, chars lecturs

No'ns allegrain da Tils pudair preschantar la 17. 'ediziun da la „guida MICHELIN Svizzra". Quista selecziun dals meglders hotels e restorants in tuot las categorias da predschs, vegn realisada d'ün'equipa dad inspecturs scolats ill'hoteleria. Dürant tuot on sun els in viadi tras nos pajais. Lur incumbenza es, da controllar criticamaing la qualità e la praistaziun dals hotels e restorants fingià propuonüts e da quels chi vegnan nouv laprò. Nossa tscherna muossa via minch'on sün ils meglders hotels e restorants, quels vegnan marcats cun ✿ fin ✿✿✿ stailas. Las stailas premieschan la megldra cuschina. Da la partida sun differents möds da cuschina. Sco criteris stan a disposiziun la selecziun dals prodots, la preparaziun professiunala, il gust dals pasts, la creatività e la praistaziun in congual cul predsch, sco eir la praistaziun permanenta da la cuschina. Quist on vegnan nomnats specialmaing eir blers restorants per lur svilup illa cuschina. Per pudair preschantar cun üna, duos o trais stailas quellas chasas chi sun gnüdas prò nouv 'il on 2010, vaina marcà quellas cun ün "**N**". Inoltra vulaina accentuar quellas chasas chi sun sün buna via da rivar in üna categoria plü ota. Quellas chasas sun scrittas 'illa glista cun cotschen e sun las megldras in lur categoria. Ellas han bunas schanzas da far ün pass inavant illa prossma categoria, scha lur qualità e praistaziun es da dürada e s'ha verifichada sün tuot la carta. L'accentuaziun dess muossar ils restorants chi sun in noss ögls las sprazas da daman illa gastronomia. Lur opiniun ans interessa! No Tils rovain d'ans dar part Lur opiniun, impustüt schi's tratta da las chasas, illas qualas no mettain spranzas per l'avegnir. Vossa collavuraziun es da grond'importanza per la planisaziun da nossas visitas ed eir per pudair amegldrar continuantamaing la "guida MICHELIN".

No Tils ingrazchain per lur fidelà e Tils giavüschain agreabels viadis culla "guida MICHELIN 2010".

La "guida MICHELIN" es da chatter eir aint il internet suot www.ViaMichelin.ch o ans scrivai ün e-mail: leguidemichelin-suisse@ch.michelin.com

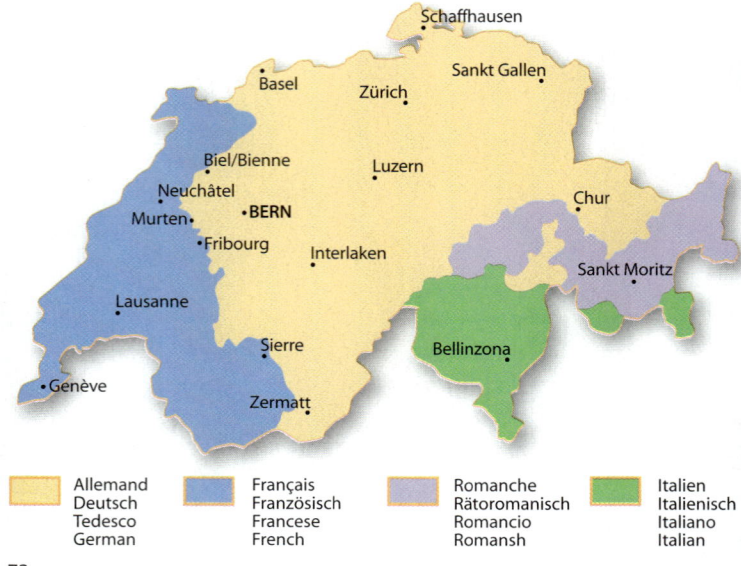

| | Allemand Deutsch Tedesco German | | Français Französisch Francese French | | Romanche Rätoromanisch Romancio Romansh | | Italien Italienisch Italiano Italian |

Les langues parlées

Outre le « Schwyzerdütsch », dialecte d'origine germanique, quatre langues sont utilisées dans le pays : l'allemand, le français, l'italien et le romanche, cette dernière se localisant dans la partie ouest, centre et sud-est des Grisons. L'allemand, le français et l'italien sont considérés comme langues officielles administratives et généralement pratiqués dans les hôtels et restaurants.

Die Sprachen

Neben dem "Schwyzerdütsch", einem Dialekt deutschen Ursprungs, wird Deutsch, Französisch, Italienisch und Rätoromanisch gesprochen, wobei Rätoromanisch im westlichen, mittleren und südöstlichen Teil von Graubünden beheimatet ist. Deutsch, Französisch und Italienisch sind Amtssprachen; man beherrscht sie in den meisten Hotels und Restaurants.

Le lingue parlate

Oltre allo "Schwyzerdütsch", dialetto di origine germanica, nel paese si parlano quattro lingue : il tedesco, il francese, l'italiano ed il romancio ; quest'ultimo nella parte ovest, centrale e sud-est dei Grigioni. Il tedesco, il francese e l'italiano sono considerate le lingue amministrative ufficiali e generalmente praticate negli alberghi e ristoranti.

Spoken languages

Apart from "Schwyzerdütsch", a dialect of German origin, four languages are spoken in the country: German, French, Italian and Romansh, the latter being standard to the West, Centre and South-East of Grisons. German, French and Italian are recognised as the official administrative languages and generally spoken in hotels and restaurants.

Ils lingvatgs

Ultra il "Schwyzerdütsch", in conglomerat da dialects d'origin german, vegnan quatter linguas utilisadas : il tudestg, il franzos, il talian ed il rumantsch che è derasà en la part vest, sid-ost e la part centrala dal Grischun. Il tudestg, il franzos ed il talian èn renconuschids sco linguatgs uffizials ed en general san ins discurrer quels en hotels ed ustarias.

Les cantons suisses

La Confédération Helvétique regroupe 23 cantons dont 3 se divisent en demi-cantons. Le « chef-lieu » est la ville principale où siègent les autorités cantonales. Berne, centre politique et administratif du pays, est le siège des autorités fédérales (voir Le Guide Vert Suisse). Le 1er août, jour de la Fête Nationale, les festivités sont nombreuses et variées dans tous les cantons.

Die Schweizer Kantone

Die Schweizer Eidgenossenschaft umfasst 23 Kantone, wobei 3 Kantone in je zwei Halbkantone geteilt sind. Im Hauptort befindet sich jeweils der Sitz der Kantonsbehörden. Bern ist verwaltungsmässig und politisch das Zentrum der Schweiz und Sitz der Bundesbehörden (siehe Der Grüne Führer Schweiz). Der 1. August ist Nationalfeiertag und wird in allen Kantonen festlich begangen.

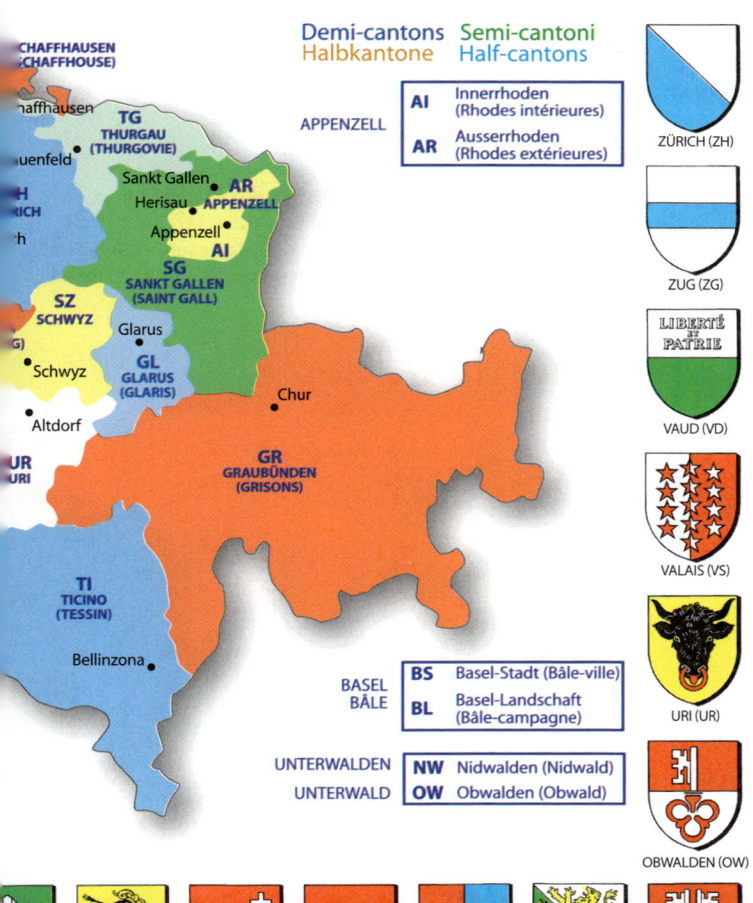

I cantoni svizzeri

La Confederazione Elvetica raggruppa 23 cantoni, dei quali 3 si dividono in semi-cantoni. Il «capoluogo» è la città principale dove risiedono le autorità cantonali.
Berna, centro politico ed amministrativo del paese, è sede delle autorità federali (vedere La Guida Verde Svizzera in francese, inglese, tedesco). Il 1° Agosto è la festa Nazionale e numerosi sono i festeggiamenti in tutti i cantoni.

Swiss Districts (Cantons)

The Helvetica Confederation comprises 23 cantons of which 3 are divided into half-cantons. The «chef-lieu» is the main town where the district authorities are based.
Bern, the country's political and administrative centre, is where the Federal authorities are based (see The Green Guide Switzerland). On 1st August, the Swiss National Holiday, lots of different festivities take place in all the cantons.

Ils chatuns svizzers

La Confederaziun Helvetica cumpiglia 23 chantuns dals quals 3 èn dividids en mezs chantuns. La «chapitala» è la citad nua che las autoritads civilas sa chattan.
Berna, il center politic ed administrativ dal pajais, è la sedia da las autoritads federalas (vesair Guid Verd Svizra). Il prim d'avust, il di da la festa naziunala, dat i en tut ils chantuns numerasas festivitads da different gener.

Le fromage en Suisse

La Suisse est un pays de fromages, sa fabrication absorbe la moitié du lait fourni par les paysans. Les fromageries, souvent artisanales, font partie intégrante des villages helvétiques, on en compte environ 1100. La plupart de ces fromages sont élaborés à partir de lait cru frais qui confère aux pâtes traditionnelles leur plénitude d'arôme et favorise leur conservation prolongée.

Der Käse in der Schweiz

Die Schweiz ist ein Land des Käses. Die Hälfte der Milch, welche die Bauern abliefern, wird zu Käse verarbeitet. Die ca. 1100 häufig noch handwerklich arbeitenden Käsereien sind Teil des schweizerischen Dorfbilds. Die meisten dieser Käse werden aus frischer Rohmilch hergestellt, sie verleiht ihnen volles Aroma und eine längere Haltbarkeit.

Il formaggio in Svizzera

La Svizzera è un paese di formaggi, la metà del latte consegnato dai contadini viene trasformato in formaggio. I caseifici, spesso artigianali, sono parte integrante dei villaggi svizzeri, se ne contano circa 1100. La maggior parte di questi formaggi sono fabricadi con latte crudo fresco che conferisce un aroma particolarmente pieno e favorisce una conservazione prolongata.

The cheese in Switzerland

Switzerland is a land of cheeses. In all there are around 1100 cheese dairies, most of whom use local traditional methods, and which together account for half of the national milk production. The majority of their cheeses are made from fresh raw milk, which gives them their strong flavours and helps preserve them longer.

Principaux fromages suisses
Wichtigste Schweizer Käse
Principali formaggi svizzeri
Main swiss cheese

→ Leur numéro fait référence à la carte → Ihre Nummer bezieht sich auf die Karte → Il numero fa riferimento alla carta → Number refers to the map	**PÂTE** **TEIG** **PASTA** **TEXTURE**	**GOÛT** **GESCHMACK** **GUSTO** **TASTE**	**MATURATION** **REIFEZEIT** **STAGIONATURA** **PERIOD OF MATURING**
LA ROMANDIE **1 - GRUYÈRE** Peu ou pas de trous, doux ou salé *Wenige oder keine Löcher, mild oder rezent* Con pochi o senza buchi, dolce o salato *Few or no holes, sweet or salted*	dure *hart* dura *hard*	fin, corsé, racé *fein, kräftig, würzig* fine, saporito *full-bodied*	4-12 mois et plus *4-12 Monate und mehr* 4-12 mesi e più *4-12 months and more*
2 - VACHERIN FRIBOURGEOIS	mi-dure *halb-hart* semidura *semi-hard*	doux, crémeux puis corsé et un peu acide *mild, cremig bis kräftiger, leicht säuerlich* dolce, cremoso poi saporito, acidulo *sweet, creamy then strong and with a slightly acid aftertaste*	2-4 mois *2-4 Monate* 2-4 mesi *2-4 months*
3 - VACHERIN MONT-D'OR Entouré d'une écorce d'épicéa qui contribue à l'arôme *mit Tannenrinde aromaprägender eingebunden* avvolto in corteccia di abete che contibusce all'aroma. *wrapped in pine bark to enhance the flavour*	molle *weich* molle *soft*	légèrement doux puis plus relevé voire fort *leicht süsslich, später sehr kräftig* leggermente dolce poi più saporito *slightly sweet then with a strong, spicy aftertaste*	2-4 semaines *2-4 Wochen* 2-4 settimane *2-4 weeks*
4 - TÊTE DE MOINE Râclé à la girolle *Mit der Girolle geschabt* Raschiato con la girolle *Scraped with the girolle*	mi-dure *halb-hart* semidura *semi-hard*	doux à relevé, aromatique *mild bis pikant, aromatisch* da morbido a piccante, aromatico *sweet, fragrant and full bodied*	3-6 mois *3-6 Monate* 3-6 mesi *3-6 months*
LE VALAIS (WALLIS) **5.** Anniviers, Bagnes, Conthey, Gomser, Heida, Savièse... les noms sont gravés sur le talon. Les fromages d'alpage, souvent de raclette, sont les seuls à base de lait entier non pasteurisé. *...die Namen sind am Rand eingraviert. Die Alpkäse, meistens für Raclette, sind die einzigen, die aus Rohmilch und nicht pasteurisierter Milch hergestellt werden.*	mi-dure halb-hart	doux puis corsé *mild, später pikant und kräftig*	à la coupe 12 sem. à raclette 16-18 sem. à rebibes 32 sem *für Schnittkäse 12 Wochen* *für Raclette 16-18 Wochen* *für Hobbelkäse 32 Wochen.*

...i nomi sono marchiati sul tallone. I formaggi di alpeggio, speso da raclette, sono i soli a base di latte intero non pastorizzato	semidura	**morbido poi saporito**	al taglio 12 settimane da raclette 16-18 settimane, in trucioli 32 settimane
...the names are stamped into the rind. These mountain cheeses, often used for raclette, are the only cheeses made with fresh raw milk and not pasteurized milk	*semi-hard*	*sweet then full-flavoured*	*eating 12 weeks raclette 16-18 weeks in shaving 32 weeks*

BERN
6 - EMMENTAL

Nombreux trous de 1 à 3 cm	dure	**doux, saveur de noisettes puis corsé**	le jeune 4 ou 5 mois, le mûr 7-10 mois, l'extra dur jusqu'à 17 mois
zahlreiche Löcher von 1 bis 3 cm	*hart*	*mild, nussig, später kräftig, würzig*	*jung 4 oder 5 Monate reif 7-10 Monate extra-hart bis 17 Monate*
numerosi buchi da 1 a 3 cm.	dura	**dolce, gusto di noce poi robusto**	il giovane 4 o 5 mesi il maturo 7-10 mesi, il extra duro fino a 17 mesi
Many holes, 1-3 cm.	*hard*	*sweet, nutty then full-flavoured*	*young 4 or 5 months mature 7-10 months extra-mature 17 months*

ZENTRAL SCHWEIZ (SUISSE CENTRALE)
7 - SBRINZ

Fromages à rebibes, à casser ou à râper	extra dure	**racé, aromatique, évoque la noix**	1-2 ans ou plus
Hobel-oder Reibkäse	*extra hart*	*rassig, aromatisch, nussig*	*1-2 Jahre und mehr*
Da spezzare o grattugiare	extradura	**saporito, aromatico, gusto di noce**	1-2 anni o più
scraped, crumbled or grated	*extra hard*	*fruity and fragrant, slightly nutty*	*1-2 years and more*

OST SCHWEIZ (SUISSE ORIENTALE)
8 - APPENZELL

Passage dans une saumure aux herbes	mi-dure	**épicé, aromatique, fruité, doux puis très corsé**	6-8 mois pour l'extra.
mit einer gewürzten Lake behandelt	*halb-hart*	*Rässkäse aromatisch, würzig mild, später kräftig*	*6-8 Monate für das Besondese*
passato in una marinata a base di erbe	semidura	**speziato, aromatico, fruttato, dolce poi molto robusto**	6-8 mesi per il extra
washed in a pickle with herbs	*semi-hard*	*spiced and fragrant, fruity, sweet then with a strong aftertaste*	*6-8 months for extra*

9 - SCHABZIGER

Fromage compact écrémé, mélangé au beurre à tartiner, ou sec et râpé en saupoudreur pour l'assaisonnement.	aux herbes	**corsé, piquant, inimitable**	4-12 semaines
Kompakter Magermilchkäse als Aufstrich mit Butter vermischt sowie getrocknet und gerieben in Streudose zum Würzen	*mit Kräutern*	*kräftig, pikant, unnachahmlich*	*4-12 Wochen*
Formaggio compatto scremato, mescolato con burro da spalmare, o secco e grattugiato per condimento	alle erbe	**robusto, piccante, inimitabile**	4-12 settimane

Compact skimmed cheese, for spreading herbed or dried and grated for sprinkling/seasoning	with herbs	**an unmistakable, full-bodied, piquant flavour**	4-12 weeks
10 - TILSIT SUISSE Trous ronds *runde Löcher*	mi-dure *halb-hart*	**un peu acide, doux à corsé** *leicht säuerlich, mild bis sehr kräftig*	
buchi rotondi *round holes*	semidura *semi-hard*	**acidulo, da dolce a saporito** *slightly acid, sweet to full-bodied*	
a. étiquette rouge *rote Etikette* etichetta rossa *red label*			a. lait cru 3-5 mois *Rohmilch 3-5 Monate* latte crudo 3-5 mesi *raw milk 3-5 months*
b. étiquette verte			b. lait pasteurisé 1-2 mois
grüne Etikette			*pasteurisierte Milch 1 bis 2 Monate*
etichetta verde			latte pastorizzato 1-2 mesi
green label			*pasteurized milk 1-2 months*
c. étiquette jaune *gelbe Etikette* etichetta gialla *yellow label*			c. à la crème 1-2 mois *cremig 1-2 Monate* alla panna 1-2 mesi *creamy 1-2 months*

GRAUBÜNDEN (GRISONS / GRIGIONI)

11. Fromages d'alpage : Andeer, Brigels, Bivio, Ftan, Müstair...			
Au lait de vache ou de chèvre	mi-dure	**corsé**	4-8 semaines
Alpkäse, aus Kuh, oder Ziegenmilch	*halb-hart*	***sehr kräftig***	*4-8 Wochen*
Formaggi di alpeggio, di latte di mucca o Capra	semidura	**robusto**	4-8 settimane
Mountain cheeses, cow or goats milk	*semi-hard*	***full-flavoured***	*4-8 weeks*

TICINO (TESSIN) Formaggini : petits fromages, quelquefois aux herbes et à l'huile d'olive, lait de chèvre ou de vache, cru ou pasteurisé	fromage frais	**plus ou moins prononcé ou aromatique**	de quelques jours à un mois
...kleine Käse, manchmal in Olivenöl und Kräuter eingelegt, Ziegen- oder Kuhmilch, roh oder pasteurisiert	*Frischkäse*	***mehr oder weniger kräftig oder aromatisch***	*einige Tage bis 1 Monat*
...A volte alle erbe e all'olio d'oliva, latte di capra o mucca, crudo o pastorizzato	formaggio fresco	**più o meno pronunciato o aromatico**	da qualche giorno a un mese
...Small cheeses, some with herbs and olive oil, goats or cows milk, raw or pasteurized	*cream cheese*	***characteristic, aromatic flavours***	*from a few days up to 1 month*
12. VALMAGGIA : dans le Locarnese, Campo la Torba, Zania... constitué avec 1/3 lait de chèvre, 2/3 lait de vache.	mi-dure	**corsé à piquant**	3-4 mois
... aus Locarnese, hergestellt aus 1/3 Ziegenmilch und 2/3 Kuhmilch.	*halb-hart*	***sehr kräftig bis pikant***	*3-4 Monate*
... nel Locarnese, 1/3 latte di capra, 2/3 latte di mucca.	semidura	**da saporito a piccante**	3-4 mesi
... from Locarnese, made with 1/3 goats milk, 2/3 cows milk.	*semi-hard*	***full-bodied, piquant***	*3-4 months*

Le vignoble suisse

La production vinicole suisse est estimée à 1,2 million d'hectolitres, moitié en vins blancs, moitié en vins rouges. Le relief tourmenté du pays rend difficile l'exploitation du vignoble, mais assure une grande variété de climats et de terroirs. Cépage blanc typique de Suisse romande et peu cultivé ailleurs, le Chasselas est sensible à toute nuance de terroir et de vinification, d'où une grande variété de caractères selon les régions. Pinot, Gamay et Merlot sont les principaux cépages rouges cultivés dans le pays.

La réglementation d'« Appellation d'Origine Contrôlée », dans le cadre des ordonnances fédérales sur la viticulture et sur les denrées alimentaires, est de la compétence des cantons. Elle existe déjà dans les cantons d'Argovie, Fribourg, Genève, Neuchâtel, Schaffhouse, Tessin, Vaud, Valais et la région du lac de Bienne. 2007 et 2008 sont les meilleurs millésimes récents.

Das Schweizer Weinanbaugebiet

Die Weinproduktion in der Schweiz wird auf 1,2 Millionen Hektoliter geschätzt, je zu 50 % Weisswein und Rotwein. Die Topographie der Schweiz macht den Weinanbau zwar schwierig, sorgt jedoch für eine grosse Vielfalt verschiedener Klimazonen und Böden. Der Chasselas, eine typische weisse Rebsorte aus der Westschweiz, die woanders kaum angebaut wird, reagiert sehr unterschiedlich auf den Boden und die Verarbeitung des Weins. Daher variiert der Charakter dieses Weins sehr stark je nach Region, in der er angebaut wird. Blauburgunder, Gamay und Merlot sind die wichtigsten roten Rebsorten. Die Regelung zur kontrollierten Ursprungsbezeichnung, im Rahmen der Wein- und Lebensmittelverordnung, wurde vom Bund an die Kantone übertragen und existiert schon für die Kantone Aargau, Freiburg, Genf, Neuenburg, Schaffhausen, Tessin, Waadt, Wallis und die Region Bielersee. 2007 und 2008 sind die besten letzten Jahrgänge.

La Svizzera vinicola

La produzione vinicola svizzera è stimata a 1,2 milioni d'ettolitri, la metà dei quali di vino bianco e l'altra metà di vino rosso. Il rilievo accidentato del paese rende difficoltosa l'attività vitivinicola, ma assicura una grande varietà di climi e terreni. Vitigno bianco tipico della Svizzera romanda e poco coltivato altrove, lo Chasselas è sensibile a tutte le sfumature del terreno e della vinificazione ; da ciò deriva una grande varietà di caratteristiche. Pinot, Gamay e Merlot sono i principali vitigni rossi coltivati nel paese. La normativa sulla «Denominazione d'Origine Controllata», nell'ambito delle disposizioni federali sulla viticoltura e sui generi alimentari, è di competenza dei cantoni, ma già esiste, nei cantoni di Argovia, Friburgo, Ginevra, Neuchâtel, Sciaffusa, Ticino, Vaud, Vallese e nella regione del lago di Bienne. 2007 e 2008 sono i migliori millesimi recenti.

Swiss Wine

Swiss wine production is estimated at 1.2 million hectolitres per year, half white wine and half red wine. The tortuous relief of the country makes cultivation of vineyards difficult but ensures a great variation in climate and soil. The Chasselas, a typical white Swiss grape little grown elsewhere, is sensitive to the slightest variation in soil or fermentation ; hence its noticeable change in character according to the region in which it is grown. Pinot, Gamay and Merlot are the main red grapes grown in the country. Under federal regulation for viticulture and foodstuffs, each district is responsible for the administration of the «Appellation d'Origine Contrôlée». It already exists in the districts of Aargau, Fribourg, Geneva, Neuchâtel, Schaffhausen, Ticino, Valais, Vaud and the region of Bienne.

2007 and 2008 are the best of the recent vintages.

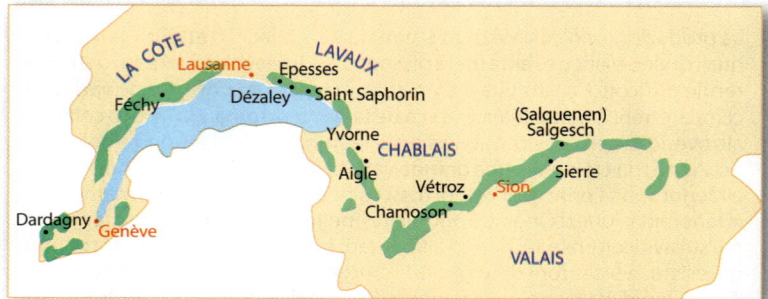

Principaux vins et spécialités régionales
Wichtigste Weine und regionale Spezialitäten
Principali vini e specialità regionali
Main wines and regional specialities

→ Principaux cépages → Wichtigste Rebsorten → Principali vitigni → Main grape stock (*)	Caractéristiques Charakteristiken Caratterische Chatacteristics	Mets et principales spécialités culinaires régionales Gerichte und wichtigste regionale kulinarische Spezialitäten Vivande e principali specialità culinarie regionali Food and main regional culinary specialities
GENEVE (Genf) (GE) Chasselas (b) Gamay (r)	fruité, léger, frais *fruchtig, leicht mundig frisch* frais, souple, fruité *mundig frisch, zart, fruchtig*	Poissons du lac (omble chevalier), Fondue, Gratin genevois *Süsswasserfische (Saibling),* *Käse-Fondue, Genfer Auflauf* Viandes blanches, Ragoût de porc (fricassée) Longeole au marc (saucisse fumée) *helles Fleisch, Schweinsragout (Frikassee),* *« Longeole » (geräucherte Wurst)*
GRAUBÜNDEN (Grisons) (Grigioni) (GR) *Blauburgunder* (Pinot noir) (r)	velouté *körperreich, samtig*	Bœuf en daube - Bündner Beckribraten, Viande de bœuf séchée des Grisons - Bündnerfleisch
NEUCHÂTEL (Neuenburg) (NE) Chasselas, Chasselas sur lie (b) Pinot noir (r) *(Blauburgunder)* Oeil de Perdrix (rosé de Pinot noir) *Rosé von Blauburgunder*	nerveux *feine Säure* bouqueté, racé *blumig, rassig* vif *anregend-frisch*	Palée : Féra du lac de Neuchâtel *Felchen aus dem Neuenburgersee* Viandes rouges *dunkles Fleisch* Tripes à la Neuchâteloise *Kutteln nach Neuenburger Art*
TICINO (Tessin) (TI) Merlot bianco (b) Merlot (r)	fruité, frais, léger *fruchtig, frisch, leicht* *fruttato, fresco, leggero* corsé, équilibré *kräftig, ausgeglichen* *robusto, equilibrato*	Poissons d'eau douce *Süsswasserfische* Viandes rouges, Gibier à plumes, fromages, Polpettone (viandes hachées aromatisées) *dunkles Fleisch, Wildgeflügel, Käse,* *« Polpettone » (gewürztes Hackfleisch)*

(*)(b)(w) : *blanc, weiss, bianco, white*　　　　　　　　　　(r) : *rouge, rot, rosso, red*

→ Principaux cépages → Wichtigste Rebsorten → Principali vitigni → Main grape stock (*)	Caractéristiques Charakteristiken Caratteriche Chatacteristics	Mets et principales spécialités culinaires régionales Gerichte und wichtigste regionale kulinarische Spezialitäten Vivande e principali specialità culinarie regionali Food and main regional culinary specialities
TICINO (Tessin) (TI) Merlot rosato (rosé)	fruité, frais *fruchtig, mundig frisch* *fruttato, fresco*	Poissons d'eau douce, Pesci in carpione (Fera en marinade) *Süsswasserfische, Pesci in carpione, Felchen in einer Marinade*
VALAIS (Wallis) (VS) Fendant (Chasselas) (b)	rond, équilibré, fruité, parfois perlant *füllig, ausgeglichen, fruchtig, gelegentlich perlend*	Poissons, Raclette, Filets de truite *Fische, Raclette, Forellenfilets*
Petite Arvine (b)	certains secs, d'autres doux *einige trocken, andere mild*	Vins secs : Poissons, fromages de chèvre *Trockene Weine : Fische, Ziegenkäse*
Amigne (b)	corsé, sapide, parfois sec, très souvent doux *kräftig, harmonisch, voll, manchmal trocken, oft mild*	Vins doux : Foie gras, desserts *Milde Weine :* *Ente-, Gänseleber, Desserts*
Johannisberg (b) (Sylvaner) Malvoisie flétrie (Pinot gris vendanges tardives, *Grauburgunder Beerenauslese*) (b)	sec ou doux *trocken oder mild* moelleux, riche *weich, rund gehaltvoll*	Vin d'apéritif et de dessert, *Aperitif- und Dessert-Wein* Foie Gras *Ente-, Gänseleber*
Dôle (assemblage de Pinot noir et de Gamay) *(Mischung aus Blauburgunder und Gamay)* (r)	robuste, ferme, bouqueté *robust, verschlossen, bukettreich*	Assiette valaisanne (viande séchée, jambon et fromage) *Walliserteller (Trockenfleisch, Schinken, Hobel-, und Bergkäse)*
Cornalin (r)	corsé, tanique *kräftig, gerbstoffhaltig*	Gibiers : cerf, chevreuil, sanglier *Wild : Hirsch, Reh, Wildschwein* Fromages - *Käse*
Humagne rouge	charnu, généreux *kernig, edel*	
VAUD (Waadt) (VD) Chasselas (b)	équilibré, fruité *ausgeglichen fruchtig*	Truite, brochet, perche ; Fondue (vacherin et gruyère) *Forelle, Hecht, Egli, Käse-Fondue (Vacherin und Greyerzer)*
Salvagnin (r) *(assemblage de Pinot noir et de Gamay)* *(Mischung aus Blauburgunder und Gamay)*	harmonieux, velouté *harmonisch, samtig*	Viandes blanches, Papet vaudois (poireaux, p. de terre, saucissons) *helles Fleisch, Waadtländer Papet (Lauch, Kartoffeln, Würste)*

(*)(b)(w) : *blanc, weiss, bianco, white*   (r) : *rouge, rot, rosso, red*

→ Principaux cépages → Wichtigste Rebsorten → Principali vitigni → Main grape stock (*)	**Caractéristiques** **Charakteristiken** **Caratterische** **Chatacteristics**	**Mets et principales spécialités culinaires régionales** **Gerichte und wichtigste regionale kulinarische Spezialitäten** **Vivande e principali specialità culinarie regionali** **Food and main regional culinary specialities**
ZÜRICH (ZH) **SCHAFFHAUSEN (Schaffhouse) (SH)** **THURGAU (Thurgovie) (TG)** **SANKT-GALLEN (Saint-Gall) (SG)** **AARGAU (Argovie) (AG)** *Riesling-Sylvaner* (w) *Blauburgunder* (Pinot noir) (r)	parfum délicat, léger, sec *feines Aroma, leicht, trocken* léger, aromatique *leicht, aromatisch*	Zürich- und Bodenseefische *Poissons des lacs de Zurich et Constance* Cochonailles. Deftige Wurstwaren Emincé de veau *Geschnetzeltes Kalbfleisch* Potée aux choux, *Zürcher Topf* *(verschiedene Fleischsorten mit Kohl)* Assiette bernoise (viandes diverses, choucroute, choux, haricots, pommes de terre) *Berner Platte (verschiedene Fleischsorten Sauerkraut, Kohl, Bohnen, Kartoffeln)*

(*)(b)(w) : *blanc, weiss, bianco, white*   (r) : *rouge, rot, rosso, red*

Automobile clubs

Les principales organisations de secours automobile dans le pays sont :
Touring Club Suisse (T.C.S.)
Siège central : 4 ch. de Blandonnet
1214 VERNIER
Tél : 022 417 27 27
Fax : 022 417 20 20
Automobile Club de Suisse (A.C.S.)
Siège central : Wasserwerkgasse 39
3000 BERN 13
Tél : 031 328 31 11
Fax : 031 311 03 10
Dépannage routier 24/24 h. Tél. : 140

Automobilclubs

Die wichtigsten Automobilclubs des Landes sind :
Touring Club der Schweiz (T.C.S.)
Zentralverwaltung : 4 ch. de Blandonnet
1214 VERNIER
Tel : 022 417 27 27
Fax : 022 417 20 20
Automobil Club der Schweiz (A.C.S.)
Zentralverwaltung : Wasserwerkgasse 39
3000 BERN 13
Tel : 031 328 31 11
Fax : 031 311 03 10
24 Stunden Pannenhilfe. Tel. : 140

Automobile clubs

Le principali organizzazioni di soccorso automobilistico sono :
Touring Club Svizzero (T.C.S.)
Sede centrale : 4 ch. de Blandonnet
1214 VERNIER
Tel : 022 417 27 27
Fax : 022 417 20 20
Club Svizzeri dell'Automobile (A.C.S.)
Sede centrale : Wasserwerkgasse 39
3000 BERN 13
Tel : 031 328 31 11
Fax : 031 311 03 10
Servizio Assistenza 24/24 Tel. : 140

Motoring organisations

The major motoring organisations in Switzerland are:
Touring Club Suisse (T.C.S.)
4 ch. de Blandonnet
1214 VERNIER
Tél : 022 417 27 27
Fax : 022 417 20 20
Automobil Club der Schweiz (A.C.S.)
Wasserwerkgasse 39
3000 BERN 13
Tél : 031 328 31 11
Fax : 031 311 03 10
24 h. rescue service. Tél. : 140

Villes

Classées par ordre alphabétique
(ä = ae, ö = oe, ü = ue)

*Les renseignements sont exprimés
dans la langue principale parlée sur place*

Städte

In alphabetischer Reihenfolge
(ä = ae, ö = oe, ü = ue)

Die Informationen sind in der lokalen Sprache angegeben

Città

in ordine alfabetico
(ä = ae, ö = oe, ü = ue)

*Le informazioni sono indicati nella lingua
che si parla in prelavenza sul posto*

Towns

in alphabetical order
(ä = ae, ö = oe, ü = ue)

Information is given in the local language

AARAU K – Aargau (AG) – **551** N4 – 15 478 Ew – Höhe 383 m – ✉ 5000   **3** E3

▶ Bern 84 – Basel 54 – Luzern 51 – Zürich 47
🛈 Graben 42 **A**, ✆ 062 824 76 24, mail@aarauinfo.ch
⛳ Entfelden Oberentfelden, Süd: 4 km, ✆ 062 723 89 84
⛳ Heidental Stüsslingen, Süd-West: 9 km, ✆ 062 285 80 90
🏰 Schloss Hallwil ★ über ③: 18 km

Lokale Veranstaltungen:
   2. Juli: Maienzug
   24. September: Bachfischet

※※ **Mürset - Alte Stube**   🈴 ⇔ VISA ⦿ AE ⓪
Schachen 18 – ✆ 062 822 13 72 – www.muerset.ch – Fax 062 824 29 88
Rest – (34 CHF) Menü 70/106 CHF – Karte 59/96 CHF   **Ac**
Rest *Brasserie* – (25 CHF) Menü 60 CHF – Karte 45/80 CHF
Rest *Weinstube* – (34 CHF) Menü 60 CHF (abends) – Karte 57/71 CHF 🛏
◆ Die Alte Stube ist ein schöner, vollständig in Holz gehaltener Speiseraum mit origineller, leicht rustikaler Dekoration. Klassisch-französisches Angebot. Brasserie in typischer Gestaltung. Bruchsteinmauern und Weinflaschen prägen das Ambiente in der Weinstube.

※ **Einstein**   🈴 ⇔ VISA ⦿ AE
*Bahnhofstr. 43 – ✆ 062 834 40 34 – www.restauranteinstein.ch
– Fax 062 834 40 35 – geschl. Sonntagabend*   **Ab**
Rest – (25 CHF) – Karte 65/90 CHF
◆ Ein schlicht-modernes Restaurant mit Bar-Lounge unter einem Dach mit Radio Argovia. Auf Wunsch bedienen Sie sich an zwei langen Küchentischen direkt aus den Schüsseln.

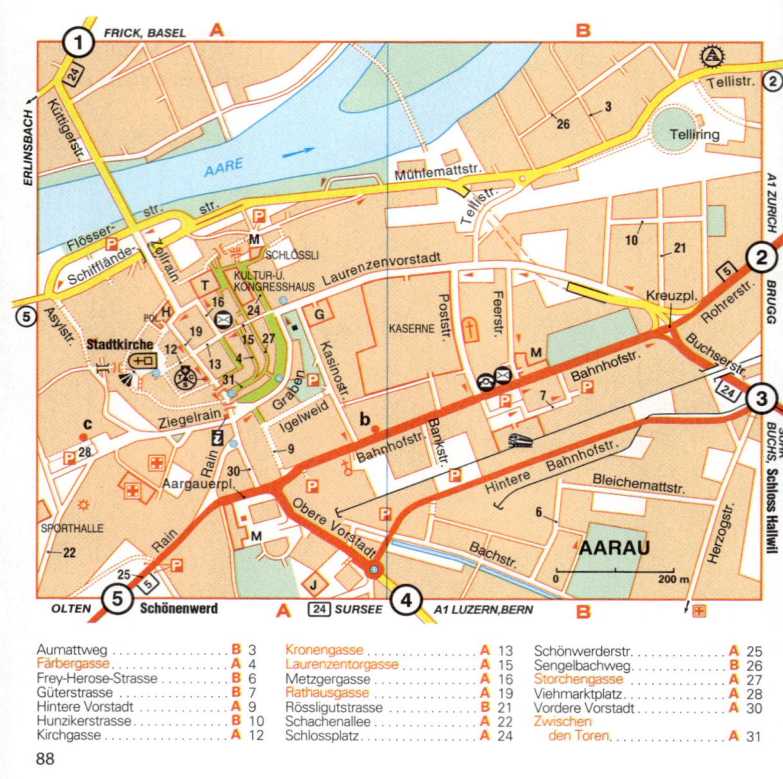

Aumattweg	**B** 3	Kronengasse	**A** 13	Schönwerderstr.	**A** 25
Färbergasse	**A** 4	Laurenzentorgasse	**A** 15	Sengelbachweg	**B** 26
Frey-Herose-Strasse	**B** 6	Metzgergasse	**A** 16	Storchengasse	**A** 27
Güterstrasse	**B** 7	Rathausgasse	**A** 19	Viehmarktplatz	**A** 28
Hintere Vorstadt	**A** 9	Rössligutstrasse	**B** 21	Vordere Vorstadt	**A** 30
Hunzikerstrasse	**B** 10	Schachenallee	**A** 22	Zwischen	
Kirchgasse	**A** 12	Schlossplatz	**A** 24	den Toren	**A** 31

AARBERG – Bern (BE) – **551** I6 – 3 954 Ew – Höhe 449 m – ✉ 3270 **2 D4**

▶ Bern 32 – Biel 18 – Fribourg 62 – Neuchâtel 36
◉ Stadtplatz ★

XX **Commerce** 🈵 ⌘ ⇔ VISA ◎ AE ①
☺☺ *Stadtplatz 20 – ℘ 032 392 45 45 – Fax 032 392 45 20*
– geschl. Juli 2 Wochen, September 2 Wochen und Sonntag - Montag
Rest *– (Tischbestellung erforderlich) (nur Menü)* Menü 65/105 CHF
Rest *Restaurant-Bar* – (18 CHF) – Karte 50/70 CHF
• In einem Stadthaus mitten im Zentrum befindet sich das klassisch-elegante Restaurant mit Terrasse, das ausschliesslich Menüs auf Vorbestellung bietet. Traditionelles A-la-carte-Angebot in der neuzeitlich-schlichten Gaststube. Auch hier mit kleiner Terrasse.

AARBURG – Aargau (AG) – **551** M5 – 6 556 Ew – Höhe 412 m – ✉ 4663 **3 E3**

▶ Bern 65 – Aarau 22 – Basel 50 – Luzern 51

🏨 **Krone** 🈵 ⌘ Zim, ⁽¹⁾ 𝄞 🚗 P VISA ◎ AE ①
Bahnhofstr. 52, (am Bahnhofplatz) – ℘ 062 791 52 52 – www.krone-aarburg.ch
– Fax 062 791 31 05 – geschl. 24. Januar - 7. Februar und 18. Juli - 8. August
30 Zim ⊑ – †160/200 CHF ††200/270 CHF – ½ P +30 CHF
Rest *– (geschl. Sonntag)* Menü 55/66 CHF – Karte 64/93 CHF
• Das Haus gegenüber dem Bahnhof befindet sich seit vielen Jahren in Familienbesitz. Die Gästezimmer wurden wohnlich eingerichtet. Neuzeitlich und schlicht gestaltete Gaststube.

ABTWIL – Sankt Gallen (SG) – **551** O6 – 8 055 Ew – Höhe 658 m **5 H2**
– ✉ 9030

▶ Bern 203 – Sankt Gallen 6 – Bregenz 45 – Frauenfeld 44

🏨 **Säntispark** 🈵 🛗 & AC Rest, ⁽¹⁾ 𝄞 🚗 P VISA ◎ AE ①
Wiesenbachstr. 5 – ℘ 071 313 11 11 – www.hotel-saentispark.ch
– Fax 071 313 11 13
70 Zim – †220/260 CHF ††260/300 CHF, ⊑ 20 CHF
Rest *Parkrestaurant* – Karte 39/88 CHF
• Das Hotel liegt neben dem grössten Freizeitpark der Schweiz und bietet einen tollen Bergblick. Der Eintritt ist im Arrangement inbegriffen. Moderne Gästezimmer mit guter Technik. Parkrestaurant mit Wintergarten und zeitgemässer Küche.

Nord 3 km

🏨 **Panoramahotel Säntisblick** ⌂ ≤ 🈵 ⌘ Zim, ⁽¹⁾ 𝄞 P VISA ◎
☺ *Grimm 27 – ℘ 071 313 25 25 – www.saentisblick.ch – Fax 071 313 25 26*
– geschl. Februar
12 Zim ⊑ – †140/160 CHF ††210/350 CHF
Rest *– (geschl. Montag)* (20 CHF) Menü 62 CHF – Karte 47/91 CHF 🌿
• Der Name verspricht nicht zu viel. In herrlicher Lage mit weitem Ausblick thront dieser Landgasthof über dem Ort. Freundlich gestaltete Zimmer. Gute zeitgemässe Küche im Restaurant mit Glasfront und Panoramaterrasse.

ACLENS – Vaud (VD) – **552** D9 – 390 h. – alt. 460 m – ✉ 1123 **6 B5**

▶ Bern 103 – Lausanne 15 – Thonon-les-Bains 117 – Annemasse 83

X **Auberge Communale** avec ch 🈵 ⌘ ch, P VISA ◎ AE
☺☺ *r. du Village – ℘ 021 869 91 17 – Fax 021 869 91 12 – fermé 20 décembre*
☺ *- 4 janvier, 25 juillet - 16 août, dimanche et lundi*
3 ch ⊑ – †85 CHF ††150 CHF
Rest – (17 CHF) Menu 21 CHF (déj.)/108 CHF – Carte 49/85 CHF
• Un jeune couple débordant de gentillesse vous reçoit dans cette auberge communale rajeunie. Recettes goûteuses à prix raisonnables ; menu gourmet plus élaboré servi le soir. Petites chambres modernes. Tenue sans reproche.

ADELBODEN – Bern (BE) – **551** J10 – 3 618 Ew – Höhe 1 356 m 7 D5
– Wintersport : 1 353/2 362 m ≤5 ≤18 – ⊠ 3715

▶ Bern 67 – Interlaken 48 – Fribourg 104 – Gstaad 81
ℹ Dorfstr. 23, ℰ 033 673 80 80, info@adelboden.ch
◉ Engstligenfälle ★★★
Lokale Veranstaltungen:
9.-10. Januar: AUDI FIS Ski World Cup

Solis Cambrian
Dorfstr. 7 – ℰ 033 673 83 83
– www.solisadelboden.com – Fax 033 673 83 80 – geschl. 18. April - 20. Mai
61 Zim – †200/500 CHF ††225/525 CHF – 10 Suiten – ½ P +59 CHF
Rest – (nur Abendessen) Karte 43/75 CHF
♦ Das komfortable Hotel ist durchwegs im modernen Stil gehalten und überzeugt mit wohnlichen Gästezimmern in klarem Design und einem sehr schönen Spabereich auf 700 qm.

Parkhotel Bellevue
Bellevuestr. 15 – ℰ 033 673 80 00
– www.parkhotel-bellevue.ch – Fax 033 673 80 01 – geschl. 11. April - 21. Mai
50 Zim – †155/265 CHF ††230/510 CHF – 3 Suiten – ½ P +58 CHF
Rest – Menü 65/110 CHF (abends) – Karte 57/85 CHF
♦ Die äusserst reizvolle leicht erhöhte Lage mit Bergblick, der freundliche Service und ein grosszügiger Wellnessbereich mit hochwertigem Angebot machen das Ferienhotel zu einer angenehmen Adresse. Die Zimmer: "Tradition", "Nature" oder "Privilege". Modern-elegant ist das Ambiente in den verschiedenen Restaurantbereichen.

Sporthotel Adler
Dorfstr. 19 – ℰ 033 673 41 41 – www.adleradelboden.ch – Fax 033 673 42 39
– geschl. 12. April - 3. Juni und 25. Oktober - 11. November
43 Zim – †118/210 CHF ††196/340 CHF – ½ P +42 CHF
Rest – (36 CHF) – Karte 52/80 CHF
♦ Das im Zentrum gelegene Hotel ist im hübschen regionstypischen Chaletstil gebaut und beherbergt gemütlich-rustikal eingerichtete Zimmer und einen recht grossen Freizeitbereich. Das Restaurant teilt sich in verschiedene Räume von traditionell-bürgerlich bis rustikal-elegant.

Beau-Site
Dorfstr. 5 – ℰ 033 673 82 82 – www.hotelbeausite.ch – Fax 033 673 33 33
– geschl. 18. April - 30. Mai und 23. Oktober - 12. Dezember
42 Zim – †115/180 CHF ††156/306 CHF – ½ P +39 CHF
Rest – (geschl. Dienstag) (20 CHF) – Karte 39/86 CHF
♦ Die Zimmer des am Dorfrand gelegenen Ferienhotels sind meist mit hellen Holzmöbeln funktionell ausgestattet, alle mit Balkon. Besonders geräumig sind die Südzimmer. Das Restaurant: recht elegant mit schönem Panoramablick oder rustikaler.

Bristol
Obere Dorfstr. 6 – ℰ 033 673 14 81 – www.bristol-adelboden.com
– Fax 033 673 16 50 – geschl. Mitte April - Mitte Mai und Mitte Oktober - Mitte Dezember
31 Zim – †105/165 CHF ††175/330 CHF – ½ P +40 CHF
Rest – (25 CHF) Menü 56 CHF – Karte 57/82 CHF
♦ Der ruhig oberhalb der Kirche gelegene Familienbetrieb verfügt über zeitgemässe, gemütliche Zimmer und einen neuzeitlichen Freizeitbereich in mediterranen Tönen.

Bären
Dorfstr. 22 – ℰ 033 673 21 51 – www.baeren-adelboden.ch – Fax 033 673 21 90
– geschl. 11. April - 10. Juni und 8. November - 17. Dezember
14 Zim – †85/135 CHF ††170/300 CHF – ½ P +36 CHF
Rest – (geschl. April - Mitte Juli und Mitte August - November: Donnerstag) (25 CHF) Menü 65 CHF – Karte 37/82 CHF
♦ Der a. d. J. 1569 stammende und somit älteste Gasthof Adelbodens ist ein sehr gepflegtes familiär geleitetes Haus mit wohnlichen Zimmern im Landhausstil. In den Gaststuben speisen Sie in ländlich-rustikalem Ambiente.

ADELBODEN

XX Alpenblick
*Dorfstr. 9 – ℰ 033 673 27 73 – www.alpenblick-adelboden.ch
– Fax 033 673 25 98 – geschl. 22. November - 6. Dezember, 13. Juni - 8. Juli und Montag, im Sommer Montag - Dienstag*
Rest – (22 CHF) Menü 81/105 CHF – Karte 56/95 CHF
♦ Das Haus in der Ortsmitte beherbergt eine bürgerliche Stube und ein Restaurant mit eleganter Note und schöner Aussicht. Traditionelle Küche aus überwiegend regionalen Produkten.

ADLIGENSWIL – Luzern (LU) – 551 O7 – 5 440 Ew – Höhe 540 m   4 F3
– ✉ 6043

▶ Bern 117 – Luzern 7 – Aarau 56 – Schwyz 32

XX Rössli
*Dorfstr. 1 – ℰ 041 370 10 30 – www.roessli-adligenswil.ch – Fax 041 370 68 14
– geschl. 8. - 21. Februar, 12. Juli - 1. August und Mittwochabend - Donnerstag*
Rest – (28 CHF) Menü 51 CHF (mittags) – Karte 45/84 CHF
♦ Der herzlich und familiär geleitete Dorfgasthof teilt sich in eine nette Stube und das gemütlich-elegante Restaurant. Aus frischen Produkten bereitet man regionale Küche.

ADLISWIL – Zürich (ZH) – 551 P5 – 15 761 Ew – Höhe 451 m – ✉ 8134   4 G3

▶ Bern 132 – Zürich 10 – Aarau 55 – Luzern 49

XX Krone
*Zürichstr. 4 – ℰ 044 771 22 05 – www.krone-adliswil.ch – Fax 044 771 22 06
– geschl. Juli - August 3 Wochen und Sonntag - Montag*
Rest – (33 CHF) – Karte 59/122 CHF
♦ Aussen regionales Riegelhaus, innen geradlinig-moderner Stil. Das Restaurant bietet eine saisonal ausgerichtete zeitgemässe Küche, zudem hat man eine trendige Lounge mit Bar.

XX Zen
*Im Sihlhof 1 – ℰ 043 377 06 18 – www.restaurant-zen.ch – Fax 043 377 06 17
– geschl. Juni und Montag*
Rest – (22 CHF) Menü 69 CHF – Karte 46/92 CHF
♦ Das moderne Restaurant mit kleiner mittiger Lounge befindet sich in einem verglasten Rundbau und bietet seinen Gästen authentische chinesische Speisen.

AESCH – Basel-Landschaft (BL) – 551 K4 – 9 927 Ew – Höhe 318 m   2 D2
– ✉ 4147

▶ Bern 103 – Basel 14 – Delémont 30 – Liestal 22

Mühle
*Hauptstr. 61 – ℰ 061 756 10 10 – www.muehle-aesch.ch – Fax 061 756 10 00
– geschl. 23. Dezember - 4. Januar*
18 Zim ☐ – †115/125 CHF ††160/180 CHF – ½ P +30 CHF
Rest – (19 CHF) Menü 58/78 CHF – Karte 48/86 CHF
♦ Ein gepflegtes kleines Hotel in der Ortsmitte, das über zeitgemässe und funktionelle Gästezimmer mit gutem Platzangebot verfügt und auch für Tagungen gut geeignet ist. Schlicht gestaltetes Restaurant mit Terrasse hinterm Haus.

AESCHI BEI SPIEZ – Bern (BE) – 551 K9 – 1 955 Ew – Höhe 859 m   8 E5
– ✉ 3703

▶ Bern 44 – Interlaken 16 – Brienz 37 – Spiez 5

in Aeschiried Süd-Ost: 3 km – Höhe 1 000 m – ✉ 3703 Aeschi bei Spiez

XX Panorama
*Aeschiriedstr. 36 – ℰ 033 654 29 73 – www.restaurantpanorama.ch
– Fax 033 654 29 40 – geschl. 15. - 31. März, 21. Juni - 14. Juli und Montag
- Dienstag*
Rest – (28 CHF) Menü 76 CHF – Karte 39/98 CHF
♦ Das schön auf einem Plateau gelegene Haus mit Bergsicht bietet schmackhafte internationale Küche und freundlichen Service. Eigenes Spezialitätengeschäft Panoteca mit regionalen Produkten und Apérobar.

AIROLO – Ticino (TI) – **553** P10 – **1 609 ab.** – **alt. 1 142 m** – Sport invernali : 1 175/2 250 m ⩽ 2 ⩽ 5 – ✉ 6780   9 G5

▶ Bern 162 – Andermatt 30 – Bellinzona 60 – Brig 75

ℹ via Stazione, ℰ 091 869 15 33, info@leventinaturismo.ch, Fax 091 869 26 42

◉ Strada★★ del passo della Novena Ovest – Museo nazionale del San Gottardo★ – Val Piora★ : Est 10 km

✕ **Forni** con cam   ⩽ |☰| ✻ rist, ❞ 𝄞 **P** 𝐕𝐈𝐒𝐀 ⊛ 𝐀𝐄 ◑
via Stazione – ℰ *091 869 12 70* – *www.forni.ch* – *Fax 091 869 15 23*
– *chiuso 2 novembre - 17 dicembre*
20 cam ⥤ – ♦95/160 CHF ♦♦150/196 CHF – ½ P +35 CHF
Rist – *(chiuso il mercoledì da gennaio ad aprile)* (22 CHF) Menu 36/78 CHF – Carta 68/79 CHF 🍷

♦ Ubicato nella parte bassa del paese, di fronte alla stazione, il ristorante dispone di una sala moderna ed accogliente: menu vario, modificato periodicamente, nonché un'interessante carta dei vini con etichette locali ed internazionali. Camere tutte diverse per dimensioni, arredate con mobili chiari e funzionali.

ALDESAGO – Ticino – **553** R13 – vedere Lugano

ALLSCHWIL – Basel-Landschaft (BL) – **551** K3 – **18 397 Ew** – Höhe 287 m – ✉ 4123   2 D2

▶ Bern 102 – Basel 5 – Belfort 62 – Delémont 46

✕✕ **Mühle**   🍴 ⇔ **P** 𝐕𝐈𝐒𝐀 ⊛ 𝐀𝐄 ◑
🍷 *Mühlebachweg 41* – ℰ *061 481 33 70* – *www.muehle-allschwil.ch*
– *Fax 061 483 83 95* – *geschl. 25. Juli - 8. August und Sonntag - Montag*
Rest – (26 CHF) Menü 54 CHF (mittags)/98 CHF – Karte 49/96 CHF

♦ In dem gemütlichen Fachwerkhaus nimmt man in der Müllerstube oder der Buurestube Platz und geniesst bei saisonaler Küche den rustikalen Charme der a. d. 17. Jh. stammenden Mühle.

ALTDORF 𝗞 – Uri (UR) – **553** Q8 – **8 595 Ew** – Höhe 447 m – ✉ 6460   4 G4

▶ Bern 152 – Luzern 42 – Andermatt 34 – Chur 133

ℹ Schützengasse 11, ℰ 041 874 80 00, info@uri.info

🏠 **Höfli**   🍴 |☰| ⚐ ❞ 𝄞 🌳 **P** 𝐕𝐈𝐒𝐀 ⊛
👞 *Hellgasse 20* – ℰ *041 875 02 75* – *www.hotel-hoefli.ch* – *Fax 041 875 02 95*
30 Zim ⥤ – ♦110/145 CHF ♦♦160/190 CHF – ½ P +35 CHF
Rest – (19 CHF) – Karte 39/78 CHF

♦ Das gut geführte Hotel überzeugt mit grosszügigen, zeitgemäss und funktionell ausgestatteten Zimmern im Gästehaus. Schlichter sind die Zimmer im Haupthaus. Bürgerliches Restaurant und Pizzeria.

✕✕ **Goldener Schlüssel** mit Zim |☰| ☎ ⇔ **P** 𝐕𝐈𝐒𝐀 ⊛
🍷 *Schützengasse 9, (1. Etage)* – ℰ *041 871 20 02* – *www.hotelschluessel.ch*
– *Fax 041 870 11 67* – *geschl. Samstagmittag, Sonntag und Montag*
18 Zim ⥤ – ♦150/180 CHF ♦♦190/230 CHF – ½ P +35 CHF
Rest – Menü 65/82 CHF – Karte 55/87 CHF

♦ Das Restaurant mit elegant-rustikaler Note befindet sich in einem Stadthaus aus dem 18. Jh. und bietet schmackhafte saisonale Küche.

in Bürglen Ost: 1 km Richtung Klausenpass – Höhe 552 m – ✉ 6463

✕ **Schützenhaus**   🍴 **P** 𝐕𝐈𝐒𝐀 ⊛
Klausenstr. 150 – ℰ *041 870 12 10* – *Fax 041 871 19 10* – *geschl. Juni 2 Wochen, Oktober 2 Wochen und Dienstag - Mittwoch*
Rest – Menü 57 CHF – Karte 55/86 CHF

♦ Ein hübsches Chalet mit einfacher Stube, gediegenem Restaurant und schöner begrünter Terrasse mit Weinlaube. Neben traditioneller Küche serviert man auch hauseigenen Grappa.

ALTENDORF – Schwyz (SZ) – **551** R6 – **5 631 Ew** – Höhe 412 m   4 G3
– ✉ 8852

▶ Bern 161 – Zürich 39 – Glarus 35 – Rapperswil 7

ALTENDORF

Garni Seehof garni
Churerstr. 64 – ℰ 055 462 15 00 – www.garni-seehof.ch – Fax 055 462 15 02
8 Zim ⊆ – †110 CHF ††160 CHF
♦ Verkehrsgünstig liegt dieses Haus zwischen Altendorf und Lachen. Man übernachtet in hellen, zeitgemäss eingerichteten Zimmern mit gutem Platzangebot zu angemessenen Preisen.

Steinegg
Steineggstr. 52 – ℰ 055 442 13 18 – www.restaurant-steinegg.ch
– Fax 055 442 13 18 – geschl. 27. Dezember - 6. Januar, 10. - 25. Mai,
20. September - 5. Oktober und Montag - Dienstag
Rest – Menü 47 CHF (mittags)/86 CHF – Karte 67/110 CHF
♦ In dem gemütlichen Lokal spürt man den ländlichen Charme des einstigen Bauernhauses, ein lauschiges Plätzchen findet sich auch auf der hübsch begrünten Laubenterrasse. Die Gerichte sind frisch und saisonal, der freundliche Service wird von der Chefin geleitet.

ALTNAU – Thurgau (TG) – 551 T3 – 1 898 Ew – Höhe 409 m – ✉ 8595   5 H2
▶ Bern 198 – Sankt Gallen 31 – Arbon 18 – Bregenz 49

Urs Wilhelm's Restaurant mit Zim
Kaffeegasse 1, (im Schäfli, neben der Kirche) – ℰ 071 695 18 47
– www.urswilhelm.ch – Fax 071 695 31 05 – geschl. 22. Dezember - 8. Januar und Mittwoch - Donnerstag
4 Zim ⊆ – †110/165 CHF ††180/260 CHF
Rest – (nur Abendessen) (Tischbestellung ratsam) Karte 67/121 CHF
Spez. Kalbshaxe "alte Art" mit kräftiger Sauce. Chicken Curry. Filet "Stroganoff".
♦ Fast schon musealen Charakter hat das mit antiken Möbeln, vielen Bildern und allerlei Zierrat gemütlich dekorierte Restaurant. Rita und Urs Wilhelm sind leidenschaftliche Gastgeber, die mit familiärer Herzlichkeit und klassischer Küche ihre Gäste umsorgen.

ALTSTÄTTEN – Sankt Gallen (SG) – 551 V5 – 10 598 Ew – Höhe 430 m   5 I2
– ✉ 9450
▶ Bern 244 – Sankt Gallen 25 – Bregenz 26 – Feldkirch 20
🛈 Breite 9, ℰ 071 750 00 23, reisetreff.steiger@bluewin.ch

Frauenhof
Marktgasse 56 – ℰ 071 755 16 37 – Fax 071 755 17 37 – geschl. 18. Juli - 9. August, 27. Dezember - 5. Januar und Sonntag - Montag
Rest – (20 CHF) Menü 29 CHF (mittags)/70 CHF – Karte 45/83 CHF
♦ Im Parterre des Steinhauses aus dem Jahre 1450 befindet sich eine gemütliche rustikale Stube, in der man klassische Küche serviert.

ANDEER – Graubünden (GR) – 553 U10 – 720 Ew – Höhe 983 m   10 I5
– ✉ 7440
▶ Bern 276 – Sankt Moritz 73 – Andermatt 112 – Chur 38

Fravi
Veia Granda 1 – ℰ 081 660 01 01 – www.fravi-hotel.ch – Fax 081 660 01 02
– geschl. 29. November - 22. Dezember
47 Zim ⊆ – †135 CHF ††250 CHF – ½ P +35 CHF
Rest – (19 CHF) – Karte 37/70 CHF
♦ In dem a. d. J. 1828 stammenden, als Bade- und Kurhotel erbauten Haus erwarten Sie gut gepflegte, hell und modern eingerichtete Gästezimmer. Freier Zugang zum Mineralbad. Neuzeitlich gestaltetes Restaurant und schöner Jugendstil-Speisesaal für Hotelgäste.

ANDERMATT – Uri (UR) – 551 P9 – 1 258 Ew – Höhe 1 438 m   9 G5
– Wintersport : 1 444/2 963 m ✰2 ✰7 ✰ – ✉ 6490
▶ Bern 148 – Altdorf 35 – Bellinzona 84 – Chur 94
🚇 Andermatt - Sedrun, Information ℰ 027 927 77 07
🛈 Gotthardstr.2, ℰ 041 887 14 54, info@andermatt.ch, Fax 041 887 01 85
⛳ Gotthard Realp, Süd-West: 9 km Richtung Furka, ℰ041 887 01 62
◉ Göscheneralpsee★★ Nord: 15 km – Schöllenen★★ Nord: 3 km

ANDERMATT

3 Könige und Post
Gotthardstr. 69 – ℰ 041 887 00 01 – www.3koenige.ch – Fax 041 887 16 66
– geschl. 12. April - 28. Mai und 18. Oktober - 18. Dezember
22 Zim ☐ – †80/140 CHF ††160/280 CHF – ½ P +45 CHF
Rest – (24 CHF) – Karte 36/96 CHF
♦ Das Haus liegt mitten im Dorf an der historischen Reussbrücke, dem ehemaligen Knotenpunkt für Postkutschen bei Alpenüberquerungen. Zimmer mit rustikalem Mobiliar. Einfacher Gastraum und komfortable Stube.

ANIÈRES – Genève (GE) – 552 B11 – 2 226 h. – alt. 410 m – ✉ 1247   6 A6
▶ Bern 168 – Genève 12 – Annecy 55 – Thonon-les-Bains 25

Auberge de Floris (Claude Legras)
287 rte d'Hermance – ℰ 022 751 20 20 – www.lefloris.com – Fax 022 751 22 50
– fermé 20 décembre - 5 janvier, 30 octobre - 16 novembre, dimanche et lundi
Rest – *(réservation conseillée le soir)* Menu 75 CHF (déj.)/190 CHF
– Carte 99/165 CHF
Rest *Le Bistrot* – voir ci-après
Spéc. Bonbons de foie gras aux épices, limonade de chartreuse (hiver). Langoustines cuites à la plancha, ravioles de légumes, crémeux de crustacés. Soufflé chaud au chocolat et fève de tonka, salade agrumes et sorbet.
♦ Bonne table classico-créative bénéficiant d'une vue imprenable sur le lac. Architecture très moderne, salle panoramique et lumineuse, splendide terrasse perchée tel un belvédère.

Le Bistrot – Auberge de Floris
287 rte d'Hermance – ℰ 022 751 20 20 – www.lefloris.com – Fax 022 751 22 50
– fermé 30 octobre - 16 novembre, 20 décembre - 5 janvier, dimanche et lundi
Rest – *(réservation conseillée)* (22 CHF) Menu 53 CHF – Carte 57/92 CHF
♦ Carte traditionnelle appétissante, généreux menu, décor de bistrot rétro et belle terrasse braquée vers le lac : une délicieuse alternative à la table gastronomique d'à côté.

APPENZELL Ⓚ – Appenzell Innerrhoden (AI) – 551 U5 – 5 706 Ew   5 I2
– Höhe 789 m – ✉ 9050

▶ Bern 215 – Sankt Gallen 20 – Bregenz 41 – Feldkirch 35
🛈 Hauptgasse 4, ℰ 071 788 96 41, info.ai@appenzell.ch
⛳ Gonten West: 4 km, ℰ 071 795 40 60
◉ Lage★ - Hauptgasse★ - Appenzell Museum★
◉ Hoher Kasten★★ Süd-Ost: 7 km und Luftseilbahn – Ebenalp (Seealpsee★) Süd: 7 km und Luftseilbahn

Lokale Veranstaltungen:
25. April: Landsgemeinde
5. Oktober: Viehschau

Säntis
Landsgemeindeplatz 3 – ℰ 071 788 11 11 – www.saentis-appenzell.ch
– Fax 071 788 11 10 – geschl. Februar
36 Zim ☐ – †150/190 CHF ††230/310 CHF – ½ P +50 CHF
Rest – (25 CHF) Menü 88/115 CHF – Karte 50/98 CHF
♦ Am Landsgemeindeplatz fällt das Hotel mit der schön bemalten Appenzeller Holzfassade auf. Geboten werden moderne Juniorsuiten, Romantik- oder Standardzimmer. Das Restaurant ist in regionstypischem Stil eingerichtet.

Appenzell
Hauptgasse 37, (am Landsgemeindeplatz) – ℰ 071 788 15 15
– www.hotel-appenzell.ch – Fax 071 788 15 51 – geschl. 8. November
- 1. Dezember
16 Zim ☐ – †120/165 CHF ††200/240 CHF – ½ P +35 CHF
Rest – *(geschl. Dienstagmittag)* (25 CHF) – Karte 35/60 CHF
♦ In dem regionstypischen Hotel mitten im Ort stehen zeitlos und gediegen gestaltete Zimmer bereit. Gefrühstückt wird in einem kleinen, teils antik eingerichteten Raum.

APPENZELL

in Appenzell-Schlatt Nord: 5 km Richtung Haslen – Höhe 921 m – ✉ 9050

Bären mit Zim
Schlatt Dorf 6 – ✆ 071 787 14 13 – www.baeren-schlatt.ch – Fax 071 787 49 33
– geschl. 1. - 19. Februar, 19. - 30. Juli und Dienstag - Mittwoch
3 Zim – †110/120 CHF ††170/180 CHF – ½ P +38 CHF
Rest – Menü 57 CHF – Karte 44/64 CHF
• Der Landgasthof am Dorfrand bietet in zwei netten Stuben eine traditionelle Küche. Von der Terrasse aus hat man einen sehr schönen Blick auf das Alpsteinmassiv.

in Weissbad Süd-Ost: 4 km – Höhe 820 m – ✉ 9057

Hof Weissbad
Im Park 1 – ✆ 071 798 80 80
– www.hofweissbad.ch – Fax 071 798 80 90
82 Zim – †240 CHF ††440 CHF – 5 Suiten – ½ P +50 CHF
Rest *Schotte-Sepp Stube / Flickflauder* – (Tischbestellung ratsam)
Menü 66 CHF (abends) – Karte 68/84 CHF
• Angenehm und komfortabel wohnt man in dem Wellnesshotel beim Kurpark, dessen Zimmer stimmig in neuzeitlichem Stil eingerichtet sind. Auch ein Gesundheitszentrum mit Arzt befindet sich im Haus. Sie speisen in der rustikal-eleganten Schotte-Sepp-Stube oder im lichtdurchfluteten klar-modernen Flickflauder.

in Schwende Süd: 5 km – Höhe 842 m – ✉ 9057

Alpenblick
– ✆ 071 799 11 73 – www.alpenblick-appenzell.ch – Fax 071 799 14 55
– geschl. 10. Februar - 2. März und 1. November - 5. Dezember
17 Zim – †88/128 CHF ††148/168 CHF – ½ P +29 CHF
Rest – (geschl. Dienstag, November - Mai: Montag - Dienstag) (25 CHF)
– Karte 39/69 CHF
• Typisches und nettes Appenzellerhaus in attraktiver ruhiger Naturlage. Die Gästezimmer sind wohnlich im ländlichen Stil gehalten. Die traditionelle Küche können Sie auch auf der Terrasse zu sich nehmen.

ARAN – Vaud (VD) – **552** E10 – alt. 468 m – ✉ 1091   6 B5
▶ Bern 98 – Lausanne 5 – Montreux 22 – Yverdon-les-Bains 42

Le Guillaume Tell
5 rte de la Petite Corniche – ✆ 021 799 11 84 – www.leguillaumetell.ch
– Fax 021 799 34 98 – fermé 25 - 28 décembre, 1er - 17 janvier, 25 juillet
- 15 août, dimanche et lundi
Rest – (39 CHF) Menu 39 CHF (déj.)/143 CHF – Carte 85/112 CHF
• Pimpante maison rose à dénicher au cœur d'un village de vignerons. Cuisine innovante servie dans une petite salle chaleureuse ou sur la terrasse installée à l'étage.

ARBON – Thurgau (TG) – **551** V4 – 13 070 Ew – Höhe 399 m – ✉ 9320   5 I2
▶ Bern 220 – Sankt Gallen 14 – Bregenz 32 – Frauenfeld 61
🛈 Schmiedgasse 5, ✆ 071 446 13 80, info@infocenter-arbon.ch
Lokale Veranstaltungen:
  18.-20. Juni: Seenachtsfest

Metropol
Bahnhofstr. 49 – ✆ 071 447 82 82 – www.metropol-arbon.ch
– Fax 071 447 82 80 – geschl. 1. - 11. Januar und 21. - 31. Dezember
42 Zim – †150/200 CHF ††200/280 CHF – ½ P +35 CHF
Rest – (24 CHF) Menü 35/55 CHF – Karte 45/77 CHF
• Das Tagungshotel befindet sich im Zentrum und bietet seeseitige Zimmer mit Balkon, eine Dachterrasse mit Pool und Seeblick sowie einen eigenen Bootssteg. Auch im Restaurant geniesst man die schöne Aussicht auf den Bodensee.

ARBON

Seegarten
Seestr. 66 – ℰ 071 447 57 57 – www.hotelseegarten.ch – Fax 071 447 57 58
43 Zim – †108 CHF ††165 CHF – ½ P +40 CHF
Rest – (25 CHF) – Karte 45/78 CHF
♦ Ein gewachsenes Hotel in ruhiger Ortsrandlage mit funktionellen Zimmern, alle mit Balkon. Das Haus verfügt über einen Anbau für Tagungen und wird von Geschäftsreisenden geschätzt. Das Restaurant zeigt sich freundlich und modern.

Frohsinn
*Romanshornerstr. 15 – ℰ 071 447 84 84 – www.frohsinn-arbon.ch
– Fax 071 446 41 42*
13 Zim – †120/140 CHF ††180/220 CHF
Rest *Enoteca* – Karte 41/70 CHF
Rest *Braukeller* – (20 CHF) – Karte 38/88 CHF
♦ Modern und funktionell sind die Gästezimmer in dem familiär geführten kleinen Hotel, einem erweiterten hübschen Fachwerkhaus. Enoteca mit mediterranem Flair. Eine nette Atmosphäre herrscht im rustikalen Braukeller.

Römerhof mit Zim
*Freiheitsgasse 3 – ℰ 071 447 30 30 – www.roemerhof-arbon.ch
– Fax 071 447 30 31 – geschl. 25. Juli - 10. August und Sonntag - Montag*
11 Zim – †110/130 CHF ††170/180 CHF
Rest – Menü 59 CHF (mittags)/135 CHF – Karte 79/101 CHF
♦ Angenehm ist der historische Rahmen dieses a. d. 16. Jh. stammenden Gasthauses. Ein Restaurant mit eleganter Note, das Ihnen kreative Küche und einen charmanten Service unter der Leitung der Chefin bietet. Mit Stil und Geschmack hat man die zeitgemässen Gästezimmer eingerichtet.

ARLESHEIM – Basel-Landschaft (BL) – **551** K4 – 8 869 Ew – Höhe 330 m   **2 D2**
– ✉ 4144

▶ Bern 103 – Basel 13 – Baden 68 – Liestal 12
◉ Domkirche ★★

Gasthof Zum Ochsen
Ermitagestr. 16 – ℰ 061 706 52 00 – www.ochsen.ch – Fax 061 706 52 54
35 Zim – †165/200 CHF ††235/270 CHF – ½ P +45 CHF
Rest – (24 CHF) – Karte 73/112 CHF
♦ Ein familiengeführter Gasthof mit über 300-jähriger Geschichte am ruhigen Dorfplatz, in dem solide möblierte Zimmer mit funktioneller Ausstattung bereitstehen. Das Restaurant teilt sich in gemütliche holzgetäferte Stuben.

ARNEGG – Sankt Gallen (SG) – **551** U4 – Höhe 621 m – ✉ 9212   **5 H2**
▶ Bern 196 – Sankt Gallen 16 – Bregenz 54 – Frauenfeld 37

Arnegg garni
*Bischofszellerstr. 332 – ℰ 071 388 76 76 – www.hotel-arnegg.ch
– Fax 071 388 76 77 – geschl. 20. Dezember - 4. Januar und 25. Juli - 2. August*
14 Zim – †110/120 CHF ††168/178 CHF
♦ Ein Wohnhaus beherbergt die in der Grösse unterschiedlichen Zimmer, die mit hellem Einbaumobiliar funktionell eingerichtet sind. Eine zeitgemässe und preiswerte Unterkunft.

Ilge
*Bischofszellerstr. 336 – ℰ 071 388 59 00 – www.ilge.ch – Fax 071 388 59 51
– geschl. Montag*
Rest – (27 CHF) Menü 55/105 CHF – Karte 42/100 CHF
♦ In dem schönen Schindelhaus befinden sich mehrere Restaurantstuben. Zur Wahl stehen ein traditionelles Speiseangebot und ein ambitioniertes Gourmetmenü.

In Rot gedruckt, bezeichnet **Rest** ein Restaurant mit Auszeichnung: ✿ (Stern) oder ⊛ (Bib Gourmand).

AROLLA – Valais (VS) – **552** J13 – alt. 2 003 m – Sports d'hiver : 2 000/ 3 000 m – ⊠ 1986   **7 D7**

▶ Bern 195 – Sion 39 – Brig 90 – Martigny 69

Du Pigne
- ℰ 027 283 71 00 – www.hoteldupigne.ch – Fax 027 283 71 05 – fermé 1er novembre - 9 décembre, 18 octobre - 30 novembre
12 ch ⊇ – †92/111 CHF ††140/176 CHF – ½ P +35 CHF
Rest – *(fermé mercredi en basse saison)* (22 CHF) Menu 52 CHF – Carte 32/66 CHF
♦ Accueillant chalet tenu en couple au cœur d'un village montagnard. Chambres pimpantes, duplex familiaux et junior suite. Chaleur et convivialité au restaurant comme au carnotzet. Mets traditionnels et plats fleurant bon le Valais. Terrasse panoramique.

AROSA – Graubünden (GR) – **553** W9 – 2 285 Ew – Höhe 1 739 m   **10 J4**
– Wintersport : 1 800/2 653 m ⛷3 ⛷10 ❄ – ⊠ 7050

▶ Bern 273 – Chur 31 – Davos 90 – Sankt Moritz 115
🛈 Poststrasse BZ, ℰ 081 378 70 20, arosa@arosa.ch
🚗 ℰ 081 377 42 42
👁 Lage★ – Weisshorn★★: Gipfelpanorama★★ mit ⛷
🎯 Strasse von Arosa nach Chur★ - Strasse durch das Schanfigg★

Stadtplan auf der nächsten Seite

Tschuggen Grand Hotel ⚘
Sonnenbergstr. 1
- ℰ 081 378 99 99 – www.tschuggen.ch – Fax 081 378 99 90 – geschl. 11. April - Mitte Juni
130 Zim ⊇ – †255/615 CHF ††395/1160 CHF – 9 Suiten – ½ P +60 CHF   AZ**a**
Rest *La Vetta* – separat erwähnt
Rest *La Provence* – *(geschl. 26. Juni - 30. November: Donnerstagabend, Freitagabend und Samstagabend) (1. Dezember - 11. April nur Mittagessen)*
Karte 61/73 CHF
Rest *Bündnerstube* – *(geschl. 15. April - 30. November und Mittwoch) (nur Abendessen)* Karte 53/85 CHF
♦ Das Grandhotel besticht durch Design und Service. Schicke individuelle Zimmer by Carlo Rampazzi und eine "Bergoase" auf 5000 qm, die mit Spa-Vielfalt und der modernen Formensprache des Architekten Mario Botta überzeugt. Eigene Bergbahn ins Skigebiet.

Arosa Kulm
Innere Poststrasse – ℰ 081 378 88 88
– www.arosakulm.ch – Fax 081 378 88 89 – geschl. 19. April - 10. Juni und 20. September - 3. Dezember
119 Zim ⊇ – †190/740 CHF ††390/1060 CHF – 14 Suiten – ½ P +65 CHF   AZ**b**
Rest *Muntanella* – separat erwähnt
Rest *Ahaan Thai* – *(geschl. Montag - Dienstag, im Sommer Sonntag - Dienstag) (nur Abendessen)* Karte 54/85 CHF
Rest *Taverne* – *(geschl. 19. April - 3. Dezember) (nur Abendessen)*
Karte 58/95 CHF
♦ Das fantastische Bergpanorama und die sehr wohnliche, komfortable Einrichtung im ganzen Haus werden auch von vielen Familien geschätzt. Gutes Angebot im schönen Spabereich. Ahaan Thai mit thailändischer Küche. Ein Pizzaofen ziert die gemütliche Taverne.

Waldhotel National ⚘
Tomelistrasse – ℰ 081 378 55 55 – www.waldhotel.ch
– Fax 081 378 55 99 – geschl. Mitte April - Mitte Juni
und Mitte September - Anfang Dezember   BY**d**
83 Zim ⊇ – †140/245 CHF ††270/480 CHF – ½ P +35 CHF
Rest *Kachelofa-Stübli* – separat erwähnt
♦ Zahlreiche Stammgäste besuchen gerne dieses gut geführte und ruhig gelegene Hotel mit wundervoller Aussicht, unterschiedlichen Zimmern und Wellness auf 700 qm. Fondue und Käsegerichte im Stivetta.

AROSA

Brüggli Platz	**AZ** 5	Oberseeplatz	**BY** 37	Sonnenberg strasse	**ABZ** 49
Hohe Promenade	**BZ** 18	Oberseepromenade	**BY** 39	Untere Waldpromenade	**BYZ** 52
Hubelstrasse	**BZ** 21	Schulhaus strasse	**BZ** 45	Unterseestrasse	**BYZ** 54
Kirchweg	**AZ** 25	Seewaldstrasse	**BZ** 47	Waldstrasse	**BY** 56
Neubachstrasse	**BYZ** 32				

BelArosa garni

Prätschlistrasse – ☏ 081 378 89 99 – www.belarosa.ch – Fax 081 378 89 89
– geschl. 6. April - 2. Dezember

6 Zim ⌑ – †140/240 CHF ††240/400 CHF – 16 Suiten   BY**h**

♦ Annehmlichkeiten wie persönlich-familiärer Service und ein hochwertiges Frühstück runden das äusserst wohnliche Ambiente ab. Die geräumigen Zimmer und Suiten sind im gemütlich-eleganten Landhausstil eingerichtet.

Sporthotel Valsana

Äussere Poststrasse – ☏ 081 378 63 63
– www.valsana.ch – Fax 081 378 63 64 – geschl. Mitte April - Mitte Juni und
Mitte September - Ende November   BY**e**

73 Zim ⌑ – †128/330 CHF ††246/600 CHF – 8 Suiten – ½ P +40/45 CHF
Rest – Menü 40/95 CHF (abends) – Karte 34/84 CHF

♦ Am Ortseingang findet man das Hotel mit sehr wohnlich und warm eingerichteten Zimmern und einem grossen Freizeitangebot, von Volleyball bis hin zu Massagen. Restaurant mit klassischem Ambiente.

AROSA

Cristallo
Poststrasse – ☎ 081 378 68 68 – www.cristalloarosa.ch – Fax 081 378 68 69
– geschl. 18. April - 19. Juni und 26. September - 4. Dezember BZp
36 Zim ⌑ – †110/255 CHF ††180/410 CHF – ½ P +45 CHF
Rest *Le Bistro* – (19 CHF) Menü 88/111 CHF – Karte 54/114 CHF
♦ Ein zeitlos eingerichtetes Hotel mit Bergblick, den man vor allem vom hübschen Saunabereich und den Südzimmern mit Balkon geniesst. Originelles Detail im Bistro: getrocknete Blumensträusse, die über den Gästen an der Decke hängen.

Belri
Schwelliseestrasse – ☎ 081 378 72 80 – www.belri.ch – Fax 081 378 72 90
– geschl. 11. April - 26. Juni und 3. Oktober - 5. Dezember AZu
18 Zim ⌑ – †125/135 CHF ††270/285 CHF – ½ P +25 CHF
Rest – *(im Winter nur Abendessen für Hausgäste)* Menü 38/52 CHF
♦ Ein nettes regionstypisches Haus nahe den Pisten, das man mit viel Arvenholz ausgestattet hat. Gemütlich sind die geräumigen Gästezimmer und das Kachelofen-Stübli.

Arlenwald
Prätschlistrasse, in Prätschli, Nord: 3 km – ☎ 081 377 18 38
– www.arlenwaldhotel.ch – Fax 081 377 45 50 – geschl. 24. April - 9. Mai
8 Zim ⌑ – †120/140 CHF ††200/240 CHF – ½ P +30 CHF BYb
Rest *Burestübli* – *(geschl. Mai - Juni: Mittwoch und Donnerstag, September - November: Mittwoch)* (19 CHF) – Karte 38/83 CHF
♦ Inmitten der traumhaften Berglandschaft wohnt man in einem langjährigen Familienbetrieb mit viel vom Skilift mit freundlichen Zimmern und nettem Saunabereich. Bürgerlich-rustikal ist das Burestübli, in dem man Grillgerichte serviert.

Sonnenhalde garni
Sonnenbergstrasse – ☎ 081 378 44 44 – www.sonnenhalde-arosa.ch
– Fax 081 378 44 55 – geschl. 18. April - 24. Juni und 17. Oktober
- 26. November AZc
25 Zim ⌑ – †118/148 CHF ††206/274 CHF
♦ Einen sehr persönlichen Charakter hat das gastliche Schweizer Chaletshaus, das mit seinen neuzeitlich-rustikalen, in hellem Holz gehaltenen Zimmern zu überzeugen weiss.

La Vetta – Hotel Tschuggen Grand Hotel
Sonnenbergstr. 1 – ☎ 081 378 99 99 – www.tschuggen.ch – Fax 081 378 99 90
– geschl. 11. April - Mitte Juni und 26. Juni - 30. November: Sonntag - Mittwoch,
30. November - Mitte April: Montag AZa
Rest – *(nur Abendessen) (nur Menü)* Menü 90/125 CHF
♦ Ein elegantes Restaurant in einem luxuriösen Hotel. Ambitioniert ist die Küche, die aus top Produkten zeitgemäss zubereitete Speisen bietet.

Muntanella – Hotel Arosa Kulm
Innere Poststrasse – ☎ 081 378 88 88 – www.arosakulm.ch – Fax 081 378 88 89
– geschl. 19. April - 10. Juni, 20. September - 3. Dezember und Dienstag
- Mittwoch AZb
Rest – (20 CHF) Menü 75 CHF – Karte 68/90 CHF
♦ In ansprechender modern-alpiner Atmosphäre speist man am Abend gehoben-international, mittags reicht man eine einfachere Karte.

Kachelofa-Stübli – Waldhotel National
Tomelistrasse – ☎ 081 378 55 55 – www.waldhotel.ch – Fax 081 378 55 99
– geschl. Mitte September - Anfang Dezember, Mitte April - Mitte Juni
Rest – *(Mitte Juni - Mitte September nur Mittagessen) (mittags nur kleine Karte)* (25 CHF) – Karte 71/113 CHF BYd
♦ In dem behaglichen Restaurant trifft rustikaler Charme auf sehr gepflegte Tischkultur. Der Service ist freundlich, die Küche klassisch.

Stüva Cuolm
Innere Poststrasse – ☎ 081 378 88 90 – www.arosakulm.ch – Fax 081 378 88 89
– geschl. 19. April - 3. Dezember AZd
Rest – (18 CHF) – Karte 76/109 CHF
♦ Das rustikale Winterrestaurant mit herrlicher Terrasse gehört zum wenige Schritte entfernten Hotel Kulm. Italienisches Speiseangebot, das mittags einfacher ist.

AROSA

Osteria Poltera
*Poststr. 794 – ℰ 081 377 21 15 – www.arosa.com/osteria/ – Fax 081 377 06 75
– geschl. 18. April - 11. Juni, 17. Oktober - 2. Dezember, Montag und im Sommer
Montag - Dienstagmittag* **BYa**
Rest – (21 CHF) Menü 65/94 CHF – Karte 53/99 CHF
♦ Abends bietet das in warmen Tönen gehaltene Restaurant eine frische mediterran geprägte Küche, am Mittag ist das Angebot etwas einfacher.

ASCONA – Ticino (TI) – 553 Q12 – 5 430 ab. – alt. 210 m – ✉ 6612 **9** H6

▶ Bern 240 – Locarno 4 – Bellinzona 23 – Domodossola 51
🛈 Viale Papio 5 **Z**, ℰ 091 791 00 91, buongiorno@maggiore.ch
⛳ Est : 1,5 km, ℰ 091 791 21 32
⛳ Gerre Losone Losone, Nord-Ovest : 5 km per Losone e strada Centovalli, ℰ 091 785 10 90
◉ Circuito di Ronco★★ per strada di Losone X – Isole de Brissago★ Z

Manifestazioni locali :
  24 giugno-4 luglio : JazzAscona
  31 agosto-15 ottobre : Settimane musicali

Castello del Sole
*via Muraccio 142, est : 1 km – ℰ 091 791 02 02
– www.castellodelsole.com – Fax 091 792 11 18
– chiuso 25 ottobre - 26 marzo*
81 cam ⊇ – †430/780 CHF ††630/820 CHF – 8 suites – ½ P +40 CHF
Rist *Locanda Barbarossa* – vedere selezione ristoranti
♦ Casa di fine Ottocento, raffinata e ricca di charme, ubicata in riva al lago all'interno di un grande parco con vigneto. Spa attrezzata e moderna; camere da mille e una notte.

Eden Roc
*via Albarelle 16 – ℰ 091 785 71 71
– www.edenroc.ch – Fax 091 785 71 43
– chiuso 15 ottobre - 31 marzo* **Yr**
79 cam ⊇ – †250/740 CHF ††370/860 CHF – 35 suites – ½ P +70 CHF
Rist *La Brezza* – vedere selezione ristoranti
Rist – Carta 89/142 CHF
♦ A camere *design* e dai colori vivaci fanno eco stanze più classiche, ma ugualmente moderne: ad accogliervi, l'elegante e luminosa hall in marmo chiaro. Tre piscine e l'incantevole giardino completano lo charme. Terrazza affacciata sul lago nel raffinato ristorante, che propone cucina moderna e piatti mediterranei.

Giardino
*via del Segnale 10, Est : 1,5 km per via Muraccio
– ℰ 091 785 88 88 – www.giardino.ch
– Fax 091 785 88 99*
61 cam ⊇ – †370/550 CHF ††540/770 CHF – 16 suites – ½ P +75 CHF
Rist *Aphrodite e Rist Ecco* – vedere selezione ristoranti
♦ Cinta da un fresco giardino che ospita stagnetti di ninfee e una piscina, la sontuosa risorsa offre ambienti di gusto mediterraneo. Gestione competente e professionale, servizio impeccabile.

Parkhotel Delta
*via Delta 137 – ℰ 091 785 77 85
– www.parkhoteldelta.ch – Fax 091 785 77 35* **Xa**
50 cam ⊇ – †360/500 CHF ††500/700 CHF – ½ P +30 CHF
Rist – *(chiuso 2 novembre - metà marzo)* Menu 78 CHF (pranzo)/139 CHF (cena)
– Carta 77/107 CHF
♦ Un grande parco mediterraneo abbraccia questa bella struttura, particolarmente apprezzata dalle famiglie per l'atmosfera informale. L'elegante ristorante, immerso nel verde, promette specialità mediterranee.

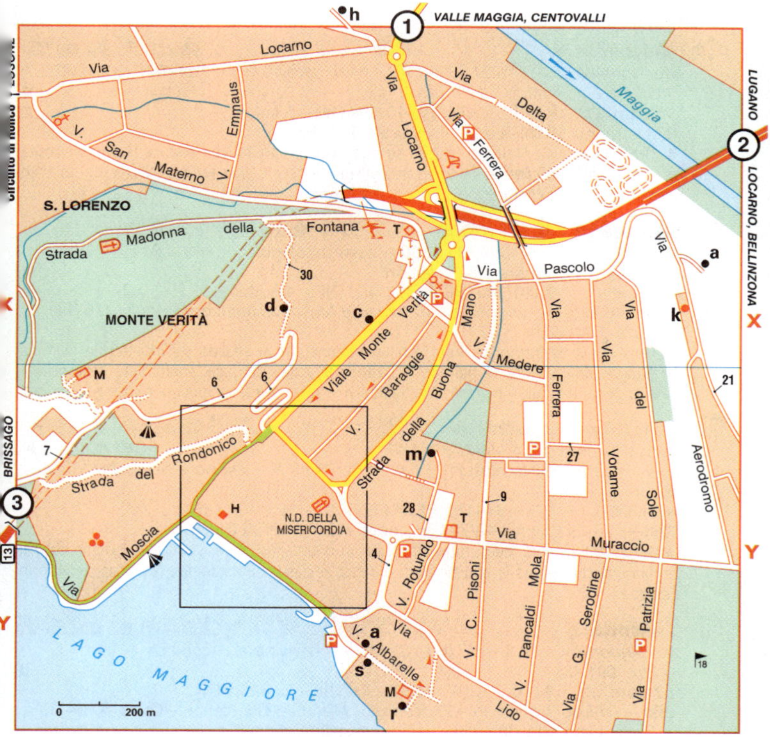

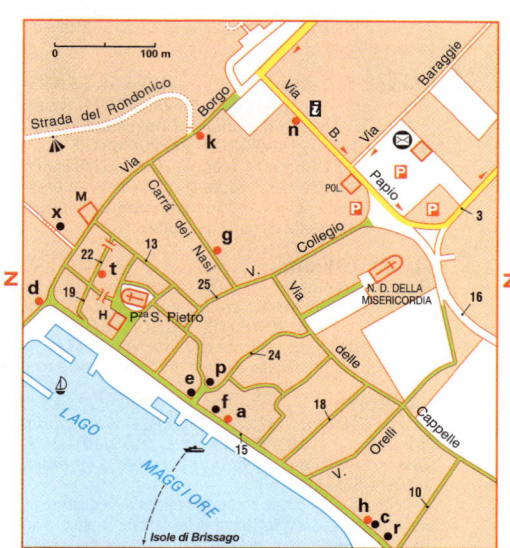

ASCONA

Borgo (V.)	**Z**
Buona Mano (Strada della)	**Z** 3
Circonvallazione (V.)	**Y** 4
Collina (Strada)	**Y** 6
Collinetta (Strada)	**Y** 7
Franscini (V.)	**Y** 9
Ghiriglioni (Vicolo dei)	**Z** 10
Losone (V.)	**X** 12
Maggiore (Contrada)	**Z** 13
Motta (Pza G.)	**Z** 15
Muraccio (V.)	**Z** 16
Pasini (Vicolo)	**Z** 18
Pecore (Strada delle)	**Z** 19
Querce (V. delle)	**Y** 21
Sacchetti (Vicolo)	**Z** 25
Schelcie (V.)	**Y** 27
Scuole (V. delle)	**Y** 28
Signore in Crocce (V.)	**Y** 30
S. Pieto (Passaggio)	**Z** 22
S. Sebastiano (V.)	**Z** 24

ASCONA

Ascovilla
via Albarelle 15 – ✆ 091 785 41 41 – www.ascovilla.ch – Fax 091 785 44 00
– chiuso 2 novembre - 19 marzo
56 cam ⊇ – †190/230 CHF ††340/390 CHF – 6 suites **Ya**
Rist – Menu 58 CHF (cena) – Carta 71/101 CHF
♦ In zona tranquilla l'hotel si affaccia su due giardini ognuno con piscina. Hall impreziosita da marmi, nonché camere, calde ed accoglienti. Piacevole area *wellness*. Ristorante di tono elegante, intimo e confortevole.

Ascolago
via Albarelle 6 – ✆ 091 785 82 00 – www.ascolago.ch – Fax 091 791 42 26
– chiuso 1° novembre - 20 dicembre
18 cam ⊇ – †240/340 CHF ††300/420 CHF – 4 suites – ½ P +50 CHF **Ys**
Rist – (chiuso 1° novembre - 10 marzo e lunedì da marzo ad aprile) (36 CHF)
– Carta 57/106 CHF
♦ Camere accoglienti, quasi tutte con un balcone che si affaccia sull'incantevole giardino digradante fino al lago. Se poi non vi bastano le acque del lago: approfittate della piscina semi coperta! D'estate si mangia sulla tranquilla terrazza ove si assapora una cucina fantasiosa.

Castello - Seeschloss
piazza G. Motta – ✆ 091 791 01 61
– www.castello-seeschloss.ch – Fax 091 791 18 04 – chiuso 7 novembre - fine febbraio **Zr**
45 cam ⊇ – †164/344 CHF ††248/648 CHF – ½ P +38 CHF
Rist – (28 CHF) Menu 42/78 CHF (cena) – Carta 63/92 CHF
♦ Accoglienti camere, quasi tutte affrescate, in quest'affascinante struttura - castello del XIII secolo - di cui restano le antiche torri. Grazioso e classico il ristorante. A pranzo, servizio in terrazza.

Ascona
via Signor in Croce 1 – ✆ 091 785 15 15 – www.hotel-ascona.ch
– Fax 091 785 15 30 **Xd**
67 cam ⊇ – †100/255 CHF ††330/500 CHF – ½ P +25 CHF
Rist – (chiuso 3 gennaio - 28 febbraio) Menu 45 CHF (cena) – Carta 46/64 CHF
♦ Sopraelevato sulla città, dispone di un magnifico giardino con piscina da cui godere di un'ottima vista sul lago. Camere diverse per stile e dimensioni, ma tutte con balcone. Al ristorante la cucina riporta sapori e profumi del Mediterraneo: il grotto per l'inverno e la terrazza per l'estate.

Sasso Boretto
viale Monte Verità 45 – ✆ 091 786 99 99 – www.sassoboretto.com
– Fax 091 786 99 00 – chiuso 3 novembre - 5 marzo **Xc**
45 cam ⊇ – †140/220 CHF ††220/380 CHF – ½ P +45 CHF
Rist – Menu 40/50 CHF (cena) – Carta 51/82 CHF
♦ Lungo la strada che conduce al centro, hotel di taglio tradizionale che dispone di ampie camere, chiare e luminose dai diversi colori! L'offerta culinaria è piuttosto tradizionale ma si differenzia da quella standard, per turisti.

La Meridiana senza rist
Piazza G. Motta 61 – ✆ 091 786 90 90 – www.garni-la-meridiana.ch
– Fax 091 786 90 99 – chiuso 4 gennaio - 24 febbraio **Zc**
21 cam ⊇ – †120/180 CHF ††210/350 CHF
♦ Nuovo albergo di tendenza con vista mozzafiato dispone di una grande terrazza solarium, dove viene anche servita la prima colazione. Camere moderne e funzionali.

Al Porto
piazza G. Motta – ✆ 091 785 85 85 – www.alporto-hotel.ch – Fax 091 785 85 86
36 cam ⊇ – †93/170 CHF ††212/330 CHF – ½ P +38 CHF **Zp**
Rist – (chiuso mercoledì da novembre a febbraio) Menu 39/79 CHF
– Carta 56/93 CHF
♦ Deliziosa ed originale struttura composta da quattro antiche case ticinesi, la principale sulla passeggiata. La maggior parte delle camere si affaccia sulla corte interna o sul giardino. Dal balcone al primo piano del caratteristico ristorante, vista sublime sulla piazza. Piatti locali rivisitati con gusto e creatività.

ASCONA

🏠 Mulino
via delle Scuole 17 – ℰ 091 791 36 92 – www.hotel-mulino.ch
– Fax 091 791 06 71 – chiuso 1° novembre - 11 marzo **Ym**
32 cam – †120/220 CHF ††180/280 CHF – ½ P +32 CHF
Rist – Menu 34/46 CHF (cena) – Carta 32/76 CHF

◆ Giardino con pergolato e piscina in un grazioso hotel sito in un quartiere residenziale. Arredamento semplice e funzionale nelle accoglienti camere. La sala da pranzo in estate si apre sulla gradevole terrazza.

🏠 Riposo
scalinata della Ruga 4 – ℰ 091 791 31 64 – www.arthotelriposo.ch
– Fax 091 791 46 63 – chiuso 25 ottobre - 26 marzo **Zx**
32 cam – †110/190 CHF ††180/340 CHF – ½ P +40 CHF
Rist Arlecchino – (chiuso mercoledì e giovedì sera) (38 CHF) Menu 45/52 CHF (cena) – Carta 54/83 CHF

◆ Vecchia costruzione ricca di fascino, dove camere personalizzate ed ambienti in stile mediterraneo creano un'atmosfera davvero speciale. Sublime vista su Ascona dal roof garden e piscina...sul tetto! Per apprezzare la cucina locale: una sosta nella corte interna, sotto i fiori del vecchio glicine.

🏠 Schiff - Battello senza rist
piazza G. Motta 21 – ℰ 091 791 25 33 – www.hotel-schiff-ascona.ch
– Fax 091 792 13 15 – chiuso 1° dicembre - 15 febbraio **Ze**
15 cam – †85/145 CHF ††175/275 CHF

◆ Edificio che sorge proprio sul lungolago. Dalla reception si accede alle funzionali camere: alcune moderne ed ammobiliate in legno chiaro, altre meno recenti, più piccole e più semplici.

🏠 Piazza
piazza G. Motta 29 – ℰ 091 791 11 81 – www.hotel-piazza-ascona.ch
– Fax 091 791 27 57 **Zf**
32 cam – †75/120 CHF ††130/230 CHF – ½ P +35 CHF
Rist – (chiuso lunedì, martedì e mercoledì dal 1° dicembre al 1° marzo) Carta 47/64 CHF

◆ Sul lungolago, una risorsa con camere di differenti tipologie, ma tutte rinnovate di recente. Alcune, dotate di piccoli balconi, godono della vista sulla passeggiata. Ristorante con veranda lungo la passeggiata a lago.

XXX La Brezza – Hotel Eden Roc
via Albarelle 16 – ℰ 091 785 71 71 – www.edenroc.ch – Fax 091 785 71 43
– chiuso 15 ottobre - 31 marzo **Yr**
Rist – (chiuso a mezzogiorno) Menu 80/96 CHF

◆ Professionalità e savoir-faire uniti ad una cucina contemporanea in grado di soddisfare i palati più esigenti. Piacevole sosta gastronomica nella frenesia della vita moderna.

XXX Locanda Barbarossa – Hotel Castello del Sole
via Muraccio 142, est : 1 km – ℰ 091 791 02 02
– www.castellodelsole.com – Fax 091 792 11 18
– chiuso 25 ottobre - 26 marzo
Rist – (consigliata la prenotazione la sera) Menu 65 CHF (pranzo)/155 CHF (cena)
– Carta 84/142 CHF

◆ Ristorante rustico-elegante con bella terrazza per il servizio estivo. La carta strizza l'occhio ai sapori mediterranei.

XXX Aphrodite – Hotel Giardino
via del Segnale 10, Est : 1,5 km per via Muraccio – ℰ 091 785 88 88
– www.giardino.ch – Fax 091 785 88 99
– chiuso novembre - inizio marzo
Rist – Menu 62/86 CHF – Carta 81/120 CHF

◆ Una splendida terrazza, un fresco giardino ed una gustosa cucina mediterranea: questa è la ricetta per una sosta gastronomica che si farà ricordare...

ASCONA

XX Ecco – Hotel Giardino
※
via del Segnale 10, Est : 1,5 km per via Muraccio – ℘ 091 785 88 88
– www.giardino.ch – Fax 091 785 88 99 – chiuso novembre - inizio marzo,
lunedì e martedì
Rist – (chiuso a mezzogiorno) Menu 138/178 CHF – Carta 120/142 CHF
Spec. Fegato d'anatra con cioccolato amaro- eucalipto. Sogliola con ostrica,
rafano. Filetto e guancia di vitello con caffè, tartufo.
♦ Predominanza di nero e argento nel luminoso giardino d'inverno. Arredamento e menu sfoggiano uno stile moderno-contemporaneo, come la cucina che strizza l'occhio alla creatività.

XX Della Carrà
Carrà dei Nasi 11 – ℘ 091 791 44 52 – www.ristorantedellacarra.ch
– Fax 091 791 60 93 – chiuso 10 gennaio - 10 febbraio e domenica, novembre
- marzo: domenica e lunedì   Z**g**
Rist – (25 CHF) Menu 35 CHF (pranzo)/85 CHF – Carta 64/97 CHF
♦ Cucina legata alla tradizione, con specialità alla griglia, in questo rustico ristorante situato nella parte vecchia della città. Ameno e conviviale.

XX Hostaria San Pietro
Passaggio San Pietro 6 – ℘ 091 791 39 76 – chiuso 4 gennaio - 4 febbraio e
lunedì   Z**t**
Rist – Menu 51 CHF (cena) – Carta 58/76 CHF
♦ Piccola e raffinata osteria, situata nella parte vecchia della città, in una stradina laterale. La cucina è tradizionale con offerte regionali a prezzi favorevoli.

X Seven
via Moscia 2 – ℘ 091 780 77 88 – www.seven-ascona.ch – Fax 091 780 77 75
– chiuso 11 gennaio - 28 febbraio, novembre - febbraio: lunedì e martedì
Rist – (consigliata la prenotazione) (27 CHF) Menu 125/148 CHF   Z**d**
(cena) – Carta 48/98 CHF
♦ Ristorante estremamente moderno e *à la mode*: splendida terrazza affacciata sul lago e cucina decisamente creativa. Dopo cena, concedetevi un cocktail al bar/lounge, uno dei più belli della città!

X Al Pontile
Lungolago Motta 31 – ℘ 091 791 46 04 – Fax 091 791 90 60 – chiuso
23 novembre - 17 dicembre   Z**a**
Rist – (25 CHF) Menu 79 CHF (cena) – Carta 52/84 CHF
♦ Vivace nella cucina dai sapori regionali e nella frequentazione, il ristorante dispone di un piacevole *dehors* estivo sul lungolago. Serate a tema nonché rassegne gastronomiche.

X Aerodromo
via Aerodromo 3 – ℘ 091 791 13 73 – Fax 091 791 13 73 – chiuso 16 novembre
- 17 dicembre e mercoledì, giovedì a mezzogiorno, giugno - settembre :
mercoledì e giovedì a mezzogiorno   X**k**
Rist – (26 CHF) Menu 52 CHF (pranzo) – Carta 60/88 CHF
♦ Presso l'ex campo di volo, raccolto ristorante suddiviso in due sale di tono rustico con bella veranda estiva. Imperdibili le specialità alla griglia.

X Seven Easy
Piazza Motta 61 – ℘ 093 780 77 71 – www.7easy.ch – Fax 091 780 77 72
Rist – (consigliata la prenotazione) Carta 70/143 CHF   Z**h**
♦ Ambiente vivace e di tendenza con grandi tavoloni in legno per un ristorante aperto fin dal primo mattino: menu dalle stuzzicanti proposte mediterranee.

X Seven Asia
Via Borgo 19 – ℘ 091 786 96 76 – www.seven-ascona.ch – Fax 091 786 77 75
Rist – (chiuso 11 gennaio - 28 febbraio e lunedì, novembre - feb-   Z**k**
braio: martedì) (consigliata la prenotazione) Menu 125/255 CHF
– Carta 52/153 CHF
♦ Questo piccolo ristorante in stile minimalista promuove un concetto speciale di gastronomia: gustosi piatti asiatici, teppanyaki, sushibar ed un'interessante menu che ruota intorno al curry.

ASCONA

✂ Le Bistrot Otello 🈯 VISA ⓒ AE ①
Viale Papio 8 – ✆ 091 792 25 52 – chiuso 2 settimane fine agosto e domenica
Rist – (20 CHF) Menu 55/65 CHF (cena) – Carta 52/72 CHF   **Zn**
* Nel cuore della città, un ambiente tipicamente francese che contempla una parte in tipico stile bistrot ed un'altra più classica. Servizio cordiale e cucina tipica.

a Moscia Sud-Ovest : 2 km verso Brissago per ③ – ✉ 6612

🏠 Collinetta ≤ 🚗 🐾 🈯 🖻 Lδ 🍴 ℅ rist, 🅿 VISA ⓒ AE
*strada Collinetta 115 – ✆ 091 791 19 31 – www.collinetta.ch
– Fax 091 791 30 15 – chiuso 15 novembre - 12 febbraio*
37 cam ⊇ – †115/135 CHF ††190/270 CHF – ½ P +36 CHF
Rist – (29 CHF) Menu 45 CHF (cena) – Carta 42/76 CHF
* Posizione fantastica, dominante il lago, per una piacevole struttura circondata da un parco fiorito. Camere moderne: richiedere quelle con balcone e vista impareggiabile. Cucina mediterranea nel ristorante di taglio classico con bella terrazza estiva.

Ogni ristorante stellato è introdotto da tre specialità che rappresentano in maniera significativa la propria cucina. Qualora queste non fossero disponibili, altre gustose ricette ispirate alla stagione delizieranno il vostro palato.

a Losone Nord-Ovest : 2 km per ① – alt. 240 m – ✉ 6616

🏘 Losone ⊛ 🚗 🈯 ⅗ 🐾 🖻 🍴 & ⚐⚑ AC ℅ rist, ⓘ⁾ 🛁 🅿 VISA ⓒ AE
*via dei Pioppi 14 – ✆ 091 785 70 00 – www.albergolosone.ch
– Fax 091 785 70 07 – chiuso 1° novembre - 15 marzo*   **Xh**
77 cam ⊇ – †336 CHF ††250/440 CHF – ½ P +68 CHF
Rist – Menu 78 CHF (cena) – Carta 53/87 CHF
* Nel verde dei campi, un po' fuori Losone, struttura ideale per tutta la famiglia con immenso giardino, piscina e zoo. Ampie camere di stile mediterraneo. Al ristorante ambiente solare, dalle forti tinte; bella terrazza e proposte classiche.

🏠 Elena *senza rist* ⊛ 🚗 ⅗ ⓘ⁾ 🅿 VISA ⓒ
*via Gaggioli 15 – ✆ 091 791 63 26 – www.garni-elena.ch – Fax 091 792 29 22
– chiuso 31 ottobre - 13 marzo*
20 cam ⊇ – †130/210 CHF ††170/240 CHF
* Costruzione che sorge in una tranquilla zona residenziale. Godetevi le calde serate estive sotto le arcate, di fronte alla piscina e al giardino con le palme.

✂✂ Osteria dell'Enoteca 🈯 🅿 VISA ⓒ AE ①
*contrada Maggiore 24 – ✆ 091 791 78 17 – www.osteriaenoteca.ch
– Fax 091 791 78 17 – chiuso 1° gennaio - metà marzo, lunedì e martedì*
Rist – *(consigliata la prenotazione la sera)* Menu 56 CHF (pranzo)/128 CHF (cena)
– Carta 68/94 CHF
* Varcato un cancello di ferro, l'ottocentesca casa in pietra ospita un piccolo e raffinato ristorante che propone sfiziose prelibatezze. Servizio estivo in giardino.

✂ Gerre da Claudio ≤ 🈯 🅿
via alle Gerre 5 – ✆ 091 785 11 90 – chiuso gennaio - febbraio, chiuso le sere da lunedì a giovedì da novembre a maggio
Rist – Carta 56/85 CHF
* Ristorante moderno dispone di una splendida terrazza con vista impareggiabile sui *green* del Golf Gerre e sulla valle. Dalla cucina: piatti regionali in "sintonia" con le stagioni.

✂ Centrale 🈯 🅿 VISA ⓒ AE
😊 *via Locarno 2 – ✆ 091 792 12 01 – Fax 091 792 14 00 – chiuso 30 dicembre
- 17 gennaio, 8 - 29 agosto, sabato a mezzogiorno e domenica*
Rist – (18 CHF) – Carta 55/79 CHF
* Voglia di sfuggire al turismo e di assaporare la proverbiale accoglienza ticinese? Questo ristorante fa al caso vostro. Cucina tradizionale e specialità alla griglia in estate.

ASCONA

sulla strada Panoramica di Ronco Ovest : 3 km

Casa Berno ⇐ 🚗 🍴 🏊 🐾 🛏 🚭 rist, 📞 👤 🅿 VISA ⓜ AE ①
Via Gottardo Madonna 15 ✉ *6612 Ascona –* 📞 *091 791 32 32*
– www.casaberno.ch – Fax 091 792 11 14 – chiuso fine ottobre - metà marzo
65 cam ⌂ – ♦230/350 CHF ♦♦420/500 CHF – ½ P +20 CHF
Rist – (30 CHF) Menu 35 CHF (pranzo)/70 CHF – Carta 50/100 CHF
♦ Beneficiate della posizione privilegiata delle colline, sopra il lago, per ammirare i dintorni! Le camere vantano un buon livello di confort: in stile moderno o tradizionale, dispongono tutte di un grazioso balcone. Il ristorante dispone anch'esso di una bella terrazza panoramica.

ASSENS – Vaud (VD) – 552 E9 – 872 h. – alt. 625 m – ✉ 1042   6 B5
▶ Bern 91 – Lausanne 13 – Fribourg 83 – Thonon-les-Bains 126

XX Le Moulin d'Assens avec ch 🚗 🐾 ch, 📞 🅿 VISA ⓜ
15 rte du Moulin, Est : 1 km, par route de Brétigny – 📞 *021 882 29 50*
– www.le-moulin-assens.ch – Fax 021 882 29 51 – fermé 24 décembre - 2 janvier, 6 juillet - 6 août
2 ch – ♦90/100 CHF ♦♦140/150 CHF, ⌂ 20 CHF
Rest – *(fermé dimanche soir, lundi et mardi midi, juin - août: dimanche soir, lundi et mardi)* Menu 65 CHF (déj.)/120 CHF – Carta 62/100 CHF
♦ Moulin à eau (18e s.) isolé en pleine nature, dans un site idyllique. Salle rustique ou le chef réalise à vue ses généreuses grillades au feu de bois. Deux jolies chambres.

ASTANO – Ticino (TI) – 553 Q13 – 306 ab. – alt. 638 m – ✉ 6999   9 H7
▶ Bern 294 – Lugano 21 – Altdorf 145 – Bellinzona 44

Della Posta 🚗 🍴 🏊 📞 👤 🅿 VISA ⓜ AE ①
Via Trezzini – 📞 *091 608 32 65 – www.albergo-posta-astano.ch*
– Fax 091 608 32 66 – chiuso 16 novembre - 15 marzo
15 cam ⌂ – ♦85/130 CHF ♦♦190/240 CHF   **Rist** – Carta 41/92 CHF
♦ In posizione tranquilla, la risorsa si compone di due edifici distinti: una villa patrizia con accoglienti ambienti in stile ed una costruzione più recente dai luminosi spazi. Cucina regionale al ristorante. Servizio estivo in terrazza.

AU – Sankt Gallen (SG) – 551 W5 – 6 661 Ew – Höhe 405 m – ✉ 9434   5 I2
▶ Bern 234 – Sankt Gallen 29 – Konstanz 56 – Friedrichshafen 53

XX Burg ⇐ 🍴 & 🅿 VISA ⓜ
Walzenhauserstr. 100 – 📞 *071 744 11 13 – www.burginau.ch*
– Fax 071 744 11 13 – geschl. Montag - Dienstag
Rest – (20 CHF) Menü 40 CHF – Karte 49/79 CHF
♦ Das Restaurant in einem Fachwerkhaus a. d. 17. Jh. wird von dem jungen Inhaberpaar freundlich geführt und bietet gute traditionelle und regionale Küche. Eine wechselnde Kunstausstellung ziert die gemütliche getäferte Stube mit Blick auf das Rheintal. Schöne Terrasse.

AUBONNE – Vaud (VD) – 552 C10 – 2 679 h. – alt. 502 m – ✉ 1170   6 B5
▶ Bern 119 – Lausanne 25 – Genève 44 – Montreux 56

XX L'Esplanade ⇐ 🍴 & 🅿 VISA ⓜ AE
42 r. du Chêne – 📞 *021 808 03 03 – www.lesplanade.ch – Fax 021 808 03 04*
– fermé 24 décembre - 11 janvier, 16 - 24 mai, dimanche soir, lundi et mardi midi
Rest – *(réservation conseillée le soir)* Menu 65/130 CHF
♦ Pavillon perché tel un nid d'aigle sur son promontoire. Grand menu selon le marché, ambiance trendy, vue plongeante sur le lac en terrasse et par les larges baies vitrées.

AUSSERBERG – Wallis (VS) – 552 L11 – 657 Ew – Höhe 1 008 m   8 E6
– ✉ 3938
▶ Bern 187 – Brig 20 – Andermatt 98 – Saas Fee 37

AUSSERBERG

Sonnenhalde
- ℰ 027 946 25 83 – www.sonnenhalde-ausserberg.ch – Fax 027 946 18 05
– geschl. 8. Februar - 13. März
15 Zim ⌾ – †88/95 CHF ††150/160 CHF – ½ P +42 CHF
Rest – *(geschl. November - März: Mittwoch - Donnerstag)* (28 CHF)
– Karte 49/82 CHF
• Das Haus mit den rustikalen, funktionellen Gästezimmern liegt ruhig am oberen Dorfrand und bietet von der Sonnenterrasse Ausblick auf die Walliser Alpen. Ländliches Restaurant mit traditioneller Küche.

Les AVANTS – Vaud – **552** G10 – voir à Montreux

AVENCHES – Vaud (VD) – **552** G7 – 2 754 h. – alt. 475 m – ✉ 1580   **2** C4

▶ Bern 40 – Neuchâtel 37 – Fribourg 15 – Lausanne 72
🛈 3 pl. de l'Église, ℰ 026 676 99 22, info@avenches.ch
◉ Musée romain ★
Manifestations locales :
   9-23 juillet : festival d'opéra "Lucia de Lammermoor"
   2-4 septembre : Aventicum Musical Parade

Couronne
20 r. Centrale – ℰ 026 675 54 14 – www.lacouronne.ch – Fax 026 675 54 22
– fermé 18 décembre - 17 janvier
21 ch ⌾ – †130/145 CHF ††190/230 CHF – ½ P +45 CHF
Rest – *(fermé dimanche soir)* (16 CHF) – Carte 58/96 CHF
• Bâtisse de caractère nichée au cœur de la cité historique, à quelques pas des arènes romaines. Teintes douces et toiles modernes dans les chambres. Restaurant traditionnel confortable. Colonnes et expo de peintures en salle. Dégustations de vins au caveau.

Des Bains
1 rte de Berne – ℰ 026 675 36 60 – www.restaurantdesbains.ch
– Fax 026 675 15 37 – fermé 12 - 27 avril, 6 - 22 septembre, dimanche soir et lundi
Rest – (19 CHF) Menu 62/100 CHF – Carte 63/100 CHF
• Si la visite des proches arènes romaines vous a donné les crocs, venez donc vous attabler dans cette salle néo-rustique dont le nom évoque les anciens thermes d'Aventicum.

BADEN – Aargau (AG) – **551** O4 – 16 691 Ew – Höhe 396 m – Kurort   **4** F2
– ✉ 5400

▶ Bern 108 – Aarau 30 – Basel 68 – Luzern 75
🛈 Oberer Bahnhofplatz 1 Y, ℰ 056 200 87 87, info@baden.ag.ch
🛏 Schinznach Bad West: 14 km, ℰ 056 443 12 26
◉ Lage ★ – Altstadt ★ : Blick von der Hochbrücke ★ Z – Kindermuseum
 - Museum Langmatt (Stiftung Sidney und Jenny Brown) Y
Lokale Veranstaltungen:
   9.-13. Juni: Figura Festival
   22.-29. Mai: Blues Festival

Stadtplan auf der nächsten Seite

Blue City
Haselstr. 17 – ℰ 056 200 18 18 – www.bluecityhotel.ch – Fax 056 200 18 19
25 Zim ⌾ – †240 CHF ††290 CHF – 3 Suiten   Yb
Rest – Karte 56/70 CHF
• Die zentrale Lage beim Bahnhof sowie wohnlich und modern eingerichtete Gästezimmer in warmen Farben machen dieses Businesshotel aus. Lemon nennt sich das bistroartige Restaurant mit Bar und Lounge, das Speiseangebot ist amerikanisch.

BADEN

Badstrasse	YZ
Bäderstrasse	Y
Bahnhofstrasse	YZ
Bruggerstrasse	YZ
Cordulaplatz	Z 3
Ehrendingerstrasse	YZ
Gartenstrasse	Y 4
Gstühlstrasse	Z 6
Haselstrasse	Y
Kronengasse	Z 7
Kurplatz	Y 9
Landstrasse	Y
Mellingerstrasse	Z
Neuenhoferstrasse	Z
Oberdorfstrasse	Y
Oelrainstrasse	Z
Parkstrasse	Y
Promenade	YZ
Römerstrasse	Y
Rütistrasse	Z
Schartenstrasse	Z 10
Schlossbergplatz	Z
Schulhausplatz	Z 12
Seminarstrasse	Z
Sonnenbergstrasse	YZ
Stadtturmstrasse	YZ
Theaterstrasse	Z 13
Untere Halde	Z 15
Weite Gasse	Z 16
Wettingerstrasse	Z

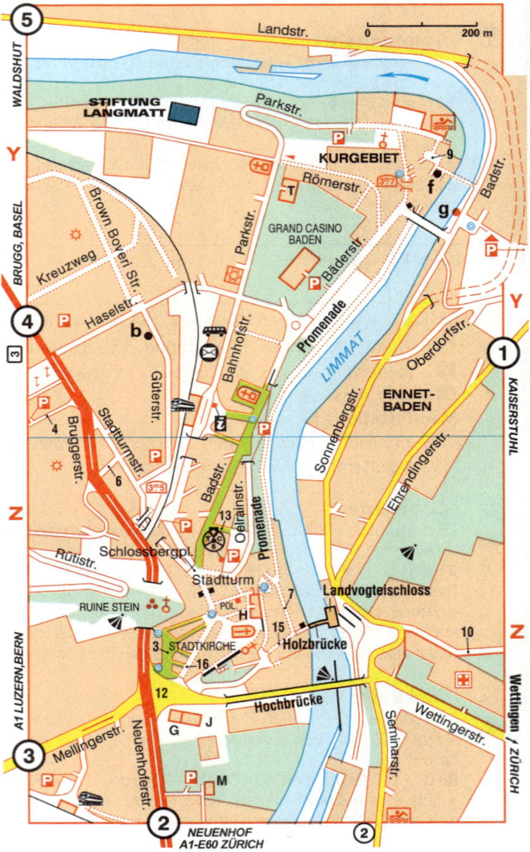

Limmathof

Limmatpromenade 28 – ℰ 056 200 17 17 – www.limmathof.ch
– Fax 056 200 17 18   **Yf**
11 Zim – †230 CHF ††290/350 CHF – ½ P +60 CHF
Rest – *(geschl. 23. Dezember - 10. Januar, 25. Juli - 8. August und Sonntag - Montag) (nur Abendessen)* Karte 44/73 CHF
♦ Das im 19. Jh. erbaute Hotel im Limmatbogen bietet Zimmer in trendigem Design - zwei Juniorsuiten befinden sich unter dem Dach - sowie einen modernen öffentlichen Spabereich. Internationale Küche im gemütlichen Restaurant Goldener Schlüssel.

in Ennetbaden Nord-Ost: 1 km – Höhe 359 m – ✉ 5408

Hertenstein

Hertensteinstr. 80, Richtung Freienwil – ℰ 056 221 10 20 – www.hertenstein.ch
– Fax 056 221 10 29 – geschl. 31. Januar - 15. Februar und Sonntag - Montag
Rest – (32 CHF) Menü 48/86 CHF – Karte 55/107 CHF
♦ Eine traditionelle Küche mit modernen Einflüssen findet man in dem klassischen Restaurant mit saisonaler Dekoration und Terrasse mit schönem Ausblick.

BADEN

XX **Sonne** 🛜 VISA ⦿ AE ①
Badstr. 3 – ✆ 056 221 24 24 – Fax 056 221 24 24 – geschl. 19. Juli - 9. August,
Samstagmittag und Montagabend   Y**g**
Rest – (19,50 CHF) – Karte 47/105 CHF
♦ Diese familiäre Adresse überzeugt ihre Gäste mit einem traditionellen Restaurant mit internationalen Speisen, dem modernen Wintergarten und einer Terrasse über der Limmat.

BAD RAGAZ – Sankt Gallen (SG) – 551 V7 – 5 100 Ew – Höhe 502 m   5 I3
– Kurort – ✉ 7310

▶ Bern 222 – Chur 24 – Sankt Gallen 84 – Vaduz 24
🅱 Am Platz 1, ✆ 081 300 40 20, info@spavillage.ch
🔞 ✆ 081 303 37 17
⑨ Heidiland, ✆ 081 303 37 00
G Taminaschlucht★★ Süd-West
Lokale Veranstaltungen:
2. Mai: Maibär
10.-17. Oktober: Pferderennen Maienfeld

 Grand Resort ⬩   ⬩⬩⬩⬩⬩⬩⬩⬩⬩⬩⬩⬩⬩⬩⬩⬩
– ✆ 081 303 30 30   ⬩ Rest, ⬩⬩⬩⬩ P VISA ⦿ AE
– www.resortragaz.ch – Fax 081 303 30 33
249 Zim ⚏ – †340/580 CHF ††440/880 CHF – 41 Suiten
Rest *Aebtestube* – separat erwähnt
Rest *Bel-Air* – Karte 88/158 CHF
Rest *Olive d'Or* – Karte 56/84 CHF
Rest *Namun* – (geschl. Montag - Freitag nur Abendessen) Karte 68/86 CHF
Rest *Zollstube* – (geschl. Ende Februar - Anfang März 1 Woche, Juli 3 Wochen
und Dienstag - Mittwoch) (nur Abendessen) Menü 62/74 CHF – Karte 48/68 CHF
♦ Auf einmalige Weise vereint diese bemerkenswerte Anlage Luxushotellerie, "Wellbeing",
einschliesslich medizinischem Zentrum und öffentlicher Therme, sowie Business. Exklusiv
sind die noblen Spa-Suiten. Bel-Air im Belle-Epoque-Stil. Mediterranes im Olive d'Or. Asiatisches im Namun. Gemütlich-regional ist die Zollstube.

🏨 **Sorell Hotel Tamina**   ⬩⬩⬩⬩⬩⬩⬩⬩⬩ VISA ⦿ AE ①
Am Platz 3 – ✆ 081 303 71 71 – www.hoteltamina.ch – Fax 081 303 71 72
44 Zim ⚏ – †150/195 CHF ††250/330 CHF – 13 Suiten – ½ P +40 CHF
Rest *Locanda* – (25 CHF) – Karte 54/86 CHF
♦ Das Hotel am Dorfplatz beherbergt hinter seiner klassischen Fassade teilweise im Jugendstil gehaltene Zimmer mit weissem Mobiliar und Parkett. Direkter Zugang zum "Spahouse".
Schön: Locanda mit Stuckdecke und Kristallleuchter. Gemütlich ist die Gartenterrasse.

 Schloss Ragaz ⬩   ⬩⬩⬩⬩⬩⬩⬩⬩⬩⬩ Rest, P VISA ⦿ AE ①
Süd-Ost: 1,5 km Richtung Landquart – ✆ 081 303 77 77
– www.hotelschlossragaz.ch – Fax 081 303 77 78 – geschl. 20. November
- 20. Dezember
56 Zim ⚏ – †115/150 CHF ††230/312 CHF – ½ P +35 CHF
Rest – Menü 35/68 CHF – Karte 42/81 CHF
♦ Das Hotel liegt ruhig im schönen Park mit Freibad und Wellnesspavillon und bietet drei
unterschiedliche Zimmertypen: in der Residenz, in den Pavillons oder im Schlossgebäude.
Ein hübscher saalartiger Raum dient als Restaurant.

 Rössli   ⬩⬩⬩⬩ Zim, ⬩ P VISA ⦿ AE ①
Freihofweg 3 – ✆ 081 302 32 32 – www.roessliragaz.ch – Fax 081 300 42 84
16 Zim ⚏ – †130/160 CHF ††220/240 CHF – ½ P +35 CHF
Rest – (geschl. Sonntag - Montag) (25 CHF) Menü 59 CHF (mittags)/98 CHF
– Karte 57/96 CHF ⬩
♦ Das kleine Hotel unter familiärer Leitung befindet sich in der Innenstadt und verfügt über
schöne Gästezimmer in klarem Design. Im geradlinig-modern gestalteten Restaurant bietet
man internationale Küche.

BAD RAGAZ

XXX **Aebtestube** – Hotel Grand Resort 〓 VISA ⓒ AE
– ℰ 081 303 30 30 – www.resortragaz.ch – Fax 081 303 30 33 – geschl.
31. Januar - 8. Februar, Juli - Anfang August 4 Wochen und Sonntag - Montag
Rest – (nur Abendessen) (Tischbestellung ratsam) Menü 110/150 CHF
– Karte 105/155 CHF🍷
♦ Im historischen Teil des Grandhotels befindet sich das elegante Restaurant mit schönem Gewölbe und grossem Kamin. In intimer Atmosphäre geniesst man die klassische Küche von Roland Schmid.

XX **Löwen** 🍴 ⇔ VISA ⓒ AE ①
Löwenstr. 5 – ℰ 081 302 13 06 – www.loewen.biz – Fax 081 330 72 01 – geschl.
28. März - 19. April, 26. September - 18. Oktober und Sonntag - Montag
Rest – (28 CHF) Menü 62 CHF (abends)/89 CHF – Karte 51/98 CHF🍷
♦ Hinter der gemütlichen Gaststube dieses hübsch an der Tamina gelegenen Hauses befindet sich das gehobene neo-rustikale Restaurant mit schöner Holzdecke.

BAD SCHAUENBURG – Basel-Landschaft – **551** K4 – **siehe Liestal**

BÄCH – Schwyz (SZ) – **551** Q6 – **Höhe 411 m** – ✉ **8806**   **4** G3
▶ Bern 153 – Zürich 32 – Glarus 42 – Rapperswil 9

XX **Seeli** 🍴 P VISA ⓒ AE ①
Seestr. 189 – ℰ 044 784 03 07 – www.see.li – geschl. 24. Dezember - 4. Januar und Sonntag - Montag
Rest – (Tischbestellung ratsam) Menü 66/95 CHF – Karte 58/95 CHF
♦ Das typische Zürcher Riegelhaus liegt direkt am See. Die vier historischen Stuben mit gehobenem Komfort sind über eine Aussentreppe zu erreichen. Fischspezialitäten.

BAGGWIL – Bern – **551** I7 – **siehe Seedorf**

BÂLE – Basel-Stadt – **551** K3 – **voir à Basel**

- → Die besten Restaurants entdecken ?
- → Das nächst gelegene Hotel finden ?
- → Ein Haus auf den Karten suchen ?
- → Unsere Symbole verstehen…

Folgen Sie dem roten Bib !

Der Rat des **Koch-Bib** zu unseren Restaurantempfehlungen.

Die Informationen und kleinen Tips des augenzwinkernden **cleveren Bib** um sich unterwegs zurechtzufinden.

Der Rat des **Pagen-Bib** zu unseren Hotelempfehlungen.

Rathaus

BASEL *BÂLE*

K Kanton: BS Basel-Stadt
Michelin-Karte: **551** K3+4
▶ Bern 100 – Aarau 56 – Belfort 79
– Freiburg im Breisgau 72
Einwohnerzahl: 163 081 Ew

Höhe: 273 m
Postleitzahl: ✉ 4000
Regionalkarte: **2** D2

PRAKTISCHE HINWEISE

🛈 Tourist-Information
im Stadtcasino am Barfüsserplatz, Steinenberg 14 **BY**

im Bahnhof SBB **BZ**, ☏ 061 268 68 68, info@basel.com

Automobilclub
🅐 Steinentorstr. 13, ☏ 061 205 99 99, Fax 061 205 99 70 **BZ**

🅑 Birsigstr. 4, ☏ 061 272 39 33, Fax 061 281 36 57 **BZ**

Flughafen
✈ EuroAirport, ☏ 061 325 31 11, Basel (Schweiz) über zollfreie Strasse 8 km und in Saint-Louis (Frankreich) **T**

Fluggesellschaften
Swiss International Air Lines Ltd. ☏ 0848 852 000, Fax 061 582 33 33

British Airways, EuroAirport ☏ 0848 845 845, Fax 0848 845 849

Messegelände
Messezentrum Basel, Auf dem Messeplatz, ✉ 4005, ☏ 058 200 20 20

Messen und Veranstaltungen
12.-16. Januar: Swissbau

5.-14. Februar: muba

11.-14. Februar: twoo u. NATUR 5/10

22.-25. Februar: Fasnacht

18.-25. März: BASELWORD

21.-24. September: ILMAC

23.-31. Oktober: Herbstwarenmesse u. Weinmesse

27.-29. Oktober: WORLDDIDAC

16.-19. November: Swisstech

Golfplätze
⛳ Rheinfelden, Ost: 20 km Autobahn Ausfahrt Rheinfelden West, ☏ 061 833 94 07

⛳ Hagenthal-le-Bas (Frankreich) Süd-West: 10 km, ☏ (0033) 389 68 50 91

⛳ Markgräflerland Kandern (Deutschland), Nord: 23 km, ☏ (0049) 7626 97 79 90

BASEL

◉ SEHENSWÜRDIGKEITEN

SEHENSWERT

Zoologischer Garten★★★ **AZ**
- Altstadt★★★: Münster★★ **CY**,
Wettsteinbrücke : ≤★ **CY**, Alte
Strassen★ **BY** - Rathaus★ **BY H**

MUSEEN

Kunstmuseum★★★ **CY** - Museum der
Kulturen★★ **BY M¹** - Historisches
Museum★★ **BY** - Antikenmuseum und
Sammlung Ludwig★★ **CY** - Basler
Papiermühle★ **DY M⁶** - Haus zum
Kirschgarten★ **BZ** - Museum Jean
Tinguely★ **T M⁸**

AUSFLUGSZIELE

Römische Ruinen in Augst★★ Süd-Ost:
11 km - St.-Chrischona-Kapelle:
≤★ 8 km über ②- Wasserturm
Bruderholz★: ※★ **U** - Riehen Ost: 6 km
über ② - Fondation Beyeler★★★,
Spielzeugmuseum★

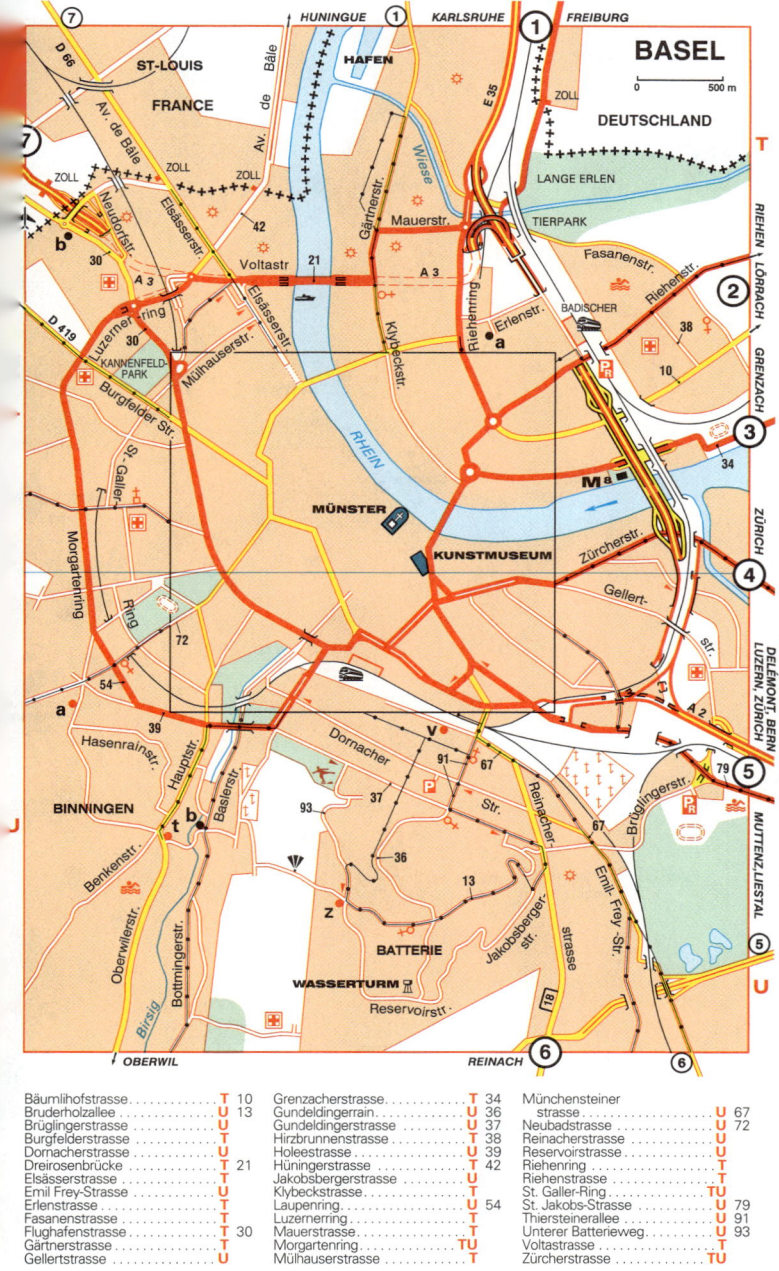

Bäumlihofstrasse	**T** 10	Grenzacherstrasse	**T** 34	Münchensteiner		
Bruderholzallee	**U** 13	Gundeldingerrain	**U** 36	strasse	**U** 67
Brüglingerstrasse	**UT**	Gundeldingerstrasse	**U** 37	Neubadstrasse	**U** 72
Burgfelderstrasse	**UT**	Hirzbrunnenstrasse	**T** 38	Reinacherstrasse	**U**
Dornacherstrasse	**U**	Holeestrasse	**U** 39	Reservoirstrasse	**U**
Dreirosenbrücke	**T** 21	Hüningerstrasse	**T** 42	Riehenring	**T**
Elsässerstrasse	**T**	Jakobsbergerstrasse	**U**	Riehenstrasse	**T**
Emil Frey-Strasse	**U**	Klybeckstrasse	**T**	St. Galler-Ring	**TU**
Erlenstrasse	**T**	Lauperring	**U** 54	St. Jakobs-Strasse	**U** 79
Fasanenstrasse	**T**	Luzernerring	**T**	Thiersteinerallee	**U** 91
Flughafenstrasse	**T** 30	Mauerstrasse	**T**	Unterer Batterieweg	**U** 93
Gärtnerstrasse	**T**	Morgartenring	**TU**	Voltastrasse	**T**
Gellertstrasse	**U**	Mülhauserstrasse	**T**	Zürcherstrasse	**TU**

115

BASEL

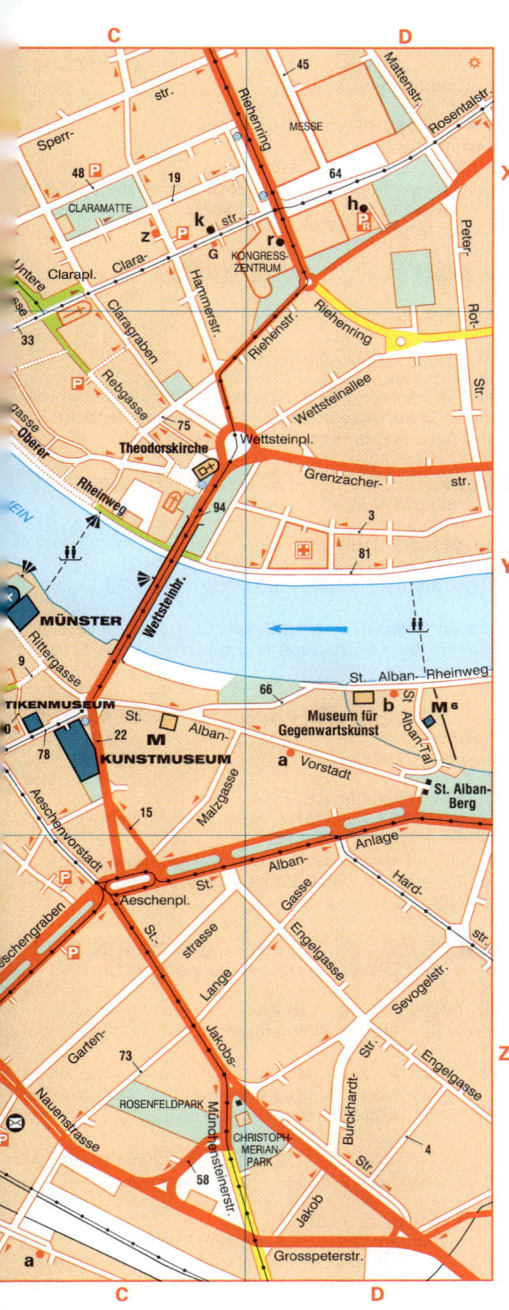

BASEL

Aeschenvorstadt	**CYZ**	
Alemannengasse	**DY**	3
Andreasplatz	**BY**	5
Andreas-Heusler-Strasse	**DZ**	4
Augustinergasse	**BY**	6
Bäumleingasse	**CY**	9
Barfüsserplatz	**BY**	7
Bernoullistrasse	**ABY**	12
Brunngässlein	**CYZ**	15
Centralbahnplatz	**BZ**	16
Centralbahnstrasse	**BZ**	18
Claraplatz	**CX**	
Drahtzugstrasse	**CX**	19
Dufourstrasse	**CY**	22
Eisengasse	**BY**	24
Erdbeergraben	**BZ**	25
Falknerstrasse	**BY**	27
Fischmarktplatz	**BY**	28
Freie Strasse	**BY**	
Gemsberg	**BY**	31
Gerbergasse	**BY**	
Greifengasse	**BCY**	33
Innere-Margarethen-strasse	**BZ**	43
Isteinerstrasse	**DX**	45
Kannenfeldstrasse	**AX**	46
Klingentalstrasse	**CX**	48
Klosterberg	**BZ**	49
Kohlenberg	**BY**	51
Kohlenberggasse	**BY**	52
Leonhardsgraben	**BY**	55
Leonhardsstrasse	**BY**	57
Lindenhofstrasse	**CZ**	58
Luftgässlein	**CY**	60
Marktgasse	**BY**	61
Marktplatz	**BY**	
Marschalkenstrasse	**AZ**	63
Messeplatz	**DX**	64
Mühlenberg	**CDY**	66
Münsterberg	**BZ**	69
Münsterplatz	**BZ**	70
Peter Merian-Strasse	**CZ**	73
Riehentorstrasse	**CY**	75
Rümelinsplatz	**BY**	76
St. Alban-Graben	**CY**	78
Schaffhauserrheinweg	**DY**	81
Schneidergasse	**BY**	82
Spalengraben	**BY**	84
Spalenvorstadt	**BY**	85
Stadthausgasse	**BY**	87
Steinentorstrasse	**BZ**	88
Steinenvorstadt	**BYZ**	
Streitgasse	**BY**	90
Theaterstrasse	**BY**	92
Unterer Heuberg	**BY**	93
Wettsteinstrasse	**CY**	94

BASEL

Grand Hotel Les Trois Rois
Blumenrain 8 ⊠ 4001
– ℰ 061 260 50 50 – www.lestroisrois.com
– Fax 061 260 50 60 BYa
95 Zim – †365/585 CHF ††590/750 CHF, ☲ 40 CHF – 6 Suiten
Rest *Cheval Blanc* – separat erwähnt
Rest *Brasserie* – (50 CHF) Menü 85/100 CHF – Karte 72/127 CHF
♦ Das 1844 eröffnete Traditionshaus in schöner Rheinlage verbindet den historischen Charme eines Grandhotels mit luxuriöser Ausstattung. Die äusserst hochwertig eingerichteten Zimmer sind klassisch-elegant oder im Art-déco-Stil gehalten.

Swissôtel Le Plaza Basel
Messeplatz 25 ⊠ 4005
– ℰ 061 555 33 33 – www.swissotel.com/basel
– Fax 061 555 39 70 DXr
238 Zim – †200/690 CHF ††200/690 CHF, ☲ 32 CHF
Rest – (20 CHF) Menü 31 CHF (mittags) – Karte 53/84 CHF
♦ Das grosszügig angelegte Hotel befindet sich direkt beim Messegelände und verfügt über unterschiedliche Zimmer von der Standard-Kategorie bis zur Suite. Modernes Restaurant mit offener Küche, dekoriert mit Bildern von Peter Hebeisen.

Mercure Hotel Europe
Clarastr. 43 ⊠ 4005 – ℰ 061 690 80 80 – www.balehotels.ch
– Fax 061 690 88 80 CXk
158 Zim – †210/430 CHF ††230/510 CHF, ☲ 27 CHF
Rest *Les Quatre Saisons* – separat erwähnt
Rest *Bajazzo* – ℰ 061 690 87 10 – (19 CHF) Menü 44 CHF
– Karte 38/75 CHF
♦ Die Lage nahe der Messe sowie funktionell ausgestattete Zimmer sprechen für dieses gut geführte Hotel, das besonders auf Businessgäste zugeschnitten ist. Freundliches Bistroambiente erwartet Sie im Bajazzo.

Victoria
Centralbahnplatz 3 ⊠ 4002
– ℰ 061 270 70 70 – www.balehotels.ch
– Fax 061 270 70 77 BZd
107 Zim – †240/430 CHF ††240/530 CHF, ☲ 27 CHF
Rest *Le Train Bleu* – ℰ 061 270 78 17 – (26 CHF) Menü 40 CHF (mittags)/71 CHF
– Karte 55/106 CHF
♦ Zeitgemäss und wohnlich sind die Zimmer in dem Geschäftshotel gegenüber dem Hauptbahnhof ausgestattet. In der Residenz im Innenhof sind die Zimmer besonders ruhig. Eine legere Atmosphäre herrscht im Restaurant Le Train Bleu.

Ramada Plaza Basel
Messeplatz 12 ⊠ 4058 – ℰ 061 560 40 00 – www.ramada-treff.ch/basel
– Fax 061 560 55 55 DXh
224 Zim – †299/359 CHF ††299/359 CHF, ☲ 29 CHF – 6 Suiten
Rest *Filou* – ℰ 061 560 43 01 – Menü 38 CHF (mittags Buffet)/135 CHF
– Karte 54/97 CHF
♦ Modernes Design begleitet Sie von der lichten Halle bis in die funktionell ausgestatteten Gästezimmer dieses Tagungshotels im Messeturm. Das elegante Filou ist ein gläserner Vorbau über dem Messeplatz. Die Lounge im 30. Stock bietet eine einmalige Sicht.

Euler
Centralbahnplatz 14 ⊠ 4002 – ℰ 061 275 80 00 – www.hoteleuler.ch
– Fax 061 275 80 50 BZe
66 Zim – †360/400 CHF ††480 CHF, ☲ 28 CHF
Rest – (28 CHF) Menü 59 CHF (mittags)/89 CHF – Karte 56/97 CHF
♦ Das hübsche historische Stadthaus beim Hauptbahnhof beherbergt hinter seiner markanten hellblauen Fassade einen klassischen Hallenbereich und moderne Zimmer in warmen Tönen.

BASEL

Airport Hotel ← 🕷 ᾰ 🛎 ᾰ 🛞 🎧 🏧 ⇌ VISA ⓜ AE
Flughafenstr. 215 ⊠ 4056 – ℰ 061 327 30 30 – www.airporthotelbasel.com
– Fax 061 327 30 35 **Tb**
166 Zim – †202/250 CHF ††250/320 CHF, ⇌ 25 CHF
Rest – Menü 65 CHF (mittags)/85 CHF (abends)
♦ Businesshotel in verkehrsgünstiger Lage mit Airportshuttle. Modernes Design und markante Farbgestaltung von der grossen Lobby bis in die technisch sehr gut ausgestatteten Zimmer.

Der Teufelhof 🎪 |≋| 🏧 🎧 VISA ⓜ AE ⓘ
Leonhardsgraben 49 ⊠ 4051 – ℰ 061 261 10 10
– www.teufelhof.com – Fax 061 261 10 04
– geschl. 23. - 27. Dezember **BYg**
33 Zim ⇌ – †180/290 CHF ††255/365 CHF
Rest *Bel Etage* – separat erwähnt
Rest *Weinstube* – (26 CHF) Menü 58/92 CHF – Karte 61/92 CHF 🍷
♦ Diese recht spezielle Adresse mit Kultur- und Theaterprogramm besteht aus dem Kunsthotel mit sehr individuellen Künstlerzimmern sowie dem Galeriehotel mit ständigen Ausstellungen. Ungezwungen und leger ist die Weinstube mit gemütlichem Innenhof.

St. Gotthard garni |≋| 🏧 🛞 🎧 🏧 ⇌ VISA ⓜ AE ⓘ
Centralbahnstr. 13 ⊠ 4002 – ℰ 061 225 13 13 – www.st-gotthard.ch
– Fax 061 225 13 14 **BZf**
95 Zim ⇌ – †215/650 CHF ††260/680 CHF
♦ Drei miteinander verbundene Häuser bilden diesen beispielhaft gepflegten Familienbetrieb beim Hauptbahnhof, der über zeitgemässe Zimmer und einen gemütlichen Frühstücksraum verfügt.

Basel 🎪 |≋| 🎧 🏧 ⇌ VISA ⓜ AE ⓘ
Münzgasse 12, (Am Spalenberg) ⊠ 4001 – ℰ 061 264 68 00
– www.hotel-basel.ch – Fax 061 264 68 11 **BYx**
72 Zim – †245/530 CHF ††340/650 CHF, ⇌ 25 CHF
Rest – Menü 65 CHF – Karte 44/84 CHF
♦ In dem Hotel in der Fussgängerzone erwarten Sie zeitgemäss und funktionell eingerichtete Zimmer, die für Businessgäste gut geeignet sind. Das Restaurant teilt sich in die typische Brasserie und die traditionelle Stube Sperber.

bildungszentrum 21 🌙 |≋| 🛞 🍴 Rest, 🎧 🏧 🅿 VISA ⓜ AE ⓘ
Missionsstr. 21 ⊠ 4003 – ℰ 061 260 21 21 – www.bz21.ch
– Fax 061 260 21 22 **AYa**
69 Zim ⇌ – †155/235 CHF ††220/330 CHF
Rest – (nur Mittagessen für Hausgäste) Menü 31 CHF
♦ In einer Grünanlage mit altem Baumbestand liegt das schöne Stadthaus mit zeitgemäss und funktionell gestalteten Gästezimmern, die alle ruhig zum eigenen Park hin liegen.

Dorint |≋| 🛞 🛞 🍴 Rest, 🎧 🏧 ⇌ VISA ⓜ AE ⓘ
Schönaustr. 10 ⊠ 4058 – ℰ 061 695 70 00 – www.dorint.com/basel
– Fax 061 695 71 00 **Ta**
171 Zim – †195/250 CHF ††195/250 CHF, ⇌ 26 CHF
Rest – (24 CHF) – Karte 52/90 CHF
♦ Mit seinen funktionell ausgestatteten Zimmern und der günstigen Lage nahe Messe und Kongresszentrum ist das Hotel besonders auf Businessgäste zugeschnitten.

Metropol garni |≋| 🎧 VISA ⓜ AE ⓘ
Elisabethenanlage 5 ⊠ 4002 – ℰ 061 206 76 76
– www.metropol-basel.ch – Fax 061 206 76 77
– geschl. 23. Dezember - 2. Januar **BZa**
46 Zim ⇌ – †150/250 CHF ††220/330 CHF
♦ Unweit des Hauptbahnhofs gelegenes Hotel mit zeitgemässen Gästezimmern. Beim Frühstück im 8. Stock hat man einen herrlichen Panoramablick über Basel.

BASEL

Krafft
Rheingasse 12 ⊠ 4058 – ℰ 061 690 91 30 – www.krafftbasel.ch
– Fax 061 690 91 31 CYa
56 Zim ⊇ – †170/295 CHF ††270/320 CHF
Rest – Menü 65 CHF – Karte 64/86 CHF
• Das zentral gelegene Stadthaus von 1872 ist eine charmante Adresse. Die zeitgemässen Zimmer mit Retro-Touch befinden sich teilweise in der Dépendance gegenüber, einige liegen zum Rhein. Zum stilvollen Restaurant gehört eine hübsche Terrasse.

Au Violon
im Lohnhof 4 ⊠ 4051 – ℰ 061 269 87 11
– www.au-violon.com – Fax 061 269 87 12
– geschl. über Weihnachten und Neujahr BYv
20 Zim – †120/182 CHF ††140/202 CHF, ⊇ 15 CHF
Rest – *(geschl. 20. Dezember - 4. Januar, 2. - 5. April, 5. - 26. Juli und Sonntag - Montag)* (22 CHF) – Karte 44/90 CHF
• Eine nicht ganz alltägliche Adresse ist das einstige Gefängnis im Zentrum. Die wohnlich gestalteten Gästezimmer sind ehemalige Zellen oder grössere Polizeibüros - letztere mit Stadtblick. Das nette Restaurant im Brasseriestil wird ergänzt durch einen schönen schattigen Innenhof.

balade
Klingental 8 ⊠ 4058 – ℰ 061 699 19 00 – www.hotel-balade.ch
– Fax 061 699 19 20 BXb
24 Zim ⊇ – †135/150 CHF ††190 CHF
Rest – *(geschl. Sonntag - Montag)* Menü 38 CHF (mittags)
– Karte 57/96 CHF
• In diesem nahe dem Rhein gelegenen Hotel in Kleinbasel stehen helle Gästezimmer in klarem, sachlich-funktionellem Stil zur Verfügung. Internationale Küche im Restaurant.

Steinenschanze garni
Steinengraben 69 ⊠ 4051 – ℰ 061 272 53 53 – www.steinenschanze.ch
– Fax 061 272 45 73 – geschl. 20. Dezember - 2. Januar BYs
53 Zim ⊇ – †135/280 CHF ††190/350 CHF
• Das Hotel liegt nicht weit vom Zentrum und bietet zeitgemässe, freundliche Zimmer, die z. T. nicht sehr gross sind. Im Sommer kann man auch auf der Gartenterrasse frühstücken.

Rochat
Petersgraben 23 ⊠ 4051 – ℰ 061 261 81 40 – www.hotelrochat.ch
– Fax 061 261 64 92 BYe
50 Zim – †130/150 CHF ††190/220 CHF
Rest – *(geschl. 19. Juli - 6. August und Samstag - Sonntag) (nur Mittagessen)* (15 CHF) – Karte 27/57 CHF
• Funktionelle Zimmer in einem denkmalgeschützten Haus von 1899. Hotel und Restaurant werden im Sinne des Genfer Pfarrers Rochat, Gründer des Blauen Kreuzes, alkoholfrei geführt. Schlichtes Restaurant mit Gartensitzplatz.

Spalentor garni
Schönbeinstr. 1 ⊠ 4056 – ℰ 061 262 26 26
– www.hotelspalentor.ch – Fax 061 262 26 29
– geschl. 24. Dezember - 3. Januar AYc
40 Zim – †170/195 CHF ††210/240 CHF
• In zentraler Lage nahe dem namengebenden Spalentor finden Sie das gepflegte Stadthotel mit funktionellen und recht grosszügigen Gästezimmern.

In jedem Sterne-Restaurant werden drei Spezialitäten angegeben, die den Küchenstil widerspiegeln. Nicht immer finden sich diese Gerichte auf der Karte, werden aber durch andere repräsentative Speisen ersetzt.

A LA RECHERCHE DE L'ŒUVRE

www.louis-roederer.com

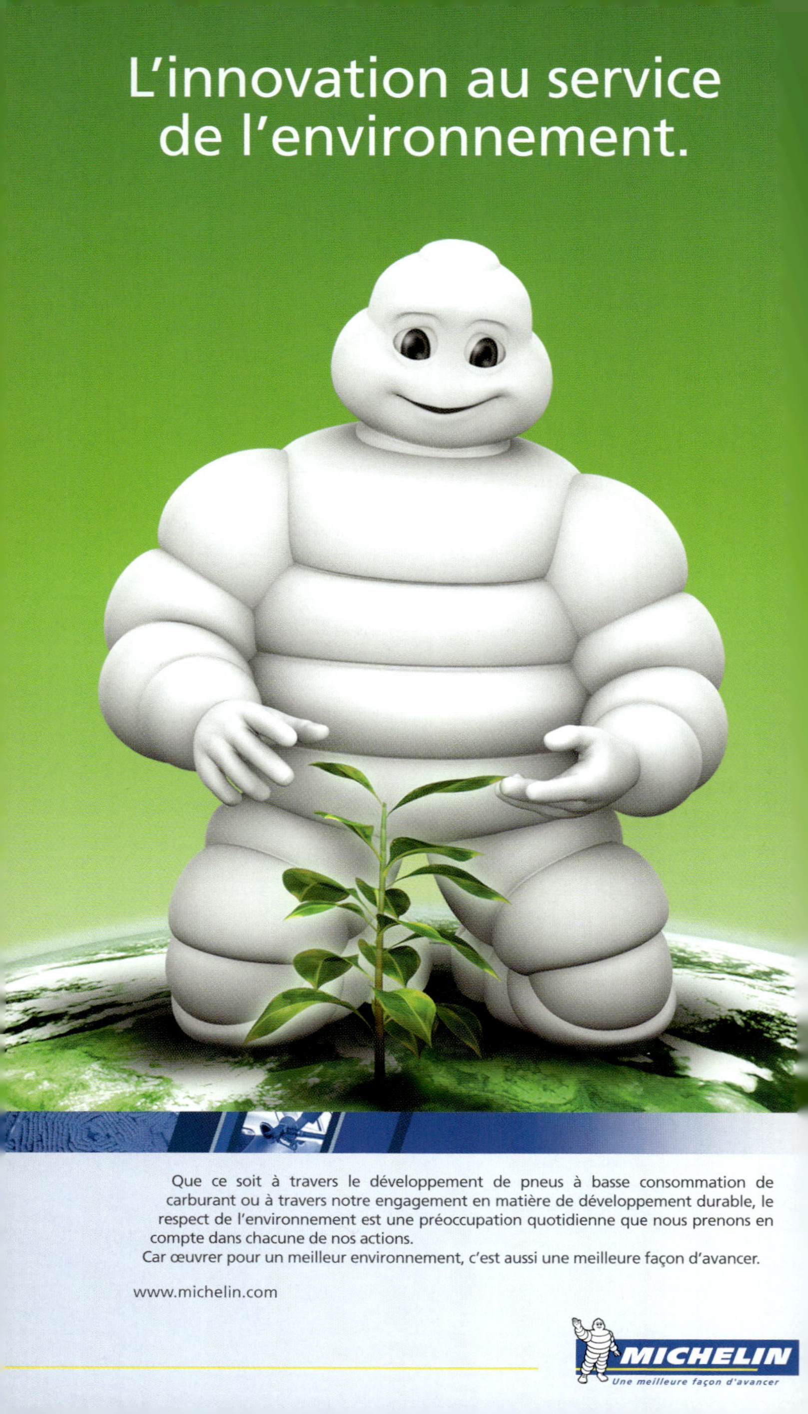

L'innovation au service de l'environnement.

Que ce soit à travers le développement de pneus à basse consommation de carburant ou à travers notre engagement en matière de développement durable, le respect de l'environnement est une préoccupation quotidienne que nous prenons en compte dans chacune de nos actions.
Car œuvrer pour un meilleur environnement, c'est aussi une meilleure façon d'avancer.

www.michelin.com

BASEL

Cheval Blanc – Grand Hotel Les Trois Rois
Blumenrain 8 ⊠ 4001 – ℰ 061 260 50 02 – www.lestroisrois.com
– Fax 061 260 50 60 – geschl. 15. Februar - 8. März, 4. - 19. Juli,
3. - 18. September und Sonntag - Montag BYa
Rest – (68 CHF) Menü 78 CHF (mittags)/180 CHF – Karte 122/168 CHF
Spez. Gelee von Taschenkrebs mit Vichyssoise und Kaviar. Zweierlei vom Kalb mit Erdnüssen und Artischockencreme. Pavé von Schokolade mit Mango und Passionsfrucht.
♦ In dem herrschaftlichen Speisesaal mit hohen Stuckdecken und bester Sicht auf den Rhein umsorgt Sie das eingespielte Serviceteam auf top Niveau. Die Küche von Peter Knogl ist klassisch ausgerichtet und sehr exakt in der Zubereitung.

Stucki (Tanja Grandits)
Bruderholzallee 42 ⊠ 4059 – ℰ 061 361 82 22 – www.stuckibasel.ch
– Fax 061 361 82 03 – geschl. 16. Februar - 8. März und Sonntag - Montag
Rest – (38 CHF) Menü 59 CHF (mittags)/150 CHF Uz
– Karte 116/136 CHF
Spez. Kalbsfilet-Tataki und Milkentempura mit Avocado. Krustentier-Zitronengrassüppli mit Thaicurryschaum und Crevettenknusperli. Rindsfilet mit Ras el Hanout-Gnocchi, kleinen Pfefferrüebli und Chermoulajus.
♦ In dem wunderschönen Herrenhaus vereinen sich der stilvoll-historische Rahmen und edles modernes Design. Mit kreativer Küche bringt Tanja Grandits ihre Leidenschaft für asiatische und orientalische Aromen zum Ausdruck. Terrasse zum Garten.

Bel Etage – Hotel Der Teufelhof
Leonhardsgraben 49, (1. Etage) ⊠ 4051 – ℰ 061 261 10 10
– www.teufelhof.com – Fax 061 261 10 04 – geschl. 22. - 28. Dezember, Anfang
Januar 1 Woche und Samstagmittag, Sonntag - Montag BYg
Rest – Menü 58 CHF (mittags)/168 CHF – Karte 98/130 CHF
Spez. Der marinierte Bisonrücken mit Vinaigrette von kandierten Peperoni und Wildkräutersalat. Das Schweinefilet mit Van Ueli-Biersabayon und jungem Gemüse. Die Mandel-Panna Cotta mit Rhabarberkompott und Veilchen-Joghurteis (Saison).
♦ Vier ineinander übergehende Räume mit schönem klassischem Interieur bilden das Restaurant im Kunsthotel des Teufelhofs. Sehr gute zeitgemässe Küche.

Les Quatre Saisons – Mercure Hotel Europe
Clarastr. 43, (1. Etage) ⊠ 4005 – ℰ 061 690 87 20 – www.balehotels.ch
– Fax 061 690 88 83 – geschl. Mitte Juli - Mitte August und Sonntag
Rest – Menü 63 CHF (mittags)/180 CHF – Karte 101/168 CHF CXk
Spez. Gegrilltes Steinbuttfilet mit Marcona Mandeln an Krustentierjus. Glasierte Jungente mit Quitten und Knollenkerbel. Angus - Rinderfilet mit Entenleber an einer Petit Verdot Sauce und Amalfi- Zitronen.
♦ Das zeitlose Restaurant steht für eine internationale Karte mit kreativen, aber auch traditionellen Elementen. Die Menüs "Spontané" und "Royal" kann man mit passenden Weinsets wählen.

Chez Donati
St. Johanns-Vorstadt 48 ⊠ 4056 – ℰ 061 322 09 19 – www.lestroisrois.com
– Fax 061 322 09 81 – geschl. 21. Februar - 1. März, 18. Juli - 16. August und
Sonntag - Montag sowie an Feiertagen BXg
Rest – Karte 65/118 CHF
♦ Das schmucke Eckhaus an der Johanniterbrücke beherbergt historisch-charmante Restauranträume mit gediegener Atmosphäre. Die Küche ist überwiegend italienisch.

Zum Goldenen Sternen
St. Alban-Rheinweg 70 ⊠ 4052 – ℰ 061 272 16 66 – www.sternen-basel.ch
– Fax 061 272 16 67 DYb
Rest – (28 CHF) Menü 78/98 CHF – Karte 73/104 CHF
♦ Umgeben von alten Fachwerkhäusern liegt das Bürgerhaus am Rhein. Die Speiseräume haben teilweise wunderschöne Holzdecken. Hübsch sind die Terrassen vor und hinter dem Haus.

BASEL

XX Oliv `AC` `VISA` `MC` `AE`
Bachlettenstr. 1 ✉ *4054 –* 📞 *061 283 03 03 – www.restaurantoliv.ch*
– Fax 061 283 03 04 – geschl. 22. - 28. Februar, 25. Juli - 8. August,
24. - 30. Dezember, Samstagmittag, Sonntag - Montag **AZa**
Rest *–* (29 CHF) Menü 75 CHF (abends) – Karte 60/78 CHF

◆ Das Restaurant ist ein hell gestalteter Raum mit modern-elegantem Ambiente, in dem man schmackhaft zubereitete mediterrane Gerichte bietet. Zum Haus gehört eine nette kleine Lounge mit Bar.

XX St. Alban-Stübli `🍴` `⇔` `VISA` `MC` `AE`
St. Alban-Vorstadt 74 ✉ *4052 –* 📞 *061 272 54 15 – www.st-alban-stuebli.ch*
– Fax 061 274 04 88 – geschl. 24. Dezember - 10. Januar, 23. Juli - 8. August,
Januar - Oktober: Samstag - Sonntag, November - Dezember: Samstagmittag,
Sonntag, ausser Messen **DYa**
Rest *– (mittags nur kleine Karte)* (32 CHF) Menü 51 CHF (mittags)/88 CHF
– Karte 71/105 CHF

◆ Gemütlich ist das von der Chefin persönlich geführte Restaurant mit traditioneller Küche und freundlichem Service. Im ruhigen Innenhof befindet sich eine nette Terrasse.

X Bonvivant `🍴` `VISA` `MC` `AE`
Zwingerstr. 10 ✉ *4053 –* 📞 *061 361 79 00 – www.bon-vivant.ch – geschl.*
22. - 27. Februar, 26. Juli - 7. August, 4. - 9. Oktober und Samstagmittag, Sonntag
Rest – Menü 55 CHF (mittags)/104 CHF **CZa**

◆ Ein trendiges Restaurant mit Loftcharakter in einer ehemaligen Seidenbandfabrik. In der offenen Küche bereitet man saisonale Menüs - am Mittag bietet man ein kleines Menü.

X Balthazar `🍴` `VISA` `MC` `AE` `①`
Steinenbachgässlein 34 ✉ *4051 –* 📞 *061 281 81 51 – Fax 061 281 55 88*
– geschl. Samstag - Sonntag **BYd**
Rest – (30 CHF) Menü 48 CHF (mittags) – Karte 70/99 CHF

◆ Das geradlinig-moderne Restaurant mit hübscher Terrasse liegt etwas versteckt in der Altstadt. Freundlich serviert man schmackhafte mediterran angehauchte Saisonküche. Günstiger Businesslunch.

X Gundeldingerhof `🍴` `VISA` `MC` `AE` `①`
Hochstr. 56 ✉ *4053 –* 📞 *061 361 69 09 – www.gundeldingerhof.ch*
– Fax 061 361 83 99 – geschl. 23. Dezember - 4. Januar, 4. - 19. Juli
und Samstagmittag, Sonntag - Montag **Uv**
Rest – *(Tischbestellung ratsam)* (27 CHF) Menü 36 CHF (mittags)/79 CHF
– Karte 66/84 CHF

◆ Zeitgemäss und saisonal ist die Küche in dem angenehm hellen, dezent dekorierten Restaurant in einem Eckhaus hinter dem Bahnhof. Mit Terrasse unter einer alten Kastanie.

X Zur Rebe `VISA` `MC` `AE` `①`
Hammerstr. 69 – 📞 *061 421 24 30 – www.rebe-basel.ch – Fax 061 568 44 76*
– geschl. Juni - August und Samstagmittag, Sonntag - Montag **CXz**
Rest – (20 CHF) Menü 64/73 CHF – Karte 46/97 CHF

◆ In zwei hübschen holzgetäferten Stuben spürt man den ursprünglich-rustikalen Charme und die Gemütlichkeit, die hier seit 1881 gepflegt werden. Serviert wird bürgerliche Küche.

X Sakura - Teppanyaki `AC` `VISA` `MC` `AE` `①`
Centralbahnstr. 14, (1. Etage) ✉ *4051 –* 📞 *061 272 05 05*
– www.bahnhofrestaurants.ch – Fax 061 295 39 88 – geschl. Juli - Mitte August
sowie Samstagmittag, Sonntag und an Feiertagen **BZk**
Rest *– (nur Menü)* Menü 35 CHF (mittags)/85 CHF
Rest *Sushi-Kappoh* – (23 CHF) Menü 45/65 CHF – Karte 23/93 CHF

◆ Vor den Augen der Gäste werden im Restaurant Teppanyaki japanische Speisen von flinken Köchen kunstvoll zubereitet. Japanische Sushi-Spezialitäten gibt es im Sushi-Kappoh.

in Muttenz Süd-Ost: 8,5 km über ⑤ – Höhe 271 m – ✉ 4132

🏨 Baslertor `🛁` `🛗` `📡` `🐾` `🅿` `VISA` `MC` `AE` `①`
St. Jakob-Str. 1 – 📞 *061 465 55 55 – www.balehotels.ch – Fax 061 465 55 50*
39 Zim – ♦120/310 CHF ♦♦150/410 CHF, ⚏ 17 CHF – 4 Suiten
Rest *– (geschl. Samstagabend - Sonntag)* Karte 44/71 CHF

◆ Ein Gebäudekomplex mit Einkaufszentrum beherbergt das auf Businessgäste zugeschnittene Hotel mit funktionellen, recht grosszügigen Zimmern und Appartements mit Küche.

BASEL

in Binningen Süd: 2,5 km, über Hauptstrasse **U** – Höhe 284 m – ⌧ 4102

🏨 Im Schlosspark 📧 ♿ 🛜 🏋 🚗 P VISA ⓞ AE ①
Schlossgasse 2 – ✆ 061 425 60 00 – www.schlossbinningen.ch
– Fax 061 425 60 10 **Ub**
23 Zim ⌦ – †195/240 CHF ††245/300 CHF
Rest *Schloss Binningen* – separat erwähnt
♦ Das sorgsam sanierte denkmalgeschützte Haus neben dem Schloss beherbergt charmante Zimmer mit hübschen Antiquitäten, die Zimmer im Anbau sind im klaren Stil der Neuen Romantik eingerichtet.

XX Schloss Binningen – Hotel Im Schlosspark 🌿 P VISA ⓞ AE ①
Schlossgasse 5 – ✆ 061 425 60 00 – www.schlossbinningen.ch
– Fax 061 425 60 10 – geschl. Samstagmittag, Sonntagabend - Montag
Rest – Menü 59/95 CHF – Karte 56/112 CHF **Ub**
♦ Ein stilvolles Restaurant, das geprägt ist durch den schönen historischen Rahmen des Schlosses. Geboten wird zeitgemässe Küche, die man auch auf der angenehmen Terrasse serviert.

XX Krone 🌿 VISA ⓞ AE ①
∞
Hauptstr. 127 – ✆ 061 421 20 42 – www.kittipon-thai-restaurant.ch
– Fax 061 421 59 95 – geschl. Samstagmittag, Sonntag - Montag
Rest – (17 CHF) Menü 32 CHF (mittags) – Karte 57/92 CHF **Ut**
♦ Das freundliche Restaurant mit rustikaler Note befindet sich an der Endstation der Tramlinie 2 und bietet thailändische Küche, die Sie authentisch oder etwas weniger scharf wählen können.

in Bottmingen Süd: 4,5 km, über Bottmingerstrasse **U** – Höhe 292 m – ⌧ 4103

XXX Weiherschloss 🌿 ⇄ P VISA ⓞ AE ①
Schlossgasse 9 – ✆ 061 421 15 15 – www.schlossbottmingen.ch
– Fax 061 421 19 15 – geschl. 23. Dezember - 3. Januar, 14. - 28. Februar, 18. Juli
- 2. August und Sonntag - Montag
Rest – *(Tischbestellung ratsam)* Menü 62 CHF (mittags)/128 CHF
– Karte 84/124 CHF
♦ Mit stilvollem Ambiente wird das Restaurant dem schönen historischen Rahmen der von einem Park umgebenen Wasserburg gerecht. Hübsch ist die Terrasse im Innenhof. Klassische Küche.

XX Sonne 🌿 P VISA ⓞ
Baslerstr. 4 – ✆ 061 422 20 80 – www.sonne-bottmingen.ch – Fax 061 422 20 81
– geschl. 5. Juli - 9. August und Samstagmittag, Sonntagmittag, Montag, Mai
- September: Samstagmittag, Sonntag - Montag
Rest – (28 CHF) Menü 64/98 CHF
Rest *Bistro* – Karte 43/60 CHF
♦ Moderne Formen und rustikale Holzbalken wurden hier zu einem hochwertigen Interieur in warmen Tönen kombiniert. Schmackhafte und ambitionierte französische Küche mit mediterranem Einfluss. Einfacher ist das Speiseangebot im Bistro.

XX Basilicum 🌿 P VISA ⓞ AE ①
😊
Margarethenstr. 1 – ✆ 061 421 70 70 – Fax 061 423 87 77
– geschl. Ende Juli 2 Wochen, Samstagmittag, Montagabend und an Sonn- und Feiertagen
Rest – (20 CHF) Menü 56/68 CHF – Karte 50/68 CHF
♦ Das helle, freundliche Restaurant liegt direkt an der Hauptstrasse, eine Tramstation befindet sich vor der Tür. Die zeitgemässe Karte reicht von regional bis mediterran.

Die „Hoffnungsträger" sind Restaurants, deren Küche wir für die nächste Ausgabe besonders sorgfältig auf eine höhere Auszeichnung hin testen. Die Namen dieser Häuser sind Rot gedruckt und zudem auf der Sterne-Liste am Anfang des Buches zu finden.

BASSECOURT – Jura (JU) – **551** I5 – 3 308 h. – alt. 478 m – ✉ 2854   **2 C3**

▶ Bern 83 – Delémont 11 – Basel 51 – Biel 41

✕✕ Croix Blanche avec ch
51 r. Colonel Hoffmeyer – ℰ 032 426 71 89 – www.cb-jobin.ch
– Fax 032 426 60 49 – fermé 25 juillet - 15 août, samedi midi, dimanche et jours fériés
9 ch ⌑ – †80 CHF ††150 CHF – ½ P +25 CHF
Rest – (17 CHF) Menu 68/132 CHF – Carte 69/111 CHF
Rest *Bistro* – (17 CHF) – Carte 51/85 CHF
♦ Sur la traversée du bourg, maison de pays abritant un restaurant estimé pour sa cuisine actualisée et son caveau-vinothèque voûté vous conviant à découvrir les crus du monde.

BASSERSDORF – Zürich (ZH) – **551** Q4 – 9 851 Ew – Höhe 512 m   **4 G2**
– ✉ 8303

▶ Bern 136 – Zürich 16 – Schaffhausen 44 – Zug 56

✕✕ Châlet Waldgarten
Steinligstr. 55 – ℰ 044 836 51 69 – www.chalet-waldgarten.ch
– Fax 044 836 52 09 – geschl. Samstagmittag
Rest – Menü 48 CHF (mittags)/89 CHF – Karte 58/95 CHF
♦ In schöner Aussichtslage oberhalb des Ortes findet man dieses hübsche, unter Heimatschutz stehende Holzchalet von 1911, in dessen gemütlichen Räumen traditionelle Küche serviert wird.

BEATENBERG – Bern (BE) – **551** L9 – 1 146 Ew – Höhe 1 150 m   **8 E5**
– ✉ 3803

▶ Bern 66 – Interlaken 10 – Brienz 34
🛈 Hälteli, ℰ 033 841 18 18, info@beatenberg.ch
◉ Lage★★ - Niederhorn★★, ❋★★

🏨 Dorint Resort Blüemlisalp
Schmocken – ℰ 033 841 41 11
– www.dorint.ch – Fax 033 841 41 44
30 Zim ⌑ – †109/144 CHF ††158/318 CHF – 100 Suiten – ½ P +40 CHF
Rest – (21 CHF) Menü 30 CHF (mittags)/43 CHF – Karte 46/98 CHF
♦ Die traumhafte Panoramalage über dem Thunersee macht dieses Hotel aus. Es stehen unterschiedlich geschnittene Zimmer, Appartements und Maisonetten zur Wahl. Zum Restaurant gehören ein Wintergarten mit Bergblick und ein ländliches Stübli.

BECKENRIED – Nidwalden (NW) – **551** P7 – 3 126 Ew – Höhe 435 m   **4 G4**
– Wintersport : 435/2 001 m ⛷2 ⛷10 – ✉ 6375

▶ Bern 135 – Luzern 22 – Andermatt 54 – Brienz 57
🛈 Seestr. 1/Schiffstation, ℰ 041 620 31 70, info@tourismus-beckenried.ch
Lokale Veranstaltungen:
    4. Dezember: Samichlais Märcht und Izurg

🏠 Schlüssel
Oberdorfstr. 26 – ℰ 041 622 03 33 – www.schluessel-beckenried.ch
– Fax 041 622 03 34
12 Zim ⌑ – †127/207 CHF ††220/360 CHF
Rest – *(geschl. 25. Januar - 14. Februar, 5. - 19. September und Sonntagabend - Dienstag) (Mittwoch - Freitag nur Abendessen)* Menü 70/90 CHF
♦ In dem hübschen Haus von 1727 legt man grossen Wert auf eine persönliche Note, so sind die sympathischen Inhaber mit ihren Gästen per Du. Mit unterschiedlichen Accessoires hat man äusserst charmante und individuelle Wohnräume geschaffen. In den heimeligen Stuben empfiehlt Chef Daniel am Tisch saisonale Speisen.

BECKENRIED

🏠 **Sternen** ← 🛏 🍴 |⚑| ✂ Zim, 📞 P VISA ⓂⒸ ①
Buochserstr. 54 – ✆ *041 624 55 55* – *www.sternen-beckenried.ch*
– *Fax 041 624 55 56*
41 Zim ⊡ – †100/120 CHF ††160/200 CHF – ½ P +45 CHF
Rest – (20 CHF) – Karte 48/74 CHF
♦ Das schön am Vierwaldstättersee gelegene Hotel verfügt über sehr gepflegte funktionelle Zimmer, teils mit Ausblick auf Wasser und Berge, sowie ein Strandbad und einen Bootssteg. Teil des Restaurants ist die behagliche rustikale Fährestube.

BEGNINS – Vaud (VD) – **552** B10 – 1 372 h. – alt. 541 m – ✉ 1268 **6** A6

▶ Bern 132 – Genève 32 – Lausanne 38 – Champagnole 61

✕✕ **L'Ecu Vaudois** avec ch 🍴 |⚑| ♿ 📞 ⇄ 🛁 P VISA ⓂⒸ AE
1 rte de Saint-Cergue – ✆ *022 366 49 75* – *www.ecu-vaudois.ch*
– *Fax 022 366 49 63* – *fermé 24 décembre - 4 janvier, mai - septembre: dimanche et lundi, octobre - avril: dimanche soir et lundi*
8 ch ⊡ – †90/170 CHF ††140/230 CHF
Rest – Menu 52 CHF (déj.)/105 CHF – Carte 66/98 CHF
Rest *Café* – (20 CHF) – Carte 45/78 CHF
♦ Ancienne auberge communale servant de la cuisine artisanale dans un cadre "arty" : jolie expo d'œuvres modernes genre "interprétation de la matière" au restaurant et au café. Carte traditionnelle et terrasse d'été. Chambres simples mais commodes pour l'étape.

BEINWIL AM SEE – Aargau (AG) – **551** N5 – 2 688 Ew – Höhe 519 m **4** F3
– ✉ 5712

▶ Bern 100 – Aarau 22 – Luzern 31 – Olten 44

🏠 **Seehotel Hallwil** ⌕ ← 🍴 📞 🛁 ⇄ P VISA ⓂⒸ AE ①
Seestr. 79 – ✆ *062 765 80 30* – *www.seehotel-hallwil.ch* – *Fax 062 765 80 40*
– *geschl. 21. Dezember - 15. Januar*
12 Zim ⊡ – †120 CHF ††195 CHF – ½ P +45 CHF
Rest – *(geschl. im Winter: Montag)* Karte 44/87 CHF
♦ Die zwei Hotelgebäude finden sich in ruhiger Lage am See und verfügen über modern eingerichtete Gästezimmer. Traditionelle Speisen serviert man in den rustikalen Stuben mit angenehm schlichter Dekoration.

BELALP – Wallis – **552** M11 – siehe Blatten bei Naters

BELLEVUE – Genève – **552** B11 – voir à Genève

BELLINZONA Ⓒ – Ticino (TI) – **553** S12 – 16 983 ab. – alt. 240 m **10** H6
– ✉ 6500

▶ Bern 216 – Locarno 20 – Andermatt 84 – Chur 115
🛈 Palazzo Civico, ✆ 091 825 21 31, info@bellinzonaturismo.ch, Fax 091 821 41 20
👁 Lago★★★ - Castello di Montebello★★, ≤★ dal castello di Sasso Corbaro

🏠 **Unione** 🍴 |⚑| AC ✂ rist, 📞 🛁 VISA ⓂⒸ AE ①
via Henri Guisan 1 – ✆ *091 825 55 77* – *www.hotel-unione.ch*
– *Fax 091 825 94 60* – *chiuso 20 dicembre - 17 gennaio*
41 cam ⊡ – †160/250 CHF ††220/290 CHF – ½ P +35 CHF
Rist *Da Marco* – *(chiuso domenica e giorni festivi)* (32 CHF) Menu 42/65 CHF
– Carta 50/72 CHF
♦ Ubicato lungo la strada principale, hotel funzionale indicato anche per una clientela d'affari. Camere accoglienti e dal confort attuale, ben insonorizzate. Il ristorante propone una carta tradizionale con orientamento internazionale, in un ambiente classico.

125

BELLINZONA

XX Orico (Lorenzo Albrici) 🃏 ✂ VISA ⓒ AE
via Orico 13 – ☎ 091 825 15 18 – www.locandaorico.ch – Fax 091 825 15 19
– chiuso 1° - 11 gennaio, 18 luglio - 16 agosto, domenica e lunedì
Rist – *(coperti limitati, prenotare)* Menu 45 CHF (pranzo)/110 CHF
– Carta 75/116 CHF
Spec. Le tre piccole variazioni di tatare di pesce e le loro marinate, focaccina alla fleur de sel. Suprema di piccione cotto rosa con risotto, mantecato ai funghi di bosco. Filetto di manzo di Hérens annegato nel suo brodo a bassa temperatura, riduzione al vino rosso, tortino ai cardi Spadone e patate.
• Un locale attraente, piccolino, con due sale curate ed eleganti dove lasciarsi stupire da una cucina mediterranea, ricercata e ricca d'inventiva. Buona carta dei vini con un'interessante scelta di etichette locali.

X Osteria Sasso Corbaro 🎋 ✂ ⇔ VISA ⓒ AE ①
via Sasso Corbaro 44, Salita al Castello Sasso Corbaro, Est : 4 km
– ☎ 091 825 55 32 – Fax 091 829 08 48 – chiuso 23 dicembre - 25 gennaio, domenica sera e lunedì
Rist – (25 CHF) Menu 45/82 CHF – Carta 65/84 CHF
• Dimenticate il presente nell'amena cornice medievale del più alto dei tre castelli: in estate mangiate nella stupenda corte interna. Sale rinnovate, buona cucina locale.

X Pedemonte 🎋 ⇔ VISA ⓒ
via Pedemonte 12 – ☎ 091 825 33 33 – Fax 091 825 33 33
– chiuso 15 - 22 febbraio,5 luglio - 17 agosto, martedì - sabato a mezzogiorno e lunedì
Rist – *(coperti limitati, prenotare)* Menu 65/80 CHF – Carta 49/74 CHF
• Ambiente intimo per cenette "tête-à-tête". Scoprite i nuovi sapori della lista letta a voce, creati con prodotti locali, rispettando il susseguirsi delle stagioni.

X Osteria Malakoff 🎋 ⇔ VISA ⓒ AE
Carrale Bacilieri 10, Ravecchia, (presso dell'ospedale) – ☎ 091 825 49 40
– Fax 091 826 37 14 – chiuso 1° - 10 gennaio, domenica, mercoledì e giorni festivi
Rist – *(consigliata la prenotazione la sera)* (20 CHF) Menu 40/85 CHF
– Carta 49/87 CHF
• A pranzo menu fisso, ma la sera numerose proposte regionali *à la carte*. Tra le specialità: pasta fresca fatta in casa dalla proprietaria.

Erwarten Sie in einem X oder 🏠 nicht den gleichen Service wie in einem XXXXX oder 🏨🏨🏨.

BELLWALD – Wallis (VS) – **552** N11 – 434 Ew – Höhe 1 560 m – ✉ 3997   **8** F5
▶ Bern 157 – Brig 26 – Domodossola 89 – Interlaken 103

🏠 Bellwald ⅋ ≤ 🚗 🎋 ⅋ & 🅿 VISA ⓒ AE ①
– ☎ 027 970 12 83 – www.hotel-bellwald.ch – Fax 027 970 12 84 – geschl. 7. April - 20. Mai und 22. Oktober - 14. Dezember
15 Zim ⊇ – †95/125 CHF ††150/190 CHF – ½ P +35 CHF
Rest – *(geschl. Juni: Montag und September: Montag)* (24 CHF) Menü 65 CHF
– Karte 45/78 CHF
• Ein gepflegtes kleines Ferienhotel mit traumhafter Sicht auf Rhonetal und Berge. Die hellen Zimmer verfügen alle über einen Balkon. Der Wintergarten des Restaurants und die Sonnenterrasse bieten einen tollen Panoramablick.

X Zur alten Gasse mit Zim ≤ 🚗 🎋 ❘❙ 🅿 VISA ⓒ ①
– ☎ 027 971 21 41 – www.alte-gasse.ch – Fax 027 971 12 04 – geschl. 6. April
- 22. Mai, 25. Oktober - 19. Dezember
15 Zim ⊇ – †91/115 CHF ††162/202 CHF – ½ P +45 CHF
Rest – (29 CHF) – Karte 52/85 CHF
• Das rustikal gehaltene Restaurant befindet sich in erhöhter Lage bei der Sesselbahnstation. Es erwartet Sie ein international ausgelegtes Speiseangebot. Zum Übernachten stehen hell möblierte Gästezimmer mit Balkon bereit.

BERG – Sankt Gallen – **551** U4 – 872 Ew – Höhe 580 m – ✉ 9305   **5** I2
➡ Bern 219 – Sankt Gallen 15 – Zürich 100

✗ **Zum Sternen**
Landquart 13, Nord: 2 km in Richtung Arbon – ✆ 071 446 03 03
– www.sternen-berg.ch – Fax 071 446 05 05 – geschl. 4. - 26. Juli und Sonntag
- Montag
Rest – Karte 56/95 CHF
♦ Das Fachwerkhaus aus dem Jahre 1890 bietet traditionelle Küche in gepflegtem Ambiente. Besonders empfiehlt sich im Sommer ein Platz auf der Terrasse.

BERGÜN BRAVUOGN – Graubünden (GR) – **553** W10 – 499 Ew   **11** J4
– Höhe 1 372 m – ✉ 7482
➡ Bern 295 – Sankt Moritz 37 – Chur 54 – Davos 39
ℹ Hauptstr. 83, ✆ 081 407 11 52, info@berguen.ch

🏠 **Weisses Kreuz**
Dorfplatz – ✆ 081 407 11 61 – www.weisseskreuz-berguen.ch
– Fax 081 407 11 71 – geschl. 7. April - 20. Mai und 18. Oktober - 21. November
25 Zim ⌑ – †80/110 CHF ††140/200 CHF – ½ P +30 CHF
Rest – (20 CHF) – Karte 32/83 CHF
♦ Am schönen kleinen Dorfplatz steht das alte Engadiner Bauernhaus a. d. 16. Jh. Die Zimmer sind freundlich und funktionell eingerichtet und mit DVD-Player ausgestattet. Gemütlich-rustikale Restaurantstuben.

🏠 **Bellaval** garni
Puoz 138 – ✆ 081 407 12 09 – www.bellaval.com – Fax 081 407 21 64 – geschl.
15. März - 12. Mai und 3. Oktober - 12. Dezember
7 Zim ⌑ – †65/90 CHF ††120/170 CHF
♦ Engagiert und persönlich leitet Caroline Cloetta das sympathische kleine Hotel am Ortsrand. Es stehen helle geräumige Zimmer mit Balkon oder Terrasse bereit.

BERIKON – Aargau (AG) – **551** O5 – 4 351 Ew – Höhe 550 m – ✉ 8965   **4** F3
➡ Bern 110 – Aarau 33 – Baden 24 – Dietikon 14

🏠 **Stalden**
Friedlisbergstr. 9 – ✆ 056 633 11 35 – www.stalden.com – Fax 056 633 71 88
– geschl. 25. Dezember - 7. Januar
30 Zim ⌑ – †145/160 CHF ††160/180 CHF
Rest – (16 CHF) Menü 29 CHF (mittags)/76 CHF – Karte 45/79 CHF
♦ Der Neubau gegenüber dem bereits seit 1945 von Familie Kuster geleiteten Gasthaus überzeugt durch grosszügige geradlinig-modern gestaltete Zimmer mit Balkon oder Terrasse. Sie speisen im hellen, freundlichen Restaurant oder auf der Terrasse unter Kastanien.

Käfigturm mit Anna-Seiler-Brunnen

BERN *BERNE*

K **Kanton:** BE Bern
Michelin-Karte: 551 J7
▶ Biel 35 – Fribourg 34
 – Interlaken 59 – Luzern 111
Einwohnerzahl: 122 422 Ew

Höhe: 548 m
Postleitzahl: ✉ 3000
Regionalkarte: 2 D4

PRAKTISCHE HINWEISE

🛈 Tourist-Informationen
Bahnhofplatz 10 A **DY**

Am Bärengraben, Grosser Muristalden 6 **FZ**, ✆ 031 328 12 12, info@berninfo.com

Automobilclub
✺ Thunstr. 61, ✆ 031 356 34 56, Fax 031 356 34 35 **FZ**

Ⓐ Giacomettistr. 15, ✆ 031 311 38 13, Fax 031 311 26 37 **B**

Flughafen
✈ Bern-Belp, ✆ 031 960 21 11, Fax 031 960 21 12 **BX**

Fluggesellschaft
Swiss International Airlines Ltd., ✆ 0848 852 000, Fax 058 582 24 35

Messegelände
BEA bern expo AG, Mingerstr. 6, ✉ 3000, ✆ 031 340 11 11

Messen
5.-7. Februar: MariNatal

30. April-9. Mai: BEA u. PFERD

20.-23. August: Ornaris

6.-10. Oktober: Suisse Toy

15.-24. Oktober: Weinmesse

28. Oktober-1. November: Suisse Caravan Salon

10.-14. November: wohn-raum

Veranstaltungen
18.-20. Februar: Fasnacht

19.-März: Museumsnacht

22. Mai: GP Bern

Golfplätze
🏌 Bern/Moossee Münchenbuchsee, Nord: 11 km Richtung Münchenbuchsee-Schönbühl, ✆ 031 868 50 50

🏌 Blumisberg Wünnewil, Süd-West: 18 km, ✆ 026 496 34 38

🏌 Oberburg Nord-Ost: 20 km Richtung Burgdorf, ✆ 034 424 10 30

🏌 Aaretal Kiesen, Süd: 22 km Richtung Thun, ✆ 031 782 00 00

◉ SEHENSWÜRDIGKEITEN

SEHENSWERT

Alt-Bern★★: Marktgasse★ **DZ**, Zeitglockenturm★ **EZ C**, Kramgasse★ **EZ**, Ausblicke★ von der Nydeggbrücke **FY**, Bärengraben★ **FZ**, Münster St. Vinzenz★ **EZ**: Bogenfeld★★, Rundblick★★ vom Turm **EZ** - Rosengarten **FY**: Blick★ auf die Altstadt - Botanischer Garten★ **DY** - Tierpark im Dählhölzli★ **BX** - Bruder-Klausenkirche★ **BX B**

MUSEEN

Kunstmuseum★★ **DY** - Zentrum Paul Klee **BX** - Naturhistorisches Museum★★ **EZ** - Bernisches Historisches Museum★★ **EZ** - Schweizerisches Alpines Museum★★ **EZ** - Museum für Kommunikation★ **EZ**

AUSFLUGSZIEL

Gurten★★ **AX**

STRASSENVERZEICHNIS BERN

BERN

Street	Ref	No
Aarbergergasse	DY	
Aargauer Stalden	FY	
Aarstrasse	DEZ	
Aegertenstrasse	EZ	
Altenbergrain	DEY	
Altenbergstrasse	EFY	
Amthausgasse	DEZ	3
Bärenplatz	DZ	
Bahnhofplatz	DY	
Belpstrasse	CZ	
Bernstrasse	AX	
Bernstrasse OSTERMUNDIGEN	BX	
Bethlehemstrasse	AX	4
Beundenfeldstrasse	EFY	
Blumenbergstrasse	EFY	
Bollingenstrasse	BX	
Bollwerk	DY	
Breitenrainstrasse	EY	
Brunngasse	EY	6
Brunngasshalde	EY	
Bubenbergplatz	DZ	
Bühlstrasse	CY	
Bundesgasse	DZ	
Bundesplatz	DZ	
Bundesterrasse	DZ	7
Casinoplatz	DZ	
Christoffelgasse	DZ	9
Dalmaziquai	DZ	
Dufourstrasse	EZ	
Effingerstrasse	CZ	
Eigerplatz	CZ	
Eigerstrasse	CDZ	
Elfenstrasse	FZ	
Ensingerstrasse	FZ	
Gerberngasse	FZ	
Gerechtigkeitsgasse	EYZ	
Gesellschaftsstrasse	CY	
Greyerzstrasse	EY	
Halenstrasse	AX	
Hallerstrasse	CY	
Helvetiaplatz	EZ	10
Helvetiastrasse	EZ	
Hirschengraben	CZ	
Holderstrasse	DY	
Jubiläumsstrasse	EZ	12
Jungfraustrasse	FZ	
Junkerngasse	EFZ	
Kapellenstrasse	CZ	
Kasernenstrasse	FY	
Kirchenfeldbrücke	EZ	
Kirchenfeldstrasse	EFZ	
Kirchstrasse	AX	
Kochergasse	DEZ	13
Könizstrasse	AX	
Kornhausbrücke	EY	
Kramgasse	EZ	
Kreuzgasse	EZ	15
Längassstrasse	CY	
Laubeggstrasse	FY	
Laupenstrasse	CZ	
Lorrainebrücke	DY	
Lorrainestrasse	DY	
Luisenstrasse	EZ	
Marienstrasse	EZ	
Marktgasse	DEZ	
Marzilistrasse	DZ	
Mittelstrasse	CY	
Monbijoubrücke	DZ	
Monbijoustrasse	DZ	
Moserstrasse	EY	
Mühlemattstrasse	CZ	
Mühlenplatz	FZ	
Münstergasse	EZ	16
Münsterplatz	EZ	18
Muristalden	FZ	
Muristrasse	FZ	
Murtenstrasse	AX	
Nägeligasse	DY	20
Neubrückstrasse	CDY	
Neuengasse	DY	
Nordring	EY	
Nydeggasse	FY	22
Ostermundigen strasse	BX	24
Ostring	BX	25
Papiermühlestrasse	BX	27
Postgasse	EY	
Postgasshalde	EY	
Rathausgasse	EY	28
Rathausplatz	EY	30
Schänzlistrasse	CY	
Schanzenstrasse	CYZ	
Schauplatzgasse	DZ	
Schifflaube	EY	
Schlossstrasse	AX	31
Schosshaldenstrasse	FZ	33
Schüttestrasse	DEY	
Schwarzenburgstrasse	CZ	34
Schwarztorstrasse	CZ	36
Seftigenstrasse	CZ	37
Seminarstrasse	FZ	
Speichergasse	DY	
Spitalackerstrasse	EFY	
Spitalgasse	DZ	
Stadtbachstrasse	CY	
Standstrasse	BX	
Sulgenbachstrasse	CZ	
Sulgeneckstrasse	CDZ	
Thunstrasse	EFZ	
Tiefenaustrasse	DY	
Untertorbrücke	FY	39
Viktoriaplatz	EY	
Viktoriarain	EY	
Viktoriastrasse	EFY	
Waisenhausplatz	DY	40
Waldhöheweg	EY	
Weissensteinstrasse	AX	42
Winkelriedstrasse	BX	43
Worblaufenstrasse	BX	45
Worbstrasse	BX	
Zähringerstrasse	CY	
Zeughausgasse	DY	46
Zieglerstrasse	CZ	48

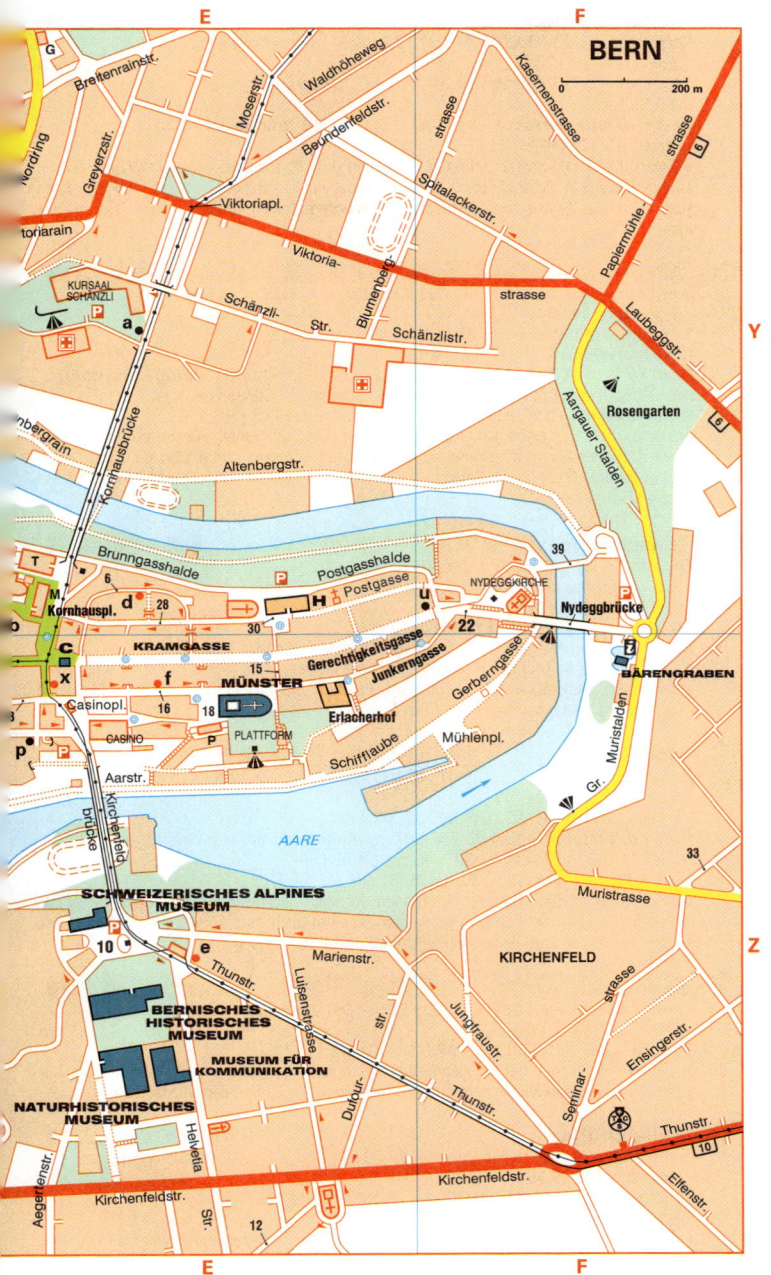

BERN

Bellevue Palace
Kochergasse 3 ⊠ 3000 – ℰ 031 320 45 45 – www.bellevue-palace.ch
– Fax 031 320 46 46 EZp
115 Zim – †387/489 CHF ††504/601 CHF, ⊇ 36 CHF
– 15 Suiten
Rest *Bellevue Terrasse* – (39 CHF) Menü 72 CHF (mittags)/132 CHF
– Karte 81/152 CHF
• Einen Hauch Exklusivität vermittelt das neben dem Bundeshaus gelegene Grandhotel mit seinem luxuriösen Rahmen sowie sehr komfortablen klassischen Zimmern und eleganten Suiten. Von der Terrasse des Restaurants geniessen Sie einen wunderschönen Blick auf die Aare.

Allegro
Kornhausstr. 3 ⊠ 3013 – ℰ 031 339 55 00 – www.kursaal-bern.ch
– Fax 031 339 55 10 EYa
171 Zim – †250/350 CHF ††310/410 CHF, ⊇ 30 CHF
Rest *Meridiano* – separat erwähnt
Rest *Yù* – ℰ 031 339 52 50 *(geschl. 2. - 24. August und Montag - Dienstag) (nur Abendessen)* (19 CHF) Menü 42/99 CHF – Karte 50/86 CHF
Rest *Giardino* – ℰ 031 339 52 65 – Karte 53/83 CHF
• Dieses trendige Hotel ist eine topmoderne und funktionell ausgestattete Businessadresse, zu der auch ein eigenes Kasino gehört. Besonders schön sind die zwei Suiten im Penthouse. Chinesische Gerichte werden im Yù serviert. Das Giardino bietet italienische Küche.

Innere Enge
Engestr. 54 ⊠ 3012 – ℰ 031 309 61 11
– www.zghotels.ch
– Fax 031 309 61 12 AXn
26 Zim ⊇ – †325 CHF ††380 CHF
Rest – (32 CHF) Menü 50 CHF (mittags)/79 CHF – Karte 48/88 CHF
• Das ruhig fast im Grünen gelegene Haus bietet elegante Zimmer mit provenzalischer Farbgebung. Sie frühstücken im historischen Pavillon. Stadtbekannter Jazzkeller. Einladend sind Café und Restaurant im Bistro-Brasseriestil.

Hotelbern
Zeughausgasse 9 ⊠ 3011 – ℰ 031 329 22 22 – www.hotelbern.ch
– Fax 031 329 22 99 EYb
95 Zim ⊇ – †195/300 CHF ††260/340 CHF
Rest *Kurierstube* – *(geschl. 28. Juni - 8. August, Sonn- und Feiertage)*
Menü 38 CHF (mittags)/82 CHF – Karte 54/98 CHF
Rest *7-Stube* – (18 CHF) – Karte 28/82 CHF
• Im Zentrum situiert und stolz den Namen der Stadt und des Kantons tragend, bietet das Altstadthaus neben farbenfrohen modernen Zimmern auch gute Seminarmöglichkeiten. Die Kurierstube ist klassisch-elegant eingerichtet. Rustikal die 7-Stube.

Savoy garni
Neuengasse 26 ⊠ 3011 – ℰ 031 311 44 05 – www.zghotels.ch
– Fax 031 312 19 78 DYn
56 Zim ⊇ – †255/285 CHF ††340/360 CHF
• Die zentrale Lage in der Fussgängerzone, nicht weit vom Bahnhof, sowie zeitgemäss ausgestattete Zimmer in klassischem Stil sprechen für das Hotel in einem Altstadthaus.

Belle Epoque
Gerechtigkeitsgasse 18 ⊠ 3011 – ℰ 031 311 43 36 – www.belle-epoque.ch
– Fax 031 311 39 36 FYu
17 Zim – †250 CHF ††350 CHF, ⊇ 21 CHF
Rest – Karte 41/88 CHF
• Sehr geschmackvoll hat man das kleine Hotel in der Innenstadt mit Elementen der Belle Epoque und des Jugendstils eingerichtet - Bilder und Antiquitäten finden sich im ganzen Haus. Im Restaurant serviert man klassische Küche - Spezialität ist Tatar.

BERN

Bristol garni
Schauplatzgasse 10 ⊠ 3011 – ℰ 031 311 01 01 – www.bristolbern.ch
– Fax 031 311 94 79 DZw
92 Zim ⊇ – †200/265 CHF ††270/330 CHF
• Das sanierte alte Stadthaus beherbergt Sie in modernen Zimmern mit hellem Massivholzmobiliar. Die kleine Sauna teilt man sich mit dem Hotel Bern.

Bären garni
Schauplatzgasse 4 ⊠ 3011 – ℰ 031 311 33 67 – www.baerenbern.ch
– Fax 031 311 69 83 DZs
57 Zim ⊇ – †200/265 CHF ††270/330 CHF
• Nur einen Steinwurf vom Bundesplatz entfernt gelegenes Hotel mit modern eingerichteten Zimmern und guter Ausstattung für Geschäftsreisende.

Ambassador & Spa
Seftigenstr. 99 ⊠ 3007 – ℰ 031 370 99 99
– www.ambassadorbern.ch – Fax 031 371 41 17 AXv
97 Zim – †202/330 CHF ††252/370 CHF, ⊇ 22 CHF
Rest *Taishi* – (geschl. Anfang Juli - Mitte August und Samstagmittag, Sonntag - Montag) (30 CHF) Menü 49/90 CHF – Karte 36/91 CHF
Rest *Pavillon* – Menü 79 CHF – Karte 50/85 CHF
• In dem Geschäftshotel am Stadtrand erwarten Sie funktionelle Gästezimmer in modernem Design und ein ebenso neuzeitlicher Freizeitbereich. Teppanyaki-Gerichte bereitet man im Taishi. Zeitgemäss ist die Küche im hellen Pavillon.

City am Bahnhof garni
Bubenbergplatz 7 ⊠ 3011 – ℰ 031 311 53 77 – www.fhotels.ch
– Fax 031 311 06 36 DZa
58 Zim – †154/195 CHF ††198/235 CHF, ⊇ 19 CHF
• Zentral liegt dieses Stadthotel gegenüber dem Bahnhofsplatz. Es stehen zeitgemäss und funktionell eingerichtete Zimmer zur Verfügung.

Astoria
Zieglerstr. 66 ⊠ 3007 – ℰ 031 378 66 66 – www.astoria-bern.ch
– Fax 031 378 66 00 – geschl. 24. Dezember - 3. Januar CZt
63 Zim ⊇ – †130/180 CHF ††190/210 CHF
Rest – (geschl. Samstagmittag, Sonntag und an Feiertagen) (19 CHF) Menü 30 CHF (mittags) – Karte 34/59 CHF
• Vor allem auf Businessgäste ist das zeitgemässe Hotel nahe dem Stadtzentrum zugeschnitten. Nett ist der Frühstücksraum mit bequemen Korbstühlen und kleiner Terrasse. Restaurant im Bistrostil mit traditionellen und griechischen Gerichten.

Ador garni
Laupenstr. 15 ⊠ 3001 – ℰ 031 388 01 11 – www.hotelador.ch
– Fax 031 388 01 10 – geschl. 23. Dezember - 4. Januar CZb
57 Zim ⊇ – †125/219 CHF ††170/308 CHF
• Das Hotel liegt nicht weit vom Bahnhof und ist mit seinen sachlich-modern eingerichteten und technisch gut ausgestatteten Zimmern besonders für Geschäftsleute geeignet.

Meridiano – Hotel Allegro
Kornhausstr. 3 ⊠ 3013 – ℰ 031 339 52 45 – www.kursaal-bern.ch
– Fax 031 339 55 10 – geschl. 1. - 11. Januar, 4. - 26. Juli und Samstagmittag, Sonntag - Montag EYa
Rest – Menü 65 CHF (mittags)/150 CHF – Karte 108/139 CHF
• In der 6. Etage des Hotel Allegro serviert man in modern-elegantem Ambiente saisonale zeitgemässe Küche. Das Restaurant und vor allem die Terrasse bieten eine fantastische Sicht.

Schöngrün
Monument im Fruchtland 1, (beim Zentrum Paul Klee) ⊠ 3006
– ℰ 031 359 02 90 – www.restaurants-schoengruen.ch – Fax 031 359 02 91
– geschl. Montag - Dienstag BXd
Rest – (Tischbestellung ratsam) Menü 59 CHF (mittags)/155 CHF (abends)
– Karte 96/118 CHF
• Neben dem bekannten Zentrum Paul Klee finden Sie den an ein historisches Gebäude angeschlossenen trendigen Glasbau. Geboten werden schön angerichtete zeitgemässe Speisen.

BERN

XX mille sens   VISA ⓜ AE ①
Bubenbergplatz 9, (in der Markthalle) ⊠ 3011 – ℰ 031 329 29 29
– www.millesens.ch – Fax 031 329 29 29 – geschl. Juli 3 Wochen sowie Sonntag und an Feiertagen   **DZc**
Rest *– (mittags kleine Karte)* Menü 24 CHF (mittags)/80 CHF
– Karte 48/85 CHF
• Die Markthalle mit zahlreichen Geschäften, Lokalen und Bars beherbergt dieses modern gestaltete Restaurant mit zeitgemässer Küche. Am Mittag bietet man Businesslunch, "Blackboard" und "Quick Tray".

XX La Tavola Pronta   🍴 VISA ⓜ AE ①
Laupenstr. 57 ⊠ 3008 – ℰ 031 382 66 33 – www.latavolapronta.ch
– Fax 031 381 56 93 – geschl. 5. Juli - 14. August, Samstagmittag, Sonntag - Montag   **AXb**
Rest *– (Tischbestellung ratsam)* Menü 88/98 CHF
• Eine gemütliche Adresse ist dieses nette kleine Kellerrestaurant in der Innenstadt, das seinen Gästen piemontesische Küche in Menüform offeriert.

X Kirchenfeld   🍴 ⇔ VISA ⓜ AE ①
Thunstr. 5 ⊠ 3005 – ℰ 031 351 02 78 – www.kirchenfeld.ch
– Fax 031 351 84 16 – geschl. Sonntag und Montag   **EZe**
Rest – (20 CHF) Menü 65 CHF – Karte 52/82 CHF
• Zeitgemäss speist man in dem historischen Stadthaus mit einfacher Gaststube und hübsch dekoriertem Restaurant mit Brasserie-Flair. Preiswertes 2-Gänge-Menü am Mittag. Mit der Strassenbahn auch aus der City gut zu erreichen.

X Wein & Sein (Beat Blum)   🍴 VISA ⓜ
Münstergasse 50 ⊠ 3011 – ℰ 031 311 98 44 – www.weinundsein.ch – geschl. 18. Juli - 9. August und Sonntag - Montag   **EZf**
Rest *– (nur Abendessen) (Tischbestellung erforderlich)* Menü 92 CHF
Spez. Sommerwild (Mai - Juli). Sauerbraten von Kalbsschulterspitz (Oktober - Dezember).
• Zwei schöne kleine Räume in einem umgebauten Kellergewölbe, angenehm leger und unkompliziert. Hier gibt es keine Speisekarte, man bietet jeden Abend ein 4-Gänge-Menü; die Weine dazu empfiehlt der Service am Tisch.

X Flo's   VISA ⓜ
Weissenbühlweg 40 ⊠ 3007 – ℰ 031 372 05 55
– www.flos-restaurant.ch – Fax 031 372 05 54
– geschl. 24. Dezember - 10. Januar, 28. März - 5. April, 27. Juni - 8. August, 26. September - 10. Oktober und Sonntag - Mittwoch   **AXd**
Rest *– (nur Abendessen) (Tischbestellung ratsam)* Menü 65/95 CHF
– Karte 59/75 CHF
• Mit Engagement leitet das Geschwisterpaar Manz dieses moderne Restaurant mit freundlichem Service. In der integrierten Showküche werden marktfrische Speisen zubereitet. Mittags bietet man Kochkurse an.

X Lorenzini   🍴 ⇔ VISA ⓜ AE ①
Hotelgasse 10 ⊠ 3011 – ℰ 031 318 50 67 – www.lorenzini.ch
– Fax 031 312 30 38 – geschl. Sonn- und Feiertage   **EZx**
Rest – (20 CHF) – Karte 48/92 CHF
• Das Stadthaus in der Fussgängerzone beherbergt im EG eine Bar und ein Bistro, im 1. Stock ein elegantes, mit Bildern dekoriertes Restaurant mit italienischer Küche. Schöner Innenhof.

X Zimmermania   VISA ⓜ
Brunngasse 19 ⊠ 3011 – ℰ 031 311 15 42 – www.zimmermania.ch
– Fax 031 312 28 22 – geschl. 4. Juli - 3. August und Sonntag - Montag sowie an Feiertagen   **EYd**
Rest – (19 CHF) Menü 78 CHF – Karte 47/97 CHF
• Gemütlich sitzt man in dem traditionsreichen Lokal in einer kleinen Gasse in der Altstadt. Das nette Bistro bietet traditionelle und saisonale Küche.

BERN

Gourmanderie Moléson
Aarbergergasse 24 ✉ *3011 –* ✆ *031 311 44 63 – www.moleson-bern.ch*
– Fax 031 312 01 45 – geschl. über Weihnachten, 31. Dezember - 3. Januar,
2. - 5. April und Samstagmittag, Sonntag DYq
Rest *–* (28 CHF) Menü 69/79 CHF – Karte 60/92 CHF
• Das seit 1865 bestehende Moléson ist ein behagliges Altstadtrestaurant, dessen Speisenangebot vom elsässischen Flammkuchen bis zum mehrgängigen Menü reicht.

Frohegg
Belpstr. 51 ✉ *3007 –* ✆ *031 382 25 24 – www.frohegg.ch – Fax 031 382 25 27*
– geschl. Sonntag CZr
Rest *– (Tischbestellung ratsam)* (19 CHF) Menü 64 CHF (mittags)
– Karte 41/81 CHF
• Saisonale Küche und ein gemütliches Ambiente erwartet Sie in dem rustikalen Restaurant mit Wintergarten. Serviert wird auch auf der schönen ruhigen Terrasse mit Blick ins Grüne.

Kabuki
Bubenbergplatz 9, (in der Markthalle) ✉ *3011 –* ✆ *031 329 29 19*
– www.kabuki.ch – Fax 031 329 29 17 – geschl. 26. Juli - 1. August und Sonntag
Rest *–* Menü 89 CHF – Karte 41/96 CHF DZc
• Ein schlicht-modernes Restaurant mit japanischer Küche und Sushi-Angebot im Untergeschoss der Markthalle. Interessante Einblicke bietet die direkt an die Küche grenzende Bar.

in Ittigen Nord-Ost: 6 km – ✉ 3063

Arcadia Taberna Romana
Talgut-Zentrum 34 – ✆ *031 921 60 30 – www.arcadia-ittigen.ch*
– Fax 031 924 71 12 – geschl. Sonntag
Rest *–* (22 CHF) Menü 68 CHF (abends) – Karte 49/86 CHF
• In ein Einkaufszentrum ist das in neuzeitlichem Stil gehaltene Restaurant integriert. Das Speiseangebot ist mediterran ausgerichtet.

an der Autobahn A1 Nord-Ost: 8 km – ✉ 3063 Ittigen

Grauholz garni
– ✆ *031 915 12 12 – www.hotelgrauholz.ch – Fax 031 915 12 13*
62 Zim ✑ – †140 CHF ††190 CHF
• Das über die A1 (Ausfahrt Grauholz) erreichbare Hotel liegt etwas von der Autobahn zurückversetzt und verfügt über zeitgemäss und funktionell ausgestattete Gästezimmer.

in Muri bei Bern Süd-Ost: 3,5 km – ✉ 3074

Sternen
Thunstr. 80 – ✆ *031 950 71 11 – www.sternenmuri.ch – Fax 031 950 71 00*
44 Zim ✑ – †200 CHF ††270 CHF BXa
Rest *– (geschl. 24. Dezember - 4. Januar, 17. Juli - 8. August)* (19 CHF)
Menü 50 CHF – Karte 52/132 CHF
• In dem traditionellen Berner Gasthof erwarten Sie neuzeitlich gestaltete Zimmer mit funktioneller Ausstattung, verteilt auf Haupthaus und Anbau. Läubli und Gaststube bieten eine zeitgemässe Küche.

in Liebefeld Süd-West: 3 km Richtung Schwarzenburg – ✉ 3097

Landhaus Liebefeld mit Zim
Schwarzenburgstr. 134 – ✆ *031 971 07 58 – www.landhaus-liebefeld.ch*
– Fax 031 972 02 49 AXs
6 Zim ✑ – †178 CHF ††285 CHF
Rest *– (geschl. Sonntag) (Tischbestellung ratsam)* Menü 90/130 CHF
– Karte 64/111 CHF
Rest *Gaststube – (geschl. Sonntag)* (20 CHF) – Karte 43/73 CHF
• Die ländlich-elegante Rôtisserie in der hübschen ehemaligen Landvogtei bietet zeitgemässe Küche und freundlichen Service unter der Leitung des Chefs. Angenehm ist auch die lauschige Gartenterrasse. Günstige Klassiker und Saisongerichte in der Gaststube. Geschmackvoll sind die hochwertig eingerichteten Gästezimmer.

BERN

⚑ Haberbüni 🏠 P VISA ◎ AE ①
Könizstr. 175 – ℰ 031 972 56 55 – www.haberbueni.ch – Fax 031 972 57 45
– geschl. Samstagmittag, Sonntag **AXe**
Rest – *(Tischbestellung ratsam) (im Sommer mittags nur kleine Karte)* (29 CHF)
Menü 64/97 CHF
♦ Gemütlich sitzt man im rustikalen Dachstock (Büni) eines Bauernhauses. Die drei angebotenen Menüs werden begleitet von einer guten Weinauswahl, die auch grössere Flaschen bietet.

in Oberbottigen West: 9 km über Bern-Bümpliz – ✉ 3019 Bern

🏠 Bären 🏠 ❙ ⌘ P VISA ◎
Matzenriedstr. 35 – ℰ 031 926 14 24 – www.baeren-oberbottigen.ch
– Fax 031 926 14 25 – geschl. Weihnachten - Mitte Januar
12 Zim ⌂ – †120 CHF ††180 CHF
Rest – *(geschl. Sonntag und Montag)* (20 CHF) Menü 55/100 CHF
– Karte 54/95 CHF
♦ Freundlich wird der typische Berner Landgasthof von der Inhaberfamilie geleitet. Die ruhige Lage und gepflegte zeitgemässe Zimmer sprechen für das kleine Hotel. Saisonal beeinflusste Speisen serviert man in der getäferten Gaststube oder im rustikalen Restaurant.

BERNECK – Sankt Gallen (SG) – **551** W5 – 3 396 Ew – Höhe 427 m **5** I2
– ✉ 9442

▶ Bern 235 – Sankt Gallen 31 – Altstätten 11 – Bregenz 21

⚑⚑ Ochsen - Zunftstube 🏠 ⌘ VISA ◎ AE ①
Neugasse 8 – ℰ 071 747 47 21 – www.ochsen-berneck.ch – Fax 071 747 47 25
– geschl. 11. Juli - 2. August und Donnerstag
Rest – (23 CHF) Menü 38/88 CHF – Karte 49/101 CHF
Rest *Dorfstübli* – (23 CHF) – Karte 30/84 CHF
♦ In der Zunftstube im 1. Stock über der hauseigenen Metzgerei erwartet Sie ein traditionelles Restaurant mit gut eingedeckten Tischen und freundlichem Service. Das Dorfstübli ist bekannt für seine Kuttelgerichte.

BERNEX – Genève – **552** A11 – voir à Genève – ✉ 1233

BETTLACH – Solothurn (SO) – **551** J6 – 4 772 Ew – Höhe 441 m **2** D3
– ✉ 2544

▶ Bern 56 – Delémont 43 – Basel 82 – Biel 19

🏨 Urs und Viktor 🏠 ❙ ⌘ ⚒ (¹) 🛁 P VISA ◎ AE
Solothurnstr. 35 – ℰ 032 645 12 12 – www.ursundviktor.ch – Fax 032 645 18 93
74 Zim ⌂ – †130/180 CHF ††190/240 CHF – ½ P +30 CHF
Rest – (17 CHF) – Karte 36/85 CHF
♦ Das aus einem Landgasthof von 1542 entstandene Hotel bietet moderne wohnliche Zimmer mit kostenfreiem W-Lan sowie gute Tagungsmöglichkeiten. Neuzeitlich sind auch das Restaurant und der Barbereich.

BETTMERALP – Wallis (VS) – **552** M11 – Höhe 1 950 m – Wintersport : **8** F6
1 935/2 869 m ⚐3 ⚑14 ⚒ – ✉ 3992

▶ Bern 114 – Brig 20 – Andermatt 91 – Domodossola 80
Autos nicht zugelassen
🛈 ℰ 027 928 60 60, info@bettmeralp.ch

mit Luftseilbahn ab Betten FO erreichbar

🏨 La Cabane garni ≤ ⚑ ❙ ⚒ (¹) VISA ◎ AE ①
– ℰ 027 927 42 27 – www.lacabane.ch – Fax 027 927 44 40 – geschl.
17. Oktober - 10. Dezember und 11. April - 18. Juni
12 Zim ⌂ – †125/195 CHF ††190/280 CHF
♦ Die ruhige Lage am Ende des Dorfes und die hübsche gemütlich-rustikale Einrichtung machen den freundlichen Familienbetrieb aus. Grosse Zimmer, benannt nach Hütten der Region.

BETTMERALP

 Waldhaus
– ℰ 027 927 27 17 – www.ferienhotel-waldhaus.ch – Fax 027 927 33 38
– geschl. 24. Oktober - 15. Dezember und 10. April - 20. Juni
18 Zim ⌑ – †85/135 CHF ††170/360 CHF – ½ P +40 CHF
Rest – Menü 56 CHF (abends) – Karte 61/88 CHF
♦ In dem ruhig direkt am Waldrand gelegenen Hotel wohnen die Gäste in behaglich gestalteten Zimmern und geniessen die wundervolle Aussicht auf die Berge. Im Restaurant speisen Sie in rustikalem Rahmen.

BEVER – Graubünden (GR) – **553** X10 – 619 Ew – Höhe 1 714 m **11** J5
– Wintersport : ⛷ – ✉ 7502

▶ Bern 322 – Sankt Moritz 11 – Chur 82 – Davos 58
🛈 Staziun, ℰ 081 852 49 45, bever@estm.ch

 Chesa Salis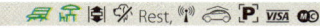
Bügls Suot 2 ✉ 7502 – ℰ 081 851 16 16 – www.chesa-salis.ch
– Fax 081 851 16 00 – geschl. 11. April - 11. Juni und 24. Oktober - 10. Dezember
18 Zim ⌑ – †150/360 CHF ††200/380 CHF – ½ P +64 CHF
Rest – (35 CHF) Menü 94/126 CHF – Karte 53/111 CHF
♦ Mit vielen hübschen Details bewahrt das im 16. Jh. erbaute Engadiner Patrizierhaus seinen historischen Charme. Die Zimmer sind liebenswert und wohnlich gestaltet, einige Verandazimmer bieten mehr Platz. Gemütliches Restaurant mit klassischer und regionaler Küche. Die Terrasse liegt schön im Garten.

 Chaque restaurant étoilé est accompagné de trois spécialités représentatives de sa cuisine. Il arrive parfois qu'elles ne puissent être servies : c'est souvent au profit d'autres savoureuses recettes inspirées par la saison. N'hésitez pas à les découvrir !

BEX – Vaud (VD) – **552** G11 – 5 981 h. – alt. 411 m – ✉ 1880 **7** C6
▶ Bern 112 – Martigny 20 – Évian-les-Bains 37 – Lausanne 53
🔾 Mine de sel★

Route de Lavey Sud : 2 km

✗✗ **Le Saint Christophe** avec ch
Route de Lavey – ℰ 024 485 29 77 – www.stchristophesa.com
– Fax 024 485 24 45 – fermé 6 - 22 avril et mercredi
12 ch ⌑ – †110 CHF ††180 CHF
Rest – (25 CHF) Menu 50 CHF (déj.)/96 – Carte 64/102 CHF
♦ À portée d'autoroute, donc excentrée, auberge au passé de douane (17e s.) où l'on mange classiquement dans un cadre rustique actualisé. Cheminée et vieilles pierres en salle. Hébergement très convenable, dans le genre motel. Les chambres ont été rafraîchies.

BIASCA – Ticino (TI) – **553** S11 – 5 914 ab. – alt. 304 m – ✉ 6710 **10** H5
▶ Bern 196 – Andermatt 64 – Bellinzona 24 – Brig 111
🛈 Contrada Cavalier Pellanda 4, ℰ 091 862 33 27, info@biascaturismo.ch, Fax 091 862 42 69
🔾 Malvaglia : campanile★ della chiesa Nord : 6 km

Al Giardinetto
via A. Pini 21 – ℰ 091 862 17 71 – www.algiardinetto.ch – Fax 091 862 23 59
23 cam ⌑ – †95/138 CHF ††150/188 CHF – ½ P +30 CHF
Rist – (16 CHF) Menu 23 CHF (pranzo) – Carta 39/60 CHF
♦ Direttamente in centro, lungo un asse trafficato, struttura pratica e funzionale con camere semplici, ma accoglienti. Il ristorante propone una cucina tradizionale e pizze.

BIEL/BIENNE

Street	Ref
Adam Göuffi-Strasse / Adam Göuffi (R.)	**BY** 3
Bahnhofstrasse / Gare (R. de la)	**ABZ** 4
Bözingenstrasse / Boujean (Rte de)	**BY** 6
Brühlstrasse / Breuil (R. de)	**BY** 7
Burggasse / Bourg (R. du)	**BY** 9
Florastrasse / Flore (Rue de)	**BY** 10
Freiburgstrasse / Fribourg (R. de)	**BZ** 12
General Guisan-Platz / Guisan (Pl. du Gén.)	**AZ** 13
Gerbergasse / Tanneurs (R. des)	**BY** 15
Güterstrasse / Marchandises (R. des)	**BZ** 16
Industriegasse / l'Industrie (R. de)	**ABY** 18
Jakob Rosius-Strasse / Rosius (R. Jakob)	**ABY** 19
Juravorstadt / Jura (Faubourg du)	**BY** 21
Kanalgasse / Canal (R. du)	**BY** 22
Karl Stauffer-Strasse / Stauffer (R. Karl)	**BY** 24
Kreuzplatz / Croix (Pl. de la)	**BZ** 25
Logengasse / Loge (R. de la)	**BY** 27
Marktgasse / Marché (R. du)	**BY** 28
Mittelstrasse / R. du (Milieu)	**BY** 29
Murtenstrasse / Morat (R. de)	**BZ** 30
Neumarktplatz / Pl. du (Marché-Neuf)	**BY** 31
Nidaugasse / Nidau (R. de)	**BY** 33
Obergasse / Haute (R.)	**BY** 34
Quellgasse / Source (R. de la)	**ABY** 36
Reuchenettestrasse / Reuchenette (Rte de)	**BY** 37
Rüschlistrasse / Rüschli (Rte de)	**ABY** 39
Schüsspromenade / Suze (Prom. de la)	**AYZ** 40
Silbergasse / l'Argent (R. de)	**BZ** 42
Spitalstrasse / l'Hôpital (R. de)	**AYZ** 43
Tschärisplatz / Pl. de la (Charrière)	**AY** 45
Unionsgasse / Union (R. de)	**ABY** 46
Unterer Quai / Bas (Quai du)	**AZ** 48
Untergasse / Basse (R.)	**BY** 49
Zentralplatz / Centrale (Pl.)	**BY** 51
Zentralstrasse / Centrale (R.)	**BZ**

140

BIEL BIENNE – Berne (BE) – **551** I6 – 49 038 Ew – Höhe 437 m – ⌧ 2500   2 D3

▶ Bern 44 – Basel 91 – La Chaux-de-Fonds 52 – Montbéliard 96

🛈 Bahnhofplatz 12, ℰ 032 329 84 84, outlet@tbsinfo.ch, Fax 032 329 84 85
AZ

◉ Lage★ - Altstadt★★ - Centre Pasquart★★

◉ Bieler See★★ - St. Petersinsel★ – Taubenlochschlucht★ Nord-Ost: 3 km über ②

Lokale Veranstaltungen:
19. Juni: Biennathlon
31. Juli: Bielerseefest

🏨 Elite
Bahnhofstr. 14 ⌧ 2501 – ℰ 032 328 77 77 – www.hotelelite.ch
– Fax 032 328 77 70 AZ **b**
74 Zim ⌸ – †205/260 CHF ††300 CHF
Rest *Brasserie* – (geschl. 12. Juni - 15. August und Samstagmittag, Sonntag)
(32 CHF) Menü 48 CHF (mittags)/90 CHF – Karte 59/99 CHF
♦ Das im Jahre 1930 erbaute Haus in der Innenstadt ist ein Art-déco-Hotel, in dem neuzeitlich und funktionell ausgestattete Gästezimmer zur Verfügung stehen. In der Brasserie bietet man traditionelle und zeitgemässe Küche.

✕✕ De la Tour
Obergasse 33a ⌧ 2502 – ℰ 032 322 00 64 – www.delatour.ch
– Fax 032 323 10 31 – geschl. 27. Juli - 9. August, 21. - 30. Dezember und
Samstagmittag, Sonntag - Montag BY **c**
Rest – (18 CHF) Menü 69 CHF – Karte 63/85 CHF
♦ Ein in der Altstadt gelegenes historisches Gebäude mit Wehrturm beherbergt dieses hübsche Restaurant mit moderner Küche. Nett sitzt man auch auf der Terrasse vor dem Haus.

Süd-West 2 km Richtung Neuchâtel über ④

✕ Gottstatterhaus
Neuenburgstr. 18 ⌧ 2505 Biel – ℰ 032 322 40 52 – www.gottstatterhaus.ch
– Fax 032 322 60 46 – geschl. 27. Dezember - 17. Januar und Mittwoch, Oktober
- April: Mittwoch - Donnerstag
Rest – (29 CHF) Menü 41 CHF (mittags) – Karte 42/83 CHF
♦ Seit acht Generationen ist das freundliche Restaurant mit toller Sicht auf den Bielersee im Familienbesitz. Serviert wird überwiegend Fischküche - auch unter Platanen direkt am See.

BIENNE – Berne – **551** I6 – voir Biel

BINNINGEN – Basel-Landschaft – **551** K4 – siehe Basel

BIOGGIO – Ticino (TI) – **553** R13 – 2 296 ab. – alt. 292 m – ⌧ 6934   10 H7

▶ Bern 241 – Lugano 6 – Bellinzona 28 – Locarno 40

✕✕ Grotto Antico
– ℰ 091 605 12 39 – Fax 091 605 12 39 – chiuso a Natale
Rist – *(prenotazione obbligatoria)* Carta 48/82 CHF
♦ Caseggiato rustico ed allo stesso tempo signorile, risalente al 1800. Immerso nel verde propone un servizio estivo in terrazza. Piatti di stagione, cucina d'impronta classica.

Les BIOUX – Vaud – **552** C9 – voir à Joux (Vallée de)

BIRMENSTORF – Aargau (AG) – **551** O4 – 2 388 Ew – Höhe 384 m   4 F2
– ⌧ 5413

▶ Bern 102 – Aarau 25 – Baden 7 – Luzern 70

BIRMENSTORF

XX **Zum Bären - Orangerie** mit Zim
Kirchstr. 7 - ℰ 056 201 44 00 – www.zumbaeren.ch
– Fax 056 201 44 01 – geschl. Samstagmittag, Sonntag
- Montag
9 Zim – ♦105/125 CHF ♦♦150/170 CHF, ⊇ 15 CHF
Rest – Menü 84/99 CHF – Karte 70/103 CHF
Rest *Gaststube* – (23 CHF) – Karte 51/91 CHF
♦ Mit Ambition zubereitet werden die Gerichte in diesem Restaurant, einer hübschen lichtdurchfluteten Orangerie mit Blick in den Garten. Urig ist die Atmosphäre in der Gaststube mit nostalgischem Flair. Zum Übernachten bietet man geschmackvoll eingerichtete Gästezimmer.

BIRRWIL – Aargau (AG) – 551 N5 – 929 Ew – Höhe 521 m – ✉ 5708   4 F3

▶ Bern 97 – Aarau 21 – Baden 29 – Luzern 34

XX **Seebrise**
Seetalstr. 28 – ℰ 062 772 11 16 – www.seebrise.ch – Fax 062 772 16 13 – geschl.
1. - 21. Januar und Montag - Dienstag
Rest – (28 CHF) – Karte 49/84 CHF
♦ Das moderne, in hellen Farben gehaltene Restaurant verfügt über eine separate rustikale Gaststube. In beiden hat man einen traumhaften Blick auf den See.

BISCHOFSZELL – Thurgau (TG) – 551 U4 – 5 485 Ew – Höhe 506 m   5 H2
– ✉ 9220

▶ Bern 196 – Sankt Gallen 25 – Frauenfeld 35 – Konstanz 24
Waldkirch, Süd: 9 km Richtung Gossau, ℰ 071 434 67 67

Le Lion
Grubplatz 2 – ℰ 071 424 60 00 – www.hotel-lelion.ch – Fax 071 424 60 01
17 Zim ⊇ – ♦130/180 CHF ♦♦170/240 CHF
Rest *Frederick's* – Karte 36/80 CHF
♦ Aus dem 16. Jh. stammt das kleine Hotel mitten in der Altstadt. Sehr schön hat man die Zimmer mit Parkettboden, wertigem Mobiliar und moderner Technik ausgestattet. Internationales Angebot im Restaurant Frederick's.

XX **Muggensturm**
Thurfeldstr. 16 – ℰ 071 422 12 47 – www.muggensturm.ch – Fax 071 422 64 47
– geschl. Januar - Februar 1 Woche, Juni 1 Woche, Juli - August 1 Woche,
Oktober 2 Wochen und Montag - Dienstag, Samstagmittag
Rest – (24 CHF) Menü 42 CHF (mittags)/108 CHF – Karte 58/93 CHF
♦ Der 200 Jahre alte Gasthof beherbergt hinter seiner schmucken Fachwerkfassade zwei gemütliche getäferte Stuben. Hübsch ist auch der Gastgarten unter Linden und Kastanien.

BISSONE – Ticino (TI) – 553 R14 – 817 ab. – alt. 274 m – ✉ 6816   10 H7

▶ Bern 250 – Lugano 10 – Bellinzona 38 – Locarno 50

Campione
via Campione 62, Nord : 1,5 km – ℰ 091 640 16 16 – www.hotel-campione.ch
– Fax 091 640 16 00
34 cam ⊇ – ♦99/219 CHF ♦♦159/329 CHF – 5 suites – ½ P +42 CHF
Rist – *(chiuso lunedì a venerdì mezzogiorno e domenica da inizio novembre - metà marzo)* (24 CHF) Menu 29/75 CHF – Carta 32/64 CHF
♦ Vicino alla frontiera di Campione con il suo nuovo casinò, sorge questa struttura d'impronta classica. Grandi camere arredate con sobrietà. Ameno servizio estivo sulla terrazza panoramica. Cucina tradizionale.

BLATTEN BEI MALTERS – Luzern (LU) – 551 N7 – Höhe 480 m   4 F4
– ✉ 6102

▶ Bern 115 – Luzern 8 – Aarau 55 – Altdorf 45

BLATTEN BEI MALTERS

XX **Krone** 🛜 ⇄ **P** VISA ⓪ AE ①

– ⌀ 041 498 07 07 – www.krone-blatten.ch – Fax 041 498 07 01
– geschl. 7. - 22. Februar, 25. Juli - 9. August und Sonntagabend - Montag
Rest – (Tischbestellung ratsam) Menü 70/100 CHF – Karte 72/96 CHF 🍽
Rest *Gaststube* – (Tischbestellung ratsam) (23 CHF) Menü 34 CHF (abends)
– Karte 47/64 CHF
• Hier erwarten den Gast gemütliche, in Holz gehaltene Stuben mit eleganter Note, in denen man schmackhaft zubereitete zeitgemässe Speisen serviert. Schön sitzt man auch auf der Terrasse. Originalgetreu renovierte Gaststube mit Dorfbeiz-Charakter.

BLATTEN BEI NATERS – Wallis (VS) – **552** M11 – Höhe 1 322 m   8 F6
– Wintersport : 1 327/3 112 m ⛷ 1 ⛷ 7 ⛷ – ✉ 3914
▶ Bern 103 – Brig 9 – Andermatt 85 – Domodossola 74
🅘 ⌀ 027 921 60 44, info@belalp.ch

auf der Belalp mit 🚡 erreichbar – Höhe 2 096 m – ✉ 3914 Belalp

🏠 **Hamilton Lodge** 🌿   ⇐ 🛜 📶 📞 VISA ⓪ AE
(in 10 min. per Spazierweg erreichbar) – ⌀ 027 923 20 43
– www.hamiltonlodge.ch – Fax 027 924 45 45 – geschl. 12. April - 7. Juni und
17. Oktober - 14. Dezember
22 Zim ⊇ – †120/150 CHF ††180/280 CHF – ½ P +37 CHF
Rest – (mittags Snack-Karte) (25 CHF) – Karte 57/81 CHF
• Liebevoll hat man das kleine Haus mit einem charmanten Mix aus traditionellen und modernen Elementen eingerichtet. Grandios sind Lage und Ausblick. Gemütlich-rustikales Flair verbreitet das Restaurant, beeindruckend ist der Blick von der sonnigen Terrasse.

BLATTEN IM LÖTSCHENTAL – Wallis (VS) – **552** L11 – 307 Ew   8 E5
– Höhe 1 540 m – ✉ 3919
▶ Bern 73 – Brig 38 – Domodossola 101 – Sierre 38

🏠 **Edelweiss** 🌿   ⇐ 🛜 🛎 ♿ ✂ Rest, **P** VISA ⓪ AE
– ⌀ 027 939 13 63 – www.hoteledelweiss.ch – Fax 027 939 10 53 – geschl.
19. April - 21. Mai, 4. November - 18. Dezember
24 Zim ⊇ – †95/165 CHF ††140/220 CHF – ½ P +35 CHF
Rest – Menü 48 CHF (abends) – Karte 47/61 CHF
• Absolute Ruhe garantiert die Lage in dem verkehrsfreien alten Walliserdorf. Meist mit hellem rustikalem Mobiliar eingerichtete Zimmer und schöne Panoramasicht. Eine einfache nette Gaststube mit Terrasse erwartet Sie zum Essen.

BLAUSEE-MITHOLZ – Bern – **551** K10 – siehe Kandersteg

BLITZINGEN – Wallis (VS) – **552** N10 – 76 Ew – Höhe 1 296 m – ✉ 3989   8 F5
▶ Bern 145 – Andermatt 54 – Brig 24 – Interlaken 90

🏠 **Castle** 🌿   ⇐ 🛜 📶 🛎 ✂ Rest, 📞 🍽 **P** VISA ⓪ AE ①
Auf dem Lee, Nord: 2,5 km – ⌀ 027 970 17 00 – www.hotel-castle.ch
– Fax 027 970 17 70 – geschl. 29. März - 5. Juni und 23. Oktober - 17. Dezember
10 Zim ⊇ – †105/145 CHF ††180/225 CHF – 34 Suiten – ½ P +40 CHF
Rest *Schlossrestaurant* – (geschl. Oktober: Montag) Menü 63/85 CHF
– Karte 64/88 CHF
• Wo einst eine Trutzburg thronte, bietet man heute in 1350 m Höhe wohnliche grosszügige Zimmer zur Nord- oder Südseite. Panoramasicht hat man vom modernen Ruhebereich. In warmen Tönen gehaltenes Restaurant mit gemütlicher Stube und schöner Terrasse.

BLUCHE – Valais – **552** J11 – voir à Crans-Montana

BÖNIGEN – Bern – **551** L9 – siehe Interlaken

BÖTTSTEIN – Aargau (AG) – **551** O4 – 3 705 Ew – Höhe 360 m   4 F2
– ✉ 5315
▶ Bern 114 – Aarau 31 – Baden 16 – Basel 59

143

BÖTTSTEIN

Schloss Böttstein
Schlossweg 20 – ℰ 056 269 16 16 – www.schlossboettstein.ch
– Fax 056 269 16 66
32 Zim ⊆ – †115/145 CHF ††195/250 CHF – ½ P +45 CHF
Rest *Schlossrestaurant* – Menü 39 CHF (mittags)/98 CHF – Karte 67/140 CHF
Rest *Dorfstube* – (20 CHF) Menü 26 CHF (mittags) – Karte 62/81 CHF
♦ Der schlossartige Patrizierbau mit eigener Barockkapelle stammt aus dem Jahre 1615. Die Gäste werden in zeitgemässen Zimmern untergebracht. Mehrere Räume für Konferenzen. Klassische Atmosphäre herrscht im Schlossrestaurant. Rustikal-schlicht: die Gaststube.

BOGIS-BOSSEY – Vaud (VD) – 552 B10 – 856 h. – alt. 470 m – ✉ 1279   6 A6
▶ Bern 144 – Genève 19 – Lausanne 49 – Montreux 79

✕✕ Auberge Communale
1 ch. de la Pinte – ℰ 022 776 63 26 – www.auberge-bogis-bossey.ch
– Fax 022 776 63 27 – fermé 24 décembre - 12 janvier, 26 juillet - 17 août, lundi et mardi
Rest – Menu 95/120 CHF – Carte 70/116 CHF
♦ Engageante maison de 1750 abritant une salle claire et fraîche où l'on vient savourer de la cuisine actuelle bien tournée. Jolie sélection de vins. Terrasse pour l'été.

BOSCO GURIN – Ticino (TI) – 553 P11 – 58 ab. – alt. 1 506 m – Sport   9 G6
invernali : 1 500/2 400 m ✦2 ✦3 ✦ – ✉ 6685
▶ Bern 280 – Andermatt 148 – Brig 144 – Bellinzona 64

Walser
– ℰ 091 759 02 02 – www.hotel-boscogurin.ch – Fax 091 759 02 03
12 cam ⊆ – †100/120 CHF ††140/160 CHF – ½ P +32 CHF
Rist – (18 CHF) – Carta 34/61 CHF
♦ Nel comune più alto del cantone (1506 m), vi accoglie questo grazioso hotel: ideale per gli amanti dello sci e per chi effettua escursioni estive, dispone di confortevoli camere in stile rustico, sauna e *fitness*. Al ristorante, cucina regionale e pizze.

BOTTMINGEN – Basel-Landschaft – 551 K4 – siehe Basel

BOURGUILLON – Fribourg – 552 H8 – voir à Fribourg

BOUVERET – Valais (VS) – 552 F10 – 800 h. – alt. 374 m – ✉ 1897   7 C6
▶ Bern 107 – Sion 67 – Lausanne 48 – Thonon-les-Bains 32

✕ Le Phare
44 rte Cantonale – ℰ 024 481 58 23 – Fax 024 481 58 24 – fermé 25 janvier - 5 mars, lundi et mardi, juillet et août: lundi
Rest – (20 CHF) Menu 38 CHF (déj.)/68 CHF – Carte 55/82 CHF
♦ À une encablure du port, préparations traditionnelles faites par le patron, proposées dans une véranda au cadre actuel sobre ou en plein air, dès les premiers beaux jours.

Le BRASSUS – Vaud – 552 B9 – voir à Joux (Vallée de)

BRAUNWALD – Glarus (GL) – 551 S8 – 346 Ew – Höhe 1 280 m   5 H4
– Wintersport : 1 256/1 904 m ✦5 ✦2 ✦ – ✉ 8784
▶ Bern 203 – Chur 90 – Altdorf 51 – Glarus 20
Autos nicht zugelassen
🛈 Dorf, ℰ 055 653 65 65, info@braunwald.ch
Lokale Veranstaltungen:
    3.-9. Juli: Musikwoche

mit Standseilbahn ab Linthal erreichbar

BRAUNWALD

Märchenhotel Bellevue
Dorfstr. 24 – ✆ *055 653 71 71 – www.maerchenhotel.ch*
– Fax 055 643 10 00 – geschl. 25. Oktober - 10. Dezember und
7. April - 12. Mai
52 Zim ⌧ – †140/250 CHF ††280/500 CHF – ½ P +25 CHF
Rest – (20 CHF) Menü 28/59 CHF – Karte 31/80 CHF
♦ Familienfreundliches Hotel mit Bergblick und zeitgemässen Zimmern sowie ganztägiger Kinderbetreuung - jeden Abend erzählt der Chef ein Märchen. Sehr originell ist der Aquariumlift.

BREIL BRIGELS – Graubünden (GR) – **553** S9 – 1 308 Ew   10 H4
– Höhe 1 289 m – Wintersport : 1 257/2 418 m ⛷7 ⛷ – ✉ 7165
  ▶ Bern 199 – Andermatt 52 – Chur 50 – Bellinzona 105
  🛈 Casa Quader, ✆ 081 941 13 31, info@brigels.ch
  📷 Brigels, ✆ 081 920 12 12

Alpina
– ✆ *081 941 14 13 – www.alpina-brigels.ch – Fax 081 941 31 44*
9 Zim ⌧ – †58/64 CHF ††106/128 CHF – 4 Suiten – ½ P +26 CHF
Rest – (17 CHF) Menü 32 CHF (abends) – Karte 29/60 CHF
♦ Am Kirchplatz liegt das familiär geleitete Gasthaus mit Metzgerei. Es stehen u. a. schöne wohnliche Familienzimmer mit Küchenzeile sowie ein Kinderspielzimmer zur Verfügung. Bürgerliches Angebot im rustikalen Restaurant.

XX Casa Fausta Capaul mit Zim
Cadruvi 32 – ✆ *081 941 13 58 – www.faustacapaul.ch – Fax 081 941 16 36*
– geschl. Mitte April - Mitte Mai und Anfang November - Mitte Dezember
6 Zim ⌧ – †68/75 CHF ††136/150 CHF
Rest – (geschl. Mitte Mai - Anfang November: Dienstag - Mittwoch, Mitte März - Mitte April: Dienstag) Menü 78/145 CHF – Karte 68/95 CHF
♦ Ein historisches Engadiner Holzhaus unter familiärer Leitung, das mit hübsch dekorierten und sehr gemütlichen Stuben seinen traditionellen Charme bewahrt. Man kocht schmackhafte regionale Gerichte mit internationalen Akzenten. Die Gästezimmer sind einfach, aber ausgesprochen nett und urig.

BREMGARTEN – Aargau (AG) – **551** O5 – 6 053 Ew – Höhe 386 m   4 F3
– ✉ 5620
  ▶ Bern 108 – Aarau 30 – Baden 27 – Luzern 46

Sonne
Marktgasse 1 – ✆ *056 648 80 40 – www.sonne-bremgarten.ch*
– Fax 056 648 80 41 – geschl. 23. Dezember - 3. Januar
15 Zim ⌧ – †140 CHF ††185 CHF
Rest – (geschl. Sonntagabend) Menü 69 CHF – Karte 45/70 CHF
♦ Das Altstadthaus befindet sich in der Fussgängerzone und bietet mit solidem Nussbaummobiliar im Stil der 80er Jahre ausgestattete Gästezimmer. Klassisch und international geprägte Küche wird in den Restaurantstuben serviert.

Les BRENETS – Neuchâtel (NE) – **552** F6 – 1 098 h. – alt. 876 m   1 B4
– ✉ 2416
  ▶ Bern 85 – Neuchâtel 34 – Besançon 79 – La Chaux-de-Fonds 16

Les Rives du Doubs
26 Pré du Lac – ✆ *032 933 99 99 – www.rives-du-doubs.ch – Fax 032 933 99 98*
– fermé novembre - avril
19 ch ⌧ – †135/149 CHF ††169/179 CHF – ½ P +37 CHF
Rest – Menu 50/72 CHF – Carte 53/91 CHF
♦ Bâtisse moderne au bord du lac des Brenets, près de la frontière française. Chambres fonctionnelles meublées en bois, avec vue sur le Doubs. Au restaurant, carte traditionnelle assez poissonneuse (truites, perches, palées) et plaisante terrasse près de l'eau.

BRENT – Vaud – **552** F10 – voir à Montreux

BRIENZ – Bern (BE) – *551* M8 – 2 938 Ew – Höhe 566 m – ⊠ 3855   8 F4
- Bern 77 – Interlaken 22 – Luzern 52 – Meiringen 15
- Hauptstr. 148, ℰ 033 952 80 80, info@haslital.ch
- Lage★ - Brienzer Rothorn★★★ – Giessbachfälle★★ – Freilichtmuseum Ballenberg★★ – Brienzer See★★

Lokale Veranstaltungen:
15.-20. Juni: Internationales Holzbildhauer Symposium

Lindenhof ⊗
Lindenhofweg 15 – ℰ 033 952 20 30
– www.hotel-lindenhof.ch – Fax 033 952 20 40
– geschl. 2. Januar - 12. März
40 Zim ⊇ – †130/220 CHF ††180/310 CHF – ½ P +45 CHF
Rest – *(geschl. März - April: Montag - Dienstag und November - Dezember: Montag - Dienstag)* (19 CHF) Menü 40 CHF (mittags) – Karte 49/69 CHF
♦ Ruhig liegt das schöne, aus sechs Gebäuden bestehende Anwesen oberhalb des Ortes. Die Zimmer sind sehr individuell nach Themen gestaltet und teils zum See gelegen. Zum Restaurant gehören Alpstübli, Wintergarten und Terrasse mit Seeblick.

in Giessbach Süd-West: 6 km – ⊠ 3855 Brienz

Grandhotel Giessbach ⊗
– ℰ 033 952 25 25 – www.giessbach.ch
– Fax 033 952 25 30 – geschl. 18. Oktober - 17. April
71 Zim ⊇ – †150/180 CHF ††220/480 CHF – 5 Suiten – ½ P +76 CHF
Rest Le Tapis Rouge – separat erwähnt
Rest *Parkrestaurant* – (25 CHF) – Karte 62/93 CHF
♦ Ein Grandhotel a. d. 19. Jh. in einem schönen 22 ha grossen Park in traumhafter Panoramalage über dem See. Die stilvolle Halle, elegante Veranstaltungsräume und individuelle, antik möblierte Zimmer werden dem historischen Rahmen gerecht. Das klassische Parkrestaurant mit Orangerie liegt gegenüber den Giessbachfällen.

Le Tapis Rouge – Grandhotel Giessbach
– ℰ 033 952 25 25 – www.giessbach.ch – Fax 033 952 25 30 – geschl. 18. Oktober - 17. April
Rest – Menü 85 CHF (abends)/145 CHF – Karte 82/122 CHF
♦ Ambitionierte Küche in klassisch-stilvoller Atmosphäre. Auf der Terrasse geniessen Sie beim Speisen die herrliche Aussicht auf den See und die Wasserfälle.

BRIEY – Valais – voir à Chalais

BRIG – Wallis (VS) – *552* M11 – 12 056 Ew – Höhe 678 m – ⊠ 3900   8 F6
- Bern 94 – Andermatt 80 – Domodossola 66 – Interlaken 116
- Bahnhofplatz 1 Y, ℰ 027 921 60 30, info@brig-belalp.ch
- Stockalperschloss: Hof★ Z
- Simplonpass★★, ≤★★ Süd: 23 km über ②

Stadthotel Simplon
Sebastiansplatz 6 – ℰ 027 922 26 00 – www.hotelsimplon.ch
– Fax 027 922 26 05 – geschl. November   **Zm**
32 Zim ⊇ – †135/155 CHF ††160/190 CHF – ½ P +35 CHF
Rest – (35 CHF) Menü 25 CHF (mittags)/68 CHF – Karte 53/81 CHF
♦ Dieses familienbetriebene Hotel liegt günstig mitten in der Innenstadt und bietet seinen Gästen funktionell eingerichtete Zimmer, teilweise mit Balkon. Im eleganten Restaurant serviert man zeitgemässe Küche.

Du Pont
Neue Simplonstr. 1 – ℰ 027 923 15 02 – www.hoteldupont.ch
– Fax 027 923 95 72 – geschl. 23. Dezember - 23. Januar   **Za**
15 Zim ⊇ – †110/130 CHF ††160/230 CHF – ½ P +33 CHF
Rest – (27 CHF) Menü 55 CHF – Karte 39/55 CHF
♦ Das kleine Hotel beim Marktplatz beherbergt gepflegte, funktionell ausgestattete Gästezimmer, die sich lediglich in der Grösse unterscheiden. Getäferte Wände machen das Restaurant gemütlich.

BRIG

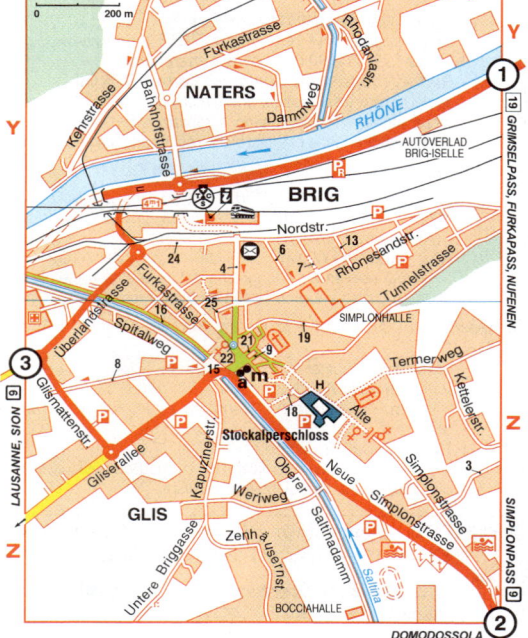

Alte Simplonstrasse . . . . **Z**
Bachstrasse . . . . **Z** 3
Bahnhofstrasse . . . . **YZ** 4
Belalpstrasse . . . . **Y** 6
Chavezweg . . . . **Y** 7
Dammweg . . . . **Y**
Englisch-Gruss-Strasse . . **Z** 8
Furkastrasse . . . . **YZ**
Gliserallee . . . . **Z**
Glismattenstrasse . . . . . **Z**
Kapuzinerstrasse . . . . . . **Z**
Kehrstrasse . . . . **Y**
Kettelerstrasse . . . . **Y**
Mariengasse . . . . **Z** 9
Neue Simplonstrasse . . . **Z**
Nordstrasse . . . . **Y**
Rhodaniastrasse . . . . . . **Y**
Rhonesandstrasse . . . . . **Y**
Saflischstrasse . . . . **Y** 13
Saltinaplatz . . . . **Z** 15
Saltinapromenade . . . . . **Z** 16
Schlossstrasse . . . . **Z** 18
Schulhausstrasse . . . . . . **Z** 19
Sebastiansgasse . . . . . . **Z** 21
Sebastiansplatz . . . . **Z** 22
Spitalweg . . . . **Z**
Termerweg . . . . **Z**
Tunnelstrasse . . . . **YZ**
Überlandstrasse . . . . . . **YZ**
Untere Briggasse . . . . . **Z**
Viktoriastrasse . . . . **Y** 24
Winkelgasse . . . . **Z** 25
Zenhäusernstrasse . . . . **Z**

BRIGELS – Graubünden – **553** S9 – siehe Breil

BRISSAGO – Ticino (TI) – **553** Q12 – 1 858 ab. – alt. 210 m – ✉ 6614   **9** G6
▶ Bern 247 – Locarno 10 – Bellinzona 30 – Domodossola 53
🛈 via Leoncavallo 25, ✆ 091 791 00 91, buongiorno@maggiore.ch

Villa Caesar   rist,
*via Gabbietta 3 – ✆ 091 793 27 66 – www.privilegehotels.ch
– Fax 091 793 31 04 – chiuso 24 novembre - 3 marzo*
32 cam – ♦125/366 CHF ♦♦185/430 CHF, ⌑ 16 CHF – 8 suites
Rist – Carta 34/52 CHF
♦ Immaginate una residenza di villeggiatura di epoca romana, trasportatela sulle rive del Verbano ed ecco a voi l'hotel. Il confort è al passo coi tempi: camere spaziose in stile mediterraneo. Ristorante con terrazza e vista verso la bella piscina.

Mirto al Lago
*viale Lungolago 2 – ✆ 091 793 13 28 – www.hotel-mirto.ch – Fax 091 793 13 33
– chiuso novembre - marzo*
25 cam ⌑ – ♦150 CHF ♦♦190/280 CHF – ½ P +35 CHF
Rist – (30 CHF) Menu 35 CHF (cena)/55 CHF – Carta 47/67 CHF
♦ Ubicato direttamente sulla passeggiata, di fronte al lago. Le camere si differenziano tra loro per ampiezza ed arredamento: moderno e dai colori diversi. Ristorante semplice, proposte culinarie tradizionali e pizza.

Qualità a prezzi contenuti? Cercate i Bib: «Bib Gourmand» rosso per i ristoranti, e «Bib Hotel» azzurro per gli alberghi.

BRISSAGO

Osteria al Giardinetto
Muro degli Ottevi 10 – ℘ *091 793 31 21 – www.al-giardinetto.ch*
– Fax 091 780 90 05 – chiuso mercoledì
Rist – *(chiuso a mezzogiorno)* Carta 65/75 CHF
◆ Nel centro della località, una dimora patrizia del XIV secolo ospita questo piacevole ristorante: intima sala con camino o servizio estivo sotto il grazioso patio. Il menu contempla ricette mediterranee con piatti che seguono le stagioni. Conviviale atmosfera familiare.

Graziella
viale Lungolago 10 – ℘ *091 780 93 19 – chiuso 9 novembre*
– 22 dicembre, 7 gennaio - 5 marzo, 21 - 27 giugno, mercoledì e sabato a mezzogiorno
Rist – (20 CHF) Menu 53/69 CHF – Carta 46/76 CHF
◆ Piccolo ristorante sul lungolago dotato di una piacevole terrazza affacciata sullo specchio d'acqua. Cucina tradizionale con un buon rapporto qualità/prezzo.

a Piodina Sud-Ovest : 3 km – alt. 360 m – ✉ 6614 Brissago

Osteria Borei
via Ghiridone 77, Ovest : 3 km, alt. 850 – ℘ *091 793 01 95 – www.osteriaborei.ch*
– chiuso 14 dicembre - 18 marzo e giovedì (novembre - 15 dicembre aperto solo weekend)
Rist – Carta 39/62 CHF
◆ Grotto di ambiente familiare, da cui godrete della vista di tutto il lago in un solo colpo d'occhio! Cucina rigorosamente casalinga.

BRUNEGG – Aargau (AG) – **551** N4 – 483 Ew – Höhe 434 m – ✉ 5505   **4** F2
▶ Bern 93 – Aarau 18 – Luzern 61 – Olten 38

Zu den drei Sternen
Hauptstr. 3 – ℘ *062 887 27 27 – www.hotel3sternen.ch*
– Fax 062 887 27 28 – geschl. 29. März - 11. April
25 Zim ☑ – †140/170 CHF ††210/250 CHF – ½ P +35 CHF
Rest *Gourmet* – *(geschl. Samstagmittag und Sonntagabend)* Menü 69/80 CHF – Karte 62/103 CHF
Rest *Schlosskeller* – *(geschl. Sonntag) (nur Abendessen)* Karte 38/60 CHF
Rest *Schloss-Pintli* – (20 CHF) – Karte 39/60 CHF
◆ Der schöne Gasthof a. d. 18. Jh. beherbergt in ländlich-rustikalem Stil geschmackvoll eingerichtete Zimmer und eine Suite mit Kamin. Angenehmes Ambiente im Gourmet. Der Schlosskeller bietet u. a. Fonduespezialitäten. Traditionelle Küche im Schloss-Pintli.

BRUNNEN – Schwyz (SZ) – **551** Q7 – Höhe 439 m – ✉ 6440   **4** G4
▶ Bern 152 – Luzern 48 – Altdorf 13 – Schwyz 6
🛈 Bahnhofstr. 15, ℘ 041 825 00 40, info@brunnentourismus.ch
◉ Lage★★ – Die Seeufer★★

Seehotel Waldstätterhof
Waldstätterquai 6 – ℘ *041 825 06 06*
– www.waldstaetterhof.ch – Fax 041 825 06 00
102 Zim ☑ – †180/220 CHF ††270/430 CHF – ½ P +60 CHF
Rest *Rôtisserie* – Menü 85/89 CHF – Karte 67/98 CHF
Rest *Sust-Stube* – Karte 51/85 CHF
◆ 1870 wurde das traditionsreiche Hotel in wunderschöner Seelage eröffnet. Die wohnlichen Zimmer blicken teilweise zum See, wo man ein eigenes Strandbad und einen Bootssteg hat. Die Rôtisserie ist ein elegantes Restaurant.

Weisses Rössli
Bahnhofstr. 8 – ℘ *041 825 13 00 – www.weisses-roessli-brunnen.ch*
– Fax 041 825 13 01
17 Zim ☑ – †90/190 CHF ††160/250 CHF – ½ P +30 CHF
Rest – Karte 33/61 CHF
◆ Das kleine Hotel in einer gepflegten Häuserreihe im Zentrum beherbergt im Haupthaus wohnlich-moderne Zimmer, die in der Dependance sind etwas einfacher. Das Restaurant ist in neuzeitlich-ländlichem Stil gehalten.

BRUNNEN

Schmid und Alfa
Axenstr. 5 – ℰ 041 825 18 18 – www.schmidalfa.ch – Fax 041 825 18 99
– geschl. 22. November - Februar
27 Zim ⌑ – †75/140 CHF ††150/220 CHF – ½ P +35 CHF
Rest – *(geschl. 24. Oktober - Februar und März - Anfang April: Dienstag - Mittwoch)* (22 CHF) Menü 30/35 CHF – Karte 31/62 CHF
• Die zwei restaurierten Häuser liegen direkt am Vierwaldstättersee. Die Gästezimmer im Hotel Schmid sind etwas komfortabler als die im Alfa. Das bürgerliche Restaurant befindet sich im Haus Alfa.

BUBENDORF – Basel-Landschaft (BL) – **551** L4 – 4 303 Ew   **3** E2
– Höhe 360 m – ✉ 4416
▶ Bern 84 – Basel 25 – Aarau 55 – Liestal 5

Bad Bubendorf
Kantonsstr. 3 – ℰ 061 935 55 55 – www.badbubendorf.ch – Fax 061 935 55 66
56 Zim ⌑ – †120/240 CHF ††170/340 CHF
Rest *Osteria Tre* – separat erwähnt
Rest *Wintergarten* – (20 CHF) Menü 50/88 CHF – Karte 40/89 CHF
Rest *Zum Bott* – (20 CHF) – Karte 50/95 CHF
• Das engagiert geleitete Hotel bietet im Neubau geschmackvoll-modern designte und technisch sehr gut ausgestattete Zimmer sowie Landhauszimmer im historischen Stammhaus. Zum Bott ist eine traditionelle Wirtschaft mit Kreuzgewölbe.

Osteria Tre – Hotel Bad Bubendorf
Kantonsstr. 3 – ℰ 061 935 55 55 – www.badbubendorf.ch – Fax 061 935 55 66
– geschl. 21. Februar - 1. März, 18. Juli - 9. August und Sonntag - Montag
Rest – *(nur Abendessen) (Tischbestellung ratsam)* Menü 90/130 CHF
– Karte 72/104 CHF
• In diesem Restaurant erwarten Sie geradlinig-modernes Ambiente in dezenten Grüntönen sowie ambitionierte italienische Küche in Menüform.

Murenberg
Krummackerstr. 4 – ℰ 061 931 14 54 – www.murenberg.ch – Fax 061 931 18 46
– geschl. 22. Februar - 12. März, 27. September - 14. Oktober und Mittwoch - Donnerstag
Rest – (31 CHF) Menü 95 CHF – Karte 63/119 CHF
• Fisch und Krustentiere sind Spezialität dieses seit über 20 Jahren familiär geführten Restaurants. Nett sitzt man auch auf der schönen Gartenterrasse mit Blick ins Grüne.

BUBIKON – Zürich (ZH) – **551** R5 – 5 976 Ew – Höhe 509 m – ✉ 8608   **4** G3
▶ Bern 159 – Zürich 31 – Rapperswil 7 – Uster 17

Löwen - Apriori mit Zim
Wolfhauserstr. 2 – ℰ 055 243 17 16 – www.loewenbubikon.ch
– Fax 055 243 37 16 – geschl. Juli - August, Sonntag - Montag und Samstagmittag
9 Zim ⌑ – †95/125 CHF ††195/240 CHF
Rest – *(nur Menü)* Menü 62 CHF (mittags)/152 CHF (abends)
Rest *Gaststube* – (24 CHF) – Karte 61/87 CHF
• Das angenehme Restaurant befindet sich in einem gestandenen Gasthof von 1530, der ersten Taverne im Ort. Mittags serviert man einen gepflegten Business-Lunch, am Abend kreative Degustationsmenüs. Gemütlich ist die getäferte Gaststube. Übernachtungsgästen bietet man individuelle, teils recht moderne Zimmer.

BUCHILLON – Vaud (VD) – **552** D10 – 589 h. – alt. 410 m – ✉ 1164   **6** B5
▶ Bern 120 – Lausanne 26 – Genève 45 – Thonon-les-Bains 81

Au Vieux Navire
Rue du Village – ℰ 021 807 39 63 – www.auvieuxnavire.ch – Fax 021 321 54 22
– fermé 21 décembre - 8 janvier, mardi, de septembre à avril lundi et mardi
Rest – Menu 62/72 CHF – Carte 42/151 CHF
• Cadre convivial, mets traditionnels, spécialités où entre la pêche du jour, jolie terrasse panoramique offrant une certaine intimité : ce bistrot sympa a tout pour plaire !

BUCHS – Sankt Gallen (SG) – **551** V6 – 10 564 Ew – Höhe 447 m – ✉ 9470   5 I3
> Bern 237 – Sankt Gallen 63 – Bregenz 50 – Chur 46
> ℹ Bahnhofplatz 2, ℰ 081 740 05 40, touristinfo@werdenberg.ch, Fax 081 740 07 28

XX **Schneggen**   ≤ 㐂 ⅍ 𝐏 𝒱𝒾𝓈𝒶 ⑳ 𝔄𝔈
Fallengässli 6 – ℰ 081 756 11 22 – Fax 081 756 32 96 – geschl. 21. März - 2. April, 19. September - 7. Oktober sowie Mittwoch, Samstagmittag, Sonntagabend und an Feiertagen abends
Rest – (25 CHF) Menü 58 CHF (mittags)/72 CHF – Karte 48/120 CHF
♦ Das familiär geleitete Haus im Wald oberhalb von Buchs ist ein rustikales Restaurant mit schönem Blick aufs Rheintal. Zum Angebot gehören viele Grillgerichte und eine gute Weinkarte.

X **Gecco**   㐂 𝐏 𝒱𝒾𝓈𝒶 ⑳ 𝔄𝔈 ⓞ
Schenkenalpweg – ℰ 081 756 18 74 – www.weber-gastro.ch – Fax 081 756 19 55 – geschl. Sonntag - Montag
Rest – (37 CHF) – Karte 68/98 CHF
♦ Schöne kräftige Rot- und Grüntöne sowie elegante Rattanstühle unterstreichen das angenehm moderne Ambiente des Restaurants. Zeitgemässe Küche. Ruhige Terrasse im Grünen.

BÜLACH – Zürich (ZH) – **551** P4 – 15 670 Ew – Höhe 428 m – ✉ 8180   4 G2
> Bern 139 – Zürich 21 – Baden 39 – Schaffhausen 28

🏨 **Zum Goldenen Kopf**   㐂 📶 ♿ 🎙 🎿 𝐏 𝒱𝒾𝓈𝒶 ⑳ 𝔄𝔈 ⓞ
Marktgasse 9 – ℰ 044 872 46 46 – www.zum-goldenen-kopf.ch – Fax 044 872 46 00
34 Zim – ♦125/160 CHF ♦♦170/220 CHF, ⌕ 15 CHF
Rest – *(geschl. über Weihnachten)* (18 CHF) Menü 55 CHF (mittags)/125 CHF – Karte 37/101 CHF
♦ Bereits zu Goethes Zeit existierte das hübsche historische Riegelhaus in der Altstadt als Gasthaus. Praktisch sind die funktionellen Gästezimmer und die Nähe zum Flughafen. Das Restaurant bietet schmackhafte regionale und internationale Küche sowie teilweise Schmankerln aus der österreichischen Heimat des Chefs.

BÜRCHEN – Wallis (VS) – **552** L11 – 726 Ew – Höhe 1 340 m – ✉ 3935   8 E6
> Bern 95 – Brig 18 – Sierre 30 – Sion 46

🏠 **Bürchnerhof** ⍟   ≤ 🚗 㐂 🔲 🐎 📶 ♿ ⅍ Rest, 🎙 🎿 𝐏 𝒱𝒾𝓈𝒶 ⑳ 𝔄𝔈 ⓞ
in Zenhäusern, Ronalpstr. 86 – ℰ 027 934 24 34 – www.buerchnerhof.ch – Fax 027 934 34 17 – geschl. 5. April - 3. Juni und 24. November - 18. Dezember
20 Zim ⌕ – ♦111/136 CHF ♦♦172/222 CHF – ½ P +39 CHF
Rest – *(geschl. Montag - Dienstagmittag)* Menü 59 CHF (mittags)/82 CHF – Karte 45/83 CHF
♦ Das Haus liegt ruhig oberhalb des Ortes und bietet einen schönen Ausblick auf das Tal. Die Zimmer sind mit rustikalem hellem Naturholz oder mit dunkler Eiche möbliert. Das Restaurant ist gemütlich und mit viel Liebe zum Detail eingerichtet.

BÜREN AN DER AARE – Bern (BE) – **551** I6 – 3 195 Ew – Höhe 443 m   2 D3
– ✉ 3294
> Bern 31 – Biel 14 – Burgdorf 44 – Neuchâtel 46

X **Il Grano**   㐂 𝒱𝒾𝓈𝒶 ⑳
Lândte 38 – ℰ 032 351 03 03 – www.ilgrano.ch – Fax 032 351 07 83 – geschl. 11. - 26. April, 26. September - 11. Oktober, 24. Dezember - 4. Januar und Sonntag - Montag, Mai - September: Sonntagabend - Montag
Rest – *(Tischbestellung ratsam)* (21 CHF) Menü 46 CHF (mittags)/83 CHF (abends)
♦ Ein schön saniertes historisches Gebäude beherbergt dieses Restaurant mit recht trendiger Atmosphäre und saisonaler zeitgemässer Küche. Nett ist die Terrasse an der Aare.

BÜSINGEN – Baden-Württemberg – **551** Q3 – 1 450 Ew – Höhe 421 m   4 G1
– Deutsche Exklave im Schweizer Hoheitsgebiet
> Berlin 802 – Stuttgart 169 – Freiburg im Breisgau 96 – Zürich 58

BÜSINGEN

🏠 Alte Rheinmühle ⚜ ≤ 🌿 🏡 ⌘ (ψ) 🐾 P VISA ⑩ AE ①
Junkerstr. 93 ⊠ 78266 – ℰ 0049 77 34 93 19 90 – www.alte-rheinmuehle.ch
– Fax 0049 7734 9319940
16 Zim ⊇ – †92/119 CHF ††119/138 CHF
Rest – *(geschl. 20. Jan. - 20. Feb.)* Menü 98 CHF – Karte 61/103 CHF
◆ Reizvoll liegt die 1674 erbaute ehemalige Mühle am Rhein. In dem kleinen Hotel finden sich einige schöne Antiquitäten und freigelegtes altes Fachwerk. Gemütlich-rustikales Restaurant mit Blick aufs Wasser und angenehmer Terrasse.

BULLE – Fribourg (FR) – **552** G9 – 16 272 h. – alt. 771 m – ⊠ 1630   7 C5

▶ Bern 60 – Fribourg 30 – Gstaad 42 – Montreux 35

🛈 26 place des Alpes, ℰ 0848 424 424, info@la-gruyere.ch

⛳ Gruyère Pont-la-Ville, Nord-Est : 15 km par route de Fribourg - Echarlens, ℰ 026 414 94 60

◉ Musée Gruérien★

Manifestations locales :
   11-15 mai: Francomanias
   27 octobre-1ᵉʳ novembre : salon des Goûts et Terroir

🏠 Du Cheval Blanc 🏡 ⌘ (ψ) 🐾 P VISA ⑩ AE ①
16 r. de Gruyères – ℰ 026 919 64 44 – www.hotelchevalblanc.ch
– Fax 026 919 64 43 – fermé 21 décembre - 4 janvier
18 ch ⊇ – †115/165 CHF ††180/215 CHF – ½ P +20 CHF
Rest – *(fermé dimanche)* (17 CHF) – Carte 27/72 CHF
◆ En centre-ville, bâtisse rose d'aspect traditionnel dotée de chambres claires et boisées. Une partie du café tient lieu d'espace breakfast (buffet). Carte variée et menus de saison présentés dans une salle lambrissée ornée de vieilles photos de la maison.

✕✕ L'Ecu ♿ VISA ⑩ AE
5 r. Saint-Denis – ℰ 026 912 93 18 – Fax 026 912 93 06 – fermé 29 mars
- 7 avril, 21 juin - 7 juillet, lundi et mardi
Rest – (18 CHF) Menu 28 CHF (déj.)/112 CHF – Carte 44/110 CHF
◆ Près du centre-ville, engageante maison aux volets verts où l'on vient faire de généreux repas traditionnels dans un décor rustique. Joli bar en bois blond près de l'entrée.

BUOCHS – Nidwalden (NW) – **551** O7-J6 – 5 273 Ew – Höhe 435 m   4 F4
– ⊠ 6374

▶ Bern 130 – Luzern 19 – Altdorf 24 – Cham 41

🛈 Beckenriederstr. 7, ℰ 041 622 00 55, info@tourismus-buochs.ch

Lokale Veranstaltungen:
   1. Januar-28. Februar: 150 Jahre Theater Buochs

🏠 Rigiblick am See ⚜ ≤ 🏡 ⌘ (ψ) 🐾 P VISA ⑩ ①
Seeplatz 3 – ℰ 041 624 48 50 – www.rigiblickamsee.ch – Fax 041 620 68 74
– geschl. Dezember - Januar
18 Zim ⊇ – †150/195 CHF ††210/290 CHF – ½ P +58 CHF
Rest – *(geschl. Montag - Dienstag)* (20 CHF) – Karte 45/91 CHF
◆ Das Hotel ist ein klassischer Jugendstilbau in ruhiger Lage am See, direkt beim Schiffsanleger. Die Zimmer sind recht grosszügig geschnitten und zeitgemäss ausgestattet. Vom Restaurant und der schönen Terrasse geniessen Sie den Blick auf den Vierwaldstättersee.

BUONAS – Zug (ZG) – **551** P6 – 619 Ew – Höhe 417 m – ⊠ 6343   4 F3

▶ Bern 127 – Luzern 22 – Zug 12 – Zürich 46

✕✕ Wildenmann ≤ 🏡 ⌘ P VISA ⑩ AE ①
St. Germanstr. 1 – ℰ 041 790 30 60 – www.wildenmann-buonas.ch
– Fax 041 790 51 41 – geschl. Februar 3 Wochen und Sonntag - Montag
Rest – Karte 51/100 CHF
◆ Ein typisches altes Zuger Haus a. d. J. 1708 beherbergt mehrere gemütliche Stuben (teils mit Blick auf den See), in denen man eine traditionelle Karte reicht.

BURGDORF – Bern (BE) – **551** K7 – 14 856 Ew – Höhe 533 m – ✉ 3400   **2** D4
- Bern 29 – Aarau 69 – Basel 85 – Biel 49
- Bahnhofstr. 44, ✆ 058 327 50 90, burgdorf@emmental-tours.ch
- Oberburg Süd : 3,5 km Richtung Langnau, ✆ 034 424 10 30

Stadthaus
Kirchbühl 2 – ✆ 034 428 80 00 – www.stadthaus.ch
– Fax 034 428 80 08
18 Zim ⌑ – ♦210/250 CHF ♦♦270/340 CHF – ½ P +60 CHF
Rest *La Pendule* – *(geschl. Sonntag)* (35 CHF) Menü 85/120 CHF
– Karte 82/132 CHF
Rest *Stadtcafé* – (22 CHF) – Karte 55/97 CHF
◆ Das kleine Hotel in ruhiger Altstadtlage ist ein schön saniertes historisches Haus, das sehr stilvoll eingerichtet wurde. Der hübsche Lichthof dient als Lounge. Elegant ist die Atmosphäre im Restaurant La Pendule.

Berchtold
Bahnhofstr. 90 – ✆ 034 428 84 28 – www.berchtold-group.ch
– Fax 034 428 84 84
36 Zim ⌑ – ♦160/205 CHF ♦♦195/250 CHF
Rest – *(geschl. Sonntag und an Feiertagen)* (22 CHF) – Karte 42/67 CHF
◆ In der Nähe des Bahnhofs befindet sich dieses für Businessgäste gut geeignete Hotel, in dem Sie funktionelle und zeitgemässe Zimmer erwarten.

Emmenhof (Werner Schürch)
❀
Kirchbergstr. 70 – ✆ 034 422 22 75 – www.emmenhofburgdorf.ch
– Fax 034 423 46 29 – geschl. 18. Juli - 17. August und Sonntagabend - Dienstag
Rest – Menü 75 CHF (mittags)/165 CHF – Karte 75/130 CHF
Rest *Gaststube* – (20 CHF) – Karte 39/76 CHF
Spez. Kalbshaxe im Ofen glasiert (2 Pers.). Sommerbock gebraten mit Jus lié. Chapon du Tessin.
◆ Vor über 25 Jahren haben Margit und Werner Schürch den elterlichen Gasthof übernommen und überzeugen hier mit guter Küche und freundlichem, kompetentem Service. Im eleganten Restaurant geniesst man das regional beeinflusste klassische Angebot. In der ländlichen Gaststube isst man gutbürgerlich.

in Heimiswil Ost: 3 km – Höhe 618 m – ✉ 3412

Löwen
Dorfstr. 2 – ✆ 034 422 32 06 – www.loewen-heimiswil.ch – Fax 034 422 26 35
– geschl. 8. - 23. Februar und 19. Juli - 10. August und Montag - Dienstag
Rest – (17 CHF) Menü 80/100 CHF – Karte 48/82 CHF
◆ Der 1340 erstmals urkundlich erwähnte Berner Landgasthof mit langer Familientradition beherbergt diverse kleine Stuben mit rustikalem Charme. Das Angebot ist traditionell.

BURSINEL – Vaud (VD) – **552** C10 – 379 h. – alt. 434 m – ✉ 1195   **6** A6
- Bern 127 – Lausanne 33 – Champagnole 76 – Genève 35

La Clef d'Or avec ch
– ✆ 021 824 11 06 – www.laclefdor.ch – Fax 021 824 17 59
8 ch ⌑ – ♦120/155 CHF ♦♦180/230 CHF
Rest – *(fermé 26 décembre - 1er février, octobre - avril: dimanche et lundi)*
(19 CHF) – Carte 60/84 CHF
◆ Auberge communale officiant dans une région viticole, en surplomb du lac. Salle de restaurant moderne où l'on goûte une cuisine actuelle ; agréable terrasse et belle vue.

Un nom d'établissement passé en rouge désigne un « espoir ».
Le restaurant est susceptible d'accéder à une distinction supérieure :
première étoile ou étoile supplémentaire. Vous les retrouverez dans
la liste des tables étoilées en début de guide.

BURSINS – Vaud (VD) – **552** C10 – 676 h. – alt. 473 m – ✉ 1183   **6** A6
▶ Bern 126 – Lausanne 31 – Genève 34 – Thonon-les-Bains 92

XXX **Auberge du Soleil**
1 Grand-Rue – ✆ 021 824 13 44 – www.aubergedusoleil.ch – Fax 021 824 18 44 – fermé 24 décembre - 11 janvier, 2 - 5 avril, 25 juillet - 16 août, dimanche et lundi
Rest – Menu 98/135 CHF – Carte 62/126 CHF
Rest Le Café – (24 CHF) Menu 44/52 CHF – Carte 50/96 CHF
♦ Dans un village vigneron, table élégante tenue depuis 1987 par un disciple de Girardet. Restaurant-véranda et terrasse tournée vers le lac et le Mont-Blanc. Cuisine française. Au café, atmosphère vaudoise, carte traditionnelle aux influences diverses et menus.

BUSSIGNY-PRÈS-LAUSANNE – Vaud (VD) – **552** D9 – 7 645 h.   **6** B5
– alt. 407 m – ✉ 1030
▶ Bern 102 – Lausanne 11 – Pontarlier 63 – Yverdon-les-Bains 31

Novotel
35 rte de Condémine – ✆ 021 703 59 59 – www.novotel.com – Fax 021 702 29 02
141 ch – †145/215 CHF ††145/215 CHF, ⊇ 24 CHF
Rest – (22 CHF) – Carte 45/70 CHF
♦ Près de l'autoroute, un hôtel de chaîne complètement rénové. Chambres confortables et bonnes installations pour se réunir, décompresser, se divertir et entretenir sa forme. Restaurant proposant une carte intercontinentale.

CADEMARIO – Ticino (TI) – **553** R13 – 688 ab. – alt. 770 m – ✉ 6936   **10** H6
▶ Bern 247 – Lugano 13 – Bellinzona 34 – Locarno 46
Monte Lema★ : ※★ per seggiovia da Miglieglia

Cacciatori
Nord-Est : 1,5 km – ✆ 091 605 22 36 – www.hotelcacciatori.ch – Fax 091 604 58 37 – chiuso 2 novembre - 1° aprile
30 cam ⊇ – †110/210 CHF ††200/300 CHF – ½ P +38 CHF
Rist – (20 CHF) – Carta 54/99 CHF
♦ Due edifici moderni, con due tipi di camere: alcune contemporanee, altre più rustiche. Tutte sono spaziose e confortevoli. Bel giardino ombreggiato. Due sale da pranzo; una ha una grande vetrata che dà sul giardino. Oltre all'offerta tradizionale, pizzeria.

CADRO – Ticino (TI) – **553** S13 – 1 841 ab. – alt. 456 m – ✉ 6965   **10** H6
▶ Bern 246 – Lugano 7 – Bellinzona 35 – Como 39

X **La Torre del Mangia**
via Margherita 2 – ✆ 091 943 38 35 – www.torredelmangia.ch – chiuso 23 febbraio - 3 marzo, 14 luglio - 4 agosto e martedì, giugno ad agosto: domenica e martedì
Rist – *(coperti limitati, prenotare)* Menu 58 CHF – Carta 49/64 CHF
♦ Locale nella zona residenziale, con sala da pranzo dominata da una struttura fatta di travi e arredata in stile contemporaneo. Cucina mediterranea, pesce e frutti di mare.

CARNAGO – Ticino – **553** R13 – vedere Origlio

CARONA – Ticino (TI) – **553** R14 – 761 ab. – alt. 602 m – ✉ 6914   **10** H7
▶ Bern 251 – Lugano 9 – Bellinzona 39 – Locarno 51

Villa Carona
piazza Noseed – ✆ 091 649 70 55 – www.villacarona.ch – Fax 091 649 58 60 – chiuso 22 novembre - 22 gennaio
18 cam ⊇ – †150/180 CHF ††195 CHF
Rist – *(chiuso mercoledì)* Carta 56/73 CHF
♦ In una villa patrizia del XIX secolo, nel bellissimo villaggio di Carona (ricco di opere d'arte): ampie camere, alcune eleganti ed affrescate, altre più rustiche. Calorosa gestione familiare. Il ristorante propone una gustosa cucina mediterranea ed un piacevole servizio all'aperto, nella bella stagione.

CARONA

✕ **Posta**　　　　　　　　　　　　　　　　　　　　🛜 VISA ⦿ AE ①
 – ℰ 091 649 72 66 – www.ristorante-posta.ch – Fax 091 649 72 86 – chiuso
 11 gennaio - 8 febbraio e lunedì
 Rist – Carta 36/71 CHF
 ♦ Nel centro di questa pittoresca località ticinese, una graziosa *stube* all'insegna della rusticità e dell'autentica cucina regionale.

CAROUGE – Genève – **552** B11 – voir à Genève

CASLANO – Ticino (TI) – **553** R13 – 3 838 ab. – alt. 289 m – ✉ 6987　　　　**10** H7
 ▶ Bern 247 – Lugano 11 – Bellinzona 33 – Locarno 45
 ⛳ Lugano Magliaso, ℰ 091 606 15 57

🏨 **Gardenia** senza rist 🌿　　　　　🚗 ⛱ 🛜 🛁 P VISA ⦿ AE ①
 via Valle 20 – ℰ 091 611 82 11 – www.albergo-gardenia.ch – Fax 091 611 82 10
 – chiuso 1° novembre - 28 marzo
 24 cam ⛷ – †190/250 CHF ††290/350 CHF
 ♦ Edificio del 1800, squisita fusione di antico e moderno, immerso in un bel giardino con piscina in pietra viva. Camere moderne e confortevoli.

CELERINA SCHLARIGNA – Graubünden (GR) – **553** X10 – 1 360 Ew　　　　**11** J5
 – Höhe 1 730 m – Wintersport : 1 720/3 057 m ≤5 ≤18 ⛷ – ✉ 7505
 ▶ Bern 332 – Sankt Moritz 4 – Chur 90 – Davos 65
 🛈 Via de la Staziun 8, ℰ 081 830 00 11, celerina@estm.ch
 Lokale Veranstaltungen:
　1. März: Chalandamarz

🏨 **Cresta Palace** 🌿　　≤ 🚗 🛜 🛁 🧖 🏋 🍽 🎾 🛁 🏊 P
 Via Maistra 75 – ℰ 081 836 56 56　　　　　　　　　VISA ⦿ AE ①
 – www.crestapalace.ch – Fax 081 836 56 57 – geschl. 11. April - 25. Juni und
 17. Oktober - 3. Dezember
 99 Zim ⛷ – †156/400 CHF ††312/666 CHF – 4 Suiten – ½ P +50 CHF
 Rest *Classico* – (geschl. Donnerstagabend) Menü 80/125 CHF – Karte 58/110 CHF
 ♦ Engagiert leitet Familie Herren das 1906 eröffnete klassische Ferienhotel in einem parkähnlich angelegten Garten. Schöner modern-eleganter Wellnessbereich mit Spa-Suite. Zeitgemässes Speiseangebot im gediegenen Restaurant Classico.

🏨 **Chesa Rosatsch** 🌿　　≤ 🚗 🛜 🏋 🍽 🎾 🛁 🏊 P VISA ⦿ AE ①
 Via San Gian 7 – ℰ 081 837 01 01 – www.rosatsch.ch – Fax 081 837 01 00
 – geschl. 11. April - 5. Juni
 36 Zim ⛷ – †110/195 CHF ††170/420 CHF – ½ P +68 CHF
 Rest *Stüvas* – (nur Abendessen) Menü 72/108 CHF – Karte 81/107 CHF ❀
 Rest *La Cuort* – (25 CHF) – Karte 49/81 CHF
 ♦ Romantisch liegt das hübsche Engadiner Haus am Inn. Zimmer mit rustikalem Charme, "Suite a l'En" mit wunderschöner authentischer Arvenholzstube als Wohnraum. Stüvas: gemütliche, mit Holz getäferte Stuben. Spezialität im La Cuort ist Flammkuchen.

🏨 **Misani**　　　　　　　　　　　　　　　　🍽 🎾 🏊 VISA ⦿ AE ①
 Via Maistra 70 – ℰ 081 839 89 89 – www.hotelmisani.ch – Fax 081 839 89 90
 – geschl. Mitte Oktober - Ende November und Mitte April - Mitte Juni
 39 Zim ⛷ – †125/270 CHF ††250/310 CHF – ½ P +48 CHF
 Rest *Voyage* – (nur Abendessen) Karte 64/102 CHF
 Rest *Ustaria* – (21 CHF) – Karte 60/86 CHF
 Rest *Bodega* – (geschl. Mitte April - Ende November und Montag - Dienstag) (nur Abendessen) Karte 48/83 CHF
 ♦ Das freundlich geführte Haus von 1872, eine ehemalige Weinhandlung, beherbergt ganz individuelle Zimmer (Basic, Style, Super Style) mit Namen wie Savannah, Waikiki oder Kioto. Zeitgemäss-elegantes Voyage mit kleiner Aperitif-Lounge. Urig: Ustaria. Bodega im alten Gewölbekeller.

CELERINA

Saluver
Via Maistra 128 – ℰ 081 833 13 14 – www.saluver.ch – Fax 081 833 06 81
25 Zim ⌑ – †115/125 CHF ††230/250 CHF – ½ P +45 CHF
Rest – (22 CHF) Menü 45/75 CHF – Karte 52/121 CHF
• Am Ortsrand steht das Haus im Engadiner Stil mit seinen praktischen, in Arve gehaltenen Zimmern - viele liegen nach Süden und haben einen Balkon. Gemütlich-rustikales Restaurant mit Kachelofen und gut eingedeckten Tischen. Der Chef kocht selbst.

CÉLIGNY – Genève (GE) – 552 B10 – 630 h. – alt. 391 m – ⌧ 1298   6 A6
▶ Bern 143 – Genève 21 – Saint-Claude 56 – Thonon-les-Bains 53

La Coudre sans rest
*200 rte des Coudres – ℰ 022 960 83 60 – www.bnb-lacoudre.ch
– Fax 022 960 83 61 – fermé 1er - 22 août*
8 ch ⌑ – †210/240 CHF ††250/300 CHF
• Ambiance "guesthouse" en ce manoir de campagne aussi paisible que charmant. Objets anciens, grandes chambres personnalisées, salle de réunions, court de tennis et parc soigné.

Buffet de la Gare
*25 rte de Founex – ℰ 022 776 27 70 – www.buffet-gare-celigny.ch
– Fax 022 776 70 54 – fermé 24 décembre - 4 janvier, 7 - 28 février,
5 - 20 septembre, dimanche et lundi*
Rest – Menu 45 CHF (déj.) – Carte 66/108 CHF
• Ce resto sympa où règne une ambiance rétro (boiseries Art déco, souvenirs "vintage", plaques en émail) ouvre sa jolie terrasse estivale sur un petit parc. Choix traditionnel.

CERTOUX – Genève – 552 A12 – voir à Genève

CHALAIS – Valais (VS) – 552 J11 – 2 980 h. – alt. 557 m – ⌧ 3966   7 D6
▶ Bern 170 – Sion 16 – Martigny 43 – Sierre 5

à Briey Est : 4 km par route de Vercorin

La Vache Gourmande
*Route de Vercorin – ℰ 027 458 37 72 – www.la-vache-gourmande.ch
– fermé 17 - 23 novembre, 29 mai - 10 juin, lundi et mardi*
Rest – (réservation conseillée le soir) (17 CHF) Menu 72/92 CHF
– Carte 65/100 CHF
• Cet ancien café de Briey a retrouvé une seconde jeunesse. Ambiance sympathique, décor coloré dédié à la vache, belle vue sur la vallée en terrasse, carte cosmopolite.

Le CHALET-À-GOBET – Vaud – 552 E9 – voir à Lausanne

CHAMBÉSY – Genève – 552 B11 – voir à Genève

CHAMPÉRY – Valais (VS) – 552 F12 – 1 217 h. – alt. 1 053 m – Sports   7 C6
d'hiver : 900/2 466 m ⚐ 13 ⚑173 ⚒ – ⌧ 1874
▶ Bern 124 – Martigny 39 – Aigle 26 – Évian-les-Bains 50
ℹ 44 rte de la Fin, ℰ 024 479 20 20, info@champery.ch
◉ Site★★

Manifestations locales :
9-13 janvier : La Grande Odyssée
25 juillet-8 août: rencontres musicales

Beau-Séjour sans rest
*114 r. du Village – ℰ 024 479 58 58 – www.bo-sejour.com – Fax 024 479 58 59
– fermé 18 avril - 1er juin, novembre - mi-décembre*
18 ch ⌑ – †75/145 CHF ††120/275 CHF
• Chalet vous réservant un accueil familial charmant. Chambres typées, espace petit-déj' braqué vers les Dents du Midi, bon buffet le matin, douceurs "maison" à l'heure du thé.

CHAMPÉRY

Suisse sans rest
55 r. du Village – ☎ 024 479 07 07 – www.hotel-champery.ch
– Fax 024 479 07 09 – fermé 2 octobre - 11 décembre
40 ch ⊇ – †110/195 CHF ††170/290 CHF
◆ Grand chalet central doté de chambres rustiques à choisir de préférence côté montagne. Jolie vue sur le relief par les fenêtres du salon. Clichés anciens de la station au bar.

National
47 r. du Village – ☎ 024 479 11 30 – www.lenational.ch – Fax 024 479 31 55
– fermé 11 avril - 9 mai, novembre
24 ch ⊇ – †75/140 CHF ††120/245 CHF – ½ P +38 CHF
Rest – (fermé mercredi de mai à octobre) (16 CHF) Menu 26 CHF (déj.)/71 CHF
– Carte 48/88 CHF
◆ Hôtel central doté de chambres claires, meublées en pin, égayées de peintures murales paysagères et mansardées au dernier étage. Jolie vue pour la plupart d'entre elles. Restaurant et terrasse panoramiques, cuisine de saison, ambiance valaisanne au carnotset.

c21
58 r. du Village – ☎ 024 479 15 50 – www.centrechampery.ch
– fermé 11 novembre - 9 décembre, Noël, en hiver lundi et mardi, entre saison dimanche - mercredi
Rest – (dîner seulement) (menu unique) Menu 155/195 CHF
Rest *Le Centre* – voir ci-après
Spéc. Birchermuesli de foie de canard à l'hibiscus. Thon au chocolat blanc, piments Thaï et huile de cacahuètes grillées. Croustillant de langoustine au curry malaisien et compotée de figues.
◆ Le "gourou" de la cuisine moléculaire helvète (Denis Martin) chaperonne ce resto-gastro bien dans son époque. Déco smart et moderne où règne le bois. Recettes souvent osées, sinon décoiffantes !

Le Nord - L'Atelier Gourmand
106 r. du Village – ☎ 024 479 11 26 – www.lenord.ch – fermé 19 avril - 28 mai, 31 octobre - 4 décembre, dimanche et lundi, dimanche - mercredi hors saison
Rest – (dîner seulement) Menu 81 CHF – Carte 78/96 CHF
◆ Deux formules dans ce vieux café né en 1886 : repas traditionnel à composantes régionales (en bas) et atelier gourmand avec carte actuelle et cadre rustique lambrissé (étage).

Le Centre – Restaurant c21
58 r. du Village – ☎ 024 479 15 50 – www.centrechampery.ch – fermé
11 novembre - 9 décembre, Noël, en hiver lundi et mardi, entre saison dimanche et lundi
Rest – (dîner seulement) Menu 65/85 CHF – Carte 69/101 CHF
◆ Cette table hébergée au rez-de-chaussée du restaurant c21 propose une formule un peu moins sophistiquée qu'à l'étage, mais tout aussi recommandable, dans un registre français.

CHAMPEX – Valais (VS) – **552** H13 – 270 h. – alt. 1 472 m – ✉ 1938   **7** C7
▶ Bern 151 – Martigny 20 – Aosta 62 – Chamonix-Mont-Blanc 54
🛈 Imm. Beau-Site, ☎ 027 783 12 27, champex@saint-bernard.ch
◉ Site ★★
◉ La Breya ★★ Sud-Ouest par

Glacier
– ☎ 027 782 61 51 – www.hotelglacier.ch – Fax 027 782 61 60
– fermé 25 octobre - 17 décembre, 5 avril - 12 mai
29 ch ⊇ – †110/140 CHF ††138/180 CHF – ½ P +30 CHF
Rest – (fermé jeudi, vendredi midi, dimanche soir hors saison) (18 CHF)
Menu 42 CHF (déj.)/60 CHF – Carte 40/72 CHF
◆ On ressent le professionnalisme de la quatrième génération d'hôtes dans cette bâtisse surveillant le lac. Chambres néo-rustiques et espaces communs d'une belle ampleur. Restaurant misant sur une carte traditionnelle et brasserie servant des repas simples.

CHAMPEX

Alpina ← 🚗 🏠 ⚡ rest, 📞 P VISA ⦿
rte du Signal – ✆ 027 783 18 92 – www.alpinachampex.ch – Fax 027 783 34 94
– fermé 1ᵉʳ - 9 décembre
6 ch ⌂ – †110/130 CHF ††150/180 CHF – ½ P +35 CHF
Rest – (fermé mercredi) (dîner seulement) Menu 60 CHF
♦ Ce chalet ancien et typé est tenu en famille et entretient une ambiance montagnarde. Chambres panoramiques meublées en bois clair. Restaurant servant de la cuisine actuelle dans un décor alpin. Belle vue sur la vallée et les cimes par les baies vitrées.

Le Belvédère avec ch ← 🚗 🏠 ⚡ rest, 📞 P VISA ⦿
– ✆ 027 783 11 14 – www.le-belvedere.ch – Fax 027 783 25 76
– fermé 18 - 30 avril, 1ᵉʳ novembre - 15 décembre, mercredi hors saison
9 ch ⌂ – †90/120 CHF ††150/170 CHF – ½ P +30 CHF
Rest – Menu 55 CHF – Carte 39/75 CHF
♦ Décor rustique d'époque, ambiance montagnarde et plaisirs conjugués d'un paysage grandiose et d'un repas axé terroir, dans ce chalet de 1920. Nuitées calmes et douillettes à prix doux. Jardin de repos. L'hiver, patinoire et cascade de glace à deux pas.

CHAMPFÈR – Graubünden – **553** W10 – siehe Sankt Moritz

CHARDONNE – Vaud – **552** F10 – voir á Vevey

CHARMEY – Fribourg (FR) – **552** H9 – 1 679 h. – alt. 891 m – Sports **7** C5
d'hiver : 900/1 630 m ⛷ 1 ⛷6 ⛸ – ✉ 1637

🚌 Bern 72 – Fribourg 40 – Bulle 12 – Gstaad 48
ℹ Les Charrières 1, ✆ 026 927 55 80, office.tourisme@charmey.ch
Manifestations locales :
25 septembre : Rindya
9-10 octobre : Bénichon de la montagne

Cailler ← 🏠 ⚡ 🛏 & 📞 🛁 P VISA ⦿ AE ⓘ
28 Gros Plan – ✆ 026 927 62 62 – www.hotel-cailler.ch
– Fax 026 927 62 63
51 ch ⌂ – †215/235 CHF ††310/330 CHF – 9 suites – ½ P +40 CHF
Rest *Le Mignon* – Menu 69/116 CHF
Rest *Le Bistrot* – (25 CHF) Menu 32 CHF (déj.) – Carte 52/68 CHF
♦ Hôtel-chalet en bois, dans un site paisible. Divers types d'hébergement : chambres, junior suites, suites et studios. Spécialité de séminaires. Accès aux bains de Gruyères. Offre limitée à un menu "gastro" au Mignon. Repas dans un cadre convivial au bistrot.

CHÂTEAU-D'OEX – Vaud (VD) – **552** H10 – 3 141 h. – alt. 968 m **7** C5
– Sports d'hiver : 958/1 630 m ⛷ 1 ⛷6 ⛸ – ✉ 1660

🚌 Bern 87 – Montreux 49 – Bulle 27 – Gstaad 15
ℹ La Place, ✆ 026 924 25 25, info@chateau-doex.ch
👁 Musée d'Art populaire du Vieux Pays d'Enhaut★
Manifestations locales :
23-31 janvier : festival international de ballons

Hostellerie Bon Accueil ← 🚗 🏠 ⚡ rest, P VISA ⦿ AE ⓘ
La Frasse – ✆ 026 924 63 20 – www.bonaccueil.ch – Fax 026 924 51 26
– fermé 11 - 30 avril et 14 novembre - 17 décembre
17 ch ⌂ – †115/145 CHF ††145/235 CHF – ½ P +49 CHF
Rest – (fermé 6 - 30 avril et 24 octobre - 17 décembre; janvier, mars - mai, septembre - octobre: lundi midi, mardi et mercredi) (février, juin - août, décembre: lundi - mercredi dîner seulement) (19 CHF) Menu 48 CHF (déj.)/62 CHF
– Carte 54/88 CHF
♦ Ancienne ferme-chalet (1756) à l'ambiance montagnarde, dans un site paisible sur les hauts du village. Chambres lambrissées blotties sous les charpentes et meublées de style. Repas classique dans un cadre rustique chaleureux à l'étage ou l'été à l'extérieur.

La CHAUX DE FONDS

Abeille (R. de l') . . . . **B** 3
Alexis-Marie-Piaget (R.) . . . **A** 4
Arsenal (R. de l') . . . . **C** 6
Banneret (R. du) . . . . **C** 7
Biaufond (R. de) . . . . **A** 9
Boucherie (R. de la) . . . . . . **C** 10
Carmagnole (Pl. de la) . . . . **C** 11
Casino (R. du) . . . . **B** 12
Chapelle (R. de la) . . . . **C** 13
Charrière (R.) . . . . **A** 15
Coq (R. du) . . . . **BC** 16
Le Corbusier (Pl.) . . . . **B** 31
Croix Fédérale (R. de la) . . **A** 18
Cygne (R. du) . . . . **C** 19
Éperon (R. de l') . . . . **C** 21
Fleur de Lys (Ruelle de la) . **C** 22
Grandes Crosettes (Rte des) **A** 23
Granges (R. des) . . . . **C** 24
Guillaume-Ritter (R.) . . . . . **BC** 25
Industrie (R. de l') . . . . **C** 27
Jardinière (R.) . . . . **C** 28
Jeu (Pl. de) . . . . **B** 30
Léopold-Robert (Av.) . . . . . **BC**
Lilas (Pl. des) . . . . **C** 32
Marronniers (Pl. des) . . . . . **C** 33
Ruche (R. de la) . . . . **A** 34
St-Hubert (R.) . . . . **C** 36
Stand (R. du) . . . . **B** 37
Succès (R. du) . . . . **A** 39
Temple Allemand (R. du) . . **B** 40
Traversière (R.) . . . . **BC** 42
Vieux-Cimetière (R. du) . . . **C** 43
1er-Mars (R. du) . . . . **BC** 45

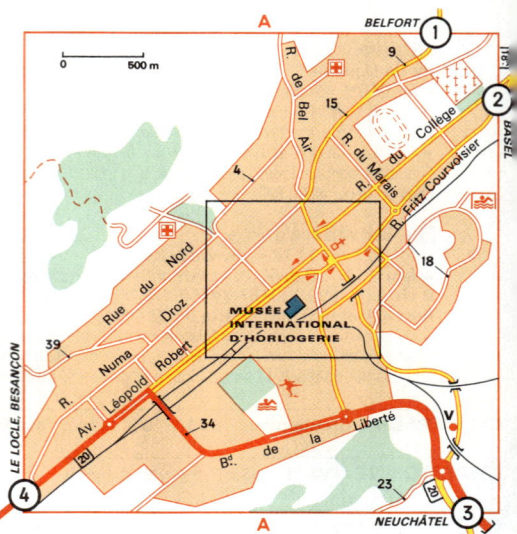

La CHAUX-DE-FONDS – Neuchâtel (NE) – 552 F6 – 36 713 h. — 2 C4
– alt. 994 m – ⊠ 2300

- Bern 71 – Neuchâtel 20 – Biel 52 – Martigny 157
- Espacité 1 **B**, ℰ 032 889 68 95, info.cdf@ne.ch
- Les Bois, Nord-Est : 12 km par route de Saignelégier, ℰ 032 961 10 03
- Musée International d'Horlogerie★★ C – Musée des Beaux-Arts★ B
- Route de la Vue des Alpes★★ – Tête de Ran★★

Manifestations locales :
2-7 août : festival de la Plage des Six-Pompes

Grand Hôtel Les Endroits
94 bd des Endroits, par r. du Succès : 2,5 km
– ℰ 032 925 02 50 – www.hotel-les-endroits.ch – Fax 032 925 03 50
50 ch ⊇ – †180/200 CHF ††240/300 CHF – 7 suites – ½ P +50 CHF
Rest – (20 CHF) Menu 50 CHF (déj.)/125 CHF – Carte 42/110 CHF
♦ Un hôtel moderne et rénové, au calme. Grandes chambres en rez-de-jardin et aux étages. Suites avec sauna, hammam, jacuzzi et balcon dominant la station. Loisirs et séminaires. Table classico-régionale, espaces banquets, terrasse et distractions pour les petits.

Athmos sans rest
45 av. Léopold-Robert – ℰ 032 910 22 22 – www.athmoshotel.ch
– Fax 032 910 22 25   **B a**
42 ch ⊇ – †165 CHF ††264 CHF
♦ En centre ville, imposante bâtisse d'angle où vous logerez dans de bonnes chambres convenablement agencées, dotées de salles de bains garnies de marbre.

La Parenthèse
114 r. de l'Hôtel-de-Ville – ℰ 032 968 03 89 – www.la-parenthese.ch
– fermé 25 décembre - 3 janvier, 19 juillet - 1er août, samedi midi, dimanche soir
et lundi soir   **A v**
Rest – (16 CHF) Menu 31 CHF (déj.)/90 CHF – Carte 63/85 CHF
♦ Parenthèse gourmande dans ce resto tout simple misant sur une cuisine actuelle de saison, en fonction des opportunités du marché. Au fromage, on fait son choix dans la cave.

L'heure bleue
29 av. Léopold-Robert – ℰ 032 913 44 35 – Fax 032 913 44 37 – fermé
dimanche (sauf jour de spectacle)   **B p**
Rest – (18 CHF) – Carte 42/79 CHF
♦ Brasserie conviviale intégrée à un théâtre de 1837 dont la façade se colore de rouge vif. Éléments décoratifs d'époque et souvenirs de spectacles en salle. Cuisine française.

CHAVANNES-DE-BOGIS – Vaud (VD) – 552 B11 – 1 061 h. — 6 A6
– alt. 483 m – ⊠ 1279

- Bern 142 – Genève 19 – Saint-Claude 54 – Thonon-les-Bains 53

Chavannes-de-Bogis
Les Champs-Blancs – ℰ 022 960 81 81
– www.hotel-chavannes.ch – Fax 022 960 81 82
180 ch ⊇ – †175/240 CHF ††220/270 CHF
Rest – (20 CHF) Menu 36 CHF (déj.)/49 CHF – Carte 55/77 CHF
♦ Établissement proche de la nature, mais aussi d'une sortie d'autoroute. Beau jardin panoramique avec piscine. Chambres fraîches, certaines climatisées. Banquets et séminaires. Brasserie agrémentée d'une terrasse d'où vous balayerez du regard lac et montagnes.

CHEMIN – Valais – 552 G12 – voir à Martigny

CHESEAUX-NOREAZ – Vaud – 552 E8 – voir à Yverdon-les-Bains

CHÉSEREX – Vaud (VD) – 552 B10 – 1 181 h. – alt. 529 m – ⊠ 1275 — 6 A6
- Bern 138 – Genève 28 – Divonne-les-Bains 13 – Lausanne 43
- Bonmont, ℰ 022 369 99 00

CHÉSEREX

XXX Auberge Les Platanes
– ℰ 022 369 17 22 – www.lesplatanes.ch – Fax 022 369 30 33 – fermé
20 décembre - 5 janvier, 2 - 6 avril, 25 juillet - 10 août, dimanche et lundi
Rest – (24 CHF) Menu 62/120 CHF – Carte 50/112 CHF
♦ On mesure toute l'élégance de cette maison patricienne du 17e s. dans ses salons bourgeois meublés de style Régence. Cuisine classique sensible au rythme des saisons.

CHEXBRES – Vaud (VD) – **552** F10 – **1 997** h. – alt. 580 m – ⊠ 1071   **7** C5
▶ Bern 90 – Lausanne 13 – Montreux 16 – Fribourg 60

Le Baron Tavernier
rte de la Corniche – ℰ 021 926 60 00
– www.barontavernier.ch – Fax 024 926 60 01
18 ch ⊆ – †190/270 CHF ††270/320 CHF – ½ P +50 CHF
Rest *Le Baron* – (fermé avril - octobre, dimanche soir, lundi et mardi)
Menu 49 CHF (déj.)/98 CHF – Carte 76/104 CHF
Rest *Bon Sauvage* – (fermé avril - octobre) Menu 29 CHF (déj.)
– Carte 43/76 CHF
Rest *Le Deck* – (fermé novembre - mars) Menu 49/75 CHF – Carte 64/101 CHF
♦ Dans les vignes, auberge offrant un panorama fascinant sur le lac. Chambres chaleureuses et confortables, avec balcons tournés vers les flots. Cuisine moderne et cadre classique orientalisant au Baron. Choix traditionnel et ambiance "pinte vaudoise" au Bon Sauvage. Restaurant d'été et superbe terrasse-lounge au Deck.

Préalpina
35 rte de Chardonne – ℰ 021 946 09 09 – www.prealpina.ch
– Fax 021 946 09 50 – fermé 18 décembre - 3 janvier
56 ch ⊆ – †130/220 CHF ††200/350 CHF – ½ P +40 CHF
Rest – (fermé dimanche soir) Menu 30 CHF (déj.)/75 CHF – Carte 49/93 CHF
♦ Architecture ancienne abritant des chambres modernes lumineuses, au confort fonctionnel, avec un coup d'œil enchanteur sur le lac et le vignoble. Salles de séminaires. À table, choix traditionnel et vue panoramique par ses baies vitrées. Terrasse sur planches.

CHIASSO – Ticino (TI) – **553** S14 – **7 734** ab. – alt. 238 m – ⊠ 6830   **10** H7
▶ Bern 267 – Lugano 26 – Bellinzona 54 – Como 6

Mövenpick Hotel Touring
piazza Indipendenza 1 – ℰ 091 682 53 31 – www.moevenpick-hotels.com
– Fax 091 682 56 61
78 cam – †115/140 CHF ††140/190 CHF, ⊆ 15 CHF – ½ P +32 CHF
Rist – (19 CHF) – Carta 48/82 CHF
♦ Albergo con ampie arcate all'esterno, situato nei pressi della stazione, in posizione centrale. Dispone di camere spaziose e funzionali. Al ristorante una grande sala da pranzo con soffitto intarsiato e servizio estivo in piazza.

XX Emporio Arcadia
via Enrico Dunant 3 – ℰ 091 682 32 32 – www.emporia-arcadia.ch
– Fax 091 682 76 33 – chiuso sabato a mezzogiorno e domenica
Rist – (20 CHF) Menu 65/112 CHF (cena) – Carta 50/98 CHF
♦ Ristorante accogliente ed informale, situato nell'isola pedonale della località: specialità mediterranee e, nella bella stagione, servizio all'aperto.

a Chiasso-Seseglio – ⊠ 6832

XX Vecchia Osteria
via Campora 11 – ℰ 091 682 72 72 – www.vecchiaosteria.ch
– Fax 091 683 51 88 – chiuso 2 settimane fine dicembre - inizio
gennaio, domenica sera e lunedì
Rist – (28 CHF) Menu 52 CHF (pranzo)/82 CHF (cena) – Carta 68/87 CHF
♦ Gustosa cucina mediterranea, nel ristorante più a sud della Svizzera! Ambiente rustico, recentemente ristrutturato, tranquillo ed immerso nel verde.

CHOËX – Valais – **552** G11 – **voir à Monthey**

CHUR COIRE K – 553 V8 – 32 441 Ew – Höhe 585 m – ✉ 7000 5 I4

- Bern 242 – Feldkirch 55 – Davos 59 – Bludenz 77
- Bahnhofplatz 3 Y, ℰ 081 252 18 18, info@churtourismus.ch
- Domat/Ems West : 6 km, ℰ 081 650 35 00
- Lage★★ - Arosastrasse: ≤★ auf die Stadt Z - Schnitzaltar★ der Kathedrale Z - Bündner Kunstmuseum★★ Y
- Parpaner Rothorn★★ Süd-Ost: 16 km über ③ und ⛷ - Strasse von Chur nach Arosa★ - Strasse durch das Schanfigg★

Lokale Veranstaltungen:
20.-22. August: Churer Stadtfest

Stern
Reichsgasse 11 – ℰ 081 258 57 57 – www.stern-chur.ch – Fax 081 258 57 58
70 Zim ⊇ – †118/163 CHF ††206/296 CHF – ½ P +38 CHF Yd
Rest *Die Veltliner Stube* – separat erwähnt

♦ Das Hotel mit über 300-jähriger Tradition liegt im Zentrum und bietet wohnliche und funktionelle Zimmer. Besonders modern: R5-Zimmer im Innenhof. Bilder von Alois Carigiet zieren das Haus.

ABC garni
Ottostr. 8, (Bahnhofplatz) – ℰ 081 254 13 13 – www.hotelabc.ch – Fax 081 254 13 00 Yc
45 Zim ⊇ – †130/160 CHF ††210/230 CHF

♦ Die zentrale Lage direkt beim Bahnhof sowie eine zeitgemässe und funktionelle Ausstattung sprechen für diese Businessadresse.

Freieck garni
Reichsgasse 44 – ℰ 081 255 15 15 – www.freieck.ch – Fax 081 255 15 16
39 Zim ⊇ – †100/120 CHF ††150/190 CHF Za

♦ Mitten in der Altstadt steht das Haus von 1575. Zeitgemäss sind die praktischen Zimmer, der Frühstücksraum und das Wintergarten-Café sowie die Bar im Eingangsbereich.

CHUR

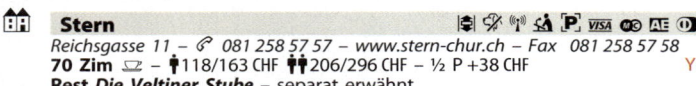

Alexanderplatz	Y 2
Alexanderstrasse	Y
Arosastrasse	Z
Bahnhofstrasse	Y
Brandisstrasse	Y
Engadinstrasse	YZ
Fontanaplatz	Z
Fontanastrasse	Z 3
Gäuggelistrasse	Y
Goldgasse	Z 4
Grabenstrasse	YZ
Gürtelstrasse	Y 6
Hartbertstrasse	Y 7
Herrengasse	Z 10
Hofstrasse	Z
Kirchgasse	Z
Kornplatz	Z
Kupfergasse	Z 12
Majoranplatz	Z 13
Malixerstrasse	Y
Masanserstrasse	Y
Mühleplatz	Z 15
Obere Gasse	Z
Obere Plessurstrasse	Z 18
Ottoplatz	Y 19
Ottostrasse	Y
Pfisterplatz	Z 21
Planaterrastrasse	YZ
Plessurquai	Z
Postplatz	Y
Poststrasse	Z
Quaderstrasse	Y
Reichsgasse	Z
St. Luzistrasse	Z
Steinbruchstrasse	Y
Storchengasse	Y
Untere Gasse	Z 22
Vazerolgasse	YZ 24
Zeughausstrasse	Y 27

CHUR

XX Die Veltliner Stube – Hotel Stern
Reichsgasse 11 – ℰ 081 258 57 57 – www.stern-chur.ch – Fax 081 258 57 58
Rest – (19 CHF) Menü 38 CHF (mittags)/86 CHF – Karte 52/90 CHF **Yd**
♦ Bürgerlich-regional kocht man in dem historischen Haus, das drei gemütlich-rustikale, in Holz gehaltene Stuben beherbergt. Zum Restaurant gehört auch eine nette Terrasse.

in Malix Süd: 4,5 km über Malixerstrasse Z Richtung Lenzerheide – Höhe 1 130 m – ⌧ 7074

XX Belvédère mit Zim
Hauptstr. 4, Nord : 1,5 km Richtung Chur – ℰ 081 252 33 78
– Fax 081 253 52 14 – geschl. Montag - Dienstag
8 Zim – †85 CHF ††150 CHF, ⌧ 15 CHF – ½ P +25 CHF
Rest – *(nur Abendessen)* Menü 28/69 CHF – Karte 58/97 CHF
♦ Das Restaurant mit herrlicher Sicht über Chur ist bekannt für Grilladen, die der Chef in einer behaglichen Stube am Holzgrill zubereitet.

Les CLÉES – Vaud (VD) – 552 D8 – 160 h. – alt. 610 m – ⌧ 1356   6 B5
▶ Bern 90 – Lausanne 39 – Neuchâtel 55 – Pontarlier 32

X Croix-Blanche
3 pl. de la Ville – ℰ 024 441 91 71 – Fax 024 441 92 01 – fermé 1 semaine en janvier, 1 semaine en mars, 2 semaines en août, lundi et mardi
Rest – (18 CHF) Menu 34 CHF (déj.)/86 CHF – Carte 66/86 CHF
♦ Dans un petit village pittoresque, table classico-traditionnelle bien sympa, où chaque saison apporte son lot de spécialités, comme le gibier en automne ou la truffe en hiver.

COINSINS – Vaud (VD) – 552 B10 – 392 h. – alt. 475 m – ⌧ 1267   6 A6
▶ Bern 131 – Genève 31 – Lausanne 35 – Neuchâtel 98

Auberge de la Réunion
2 r. de Cordex – ℰ 022 364 23 01 – www.auberge-coinsins.ch
– Fax 022 364 66 90
16 ch ⌧ – †110/130 CHF ††160/180 CHF – ½ P +35 CHF
Rest – *(fermé dimanche soir)* Menu 62/82 CHF – Carte 46/77 CHF
♦ Cette ancienne ferme vaudoise de 1804 a été entièrement rénovée et offre désormais un confort tout à fait valable. Chambres fonctionnelles d'ampleur très satisfaisante. Salle de restaurant précédée d'un café. Repas traditionnels semés d'accents régionaux.

COINTRIN – Genève – 552 B11 – voir à Genève

COIRE – 553 V8 – voir à Chur

COLLA – Ticino (TI) – 553 S13 – 616 ab. – alt. 1 057 m – ⌧ 6951   10 H6
▶ Bern 246 – Lugano 18 – Bellinzona 34 – Locarno 43

X Cacciatori
– ℰ 091 944 17 68 – www.ristorantino.ch – chiuso 10 gennaio - 24 marzo, lunedì e martedì
Rist – Menu 63/82 CHF – Carta 58/82 CHF
♦ Piccolo ritrovo familiare in una bella casetta di montagna dagli interni rustici, in posizione panoramica. Cucina tradizionale con specialità ticinesi e della vicina Italia.

COLLONGE-BELLERIVE – Genève – 552 B11 – voir à Genève

Les COLLONS – Valais – 552 I12 – voir à Thyon - Les Collons

COLOGNY – Genève – 552 B11 – voir à Genève

COMANO – Ticino (TI) – 553 R13 – 1 751 ab. – alt. 511 m – ⌂ 6949   10 H6

▶ Bern 243 – Lugano 7 – Bellinzona 30 – Como 36

🏠 La Comanella
via al Ballo 9/10 – ℰ 091 941 65 71 – www.hotel-la-comanella.ch – Fax 091 942 65 13
17 cam ⌂ – †98/138 CHF ††189/238 CHF – ½ P +38 CHF
Rist – Menu 38/46 CHF – Carta 38/65 CHF

• In posizione collinare, sorge quest'accogliente albergo con giardino e piscina. Camere ampie e ben arredate, così come gli spazi comuni. Il ristorante, immerso nel verde delle palme, vanta una bella terrazza. Vi è, inoltre, un meraviglioso ulivo secolare.

✕✕ San Bernardo
Tèra d'súra 19d – ℰ 091 941 01 00 – www.sanbernardo.ch – chiuso 4 - 21 gennaio, 9 - 26 agosto, sabato a mezzogiorno, domenica sera e lunedì
Rist – (25 CHF) – Carta 74/90 CHF

• Sita fra le viuzze del borgo antico, la piccola risorsa consta di due sale di stile classico-moderno con quadri d'artisti ticinesi alle pareti. Buona cucina d'impronta moderna.

CONCHES – Genève – 552 B11 – voir à Genève

COPPET – Vaud (VD) – 552 B11 – 2 792 h. – alt. 394 m – ⌂ 1296   6 A6

▶ Bern 146 – Genève 13 – Lausanne 52 – Saint-Claude 61
◉ Château ★

🏠 Du Lac
51 Grand-Rue – ℰ 022 960 80 00 – www.hoteldulac.ch – Fax 022 960 80 10 – fermé janvier
12 ch – †210/260 CHF ††275/335 CHF, ⌂ 26 CHF – 7 suites – ½ P +55 CHF
Rest *La Rôtisserie* – *(fermé octobre à mars: dimanche soir et lundi)* (25 CHF) Menu 55 CHF (déj.)/95 CHF – Carte 79/112 CHF

• Sur la traversée du village, au bord de l'eau, relais du 17ᵉ s. préservant son cachet ancien. Spacieuses chambres pourvues d'un mobilier de style ou rustique. Rôtisserie dotée d'une cheminée d'époque où sont saisies les grillades. Belle terrasse à l'ombre.

CORSEAUX – Vaud – 552 F10 – voir à Vevey

CORSIER – Vaud – 552 F10 – voir à Vevey

CORTAILLOD – Neuchâtel (NE) – 552 F7 – 4 492 h. – alt. 482 m   2 C4
– ⌂ 2016

▶ Bern 62 – Neuchâtel 11 – Biel 44 – La Chaux-de-Fonds 29

🏠 Le Chalet
15 r. Chanélaz – ℰ 032 843 42 42 – www.lechalet.ch – Fax 032 843 42 43 – fermé 12 - 25 juillet, 20 décembre - 2 janvier
17 ch ⌂ – †137/152 CHF ††194/214 CHF – ½ P +38 CHF
Rest – *(fermé dimanche et lundi midi)* (18 CHF) Menu 49/89 CHF – Carte 44/95 CHF

• Accueil familial gentil dans cette hôtellerie dont les deux chalets, situés au calme, abritent deux générations de chambres ; terrasse pour certaines. Salles de réunions. Repas traditionnel dans une salle classiquement aménagée ou l'été à l'extérieur.

✕ Le Buffet d'un Tram
3 av. François-Borel – ℰ 032 842 29 92 – www.buffetduntram.ch – Fax 032 845 04 14 – fermé Noël et Nouvel An
Rest – *(réservation conseillée)* (18 CHF) – Carte 45/85 CHF

• Suggestions de saison servies dans une salle lumineuse meublée en bois clair ou côté brasserie. L'été, surprenez vos convives en réservant une table dans l'arbre du jardin !

COSSONAY – Vaud (VD) – **552** D9 – 3 155 h. – alt. 565 m – ✉ 1304 **6** B5
▶ Bern 100 – Lausanne 20 – Fribourg 88 – Genève 69

XXX ✿✿ **Le Cerf** (Carlo Crisci) A/C VISA ⦿ AE
10 r. du Temple – ✆ 021 861 26 08 – www.lecerf-carlocrisci.ch
– Fax 021 861 26 27 – fermé 24 décembre - 8 janvier, 11 juillet
- 6 août, dimanche, lundi et mardi midi
Rest – Menu 88 CHF (déj.)/260 CHF – Carte 129/178 CHF
Rest *La Fleur de Sel* – (20 CHF) Menu 55/95 CHF – Carte 60/97 CHF
Spéc. Pot au feu de foie gras. Pigeon de Racan en vessie parfumé à la Benoîte urbaine. Coeur de filet de boeuf des Monts en croûte de sel.
◆ Maison du 16ᵉ s. joliment relookée en mariant le moderne et l'ancien (salle rythmée de piliers). C'est surtout dans ses menus que le chef Carlo donne toute la mesure de sa créativité, depuis plus de 25 ans ! Recettes régionales et ambiance bistrotière à la Fleur de Sel.

COURGENAY – Jura (JU) – **551** H4 – 2 148 h. – alt. 488 m – ✉ 2950 **2** C3
▶ Bern 92 – Delémont 24 – Basel 51 – Biel 51

De la Gare 🛜 ⦿ P VISA ⦿
2 r. de la Petite-Gilberte – ✆ 032 471 22 22 – Fax 032 471 22 12 – fermé 4
- 18 janvier
6 ch ⌑ – †90 CHF ††160 CHF
Rest *La Petite Gilberte* – (fermé dimanche et lundi) (14 CHF) Menu 43/49 CHF – Carte 40/81 CHF
◆ Face à la gare, établissement aux chambres personnalisées, quelquefois dotées de meubles anciens. Pour plus d'agrément, réservez celle de Gilberte. Cette ancienne chanteuse du pays prête aussi son nom à la brasserie de l'hôtel. Belle terrasse arrière au calme.

Boeuf avec ch 🛜 ⦿ P VISA ⦿ AE
7 r. de l'Eglise – ✆ 032 471 11 21 – www.boeuf-courgenay.ch
– Fax 032 471 12 89 – fermé 3 - 24 février, 5 - 13 octobre, mardi et mercredi
10 ch ⌑ – †65 CHF ††120 CHF – ½ P +25 CHF
Rest – Menu 84 CHF – Carte 46/89 CHF
◆ Elle fait un "effet bœuf", l'enseigne de cette affaire familiale dont la façade rose se dresse au milieu du village. Préparations au goût du jour ; menus soignés.

CRANS-MONTANA – Valais (VS) – **552** J11 – 2 267 h. – alt. 1 500 m **7** D6
– **Sports d'hiver** : 1 500/3 000 m ⛷ 6 ⛷17 ⛷ – ✉ 3963
▶ Bern 182 – Sion 25 – Brig 58 – Martigny 54
🛈 7 r. Centrale **AZ**, ✆ 027 485 04 04, information@crans-montana.ch
avenue de la Gare **BY**, ✆ 027 485 04 04, information@crans-montana.ch
📠 ✆ 027 485 97 97
◉ Site ★
◉ Bella Lui ★★ par ⛷ AY

Grand Hôtel du Golf ≤ 🍴 🛜 🌐 ⦿ ⛷ 🛎 ⛱ ⛱ 🏊 ⚕ rest,
rue Elysée Bonvin – ✆ 027 485 42 42 ⦿ 🔑 P VISA ⦿ AE ⦿
– www.ghpg.ch – Fax 027 485 42 43 – fermé 1ᵉʳ avril - 1ᵉʳ juin, 30 septembre
- 30 novembre **AZa**
78 ch ⌑ – †300/800 CHF ††400/1250 CHF – 8 suites – ½ P +60 CHF
Rest – Menu 45 CHF (déj.)/120 CHF – Carte 78/160 CHF
◆ L'un des plus anciens (1914) fleurons de l'hôtellerie locale, peu à peu rajeuni. Lounge-bar néo-baroque, wellness, health center et deux générations de chambres côté golf. Table partagée entre gastronomie française et spécialités libanaises. Terrasse face au green.

Royal ≤ 🍴 🛜 🌐 ⦿ ⛷ 🛎 ⛱ ⚕ rest, 🔑 🏊 P VISA ⦿ AE ⦿
10 r. de l'Ehanoun – ✆ 027 485 95 95 – www.hotel-royal.ch – Fax 027 485 95 85
– fermé 15 avril - 17 juin et 30 septembre - 15 décembre **AZz**
50 ch ⌑ – †270/350 CHF ††390/575 CHF – 4 suites – ½ P +60 CHF
Rest – Menu 60 CHF – Carte 76/135 CHF
◆ Amples et confortables chambres souvent munies d'un balcon (jolie vue aux étages supérieurs), salles de réunions, belle piscine, spa, sauna, fitness et soins. Restaurant servant de la cuisine classique française. Terrasse-jardin plein Sud.

CRANS-MONTANA

Centrale (R.) .... **AZ** 3	Ehanoun (R. de l') .... **AZ** 9	Petit Signal (Rte du) .... **BY** 18
Chorecrans (Rte de) .... **BY** 4	Elysée Bonvin (R.) .... **AZ** 10	Pont du Diable (R. du) ..... **AZ** 19
Comba (Rte de la) .... **BY** 6	Fleurs des Champs (Rte de) ... **ABZ** 12	Prado (R. du) .... **AZ** 21
Crête du Louché (Rte de la) ... **BY** 7	Gare (Av. de la) .... **BY** 13	Sommets de Crans (Rte des) ... **BZ** 22
	Grand-Place (R. du) .... **AZ** 15	Théodore Stéphani (R.) ..... **BY** 24
	Louis Antille (R.) .... **BY** 16	Transit (Rte du) .... **BY** 25

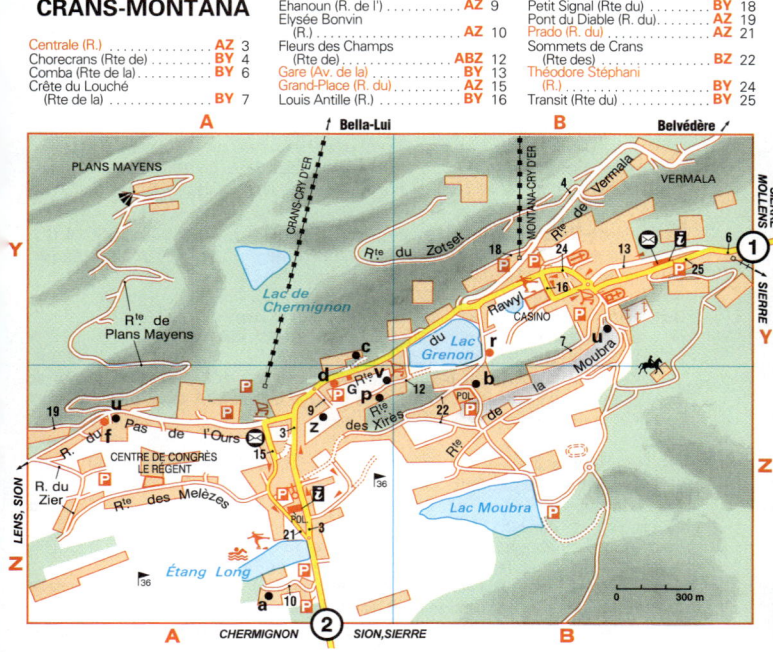

Aïda Castel
1 ch. du Bethania – ℘ 027 485 41 11
– www.aida-castel.ch
– Fax 027 481 70 62   BZ**b**
60 ch ☐ – ♦100/300 CHF ♦♦200/430 CHF – ½ P +40 CHF
Rest *La Hotte* – Carte 48/103 CHF

◆ La convivialité valaisanne vous accompagnera dans ce typique double chalet aux chambres modernes ou montagnardes. Piscine extérieure chauffée. Cuisine classique française servie au coin du feu à La Hotte.

Alpina & Savoy
15 rte de Rawyl – ℘ 027 485 09 00
– www.alpinasavoy.ch – Fax 027 485 09 99
– *fermé mi-avril - fin juin et mi- septembre - mi-décembre*   AY**c**
45 ch ☐ – ♦160/260 CHF ♦♦280/560 CHF – ½ P +55 CHF
Rest – Menu 45 CHF (déj.)/80 CHF – Carte 46/78 CHF

◆ Cet hôtel de longue tradition (1912) cultive une attachante nostalgie rétro. Chambres meublées en bois clair, belle piscine, installations de remise en forme et jardin arboré. Restaurant proposant de la cuisine du moment, terrasse verte et taverne valaisanne.

Helvetia Intergolf
8 rte de la Moubra – ℘ 027 485 88 88
– www.helvetia-intergolf.ch – Fax 027 485 88 99   BY**u**
– *fermé 11 avril - 12 juin et 9 octobre - 30 novembre*
17 ch ☐ – ♦120/310 CHF ♦♦190/480 CHF – 37 suites – ½ P +42 CHF
Rest – *(fermé dimanche hors saison)* Carte 43/88 CHF

◆ Hôtel établi à proximité du centre et exposé plein Sud. Deux types d'hébergement : chambres de belle ampleur ou appartements-suites rénovés et dotés d'une cuisinette. Lumineuse salle de restaurant avec les montagnes pour toile de fond. Carte traditionnelle.

CRANS-MONTANA

L'Etrier
r. du Pas de l'Ours – ℰ 027 485 44 00 – www.hoteletrier.ch
– Fax 027 481 76 10 – fermé 15 avril - début juin
53 ch ⊇ – †150/250 CHF ††280/450 CHF – 4 suites – ½ P +40 CHF   AZu
Rest – (25 CHF) – Carte 35/67 CHF

♦ Hôtel de vacances au cachet montagnard, rénové et centré sur le bien-être en famille : belle piscine, espace jeux, spa, soins... Chambres agréables. Salles de réunions. Resto panoramique et carnotzet pour faire connaissance avec les spécialités locales.

Le Mont-Paisible
12 ch. du Mont-Paisible, Est : 2 km par ① et route
d'Aminona – ℰ 027 480 21 61 – www.montpaisible.ch – Fax 027 481 77 92
40 ch ⊇ – †100/147 CHF ††130/234 CHF – ½ P +52 CHF
Rest – (fermé dimanche soir, lundi et mardi du 10 avril - 1er juin et
du 2 octobre au 30 novembre) (23 CHF) Menu 34 CHF (déj.)/51 CHF
– Carte 68/113 CHF

♦ L'enseigne n'est assurément pas usurpée ! Spacieuses et paisibles chambres garnies de meubles centenaires et invitant à admirer un paysage grandiose. À table, cuisine au goût du jour et vue imprenable sur la vallée et les reliefs.

Art de Vivre
17 rte de Fleurs des Champs – ℰ 027 481 33 12
– www.art-vivre.ch – Fax 027 481 43 84 – fermé novembre
27 ch ⊇ – †120/245 CHF ††200/380 CHF – ½ P +50 CHF   AZp
Rest – (fermé mai - novembre et lundi) Carte 58/86 CHF
Rest *Tout un art* – (fermé mai - novembre et lundi) Carte 71/83 CHF

♦ Hôtel moderne en secteur résidentiel. Au rayon bien-être : piscine, fitness, spa, sauna et soins à la carte. Chambres panoramiques. Salon-cheminée et bar avec restauration simple. Table contemporaine changeant quotidiennement son offre selon les opportunités du marché.

Hostellerie du Pas de l'Ours avec ch
£3
41 r. du Pas de l'Ours – ℰ 027 485 93 33
– www.pasdelours.ch – Fax 027 485 93 34 – fermé mai et novembre
15 ch ⊇ – †350/2400 CHF ††350/2400 CHF   AZf
Rest – (fermé dimanche soir, lundi et mardi midi) Menu 65 CHF (déj.)/175 CHF
– Carte 118/143 CHF
Rest *Le Bistrot des Ours* – (mardi soir, mercredi et jeudi midi) Menu 40 CHF
(déj.) – Carte 62/96 CHF
Spéc. Queue de homard aux pêches filtrées. Langoustines rôties au lard de Colonnata. Filet de renne au lard paysan, gnocchi de Trévise, moutarde de poivron confit.

♦ Vieux chalet en bois où un chef d'origine provençale façonne avec virtuosité une cuisine contemporaine aux présentations esthétisées. Agréable salon réchauffé par une cheminée originale. Charme alpin et touches design dans les plus belles suites. Spa complet partagé avec l'hôtel voisin. Mets traditionnels à l'ancienne et saveurs du Sud (notamment provençales) à découvrir dans un décor alpin où règne le bois. Une bonne alternative au "resto-gastro" d'à côté !

La Diligence avec ch
56 rte de la Combaz – ℰ 027 485 99 85 – www.ladiligence.ch
– Fax 027 485 99 88
8 ch ⊇ – †75/125 CHF ††110/200 CHF   **Rest** – (21 CHF) – Carte 46/81 CHF

♦ Les amateurs de gastronomie libanaise trouveront leur bonheur dans ce vieux chalet implanté à l'entrée de la station. Décor plus montagnard qu'oriental. Chambres pour l'étape.

Au Gréni
rte des sommets de Crans – ℰ 027 481 24 43 – fermé 3 semaines mai, 3
semaines novembre et mercredi hors saison   BYr
Rest – (23 CHF) – Carte 58/92 CHF

♦ Sur la route des Sommets de Crans, restaurant envoyant de la cuisine traditionnelle et des spécialités du pays dans un cadre rustique ou sur sa terrasse face au lac Grenon.

CRANS-MONTANA

✗ Le Thaï 🛜 VISA ⓒⓞ AE
12 rte du Rawyl – ℰ 027 481 82 82 – www.le-thai.ch – Fax 027 480 10 64
– fermé octobre, dimanche midi et lundi **AZd**
Rest – Carte 57/77 CHF
♦ Ambiance lounge agréablement restituée dans un décor exotico-contemporain à touche rétro. Photos d'art paysager (Arthus Bertrand) projetées en salle. Cuisine thaïlandaise.

à Plans Mayens Nord : 4 km - AY – ⊠ 3963 Crans-Montana

🏨 Le Crans ⑤ ≤ 🛜 ⚡ 🛏 ⓐ ♨ ɭ₅ 🏋 📞 🔊 P VISA ⓒⓞ AE ⓞ
– ℰ 027 486 60 60 – www.lecrans.com – Fax 027 486 60 61 – fermé 25 octobre
- 4 décembre, 11 avril - 11 juin
7 ch ☑ – †430/880 CHF ††550/5000 CHF – 6 suites – ½ P +85 CHF
Rest *Le Mont Blanc* – voir ci-après
♦ Cet hôtel haut de gamme et haut perché vous promet un séjour exclusif : vues sensationnelles, chambres-bijoux, suites voluptueuses, magnifique wellness... Impossible de ne pas tomber sous le charme !

XXX Le Mont Blanc – Hôtel Le Crans ≤ 🛜 P VISA ⓒⓞ AE ⓞ
– ℰ 027 486 60 60 – www.lecrans.com – Fax 027 486 60 61 – fermé 24 octobre
- 4 décembre, 11 avril - 11 juin
Rest – Menu 56 CHF (déj.)/125 CHF – Carte 81/114 CHF 🏆
♦ Salle au chic "fashion", fascinant panorama alpin, mets créatifs entre tradition et évolution, grand choix de vins au verre, table du chef en cuisine, smoking lounge, terrasse-belvédère.

à Bluche Est : 3 km par ① – alt. 1 263 m – ⊠ 3975 Randogne

✗ Edo 🛜 P VISA ⓒⓞ
😊 *43 r. Sierre-montana – ℰ 027 481 70 00 – www.edo-tokyo.ch*
– Fax 027 481 70 11 – (en hiver lundi midi et mardi midi et en été fermé le lundi complet) fermé 13 juin - 9 juillet
Rest – Menu 60/85 CHF – Carte 33/119 CHF
♦ Authentique cuisine japonaise et additions sans coup de bambou ! Confort occidental au rez-de-chaussée. Salle nippone (tatamis, tables basses, aquariums) en bas, sur réservation.

CRAP MASEGN – Graubünden – **553** T8 – siehe Laax

CRASSIER – Vaud (VD) – **552** B10 – 1 053 h. – alt. 470 m – ⊠ 1263   **6** A6
▶ Bern 141 – Genève 21 – Lausanne 46 – Lons-le-Saunier 90

✗ Auberge de Crassier 🛜 VISA ⓒⓞ
😊 *ch. de la Rippe – ℰ 022 367 12 01 – Fax 022 367 10 24 – fermé 24 décembre*
- 4 janvier, 2 semaines en avril, 1 semaine en juillet, dimanche et lundi
Rest – (19 CHF) Menu 59/78 CHF – Carte 44/89 CHF
♦ Auberge rustique de 1808 où officient un chef breton et son épouse suisse. Choix traditionnel volontiers actualisé et assez poissonneux.

CRISSIER – Vaud (VD) – **552** E9 – 6 820 h. – alt. 470 m – ⊠ 1023   **6** B5
▶ Bern 102 – Lausanne 7 – Montreux 38 – Nyon 45

XXXX Philippe Rochat 🔁 VISA ⓒⓞ AE ⓞ
✣✣✣ *1 r. d'Yverdon – ℰ 021 634 05 05 – www.philipperochat.ch – Fax 021 634 24 64*
– fermé 24 décembre - 10 janvier, 25 juillet - 16 août, dimanche et lundi
Rest – *(réservation indispensable)* Menu 175 CHF (déj.)/330 CHF
– Carte 155/293 CHF 🏆
Spéc. Velouté de cardons de Crissier aux truffes noires du Tricastin. Dos de turbot de ligne de L'Ile d'Yeu en croûte de sel. Lièvre à la royale.
♦ Cette maison de 1926 mérite le détour ! Ambiance sélecte, succulente cuisine classique française, cave d'exception, service impeccable, salon-fumoir, chênes truffiers et pins centenaires côté terrasse.

La CROIX-DE-ROZON – Genève (GE) – **552** B12 – 1 290 h. – alt. 483 m   **6** A6
– ⊠ 1257
▶ Bern 174 – Genève 7 – Gex 31 – Saint-Julien-en-Genevois 6

La CROIX-DE-ROZON

à Landecy Ouest : 3 km – alt. 490 m – ✉ 1257 La Croix-De-Rozon

XX **Auberge de Landecy**
37 rte du Prieur – ℰ 022 771 41 41 – www.auberge-de-landecy.ch
– Fax 022 771 41 45 – fermé 24 décembre - 4 janvier, 5 - 12 avril,
8 - 15 novembre, dimanche, lundi et samedi midi, du 15 juin
- 15 septembre: lundi midi, samedi midi et dimanche
Rest – (19 CHF) Menu 58 CHF (déj.)/83 CHF – Carte 63/90 CHF
♦ Dans un village frontalier charmant, jolie maison du 18ᵉ s. abritant une table actuelle au cadre sobre et feutré. Grande terrasse fleurie, salon et caveau pour l'apéritif.

CULLY – Vaud (VD) – **552** E10 – **1 747** h. – alt. 391 m – ✉ 1096   **6** B5

▶ Bern 96 – Lausanne 9 – Montreux 15 – Pontarlier 77

X **La Gare**
2 pl. de la Gare – ℰ 021 799 21 24 – www.lagarecully.ch – Fax 021 799 21 04
– fermé 23 décembre - 11 janvier, 31 août - 21 septembre, dimanche, lundi midi et samedi midi
Rest – (18 CHF) Menu 30 CHF (déj.)/129 CHF – Carte 72/111 CHF
♦ Façade rouge braquée vers la gare. Cuisine classique teintée de modernité, servie dans une arrière-salle ornée de verrières rétro. Café et terrasse avant pour le plat du jour. Bon choix de vins.

CURAGLIA – Graubünden (GR) – **553** R9 – **464** Ew – Höhe 1 332 m   **9** H5
– ✉ 7184

▶ Bern 184 – Andermatt 38 – Altdorf 71 – Bellinzona 78

in Mutschnengia West: 2 km – ✉ 7184 Curaglia

Cuntera
– ℰ 081 947 63 43 – www.hotel-cuntera.ch – Fax 081 947 57 07
8 Zim ⌑ – †68/73 CHF ††108/128 CHF – ½ P +25 CHF
Rest – (geschl. 5. - 28. November und Dienstag) (19 CHF) Menü 39 CHF
– Karte 32/46 CHF
♦ Hier überzeugt die idyllische Lage in einem kleinen Bergdorf oberhalb des Tales. Der Familienbetrieb bietet einfache, aber solide Zimmer und eignet sich gut für Wanderer. Eine schöne Panoramaterrasse ergänzt das Restaurant.

DALLENWIL – Nidwalden (NW) – **551** O7 – **1 771** Ew – Höhe 486 m   **4** F4
– ✉ 6383

▶ Bern 128 – Luzern 18 – Chur 160 – Zürich 79

XX **Gasthaus zum Kreuz**
Städtlistr. 3 – ℰ 041 628 20 20 – www.kreuz-dallenwil.ch – Fax 041 628 20 21
– geschl. 7. Juni - 1. Juli und Montag - Dienstag
Rest – (23 CHF) Menü 69 CHF (mittags)/129 CHF – Karte 75/116 CHF
♦ In dem netten Gasthof in der Ortsmitte bereiten Vater und Sohn zeitgemässe klassische Küche, die in gemütlichen getäferten Stuben serviert wird.

DAVESCO-SORAGNO – Ticino (TI) – **553** R13 – **1 312** ab.   **10** H6
– alt. 393 m – ✉ 6964

▶ Bern 245 – Lugano 5 – Bellinzona 31 – Locarno 44

X **Osteria Gallo d'Oro**
via Cantonale 3a, (a Soragno) – ℰ 091 941 19 43 – www.osteriagallodoro.ch
– Fax 091 941 00 45 – chiuso 2 settimane fine giugno, 2 settimane fine dicembre
/ inizio gennaio, domenica e lunedì
Rist – Carta 45/88 CHF
♦ Sfuggite all'afa estiva e concedetevi un pranzo sotto il fresco pergolato in legno che lascia trasparire i fiori di glicine. Proposte del giorno secondo il mercato.

DAVOS – Graubünden (GR) – **553** X8 – 10 744 Ew – Höhe 1 560 m **11** J4
– Wintersport : 1 560/2 844 m ⛷ 11 ⛷17 🛷 – ✉ 7270

▶ Bern 271 – Chur 59 – Sankt Moritz 68 – Vaduz 78

🏌 Alvaneu Bad, Süd-West: 29 km Richtung Tiefencastel, ℰ 081 404 10 07
🏌 Davos, ℰ 081 416 56 34
🏌 Klosters, Nord: 11 km an der Selfrangastr. 44, ℰ 081 422 11 33

◉ Lage★★ – Weissfluhgipfel★★ mit Standseilbahn **AY** – Schatzalp★ **AY**
– Hohe Promenade★ **ABY**

◉ Die Zügenschlucht★ über ③

Lokale Veranstaltungen:
19.-20. Februar: Eisgala
24. Juli - 7. August: Davos Festival

Stadtplan auf der nächsten Seite

DAVOS DORF – Höhe 1 560 m – ✉ 7260

▶ Bern 270 – Chur 58 – Bludenz 105 – Mels 58
🛈 Bahnhofstr. 8 **BY**, ℰ 081 415 21 21, info@davos.ch

ArabellaSheraton Hotel Seehof
Promenade 159 – ℰ 081 417 94 44
– www.sheraton.com/seehof – Fax 081 417 94 45 – geschl. 18. April - 15. Mai
und 10. Oktober - 27. November BYa
114 Zim ⊇ – †155/380 CHF ††210/660 CHF – 4 Suiten – ½ P +45 CHF
Rest *Stübli* – (geschl. 18. April - 27. November) (nur Abendessen)
Karte 66/111 CHF
Rest *Paulaner's* – Karte 45/83 CHF
♦ In bevorzugter Lage an der Promenade steht dieses komfortable Hotel mit schöner eleganter Lobby und unterschiedlichen Zimmern, viele davon mit Balkon und Bergblick. Hübsches getäfertes Stübli mit Wintergarten.

Zauberberg garni
Salzgäbastr. 5 – ℰ 081 417 17 17 – www.zauberberg.ch – Fax 081 417 17 99
– geschl. 14. April - 28. November BYn
13 Suiten ⊇ – †590/1510 CHF ††590/1510 CHF
♦ Der Roman von Thomas Mann stand Pate bei der Namensgebung dieses sehr wohnlich gestalteten kleinen Hotels mit Blick über Davos. Ihr Frühstück serviert man Ihnen in Ihrer Suite.

Flüela
Bahnhofstr. 5 – ℰ 081 410 17 17 – www.fluela.ch – Fax 081 410 17 18 – geschl.
11. April - 27. November BYv
59 Zim ⊇ – †220/415 CHF ††480/770 CHF – 10 Suiten – ½ P +45 CHF
Rest *Stübli* – separat erwähnt
Rest – Karte 59/77 CHF
♦ Bereits die 4. Generation der Familie Gredig leitet das traditionsreiche Haus von 1868. Hübsch: die Halle mit Bar und Kamin sowie der Sauna- und Badebereich Oasis. Unterschiedliche Zimmer. Im La Fiamma bietet man Grilladen und Flambées.

Meierhof
Promenade 135 – ℰ 081 416 82 85 – www.meierhof.ch
– Fax 081 416 39 82 – geschl. 5. April - 22. Mai und 3. Oktober -
27. November BYc
67 Zim ⊇ – †135/370 CHF ††240/500 CHF – 9 Suiten – ½ P +30/35 CHF
Rest – (geschl. 22. Mai - 3. Oktober: Montag) (21 CHF) Menü 42 CHF (mittags)/
93 CHF – Karte 59/103 CHF
♦ Nahe dem Dorfzentrum finden Sie den Meierhof, ein zeitgemäss-rustikales Haus mit freundlichen, hellen Zimmern, nettem Freizeitbereich und hübschem Garten. Ländlich und zugleich neuzeitlich zeigt sich auch der Restaurantbereich.

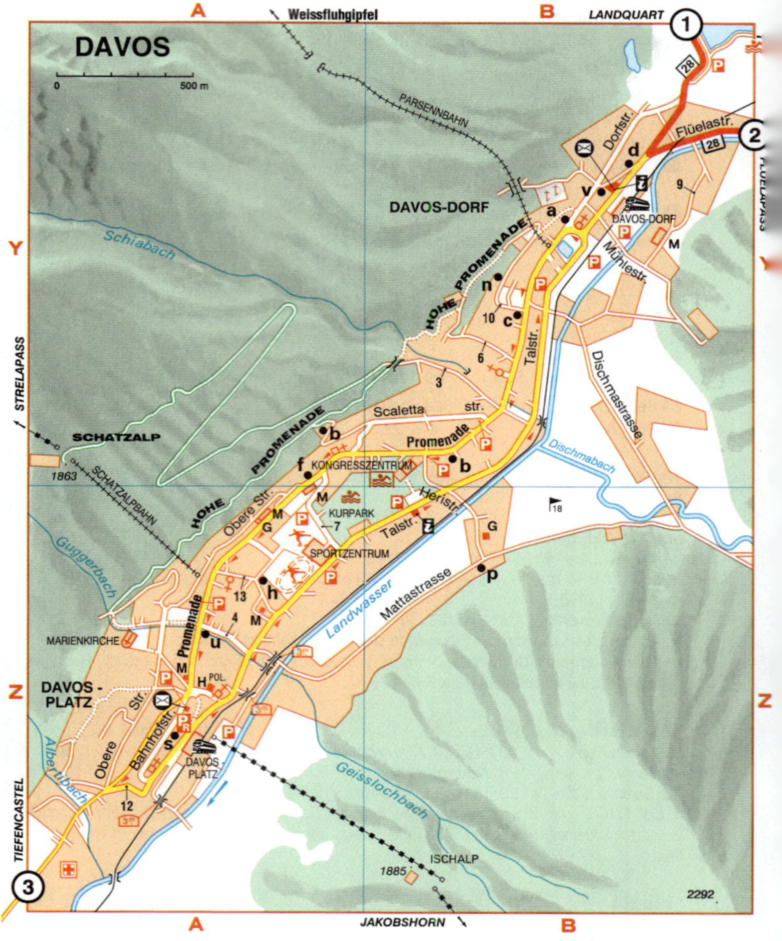

DAVOS

Bobbahnstrasse	**BY** 3	Kurgartenstrasse	**AZ** 7	Salzgäbastrasse	**BY** 10
Guggerbachstrasse	**AZ** 4	Museumstrasse	**BY** 9	Tanzbühlstrasse	**AZ** 12
Horlaubenstrasse	**BY** 6	Promenade	**AZ**	Tobelmühlestrasse	**AZ** 13

Turmhotel Victoria

Alte Flüelastr. 2 – ℰ 081 417 53 00
– www.victoria-davos.ch – Fax 081 417 53 80 – geschl. 6. April - 12. Mai und 10. Oktober - 27. November BY**d**
76 Zim ⌑ – ♦135/281 CHF ♦♦230/522 CHF – 5 Suiten – ½ P +45 CHF
Rest *La Terrasse* – (22 CHF) Menü 34/99 CHF – Karte 70/101 CHF
♦ Ein gut geführtes Ferienhotel am Ortseingang, dessen schöner Turmanbau gleich ins Auge fällt. Wohnliche Zimmer sowie Sauna, Kosmetik und Massage. La Terrasse ist als Wintergarten angelegt und wird ergänzt durch das Kirchner Stübli mit Fondue-Spezialitäten.

Frühstück inklusive? Die Tasse ⌑ steht gleich hinter der Zimmeranzahl.

DAVOS

XXX **Stübli** – Hotel Flüela ≤ P VISA ◉◉ AE ⓘ
*Bahnhofstr. 5 – ✆ 081 410 17 17 – www.fluela.ch – Fax 081 410 17 18 – geschl.
11. April - 27. November* BY**v**
Rest – (45 CHF) Menü 45 CHF (mittags)/110 CHF – Karte 76/126 CHF
♦ Eine sehr gemütliche Atmosphäre herrscht in dem mit hellem Holz getäferten Stübli, in dem man eine gehobene zeitgemässe Küche serviert.

DAVOS PLATZ – Höhe 1 540 m – ✉ 7270

▶ Bern 273 – Chur 61 – Bludenz 108 – Mels 61
🛈 Talstr. 41 **BZ**, ✆ 081 415 21 21, info@davos.ch

🏨🏨🏨 **Steigenberger Belvédère** ≤ 🚗 🍴 🔲 ♨ Lδ 🛗 ※ Rest, ᵗ⁺ 🏊
Promenade 89 – ✆ 081 415 60 00 P VISA ◉◉ AE ⓘ
*– www.davos.steigenberger.ch – Fax 081 415 60 01 – geschl. 10. April - 23. Mai,
17. Oktober - 27. November* AY**f**
119 Zim ⊇ – †189/310 CHF ††378/670 CHF – 8 Suiten – ½ P +56 CHF
Rest *Romeo und Julia / Trattoria* – *(geschl. Montag) (nur Abendessen)*
Karte 47/74 CHF
Rest *Bistro Voilà* – Karte 54/71 CHF
♦ Aus dem Jahre 1875 stammt dieser imposante Bau. Neben meist elegant gestalteten Zimmern zählt auch die schöne Aussicht zu den Annehmlichkeiten des Hauses. Auf einer Galerie liegt das Romeo und Julia mit gediegener Atmosphäre und italienischer Speisekarte.

🏨🏨 **Waldhotel Davos** ♨ ≤ 🚗 🔲 ♨ Lδ 🛗 ※ ᵗ⁺ 🏊 P
Buolstr. 3 – ✆ 081 415 15 15 – www.waldhotel-davos.ch VISA ◉◉ AE ⓘ
*– Fax 081 415 15 16 – geschl. 12. April - 10. Juni und
11. Oktober - 27. November* AY**b**
50 Zim ⊇ – †150/270 CHF ††250/520 CHF – ½ P +45/55 CHF
Rest *Mann und Co* – separat erwähnt
♦ Das Hotel in Waldrandlage über Davos bietet neben behaglichen, teilweise besonders modernen Zimmern ein hübsches Solebad mit toller Aussicht. Thomas Mann wurde hier zu seinem "Zauberberg" inspiriert.

🏨🏨 **ArabellaSheraton Hotel Waldhuus** ♨ 🚗 🍴 🔲 ♨ Lδ 🛗
Mattastr. 58 – ✆ 081 417 93 33 ☆☆ ※ ᵗ⁺ 🏊 🚙 VISA ◉◉ AE ⓘ
– www.sheraton.com/waldhuus – Fax 081 417 93 34 – geschl. 5. April - 28. Mai
94 Zim ⊇ – †175/280 CHF ††250/460 CHF – 6 Suiten BZ**p**
– ½ P +45 CHF
Rest – (42 CHF) – Karte 69/108 CHF
♦ Das Hotel liegt etwas abseits, ganz in der Nähe des Golfplatzes. Grosszügige, in Holz gehaltene Halle, zeitgemässe, wohnlich-alpenländische Zimmer und moderner Bade- und Ruhebereich. Gemütliches Ambiente im Restaurant.

🏨 **Morosani Posthotel** 🍴 🔲 ♨ 🛗 ᵗ⁺ 🏊 P VISA ◉◉ AE ⓘ
Promenade 42 – ✆ 081 415 45 00 – www.posthotel.morosani.ch
– Fax 081 415 45 01 – geschl. 6. April - 12. Mai und 17. Oktober - 26. November
90 Zim ⊇ – †140/280 CHF ††280/580 CHF – ½ P +35 CHF AZ**a**
Rest – Karte 74/132 CHF 🌿
♦ In dem 1870 erbauten Hotel erwarten die Gäste heute eine gemütliche Lobby mit Bar und Kamin sowie wohnlich gestaltete Arvenzimmer. Restaurant in klassischem Bündner Stil mit guter Weinkarte.

🏨 **Crystal** 🚗 🍴 🛗 ※ 📞 🚙 VISA ◉◉
ᗕᗒ *Eisbahnstr. 2 – ✆ 081 414 01 01 – www.crystal-davos.ch – Fax 081 414 01 00
– geschl. 15. - 30. April* AZ**h**
27 Zim ⊇ – †108/187 CHF ††196/334 CHF – ½ P +30 CHF
Rest – *(geschl. 15. April - 15. Juni) (nur Abendessen)* (19 CHF) – Karte 47/73 CHF
♦ Gepflegte und regionstypisch mit Arvenholz eingerichtete Gästezimmer (alle mit Balkon) sprechen für dieses familiär geleitete Haus nahe dem Sportzentrum. Bürgerlich ist das Angebot im Restaurant. Zudem hat man eine nette rustikale Bar.

DAVOS

Casanna
Alteinstr. 6 – 081 417 04 04 – www.casanna.ch – Fax 081 417 04 00 – geschl. 18. April - 1. Juni und 17. Oktober - 27. November   BY **b**
26 Zim – †110/150 CHF ††180/280 CHF – ½ P +30 CHF
Rest – *(nur Abendessen für Hausgäste)*
♦ Ein zentral gelegenes Hotel mit familiärer Atmosphäre und gepflegten Gästezimmern, darunter drei besonders schöne Zimmer im 4. Stock mit toller Aussicht.

Mann und Co – Waldhotel Davos
Buolstr. 3 – 081 415 15 15 – www.waldhotel-davos.ch – Fax 081 415 15 16 – geschl. 5. April - 7. Juli, 11. Oktober - 2. Dezember und Juli - Oktober: Montag - Mittwochabend, Dezember - April: Mittwochabend   AY **b**
Rest – Menü 100/130 CHF – Karte 95/107 CHF
♦ Ein ganz moderner Stil und helle, warme Farbtöne bestimmen das Ambiente in diesem Restaurant mit Blick auf Davos und die Berge. Die Küche ist zeitgemäss - mittags kleinere Karte.

Alpenhof mit Zim
Hofstr. 22, (über ③) – 081 415 20 60 – www.alpenhof-davos.ch – Fax 081 415 20 61 – geschl. 18. April - 29. Mai, 31. Oktober - 27. November (Hotel)
12 Zim – †102/143 CHF ††184/266 CHF – 7 Suiten – ½ P +30 CHF
Rest – *(geschl. 18. April - 29. Mai, im Sommer Dienstag)* Karte 39/74 CHF
♦ Bekannt ist das freundlich-rustikale Restaurant in einem Rundholzbau für seine Bündner Gerichte und die herrliche grosse Terrasse. Für Übernachtungsgäste stehen wohnliche Zimmer bereit, teilweise mit Südbalkon.

in Davos-Monstein Süd-West: 11 km über ③ – ✉ 7270

Ducan
Hauptstr. 15 – 081 401 11 13 – www.hotelducan.ch – Fax 081 401 11 75 – geschl. 19. April - 21. Mai, 1. - 26. November
12 Zim – †105/130 CHF ††150/220 CHF – ½ P +30 CHF
Rest – Karte 49/74 CHF
♦ Ein uriger Gasthof in einem einsamen kleinen Dorf. Charmant sind die zeitgemäss-rustikalen Zimmer (einige mit Gesundheitsbetten) und das "Saunahüüschi" mit Brunnen im Freien. Im Restaurant bietet man Regionales.

in Wolfgang Nord-Ost: 4 km über ① – Höhe 1 629 m – ✉ 7265 Davos-Wolfgang

Kulm
Prättigauerstr. 32 – 081 417 07 07 – www.kessler-kulm.ch – Fax 081 417 07 99
40 Zim – †76/148 CHF ††152/296 CHF – ½ P +30 CHF
Rest – (21 CHF) Menü 48 CHF (abends) – Karte 41/68 CHF
♦ Das Hotel befindet sich an der Durchgangsstrasse, am Ende der Parsenn Skiregion. Mit Landhausmobiliar eingerichtete Gästezimmer stehen hier zur Verfügung. Im Restaurant wie auch auf der Terrasse serviert man bürgerliche Speisen.

in Sertig Dörfli Süd: 9 km über ③ – ✉ 7272 Davos Clavadel

Walserhuus
Sertigerstr. 34, Süd: 1km – 081 410 60 30 – www.walserhuus.ch – Fax 081 410 60 35
10 Zim – †100/150 CHF ††140/250 CHF – ½ P +35 CHF
Rest – (21 CHF) – Karte 37/84 CHF
♦ Freundlich und familiär wird das liebenswerte rustikale Haus am Ende eines Hochtales geführt. Eine angenehm ruhige Adresse mit grandiosem Bergblick. In der nahen Kapelle kann man auch heiraten. Zum Restaurant gehören das besonders gemütliche Arvenstübli und die Gartenterrasse.

DEGERSHEIM – Sankt Gallen (SG) – **551** T5 – **3 861 Ew** – **Höhe 799 m**   **5** H2
– ✉ 9113
▶ Bern 197 – Sankt Gallen 18 – Konstanz 50 – Winterthur 62

DEGERSHIM

Wolfensberg
Wolfensbergstrasse – ℰ 071 370 02 02 – www.wolfensberg.ch
– Fax 071 370 02 04
28 Zim ☑ – †118/128 CHF ††168/178 CHF – ½ P +35 CHF
Rest – (19 CHF) Menü 32 CHF (mittags) – Karte 44/94 CHF
♦ Das ruhig oberhalb des Ortszentrums gelegene Hotel mit grosszügigem Garten verfügt über funktionell ausgestattete Zimmer, die sich teilweise in einem separaten Gebäude befinden. Sie speisen im hellen, freundlichen Restaurant oder in der rustikalen Stube.

DELÉMONT C – Jura (JU) – 551 I5 – 11 318 h. – alt. 413 m – ✉ 2800   2 D3
▶ Bern 90 – Basel 42 – Montbéliard 62 – Solothurn 36
🛈 9 pl. de la Gare, ℰ 032 420 47 71, delemont@juratourisme.ch
Manifestations locales :
   27 juin : SlowUp jurassien
   9-11 septembre : fête du peuple jurassien
   24-26 septembre : Notes d'Equinoxe

La Bonne Auberge
32 r. du 23 Juin, (accès piétonnier) – ℰ 032 422 17 58 – Fax 032 422 48 28
7 ch ☑ – †120 CHF ††180 CHF
Rest – *(fermé 27 décembre - 6 janvier, 18 juillet - 19 août, dimanche soir et lundi)* (20 CHF) Menu 50 CHF – Carte 52/76 CHF
♦ Avenante maison séculaire, située dans une rue piétonne de la vieille ville. Les chambres, assez cossues, sont contemporaines et spacieuses. Cuisine traditionnelle servie à l'étage. Au rez-de-chaussée, le café propose une restauration simple et rapide.

La Tour Rouge
10 rte de Porrentruy – ℰ 032 422 12 18 – www.tour-rouge.ch
– Fax 032 423 11 94
12 ch ☑ – †110/120 CHF ††150/160 CHF – ½ P +25 CHF
Rest – *(fermé 24 décembre - 4 janvier, 13 juillet - 3 août, samedi midi et dimanche)* (18 CHF) Menu 48 CHF (déj.) – Carte 37/84 CHF
♦ Le nom de l'auberge est emprunté à une tour de défense de la ville, jadis peinte en rouge. Elle met à votre disposition des chambres modernes bien équipées. Restaurant-rôtisserie courtisé des amateurs de grillades au feu de bois.

XX Du Midi - Salle à manger avec ch
10 pl. de la Gare – ℰ 032 422 17 77 – www.hoteldumidi.ch – Fax 032 423 19 89
– fermé 7 - 21 avril, 8 - 22 septembre, mardi soir et mercredi
7 ch – †80/85 CHF ††100/120 CHF, ☑ 12 CHF – ½ P +25 CHF
Rest – Menu 80/125 CHF – Carte 54/103 CHF
Rest *Brasserie* – (22 CHF) – Carte 44/70 CHF
♦ Deux formules de repas se côtoient à cette enseigne. Salle à manger misant sur les classiques culinaires français. Restaurant fidèle à la tradition, dont le choix et la sagesse des prix ne laissent pas indifférent. Chambres proprettes pour l'étape nocturne.

à Soyhières Nord-Est : 3 km par route de Bâle – alt. 405 m – ✉ 2805

Le Cavalier
22 rte de France – ℰ 032 422 32 33 – www.lecavalier.ch – Fax 032 422 32 43
15 ch ☑ – †110 CHF ††164 CHF
Rest – (18 CHF) Menu 66 CHF (déj.)/100 CHF – Carte 54/97 CHF
♦ En bordure de route, hôtel actuel aux chambres sobres et modernes ; le n° 15 fait exception avec ses meubles régionaux en bois peint. Plus de calme à l'arrière. Salles à manger rustiques dont une véranda ouvrant sur la terrasse et son étang. Cuisine du moment.

Chaque restaurant étoilé est accompagné de trois spécialités représentatives de sa cuisine. Il arrive parfois qu'elles ne puissent être servies : c'est souvent au profit d'autres savoureuses recettes inspirées par la saison. N'hésitez pas à les découvrir !

Les DIABLERETS – Vaud (VD) – **552** H11 – 1 442 h. – alt. 1 155 m **7** C6
– **Sports d'hiver : 1 151/2 120 m** 🚠3 🚡25 ⛷ – ✉ 1865

- Bern 126 – Montreux 38 – Aigle 22 – Gstaad 21
- rue de la Gare, ☎ 024 492 33 58, info@diablerets.ch
- Site ★
- Scex Rouge ★★★ Est : 4 km et ⛷

Manifestations locales :
1ᵉʳ janvier-6 mars : festival musique et neige

Eurotel Victoria
chemin du Vernex – ☎ 024 492 37 21
– www.eurotel-victoria.ch – Fax 024 492 23 71 – fermé 11 avril - 8 mai et
9 octobre - 18 décembre
101 ch ⌂ – ♦149/203 CHF ♦♦248/364 CHF – ½ P +20 CHF
Rest – Menu 65/85 CHF
◆ Bâtisse moderne convenant tant aux séjours "busy" que "lazy". Bons équipements pour séminaires, chambres et junior suites avec balcon (typique vue vaudoise), piscine et sauna. Salles à manger bien comme il faut. Choix classique où chacun trouve son bonheur.

Le Chamois sans rest
rue de la Gare – ☎ 024 492 02 02 – www.diablerets.com – Fax 024 492 02 03
– fermé 10 octobre - 10 décembre
52 ch ⌂ – ♦101/145 CHF ♦♦141/196 CHF
◆ Chambres chaleureuses et cosy réparties sur quatre étages d'un imposant chalet situé au cœur de ce joli village de montagne. Balcons ménageant un beau panorama.

DIELSDORF – Zürich (ZH) – **551** P4 – 4 974 Ew – Höhe 429 m – ✉ 8157 **4** F2
- Bern 127 – Zürich 22 – Baden 16 – Schaffhausen 36
- Lägern Otelfingen, Nord-Ost: 12 km, ☎ 044 846 68 00

XX Zur Sonne
Bahnhofstr. 1 – ☎ 044 853 12 45 – www.sonne-dielsdorf.ch – Fax 044 853 29 55
– geschl. 21. - 28. Februar, 2. - 5. April, 25. Juli - 9. August und Sonntag - Montag
Rest – (Tischbestellung ratsam) (38 CHF) Menü 59 CHF (mittags)/110 CHF
– Karte 82/112 CHF
◆ Der gestandene Gasthof mitten im Ort ist ein familiengeführtes Restaurant, das angenehm hell gestaltet ist. Zur klassisch-internationalen Küche bietet man eine gute Weinauswahl.

XX Bienengarten mit Zim
Regensbergstr. 9 – ☎ 044 853 12 17 – www.bienengarten-dielsdorf.ch
– Fax 044 853 24 41 – geschl. über Ostern, 1. - 17. Oktober, über Weihnachten und Samstagmittag
8 Zim ⌂ – ♦160/250 CHF ♦♦195/320 CHF
Rest – (Tischbestellung ratsam) (25 CHF) Menü 75/88 CHF – Karte 58/105 CHF
◆ Hier erwarten Sie klassische und traditionelle Küche, gepflegte Tischkultur und freundlicher Service. Holztäferung und hübsch bemalte Deckenbalken zieren das Restaurant. Gediegene Gästezimmer, teilweise mit gutem Platzangebot.

DIESSBACH BEI BÜREN – Bern (BE) – **551** I6 – 844 Ew – Höhe 457 m **2** D3
– ✉ 3264
- Bern 30 – Biel 14 – Burgdorf 34 – Neuchâtel 43

XX Storchen
Schmiedgasse 1 – ☎ 032 351 13 15 – www.storchen-diessbach.ch
– Fax 032 351 53 06 – geschl. 4. - 13. Januar, 26. Juli - 4. August und Dienstag
- Mittwoch
Rest – (18 CHF) Menü 60/67 CHF – Karte 48/85 CHF
◆ Seit über 20 Jahren leitet Familie Holenweger das historische Gasthaus, in dessen drei rustikalen Stuben man klassische Speisen serviert. Auch Kochkurse werden angeboten.

DIESSENHOFEN – Thurgau (TG) – **551** R3 – 3 213 Ew – Höhe 413 m **4** G2
– ✉ 8253
- Bern 172 – Zürich 52 – Baden 72 – Frauenfeld 22

DIESSENHOFEN

Unterhof
Schaffhauserstr. 8 – ℰ 052 646 38 11 – www.unterhof.ch – Fax 052 646 38 38
– geschl. 19. Dezember - 3. Januar
88 Zim ⌑ – †155/170 CHF ††195/210 CHF **Rest** – (20 CHF) – Karte 41/75 CHF
♦ An das reizvolle Anwesen der historischen Burg schliesst sich das Hotel mit funktioneller und heller neuzeitlicher Einrichtung an. Sie frühstücken im alten Rittersaal. Modern-rustikal ist das Restaurant in der Burg, davor die Terrasse am Rhein.

Schupfen
Steinerstr. 501, Ost: 3 km Richtung Stein am Rhein – ℰ 052 657 10 42
– www.schupfen.ch – Fax 052 657 45 44 – geschl. 28. September - 15. Oktober und Montagabend - Mittwoch, Mai - September: Montagabend - Dienstag
Rest – (20 CHF) Menü 64/130 CHF – Karte 58/96 CHF
♦ In dem historischen Riegelhaus a. d. 14. Jh. serviert man eine klassisch-internationale Küche. Schön sitzt man im Sommer auf der Terrasse mit Blick auf den Rhein.

Krone mit Zim
Rheinstr. 2 – ℰ 052 657 30 70 – www.krone-diessenhofen.ch
– Fax 052 657 30 87 – geschl. 2. - 20. Januar, 30. Juni - 14. Juli und Montag - Dienstag
6 Zim ⌑ – †110/140 CHF ††150/180 CHF – ½ P +55 CHF
Rest – (35 CHF) Menü 43 CHF (mittags) – Karte 43/79 CHF
♦ Das alte Stadthaus liegt direkt an der überdachten Holzbrücke von 1816, einem Grenzübergang nach Deutschland. Heimelig ist die gediegene Gaststube mit Aussicht. Übernachtungsgästen bietet man freundliche und praktische Zimmer.

DIETIKON – Zürich (ZH) – **551** O5 – 22 387 Ew – Höhe 388 m – ✉ 8953   **4 F2**
▶ Bern 113 – Zürich 18 – Aarau 37 – Baden 14

Conti
Heimstr. 41, (Industriegebiet Nord), Richtung N1 – ℰ 044 745 86 86
– www.conti.ch – Fax 044 745 86 87
68 Zim ⌑ – †190/286 CHF ††235/364 CHF – 3 Suiten – ½ P +32 CHF
Rest – (35 CHF) Menü 43 CHF (mittags)/80 CHF – Karte 49/66 CHF
♦ Ein Teil der Gästezimmer in diesem Hotel ist sehr modern in klarem Design gehalten, auch die übrigen sind funktionell und technisch auf dem neuesten Stand. Freundlich und geradlinig ist das Ambiente im Restaurant.

Sommerau Ticino
Zürcherstr. 72 – ℰ 044 745 41 41 – www.sommerau-ticino.ch
– Fax 044 745 44 88
84 Zim ⌑ – †131/190 CHF ††192/260 CHF
Rest – (21 CHF) Menü 21/38 CHF – Karte 47/80 CHF
♦ Nicht weit vom Zentrum entfernt liegt dieses Hotel, dessen Gästezimmer teilweise modern mit hellem Holz eingerichtet wurden. Zum Restaurant gehören die Trattoria Mercato und der Wintergarten Giardino Verde, beide mit italienischer Küche.

DIETINGEN – Thurgau (TG) – **551** R4 – Höhe 435 m – ✉ 8524   **4 G2**
Uesslingen
▶ Bern 170 – Zürich 50 – Frauenfeld 8 – Konstanz 35

Traube
Schaffhauserstr. 30, Süd-West: 1 km – ℰ 052 746 11 50
– www.traube-dietingen.ch – Fax 052 746 10 14 – geschl. 27. Januar
- 11. Februar, 14. - 29. Juli und Mittwoch - Donnerstag
Rest – (19 CHF) Menü 63/98 CHF – Karte 57/69 CHF
♦ Mitten in den Weinbergen liegt das Fachwerkhaus a. d. 19. Jh. mit stimmigem rustikal-elegantem Interieur und schöner Terrasse. Vielfältige Auswahl an internationalen Weinen.

DOMBRESSON – Neuchâtel (NE) – **552** G6 – 1 622 h. – alt. 743 m   **2 C4**
– ✉ 2056
▶ Bern 64 – Neuchâtel 14 – Biel 46 – La Chaux-de-Fonds 16

DOMBRESSON

Hôtel de Commune
24 Grand'Rue – ℰ 032 853 24 01 – www.hoteldombresson.ch
– Fax 032 853 60 08 – fermé 3 - 27 janvier, 2 - 6 août, 16 - 31 août, mardi et mercredi, les 1er lundi du mois
Rest – (18 CHF) Menu 30 CHF (déj.)/120 CHF – Carte 62/102 CHF
♦ Maison de pays au long passé d'auberge communale sur la traversée de ce village. Cuisine saisonnière servie dans une salle sobre et conviviale ou dehors en été par beau temps.

DORNACH – Solothurn (SO) – **551** K4 – 6 053 Ew – Höhe 294 m   **2** D2
– ⊠ 4143
▶ Bern 104 – Basel 14 – Delémont 33 – Liestal 21

Engel
Hauptstr. 15 – ℰ 061 705 04 04 – www.hotel-engel.ch – Fax 061 705 04 05
19 Zim ⌇ – ♦155 CHF ♦♦240 CHF – ½ P +25 CHF
Rest – *(geschl. Sonntagabend)* (25 CHF) Menü 45/79 CHF – Karte 55/103 CHF
♦ Im oberen Dorfteil findet man den Gasthof mit geschmackvollen wohnlichen Zimmern; die zum Innenhof hin gelegenen sind etwas kleiner, aber ruhiger. Das Restaurant teilt sich in verschiedene Stuben und die nette Hofterrasse. Schöner gemütlicher Engelsaal.

DÜRNTEN – Zürich (ZH) – **551** R5 – 6 278 Ew – Höhe 515 m – ⊠ 8635   **4** G3
▶ Bern 157 – Zürich 29 – Rapperswil 9 – Uster 14

Sonne
Oberdürntnerstr. 1 – ℰ 055 240 85 76 – www.sonne-duernten.ch
– Fax 055 240 87 22
30 Zim ⌇ – ♦135/165 CHF ♦♦195 CHF – ½ P +35 CHF
Rest – Menü 88/90 CHF – Karte 52/85 CHF
♦ Das im Zentrum des Ortes gelegene Hotel bietet seinen Gästen zeitgemäss und sachlich-funktionell ausgestattete Zimmer. Im Restaurant serviert man internationale Küche. Zudem hat man noch die Bar Abendrot.

DÜRRENROTH – Bern (BE) – **551** L6 – 1 031 Ew – Höhe 669 m   **3** E3
– ⊠ 3465
▶ Bern 45 – Olten 48 – Luzern 53 – Thun 49

Bären
Dorf 17 – ℰ 062 959 00 88 – www.baeren-duerrenroth.ch – Fax 062 959 01 22
– geschl. 1. - 14. Januar
28 Zim ⌇ – ♦85/125 CHF ♦♦120/180 CHF
Rest – (19 CHF) Menü 65/125 CHF – Karte 47/105 CHF
♦ Der Gasthof Bären, das Gästehaus Kreuz mit geschmackvollen Zimmern (darunter Wellness-, Honeymoon- und Rosen-Suite) sowie ein zum Seminarhaus umgebautes Bauernhaus von 1744 bilden diese Adresse. Sehenswert ist der Rosengarten. Im historischen Bären befinden sich die hübschen Restauranträume.

EBERSECKEN – Luzern (LU) – **551** M6 – 423 Ew – Höhe 548 m   **3** E3
– ⊠ 6245
▶ Bern 86 – Aarau 39 – Luzern 46 – Solothurn 58

Sonne
Dorf – ℰ 062 756 25 14 – www.sonne-ebersecken.ch – Fax 062 756 04 35
– geschl. 20. Februar - 8. März, 24. Juli - 16. August, Sonntagabend und Montag
Rest – (18 CHF) Menü 36 CHF (mittags)/84 CHF – Karte 30/84 CHF
♦ Das hübsche familiengeführte Gasthaus bietet traditionelle Schweizer Küche aus regionalen Produkten, die man sich im zeitgemässen Säli, in der rustikalen Stube oder auf der sonnigen Gartenterrasse schmecken lässt. Freundlich leitet die Chefin den Service.

EBNAT-KAPPEL – Sankt Gallen (SG) – **551** T6 – 4 926 Ew   **5** H3
– Höhe 630 m – Wintersport : 875/1 180 m ⭐1 ⭐ – ⊠ 9642
▶ Bern 188 – Sankt Gallen 41 – Bregenz 78 – Vaduz 44
ℹ Ebnaterstr. 4, Bahnhof, ℰ 071 993 29 11, vvebnat@bluewin.ch, Fax 071 375 68 69

EBNAT-KAPPEL

Kapplerhof
Kapplerstr. 111 – ✆ 071 992 71 71 – www.kapplerhof.ch – Fax 071 992 71 68
52 Zim ☐ – †110/150 CHF ††150/180 CHF – ½ P +40 CHF
Rest – (geschl. Sonntagabend) Menü 38/45 CHF – Karte 54/64 CHF
♦ Die Zimmer dieses Hotels sind zeitgemäss und funktionell ausgestattet und verfügen meist über einen Balkon. Hinter dem Haus befindet sich ein gepflegter Garten. Als Wintergarten angelegtes Restaurant mit mediterraner und traditioneller Küche.

Post
Ebnaterstr. 6 – ✆ 071 993 17 72 – Fax 071 993 18 10 – geschl. 15. Juli
- 15. August und Sonntag - Montag
Rest – Menü 48 CHF (mittags)/125 CHF – Karte 67/101 CHF
♦ In dem bereits seit über 30 Jahren von der Familie geführten Restaurant reicht man mittags eine kleine Karte, am Abend bietet man klassische Küche.

ECHANDENS – Vaud (VD) – **552** D9 – 2 064 h. – alt. 434 m – ✉ 1026 **6** B5

▶ Bern 104 – Lausanne 9 – Pontarlier 65 – Yverdon-les-Bains 34

Auberge Communale
8 pl. du Saugey – ✆ 021 702 30 70 – Fax 021 702 30 71 – fermé 7 - 17 février, 26 juillet - 11 août, mardi et mercredi
Rest – Menu 87/120 CHF – Carte 76/89 CHF
Rest Café – (18 CHF) Menu 50 CHF (déj.) – Carte 48/76 CHF
♦ Restaurant à deux entrées donnant accès à deux espaces : le café où l'on sert le plat du jour et la salle à manger contemporaine dévolue à la cuisine française.

EFFRETIKON – Zürich (ZH) – **551** Q5 – 15 263 Ew – Höhe 511 m **4** G2
– ✉ 8307

▶ Bern 140 – Zürich 20 – Rapperswil 39 – Wil 32

QN-Restaurant
Rikonerstr. 52, Richtung Autobahn Winterthur, Ost: 1 km – ✆ 052 355 38 38
– www.qn-world.ch – Fax 052 355 38 36
Rest – (geschl. Samstagmittag - Sonntag) (25 CHF) Menü 45 CHF (mittags)
– Karte 56/87 CHF
♦ Italienisch beeinflusste Küche in moderner Atmosphäre, dazu über 400 Weine mit Schwerpunkt Italien und Spanien sowie über 240 verschiedene Zigarren im historischen Mühlenkeller.

EGERKINGEN – Solothurn (SO) – **551** L5 – 2 836 Ew – Höhe 435 m **3** E3
– ✉ 4622

▶ Bern 58 – Basel 44 – Aarau 30 – Luzern 57

Mövenpick
Höhenstr. 12 – ✆ 062 389 19 19 – www.moevenpick-egerkingen.com
– Fax 062 389 19 29
137 Zim – †190/300 CHF ††205/300 CHF, ☐ 26 CHF **Rest** – Karte 44/97 CHF
♦ Das Hotel liegt auf einer Anhöhe über dem Ort und bietet eine schöne Aussicht. Für die Gäste stehen sehr moderne sowie eher gediegene Zimmer bereit. Die verschiedenen Restaurantbereiche schliessen sich offen an die grosszügige Lobby an.

Kreuz - Cheminée mit Zim
Oltnerstr. 11 – ✆ 062 398 03 33 – www.kreuz.ch – Fax 062 398 43 40 – geschl. Karwoche, Oktober 1 Woche, über Weihnachten und Neujahr
8 Zim ☐ – †130/165 CHF ††180/215 CHF
Rest – (Sonntag - Montag) Menü 120 CHF – Karte 60/101 CHF
Rest Luce – (Sonntag - Montag) (28 CHF) – Karte 55/61 CHF
♦ Das im Biedermeierstil gehaltene Cheminée befindet sich im Parterre des restaurierten Gasthofs a. d. 18. Jh. Zeitgemässe Küche und freundlicher Service unter der Leitung der Patronne. Das Luce ist eine rustikale Gaststube mit Wintergarten.

EGLISAU – Zürich (ZH) – **551** P4 – 3 469 Ew – Höhe 392 m – ✉ 8193   **4** G2
▶ Bern 145 – Zürich 28 – Schaffhausen 23 – Aarau 67

Hirschen
Untergasse 28 – ℰ 043 411 11 22
– www.hirschen-eglisau.ch – Fax 043 411 11 33
– geschl. 4. Januar - 22. Februar
4 Zim ⊑ – ♦240/390 CHF ♦♦280/490 CHF – 3 Suiten
Rest – *(geschl. Sonntag - Montag)* Menü 94/139 CHF – Karte 85/137 CHF
Rest *Bistro* – *(geschl. Oktober - April: Sonntag - Montag)* Karte 46/89 CHF
♦ Der historische Gasthof liegt im alten Ortskern am Rhein. In den wohnlichen und individuellen Zimmern schaffen schöne Details wie Holzböden, Stuck und antike Möbel eine besondere Atmosphäre. Im Restaurant in der 1. Etage: geschmackvoller Mix aus Modernem und Rustikalem.

EGNACH – Thurgau (TG) – **551** U4 – 4 269 Ew – Höhe 401 m – ✉ 9322   **5** I2
▶ Bern 223 – Sankt Gallen 20 – Bregenz 41 – Frauenfeld 45

Seelust
Wiedehorn, Süd-Ost: 1,5 km Richtung Arbon ✉ 9322 – ℰ 071 474 75 75
– www.seelust.ch – Fax 071 474 75 65
24 Zim ⊑ – ♦108 CHF ♦♦165/185 CHF – ½ P +40 CHF
Rest – Menü 50 CHF (veg.)/68 CHF – Karte 45/79 CHF
♦ Der Familienbetrieb mit guter Autobahnanbindung liegt ganz in der Nähe des Bodensees und bietet zeitgemässe Zimmer, teils mit Blick auf See und Obstbäume. Zum Restaurant gehört ein Wintergarten, der im Sommer geöffnet wird.

EICH – Luzern (LU) – **551** N6 – 1 512 Ew – Höhe 516 m – ✉ 6205   **4** F3
▶ Bern 100 – Luzern 19 – Olten 44 – Sursee 14

im Ortsteil Vogelsang Nord: 2,5 km

Vogelsang mit Zim
Eichbergstr. 2 – ℰ 041 462 66 66 – www.vogelsang.ch – Fax 041 462 66 65
– geschl. 4. - 20. Januar
11 Zim ⊑ – ♦105/135 CHF ♦♦170/210 CHF
Rest – (25 CHF) Menü 48 CHF (mittags)/105 CHF – Karte 46/100 CHF
♦ Das familiengeführte Restaurant mit Wintergarten und Stube bietet Schweizer Küche mit Grilladen. Einen besonders schönen Blick auf Sempachersee und Berge hat man von der grossen Terrasse. Zum Übernachten stehen solide eingerichtete Gästezimmer bereit.

EINSIEDELN – Schwyz (SZ) – **551** Q6 – 13 549 Ew – Höhe 881 m   **4** G3
– ✉ 8840
▶ Bern 166 – Luzern 67 – Glarus 53 – Schwyz 24
🛈 Hauptstr. 85, ℰ 055 418 44 88, info@einsiedeln.ch
⛳ Ybrig Studen, Süd-Ost: 16 km über Euthal - Studen, ℰ 055 414 60 50
◉ Lage★★ – Klosterkirche★★

Linde mit Zim
Schmiedenstr. 28 – ℰ 055 418 48 48 – www.linde-einsiedeln.ch
– Fax 055 418 48 49 – geschl. Juli 1 Woche, November und Mittwoch
17 Zim ⊑ – ♦105/165 CHF ♦♦170/250 CHF – ½ P +42 CHF
Rest – (38 CHF) Menü 58/110 CHF – Karte 55/99 CHF
♦ In einem Stadthaus in der Nähe des Klosterplatzes befindet sich das mit hübschem Holztäfer ausgestattete Restaurant. Klassische Küche, mittags bietet man auch günstigere Gerichte.

Für große Städte gibt es Stadtpläne, auf denen die Hotels und Restaurants eingezeichnet sind. Die Koordinaten (z.B. : **12B**M**e**), helfen Ihnen bei der Suche.

ELM – Glarus (GL) – **551** T8 – 694 Ew – Höhe 962 m – Wintersport : 1 000/ 2 105 m ⛷1 ⛷5 ⛷ – ✉ 8767   **5 H4**

▶ Bern 213 – Chur 91 – Altdorf 74 – Andermatt 106
🛈 Säge, ℘ 055 642 52 52, info@elm.ch

🏠 **Elmer** 🎿 |≡| 📶 🛁 VISA ⓜ
Dorf – ℘ 055 642 60 80 – www.hotelelmer.ch – Fax 055 642 60 85 – geschl. 29. März - 18. April, 15. - 28. November
22 Zim ⊇ – †85/98 CHF ††146/180 CHF – ½ P +32 CHF
Rest – *(geschl. Sonntagabend - Montag)* Karte 38/63 CHF
◆ Die Lage direkt im Dorf sowie zeitgemässe funktionelle Gästezimmer sprechen für dieses gut geführte Hotel. Einige neuere Zimmer sind besonders modern gestaltet.

ENGELBERG – Obwalden (OW) – **551** O8 – 3 613 Ew – Höhe 1 000 m   **8 F4**
– Wintersport : 1 050/3 028 m ⛷8 ⛷12 ⛷ – ✉ 6390

▶ Bern 145 – Andermatt 77 – Luzern 35 – Altdorf 47
🛈 Klosterstr. 3, ℘ 041 639 77 77, welcome@engelberg.ch
⛳ Engelberg Titlis, ℘ 041 638 08 08
◉ Lage★-Jochpass★★ – Engstlensee★★
◎ Titlis★★★ Süd mit ⛷

Lokale Veranstaltungen:
   6. März: Swiss Snow Walking Event
   Mitte Juni - Mitte August: Jazz auf der Dorfstrasse

🏨 **Ramada Hotel Regina Titlis** ≤ 🎿 🛀 📶 |≡| ♨ ॐ Rest, 📶 🛁
Dorfstr. 33 – ℘ 041 639 58 58 🚗 VISA ⓜ AE ①
– www.ramada-treff.ch – Fax 041 639 58 59
96 Zim ⊇ – †165/220 CHF ††270/380 CHF – 32 Suiten – ½ P +48 CHF
Rest *La Strega* – *(geschl. im Sommer nur Abendessen)* Menü 66/98 CHF
– Karte 54/86 CHF
◆ In diesem Hotel im Zentrum erwarten Sie eine geräumige Halle mit Bar sowie zeitgemäss eingerichtete Gästezimmer mit Balkon. La Strega: nett dekoriertes Restaurant mit offener Feuerstelle und italienischem Angebot.

🏨 **Schweizerhof** ♨ |≡| ॐ Rest, 📶 🛁 🅿 VISA ⓜ
Dorfstr. 42 – ℘ 041 637 11 05 – www.schweizerhof-engelberg.ch
– Fax 041 637 41 47 – geschl. November
38 Zim ⊇ – †110/155 CHF ††180/270 CHF – ½ P +35 CHF
Rest *Fonduestube* – *(geschl. April - November)* *(nur Abendessen)*
Karte 41/75 CHF
◆ Der klassische Hotelbau in Bahnhofsnähe beherbergt zeitgemässe, teils auch ganz modern gestaltete Zimmer. Nett sitzt man in der schönen kleinen Lobby mit Bar. Eine alte Täferung ziert die gediegen-rustikale Fonduestube.

🏠 **Sonnwendhof** ≤ 🚗 ♨ |≡| ॐ Rest, 📶 🛁 🚗 🅿 VISA ⓜ AE
Gerschniweg 1 – ℘ 041 637 45 75 – www.ramada-treff.ch/sonnwendhof
– Fax 041 637 42 38 – geschl. 24. Oktober - November
28 Zim ⊇ – †120/165 CHF ††179/269 CHF – ½ P +40 CHF
Rest – *(nur für Hausgäste)*
◆ Neben den netten, mit hellen Naturholzmöbeln im Landhausstil ausgestatteten Zimmern zählt auch die Aussicht auf die Berge zu den Annehmlichkeiten des Hauses.

🏠 **Spannort** 🎿 ♨ |≡| ॐ Rest, 📶 🅿 VISA ⓜ AE
Dorfstr. 28 – ℘ 041 639 60 20 – www.spannort.ch – Fax 041 639 60 30 – geschl. 18. April - 6. Juni
20 Zim ⊇ – †85/115 CHF ††190/260 CHF – ½ P +45 CHF
Rest – *(geschl. 21. November - 2. Dezember, 18. April - 20. Mai und Sonntagabend - Montag)* Karte 54/73 CHF
◆ In dem familiengeführten kleinen Hotel am Rande der Fussgängerzone stehen wohnlich eingerichtete Landhauszimmer zur Verfügung. Gemütlich-rustikal ist auch das Ambiente im Restaurant.

ENGELBERG

Engelberg
Dorfstr. 14 – ℰ 041 639 79 79 – www.hotel-engelberg.ch – Fax 041 639 79 69
– geschl. Ende Oktober - Anfang Dezember
21 Zim ⌑ – †98/138 CHF ††196/276 CHF – ½ P +45 CHF
Rest *– (geschl. im Sommer Donnerstag)* (23 CHF) Menü 38 CHF (mittags)
– Karte 44/92 CHF
Rest *Dorfstübli* – *(geschl. Mitte April - Dezember und Montag - Dienstag)* (nur Abendessen) Karte 43/78 CHF
• Der in der autofreien Zone im Zentrum des Dorfes gelegene alte Gasthof verfügt über wohnlich im Landhausstil eingerichtete Zimmer. Gemütlich sitzt man im ländlich gestalteten Dorfstübli. Vor dem Haus: das Strassencafé.

Hess
Dorfstr. 50 – ℰ 041 637 09 09 – www.hess-restaurant.ch – Fax 041 637 09 04
– geschl. nach Ostern 2 Wochen und Mittwoch - Donnerstagmittag
Rest – Menü 125 CHF – Karte 70/119 CHF
• In dem modern-eleganten Restaurant erwarten den Gast eine zeitgemässe internationale Küche sowie freundlicher und engagierter Service.

ENNETBADEN – Aargau – **551** O4 – siehe Baden

ERLEN – Thurgau (TG) – **551** T4 – 3 084 Ew – Höhe 449 m – ✉ 8586   5 H2
▶ Bern 193 – Sankt Gallen 29 – Bregenz 51 – Frauenfeld 29
🛈 Erlen, ℰ 071 648 29 30

Aachbrüggli mit Zim
Poststr. 8 – ℰ 071 648 26 26 – Fax 071 648 26 28 – geschl. 25. Juli - 8. August
8 Zim ⌑ – †98 CHF ††168/210 CHF
Rest *– (geschl. Sonntag - Montag)* (19 CHF) Menü 52/92 CHF – Karte 53/102 CHF
• Das familiär geleitete Haus bietet ein modernes Restaurant mit gepflegter Tischkultur, einen farbenfroh gestalteten Bistrobereich und eine eher traditionelle Stube. Die Küche ist klassisch. Zum Übernachten stehen solide, funktionelle Zimmer bereit.

ERLENBACH – Zürich (ZH) – **551** Q5 – 5 108 Ew – Höhe 419 m   4 G3
– ✉ 8703
▶ Bern 136 – Zürich 9 – Rapperswil 21 – Winterthur 50

Sinfonia
Bahnhofstr. 29 – ℰ 044 910 04 02 – Fax 044 910 37 62 – geschl. 2.- 12. April, 25. Juli - 16. August, 20. Dezember - 4. Januar und Sonntag - Montag
Rest – (27 CHF) Menü 39 CHF (mittags)/98 CHF – Karte 52/106 CHF
• Ein neuzeitliches Restaurant mit klassisch-italienischer Küche und lebendigem Service. Dielenboden, stimmige helle Töne und moderne Bilder schaffen ein freundliches Ambiente.

Zum Pflugstein
Pflugsteinstr. 71 – ℰ 044 915 36 49 – www.pflugstein.ch – Fax 044 915 49 23
– geschl. Weihnachten - Neujahr, Februar 2 Wochen, Oktober 1 Woche sowie Montag und Samstagmittag
Rest – (25 CHF) Menü 78/89 CHF – Karte 57/96 CHF
• Der 1750 erbaute Gasthof mit seinen gemütlichen Stuben und der ambitionierten zeitgemässen Küche wird sehr engagiert und familiär geleitet. Angenehm sitzt man im Garten unter Platanen und geniesst den Blick auf den See und die Umgebung.

ERMATINGEN – Thurgau (TG) – **551** T3 – 2 662 Ew – Höhe 402 m   5 H2
– ✉ 8272
▶ Bern 89 – Sankt Gallen 46 – Frauenfeld 27 – Konstanz 9

Adler mit Zim
Fruthwilerstr. 2 – ℰ 071 664 11 33 – www.adler-ermatingen.ch
– Fax 071 664 30 11 – geschl. Februar und Montag - Dienstag
5 Zim ⌑ – †105/130 CHF ††190/220 CHF
Rest – Menü 85/160 CHF – Karte 64/93 CHF
• Ein jahrhundertealter Gasthof mit schönen holzgetäferten Stuben. Es wird internationale Küche mit regionalen Einflüssen geboten, Schwerpunkt ist Fisch aus dem Bodensee.

ERZENHOLZ – Thurgau – 551 R4 – siehe Frauenfeld

ESCHIKOFEN – Thurgau (TG) – 551 S4 – Höhe 414 m – ⊠ 8553   4 H2

▶ Bern 177 – Sankt Gallen 51 – Frauenfeld 10 – Konstanz 22

XX **Thurtal** mit Zim
Hauptstr. 19 – ℰ 052 763 17 54 – www.thurtal.ch – Fax 052 763 16 04 – geschl. 31. Januar - 8. Februar, 18. Juli - 19. August
6 Zim ⊊ – ♦130 CHF ♦♦180 CHF
Rest – *(geschl. November - März: Sonntag - Montag, April - Oktober: Sonntagabend - Montag) (Tischbestellung ratsam)* (36 CHF) Menü 45 CHF (mittags)/130 CHF – Karte 69/112 CHF
• Die sympathischen Gastgeber Rebecca und Jörn Engelhard bieten in dem Riegelhaus ein freundliches und gediegenes Ambiente sowie sorgfältig und schmackhaft zubereitete klassische Speisen. Zeitgemässe Gästezimmer mit gutem Platzangebot.

ESCHLIKON – Thurgau (TG) – 551 S4 – 3 599 Ew – Höhe 567 m – ⊠ 8360   4 H2

▶ Bern 176 – Sankt Gallen 38 – Frauenfeld 18 – Zürich 57

XX **Löwen**
Bahnhofstr. 71 – ℰ 071 971 17 83 – www.loewen-eschlikon.ch – Fax 071 971 17 84 – geschl. 22. Februar - 14. März, 25. Juli - 8. August und Sonntagabend - Montag
Rest – (29 CHF) Menü 38 CHF (mittags)/91 CHF – Karte 58/82 CHF
• In dem historischen Gasthof mit rosa Fassade erwarten Sie gemütliche holzgetäferte Stuben mit netter Kaminlounge. Die Küche ist klassisch und saisonal.

ESCHOLZMATT – Luzern (LU) – 551 M7 – 3 162 Ew – Höhe 853 m – ⊠ 6182   3 E4

▶ Bern 47 – Interlaken 73 – Langnau im Emmental 13 – Luzern 46

XX **Rössli - Jägerstübli** (Stefan Wiesner)
❀ *Hauptstr. 111 – ℰ 041 486 12 41 – www.gasthofroessli.ch – Fax 041 486 12 11 – geschl. Januar 3 Wochen, Juni 3 Wochen und Sonntagabend - Dienstag*
Rest – *(Mittwoch - Samstag nur Abendessen) (Tischbestellung erforderlich) (nur Menü)* Menü 145 CHF
Rest *Chrüter Gänterli* – separat erwähnt
• Stefan Wiesner verwendet für sein saisonales Menü alles, was er in der Natur so findet, angefangen von Heu über Holz bis hin zu Torf. Seine ungewöhnlichen Kreationen erklärt er dem Gast dann am Tisch im gemütlichen kleinen Jägerstübli.

X **Chrüter Gänterli** – Restaurant Rössli
Hauptstr. 111 – ℰ 041 486 12 41 – www.gasthofroessli.ch – Fax 041 486 12 11 – geschl. Januar und März jeweils 3 Wochen, Sonntagabend - Dienstag
Rest – (18 CHF) Menü 54/65 CHF – Karte 49/71 CHF
• Eine einfachere, aber nicht weniger spezielle Alternative zum Jägerstübli sind diese gemütlich-rustikalen Stuben mit regionaler Küche. Mittags stehen Suppe und Salat in Topf bzw. Schüssel auf dem Tisch. Spezialität des Hauses sind hausgemachte Würste.

ESTAVAYER-LE-LAC – Fribourg (FR) – 552 F8 – 4 564 h. – alt. 463 m – ⊠ 1470   2 C4

▶ Bern 59 – Neuchâtel 54 – Fribourg 32 – Pontarlier 67
🛈 16 r. de l'Hôtel de Ville, ℰ 026 663 12 37, office.tourisme@estavayer-le-lac.ch, Fax 026 663 42 07
◉ Choeur★ de l'Église Saint-Laurent

ESTAVAYER-LE-LAC

à Lully Sud : 3 km par route de Payerne et direction Frasses – alt. 494 m
– ✉ 1470

🏨 **Park Inn** sans rest
aire de la Rose de la Broye, (A1, sortie 26) – ✆ *026 664 86 86*
– *www.lully.parkinn.ch* – *Fax 026 664 86 87*
80 ch – ♦140 CHF ♦♦160 CHF, ⊇ 15 CHF
♦ En bord d'autoroute, hôtel contemporain intégré à une aire de services. Design clair et sobre, touches colorées et isolation phonique optimale dans les chambres.

EUTHAL – Schwyz (SZ) – **551** R7 – 591 Ew – Höhe 893 m – ✉ 8844   4 G3
▶ Bern 170 – Luzern 72 – Einsiedeln 9 – Rapperswil 26

✗✗ **Bürgi's Burehof**
Euthalerstr. 29 – ✆ *055 412 24 17* – *www.buergis-burehof.ch*
– *Fax 055 412 53 32* – *geschl. 20. Juli - 3. August und Montag - Dienstag*
Rest – *(Tischbestellung ratsam)* Menü 59/128 CHF – Karte 64/99 CHF
♦ In dem ehemaligen Bauernhaus von 1860 hat man ein heimeliges Lokal eingerichtet, das klassische Küche bietet. Spezialität: Gerichte vom Holzkohlegrill für zwei Personen.

FAULENSEE – Bern – **551** K9 – siehe Spiez

FELBEN-WELLHAUSEN – Thurgau (TG) – **551** S4 – 2 323 Ew   4 H2
– Höhe 399 m – ✉ 8552
▶ Bern 169 – Zürich 51 – Konstanz 25 – Sankt Gallen 51

🏠 **Schwanen**
Weinfelderstr. 14, (Wellhausen) – ✆ *052 766 02 22*
– *www.landgasthof-schwanen.ch* – *Fax 052 766 02 23*
25 Zim ⊇ – ♦110/130 CHF ♦♦170/230 CHF
Rest – (16 CHF) Menü 41 CHF (mittags) – Karte 39/66 CHF
♦ Das regionstypische Gasthaus im Ortskern verfügt über zeitgemäss und individuell gestaltete Zimmer, die nach Städten benannt sind. Auch Familienzimmer und "Loverooms" sind vorhanden. Behagliches Restaurant mit Beizli und Terrasse.

FEUSISBERG – Schwyz (SZ) – **551** R6 – 4 466 Ew – Höhe 685 m   4 G3
– ✉ 8835
▶ Bern 157 – Luzern 58 – Zürich 35 – Einsiedeln 12

🏨 **Panorama Resort & Spa**
Schönfelsstrasse – ✆ *044 786 00 00*
– *www.panoramaresort.ch* – *Fax 044 786 00 99*
107 Zim ⊇ – ♦265/370 CHF ♦♦470/600 CHF – ½ P +80 CHF
Rest *Seasons* – ✆ *044 786 00 88* – (35 CHF) – Karte 75/110 CHF
Rest *Zafferano* – ✆ *044 786 00 88* (geschl. 28. Juni - 8. August) (nur Abendessen) Menü 80/105 CHF – Karte 73/98 CHF
♦ Die Gäste wohnen in toller Panoramalage oberhalb des Zürichsees in modern-komfortablen Zimmern oder grossen Juniorsuiten. Spa auf 2000 qm. Gehoben: Seasons mit Blick auf den See. Die Küche im Zafferano ist mediterran und orientalisch beeinflusst.

FEX-CRASTA – Graubünden – **553** W11 – siehe Sils Maria

FIDAZ – Graubünden – **553** U8 – siehe Flims Dorf

FIESCH – Wallis (VS) – **552** N11 – 956 Ew – Höhe 1 062 m – Wintersport :   8 F5
1 060/2 869 m ⟿3 ⟿14 ⟿ – ✉ 3984
▶ Bern 153 – Brig 17 – Domodossola 83 – Interlaken 98
ℹ Furkastrasse, ✆ 027 970 60 70, info@fiesch.ch
◉ Eggishorn★★★ Nord-West mit ⟿

FIESCH

Christania
– ℰ 027 970 10 10 – www.christania.ch – Fax 027 970 10 15 – geschl. 5. April
- 21. Mai, 24. Oktober - 18. Dezember
22 Zim ⌑ – †110/130 CHF ††160/190 CHF – ½ P +35 CHF
Rest – *(nur Abendessen)* Menü 59 CHF – Karte 43/72 CHF

• Das Hotel befindet sich in ruhiger Lage am Rande des Dorfes und verfügt über helle, zeitgemäss eingerichtete Zimmer, alle mit Balkon und schönem Ausblick.

Walliser Kanne mit Zim
Am Bahnhof – ℰ 027 970 12 40 – www.walliserkanne-fiesch.ch
– Fax 027 970 12 45 – geschl. November 2 Wochen, Ende April 2 Wochen, in der Zwischensaison: Montag
5 Zim ⌑ – †100 CHF ††160 CHF – ½ P +35 CHF
Rest – *(Tischbestellung ratsam)* Menü 69/119 CHF
Rest *Gaststube* – (23 CHF) – Karte 48/80 CHF

• Neo-rustikal ist das Ambiente in der kleinen Gourmetstube. Geboten wird eine zeitgemässe Küche, die in Menüform serviert wird. Gaststube mit einfacherem traditionellem Angebot. Zum Übernachten stehen helle funktionale Zimmer zur Verfügung.

im Fieschertal Nord-Ost: 2 km – Höhe 1 043 m – ⌧ 3984

Alpenblick
– ℰ 027 970 16 60 – www.hotelalpenblick.ch – Fax 027 970 16 65 – geschl.
1. November - 5. Dezember, 10. April - 13. Mai
55 Zim ⌑ – †80/110 CHF ††120/180 CHF – ½ P +30 CHF
Rest – (20 CHF) – Karte 38/66 CHF

• Das Hotel in ruhiger Lage am Ende des Tales bietet im Stammhaus wie auch im Montanara hell und funktionell gestaltete Zimmer, darunter einige "Superior" mit Kitchenette. Im Restaurant serviert man traditionelle Küche.

in Niederernen Süd-Ost: 3 km Richtung Ernen – ⌧ 3995 Ernen

Gommerstuba
– ℰ 027 971 29 71 – www.gommerstuba.com – Fax 027 971 29 71 – geschl.
12. April - 7. Mai, 15. November - 15. Dezember und Montag - Dienstag, Juli
- August: Montag
Rest – Menü 74/110 CHF – Karte 68/100 CHF

• Das freundliche Restaurant am Dorfeingang ist nach den Bewohnern der Region Goms benannt. Auf der Weinkarte finden sich einige ausgewählte Walliser Provenienzen. Schöne Terrasse.

auf der Fiescheralp/Kühboden mit 🚠 erreichbar – Höhe 2 214 m – ⌧ 3984 Fiesch

Eggishorn
– ℰ 027 971 14 44 – www.hotel-eggishorn.ch – Fax 027 971 36 78 – geschl.
Mitte April - Mitte Juni, Mitte Oktober - Anfang Dezember
24 Zim ⌑ – †72/100 CHF ††144/200 CHF – ½ P +32 CHF
Rest – (19 CHF) Menü 32 CHF (abends) – Karte 32/73 CHF

• Das familiär geleitete Haus besticht durch seine ruhige Lage direkt im Ski- und Wandergebiet, fantastisch ist der Bergblick. Auf zwei Chalets verteilen sich funktionelle Zimmer mit Balkon. Rustikales Restaurant und Terrasse mit Panoramasicht.

FIGINO – Ticino (TI) – **553** R14 – alt. 295 m – ⌧ 6918   10 H7
▐ Bern 248 – Lugano 9 – Bellinzona 38 – Como 36

Ceresio
via Cantonale 73 – ℰ 091 995 11 29 – Fax 091 995 13 93 – chiuso 1° novembre
- 12 dicembre
15 cam ⌑ – †100/120 CHF ††160/190 CHF – ½ P +30 CHF
Rist – *(chiuso mercoledì da metà dicembre a maggio)* (20 CHF) – Carta 38/64 CHF

• Accogliente albergo a conduzione familiare in riva al lago Ceresio. Camere spaziose, curate; arredamento dal gusto attuale. Alla sala da pranzo rustica del ristorante preferite l'ombra del pergolato di vigne, sull'ampia veranda esterna. Cucina classica.

FILZBACH – Glarus (GL) – **553** T6 – 503 Ew – Höhe 707 m – ✉ 8757   **5** H3
▶ Bern 195 – Sankt Gallen 110 – Altdorf 89 – Glarus 16

🏨 **Römerturm** 🍃
Vordemwald – ✆ 055 614 62 62 – www.roemerturm.ch – Fax 055 614 62 63
– geschl. 4. - 17. Januar
38 Zim ⌂ – †140/160 CHF ††230/260 CHF – 4 Suiten – ½ P +50 CHF
Rest – Karte 59/98 CHF
♦ Das im Chaletstil erbaute Hotel liegt schön am Hang. Die unterschiedlich eingerichteten Gästezimmer verfügen über Badezimmer mit Whirlwanne. Eine Terrasse mit herrlicher Aussicht auf den Walensee ergänzt das gepflegte Restaurant.

FINDELN – Wallis – **552** K13 – siehe Zermatt

FISLISBACH – Aargau (AG) – **551** O4 – 4 769 Ew – Höhe 429 m   **4** F2
– ✉ 5442
▶ Bern 105 – Aarau 26 – Baden 6 – Luzern 71

🏨 **Linde**
Niederrohrdorferstr. 1 – ✆ 056 493 12 80 – www.linde-fislisbach.ch
– Fax 056 493 27 33 – geschl. 7. - 21. Februar, 11. Juli - 2. August
34 Zim ⌂ – †120/160 CHF ††190/200 CHF
Rest – (geschl. Mittwoch) (24 CHF) Menü 68 CHF – Karte 50/73 CHF
♦ Das ehemalige Zehnthaus des Klosters bietet rustikale und neuzeitlichere Zimmer, verteilt auf Haupthaus und Anbau. Schön ist die Juniorsuite im DG mit grossem Balkon. Unterschiedlich gestaltete Restauranträume, hübsche begrünte Terrasse und sehr moderne Bar.

FLAACH – Zürich (ZH) – **551** Q4 – 1 212 Ew – Höhe 362 m – ✉ 8416   **4** G2
▶ Bern 155 – Zürich 40 – Baden 55 – Schaffhausen 22

XX **Sternen**
Hauptstr. 29 – ✆ 052 318 13 13 – www.sternen-flaach.ch – Fax 052 318 21 40
– geschl. 25. Januar - 25. Februar, 19. Juli - 3. August und Montag - Dienstag,
Mai - Mitte Juni: Montag
Rest – Menü 56/78 CHF – Karte 54/94 CHF
♦ Ein hübsches Riegelhaus im Zentrum mit zwei behaglichen Restaurantstuben und einem sehr netten Gartenbereich. Geboten wird eine saisonale traditionelle Küche.

FLÄSCH – Graubünden (GR) – **553** V7 – 604 Ew – Höhe 516 m – ✉ 7306   **5** I3
▶ Bern 223 – Chur 24 – Sankt Gallen 84 – Bad Ragaz 15

XX **Mühle**
Richtung Maienfeld: 1 km – ✆ 081 330 77 70 – www.muehle-flaeschi.ch
– Fax 081 330 77 71 – geschl. Januar 3 Wochen, Juli 2 Wochen und Sonntag
- Montag
Rest – Menü 40 CHF (mittags)/90 CHF – Karte 59/89 CHF 🌿
♦ Ein Gasthof mit behaglich-rustikalem Charakter, in dem man zeitgemäss beeinflusste regionale Küche und vorwiegend Bündner Weine serviert. Terrasse mit Blick in die Weinberge.

X **Landhaus**
Ausserdorf 28, (1. Etage) – ✆ 081 302 14 36 – Fax 081 302 18 83 – geschl.
Februar 1 Woche, Juni 2 Wochen, November 1 Woche und Montag - Dienstag
Rest – Karte 41/93 CHF
♦ Ein kleines Bijou ist das Haus a. d. 17. Jh. mit seinen heimeligen Stuben und der lauschigen Terrasse direkt am Weinberg. Chef Ignaz Baumann bereitet eine ehrliche regionale Küche aus frischen Produkten - die Gäste wählen von einer Tafel.

FLAWIL – Sankt Gallen (SG) – **551** T5 – 9 712 Ew – Höhe 611 m   **5** H2
– ✉ 9230
▶ Bern 194 – Sankt Gallen 22 – Bregenz 58 – Winterthur 45

FLAWIL

Nef's Rössli
Wilerstr. 8 – ℰ 071 393 21 21 – www.nefs.ch – Fax 071 393 71 42 – geschl.
28. März - 5. April, 11. Juli - 7. August und Sonntag - Montag sowie Feiertage
Rest – (18 CHF) Menü 85 CHF – Karte 41/96 CHF
• Das 300 Jahre alte Haus in der Innenstadt beherbergt ein holzgetäfertes Restaurant mit eleganter Note. Bistro und Bar sind moderner gestaltet - hier bietet man Livemusik.

FLIMS – Graubünden (GR) – 553 T-U8 – 2 579 Ew – Wintersport : 1 100/ 3 018 m 10 13   5 I4
- Bern 261 – Chur 22 – Andermatt 74 – Bellinzona 118
- ℰ 081 920 92 00, info@flims.com
- Breil / Brigels, Süd-West: 25 km, ℰ 081 920 12 12
- Caumasee ★

FLIMS-DORF – Höhe 1 070 m – ⌧ 7017
- Bern 261 – Chur 21 – Davos 78 – Buchs 63

Cavigilli
Via Arviul 1 – ℰ 081 911 01 25 – www.cavigilli.ch – geschl. 26. April - 10. Juni, 2. November - 10. Dezember und Mittwoch sowie im Sommer auch Donnerstagmittag
Rest – Menü 49 CHF – Karte 50/68 CHF
• Ein gelungener Mix aus historischen, rustikalen und modernen Elementen bestimmt das Bild in dem Bündner Haus von 1453. Sehr nett sitzt man in der Gotischen Stube und in der Carigiet-Stube bei frischer schmackhafter Regionalküche und freundlich-legerem Service.

Conn
Conn, (über Wanderweg 40 min. oder mit Pferdekutschenfahrt ab Waldhaus Post erreichbar) – ℰ 081 911 12 31 – www.conn.ch – Fax 081 911 55 80 – geschl. 12. April - 13. Mai, 25. Oktober - 18. Dezember
Rest – (nur Mittagessen) Karte 56/82 CHF
• Über einen schönen Wanderweg gelangt man zu Fuss oder nach einer Kutschfahrt in das idyllische Maiensäss oberhalb der Rheinschlucht. Man serviert einfache regionale Gerichte.

in Fidaz Nord: 1 km – Höhe 1 151 m – ⌧ 7019

Fidazerhof mit Zim
Via da Fidaz 34 – ℰ 081 920 90 10 – www.fidazerhof.ch – Fax 081 920 90 19
12 Zim ⌧ – †100/220 CHF ††150/300 CHF – ½ P +48 CHF
Rest – (geschl. 19. - 30. April, 1. - 12. November und Montag ausser im Winter) (32 CHF) Menü 56/75 CHF – Karte 49/102 CHF
• In den gemütlich-regionalen Gaststuben und auf der schönen Terrasse mit herrlichem Blick auf die Berge und das Flimsertal serviert man Ihnen internationale Küche. Übernachtungsgästen bietet man zeitgemässe Zimmer und zahlreiche Ayurveda-Anwendungen.

FLIMS-WALDHAUS – Höhe 1 103 m – ⌧ 7018
- Bern 262 – Chur 22 – Davos 79 – Buchs 64

Waldhaus Flims
Via dil Parc 3 – ℰ 081 928 48 48 – www.waldhaus-flims.ch – Fax 081 928 48 58 – geschl. 11. April - 6. Mai
138 Zim ⌧ – †245/435 CHF ††480/850 CHF – 14 Suiten – ½ P +55 CHF
Rest Epoca – (geschl. 6. Mai - Oktober: Montag - Dienstag, Mittwoch - Freitag nur Abendessen) (November - 10. April: Montag - Donnerstag nur Abendessen) (nur Menü) Menü 65 CHF (mittags)/155 CHF
Rest Grand Restaurant Rotonde – (geschl. November - 10. April: Freitag - Sonntag nur Abendessen) (6. Mai - Oktober nur Abendessen) Menü 68/88 CHF – Karte 71/85 CHF
Rest il Tschaler – (geschl. 11. April - 11. Dezember und Montag) (nur Abendessen) Karte 45/89 CHF
• Vier miteinander verbundene Häuser bilden diese weitläufige Anlage mit Zimmern von klassisch-elegant bis zum frischen Landhausstil. Topmoderner Wellnessbereich. Hotelmuseum. Epoca mit mediterraner Küche. Internationales im Rotonde. Fondue und Käsegerichte im il Tschaler.

FLIMS

Adula
Via sorts Sut 3 – ℰ 081 928 28 28 – www.adula.ch
– Fax 081 928 28 29 – geschl. 12. April - 12. Mai
92 Zim ⌑ – †150/482 CHF ††270/588 CHF – ½ P +50 CHF
Rest *Barga* – (geschl. Mitte April - 1. September und Montag - Dienstag ausser Hochsaison) (nur Abendessen) Menü 128 CHF – Karte 75/115 CHF
Rest *La Clav* – ℰ 081 928 28 29 (geschl. 12. April - 12. Mai) (20 CHF)
Menü 28 CHF (mittags) – Karte 54/95 CHF
♦ Wohnlich und zeitgemäss sind die Zimmer in dem familiär geführten Urlaubshotel. Der schöne moderne Spabereich La Mira ist auf 1200 qm angelegt. Zeitweise Kinderprogramm. Das Barga präsentiert sich gediegen-rustikal. Eine schlichtere Alternative ist La Clav.

Cresta
Via Passadi 5 – ℰ 081 911 35 35 – www.cresta.ch – Fax 081 911 35 34 – geschl. 11. April - 2. Juni, 24. Oktober - 11. Dezember
50 Zim ⌑ – †108/171 CHF ††186/306 CHF – ½ P +20 CHF
Rest – (nur Abendessen für Hausgäste)
♦ Auf einem reizvollen Gartengrundstück mit toller Aussicht liegen verschiedene Häuser mit unterschiedlich eingerichteten Gästezimmern und hübschem Sauna-, Ruhe- und Badebereich.

Waldeck
Promenada 49 – ℰ 081 928 14 14 – www.waldeck.ch – Fax 081 928 14 15
– geschl. 11. April - Ende Mai, 17. Oktober - 9. Dezember
38 Zim ⌑ – †75/160 CHF ††150/320 CHF – ½ P +35 CHF
Rest – Karte 53/102 CHF
♦ Das im Bündner Stil gebaute Hotel liegt im Dorfzentrum nahe der Post. Die Zimmer im Haupthaus mit rustikalem Arvenholzmobiliar, die im Neubau hell und modern. Das Restaurant teilt sich in Stivetta, Dorfbeizli und Bündnerstube.

Las Caglias
Via Las Caglias 3 – ℰ 081 911 29 49 – www.lascaglias.ch – geschl. 18. März - 9. Juni, 24. Oktober - 8. Dezember und Sonntag - Montag
Rest – (nur Abendessen) (Tischbestellung ratsam) Karte 60/96 CHF
♦ Bei Sieglinde Zottmaier und Helena Gleissner speist man in einem modernen, freundlich und leger geführten Restaurant, das etwas versteckt im Unterdorf liegt. Man bietet internationale Küche auf regionaler Basis.

FLÜELI RANFT – Obwalden (OW) – **551** O8 – Höhe 748 m – ✉ 6073   **4 F4**
▶ Bern 104 – Luzern 25 – Altdorf 50 – Brienz 33

Paxmontana
– ℰ 041 666 24 00 – www.paxmontana.ch – Fax 041 660 61 42 – geschl. November - März
100 Zim ⌑ – †110/225 CHF ††170/270 CHF – ½ P +45 CHF
Rest – (20 CHF) Menü 55 CHF – Karte 46/90 CHF
♦ In dem Jugendstilhotel mit historischem Charme erwarten Sie eine schöne Halle mit diversen Salons sowie überwiegend recht schlichte Zimmer. Toll ist die Panoramalage oberhalb des Tales. Grosses Veranda-Restaurant mit herrlichem Blick auf Tal und Berge.

FLÜH – Solothurn (SO) – **551** J4 – Höhe 381 m – ✉ 4112   **2 D2**
▶ Bern 110 – Basel 15 – Biel 75 – Delémont 32

Martin
Hauptstr. 94 – ℰ 061 731 10 02 – www.restaurant-martin.ch
– Fax 061 731 11 03 – geschl. 16. Februar - 1. März, 28. September - 11. Oktober, Sonntag und Montag
Rest – Menü 49 CHF (mittags)/130 CHF – Karte 73/138 CHF
♦ Persönlich und familiär ist die Atmosphäre in dem vom Inhaber und Küchenchef geleiteten Restaurant. In gediegen-eleganten Stuben serviert man schmackhafte Küche klassischer Schule.

FLÜH

XX **Zur Säge** (Felix Suter) 🛜 💠 P VISA ⓜ AE
❀ *Steinrain 5 – ℰ 061 731 15 77 – www.saege-flueh.ch – Fax 061 731 14 63*
– geschl. Mitte Juli - Mitte August und Montag - Dienstag, Samstagmittag
Rest *– (nur Menü)* Menü 70 CHF (mittags)/115 CHF
Spez. Hausgemachte Vacherin Mont d'Or Ravioli mit Kartoffeln und Rehfilet. Grillierte Coquilles St. Jacques mit Aprikosenchutney und Gurken-Fetavariation. Spanferkel mit Portwein-Kirschen und Rösti.
• In diesem sympathischen und gemütlichen Haus überzeugt nicht nur die feine saisonale Küche in Form eines Menüs, auch der engagierte Service unter der Leitung der charmanten Patronne ist sehr angenehm.

FORCH – Zürich (ZH) – **551** Q5 – Höhe 689 m – ⊠ 8127   4 G3

▶ Bern 139 – Zürich 14 – Rapperswil 24 – Winterthur 38

🏨 **Wassberg** ⌕ ≤ 🛜 |≣| ⁽ᵗ⁾ 🛁 P VISA ⓜ AE ⓞ
Wassbergstr. 62 – ℰ 043 366 20 40 – www.hotel-wassberg.ch
– Fax 043 366 20 41
18 Zim ⌕ – †150/220 CHF ††240/300 CHF
Rest – (28 CHF) Menü 65/85 CHF – Karte 55/99 CHF
• Hier überzeugen die traumhafte Lage auf einem Hochplateau mit grandiosem Blick auf den Greifensee sowie schicke wohnliche Designerzimmer mit moderner Technik und ansprechenden Farbakzenten. Im gemütlich-ländlichen Restaurant und auf der Sommerterrasse geniesst man die herrliche Aussicht.

FRAUENFELD 🇰 – Thurgau (TG) – **551** R4 – 22 253 Ew – Höhe 405 m   4 G2
– ⊠ 8500

▶ Bern 167 – Zürich 46 – Konstanz 30 – Sankt Gallen 47

🛈 Bahnhofplatz 75, ℰ 052 721 31 28, tourismus@regiofrauenfeld.ch

⛳ Lipperswil, Nord-Ost: 16 km über Kantonalstrasse Richtung Kreuzlingen,
ℰ 052 724 01 10

Lokale Veranstaltungen:
  25.-26. April: Frühjahrsmarkt
  29.-30. Mai: Historischer Handwerkermarkt, Schloss Wellenberg

🏨 **Domicil** 🛜 |≣| ⁽ᵗ⁾ 🛁 P VISA ⓜ AE
⚭ *Oststr. 51, (an der Autobahnausfahrt Frauenfeld-Ost) – ℰ 052 723 53 53*
– www.domicil.ch – Fax 052 723 53 54 – geschl. 24. Dezember - 3. Januar
46 Zim ⌕ – †120/130 CHF ††180/195 CHF – ½ P +35 CHF
Rest – (18 CHF) Menü 35/58 CHF – Karte 37/84 CHF
• In dem Hotel neben der Pferderennbahn stehen helle modern-funktionelle Zimmer mit gutem Platzangebot bereit. Die direkte Verkehrsanbindung schätzen auch Businessgäste. Neuzeitlich sind Gaststube und Restaurant, beide mit Zugang zur Terrasse.

🏠 **Hirt im Rhyhof** 🛜 |≣| ⁽ᵗ⁾ 🍽 VISA ⓜ AE ⓞ
⚭ *Rheinstr. 11 – ℰ 052 728 93 00 – www.hirt-im-rhyhof.ch – Fax 052 728 93 19*
15 Zim ⌕ – †125/140 CHF ††170/220 CHF – ½ P +55 CHF
Rest *– (geschl. Samstagabend, Sonntagabend)* (18 CHF) – Karte 29/68 CHF
• Die gepflegten zeitgemässen Gästezimmer dieses kleinen Hotels in Bahnhofsnähe sind nach Orten der Umgebung benannt und alle mit einem regionalen Gemälde dekoriert. Im Café-Restaurant bietet man u. a. Produkte aus der angeschlossenen hauseigenen Confiserie.

XX **Zum Goldenen Kreuz** mit Zim 🛜 |≣| ⁽ᵗ⁾ 💠 🛁 VISA ⓜ AE ⓞ
Zürcherstr. 134 – ℰ 052 725 01 10 – www.goldeneskreuz.ch – Fax 052 725 01 20
9 Zim ⌕ – †110/135 CHF ††180/195 CHF
Rest – (28 CHF) Menü 49 CHF (mittags)/89 CHF – Karte 47/98 CHF
• In diesem Haus war schon Goethe zu Gast. Eine erhaltene bemalte Täferung aus dem 17. Jh. verleiht dem hübschen Goethe-Stübli seinen unverwechselbaren rustikalen Charme. Zum Übernachten hat man geräumige Zimmer mit neuzeitlicher und funktioneller Einrichtung.

FRAUENFELD

in Erzenholz West: 4 km Richtung Schaffhausen – Höhe 385 m – ⊠ 8500 Frauenfeld

XX **Wirtschaft zur Hoffnung**
*Schaffhauserstr. 266 – ℰ 052 720 77 22 – www.hoffnung-erzenholz.ch
– Fax 052 720 77 49 – geschl. 25. Januar - 9. Februar, 26. Juli - 10. August und Montag - Dienstag*
Rest – (23 CHF) Menü 95 CHF – Karte 52/90 CHF
♦ Die saisonal beeinflusste klassische Karte dieses hübschen alten Gasthauses wird in der rustikalen Stube, im eleganten Restaurant oder im luftig-lichten Wintergarten gereicht.

FREIENBACH – Schwyz (SZ) – **551** R6 – 14 992 Ew – Höhe 410 m 4 G3
– ⊠ 8807

▶ Bern 157 – Schwyz 30 – Zug 31 – Zürich 33

XX **Obstgarten**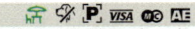
Kantonsstr. 18 – ℰ 044 784 03 08 – www.obstgarten.ch – geschl. Ende Juli - Mitte August und Samstag - Sonntagmittag
Rest – (28 CHF) Menü 68/89 CHF – Karte 60/100 CHF
♦ Ein nettes Landhaus mit grünen Fensterläden und einem Vorgarten mit Terrasse. Die Einrichtung ist geradlinig und doch gemütlich, die Küche zeitgemäss. Kleinere Mittagskarte.

- → Dénicher la meilleure table ?
- → Trouver l'hôtel le plus proche ?
- → Vous repérer sur les plans et les cartes ?
- → Décoder les symboles utilisés dans le guide...

Suivez les Bibs rouges !

Les conseils du **Bib Chef** pour vous aider au restaurant.

Les « bons tuyaux » et les informations du **Bib Astuce** pour vous repérer dans le guide... et sur la route.

Les conseils du **Bib Groom** pour vous aider à l'hotel.

Cathédrale

FRIBOURG
FREIBURG

Canton : FR Fribourg
Carte Michelin LOCAL : 552 H8
▶ Bern 34 – Neuchâtel 55 – Biel 50 – Lausanne 71
Population : 33 418 h.

Altitude : 640 m
Code Postal : ✉ 1700
Carte régionale : 7 C4

RENSEIGNEMENTS PRATIQUES

ⓘ Office de tourisme
1 av. de la Gare **CY**, ✆ 026 350 11 11, info@fribourgtourisme.ch

Automobile clubs
- 21 r. de l'Hôpital, ✆ 026 350 39 39, Fax 026 350 39 40 **CY**
- 2 av. de la Gare, ✆ 026 341 80 20, Fax 026 322 13 02 **CY**

Foires et Manifestations
5-7 mars : Auto & Moto Show

13-20 mars : festival international de films

1-17 juillet : Jazz Parade

22-29 août : rencontre international de folklore

1-10 octobre : foire de Fribourg

Golfs
- Gruyère Pont-la-Ville, Sud : 17 km par route de Bulle, ✆ 026 414 94 60
- Wallenried Nord : 10 km par route de Morat, ✆ 026 684 84 80

◉ DÉCOUVRIR

A VOIR

Site★★ - Hôtel de Ville★ **CY H** - Cathédrale St-Nicolas★ **DY** : tympan★★, stalles★, Eglise des Cordeliers **CY** : triptyque★, retable★★, stalles★

MUSEES

Musée Art et Histoire★ **CY** : groupe de 14 statues★- Musée Gutemberg★★ **DY**

EXCURSIONS

Barrage de Rossens★ Sud : 15 km par ③

FRIBOURG

Alpes (Rte des)	**CY**	3
Beauregard (Av.)	**BX**	4
Berne (Rte de)	**BX**	6
Château d'Affry (Rte du)	**AX**	7
Europe (Av. de l')	**CY**	8
Gare (Av. de la)	**CY**	9
Georges-Python (Pl.)	**CY**	10
Grand-Fontaine (R. de la)	**CY**	12
Guisan (Av. du Gén.)	**BX**	13
Hôpital (R. de l')	**CY**	15
Industrie (R. de l')	**CZ**	16
Jura (Rte du)	**ABX**	18
Lac Noir (Rte du)	**BX**	19
Lausanne (R. de)	**CY**	
Marly (Rte de)	**BX**	21
Midi (Av. du)	**BX**	22
Neuveville (R. de la)	**CY**	24
Payerne (Rte de)	**AX**	25
Pérolles (Bd de)	**CZ**	
Planche Supérieure	**DY**	26
Préalpes (Rte des)	**AX**	27
Romont (R. de)	**CZ**	28
St-Jean (Pont de)	**DY**	31
Samaritaine (R. de la)	**DY**	30
Tavel (Rte de)	**DY**	33
Tivoli (Av. de)	**CY**	34

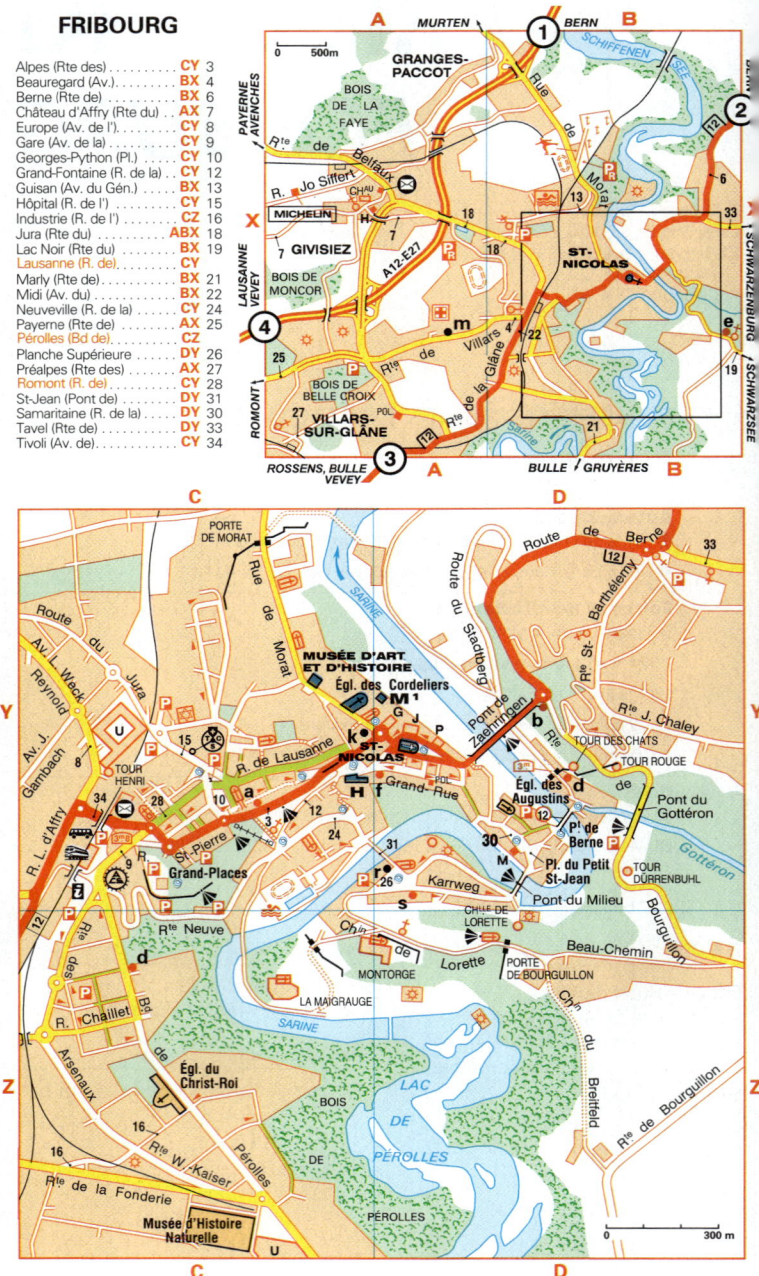

FRIBOURG

🏨 Au Parc 🛜 🛍 🏋 ⚑ 🏊 🅿 VISA ⦿ AE ⓘ
37 rte de Villars – ℰ *026 429 56 56 – www.auparc-hotel.ch*
– Fax 026 429 56 57 **AXm**
71 ch ⚏ – †150/200 CHF †† 200/260 CHF – ½ P +30 CHF
Rest *La Coupole – (fermé mi-juillet - mi-août, lundi et mardi)* (24 CHF)
Menu 45/79 CHF – Carte 43/80 CHF
Rest *La Brasserie –* (25 CHF) Menu 39/66 CHF – Carte 43/79 CHF
♦ À l'approche de Fribourg, ensemble hôtelier typique des années 1980. Spécialité de séminaires. Un petit centre commercial s'abrite sous le même toit. Repas thaïlandais dans un décor d'ombrelles et d'éventails à La Coupole. Choix traditionnel à La Brasserie.

🏠 Au Sauvage 🛜 🛍 🎽 rest, ⦿ VISA ⦿ AE
⊗ *12 Planche-Supérieure –* ℰ *026 347 30 60 – www.hotel-sauvage.ch*
– Fax 026 347 30 61 **DYr**
16 ch ⚏ – †230/280 CHF †† 280/380 CHF – ½ P +45 CHF
Rest *– (fermé 2 semaines fin décembre, 2 semaines juillet et dimanche)* (18 CHF)
Menu 54/95 CHF – Carte 49/79 CHF
♦ Hôtel cosy au cœur de la ville basse. Chambres personnalisées (plafond en bois, carrelage peint par la patronne) accessibles par un escalier design et un bel ascenseur. Cuisine actuelle de saison servie dans deux salles dont une voûtée, ou l'été en plein air.

🏠 De la Rose 🛍 ⦿ ⚑ VISA ⦿ AE ⓘ
1 r. de Morat – ℰ *026 351 01 01 – www.hoteldelarose.ch*
– Fax 026 351 01 00 **CYk**
40 ch ⚏ – †120/170 CHF †† 160/230 CHF – ½ P +40 CHF
Rest *– (fermé 24 décembre - 5 janvier, 20 juillet - 10 août)* (20 CHF) Menu 55 CHF
– Carte 51/77 CHF
♦ Dans le centre ancien, près de la cathédrale et d'une place passante, bâtisse du 17e s. où l'on est accueilli sous un plafond d'époque en bois repeint. Chambres pratiques. Table italienne au décor vaguement vénitien ; jeux de miroirs et four à pizza en salle.

XXX Le Pérolles / P.- A. Ayer 🛜 ⚐ 🅰🅲 ⇔ VISA ⦿ AE ⓘ
ⓒ *18a bd de Pérolles –* ℰ *026 347 40 30 – www.leperolles.ch – Fax 026 347 40 32*
– fermé 24 décembre - 7 janvier, 2 - 6 avril, 3 juin - 7 juin, 24 juillet - 17 août,
dimanche et lundi **CZd**
Rest – (45 CHF) Menu 72 CHF (déj.)/150 CHF – Carte 105/183 CHF
Spéc. Le tartare de lapereau du pays aux artichauts sautés à cru et asperges de Chiètres en vinaigrette. La selle de chevreuil rôtie à la moutarde de Bénichon. La tarte tatin de sandre du lac de Gruyère au mini-fenouil et tomates confites.
♦ Délicieuse adresse au goût du jour et au décor smart et moderne, égayé par des toiles de J-M Schwaller (peintre de Fribourg). Table d'hôte près des fourneaux. Agréable terrasse enrobée de verdure.

XX Schild 🛜 🎽 ⇔ VISA ⦿ AE ⓘ
⊗ *21 Planche-Supérieure –* ℰ *026 322 42 25*
– www.le-schild.ch – Fax 026 323 12 33
– fermé 2 - 8 mars, 1er - 20 août, mercredi et jeudi **DYs**
Rest – Menu 55 CHF (déj.)/115 CHF – Carte 90/131 CHF
Rest *Brasserie –* (19 CHF) Menu 22 CHF (déj.)/51 CHF – Carte 59/89 CHF
♦ Cette maison de 1587 nichée dans la ville basse compte parmi les plus anciens restaurants de Fribourg. Salons feutrés et caveau pour découvrir des mets aux accents créatifs. Brasserie proposant un choix traditionnel de saison. Terrasse avant.

XX La Fleur de Lys 🛜 🅰🅲 VISA ⦿ AE ⓘ
18 r. des Forgerons – ℰ *026 321 49 40 – www.fleur-de-lys-fribourg.ch*
– Fax 026 321 49 41 – fermé 23 - 29 décembre, 28 mars - 7 avril, 25 juillet
- 10 août, samedi midi, dimanche et lundi **DYd**
Rest – (23 CHF) Menu 45 CHF (déj.)/98 CHF – Carte 66/96 CHF
♦ Vénérable maison de maître du bas-Fribourg où l'on sert des préparations saisonnières personnalisées dans un cadre moderne soigné. Peintures naïves et sculptures en salles.

FRIBOURG

XX Grand Pont La Tour Rouge
2 rte de Bourguillon – ℰ *026 481 32 48*
– www.legrandpont.ch – Fax 026 481 54 44
– fermé 6 - 23 avril, 19 octobre - 2 novembre, mercredi et dimanche soir
Rest – Menu 60 CHF (déj.)/120 CHF – Carte 70/111 CHF   DYb
Rest *La Galerie* – (16 CHF) Menu 20 CHF (déj.)/75 CHF – Carte 45/100 CHF
♦ Salle en partie tournée vers un pont à arcades monumental, terrasse-belvédère au-dessus de la ville basse, carte classico-traditionnelle et sélection de vins digne d'intérêt. Décor néo-rustique léger, panorama urbain et cuisine de type brasserie à La Galerie.

XX L'Aigle-Noir
10 r. des Alpes – ℰ *026 322 49 77*
– www.aiglenoir.ch – Fax 026 322 49 88
– fermé 25 décembre - 12 janvier, dimanche et lundi   CYa
Rest – (22 CHF) Menu 50 CHF (déj.)/105 CHF – Carte 61/97 CHF
♦ Trois ambiances pour festoyer : salle traditionnelle, salons historiques et véranda dont les verrières escamotables offrent une belle vue sur la vieille ville et les Préalpes.

X Hôtel de Ville
6 Grand-Rue – ℰ *026 321 23 67 – www.restaurant-hotel-de-ville.ch*
– fermé 22 décembre - 2 janvier, 6 - 10 avril, 20 juillet - 14 août, dimanche, lundi et mardi midi   DYf
Rest – *(réservation conseillée)* (20 CHF) Menu 55/68 CHF – Carte 54/94 CHF
♦ Table cordiale cachée au 1er étage d'une maison historique (ancien Cercle de l'Union) jouxtant l'hôtel de ville. Cuisine actuelle goûteuse, loggia surplombant la basse ville.

à Bourguillon Sud-Est : 2 km – alt. 669 m – ⌂ 1722

XXX Des Trois Tours (Alain Bächler) ⍟
15 rte de Bourguillon – ℰ *026 322 30 69 – www.troistours.ch*
– Fax 026 322 42 88 – fermé 20 janvier - 11 février, 18 juillet - 9 août, dimanche et lundi   BXe
Rest – Menu 70 CHF (déj.)/175 CHF – Carte 92/138 CHF
Rest *Brasserie* – *(déjeuner seulement)* (20 CHF) Menu 32 CHF
– Carte 70/89 CHF
Spéc. Taboulé de langoustine et coquilles Saint-Jacques au wasabi. Pot au feu de filets de poissons aux pistils de safran. Petit cochon "Pata Negra" au chutney de griottes.
♦ Bâtisse ancienne (1839) où l'on mange savoureusement dans un cadre élégant et soigné. Recettes volontiers teintées d'audace, mais respectant au pied de la lettre la saisonnalité. Brasserie contemporaine lumineuse et terrasse verdoyante ombragée de marronniers.

FRICK – Aargau (AG) – **551** M4 – 4 562 Ew – Höhe 360 m – ⌂ 5070   3 E2
▶ Bern 113 – Aarau 16 – Baden 28 – Basel 41

🏨 Platanenhof
Bahnhofstr. 18 – ℰ *062 865 71 71*
– www.platanenhof.ch – Fax 062 865 71 56
– geschl. 24. Juli - 9. August
25 Zim ⌧ – ♦160 CHF ♦♦240 CHF
Rest *La Volière* – *(geschl. 13. - 28. Februar und Sonntag)* (20 CHF) Menü 89 CHF
– Karte 68/109 CHF
♦ Das Haus liegt verkehrsgünstig nahe der Autobahnausfahrt und nicht weit vom Bahnhof. Man bietet funktionell ausgestattete Zimmer und einen Hotel-Shuttle-Bus. Hell und freundlich zeigt sich das La Volière.

Sie möchten spontan verreisen? Besuchen Sie die Internetseiten der Hotels, um von deren Sonderkonditionen zu profitieren.

FRUTIGEN – Bern (BE) – **551** K9 – 6 688 Ew – Höhe 803 m 8 E5
– Wintersport : 1 300/2 300 m ✶1 ✶7 – ✉ 3714

▶ Bern 54 – Interlaken 33 – Adelboden 16 – Gstaad 65
🛈 Dorfstr. 18, ✆ 033 671 14 21, frutigen-tourismus@bluewin.ch

National
Obere Bahnhofstr. 10 – ✆ 033 671 16 16
– www.national-frutigen.ch – Fax 033 671 40 15
– geschl. 1. - 24. November
20 Zim ⌧ – †90/110 CHF ††150/160 CHF – ½ P +28 CHF
Rest – (geschl. Mittwoch) (17 CHF) – Karte 51/80 CHF

♦ Das familiengeführte kleine Hotel in einer Häuserzeile im Zentrum bietet seinen Gästen gepflegte Zimmer, die in ländlichem Stil eingerichtet sind. Ein Tea-Room mit Confiserie ergänzt das A-la-carte-Restaurant.

FTAN – Graubünden (GR) – **553** Z9 – 482 Ew – Höhe 1 648 m 11 K4
– Wintersport : 1 684/2 783 m ✶2 ✶10 ✶ – ✉ 7551

▶ Bern 313 – Scuol 7 – Chur 101 – Davos 45
🛈 Platz 114, ✆ 081 864 05 57, info@ftan.ch

Paradies
Süd-West: 1 km Richtung Ardez – ✆ 081 861 08 08
– www.paradieshotel.ch – Fax 081 861 08 09
– geschl. 6. April - 7. Mai
15 Zim ⌧ – †290/370 CHF ††520 CHF – 8 Suiten
Rest La Bellezza – (geschl. Montag - Dienstag) (nur Abendessen)
(Tischbestellung ratsam) Menü 130/240 CHF
Rest Stüva Paradies – Menü 100/145 CHF
– Karte 69/101 CHF
Spez. Kartoffel-Bündnerfleisch, Royal und kleines Schaumsüppchen. Ravioli von Bergkäse mit Kaviar. Rosa Scheibe vom Entrecôte, Tatar und geschmorte Backe mit gefüllter Powerade und Safranrisotto.

♦ In ruhiger, idyllischer Panoramalage über dem Inntal wohnen die Gäste in einem kleinen Ferienhotel mit tollem Blick und hochwertig mit Arvenholz eingerichteten Zimmern. Im edlen La Belleza beim Küchenchef Martin Göschel sehr aufwändig zubereitete klassische Speisen. Regionale Küche in der urigen Stüva.

Munt Fallun garni
Munt Fallun 1 – ✆ 081 860 39 01
– www.hotel-muntfallun.ch – Fax 081 860 39 02
– geschl. 17. April - 9. Mai und 7. November - 12. Dezember
10 Zim ⌧ – †77/110 CHF ††140/170 CHF

♦ In dem 300 Jahre alten Engadiner Bauernhaus mit Blick auf Schloss Tarasp erwarten Sie freundliche Gästezimmer in schlicht-modernem Stil, teilweise mit Balkon. Zimmer Nr. 7 ist ganz mit Holz verkleidet, ebenso die gemütliche Frühstücksstube.

Engiadina
Mugliner – ✆ 081 864 04 34 – www.engiadina-ftan.ch
– Fax 081 864 04 35
– geschl. November - Mitte Dezember, 12. April - 28. Mai
14 Zim ⌧ – †125/155 CHF ††170/310 CHF – ½ P +37 CHF
Rest – (33 CHF) Menü 69 CHF
– Karte 43/85 CHF

♦ Kleines Hotel nahe der Sesselbahn-Talstation. Von den Zimmern (teils mit Balkon oder Terrasse) blickt man auf den Ort und die Berge. Man bietet auch ein grosses Familienzimmer. Traditionelle und regionale Küche im Restaurant mit hübscher rustikaler Gartenterrasse.

FÜRIGEN – Nidwalden – **551** O7 – siehe Stansstad

FÜRSTENAU – Graubünden (GR) – **553** U9 – **336** Ew – Höhe 665 m   10 I4
– ✉ 7414

▶ Bern 263 – Chur 24 – Andermatt 99 – Davos 48

XXX **Schauenstein** (Andreas Caminada) mit Zim
❀❀ Schloss Schauenstein – ☏ 081 632 10 80
– www.schauenstein.ch – Fax 081 632 10 81 – geschl. 11. April - 14. Mai,
31. Oktober - 3. Dezember
6 Zim – †329/629 CHF ††329/629 CHF, ☑ 39 CHF
Rest – (geschl. Montag - Mittwochmittag) (Tischbestellung erforderlich) (67 CHF)
Menü 148/225 CHF – Karte 140/195 CHF
Spez. Leicht angeräucherte Forelle mit Gurke, Grapefruit und Senf. Karamellisierter Kartoffelflan mit Trüffel. Aprikosendessert mit Yoghurt und knusprigem Brot.
♦ Charmant-historisches Gemäuer mit modern-elegantem Interieur, dazu ein perfekt eingespieltes und angenehm zurückhaltendes Serviceteam sowie eine kreative zeitgemässe Küche, die sehr exakt und doch gefühlvoll zubereitet wird. Apéro auf der Terrasse. Stilsicher in geschmackvollem klarem Design gestaltete Gästezimmer.

FULDERA – Graubünden (GR) – **553** AA10 – **121** Ew – Höhe 1 641 m   11 K4
– Wintersport : ⛷ – ✉ 7533

▶ Bern 332 – Scuol 60 – Chur 119 – Davos 65

Staila
Via Maistra 20 – ☏ 081 858 51 60 – www.hotel-staila.ch – Fax 081 858 50 21
– geschl. 2. November - 20. Dezember, 12. April - 8. Mai
17 Zim ☑ – †90/105 CHF ††164/184 CHF – ½ P +36 CHF
Rest – Menü 48 CHF (abends) – Karte 41/81 CHF
♦ Ein wirklich netter und familiärer Gasthof mit ländlichem Charakter, dessen Zimmer recht schlicht, aber behaglich mit Arvenholz eingerichtet sind. Auch geführte Wanderungen werden angeboten. Regionstypisch-rustikales Restaurant.

FURI – Wallis – **552** K13 – siehe Zermatt

GAIS – Appenzell Ausserrhoden (AR) – **551** V5 – **2 826** Ew – Höhe 919 m   5 I2
– ✉ 9056

▶ Bern 221 – Herisau 20 – Konstanz 100 – Sankt Gallen 16

X **Truube**
Rotenwies 9 – ☏ 071 793 11 80 – www.truube.ch
– geschl. 25. Januar - 4. Februar, 12. Juli - 12. August und Dienstag - Mittwoch
Rest – Menü 39 CHF (mittags)/106 CHF – Karte 62/94 CHF
♦ In dem gut geführten Gasthaus leitet der Chef freundlich und geschult den Service, die Chefin kocht klassische Speisen aus saisonalen Produkten. Weinkarte mit 180 Positionen.

GALS – Bern (BE) – **552** H7 – **697** Ew – Höhe 449 m – ✉ 2076   2 C4

▶ Bern 42 – Neuchâtel 14 – Biel 26 – La Chaux-de-Fonds 31

XX **Zum Kreuz**
Dorfstr. 8 – ☏ 032 338 24 14 – www.kreuzgals.ch – Fax 032 338 24 70
– geschl. 24. Dezember - 12. Januar, 19. Juli - 10. August und Montag - Dienstag
Rest – (19 CHF) Menü 49/95 CHF – Karte 54/93 CHF
♦ Der nette familiengeführte Landgasthof bietet moderne und traditionelle Küche, preiswerte Tagesteller serviert man in der ländlichen Stube. Terrasse mit Blick in den Garten.

GANDRIA – Ticino (TI) – 553 S13 – 224 ab. – alt. 274 m – ✉ 6978   10 H6
▶ Bern 247 – Lugano 6 – Bellinzona 33 – Locarno 45

Moosmann
– ℰ 091 971 72 61 – www.hotel-moosmann-gandria.ch – Fax 091 972 71 32
– *chiuso metà ottobre - marzo*
29 cam – ♦100/150 CHF ♦♦160/226 CHF
Rist – *(chiuso domenica e giovedì) (chiuso a mezzogiorno)* Carta 38/63 CHF
◆ Ai bordi del Ceresio, albergo di tono familiare con terrazza e giardino. Camere spaziose e luminose, arredate secondo diversi stili: preferite quelle fronte lago. La simpatica sala da pranzo del ristorante è completata dalla terrazza sul lago. Cucina curata, con pesce di lago.

GATTIKON – Zürich (ZH) – 551 P5 – Höhe 510 m – ✉ 8136   4 G3
▶ Bern 136 – Zürich 13 – Luzern 47 – Zug 20

Sihlhalden (Gregor Smolinsky)
Sihlhaldenstr. 70 – ℰ 044 720 09 27 – www.smoly.ch – *geschl. 3. - 11. Januar, 18. Juli - 9. August und Sonntag - Montag*
Rest – *(Tischbestellung ratsam)* (43 CHF) Menü 116/156 CHF – Karte 80/109 CHF
Spez. Brasato Ravioli mit Trüffelsauce. Kleine Calamares kross gebraten mit Knoblauch und Thymian. Ganze Poularde aus dem Ofen mit Kartoffelmousseline (2. Pers.).
◆ Ein puristischer, klarer Stil kennzeichnet die mediterran beeinflusste klassische Küche, freundlich-leger und kompetent ist der Service. Das Restaurant in dem kleinen Weiler teilt sich in drei hübsche individuelle Stuben, schön ist die Terrasse unter Kastanien.

GEMPENACH – Freiburg (FR) – 552 H7 – 306 Ew – Höhe 508 m   2 C4
– ✉ 3215
▶ Bern 24 – Neuchâtel 30 – Biel 34 – Fribourg 24

Zum Kantonsschild
Hauptstr. 24 – ℰ 031 751 11 11 – www.kantonsschild.ch – Fax 031 751 23 08
– *geschl. 1. - 23. Februar, 19. Juli - 11. August und Montag - Dienstag*
Rest – (20 CHF) Menü 82/103 CHF – Karte 71/100 CHF
◆ Das bereits in der 4. Generation als Familienbetrieb geleitete Gasthaus bietet in gediegen-ländlichem Ambiente eine marktfrische Küche auf klassischer Basis.

Lac Léman

GENÈVE *GENF*

Ⓒ **Canton :** GE Genève
Carte Michelin LOCAL : 552 B11
▶ Bern 164 – Annecy 45
– Grenoble 148 – Lausanne 60
Population : 178 603 h.

Altitude : 375 m
Code Postal : ✉ 1200
Carte régionale : 6 A6

RENSEIGNEMENTS PRATIQUES

🛈 Offices de tourisme
18 r. du Mont Blanc **FY**, Informations touristiques, Aéroport niveau Arrivées **BT**, ℘ 022 909 70 00, info@geneve-tourisme.ch

Automobile clubs
⊛ 8 cours de Rive, 1204 Genève **GZ**, 4 ch. de Blandonnet, 1214 Vernier ℘ 022 417 20 30, Fax 022 417 20 42 **BU**

Ⓐ 19 ch. du Clos de la Fonderie, 1227 Carouge, ℘ 022 342 22 33, Fax 022 301 37 11 **CV**

Aéroport
✈ de Genève, ℘ 022 717 71 11 **BT**

Compagnies aériennes
Swiss International Air Lines Ltd., ℘ 0848 852 000

Air France, 15 rte de l'Aéroport, ℘ 022 827 87 87, Fax 022 827 87 81

Alitalia, Genève-Airport, ℘ 022 798 20 80

British Airways, 13 Chantepoulet, ℘ 0848 801 010, Fax 022 906 12 23

Lufthansa, 29 rte de Prébois, Cointrin, ℘ 022 929 51 51, Fax 022 929 51 50

Foires et Manifestations
4-14 mars : salon international de l'automobile

5-14 mars : festival du film

21-25 avril : salon international des inventions

28 avril- 2 mai : salon international du livre et de la presse

28 avril- 2 mai : Europ'art

29 juillet- 8 août : fêtes de Genève

30 septembre-3 octobre : salon de la locomotion ancienne

12-21 novembre : foire de Genève

Golfs
⛳ Cologny, ℘ 022 707 48 00

⛳ Bossey (France) par rte de Troinex, ℘(0033) 450 43 95 50

⛳ Esery (France) Sud-Est : 15 km, ℘(0033) 450 36 58 70

⛳ Maison Blanche Echenevex-Gex (France), Nord-Ouest : 17 km, ℘(0033) 450 42 44 42

GENÈVE

👁 DÉCOUVRIR

A VOIR

Site★★★ - Quai du Mont-Blanc : ≤★★★ **FGY**; Parcs Mon Repos **GX**, Perle du Lac, Villa Barton★★ **CTU**
- Conservatoire et Jardin Botaniques★ : jardin de rocaille★★ **CT E** - Parc de la Grange★ **CU** - Parc des Eaux-Vives★ **CU**
- Palais des Nations★★ **CT** - Vieille ville★★ : Monument de la Réformation★ **FZ D**, Cathédrale St-Pierre★★ **FZ** : tour Nord (❋★★), Site archéologique★★, Maison Tavel★ **FZ**, Collections Baur★ **GZ**

MUSEES

Ariana★★ **CT M²** - Art et Histoire★★ **GZ**
- Histoire naturelle★★ **GZ**
- International de la Croix-Rouge et du Croissant-Rouge★★ **CT M³**
- International de l'automobile★ **BT M¹**
- Petit Palais - Art Moderne★★ **GZ**
- International de la Réforme★ **FZ M¹**
- Barbier-Mueller★ **FZ M** - Institut Voltaire★ **BU**

Sharing the nature of infinity

Route du Fort-de-Brégançon - 83250 La Londe-les-Maures - Tél. 33 (0)4 94 01 53 53
Fax 33 (0)4 94 01 53 54 - domaines-ott.com - ott.particuliers@domaines-ott.com

cartes & guides MICHELIN
UNE MEILLEURE FAÇON DE VOYAGER

cartes et atlas MICHELIN

guide MICHELIN

les guides Verts MICHELIN

les guides Voyager Pratique MICHELIN

Les publications cartes et guides MICHELIN sont vos atouts pour un voyage réussi choisissez vous-même votre parcours avec les cartes et atlas toujours mis à jour découvrez les bonnes adresses d'hôtels et de restaurants du guide MICHELIN, laissez-vous guider par les itinéraires insolites du Guide Vert et créez vos voyages sur-mesure avec le guide Voyager Pratique.
Découvrez toutes les nouveautés et les offres Michelin sur : www.cartesetguides.michelin.fr

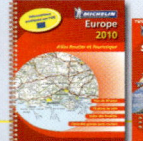

GENÈVE

RÉPERTOIRE DES RUES DE GENÈVE

Acacias (Pont des) . . . . **CU** 3
Acacias (R. des) . . . . **BV** 4
Ain (Av. de l') . . . . **BU** 6
Aire la Ville (Rte d') . . . . **AV**
Aïre (Av. d') . . . . **BU**
Alpes (R. des) . . . . **FY**
Amandolier (Av. de l') . . . . . **CU** 7
Annecy (Rte d') . . . . **CV**
Antoine-Martin (Rte) . . . . . . **CV**
Appia (Av.) . . . . **CT** 9
Base (Rte de) . . . . **ABV**
Bastions (Prom. des) . . . . . . **FZ**
Bel Air (Av. de) . . . . **DU**
Bel Air (Pl.) . . . . **FY** 10
Bergues (Quai des) . . . . **FY** 12
Bernex (Rte de) . . . . **AV**
Berne (R. de) . . . . **FY**
Bois des Frères (Rte du) . . **BU** 13
Bois de la Chapelle
 (Av. du) . . . .**BUV**
Bouchet (Carr. du) . . . . **BU** 15
Bourg de Four (Pl. du) . . . . **FZ** 14
Bout du Monde (Rte du) . . **CV** 16
Buis (R. des) . . . . **FX**
Butin (Pont) . . . . **BU** 18
Camp (Rte du) . . . . **BV**
Canada (Rte du) . . . . **AU** 19
Candolle (R. de) . . . . **FZ** 21
Capite (Rte de la) . . . . **DTU**
Carabot (Ch. de) . . . . **AV** 22
Carouge (Pont de) . . . . **CV** 24
Carouge (R. de) . . . . **CU** 25
Certoux (Rte de) . . . . **AV**
Champel (Av. de) . . . . **CUV** 27
Chancy (Rte de) . . . . **AV**
Chantepoulet (R. de) . . . . . **FY** 28
Chapelle (Rte de la) . . . . . **BCV** 30
Charmilles (R. des) . . . . **BU** 31
Châtelaine (Av. de) . . . . . . **BU** 33
Chêne (Rte de) . . . . **CDU**
Chevaliers de Malte
 (Rte de) . . . . **BV** 34
Chevillarde (Ch. de la) . . . . **CU** 36
Choulex (Rte de) . . . . **DU**
Cirque (Pl. du) . . . . **FZ** 37
Cluse (Bd de la) . . . . **CU** 39
Cologny (Quai de) . . . . **DTU**
Colovrex (Rte de) . . . . **BT**
Communes Réunies
 (Av. des) . . . . **BV** 40
Confédération (R. de la) . . . **FY** 42
Contamines (R. de) . . . . **GZ**
Cornavin (Pl. de) . . . . **FY** 43
Corraterie (R. de la) . . . . . . **FY** 45
Coudriers (Ch. des) . . . . . . **BU** 46
Couloouvrenière (Pont de la) **FY** 48
Croix d'Or (R. de la) . . . . . . **FY** 49
Croix Rouge (R. de la) . . . . . **FZ**
Curé Baud (Av. du) . . . . **BV**
Deux Ponts (R. des) . . . . . . **BU** 51
Drize (Rte de) . . . . **CV**
Eaux Vives (Pl. des) . . . . . . **GZ** 52
Eaux Vives (R. des) . . . . **GY**
Edmond-Vaucher (Av.) . . . . **BU** 54
Edouard-Claparède (Pl.) . . **FGZ**
Edouard-Sarazin (Ch.) . . . . . **BT** 55

Ferdinand-Hodler (R.) . . . . . **GZ**
Ferney (Rte de) . . . . **BT**
Florissant (Rte de) . . . . . . **CUV**
Fontenette (Pont de) . . . . . **CV** 57
Fort-Barreau (R. du) . . . . . . **FX** 58
France (Av. de) . . . . **CU**
Franchises (R. des) . . . . . . **BU** 60
Frontenex (Av. de) . . . . **GZ** 61
Frontenex (Rte de) . . . . **CU** 63
Gares (R. des) . . . . **FX**
Général-Guisan (Quai) . . . **FGY**
Georges-Favon (Bd) . . . . . . **FZ**
Giuseppe-Motta (Av.) . . . **BCU**
Gradelle (Ch. de la) . . . . **DU**
Grand'Rue . . . . **FZ**
Grand-Bureau (R. du) . . . . . **CV** 64
Grand-Lancy (Rte du) . . . . . **BV**
Grand-Pré (R. du) . . . . **CU** 66
Granges (R. des) . . . . **FZ** 65
Greube (Ch. de la) . . . . **AU** 67
Gustave-Ador (Quai) . . . . . . **GY**
Helvétique (Bd) . . . . **FGZ**
Henri-Dunant (Av.) . . . . **FZ**
Henry-Golay (Av.) . . . . **BU** 69
Hoffmann (R.) . . . . **BU** 70
Italie (R. d') . . . . **GZ** 72
Jacques-Dalcroze (Bd) . . . **FGZ**
James-Fazy (Bd) . . . . **FY**
Jean-Trembley (Av.) . . . . . . **BU** 73
Jeunes (Rte des) . . . . **BUV**
Jussy (Rte de) . . . . **DU**
Lausanne (Rte de) . . . . **CTU**
Lausanne (R. de) . . . . **FX**
Loëx (Rte de) . . . . **AUV**
Longemalle (Pl.) . . . . **FY** 76
Louis-Aubert (Av.) . . . . **CUV**
Louis-Casaï (Av.) . . . . **BTU**
Louis-Pictet (Ch.) . . . . **AU** 78
Louis-Rendu (Av.) . . . . **AT**
Lyon (R. de) . . . . **BCU**
Mail (Av. du) . . . . **FZ**
Malagnou (R. de) . . . . **GZ** 79
Mandement (Rte du) . . . . . . **AT**
Marais (Ch. des) . . . . **CV**
Marché (R. du) . . . . **FY** 81
Marsillon (Rte de) . . . . **CV**
Mategnin (Av. de) . . . . **AT**
Meyrin (Rte de) . . . . **AT**
Moillebeau (R. de) . . . . **BU** 82
Molard (Pl. du) . . . . **FY** 84
Montagne (Ch. de la) . . . . . **DU**
Montbrillant (R. de) . . . . **FX**
Montfleury (Av. de) . . . . **AU**
Monthoux (R. de) . . . . **FXY** 87
Mont-Blanc (Pont du) . . . . . **FY**
Mont-Blanc (Quai du) . . . . **FGY**
Mont-Blanc (R. du) . . . . **FY** 85
Mon-Idée (Rte de) . . . . **DU**
Mourlaz (R. de) . . . . **ABV**
Mousse (Ch. de la) . . . . **DU**
Nant-d'Avril (Rte du) . . . . **ATU**
Naville (Ch.) . . . . **DV**
Neuve (Pl.) . . . . **FZ**
Pailly (Av. du) . . . . **BU**
Paix (Av. de la) . . . . **CTU** 88
Pâquis (R. des) . . . . **FXY**

Pas de l'Echelle (Rte du) . . **DV**
Peney (Rte de) . . . . **AU**
Pépinière (R. de la) . . . . **FY** 90
Peschier (Av.) . . . . **CU** 91
Philippe-Plantamour (R.) . . **GX**
Philosophes (Bd des) . . . . . **FZ**
Pictet-de-Rochemont (Av.) . **GZ** 93
Pierre-Fatio (R.) . . . . **GYZ** 94
Pinchat (R. de) . . . . **CV**
Place Verte (Rte de la) . . . . **CV** 96
Plainpalais (Rond-Point de) . **FZ**
Pont Butin (Rte de) . . . . . . **BUV**
Pont d'Arve (Bd du) . . . . **FZ**
Poussy (Ch. de) . . . . **BU** 97
Pregny (Rte de) . . . . **CT** 102
Pré Bois (Rte de) . . . . **BTU** 99
Pré Marais (Rte du) . . . . . . **AV** 100
Promenades (Bd des) . . . . **CV** 103
Rhône (R. du) . . . . **FGY**
Rieu (Ch.) . . . . **CU**
Rive (Rond-Point de) . . . . . **GZ** 105
Rive (R. de) . . . . **FGZ**
Roseraie (Av. de la) . . . . . . **CV** 106
Rousseau (R.) . . . . **FY**
St-Georges (Bd de) . . . . . . **CU** 112
St-Georges (Pont de) . . . . . **BU** 114
St-Georges (Rte de) . . . . . . **BU** 117
St-Julien (Rte de) . . . . **BCV**
St-Léger (R.) . . . . **FZ** 118
Satigny (Rte de) . . . . **AU**
Scie (R. de la) . . . . **GY**
Sellières (Ch. des) . . . . **BU**
Servette (R. de la) . . . . . . **BCU** 108
Seymaz (Ch. de la) . . . . **DU**
Sierne (Pont de) . . . . **DV** 109
Soral (Rte de) . . . . **AV**
Sous Moulin (Rte de) . . . **DUV** 110
Temple (R. du) . . . . **FY** 120
Terrassière (R. de la) . . . . . **GZ** 121
Terreaux du Temple (R. des) **FY** 123
Théâtre (Bd du) . . . . **FZ** 124
Thônex (Rte de) . . . . **DV**
Thonon (Rte de) . . . . **DT**
Tour (Bd de la) . . . . **FZ** 126
Tranchées (Bd des) . . . . **GZ**
Troinex (Rte de) . . . . **CV**
Turrettini (Quai) . . . . **FY** 127
Valais (Rte de) . . . . **FX**
Vallon (Rte du) . . . . **DU**
Val d'Arve (Pont du) . . . . . . **CV** 129
Val d'Arve (Rte du) . . . . **CV** 130
Vandœuvres (Rte de) . . . . . **DU**
Vaudagne (Av. de) . . . . **AT**
Velours (Ch. du) . . . . **CU** 132
Vernier (Rte de) . . . . **BU**
Versonnex (R.) . . . . **GY** 133
Vessy (Pont de) . . . . **CV** 135
Vessy (Rte de) . . . . **CV**
Veyrier (Rte de) . . . . **CV**
Vibert (Av.) . . . . **GZ** 136
Vidollet (R. du) . . . . **CU** 138
Villereuse (R. de) . . . . **GZ** 139
Voltaire (R.) . . . . **CU** 140
Wendt (Av.) . . . . **BU** 141
Wilson (Quai) . . . . **GX**
22-Cantons (Pl. des) . . . . . . **FY** 142

GENÈVE

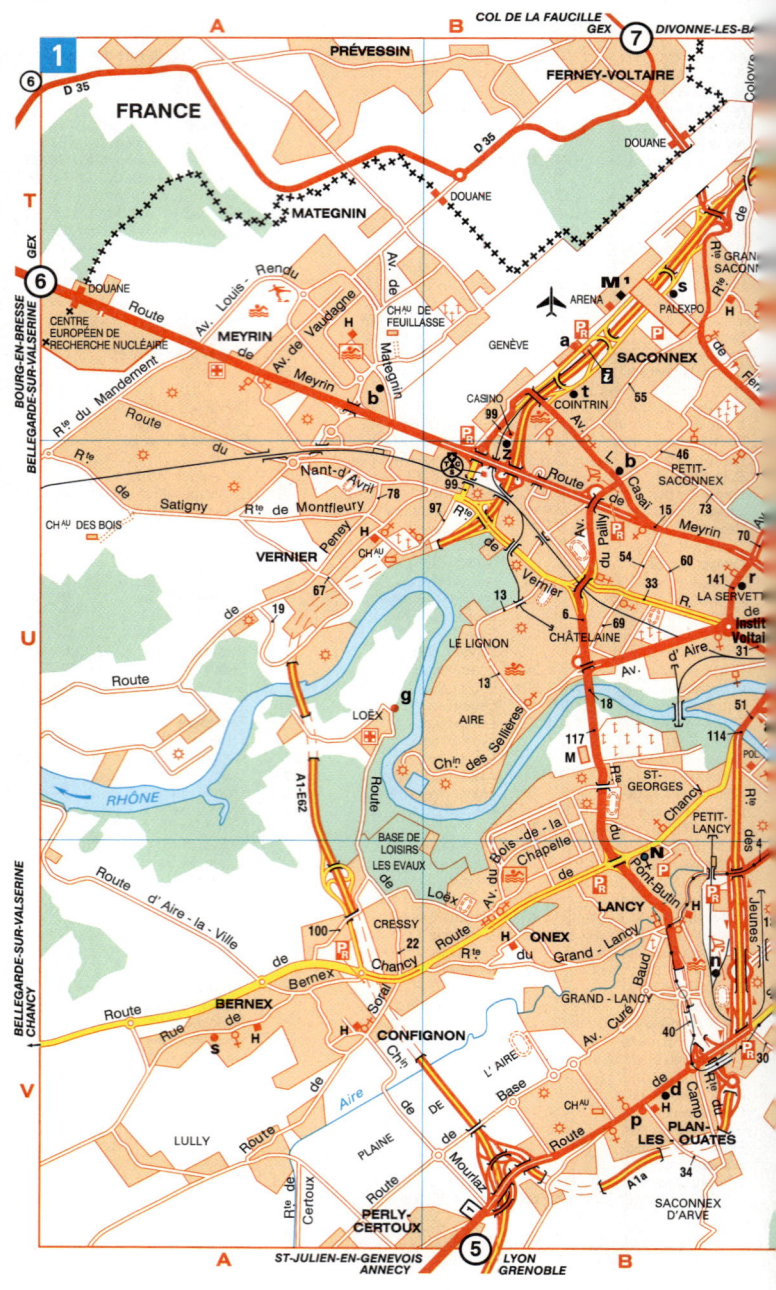

202

GENÈVE

LISTE ALPHABÉTIQUE DES HÔTELS
ALPHABETISCHE LISTE DER HOTELS
ELENCO ALFABETICO DEGLI ALBERGUI
INDEX OF HOTELS

A		page
The Ambassador		209
D'Angleterre		208
Les Armures		212
Auteuil		209

B		page
Beau-Rivage		207
Bel'Espérance		213
Bristol		208

C		page
De la Cigogne		212
La Cour des Augustins		212
Crowne Plaza		218

E		page
Eastwest		208
Edelweiss		209
Eden		209
Epsom		208

F		page
Four Seasons Hôtel des Bergues		207

G		page
Grand Hôtel Kempinski		207

H		page
Des Horlogers		217

I		page
Ibis (Cointrin)		218
Ibis (Rive droite)		210
InterContinental		214

J		page
Jade		209

K		page
Kipling		209

L		page
Longemalle		213

M		page
Mandarin Oriental		207
Le Montbrillant		210
Mövenpick		217

N		page
Les Nations		210
The New Midi		209
NH Geneva Airport		218
NH Rex		208

P		page
De la Paix		208
Président Wilson		207

R		page
Ramada Encore		216
La Réserve		214
Le Richemond		207
Royal		208

S		page
Strasbourg		210
Suisse		210
Suitehotel		217
Swissôtel Métropole		212

T		page
Tiffany		212

GENÈVE

LISTE ALPHABÉTIQUE DES RESTAURANTS
ALPHABETISCHE LISTE DER RESTAURANTS
ELENCO ALFABETICO DEI RISTORANTI
INDEX OF RESTAURANTS

A

		page
L'Altitude	X	218
Auberge du Lion d'Or	XxxX ✿	215

B

		page
Bistrot du Boeuf Rouge	X 🐵	211
Brasserie du Parc des Eaux-Vives	XX	213
Buffet de la Gare des Eaux-Vives	X ✿	213

C

		page
Café de Certoux	XX	217
Café de la Réunion	XX	216
Café des Négociants	X	216
La Cantine des Commerçants	XX	213
Le Chat Botté	XxxX ✿	210
La Chaumière	XxX ✿	216
Cheval Blanc	XX	215
Chez Jacky	X	211
Le Cigalon	XX ✿	215
La Closerie	X	215

F

		page
La Finestra	X	213

L

		page
Il Lago	XxxX	210

Au Lavandou	X	216
Le Lexique	X	211

P

		page
Le Patio	X	213
La Perle du Lac	XxX	211
La Place	XX	217

R

		page
Rasoi by Vineet	XX ✿	211
Le Relais de Chambésy	XX	214
Roberto	XX	213
Le Rouge et le Blanc	X	212

S

		page
Sagano	X	212
Le Saladier	X	215
Sens	X	211
Du Signal	X	217
Spice's	XxX	210

T

		page
Thai	X	214

V

		page
Le Vallon	X	216
Vertig'O	X ✿	211
Vieux-Bois	XX	214

RESTAURANTS OUVERTS LE DIMANCHE
RESTAURANTS AM SONNTAG GEÖFFNET
RISTORANTI APERTI LA DOMENICA
RESTAURANTS OPEN ON SUNDAY

La Closerie	X	215	Le Rouge et le Blanc	X	212
Il Lago	XxxX	210	Le Saladier	X	215
La Perle du Lac	XxX	211	Sens	X	211

Rive droite (Gare Cornavin - Les Quais)

🏨🏨🏨🏨🏨 Four Seasons Hôtel des Bergues

33 quai des Bergues ✉ *1201* – ℰ *022 908 70 00*
– *www.fourseasons.com/geneva* – *Fax 022 908 74 00*
VISA ⦿ AE ①
3FY**f**
83 ch – †770/965 CHF ††820/1015 CHF, ⊊ 56 CHF – 20 suites
Rest *Il Lago* – voir ci-après
♦ Le premier et le plus fastueux des palaces genevois s'est refait une beauté pour franchir le cap des 175 ans ! Superbe hall et salons où brille le marbre, montages floraux fantastiques, bar raffiné, chambres et suites de style contemporain ou Empire, service "top".

🏨🏨🏨🏨🏨 Mandarin Oriental

1 quai Turrettini ✉ *1201* – ℰ *022 909 00 00*
– *www.mandarinoriental.com/geneva* – *Fax 022 909 00 10*
VISA ⦿ AE ①
3FY**r**
166 ch – †840/1250 CHF ††900/1310 CHF, ⊊ 47 CHF – 31 suites
Rest *Rasoi by Vineet* – voir ci-après
Rest *Le Sud* – ℰ 022 909 00 05 – (29 CHF) – Carte 65/104 CHF
♦ Somptueuses chambres de style contemporain intégrant des éléments Art déco, à choisir côté Rhône ou côté cour. Les plus belles suites, avec terrasse, se distribuent au 7ᵉ étage. Ambiance et carte de brasserie méditerranéenne au restaurant Le Sud.

🏨🏨🏨🏨🏨 Le Richemond

8 r. Adhémar - Fabri ✉ *1201* – ℰ *022 715 70 00*
– *www.roccofortecollection.com* – *Fax 022 715 70 01*
3FY**a**
99 ch – †750/1700 CHF ††850/1800 CHF, ⊊ 48 CHF – 10 suites
Rest *Le Jardin* – (38 CHF) Menu 68 CHF (déj.)/105 CHF – Carte 95/132 CHF
♦ Hôtel inauguré en 1863 et récemment rénové. Chambres et suites au chic contemporain. Vue sur le lac et son jet d'eau aux étages supérieurs. Salon cosmétique, sauna et hammam. Au resto, carte italienne, cadre moderne smart et belle terrasse côté Jardin Brunswick.

🏨🏨🏨🏨🏨 Président Wilson

47 quai Wilson ✉ *1201* – ℰ *022 906 66 66*
– *www.hotelpwilson.com* – *Fax 022 906 66 67*
VISA ⦿ AE ①
3GX**d**
219 ch – †730/890 CHF ††820/980 CHF, ⊊ 45 CHF – 11 suites
Rest *Spice's* – voir ci-après
Rest *L'Arabesque* – (34 CHF) Menu 56 CHF (déj.)/105 CHF – Carte 65/93 CHF
Rest *Bayview* – (fermé mi-septembre - mi-mai) Menu 49 CHF (déj.)/80 CHF
– Carte 85/147 CHF
♦ Bois nobles, marbres et fleurs à profusion dans cet hôtel ouvrant sur le lac. Lobby "dernier cri", belle piscine et 40 chambres de la nouvelle génération. Déco féerique et délices libanais à L'Arabesque. Saveurs méditerranéennes au Bayview (ouvert en saison).

🏨🏨🏨🏨🏨 Grand Hôtel Kempinski

19 quai du Mont-Blanc ✉ *1201* – ℰ *022 908 90 81*
– *www.kempinski-geneva.com* – *Fax 022 908 90 90*
VISA ⦿ AE ①
3GY**y**
409 ch – †600/1300 CHF ††700/1400 CHF, ⊊ 50 CHF – 14 suites
Rest *Le Floor Two* – Carte 80/120 CHF
Rest *Le Grill* – Carte 87/206 CHF
♦ Cet hôtel congressiste au raffinement contemporain offre un panorama fascinant depuis certaines de ses chambres et suites. Lounge-bar, déco "fashion" et terrasse face au jet d'eau au Floor Two. Cadre moderne chaleureux, cuisine ouverte et belle vue lacustre au Grill.

🏨🏨🏨🏨 Beau-Rivage

13 quai du Mont-Blanc ✉ *1201* – ℰ *022 716 66 66* – *www.beau-rivage.ch*
– *Fax 022 716 60 60*
3FY**d**
80 ch – †800/1200 CHF ††900/1400 CHF, ⊊ 45 CHF – 11 suites
Rest *Le Chat Botté* – voir ci-après
Rest *Patara* – ℰ 022 731 55 66 *(fermé 21 décembre - 4 janvier, samedi midi et dimanche midi)* Carte 51/103 CHF
♦ Face à la rade et son fameux jet d'eau, hôtel de caractère exploité par la même famille depuis 1865. Chambres raffinées, bel atrium avec colonnades et fontaine, vue inoubliable en terrasse. Repas thaïlandais au Patara.

GENÈVE

D'Angleterre
17 quai du Mont-Blanc ✉ *1201* – ✆ *022 906 55 55* – *www.hoteldangleterre.ch*
– Fax 022 906 55 56 **3FGYn**
45 ch – †680/990 CHF ††680/990 CHF, ⌑ 48 CHF
Rest *Windows* – (28 CHF) Menu 51 CHF (déj.)/120 CHF – Carte 101/141 CHF
♦ Élégant palace de 1872 tourné vers le Léman. Sens du service, chambres-bijoux, impressionnante suite présidentielle, salles de réceptions, bar rétro avec lounge-library au coin du feu. Sélect restaurant-véranda face au jet d'eau. Cuisine française, plus internationale le dimanche.

De la Paix
11 quai du Mont-Blanc ✉ *1201* – ✆ *022 909 60 00*
– www.concorde-hotels.com/hoteldelapaix – Fax 022 909 60 01 **3FYe**
84 ch – †650/1100 CHF ††650/1100 CHF, ⌑ 40 CHF
Rest *Vertig'O* – voir ci-après
♦ Ce palace chargé d'histoire a été bâti en 1865 face à la rade. Hall grandiose, sublime suite Grace Kelly, chambres à thème (gouttes d'eau et pétales de rose), chaleureuse ambiance "loungy" au Nobel bar.

Bristol
10 r. du Mont-Blanc ✉ *1201* – ✆ *022 716 57 00* – *www.bristol.ch*
– Fax 022 738 90 39 **3FYw**
95 ch – †360/635 CHF ††495/680 CHF, ⌑ 36 CHF
– 5 suites
Rest – (24 CHF) Menu 52 CHF (déj.)/87 CHF – Carte 81/112 CHF
♦ Lobby "british", chambres cossues (côté ville ou jardin), lounge-bar "plushy", espaces bien-être à l'atmosphère zen, breakfast au son de la harpe. Resto classiques et feutré : tentures et moquette épaisses, lustres et appliques en baccarat, sièges à médaillon...

Royal
41 r. de Lausanne ✉ *1201* – ✆ *022 906 14 14* – *www.manotel.com*
– Fax 022 906 14 99 **3FXf**
197 ch – †350/605 CHF ††350/605 CHF, ⌑ 30 CHF
– 5 suites
Rest *Rive Droite* – (21 CHF) – Carte 77/102 CHF
♦ Confortable hôtel entre gare et lac. Salon cosy, portraits de stars au bar, salle de congrès, chambres en partie refaites dans le goût néoclassique, certaines avec balcon. Carte de saison et déco genre brasserie rétro au Rive Droite. Terrasse sous les arcades.

Epsom
18 r. de Richemont ✉ *1202* – ✆ *022 544 66 66* – *www.manotel.com*
– Fax 022 544 66 99 **3FXd**
153 ch – †300/605 CHF ††300/605 CHF, ⌑ 30 CHF
Rest *Portobello* – (20 CHF) Menu 40 CHF (déj.)/61 CHF – Carte 54/94 CHF
♦ Hôtel moderne œuvrant dans une rue calme du centre. Communs contemporains, salles de réunions et pimpantes chambres parfois dotées d'une terrasse-balcon face au lac. Resto-véranda à l'ambiance "Sud" ; recettes ensoleillées, autour du thème de l'huile d'olive.

Eastwest
6 r. des Pâquis ✉ *1201* – ✆ *022 708 17 17* – *www.eastwesthotel.ch*
– Fax 022 708 17 18 **3FYs**
37 ch – †415/725 CHF ††490/725 CHF, ⌑ 32 CHF
– 3 suites
Rest *Sens* – voir ci-après
♦ Établissement central où règne une agréable ambiance évoquant le Japon. Petit lounge chaleureux, salle de séminaire d'esprit "zen", chambres de bon confort, fitness et sauna.

NH Rex sans rest
42 av. Wendt ✉ *1203* – ✆ *022 544 74 74* – *www.nh-hotels.com*
– Fax 022 544 74 99 **1BUr**
70 ch – †160/450 CHF ††190/620 CHF, ⌑ 29 CHF
♦ Emplacement excentré (quartier surtout résidentiel), confort douillet et feutré, déco classique assez convenue, meilleures dimensions pour les chambres business.

GENÈVE

Auteuil sans rest
33 r. de Lausanne ✉ 1201 – ✆ 022 544 22 22 – www.manotel.com
– Fax 022 544 22 99
3FXm
104 ch – ✝320/550 CHF ✝✝320/550 CHF, ☐ 28 CHF

• Lobby design ponctué de portraits de stars, chambres modernes bien comme il faut, sémillante salle des petits-déjeuners laissant entrer le soleil matinal par des verrières.

Kipling sans rest
27 r. de la Navigation ✉ 1201 – ✆ 022 544 40 40 – www.manotel.com
– Fax 022 544 40 99
3FXx
62 ch – ✝260/420 CHF ✝✝260/420 CHF, ☐ 18 CHF

• Hôtel jouant la carte du dépaysement. Parfums d'Orient à l'entrée et exotisme cosy depuis l'accueil jusqu'aux chambres. Plus d'ampleur et d'agrément d'un balcon pour les "executives".

Jade sans rest
55 r. Rothschild ✉ 1202 – ✆ 022 544 38 38 – www.manotel.com
– Fax 022 544 38 99
3FXj
47 ch – ✝210/420 CHF ✝✝210/520 CHF, ☐ 18 CHF

• La philosophie chinoise "Feng Shui" inspire l'agencement intérieur de ce sympathique hôtel. Harmonie et sérénité dans un cadre moderne épuré. Joli patio pour vos envies d'été.

Edelweiss
2 pl. de la Navigation ✉ 1201 – ✆ 022 544 51 51 – www.manotel.com
– Fax 022 544 51 99
3FGXa
42 ch – ✝280/520 CHF ✝✝280/520 CHF, ☐ 18 CHF
Rest – (fermé 2 - 17 janvier) (dîner seulement) Menu 45/75 CHF
– Carte 48/84 CHF

• La façade donne une juste idée de la déco intérieure : un véritable chalet suisse ! Accueil gentil et chambres douillettes où abonde le bois clair. Executives plus amples. Authentique ambiance helvétique au restaurant. Spécialités traditionnelles et fromagères.

The Ambassador
21 quai des Bergues ✉ 1201 – ✆ 022 908 05 30 – www.the-ambassador.ch
– Fax 022 738 90 80
3FYm
64 ch – ✝250/450 CHF ✝✝300/550 CHF, ☐ 24 CHF
Rest – (fermé samedi et dimanche midi) (28 CHF) Menu 44 CHF (déj.)/68 CHF
– Carte 43/92 CHF

• Face au Rhône, hôtel des sixties rajeuni dans un esprit smart et moderne en privilégiant des tons vifs. Beau lobby et 4 types de chambres variant surface, équipement et déco. Carte franco-suisse présentée dans une salle chaleureuse parée de boiseries blondes.

The New Midi
4 pl. Chevelu ✉ 1201 – ✆ 022 544 15 00 – www.the-new-midi.ch
– Fax 022 544 15 20
3FYv
78 ch – ✝300/400 CHF ✝✝400/500 CHF, ☐ 24 CHF
Rest – (fermé samedi, dimanche et jours fériés) Menu 40 CHF (déj.)/80 CHF
– Carte 58/79 CHF

• Établissement exploité en famille sur une petite place où coule le Rhône. Expo d'art dans le hall, fringantes chambres d'un style classico-moderne coloré, salles de réunions. Resto cosy aux teintes ensoleillées rappelant un peu le Midi. Terrasse d'été.

Eden
135 r. de Lausanne ✉ 1202 – ✆ 022 716 37 00 – www.eden.ch
– Fax 022 731 52 60
2CUt
54 ch ☐ – ✝185/285 CHF ✝✝240/340 CHF
Rest – (fermé 18 décembre - 3 janvier, 16 juillet - 8 août, samedi et dimanche) (21 CHF) Menu 36/52 CHF – Carte 44/61 CHF

• Entre jardin botanique, OMC et parc Barton, immeuble construit la même année que le Palais des Nations (1936) situé à quelques foulées. Chambres classiquement agencées et salon feutré. Intime restaurant aux lumières tamisées.

GENÈVE

Le Montbrillant
2 r. de Montbrillant ⊠ 1201 – ℰ 022 733 77 84 – www.montbrillant.ch
– Fax 022 733 25 11   **3FYb**
82 ch ⊃ – †225/295 CHF ††355/385 CHF   **Rest** – (19 CHF) – Carte 40/85 CHF
♦ Hôtel familial au cachet ancien situé près de la gare. Studios avec cuisinette et chambres actuelles où subsistent parfois de vieux murs de pierre. Soins bien-être. Resto au charme authentique, brasserie parisienne et jolie véranda. Mets traditionnels ou pizzas au feu de bois.

Les Nations sans rest
62 r. du Grand-Pré ⊠ 1202 – ℰ 022 748 08 08 – www.hotel-les-nations.com
– Fax 022 734 38 84   **1BUn**
71 ch ⊃ – †175/280 CHF ††220/350 CHF
♦ Une curieuse fresque égaye l'arrière de ce building excentré. Personnel dévoué, chambres de 1 à 3 personnes, junior suites à thème, expo d'antiquités, accès libre au fitness.

Strasbourg sans rest
10 r. Pradier ⊠ 1201 – ℰ 022 906 58 00 – www.hotelstrasbourg.ch
– Fax 022 906 58 14   **3FYq**
51 ch ⊃ – †180/220 CHF ††220/270 CHF
♦ Hôtel de tradition officiant dans les parages de la gare. Plaisant salon d'accueil, avenantes chambres à la tenue impeccable, suite bien soignée et petite salle de réunions.

Suisse sans rest
10 pl. de Cornavin ⊠ 1201 – ℰ 022 732 66 30 – www.hotel-suisse.ch
– Fax 022 732 62 39   **3FYy**
62 ch ⊃ – †195/260 CHF ††265/295 CHF
♦ Situation commode face à la gare pour cet hôtel non-fumeurs. Chambres standard ou de luxe, plus contemporaines, à dominante rouge. Celles du 6ᵉ étage possèdent un petit balcon.

Ibis sans rest
10 r. Voltaire ⊠ 1201 – ℰ 022 338 20 20 – www.ibishotels.com
– Fax 022 338 20 30   **3CUc**
64 ch – †152/200 CHF ††152/200 CHF, ⊃ 15 CHF
♦ À mi-chemin de la gare et des quais du Rhône, hôtel (non-fumeurs) typique de la chaîne Ibis, rafraîchi et doté de chambres fonctionnelles ; certaines prévues pour 3 personnes.

Il Lago – Four Seasons Hôtel des Bergues
33 quai des Bergues ⊠ 1201 – ℰ 022 908 70 00
– www.fourseasons.com/geneva – Fax 022 908 74 00   **3FYf**
Rest – *(réservation indispensable)* Menu 78 CHF (déj.)/130 CHF
– Carte 115/138 CHF
♦ Gastronomie italienne, vins recherchés et décor classique opulent. Précieux papier peint à la main (scènes lacustres). Service select par une brigade structurée. Belle terrasse verte face au Rhône.

Le Chat Botté – Hôtel Beau Rivage
13 quai du Mont-Blanc ⊠ 1201 – ℰ 022 716 66 66 – www.beau-rivage.ch
– Fax 022 716 60 60 – fermé 2 - 18 avril, samedi midi et dimanche
Rest – Menu 70 CHF (déj.)/220 CHF – Carte 124/208 CHF   **3FYd**
Spéc. Le foie gras de Canard. La Cigale de Mer. Le filet Mignon de veau et morilles.
♦ Au sein d'un hôtel de grande classe, restaurant intime et feutré s'illustrant par sa cuisine savoureuse et bien dans son époque, sa cave éblouissante (vieux millésimes français) et son service plein d'égards. Table du chef près des fourneaux. Terrasse d'été.

Spice's – Hôtel Président Wilson
47 quai Wilson ⊠ 1201 – ℰ 022 906 66 66 – www.hotelpwilson.com
– Fax 022 906 66 67 – fermé 2 - 12 janvier, 5 juillet - 16 août, samedi midi et dimanche   **3GXd**
Rest – Menu 59 CHF (déj.)/140 CHF – Carte 127/163 CHF
♦ Cuisine "fusion" à apprécier dans une élégante ambiance "trendy". Mentions spéciales pour l'assortiment de vins et le professionnalisme autant que la gentillesse du personnel.

GENÈVE

XXX La Perle du Lac
126 r. de Lausanne ⊠ 1202 – ℰ 022 909 10 20 – www.laperledulac.ch
– Fax 022 909 10 30 – fermé 24 décembre - 12 janvier et lundi **2CUf**
Rest – Menu 65 CHF (déj.)/130 CHF – Carte 83/134 CHF

♦ Pavillon centenaire dans un parc admirable s'étalant sur la berge du lac. Salles de caractère, belle terrasse à la vue unique, choix classico-traditionnel, pianiste au dîner.

XX ✿ Rasoi by Vineet – Hôtel Mandarin Oriental
1 quai Turrettini ⊠ 1201 – ℰ 022 909 00 06
– www.mandarinoriental.com/geneva – Fax 022 909 00 10 – fermé dimanche et lundi **3FYr**
Rest – *(réservation conseillée)* Menu 65 CHF (déj.)/165 CHF – Carte 107/166 CHF
Spéc. Gambas marinées et cuites au tandoor, fine semoule aux feuilles de curry fraîches. Homard grillé, riz basmati au brocoli et gingembre, naan aux herbes. Agneau, pomme purée au masala et sauce Rogan Josh.

♦ Cuisine indienne délicieusement revisitée, servie dans un cadre très "tendance" avec jardin d'hiver et tandoor design où cuisent les naans. Service appliqué et ambiance cosmopolite.

X ✿ Vertig'O – Hôtel de la Paix
11 quai du Mont-Blanc ⊠ 1201 – ℰ 022 909 60 66
– www.concorde-hotels.com/hoteldelapaix – Fax 022 909 60 01 – fermé
21 décembre - 6 janvier, 13 juillet - 17 août, samedi-midi, dimanche et lundi
Rest – (38 CHF) Menu 55 CHF (déj.)/135 CHF – Carte 103/133 CHF **3FYe**
Spéc. Tourteaux aux asperges vertes et tomates confites à l'émulsion au lait d'épices, vinaigrette d'artichauts. Quasi d'agneau aux pommes rattes et olives. Ile flottante au Bailey's et glace à la fève tonka fondant au chocolat et croquant noisettes.

♦ Restaurant d'hôtel à la déco contemporaine et "fashionable", pour se délecter de préparations actuelles aux saveurs bien marquées, à base de produits choisis. Jolie mise de table. Service appliqué.

X Sens – Hôtel Eastwest
6 r. des Pâquis ⊠ 1201 – ℰ 022 708 17 07 – www.eastwesthotel.ch
– Fax 022 708 17 18 **3FYs**
Rest – *(réservation conseillée)* Menu 79 CHF

♦ Ce resto d'hôtel plaît par son look japonisant et ses mets d'humeur méditerranéenne, où l'on devine la "patte" des frères Pourcel. Lunch-plateau pour gourmets pressés. Tapas bar.

X Chez Jacky
9 r. Necker ⊠ 1201 – ℰ 022 732 86 80 – www.chezjacky.ch
– Fax 022 731 12 97 – fermé 24 décembre - 6 janvier, 19 juillet - 11 août, samedi et dimanche **3FYp**
Rest – (28 CHF) Menu 49 CHF (déj.)/93 CHF – Carte 75/91 CHF

♦ Cuisine traditionnelle préparée par le patron Jacky "himself", depuis plus de 25 ans. Salle bourgeoise devancée par une terrasse d'été. Beaux chariots de fromages et desserts.

X Le Lexique
14 r. de la Faucille ⊠ 1201 – ℰ 022 733 31 31 – www.lelexique.ch – fermé
20 décembre - 4 janvier, 25 juillet - 16 août, samedi midi, dimanche et lundi
Rest – *(réservation conseillée)* (23 CHF) Menu 68 CHF **3FXe**
– Carte 70/77 CHF

♦ En salle ou l'été sur sa terrasse-trottoir, ce resto sympa du quartier des grottes vous régale d'une cuisine saisonnière tout en fraîcheur, d'un rapport qualité-prix favorable.

X Bistrot du Boeuf Rouge
17 r. Dr. Alfred-Vincent ⊠ 1201 – ℰ 022 732 75 37 – www.boeufrouge.ch
– Fax 022 731 46 84 – fermé 24 décembre - 4 janvier, 17 juillet - 15 août, samedi et dimanche **3FYz**
Rest – *(réservation conseillée)* (19 CHF) Menu 38 CHF (déj.)/54 CHF
– Carte 51/81 CHF

♦ La famille Farina veille gentiment au grain depuis plus de 20 ans dans ce typique bistrot "frenchie" (zinc, banquettes, vieilles "réclames" et jeux de miroirs). Au menu, spécialités lyonnaises, plats d'ici et suggestions gourmandes.

GENÈVE

Sagano
86 r. de Montbrillant ⊠ 1202 – ℰ 022 733 11 50 – Fax 022 733 27 50 – fermé samedi midi et dimanche **2CUn**
Rest – *(réservation conseillée)* (29 CHF) Menu 23 CHF (déj.)/90 CHF – Carte 52/95 CHF

• Faim d'exotisme nippon ? Poussez la porte du Sagano et embarquez pour un délicieux voyage dans l'Empire du Soleil levant. Cadre "zen" avec tatamis et tables basses. Beau choix de vins.

Le Rouge et le Blanc
27 quai des Bergues ⊠ 1201 – ℰ 022 731 15 50 – www.lerougeblanc.ch – fermé 23 décembre - 3 janvier **3FYg**
Rest – *(réservation conseillée)* (33 CHF) Menu 44 CHF (déj.) – Carte 63/85 CHF

• Convivialité assurée dans ce gentil resto-bar à vins où l'on ne reste jamais en carafe ! Charcuteries maison et plats mijotés d'antan. Sommelier de bon conseil. Offre réduite à midi.

Rive gauche (Centre des affaires)

Swissôtel Métropole
34 quai Général-Guisan ⊠ 1204 – ℰ 022 318 32 00 – www.swissotel.com/geneva – Fax 022 318 33 00 **3GYa**
118 ch – †440/890 CHF ††500/890 CHF, ⊊ 41 CHF – 9 suites
Rest *Le Grand Quai* – (30 CHF) Menu 58 CHF (déj.)/116 CHF – Carte 95/112 CHF

• Mélange de raffinement cossu et de luxe moderne dans ce palace classique de 1854 surveillant le jet d'eau. Équipements pour se réunir et garder la forme. Belles terrasses. Cuisine saisonnière créative, servie dans un cadre contemporain élégant au Grand Quai.

Les Armures
1 r. du Puits-Saint-Pierre ⊠ 1204 – ℰ 022 310 91 72 – www.hotel-les-armures.ch – Fax 022 310 98 46 **3FZg**
32 ch ⊊ – †425/515 CHF ††655/680 CHF
Rest – *(fermé Noël et Nouvel An)* (19 CHF) – Carte 52/90 CHF

• Cette demeure du 17e s., nichée dans le cœur historique de Genève, marie joliment le moderne et l'ancien. Chambres actuelles, design ou plus rustiques. Les plus grands de ce monde ont logé ici ! Resto au cachet authentique, carnotzet et terrasse de ville. Fondues et raclettes au menu.

De la Cigogne
17 pl. Longemalle ⊠ 1204 – ℰ 022 818 40 40 – www.cigogne.ch – Fax 022 818 40 50 **3FGYj**
46 ch ⊊ – †405 CHF ††510 CHF – 6 suites
Rest – *(fermé dimanche midi, de juillet à août : samedi et dimanche midi)* (40 CHF) Menu 65/130 CHF – Carte 84/107 CHF

• Vous apprécierez ce charmant hôtel de la Belle Époque pour son classicisme chic et feutré ainsi que pour ses chambres et suites personnalisées par du mobilier ancien. Recettes de bases traditionnelles, éclairage tamisé et atmosphère intime au restaurant.

Tiffany
20 r. de l'Arquebuse ⊠ 1204 – ℰ 022 708 16 16 – www.tiffanyhotel.ch – Fax 022 708 16 17 **3FZv**
46 ch – †330/440 CHF ††440/510 CHF, ⊊ 30 CHF
Rest – *(fermé Noël et Nouvel An)* (25 CHF) – Carte 57/102 CHF

• Maison de la fin du 19e s. vous réservant un accueil soigné. Ambiance Belle Époque, du hall jusqu'aux chambres, toutes bien remises à jour. Charmante salle à manger façon brasserie rétro (déco Art Nouveau, lampes Tiffany). Carte portant le sceau des frères Pourcel.

La Cour des Augustins sans rest
15 r. Jean-Violette ⊠ 1205 – ℰ 022 322 21 00 – www.lacourdesaugustins.com – Fax 022 322 21 01 **3FZa**
32 ch – †265/550 CHF ††315/650 CHF, ⊊ 24 CHF – 8 suites

• "Boutique gallery design hotel" : telle est la ligne de conduite de cette adresse à choisir pour son luxe minimaliste ultracontemporain (made in Switzerland), dans des murs de 1850 !

GENÈVE

🏠 Longemalle sans rest
13 pl. Longemalle ⊠ 1204 – ℰ 022 818 62 62 – www.longemalle.ch
– Fax 022 818 62 61
58 ch ⊆ – †230/275 CHF ††295 CHF   **3**GY**k**

♦ Hôtel mettant à profit une demeure monumentale (1905) au cœur du quartier des affaires. Les chambres, de formats disparates, diffèrent aussi par leurs tons et style décoratif.

🏠 Bel'Espérance sans rest
1 r. de la Vallée ⊠ 1204 – ℰ 022 818 37 37 – www.hotel-bel-esperance.ch
– Fax 022 818 37 73
40 ch ⊆ – †98/154 CHF ††154/190 CHF   **3**GZ**a**

♦ L'Armée du Salut est propriétaire de cet hôtel de la vieille ville. Chambres fonctionnelles doucement tarifées. Toit-terrasse avec vue urbaine. Maison entièrement non-fumeurs.

XX Brasserie du Parc des Eaux-Vives
82 quai Gustave-Ador ⊠ 1207 – ℰ 022 849 75 75
– www.parcdeseauxvives.ch – Fax 022 849 75 70 – fermé 1ᵉʳ - 18 janvier, dimanche et lundi   **2**CU**d**
Rest – Menu 49 CHF (déj.)/89 CHF – Carte 63/99 CHF

♦ Élégante brasserie moderne établie au rez-de-chaussée du pavillon du parc des Eaux-Vives. Cuisine au goût du jour, belle vue sur le lac et invitante terrasse en teck.

XX Roberto
10 r. Pierre-Fatio ⊠ 1204 – ℰ 022 311 80 33 – Fax 022 311 84 66 – fermé samedi soir, dimanche et fériés   **3**GZ**e**
Rest – (réservation conseillée) (28 CHF) – Carte 86/129 CHF

♦ Offrez-vous la "dolce vita" à cette table italienne estimée pour la chaleur de son décor et l'authenticité de sa "cucina". Naturellement, toutes les pâtes sont faites maison !

XX La Cantine des Commerçants
29 bd Carl Vogt ⊠ 1205 – ℰ 022 328 16 70 – www.lacantine.ch
– Fax 022 328 16 71 – fermé 20 décembre - 4 janvier, 25 juillet - 9 août et dimanche   **2**BU**a**
Rest – (22 CHF) – Carte 62/111 CHF

♦ Néobistro où l'on mange dans l'air du temps, à prix maîtrisés. Tons frais et mobilier moderne ou "vintage" forment un décor panaché. Vaste terrasse d'été colonisant le trottoir.

X Buffet de la Gare des Eaux-Vives (Serge Labrosse)
ඐ
7 av. de la Gare des Eaux-Vives ⊠ 1207 – ℰ 022 840 44 30
– Fax 022 840 44 31 – fermé 19 décembre - 4 janvier,
24 juillet - 8 août, samedi et dimanche   **2**CU**x**
Rest – (31 CHF) Menu 59 CHF (déj.)/155 CHF – Carte 116/140 CHF
Spéc. Sur un lit de cèleri confit le pommes de ris de veau dorées aux morilles, écumes d'un lait et grains de sel fumés. Rouget croustillant aux amandes, fondant d'aubergine, picholine et citron confit, lait parfumé à la fève de Tonka. Agneau de lait, carpaccio de légumes et fèves de printemps à la sarriette.

♦ Un lieu sympathique, un chef qui compte sur la scène gourmande genevoise. Cadre moderne clair, terrasse à quai, cuisine créative d'inspiration méditerranéenne, bonne cave axée sur la Suisse et le Rhône.

X La Finestra
11 r. de la Cité ⊠ 1204 – ℰ 022 312 23 22 – www.lafinestra.ch – fermé 24 décembre - 3 janvier, 2 - 5 avril, samedi midi et dimanche   **3**FY**h**
Rest – (39 CHF) Menu 87 CHF – Carte 77/88 CHF

♦ Cette adresse de la vieille ville reçoit les amateurs de spécialités italiennes dans un décor chaud et feutré ou sur sa petite terrasse d'été vivant au rythme de la rue piétonne.

X Le Patio
19 bd Helvétique ⊠ 1207 – ℰ 022 736 66 75 – Fax 022 786 40 74 – fermé 24 décembre - 4 janvier, samedi et dimanche   **3**GZ**b**
Rest – (28 CHF) Menu 48 CHF (déj.) – Carte 69/91 CHF

♦ Carte traditionnelle, ardoise selon le marché, expo de toiles d'un artiste cubain, miniterrasse estivale sur le trottoir. Bon accueil du patron en place depuis plus de 30 ans.

213

GENÈVE

Thai
3 r. Neuve-du-Molard – 1204 – ℰ 022 310 12 54 – www.thai-geneve.com
– Fax 022 735 17 24 – fermé 24 décembre - 3 janvier, 2 - 5 avril et dimanche
Rest – (23 CHF) Menu 37 CHF (déj.) – Carte 68/103 CHF   3FYt

♦ L'endroit fait sensation par son design orientalisant, en parfaite osmose avec les recettes du chef, qui revisite à la sauce du jour le patrimoine culinaire thaïlandais.

Environs

au Nord

Palais des Nations

InterContinental
7 ch. du Petit-Saconnex – 1209
– ℰ 022 919 39 39 – www.intercontinental-geneva.ch – Fax 022 919 38 38
266 ch – ♦670 CHF ♦♦720 CHF, ⊇ 44 CHF – 62 suites   1BTd
Rest *Woods* – Menu 44 CHF (déj.) – Carte 82/121 CHF

♦ Tour hôtelière des sixties aux abords du Palais des Nations. Communs modernes, espaces conférenciers, belle piscine, spa et chambres relookées par un designer new-yorkais. Cuisine et déco d'aujourd'hui au restaurant Woods.

Vieux-Bois
12 av. de la Paix, (Ecole Hôtelière) – 1202 – ℰ 022 919 24 26
– www.vieux-bois.ch – Fax 022 919 24 28 – fermé 19 décembre - 3 janvier, 31 mars - 6 avril, 13 - 16 mai, 10 juillet - 1er août, 9 - 12 septembre, samedi et dimanche   2CTr
Rest – (déjeuner seulement) (réservation conseillée) (menu unique) (36 CHF) Menu 44/56 CHF

♦ Ce pavillon du 18e s. avoisine les Nations Unies et abrite l'École Hôtelière de Genève. Menu en phase avec l'époque, concocté par les étudiants, sous l'œil expert de leurs profs.

Chaque restaurant étoilé est accompagné de trois spécialités représentatives de sa cuisine. Il arrive parfois qu'elles ne puissent être servies : c'est souvent au profit d'autres savoureuses recettes inspirées par la saison. N'hésitez pas à les découvrir !

à Chambésy 5 km – alt. 389 m – ⊠ 1292

Le Relais de Chambésy
8 pl. de Chambésy – ℰ 022 758 11 05 – www.relaisdechambesy.ch
– Fax 022 758 02 30 – fermé 24 décembre - 5 janvier, 26 juillet - 9 août, samedi-midi et dimanche   2CTa
Rest – (29 CHF) Menu 66 CHF – Carte 62/103 CHF

♦ Un lieu conjuguant charme et tradition, au cœur de Chambésy. Repas à la française dans plusieurs salles ou, avec la complicité du soleil d'été, sur la belle terrasse villageoise.

à Bellevue par route de Lausanne : 6 km – alt. 380 m – ⊠ 1293

La Réserve
301 rte de Lausanne – ℰ 022 959 59 59
– www.lareserve.ch – Fax 022 959 59 60   2CTb
87 ch – ♦490/600 CHF ♦♦590/750 CHF, ⊇ 45 CHF – 15 suites
Rest *Le Loti* – Carte 88/148 CHF
Rest *Tsé-Fung* – Menu 75/150 CHF – Carte 69/155 CHF

♦ Palace dont les chambres et suites modernes se complètent souvent d'une terrasse donnant pour la plupart sur le parc et sa piscine. Splendide décor signé Garcia ; superbe spa. Carte italianisante et décor exotique soigné au Loti. Gastronomie chinoise évolutive et cadre oriental raffiné au Tsé Fung.

GENÈVE

à l'Est par route d'Evian

à Cologny 3,5 km – alt. 432 m – ✉ 1223

XXXX **Auberge du Lion d'Or** (Thomas Byrne et Gilles Dupont)
ॐ *5 pl. Pierre-Gautier –* ℰ *022 736 44 32*
– *www.liondor.ch* – *Fax 022 786 74 62* – *fermé 20 décembre - 8 janvier, samedi et dimanche* **2DUb**
Rest – Menu 145 CHF (déj.)/220 CHF – Carte 121/203 CHF
Rest *Le Bistro de Cologny* – (25 CHF) Menu 70/90 CHF – Carte 74/113 CHF
Spéc. Ravioli de crâbe du Kamchatka, grosse crevette sauvage au sillage de gingembre et citronnelle. Voyage de pigeonneau de Haut-Anjou au pays des mille et une nuits. Parmentière de homard au fenouil, écorce d'orange et safran, hachis de pomme de terre à l'aneth.
◆ Produits choisis cuisinés "à quatre mains" avec audace et créativité. En prime : cave recherchée, service pro et vue romantique sur le lac, de la salle comme du salon-bar-fumoir et de la charmante terrasse. Bistrot au goût du jour également doté d'une jolie terrasse.

X **La Closerie**
14 pl. du Manoir – ℰ *022 736 13 55* – *www.lacloserie.ch* – *Fax 022 736 43 56*
– *fermé 15 juillet - 15 août, lundi et mardi midi* **2DUt**
Rest – (22 CHF) Menu 39 CHF (déj.)/90 CHF – Carte 74/87 CHF
◆ Au bord de la place communale, salle moderne rehaussée de fresques et de boiseries, où l'Italie s'invite à votre table. Beau chariot de desserts. Terrasse d'été villageoise.

à Vandoeuvres 4,5 km – alt. 465 m – ✉ 1253

XX **Cheval Blanc**
☺ *1 rte de Meinier –* ℰ *022 750 14 01* – *www.restaurant-chevalblanc.ch*
– *Fax 022 750 31 01* – *fermé 3 semaines en juillet, 2 semaines Noël - Nouvel An, dimanche et lundi* **2DUc**
Rest – (19 CHF) Menu 75/95 CHF – Carte 76/93 CHF
◆ Au centre du village, engageante auberge vouée à la gastronomie italienne. "Ristorante" où l'on a ses aises, et café à côté, pour le plat du jour. Treille de vigne en terrasse.

à Collonge-Bellerive 6 km – alt. 411 m – ✉ 1245

X **Le Saladier**
1 ch. du Château-de-Bellerive – ℰ *022 752 47 04* – *fermé fin décembre - mi-janvier, dimanche soir et lundi* **2DTa**
Rest – (20 CHF) – Carte 72/108 CHF
◆ Cette maison attenante à l'église ouvre sa terrasse sur un petit parc et sert, pour un prix juste, une cuisine franche et goûtue, réalisée sans artifice, dans la tradition française.

à l'Est par route d'Annemasse

à Thônex Sud-Est : 5 km – alt. 414 m – ✉ 1226

XX **Le Cigalon** (Jean-Marc Bessire)
ॐ *39 rte d'Ambilly, (à la douane de Pierre-à-Bochet) –* ℰ *022 349 97 33*
– *www.le-cigalon.ch* – *Fax 022 349 97 39* – *fermé 24 décembre - 11 janvier, 20 - 28 février, 1er - 6 avril, 25 juillet - 16 août, dimanche et lundi* **2DUf**
Rest – Menu 65 CHF (déj.)/140 CHF – Carte 84/128 CHF
Spéc. Paupiettes de thon au huître, saveurs marines. Menu façon tapas. Menu d'affaire tous poissons.
◆ Le meilleur de la petite pêche des côtes bretonnes et méditerranéennes, sublimé dans des recettes constamment renouvelées. Déco océane, table du chef en cuisine, terrasse arrière. Conseils avisés pour le choix du vin.

GENÈVE

au Sud

à Conches Sud-Est : 5 km – alt. 419 m – ✉ 1231

✗ **Le Vallon** 🈸 ⇔ **P** VISA ⦿ AE ①
182 rte de Florissant – ✆ *022 347 11 04 – www.cafeduvallon.ch*
– Fax 022 346 31 11 – fermé 25 décembre - 3 janvier, 2 - 5 avril,
9 - 19 septembre, samedi-midi et dimanche **2CVn**
Rest – *(réservation conseillée)* (30 CHF) Menu 51 CHF (déj.)/87 CHF
– Carte 83/110 CHF
♦ Façade rose où court la glycine, réjouissante déco bistro "old fashioned", terrasse-pergola couverte de vigne, propositions gourmandes notées à l'ardoise et sur des panonceaux.

à Veyrier 6 km – alt. 422 m – ✉ 1255

✗✗ **Café de la Réunion** 🈸 **P** VISA ⦿ AE ①
2 ch. Sous-Balme – ✆ *022 784 07 98 – www.restaurant-reunion.ch*
– Fax 022 784 38 59 – fermé 24 décembre - 10 janvier, 27 mars - 11 avril,
16 - 24 octobre, samedi et dimanche **2DVb**
Rest – (21 CHF) Menu 96 CHF (déj.)/103 CHF – Carte 94/102 CHF
♦ Cuisine de saison aux présentations quelquefois sophistiquées, servie avec bienveillance dans un cadre moderne vivifié, parmi les orchidées de la patronne, ou dehors en été.

à Carouge 3 km – alt. 382 m – ✉ 1227

🏨 **Ramada Encore** 📶 ♿ AC ch, 📶 🛐 🚗 VISA ⦿ AE ①
☕ *12 rte des Jeunes –* ✆ *022 309 50 00 – www.encoregeneve.ch*
– Fax 022 309 50 05 **1BVn**
151 ch – †225/360 CHF ††225/360 CHF, ⊇ 22 CHF – 3 suites
Rest – *(fermé 20 décembre - 3 janvier, 5 juillet - 29 août, samedi et dimanche)
(déjeuner seulement) (buffet seulement)* (17 CHF) Menu 36 CHF
♦ Immeuble moderne élevé entre le stade de Genève et le centre commercial de la Praille. Chambres tip-top disponibles en trois formats. Centres de congrès et d'événements. Resto proposant des lunches sous forme de buffets.

✗ **Café des Négociants** 🈸 AC VISA ⦿ AE
29 r. de la Filature – ✆ *022 300 31 30 – www.negociants.ch – Fax 022 300 31 05*
– fermé 24 décembre - 4 janvier, 26 juillet - 8 août, samedi et dimanche
Rest – *(réservation conseillée)* (29 CHF) Menu 29 CHF (déj.)/88 CHF **2CVe**
– Carte 57/96 CHF 🍷
♦ Les plaisirs d'une goûteuse cuisine saisonnière et d'une cave rabelaisienne conseillée avec expertise, dans un cadre bistrotier à l'attachante nostalgie, ou l'été en terrasse.

✗ **Au Lavandou** 🈸 VISA ⦿ AE ①
54 r. Jacques-Dalphin – ✆ *022 343 68 22 – www.restaurant-lavandou.ch*
– fermé 5 - 19 septembre, dimanche, lundi, mardi midi, mercredi midi et samedi midi **2CVu**
Rest – (20 CHF) Menu 59/99 CHF – Carte 75/123 CHF
♦ Petit resto sympa où madame soigne l'accueil tandis que monsieur cuisine. Carte saisonnière tendance poisson, menus à prix réalistes, intérieur chaleureux et terrasse verte.

à Troinex 5 km par route de Troinex – alt. 425 m – ✉ 1256

✗✗✗ **La Chaumière** (Richard Cressac) 🈸 ♿ ⇔ **P** VISA ⦿ AE ①
❀ *16 ch. de la Fondelle –* ✆ *022 784 30 66 – www.lachaumiere.ch*
– Fax 022 784 60 48 – fermé 20 décembre - 5 janvier, 2 - 5 avril,
9 - 13 septembre, dimanche et lundi **2CVm**
Rest – Menu 70 CHF (déj.)/175 CHF – Carte 99/138 CHF 🍷
Rest *Brasserie* – (21 CHF) Menu 44 CHF (déj.) – Carte 50/91 CHF
Spéc. Cuisses des grenouilles fraîches au beurre en persillade. Agneau de lait du Limousin, jus à la tapenade. Feuilles de chocolat noir, crème au poivre Szechuan et glace arabica.
♦ Maison de bouche installée dans un quartier résidentiel d'un village agreste. Cuisine fine et moderne à accompagner de jolis vins du cru. Tables rondes bien mises. Terrasse estivale agréable. Ardoise du jour, confort plus simple et cadre coloré à la brasserie.

GENÈVE

à **Plan-les-Ouates** 5 km – alt. 403 m – ⊠ 1228

🏠 **Des Horlogers** sans rest
135 rte de Saint-Julien – ℰ 022 884 08 33 – www.horlogers-ge.ch
– Fax 022 884 08 34 – fermé 17 décembre - 10 janvier **1**BV**d**
32 ch ⊇ – †170/250 CHF ††200/350 CHF

♦ Hôtel rénové ou cabinet de curiosités ? Un peu les deux à la fois ! Pimpantes chambres aux noms d'horaires. Expo d'objets d'horlogerie à l'accueil et autour du buffet matinal.

XX **La Place**
143 rte de St-Julien – ℰ 022 794 96 98 – www.restaurant-laplace.ch
– Fax 022 794 48 47 – fermé 19 décembre - 4 janvier, 24 juillet - 15 août, samedi et dimanche **1**BV**p**
Rest – (29 CHF) Menu 45 CHF (déj.)/89 CHF – Carte 79/100 CHF

♦ Salle intimiste aux lumières douces, ornée de toiles colorées. Créations culinaires au plus proche des saisons, alliant générosité gustative et esthétisme de la présentation.

à **Certoux** 9 km - **AV** – alt. 425 m – ⊠ 1258 Perly

XX **Café de Certoux**
133 rte de Certoux – ℰ 022 771 10 32 – www.cafe-certoux.ch
– Fax 022 771 28 43 – fermé 24 décembre - 8 janvier, 18 juillet
- 9 août, dimanche et lundi
Rest – (25 CHF) Menu 52 CHF (déj.)/92 CHF – Carte 71/115 CHF

♦ Dans un village de campagne, ex-pinte devenue un petit resto bien comme il faut. Recettes de saison, où entrent les récoltes du potager. Atmosphère sympa et jolie terrasse.

à **Bernex** 6,5 km – ⊠ 1233

X **Du Signal**
335 r. de Bernex – ℰ 022 757 02 00 – Fax 0227 575 6601 – fermé 31 août
- 16 septembre, 2 semaines en février, samedi midi et dimanche **1**AV**s**
Rest – (21 CHF) – Carte 44/88 CHF

♦ Cadre rustique sans prétention, parure de vigne en terrasse, service gentil et ambiance au beau fixe, pour faire connaissance avec une cuisine saisonnière de bonne facture.

à l'Ouest

à **Cointrin** par rte de Meyrin : 4 km - **BTU** – alt. 428 m – ⊠ 1216

🏨 **Mövenpick**
20 rte de Pré-Bois – ℰ 022 717 11 11 – www.moevenpick-geneva-airport.com
– Fax 022 717 11 22 **1**BT**z**
344 ch – †250/460 CHF ††280/490 CHF, ⊇ 38 CHF – 6 suites
Rest *Latitude* – (24 CHF) Menu 44 CHF (déj.) – Carte 65/99 CHF
Rest *Kamomé* – *(fermé samedi midi, dimanche et lundi midi)* (26 CHF)
Menu 48 CHF (déj.)/110 CHF – Carte 48/103 CHF

♦ Hôtel d'affaires proche de l'aéroport. Lounge, bars, casino et divers types de chambres bien équipées, de style classique ou contemporain. Décor branché et carte "fusion" au Latitude. Repas nippon au sushi-bar ou autour des tables de cuisson (teppanyaki) du Kamomé.

🏨 **Suitehotel**
28 av. Louis-Casaï – ℰ 022 710 46 46 – www.suite-hotel.com
– Fax 022 710 46 00 **1**BU**b**
86 ch – †206/270 CHF ††206/270 CHF, ⊇ 12 CHF
Rest *Swiss Bistro* – *(fermé samedi et dimanche) (27 juillet - 15 août dîner seulement)* (17 CHF) – Carte 44/70 CHF

♦ Businesshotel moderne et coloré bâti entre aéroport et centre-ville. Chambres avec système multimédia et coin salon-bureau séparable par une cloison. Self-service alimentaire. Brasserie au cadre actuel ; carte bistrotière à connotations helvétiques.

GENÈVE

Ibis
10 ch. de la Violette – ℰ 022 710 95 00 – www.ibishotel.com
– Fax 022 710 95 95 – fermé 24 décembre - 4 janvier
109 ch – †152/220 CHF ††152/220 CHF, ⊆ 15 CHF   **1BTt**
Rest – (24 CHF) – Carte 49/59 CHF

♦ Retrouvez, dans le voisinage de l'autoroute et de l'aéroport genevois, l'éventail des prestations hôtelières de la chaîne Ibis. Chambres standard avec modules sanitaires. Restaurant plagiant le style "estaminet" et présentant une carte au goût du jour.

L'Altitude
13 rte de l'Aeroport – ℰ 022 817 46 09 – www.altitude-geneva.ch
– Fax 022 817 46 01   **1BTa**
Rest – Menu 65 CHF – Carte 81/104 CHF

♦ Resto logé au 3ᵉ niveau de l'aéroport (arrivées). Déco moderne, saveurs cosmopolites, bar loungy, meeting rooms, vue sur le tarmac et les Alpes. Les sam. et dim. midis, buffet seulement.

à Meyrin par route de Meyrin : 5 km – alt. 445 m – ✉ 1217

NH Geneva Airport
21 av. de Mategnin – ℰ 022 989 90 00 – www.nh-hotels.com
– Fax 022 989 99 99   **1ATb**
190 ch – †155/450 CHF ††155/510 CHF, ⊆ 29 CHF
Rest *Le Pavillon* – (20 CHF) – Carte 53/90 CHF

♦ Architecture extérieure circulaire en briques rouges, révélatrice de la modernité intérieure. Hall et lobby d'esprit design, bar chaleureux et chambres nettes. Repas au goût du jour dans un décor contemporain sous la coupole du Pavillon.

Palais des Expositions 5 km – alt. 452 m – ✉ 1218 Grand-Saconnex

Crowne Plaza
34 rte François-Peyrot – ℰ 022 747 02 02 – www.crowneplazageneva.ch
– Fax 022 747 03 03   **1BTs**
496 ch – †295/600 CHF ††295/600 CHF, ⊆ 39 CHF
Rest *Carlights* – (fermé 19 juillet - 22 août, samedi et dimanche) (déjeuner seulement) (28 CHF) Menu 55 CHF (déj.) – Carte 71/99 CHF
Rest *L'Olivo* – (fermé 20 décembre - 2 janvier) Carte 83/104 CHF

♦ Près de l'aéroport et de Palexpo, hôtel gros porteur conçu pour les séjours d'affaires et de congrès. Chambres contemporaines ou classiques. Quelques loisirs. Carte "fusion" et déco design au Carlights. Parfums d'Italie, belle terrasse et ambiance Sud à l'Olivo.

GENOLIER – Vaud (VD) – **552** B10 – 1 682 h. – alt. 562 m – ✉ 1272   **6 A6**
▶ Bern 135 – Genève 29 – Lausanne 39 – Neuchâtel 99

Auberge des Trois Tilleuls
7 pl. du Village – ℰ 022 366 05 31 – www.troistilleuls.ch – Fax 022 366 05 32
– fermé 2 semaines fin décembre - début janvier, dimanche et lundi
Rest – Menu 70 CHF (déj.)/110 CHF – Carte 65/83 CHF
Rest *Bistrot* – (18 CHF) – Carte 40/87 CHF

♦ Auberge villageoise charmante proposant une carte contemporaine panachée de plats plus traditionnels. Cuisine artisanale, cadre avenant et accueil aux petits soins. Bistrot sympa misant sur un plat du jour et des suggestions à l'écriteau. Terrasse estivale.

GERLAFINGEN – Solothurn (SO) – **551** K6 – 4 773 Ew – Höhe 452 m   **2 D3**
– ✉ 4563
▶ Bern 34 – Biel 29 – Solothurn 7 – Sursee 48

Frohsinn
Obergerlafingerstr. 5 – ℰ 032 675 44 77 – www.frohsinngerlafingen.ch
– Fax 032 675 44 82 – geschl. 20. Februar - 10. März und Sonntag - Montag
Rest – (16 CHF) – Karte 41/68 CHF

♦ In diesem Gasthof erwarten Sie überwiegend österreichische Spezialitäten zu fairen Preisen sowie ein freundlicher Service durch die Chefin.

GEROLDSWIL – Zürich (ZH) – 551 P4 – 4 423 Ew – Höhe 403 m   4 F2
– ✉ 8954

▶ Bern 114 – Zürich 18 – Aarau 38 – Baden 14

Hostellerie Geroldswil
Huebwiesenstr. 36, (am Dorfplatz) – ✆ *044 747 87 87*
– www.hostellerie-geroldswil.ch – Fax 044 747 88 88
72 Zim ⌑ – †160/250 CHF ††200/300 CHF   **Rest** – (23 CHF) – Karte 45/87 CHF
♦ Neuzeitlich und funktionell sind die Gästezimmer in diesem Hotel in der Ortsmitte. Ein Garagenplatz ist im Zimmerpreis inbegriffen. Der gastronomische Bereich besteht aus Brasserie, Pizzeria und Bar.

GEROLFINGEN – Bern (BE) – 552 H6 – Höhe 502 m – ✉ 2575   2 C4

▶ Bern 39 – Neuchâtel 29 – Biel 10 – Solothurn 36

XX Züttel
Hauptstr. 30 – ✆ *032 396 11 15 – www.restaurantzuettel.ch – Fax 032 396 10 53*
– geschl. Februar 2 Wochen, September 2 Wochen und Mittwoch - Donnerstag
Rest – (29 CHF) Menü 89 CHF – Karte 56/89 CHF
♦ Der Gasthof nicht weit vom Ufer des Bielersees wird in der 3. Generation sehr freundlich von Familie Züttel geleitet und bietet traditionelle Küche mit frischem Fisch aus dem See.

GERRA GAMBAROGNO – Ticino (TI) – 553 Q13 – 292 ab. – alt. 222 m   9 H6
– ✉ 6576

▶ Bern 236 – Locarno 20 – Bellinzona 22 – Lugano 43

a Ronco Sud : 1 km – alt. 290 m – ✉ 6576 Gerra Gambarogno

X Roccobello
– ✆ *091 794 16 19 – www.roccobello.ch – chiuso inizio gennaio - metà marzo,*
metà novembre - metà dicembre, lunedì (escluso da luglio a metà ottobre),
martedì, mercoledì a mezzogiorno
Rist – Menu 60/70 CHF (cena) – Carta 48/70 CHF
♦ Caratteristico ristorantino dotato di terrazza panoramica con bella vista sul lago e sulle montagne. Atmosfera familiare, cucina legata al territorio e alle tradizioni.

GERSAU – Schwyz (SZ) – 551 P7 – 1 960 Ew – Höhe 435 m – ✉ 6442   4 G4

▶ Bern 159 – Luzern 55 – Altdorf 20 – Einsiedeln 39
🛈 Seestr. 27, ✆ 041 828 12 20, tourismus@gersau.ch
◉ Lage ★★

Seehof
Seestr. 1, Richtung Brunnen – ✆ *041 829 83 00 – www.seehof-gersau.ch*
– Fax 041 829 83 84 – geschl. 15. Oktober - 15. November
23 Zim ⌑ – †118/178 CHF ††158/238 CHF
Rest – *(geschl. Oktober - Mai) (nur Abendessen)* Karte 46/88 CHF
♦ Die zwei Gebäude des Hotels liegen an der Seestrasse. Die Zimmer sind funktionell oder komfortabler, alle zum See hin und viele mit Balkon. Bootssteg und eigenes Strandbad. Restaurant mit grosser moderner Veranda und schöner Terrasse direkt am See.

X Gasthaus Tübli mit Zim
Dorfstr. 12 – ✆ *041 828 12 34 – www.gasthaus-tuebli-gersau.ch*
– Fax 041 828 12 38 – geschl. 27. Februar - 7. März (Hotel)
4 Zim ⌑ – †75/85 CHF ††120/140 CHF – ½ P +30 CHF
Rest – *(geschl. 27. Februar - 7. März, 2. - 10. Oktober und November - April: Montag - Dienstag)* Karte 44/73 CHF
♦ Seit über 200 Jahren existiert das Gasthaus mit Holzfassade und ländlich-gemütlicher Atmosphäre. Man kocht mit saisonalen, regionalen Produkten, Spezialität ist Fohlenfleisch. Gut übernachten kann man in vier netten rustikalen Doppelzimmern.

GERZENSEE – Bern (BE) – **551** J8 – 959 Ew – Höhe 647 m – ✉ 3115   **2 D4**

▶ Bern 23 – Fribourg 59 – Langnau im Emmental 27 – Thun 16

XX **Bären**
*Dorfstr. 9 – ℘ 031 781 14 21 – Fax 031 781 42 35 – geschl. Mitte Februar
- Anfang März, Mitte Juli - Anfang August und Mittwoch - Donnerstag*
Rest – Menü 75 CHF – Karte 61/91 CHF

♦ Seit über 25 Jahren wird das Riegelhaus in der Ortsmitte von der Familie geleitet. Eine nette ländliche Adresse mit einfacher Gaststube und Restaurant in rustikalem Stil.

GESCHINEN – Wallis (VS) – **552** O10 – 65 Ew – Höhe 1 340 m – ✉ 3985   **8 F5**

▶ Bern 136 – Andermatt 45 – Brig 35 – Interlaken 81

X **Baschi**
*Furkastrasse, Nord-Ost: 1 km – ℘ 027 973 20 00 – www.baschi-goms.ch
– Fax 027 973 23 22 – geschl. 6. April - 27. Mai, 30. Oktober - 20. Dezember
sowie im Sommer: Sonntag*
Rest – Karte 43/70 CHF

♦ Gerichte vom Holzofengrill sind Spezialität in dem an der Furkastrasse gelegenen Restaurant mit rustikal-traditionellem Charakter. Im Winter kocht man durchgehend.

GIESSBACH – Bern – **551** M9 – siehe Brienz

GILLY – Vaud (VD) – **552** C10 – 868 h. – alt. 486 m – ✉ 1182   **6 A6**

▶ Bern 126 – Lausanne 31 – Genève 34 – Thonon-les-Bains 93

Auberge Communale
*Sur la Place 16 – ℘ 021 824 12 08 – www.aubergegilly.ch – Fax 021 824 31 54
– fermé 18 décembre - 9 janvier et 18 juillet - 9 août*
9 ch ⊇ – ✝110/120 CHF ✝✝180/200 CHF
Rest – *(fermé dimanche et lundi)* Menu 45/74 CHF – Carte 62/87 CHF

♦ Chambres pimpantes et confortables au cœur d'une petite localité vigneronne de la Côte. Café convivial à l'ambiance vaudoise et grande terrasse avant abritée. Repas traditionnel dans un cadre clair et frais ou à l'extérieur. Carnotzet pour manger en groupe.

GIRENBAD BEI TURBENTHAL – Zürich (ZH) – **551** R4 – Höhe 740 m   **4 G2**
– ✉ 8488 Turbenthal

▶ Bern 157 – Zürich 36 – Frauenfeld 16 – Rapperswil 32

Gyrenbad
*– ℘ 052 385 15 66 – www.gyrenbad.ch – Fax 052 385 24 57 – geschl.
15. Februar - 6. März und Dienstag*
7 Zim ⊇ – ✝100 CHF ✝✝155 CHF   **Rest** – (18 CHF) – Karte 39/77 CHF

♦ Ein tipptopp gepflegter Gasthof im Grünen ist der schon vor 400 Jahren als Heilstätte und gesellschaftlicher Ort bekannte ehemalige Badebetrieb. Nordic-Walking-Parcour und Schneeschuhtrail. Nette ländlich-schlichte Gaststuben und Feuerkeller für Grillfeste.

GISWIL – Obwalden (OW) – **551** N8 – 3 438 Ew – Höhe 485 m   **8 F4**
– Wintersport : 1 350/1 850 ⛷6 – ✉ 6074

▶ Bern 96 – Luzern 29 – Altdorf 53 – Andermatt 86

🛈 Brünigstr. 49, ℘ 041 675 17 60, info@giswil.tourismus.ch

XX **Bahnhof - Landauer** mit Zim
*Brünigstr. 48 – ℘ 041 675 11 61 – www.bahnhofgiswil.ch – Fax 041 675 24 57
– geschl. 21. Dezember - 26. Januar*
10 Zim ⊇ – ✝60/85 CHF ✝✝100/150 CHF – ½ P +36 CHF
Rest – *(geschl. Montag - Dienstag)* Menü 69 CHF (abends)/129 CHF
– Karte 46/86 CHF
Rest Reblaube & Dorfbeiz – *(geschl. Montag - Dienstag)* Menü 40 CHF
– Karte 32/63 CHF

♦ Bereits in der 4. Generation wird das Gasthaus mit der Holzfassade von der Inhaberfamilie geleitet. Im gemütlich-rustikalen Restaurant Landauer serviert man Internationales. Bürgerlich ist die Reblaube, ländlich-traditionell die Dorfbeiz.

GLARUS GLARIS K – Glarus (GL) – 551 S7 – 5 840 Ew – Höhe 472 m — 5 H3
– ⊠ 8750

■ Bern 195 – Chur 71 – Sankt Gallen 90 – Buchs 66

◉ Lage★

Lokale Veranstaltungen:
  2. Mai: Landsgemeinde

XX **Sonnegg** 🏠 ⇔ P VISA ⊚ AE ①
Asylstr. 32, (beim Spital) – ℘ 055 640 11 92 – Fax 055 640 81 06 – geschl. 13. Juli - 4. August und Dienstag - Mittwoch
Rest – (25 CHF) Menü 66/88 CHF – Karte 60/85 CHF
 ♦ Von der Gaststube mit nur drei Tischen gelangt man in das Restaurant mit vorgelagerter kleiner Terrasse. Das Saisonangebot ist klassisch ausgelegt.

GLATTBRUGG – Zürich – 551 P4 – siehe Zürich

GLION – Vaud – 552 F10 – voir à Montreux

GOLDACH – Sankt Gallen (SG) – 551 V4 – 8 912 Ew – Höhe 447 m — 5 I2
– ⊠ 9403

■ Bern 217 – Sankt Gallen 12 – Bregenz 34 – Konstanz 35

XX **Villa am See** ≤ 🏠 P VISA ⊚ AE ①
Seestr. 64 – ℘ 071 845 54 15 – www.villa-am-see.ch – Fax 071 845 54 16 – geschl. 25. Januar - 6. Februar, 29. März - 6. April, 27. September - 17. Oktober und Montag - Dienstag
Rest – Menü 46 CHF (mittags)/98 CHF – Karte 52/111 CHF
 ♦ In den schönen Räumen der schmucken Villa oder auf der romantischen Gartenterrasse am Seeufer mit traumhafter Sicht geniesst man klassisch-französische Küche.

GOLINO – Ticino (TI) – 553 Q12 – alt. 270 m – ⊠ 6656 — 9 G6
■ Bern 245 – Locarno 8 – Bellinzona 29 – Lugano 51

🏠 **Cà Vegia** senza rist 🚗 ⁂ P
– ℘ 091 796 12 67 – www.hotel-cavegia.ch – Fax 091 796 24 07 – chiuso novembre - metà marzo
12 cam ⊇ – †95/148 CHF ††142/176 CHF
 ♦ Tipica casa patrizia ticinese; la facciata è ornata da un bell'affresco e da una cornice d'edera. Interni arredati con gusto e camere funzionali; grazioso giardino.

GONDO – Wallis (VS) – 552 N12 – Höhe 855 m – ⊠ 3907 — 8 F6
■ Bern 249 – Sion 96 – Bellinzona 90 – Sarnen 160

🏠 **Stockalperturm** 🏠 🛗 & Rest, ⁽¹⁾ 🛏 VISA ⊚ AE ①
⊛ *Simplonstrasse – ℘ 027 979 25 50 – www.stockalperturm.ch – Fax 027 979 25 51 – geschl. 10. Januar - 2. Februar und 8. November - 1. Dezember*
10 Zim ⊇ – †100/110 CHF ††150/165 CHF – ½ P +30 CHF
Rest – *(geschl. November - März: Montag - Dienstag)* (18 CHF) – Karte 42/58 CHF
 ♦ Der im 17. Jh. als Warenlager und Umschlagplatz am Simplonpass erbaute Turm vereint heute klaren modernen Stil mit dem ursprünglichen Charakter des alten Gemäuers. Das ansprechende geradlinige Ambiente des Hotels setzt sich im Restaurant fort.

GORDEVIO – Ticino (TI) – 553 Q12 – 834 ab. – alt. 312 m – ⊠ 6672 — 9 G6
■ Bern 285 – Bellinzona 32 – Varese 89 – Lugano 54

🏠 **Casa Ambica** senza rist 🚗 ⁽¹⁾ P
– ℘ 091 753 10 12 – www.casa-ambica.ch – chiuso 31 ottobre - 26 marzo
5 cam ⊇ – †140/150 CHF ††160/180 CHF
 ♦ Piccolo albergo situato nel vecchio e pittoresco nucleo. In passato dimora patrizia ha mantenuto - grazie ad un accurato lavoro di ristrutturazione - le caratteristiche tipiche delle vecchie case ticinesi. Originale.

GORNERGRAT – Wallis – 552 K13 – siehe Zermatt

GOTTLIEBEN – Thurgau – **551** T4 – siehe Kreuzlingen

GRÄCHEN – Wallis (VS) – **552** L12 – 1 311 Ew – Höhe 1 617 m   **8** E6
– Wintersport : 1 617/2 868 m ⛷ 2 ⛷ 11 – ⊠ 3925
  🚗 Bern 108 – Brig 33 – Sion 67
  🛈 Dorfplatz, ☎ 027 955 60 60, info@graechen.ch

Walliserhof
Dorfplatz - ☎ 027 956 11 22 – www.hotel-walliserhof.ch – Fax 027 956 29 22
25 Zim ⊡ – †80/110 CHF ††180/220 CHF – ½ P +26 CHF
Rest – Menü 36 CHF – Karte 41/56 CHF
♦ Zu den Vorzügen dieses Ferienhotels zählen freundliche Gastgeber, individuelle, wohnliche Zimmer wie "Skihütte" oder "Zum Rosenkavalier" sowie ein gutes Frühstücksbuffet. Das Restaurant ist behaglich im Walliser Stil dekoriert.

Turm-Hotel Grächerhof
– ☎ 027 956 25 15 – www.graecherhof.ch – Fax 027 956 25 42 – geschl. 11. April - 21. Mai und 17. Oktober - 10. Dezember
28 Zim ⊡ – †90/190 CHF ††150/350 CHF – ½ P +40 CHF
Rest – (16 CHF) Menü 60/70 CHF – Karte 44/72 CHF
♦ Das Hotel liegt in unmittelbarer Nähe der Bergbahn-Talstation, nicht weit vom Zentrum. Besonders schön sind die "Alpe"-Zimmer, ein Mix aus modernem Stil und rustikalem Holz. Teil des Restaurants ist das Sacré Feu mit Grillgerichten als Spezialität.

Bärgji-Alp
in Bärgji, Nord: 2,5 km über Bergstrasse erreichbar – ☎ 027 956 15 77
*– www.baergji-alp.ch – Fax 027 956 29 95 – 18. April - 18. Juni und 24. Oktober
– 19. Dezember jeweils nur Samstagabend - Sonntagmittag geöffnet*
Rest – Menü 45 CHF – Karte 45/76 CHF
♦ Urchiges findet man auf der regionalen Karte dieses gemütlich-rustikalen Restaurants mit toller Panoramaterrasse. Am besten nutzt man den Parkplatz 50 m vor dem Haus.

GRANDVAUX – Vaud (VD) – **552** E10 – 1 956 h. – alt. 565 m – ⊠ 1091   **6** B5
  🚗 Bern 97 – Lausanne 8 – Montreux 22 – Yverdon-les-Bains 46

Auberge de la Gare
*1 r. de la Gare – ☎ 021 799 26 86 – www.aubergegrandvaux.ch
– Fax 021 799 26 40 – fermé 27 décembre - 10 janvier, 7 - 14 février et 4
- 18 juillet*
5 ch ⊡ – †130/160 CHF ††190/250 CHF – ½ P +50 CHF
Rest – (fermé dimanche et lundi) (19 CHF) Menu 60 CHF – Carte 47/68 CHF
♦ Cette maison de 1862, rajeunie en 2008, vous héberge en toutes commodités dans ses chambres coquettes, à choisir côté gare, pour la vue imprenable sur le lac. Tenue familiale. Table au décor sympathique, dans le genre bistrot. Jolie terrasse face au Léman.

Le Pointu
*10 Grand'Rue – ☎ 021 799 43 33 – www.lepointu.ch – Fax 021 799 43 34
– fermé 19 décembre - 4 janvier, 26 juillet - 16 août, samedi et dimanche*
Rest – (menu unique) (20 CHF) Menu 58/82 CHF
♦ Dans sa cuisine ouverte, vous apercevrez le chef en pleine action pour vous concocter son menu au goût du jour noté à l'ardoise (choix entre 3 entrées, 3 plats et 3 desserts).

GRANGES – Fribourg (FR) – **552** F10 – 745 h. – alt. 750 m – ⊠ 1614   **7** C5
  🚗 Bern 85 – Montreux 20 – Fribourg 54 – Lausanne 40

La Croix Blanche
– ☎ 021 947 59 85 – www.lacroixblanche.net – Fax 021 947 59 85 – fermé 20 décembre - 4 janvier , 4 - 19 juillet, dimanche et lundi
Rest – Menu 51 CHF (déj.)/82 CHF – Carte 70/80 CHF
Rest *Brasserie* – (17 CHF) – Carte 57/79 CHF
♦ Auberge rurale gentiment tenue en famille. Salle claire et fraîche, terrasse d'été et pelouse équipée de jeux d'enfants. Choix classique ; offre limitée à un menu au déjeuner. Plat du jour et choix de préparations simples à la Brasserie.

GRELLINGEN – Basel-Landschaft (BL) – 551 K4 – 1 694 Ew   2 D2
– Höhe 322 m – ✉ 4203

▶ Bern 107 – Basel 17 – Delémont 26 – Liestal 26

Zur Brücke
Bahnhofstr. 4 – ℰ 061 741 12 36 – www.zurbruecke.ch – Fax 061 741 10 82
– geschl. 22. - 28. Februar, 25. Juli - 9. August und Sonntag
Rest – (25 CHF) Menü 39 CHF (mittags)/95 CHF – Karte 46/87 CHF
♦ Traditionelle Küche mit vielen Fischgerichten bietet das familiär geführte Gasthaus an der Birs in seinen drei gemütlich-ländlichen Stuben.

GRENCHEN – Solothurn (SO) – 551 J6 – 15 764 Ew – Höhe 440 m   2 D3
– ✉ 2540

▶ Bern 55 – Delémont 58 – Basel 80 – Biel 15
ℹ Kirchstr. 10, ℰ 032 644 32 11, info@grenchentourismus.ch

Airport
Flughafenstr. 123 – ℰ 032 654 70 70 – www.airporthotel.ch
– Fax 032 654 70 80
44 Zim – †105/115 CHF ††155/240 CHF
Rest – (17 CHF) – Karte 35/77 CHF
♦ Der engagiert geführte Familienbetrieb mit neuzeitlich-sachlichen Zimmern liegt verkehrsgünstig direkt am Flugplatz mit interessanter Sicht auf die Landebahn. Kinderspielplatz. Einfaches Tagesrestaurant und Rôtisserie mit etwas gehobenerem Angebot.

GRIMENTZ – Valais (VS) – 552 J12 – 457 h. – alt. 1 570 m – Sports   8 E6
d'hiver : 1 570/2 900 m ⛷1 ⛷8 ⛷ – ✉ 3961

▶ Bern 191 – Sion 38 – Brig 55
ℹ ℰ 027 475 14 93, grimentz@sierre-anniviers.ch

Alpina
– ℰ 027 476 16 16 – www.hotel-alpina-grimentz.com – Fax 027 476 16 17
– fermé mai et novembre
28 ch – †150/180 CHF ††250/280 CHF – 4 suites – ½ P +25 CHF
Rest – Menu 28 CHF – Carte 58/93 CHF
♦ Rénovation intégrale et chambres au look moderne pour cet accueillant hôtel-chalet en bois bâti dans le style raccard, juste au pied des pistes, face à la télécabine. Resto panoramique complété par une terrasse. Repas traditionnel avec spécialités du Valais.

GRINDELWALD – Bern (BE) – 551 M9 – 3 817 Ew – Höhe 1 034 m   8 F5
– Wintersport : 1 034/2 500 m ⛷5 ⛷17 ⛷ – ✉ 3818

▶ Bern 77 – Interlaken 20 – Brienz 38 – Spiez 36
ℹ ℰ 033 854 12 12, touristcenter@grindelwald.ch
◉ Lage ★★
◉ Jungfraujoch ★★★ mit ⛷ – Faulhorn ★★★ - Männlichen ★★★
– First ★★★ mit Sessellift – Bachalpsee ★★ – Gletscherschlucht ★

Lokale Veranstaltungen:
18.-23. Januar: World Snow Festival

Schweizerhof
Spillstatt – ℰ 033 854 58 58 – www.hotel-schweizerhof.com – Fax 033 854 58 59
– geschl. 5. April - 21. Mai, 18. Oktober - 3. Dezember
48 Zim (½ P inkl.) – †205/275 CHF ††340/500 CHF – 22 Suiten
Rest *Schmitte* – (20 CHF) Menü 52 CHF (abends)/100 CHF – Karte 59/81 CHF
♦ Das hübsche Chalet mit den roten Fensterläden besticht durch seine tolle Panoramalage und das wohnliche Ambiente von der grosszügigen Halle bis in die recht unterschiedlichen Zimmer. Hausgästen bietet man eine hochwertige Halbpension. Schmitte ist ein elegantes Restaurant mit rustikalem Touch.

GRINDELWALD

Belvedere
Hauptstrasse – ✆ *033 888 99 99*
– www.belvedere-grindelwald.ch – Fax 033 888 99 90 – geschl. 24. Oktober
- 12. Dezember
55 Zim (½ P inkl.) – †250/350 CHF ††440/580 CHF
Rest – Menü 75 CHF (abends) – Karte 54/81 CHF
◆ Das etwas erhöht gelegene Hotel a. d. J. 1907 verfügt über individuell eingerichtete Zimmer von gediegen bis ganz modern. Zum Freizeitbereich gehört ein Aussen-Sole-Whirlpool. Im Restaurant unterstreichen Hussenstühle die elegante Note.

Kreuz und Post
Dorfstrasse – ✆ *033 854 54 92* – www.kreuz-post.ch – Fax 033 854 54 99
– geschl. 6. April - 20. Mai
42 Zim ⊇ – †135/240 CHF ††230/430 CHF – ½ P +45 CHF
Rest – *(geschl. Montag im Sommer)* (17 CHF) Menü 45 CHF (abends)
– Karte 42/83 CHF
◆ Zentral in Bahnhofsnähe liegt das von der Familie engagiert geleitete Hotel, das mit einigen schönen Antiquitäten ausgestattet ist. Recht individuell und wohnlich sind die Zimmer. Teil des Restaurants ist das hübsche original erhaltene Challistübli.

Bodmi ⌖
Terrassenweg – ✆ *033 853 12 20* – www.bodmi.ch – Fax 033 853 13 53 – geschl.
5. April - 20. Mai, 17. Oktober - 18. Dezember
20 Zim ⊇ – †180/213 CHF ††268/334 CHF – ½ P +40 CHF
Rest – *(geschl. Mai - Mitte Juni: Mittwoch sowie Mitte September - Oktober: Mittwoch)* Karte 48/97 CHF
◆ Sie finden das Chalet mit neuzeitlich-rustikalen Zimmern in toller Aussichtslage an der Piste mit Sicht auf Eiger und Grindelwaldgletscher. Vom Saunabereich blickt man in den Ziegenstall. Ländlich gehaltenes Restaurant.

Kirchbühl ⌖
– ✆ *033 854 40 80* – www.kirchbuehl.ch – Fax 033 854 40 81 – geschl. 5. April
- 13. Mai und 24. Oktober - 4. Dezember
45 Zim ⊇ – †180/270 CHF ††300/380 CHF – ½ P +45 CHF
Rest *La Marmite* – Karte 50/75 CHF
Rest *Hilty-Stübli* – (26 CHF) – Karte 42/75 CHF
◆ Schön ist die Panoramalage dieses familiär geführten Hotels. Zur Wahl stehen unterschiedliche Zimmer vom kleineren Standardzimmer bis zur recht modernen Juniorsuite. Eine hübsche Panoramaterrasse ergänzt das stilvolle La Marmite. Rustikales Hilty-Stübli.

Caprice ⌖
– ✆ *033 854 38 18* – www.hotel-caprice.ch – Fax 033 854 38 19 – geschl.
12. April - 12. Mai
22 Zim ⊇ – †148/158 CHF ††264/284 CHF – ½ P +20 CHF
Rest – *(nur Abendessen für Hausgäste)*
◆ Eine wohnliche Adresse ist der sehr gut geleitete Familienbetrieb in ruhiger Lage oberhalb des Ortes mit Bergblick, individuell geschnittenen Zimmern und gutem Vitalangebot.

Parkhotel Schoenegg ⌖
Hauptstrasse – ✆ *033 854 18 18*
– www.parkhotelschoenegg.ch – Fax 033 854 18 19 – geschl. 5. April - 5. Juni,
17. Oktober - 17. Dezember
50 Zim ⊇ – †165/200 CHF ††290/400 CHF – ½ P +25 CHF
Rest – *(nur Abendessen für Hausgäste)* Menü 42/48 CHF
◆ Das von der Inhaberfamilie engagiert geführte Hotel verbindet Tradition und Moderne. Besonders schön sind die freundlichen, modernen Chaletzimmer. Grosszügiger Hallenbadbereich.

Erwarten Sie in einem X oder 🏠 nicht den gleichen Service wie in einem XxXxX oder 🏨.

GRINDELWALD

Derby
(am Bahnhof) – ℰ 033 854 54 61 – www.derby-grindelwald.ch
– Fax 033 853 24 26 – geschl. 1. November - 12. Dezember
70 Zim ⊇ – †126/176 CHF ††184/272 CHF – ½ P +35 CHF
Rest – (23 CHF) – Karte 53/80 CHF

♦ Seit mehr als 100 Jahren befindet sich das zentral im Ortskern gelegene Haus im Familienbesitz. Einige der Gästezimmer sind nette, recht geräumige Juniorsuiten. Das Restaurant teilt sich in mehrere rustikale Stuben. Die Cava-Bar ist ein sehr uriges Fondue-Stübli.

Alpenhof
– ℰ 033 853 52 70 – www.alpenhof.ch – Fax 033 853 19 15 – geschl. 7. April
- 15. Mai, 1. November - 10. Dezember
12 Zim ⊇ – †114/159 CHF ††208/258 CHF – 5 Suiten – ½ P +34 CHF
Rest – (nur Abendessen) (nur Menü) Menü 34/43 CHF

♦ Eine sehr familiäre Atmosphäre herrscht in dem stattlichen Chalet oberhalb des Zentrums, das teils besonders grosse Zimmer und einen tollen Eiger-Blick bietet. Eigene Käserei. Kleine rustikale Gaststube. Das Menü wird ergänzt durch Fondue und Raclette.

Chalet Hotel alte Post
Dorfstrasse – ℰ 033 853 42 42 – www.altepost-grindelwald.ch
– Fax 033 853 42 88 – geschl. 20. Oktober - 20. Dezember
20 Zim ⊇ – †90/140 CHF ††160/280 CHF
Rest – (geschl. Mittwoch) (18 CHF) – Karte 45/92 CHF

♦ Das familiengeführte Chalet-Hotel in ruhiger Lage beherbergt wohnliche Gästezimmer im Landhausstil. Einfachere Zimmer befinden sich in der ursprünglichen Alten Post. In der gemütlichen Gaststube serviert man traditionelle Gerichte - mit eigenem Alpkäse.

Gletschergarten
Dorfstrasse – ℰ 033 853 17 21 – www.hotel-gletschergarten.ch
– Fax 033 853 29 57 – geschl. Ende März - Ende Mai, Anfang Oktober
- 20. Dezember
26 Zim ⊇ – †110/180 CHF ††220/300 CHF – ½ P +40 CHF
Rest – (nur Abendessen für Hausgäste)

♦ Eine sehr nette, behaglich-ländliche Atmosphäre herrscht in dem freundlich und engagiert geleiteten Haus mit der tollen Aussicht, das schon seit 1899 im Familienbesitz ist.

Hirschen
Dorfstrasse – ℰ 033 854 84 84 – www.hirschen-grindelwald.ch
– Fax 033 854 84 80 – geschl. 12. April - 7. Mai, 1. November - 10. Dezember
28 Zim ⊇ – †100/145 CHF ††160/270 CHF – ½ P +33 CHF
Rest – (geschl. Donnerstag in der Zwischensaison) (im Sommer nur Abendessen)
Karte 34/78 CHF

♦ In dem bereits in der vierten Generation von der Inhaberfamilie geführten Haus stehen unterschiedlich geschnittene, immer im alpenländischen Stil eingerichtete Zimmer bereit.

In Kleine Scheidegg – **nur mit Zug ab Grindelwald oder Lauterbrunnen erreichbar** – ✉ 3801

Bellevue des Alpes
– ℰ 033 855 12 12 – www.scheidegg-hotels.ch – Fax 033 855 12 94 – geschl.
12. April - 5. Juni, 20. September - 18. Dezember
58 Zim ⊇ – †190/220 CHF ††300/440 CHF – ½ P +40 CHF
Rest – Karte 55/71 CHF

♦ Ein wahres Schmuckstück ist dieses einmalig schön gelegene Haus, umgeben von Jungfrau, Eiger, Mönch und Wetterhornmassiv. Wie in eine andere Zeit zurückversetzt fühlt man sich in dem äusserst charmant und stilvoll restaurierten Grandhotel von 1840. Speisesaal in klassischem Stil und wunderschöne Terrasse.

GROSSHÖCHSTETTEN – Bern (BE) – **551** K7 – 3 092 Ew   3 E4
– Höhe 743 m – ✉ 3506

▶ Bern 18 – Burgdorf 22 – Luzern 76 – Thun 21

GROSSHÖCHSTETTEN

in Zäziwil Ost: 2 km – Höhe 680 m – ⊠ 3532

Appenberg

Appenbergstr. 36, Süd: 2 km in Richtung Oberhünigen – ℰ *031 790 40 40*
– www.appenberg.ch – Fax 031 790 40 50 – geschl. 19. - 27. Dezember
40 Zim ⊊ – †87/92 CHF ††158/168 CHF – ½ P +30 CHF
Rest *– (geschl. Sonntagabend)* (18 CHF) Menü 27/30 CHF – Karte 41/65 CHF
Rest *Spycher-Grotto – (geschl. 4. Juli - 14. August, 19. Dezember - 15. Januar und Sonntag - Montag) (nur Abendessen)* Karte 32/54 CHF
♦ Wie ein kleines Dörfli ist der aus acht hübschen Emmentaler Häusern bestehende Familienbetrieb angelegt. Eine gemütliche Adresse, die auch für Tagungen geeignet ist. Das Spycher-Grotto in der "Felsen-Höhli" bietet Grilladen und Fondue.

GRUB – Appenzell Ausserrhoden (AR) – **551** V5 – 1 001 Ew – Höhe 813 m   **5** I2
– ⊠ 9035

▶ Bern 218 – Sankt Gallen 17 – Altstätten 16 – Bregenz 23

✕✕ Bären mit Zim

Halten 112, Süd-West: 1 km Richtung Eggersriet – ℰ *071 891 13 55*
– www.baeren-grub.ch – geschl. 1. - 7. Februar, 19. Juli - 8. August und Montag - Dienstag
6 Zim ⊊ – †75/85 CHF ††110/135 CHF – ½ P +39 CHF
Rest *– (Tischbestellung ratsam)* (20 CHF) Menü 30/85 CHF – Karte 58/88 CHF
♦ Neben der einfachen Gaststube, in der auch Tagesgerichte serviert werden, erwartet Sie ein kleines ländlich-rustikales Stübli mit gutem Gedeck und zeitgemässer Küche.

GRÜNINGEN – Zürich (ZH) – **551** R5 – 2 832 Ew – Höhe 503 m   **4** G3
– ⊠ 8627

▶ Bern 155 – Zürich 23 – Zug 51 – Schwyz 49

✕ Landgasthof Adler mit Zim

Binzikerstr. 80 – ℰ *044 935 11 54 – www.adler-grueningen.ch*
– Fax   044 936 14 35
8 Zim ⊊ – †98 CHF ††156 CHF – ½ P +26 CHF
Rest – (20 CHF) Menü 71/99 CHF – Karte 52/89 CHF
♦ Der familiär geleitete traditionelle Gasthof von 1830 beherbergt eine schlicht-rustikale Dorfbeiz und die gediegenere Gourmetstube mit gepflegter Tischkultur. Terrasse im Hof.

GRUND BEI GSTAAD – Bern – **551** I10 – siehe Gstaad

GRUYÈRES – Fribourg (FR) – **552** G9 – 1 661 h. – alt. 830 m – ⊠ 1663   **7** C5

▶ Bern 65 – Fribourg 35 – Gstaad 38 – Lausanne 57
Interdit à la circulation automobile
🛈 1 r. du Bourg, ℰ 0848 424 424, tourisme@gruyeres.ch
◉ Château★★

Hôtel de Ville

29 r. du Bourg – ℰ *026 921 24 24 – www.hoteldeville.ch – Fax 026 921 36 28*
8 ch ⊊ – †130 CHF ††160/180 CHF – ½ P +30 CHF
Rest *– (fermé: mi-novembre - mi-février mercredi et jeudi)* (19 CHF)
Menu 31/62 CHF – Carte 34/77 CHF
♦ Petites chambres aux noms de fleurs dans une auberge ancienne et cosy, derrière une façade typée. Parquet, meubles en bois, bonne literie et tissus coordonnés les caractérisent. Restaurant au décor "tout pin" et café assorti ; spécialités à base de fromage.

GRYON – Vaud – **552** G11 – voir à Villars-sur-Ollon

GSTAAD – Bern (BE) – **551** I10 – 2 000 Ew – Höhe 1 050 m
– Wintersport : 1 050/2 151 m ≤6 ≤10 ≤ – ✉ **3780**

▶ Bern 88 – Interlaken 71 – Aigle 48 – Fribourg 73
🛈 Promenade, ☏ 033 748 81 81, info@gstaad.ch
🏌 Gstaad-Saanenland, ☏ 033 748 40 30
◉ Lage ★★

Lokale Veranstaltungen:
Ende Juli: Allianz Suisse Tennis Open
Juli - September: Menuhin Festival

Grand Hotel Park
Wispilenstrasse – ☏ 033 748 98 00
– www.grandhotelpark.ch – Fax 033 748 98 08 – geschl. 7. März - Mitte Dezember
91 Zim (½ P inkl.) – †495/1395 CHF ††800/1690 CHF – 8 Suiten
Rest – Menü 75/95 CHF – Karte 86/166 CHF
Rest Marco Polo – (nur Abendessen) Karte 92/262 CHF
♦ Das traditionsreiche Haus steht für Gediegenheit und Exklusivität. Das wohnliche Ambiente und die schöne Lage mit Ausblick sprechen für sich. Aufwändig und elegant hat man das Restaurant Marco Polo gestaltet.

Gstaad Palace
Palacestr. 28 – ☏ 033 748 50 00
– www.palace.ch – Fax 033 748 50 01 – geschl. 16. März - Mitte Juni, Mitte September - Mitte Dezember
97 Zim ⌑ – †410/760 CHF ††650/1470 CHF – 7 Suiten – ½ P +110 CHF
Rest – Menü 85 CHF (mittags)/110 CHF – Karte 95/222 CHF
♦ Herrlich liegt das schlossähnlich anmutende Gebäude von 1913 über dem Ort. Ein geschmackvoll-elegantes Hotel mit modernem Spabereich - besonders luxuriös ist die Penthousesuite. Zur Gastronomie gehören ein Grillrestaurant, ein Schweizer Lokal und ein italienisches Restaurant.

Grand Hotel Bellevue
Hauptstrasse – ☏ 033 748 00 00
– www.bellevue-gstaad.ch – Fax 033 748 00 01
57 Zim ⌑ – †360/632 CHF ††450/790 CHF – ½ P +85 CHF
Rest Prado – separat erwähnt
Rest Brasserie Coelho – Karte 81/120 CHF
♦ Das schöne Hotel liegt eingebettet in einen kleinen Park und zwei Gehminuten vom Zentrum entfernt. Wohnlich-elegant sind die in modernem Design gehaltenen Zimmer, sehr grosszügig ist der Spabereich. Das stilvolle Restaurant ist nach dem bekannten Schriftsteller Coelho benannt.

Le Grand Chalet
Neueretstrasse – ☏ 033 748 76 76 – www.grandchalet.ch – Fax 033 748 76 77
– geschl. Ende März - Ende Mai, Mitte Oktober - Mitte Dezember
21 Zim ⌑ – †165/460 CHF ††270/570 CHF – 3 Suiten – ½ P +60 CHF
Rest La Bagatelle – separat erwähnt
♦ Schon von aussen vermittelt das Chalet alpenländische Behaglichkeit, die sich im überaus wohnlichen Interieur fortsetzt. Auch die ruhige Panoramalage oberhalb von Gstaad verspricht Erholung.

Bernerhof
Bernerhofplatz – ☏ 033 748 88 44 – www.bernerhof-gstaad.ch
– Fax 033 748 88 40
34 Zim ⌑ – †155/190 CHF ††270/450 CHF – 11 Suiten – ½ P +35 CHF
Rest – (20 CHF) Menü 29/65 CHF – Karte 47/112 CHF
Rest Blun-Chi – (Tischbestellung ratsam) (17 CHF) Menü 54/85 CHF
– Karte 49/79 CHF
♦ Ein zeitgemässes familiengeführtes Ferienhotel mitten im Zentrum. Einige der Gästezimmer sind in geradlinig-modernem Design gehalten. Im rustikalen Restaurant bietet man internationale und regionale Speisen. Blun-Chi mit offener Küche und chinesischer Karte.

GSTAAD

Bellerive garni
Bellerivestrasse – ☏ *033 748 88 33* – www.bellerive-gstaad.ch
– *Fax 033 748 88 34* – *geschl. 19. April - 16. Mai, 1. - 29. November*
15 Zim ☑ – †90/300 CHF ††180/370 CHF
♦ Das Hotel im Chaletstil ist ein gut geführter Familienbetrieb mit netter Lounge und wohnlichen, technisch modernen Zimmern. Hübsch: die Themenzimmer "Kuh" und Love". Kleine Speisekarte.

Arc-en-ciel
Egglistrasse – ☏ *033 748 43 43* – www.arc-en-ciel.ch
– *Fax 033 748 43 53*
30 Zim ☑ – †120/249 CHF ††251/521 CHF
– 10 Suiten
Rest – (25 CHF) – Karte 44/89 CHF
♦ Ganz besonders Familien ermöglicht man hier einen erholsamen Urlaub durch funktionelle Zimmer, ein nettes Freibad und einen Kinder- und Jugendspielbereich. Das internationale Angebot wird durch Holzofenpizza erweitert.

Gstaaderhof
Lauenenstr. 19 – ☏ *033 748 63 63* – www.gstaaderhof.ch – *Fax 033 748 63 60*
– *geschl. 11. April - 8. Mai, 31. Oktober - 4. Dezember*
64 Zim ☑ – †121/245 CHF ††212/460 CHF – ½ P +35 CHF
Rest *Müli* – (20 CHF) Menü 89 CHF – Karte 54/91 CHF
Rest *Saagi-Stübli* – *(geschl. 11. April - 4. Dezember) (nur Abendessen)*
Karte 52/82 CHF
♦ In diesem Hotel im Zentrum erwarten Sie wohnlich und neuzeitlich gestaltete Zimmer in warmen Tönen (darunter auch Maisonetten) sowie ein netter Saunabereich. Internationale Küche im Restaurant Müli. Saagi-Stübli mit Grillgerichten und Fonduespezialitäten.

Posthotel Rössli
Gstaadplatz – ☏ *033 748 42 42* – www.posthotelroessli.ch – *Fax 033 748 42 43*
– *geschl. Mai*
18 Zim ☑ – †113/149 CHF ††196/308 CHF – ½ P +36 CHF
Rest – *(geschl. Mittwoch - Donnerstag in der Zwischensaison)* (19 CHF)
Menü 42 CHF (mittags)/56 CHF – Karte 38/120 CHF
♦ Beim Dorfbrand von 1898 blieb dieses Gasthaus verschont und gilt daher als das älteste im Ort. Die Zimmer sind mit viel Holz rustikal eingerichtet. Stübli und Alti Poscht bilden das ländliche Restaurant.

Chesery (Robert Speth)
Lauenenstrasse – ☏ *033 744 24 51*
– www.chesery.ch – *Fax 033 744 89 47*
– *geschl. 5. April - 11. Juni, 3. Oktober - 10. Dezember und Montag*
Rest – *(Dienstag - Donnerstag nur Abendessen) (Tischbestellung ratsam)*
Menü 72 CHF (mittags)/168 CHF – Karte 112/168 CHF ⌘⌘
Spez. Hausgemachte Gnocchis mit Morcheln (Frühling). Jakobsmuscheln mit Basilikum und Orangen. Ganzer Wolfsbarsch in der Salzkruste mit Artischockenchips.
♦ Von der einstigen Käserei am Ende der Fussgängerzone ist nur der Name geblieben. Heute ist das typische Chalet ein elegantes Restaurant mit regionalem Charme, das bekannt ist für seine produktbezogene klassische Küche.

Prado – Grand Hotel Bellevue
Hauptstrasse – ☏ *033 748 00 00* – www.bellevue-gstaad.ch – *Fax 033 748 00 01*
– *geschl. November 1 Woche*
Rest – *(nur Abendessen)* Menü 190/285 CHF – Karte 129/152 CHF ⌘⌘
Spez. Cappucino de truffes noires, pommes de terre rissolées de foie gras. Asperges rôties, cuites et crues, œuf poché. Croustillant à la fraise et crème aux bois, prise à la lavande et sorbet basilic.
♦ Das "Museo Nacional del Prado" in Madrid stand Pate bei der Namengebung dieses feinen Restaurants. Auch hier kommen die Gäste in den Genuss meisterlichen Schaffens, so überzeugt das Küchenteam mit saisonalen Speisen auf französischer Basis.

GSTAAD

※※ **Olden** mit Zim
Promenade – ℰ 033 748 49 50 – www.hotelolden.com – Fax 033 748 49 59
– geschl. Mitte April - Anfang Juni, Mitte Oktober - Mitte Dezember
16 Zim ☑ – †350/680 CHF ††450/680 CHF
Rest – *(geschl. Anfang Juni - Oktober: Dienstag - Mittwoch) (Tischbestellung erforderlich)* Karte 75/140 CHF
Rest *La Cave* – *(nur Abendessen)* Karte 80/138 CHF
♦ Das rustikal-elegante Restaurant befindet sich in einem historischen Haus mit bemalter Fassade. Zu den zeitgemässen Speisen reicht man eine sehr gute Weinkarte. La Cave: gemütliches Kellerrestaurant mit Live-Musik. Wohnliche Gästezimmer in traditionellem Stil.

※※ **Rialto**
Promenade – ℰ 033 744 34 74 – www.rialto-gstaad.ch – Fax 033 744 84 54
– geschl. 5. April - 5. Mai, November und Sonntagabend - Montag in der Zwischensaison
Rest – Karte 71/133 CHF
♦ Ein italienisches Restaurant, in dem die Teigwaren selbst hergestellt werden. Eine nette Bar sowie eine schöne Terrasse zur Fussgängerzone ergänzen die Stuben.

※※ **La Bagatelle** – Hotel Le Grand Chalet
Neueretstrasse – ℰ 033 748 76 76 – www.grandchalet.ch – Fax 033 748 76 77
– geschl. Ende März - Ende Mai, Mitte Oktober - Mitte Dezember
Rest – *(Tischbestellung ratsam)* (42 CHF) Menü 48 CHF (mittags)/138 CHF
– Karte 67/138 CHF
♦ Ein hübsches gemütliches Restaurant mit ambitionierter mediterraner und klassischer Küche, exzellenter Weinauswahl und sehr freundlichem Service. Die Terrasse bietet eine traumhafte Aussicht.

Die „Hoffnungsträger" sind Restaurants, deren Küche wir für die nächste Ausgabe besonders sorgfältig auf eine höhere Auszeichnung hin testen. Die Namen dieser Häuser sind Rot gedruckt und zudem auf der Sterne-Liste am Anfang des Buches zu finden.

in Schönried Nord: 7 km Richtung Zweisimmen – Höhe 1 231 m – ✉ 3778

 Ermitage-Golf
Hauptstrasse – ℰ 033 748 60 60
– www.ermitage-gstaad.ch – Fax 033 748 60 67
73 Zim ☑ – †175/345 CHF ††330/630 CHF – 6 Suiten – ½ P +55 CHF
Rest *Ermitage-Stube* – Menü 65/125 CHF – Karte 58/106 CHF
Rest *Fondue Spycher* – *(geschl. Mitte März - Mitte Dezember und Montag - Dienstag) (nur Abendessen)* Karte 40/85 CHF
♦ Sehr wohnlich ist das mit Engagement geleitete regionstypische Hotel im Zentrum des kleinen Dorfes eingerichtet. Eine angenehme Urlaubsadresse mit Bergblick, zu der auch ein schöner Spabereich gehört. In der Ermitage-Stube serviert man zeitgemässe Küche. Käsespezialitäten bietet das Restaurant Fondue Spycher.

Alpenrose
Dorfstr. 14 – ℰ 033 748 91 91 – www.hotelalpenrose.ch – Fax 033 748 91 92
– geschl. 17. Oktober - 15. Dezember
19 Zim ☑ – †120/280 CHF ††420/550 CHF – ½ P +50 CHF
Rest *Azalée* – *(geschl. Montag - Dienstagmittag)* Menü 65 CHF (mittags)/150 CHF
– Karte 82/154 CHF
Rest *J.P.'s Grill* – *(geschl. Mittwoch)* (22 CHF) Menü 38 CHF (mittags)
– Karte 59/123 CHF
♦ Im traditionellen Stil erbautes, gemütlich-rustikales kleines Hotel mit recht geräumigen Zimmern, meist mit schöner Sicht. Im Haus befinden sich auch ein Kinderspielzimmer und ein Mini-Kasino für Jugendliche. Restaurant Azalée mit eleganter Note. Blickfang in J.P.'s Grill ist der namengebende offene Grill.

GSTAAD

in Saanenmöser Nord: 9 km Richtung Zweisimmen – Höhe 1 269 m – ✉ 3777

Golfhotel Les Hauts de Gstaad
Bahnhofstrasse – ✆ 033 748 68 68
– www.golfhotel.ch – Fax 033 748 68 00
55 Zim ⊇ – †150/390 CHF ††250/830 CHF – ½ P +25 CHF
Rest *Belle Epoque* – Karte 64/106 CHF
Rest *Bärengraben* – Karte 59/88 CHF
♦ Grosszügig angelegtes Chalet mit modernem Wellnessbereich auf 1000 qm. Besonders wohnlich: Die Zimmer im Haus Golfino, allergikerfreundlich mit Terrakottafliesen ausgestattet. Elegant: das Belle Epoque. Bärengraben: rustikal, mit Wandmalereien von 1922.

Hornberg
Bahnhofstr. 36 – ✆ 033 748 66 88 – www.hotel-hornberg.ch
– Fax 033 748 66 89 – geschl. 6. April - 14. Mai, 31. Oktober - 28. November
37 Zim ⊇ – †135/190 CHF ††290/390 CHF – ½ P +40 CHF
Rest – Karte 52/82 CHF
♦ Direkt am Ende der Piste liegt dieses Hotel. Die Zimmer sind nett eingerichtet, einige gemütlich mit Arvenholz möbliert. Sehr schön ist die grosszügige Gartenanlage. In dem behaglichen Restaurant wählen Sie von einer internationalen und traditionellen Karte.

in Lauenen Süd: 6,5 km – Höhe 1 250 m – ✉ 3782

Alpenland
Rohrbrücke, Süd: 1 km – ✆ 033 765 91 34 – www.alpenland.ch
– Fax 033 765 91 35 – geschl. 6. - 30. April, 8. November - 3. Dezember
22 Zim ⊇ – †120/250 CHF ††170/300 CHF – ½ P +40 CHF
Rest – *(geschl. Mitte März - Mitte Juni: Mittwoch - Donnerstag und Mitte September - Mitte Dezember: Mittwoch - Donnerstag)* (18 CHF) Menü 27 CHF (mittags)/50 CHF – Karte 41/81 CHF
♦ Das ortstypische Chalet liegt ruhig ausserhalb des Ortes in der Nähe der Skilifte. Die Gästezimmer sind mit hellen Naturholzmöbeln wohnlich eingerichtet. Eine Terrasse mit schöner Aussicht auf die Berge ergänzt das Restaurant.

in Saanen Nord-West: 3 km – Höhe 1 010 m – ✉ 3792

Chalets★ – Wandmalereien★ in der Kirche

Steigenberger
Auf der Halten, Ost: 2 km – ✆ 033 748 64 64
– www.gstaad-saanen.steigenberger.ch – Fax 033 748 64 66 – geschl.
26. Oktober - 15. Dezember
126 Zim ⊇ – †217/247 CHF ††374/434 CHF – 7 Suiten – ½ P +62 CHF
Rest – Karte 62/90 CHF
♦ Neuzeitlich, wohnlich und komfortabel ausgestattete Gästezimmer sowie ein schöner Freizeitbereich stehen in diesem Haus mit Blick auf Saanen und Gstaad zur Verfügung. Frischer, heller Speisesaal und rustikales A-la-carte-Restaurant.

Alpine Lodge
Wyssmülleriweg – ✆ 033 748 41 51
– www.alpinelodge.ch – Fax 033 748 41 52
30 Zim (½ P inkl.) – †125/200 CHF ††170/320 CHF
Rest – (28 CHF) – Karte 33/54 CHF
♦ Neben modernen und freundlichen Zimmern - alle mit Computer und freiem Internetzugang - bietet dieses Hotel auch viele Outdoor-Aktivitäten an. Einige Themenzimmer. Helles neuzeitliches Restaurant.

Saanerhof
Bahnhofstrasse – ✆ 033 744 15 15 – www.saanerhof.ch – Fax 033 744 13 23
– geschl. 6. - 17. April, 16. - 21. November
23 Zim ⊇ – †100/140 CHF ††160/200 CHF – ½ P +35 CHF
Rest – (18 CHF) – Karte 38/56 CHF
♦ Der ältere Gasthof, nicht weit vom Bahnhof gelegen, bietet seinen Gästen Zimmer, die mit viel hellem Holz rustikal und behaglich eingerichtet sind. Der Restaurantbereich teilt sich in das Beizli mit blanken Holztischen und die gemütlich-ländliche Stube.

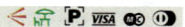

GSTAAD

XX Sonnenhof
Sonnenhofweg 33, Nord-Ost: 3 km – ℰ 033 744 10 23
– www.restaurantsonnenhof.ch – Fax 033 744 10 37 – geschl. 31. Oktober
- 10. Dezember, 18. April - 10. Juni und Mittwoch sowie ausser Saison Dienstag
- Mittwoch
Rest – *(Tischbestellung ratsam)* (32 CHF) Menü 62 CHF (mittags)/125 CHF
– Karte 73/121 CHF
♦ Oberhalb des Tales liegt dieses gemütlich-rustikale Restaurant. Von der schönen Sonnenterrasse aus geniesst man den traumhaften Blick auf Gstaad und die Berge.

in Grund bei Gstaad Süd: 3 km – Höhe 1 095 m – ✉ 3792

XX Chlösterli - By Dalsass
Gsteigstr. 1 – ℰ 033 748 79 79 – www.chlosterli.com – Fax 033 748 79 76
– geschl. 11. April - 2. Juli, 19. September - 18. Dezember
Rest – *(Tischbestellung ratsam)* Menü 138/158 CHF – Karte 117/172 CHF
Rest *Alpenbistro* – Karte 75/94 CHF
♦ Ein Landhaus a. d. 18. Jh. beherbergt im 1. Stock das Restaurant By Dalsass mit elegantem, rustikal-modernem Ambiente und mediterraner Küche. Mit im Haus: Disco und Bar. Regionales und Internationales im Alpenbistro - Roger Moore hatte hier seinen Stammplatz.

GUARDA – Graubünden (GR) – **553** Z9 – 175 Ew – Höhe 1 653 m   **11 K4**
– ✉ 7545

▶ Bern 304 – Scuol 19 – Chur 94 – Davos 36

Meisser
Dorfstr. 42 – ℰ 081 862 21 32 – www.hotel-meisser.ch – Fax 081 862 24 80
– geschl. 6. April - Mai, 3. November - 4. Dezember
21 Zim ⊇ – †105/224 CHF ††164/280 CHF – 4 Suiten – ½ P +40 CHF
Rest – *(geschl. Sonntagabend und Montagabend im Winter)* Karte 55/100 CHF
♦ Mitten im Dorf ist aus den ehemaligen Engadiner Bauernhäusern dieses familiengeführte Hotel entstanden. Recht schlichte Zimmer im Haupthaus, Suiten und Bar in der Chasa Pepina. Schöner Speisesaal im einstigen Heustall und Panoramarestaurant La Veranda.

Val Tuoi
Dorfstr. 56 – ℰ 081 862 24 70 – www.pensionvaltuoi.ch – Fax 081 862 24 07
– geschl. 9. - 24. Januar, 18. April - 9. Mai, 22. November - 20. Dezember
15 Zim ⊇ – †65/88 CHF ††116/152 CHF – ½ P +30 CHF
Rest – *(nur Abendessen für Hausgäste)* Menü 30 CHF – Karte 28/46 CHF
♦ Aus dem Jahre 1728 stammt das Haus mit der bemalten Fassade. Eine familiäre Adresse mit gemütlich-rustikalen Zimmern und moderner Sauna mit Whirlpool. Hübsches Dachstudio.

GUDO – Ticino (TI) – **553** R12 – 770 ab. – alt. 218 m – ✉ 6515   **10 H6**
▶ Bern 224 – Locarno 14 – Bellinzona 7 – Lugano 32

X Osteria Brack con cam
via delle Vigne – ℰ 091 859 12 54 – www.osteriabrack.ch – Fax 091 859 20 98
– chiuso 8 dicembre - 26 febbraio, martedì e mercoledì
7 cam ⊇ – †105 CHF ††195 CHF
Rist – *(chiuso a mezzogiorno)* Carta 42/72 CHF
♦ In zona collinare e verdeggiante è la meta ideale per gli amanti della pasta, rigorosamente fatta in casa! Bella terrazza e giardino fiorito. Si consiglia prenotare. Camere moderne in stile locale.

GÜTTINGEN – Thurgau (TG) – **551** U3-4 – 1 399 Ew – Höhe 410 m   **5 H2**
– ✉ 8594

▶ Bern 199 – Sankt Gallen 29 – Bregenz 51 – Konstanz 13

GÜTTINGEN

Seemöwe
Hauptstr. 54 – ℰ 071 695 10 10 – www.seemoewe.ch – Fax 071 695 28 74
14 Zim ⊐ – †80/140 CHF ††120/180 CHF – ½ P +30 CHF
Rest – (17 CHF) – Karte 40/90 CHF
♦ In dem kleinen Hotel am Ortsrand stehen gepflegte und solide mit Kiefernholzmobiliar eingerichtete Zimmer zur Verfügung. Im Sommer ist das Haus auch bei Fahrradtouristen beliebt. Mit Kosmetikstudio. Von der Restaurantterrasse blickt man auf den Bodensee.

GUGGISBERG – Bern (BE) – 552 I8 – 1 613 Ew – Höhe 1 118 m – ✉ 3158   7 D4

▶ Bern 29 – Fribourg 23 – Interlaken 61 – Thun 35

Sternen
Dorf – ℰ 031 736 10 10 – www.sternen-guggisberg.ch – Fax 031 736 10 19
9 Zim ⊐ – †85/95 CHF ††150/160 CHF
Rest – (24 CHF) Menü 62/90 CHF – Karte 48/92 CHF
♦ Der gut geführte Familienbetrieb ist ein traditioneller Gasthof mit Hotelanbau, der über hell und zeitgemäss eingerichtete Zimmer mit Blick aufs Freiburgerland verfügt. Am Haus befindet sich auch ein eigener Kinderspielplatz. Traditionell und saisonal speist man im Restaurant mit Blick ins Grüne.

GUNTEN – Bern (BE) – 551 K9 – Höhe 560 m – ✉ 3654   8 E5

▶ Bern 36 – Interlaken 15 – Brienz 35 – Spiez 23

Parkhotel
Seestr. 90 – ℰ 033 252 88 52 – www.parkhotel-gunten.ch – Fax 033 252 88 88
– geschl. 4. Januar - 26. Februar
52 Zim ⊐ – †110/178 CHF ††190/275 CHF – ½ P +42 CHF
Rest – *(geschl. Dienstag - Mittwoch in der Nebensaison)* (21 CHF) Menü 37 CHF – Karte 49/78 CHF
♦ In dem Hotel mit Blick auf den Thunersee stehen funktionelle, teilweise recht neuzeitliche Gästezimmer und eine ans Seeufer grenzende Gartenanlage zur Verfügung. Im modernen Restaurant und auf den Terrassen (am Haus bzw. am See) serviert man traditionelle Küche.

GUNZGEN – Solothurn (SO) – 551 L5 – 1 548 Ew – Höhe 429 m – ✉ 4617   3 E3

▶ Bern 61 – Solothurn 31 – Liestal 27 – Aarau 32

Sonne
Mittelgäustr. 50 – ℰ 062 216 16 10 – geschl. Weihnachten - 4. Januar, Juli - August 2 Wochen und Sonntag - Montag, Feiertage
Rest – Menü 49/90 CHF – Karte 49/88 CHF
♦ Das familiär geführte Gasthaus mit ländlichem Ambiente bietet zeitgemässe Küche, die auf einer Tafel präsentiert wird. Am Abend empfiehlt man Ihnen zudem gerne ein Überraschungsmenü.

GUTTANNEN – Bern (BE) – 551 O9 – 319 Ew – Höhe 1 060 m – ✉ 3864   8 F5

▶ Bern 100 – Andermatt 55 – Brig 72 – Interlaken 43

an der Grimselpass Strasse Süd: 6 km

Handeck
Grimselstrasse – ℰ 033 982 36 11 – www.grimselwelt.ch – Fax 033 982 36 05
– geschl. 26. Oktober - 20. Mai
39 Zim ⊐ – †100/145 CHF ††150/240 CHF – ½ P +38 CHF
Rest – Karte 44/86 CHF
♦ Das Hotel in fantastischer Hochgebirgslage bietet wohnliche Zimmer in Haupthaus, Chalet und Steinhaus. Mit nettem neuzeitlichem Freizeitbereich, Spielplatz und eigener Käserei.

HÄGENDORF – Solothurn (SO) – 551 L5 – 4 297 Ew – Höhe 428 m – ✉ 4614   3 E3

▶ Bern 62 – Aarau 33 – Basel 46 – Luzern 62

HÄGENDORF

XXX Lampart's 🛜 P VISA ⊚ AE ①
✿✿ *Oltnerstr. 19, (1. Etage) – ℰ 062 209 70 60 – www.lamparts.ch*
– Fax 062 209 70 61 – geschl. 24. Dezember - 14. Januar, über Ostern, Mitte Juli
- Anfang August
Rest *– (geschl. Sonntag ausser an Adventssonntagen und Montag)*
Menü 105/185 CHF – Karte 96/152 CHF 🍷
Rest *Bistro* *– (geschl. Sonntag - Montag) (nur Mittagessen) (28 CHF)*
Menü 72 CHF – Karte 50/74 CHF
Spez. Hummer auf gepufftem Amaranth, Broccoli, Cremolata mit Pinienkernen. Lamm mit Fenchelsamen und Oliven gebraten, eigenes Würstchen mit gefüllten Gemüsen. Schokoladenträumerei aus Grand Cru Couverture.
◆ Ein Landhaus wie aus dem Bilderbuch! Elegant und ungezwungen zugleich präsentiert sich die liebevoll restaurierte Remise der sympathischen Gastgeber Anni und Reto Lampart. Die finessenreiche und innovative Küche lässt den persönlichen Stil des Chefs erkennen. Das Bistro bietet eine kleine Auswahl an Tagesempfehlungen.

HARDERN – Bern – **551** I6 – **siehe Lyss**

HAUTE-NENDAZ – Valais (VS) – **552** I12 – 5 389 h. – alt. 1 255 m   **7** D6
– Sports d'hiver : 1 400/3 300 m ⛷ 16 ⛷ 47 ⛷ – ⌧ 1997

▶ Bern 159 – Sion 14 – Martigny 33 – Montreux 71
🛈 ℰ 027 289 55 89, info@nendaz.ch
Manifestations locales :
  23-25 juillet : festival international de cor des Alpes

🏠 Mont-Fort ≤ 🛜 |≋| 🛁 P VISA ⊚ AE
route de la Télécabine – ℰ 027 288 26 16 – www.hotelmontfort.ch
– Fax 027 288 54 30 – fermé 20 septembre - 6 décembre et 20 avril - 29 juin
37 ch ⌒ – †90/165 CHF ††120/170 CHF – ½ P +30 CHF
Rest – Menu 18 CHF (déj.)/38 CHF – Carte 50/80 CHF
◆ Ce gros chalet proche des remontées mécaniques dispose de 3 types de chambres : familiales, pour randonneurs et standard avec balcon, personnalisées par une couleur dominante. À table, cuisine de saison et spécialités régionales. Grande terrasse plein Sud.

🏠 Les Etagnes ⋙ ⅍ ch, 📶 ⌒ P VISA ⊚
⚭ *(à côté du téléphérique) – ℰ 027 565 90 00 – www.lesetagnes.com*
– fermé 1ᵉʳ - 13 juin et 1ᵉʳ - 14 novembre
8 ch ⌒ – †95/135 CHF ††145/205 CHF – ½ P +38 CHF
Rest – *(fermé mai - juin, octobre - novembre, en été mardi soir et mercredi)*
(16 CHF) – Carte 44/58 CHF
◆ Au pied du domaine skiable et du téléphérique, hôtel-châlet à gestion hollandaise, totalement rénové, et taillé sur mesure pour l'amateur de glisse. Chambres modernes sobres. Resto genre bistrot actuel, carte internationale, terrasse panoramique sur planches.

XX Mont-Rouge 🛜 VISA ⊚ AE
Rte de la Télécabine – ℰ 027 288 11 66 – www.mont-rouge.ch
– Fax 027 288 53 10 – fermé juin - 1ᵉʳᵉ semaine juillet, 13 - 23 décembre,
mercredi, hors saison: mardi et mercredi
Rest – (35 CHF) Menu 69/90 CHF – Carte 66/101 CHF
◆ Ce restaurant familial un peu caché en bas d'un immeuble plaît pour ses recettes traditionnelles que le chef-patron revisite avec doigté. Cadre rustique. Terrasse d'été.

HAUTERIVE – Neuchâtel – **552** G7 – **voir à Neuchâtel**

HEIDEN – Appenzell Ausserrhoden (AR) – **551** V5 – 4 029 Ew   **5** I2
– Höhe 794 m – ⌧ 9410

▶ Bern 220 – Sankt Gallen 19 – Bregenz 21 – Herisau 25
🛈 Bahnhofstr. 2, ℰ 071 898 33 00, heiden@appenzell.ch

HEIDEN

Heiden
Seeallee 8 – ℰ 071 898 15 15 – www.hotelheiden.ch – Fax 071 898 15 55
66 Zim ⚏ – †155/185 CHF ††260/350 CHF – ½ P +48 CHF
Rest – (25 CHF) Menü 37/92 CHF – Karte 56/96 CHF
• Die Zimmer in dem Hotel beim Kurpark sind hell und zeitgemäss gestaltet und liegen teilweise zum See hin. Schön ist der geradlinig-moderne Bade-, Ruhe- und Anwendungsbereich. Elegantes Restaurant "Bö's" mit hübscher Terrasse mit trendiger Gartenlounge.

Rosengarten
Schützengasse 21 – ℰ 071 891 61 31 – www.rosengarten-heiden.ch – geschl. Montag und Dienstag
Rest – (24 CHF) – Karte 46/81 CHF
• In gemütlichen Restaurantstuben und auf der Terrasse mit Blick auf den Ort und die Umgebung bietet man saisonale Speisen. Spezialität des Hauses ist Kalbshackbraten.

HEILIGKREUZ – Luzern (LU) – 551 M7 – Höhe 1 050 m – ✉ 6166   3 F4
▶ Bern 61 – Luzern 41 – Stans 51 – Zug 63

Heiligkreuz
– ℰ 041 484 23 09 – www.kurhaus-heiligkreuz.ch – Fax 041 484 10 08 – geschl. 5. - 12. Juli, 15. November - 6. Dezember
25 Zim ⚏ – †79 CHF ††148 CHF – ½ P +25 CHF
Rest – (geschl. Sonntagabend - Montag) (16 CHF) – Karte 30/71 CHF
• Vor allem die herrlich ruhige Lage in einem Biosphärenreservat mit tollem Blick auf Entlebuch macht diese familiär geleitete Adresse mit einfachen, aber gepflegten Zimmern aus. Gemütlich ist die rustikale Gaststube mit bürgerlichem Speiseangebot.

HEIMISWIL – Bern – 551 K6 – siehe Burgdorf

HERBLINGEN – Schaffhausen – 551 Q3 – siehe Schaffhausen

HERGISWIL – Nidwalden (NW) – 551 O7 – 5 374 Ew – Höhe 449 m   4 F4
– ✉ 6052
▶ Bern 120 – Luzern 9 – Interlaken 63 – Stans 6
🛈 Seestr. 54, ℰ 041 630 12 58, hergiswil@inbox.ch

Pilatus
Seestr. 34 – ℰ 041 632 30 30 – www.pilatushotel.ch – Fax 041 632 30 31
69 Zim ⚏ – †115/210 CHF ††190/255 CHF – ½ P +28 CHF
Rest – (22 CHF) Menü 43/52 CHF – Karte 48/90 CHF
• Das Hotel bietet neben einem herrlichen Seeblick auch einen grossen Garten am See mit Bootssteg sowie solide, rustikal möblierte Zimmer. Einige der Zimmer sind etwas einfacher. Zum Restaurant gehört eine tolle Seeterrasse.

HERISAU K – Appenzell Ausserrhoden (AR) – 551 U5 – 15 205 Ew   5 H2
– Höhe 771 m – ✉ 9100
▶ Bern 200 – Sankt Gallen 12 – Bregenz 47 – Konstanz 51

Herisau
Bahnhofstr. 14 – ℰ 071 354 83 83 – www.hotelherisau.ch – Fax 071 354 83 80
– geschl. 19. Dezember - 3. Januar
33 Zim – †125 CHF ††200 CHF, ⚏ 15 CHF – ½ P +35 CHF
Rest – (geschl. Sonntag) – Karte 42/75 CHF
• Das Hotel im Zentrum ist ganz auf Businessgäste ausgerichtet. Die Einrichtung ist zeitgemäss und funktional, auch die Nähe zum Bahnhof ist praktisch.

Rüti
Rütistr. 1683, Nord-Ost: 2 km Richtung Winkeln – ℰ 071 352 32 80
– www.ruetiherisau.ch – Fax 071 352 32 52
– geschl. Ende Juli - Anfang August 2 Wochen und Montag
Rest – (30 CHF) Menü 86 CHF – Karte 43/89 CHF
• Von dem wintergartenähnlichen modern eingerichteten Restaurant auf dem Hügelkamm bietet sich eine sehr schöne Sicht auf die Umgebung. Traditionell geprägte Karte.

HERLISBERG – Luzern (LU) – **551** N6 – 239 Ew – Höhe 737 m – ✉ 6028   4 F3
▶ Bern 102 – Aarau 30 – Luzern 23 – Zürich 63

XX **Zum Herlisberg**   ≤ 🍴 ₠ ⇔ **P** VISA ⓜ ①
– ☏ 041 930 12 80 – www.herlisberg.ch – Fax 041 930 36 65
– geschl. 1. - 15. November
Rest – (30 CHF) Menü 48 CHF (mittags)/112 CHF – Karte 69/95 CHF 🐝
• Gute regionale Küche bietet man in dem ehemaligen Bauernhaus a. d. 19. Jh. Sie speisen in gemütlichen Stuben oder auf der Terrasse mit fantastischem See- und Bergblick.

HERTENSTEIN – Luzern – **551** O7 – **siehe Weggis**

HILTERFINGEN – Bern – **551** K8 – **siehe Thun**

HIRZEL – Zürich – **551** Q6 – **siehe Sihlbrugg**

HOCHDORF – Luzern (LU) – **551** O6 – 8 087 Ew – Höhe 482 m – ✉ 6280   4 F3
▶ Bern 122 – Aarau 41 – Luzern 20 – Stans 31

XX **Braui - Gourmet**   🍴 ₠ VISA ⓜ AE
Brauiplatz 5 – ☏ 041 910 16 66 – www.restaurantbraui.ch – Fax 041 910 16 48
– geschl. 24. Dezember - 4. Januar, 8. - 18. Februar, 26. Juli - 16. August
und Samstagmittag, Sonntag - Montag
Rest – (nur Menü) Menü 96/116 CHF 🐝
Rest Brasserie – (20 CHF) Menü 59 CHF – Karte 46/103 CHF
• Die Speisen im Gourmet werden modern zubereitet und von einer guten Weinauswahl begleitet. Gerne stellen die Gäste direkt in der Küche mit dem Chef persönlich ihr Menü zusammen. Zeitgemässe Frischküche bietet auch die einfachere Brasserie.

HORGEN – Zürich (ZH) – **551** Q5 – 18 074 Ew – Höhe 409 m – ✉ 8810   4 G3
▶ Bern 146 – Zürich 21 – Luzern 47 – Schwyz 41

🏠 **Schwan**   🍴 📞 VISA ⓜ AE
Zugerstr. 9, (am Schwanenplatz) – ☏ 044 725 47 19 – www.hotel-schwan.ch
– Fax 044 725 46 07
22 Zim ⊇ – †150/180 CHF ††200/240 CHF
Rest – (geschl. 19. Juli - 10. August und Sonntag - Montagmittag) (26 CHF)
Menü 69/98 CHF – Karte 53/105 CHF
• Ein charmanter Gasthof mit fast 600 Jahre alten Grundmauern. Mit Stil und Geschmack hat man die Zimmer romantisch und individuell eingerichtet, darunter zwei geräumige Suiten. Restaurant mit eleganter Note, das im Sommer durch eine nette Terrasse auf dem Schwanenplatz ergänzt wird.

HORN – Thurgau (TG) – **551** V4 – 2 373 Ew – Höhe 403 m – ✉ 9326   5 I2
▶ Bern 217 – Sankt Gallen 12 – Bregenz 35 – Frauenfeld 58

🏨 **Bad Horn**   ≤ 🚲 🍴 🛏 🛎 ₠ 🎴 Rest, 📞 🧖 🌊 **P** VISA ⓜ AE ①
Seestr. 36 – ☏ 071 841 55 11 – www.badhorn.ch – Fax 071 841 60 89
60 Zim ⊇ – †130/220 CHF ††190/350 CHF
Rest Emily's Wave – (geschl. Februar und Sonntag - Montag) Menü 99/129 CHF
– Karte 72/107 CHF
Rest Captains Grill – Menü 105 CHF – Karte 68/90 CHF
Rest Al Porto – (32 CHF) – Karte 48/83 CHF
• Das komfortable Haus bietet klassisch gehaltene Zimmer unterschiedlicher Kategorien, viele davon seeseitig und mit schönem Blick, sowie Strandbad und Bootssteg. Gourmet-Restaurant Emily's Wave liegt wie auch die anderen Restaurants zum See hin, alle mit Seeterrasse.

HORW – Luzern – **551** O7 – **siehe Luzern**

HÜNENBERG – Zug (ZG) – **551** P6 – 8 121 Ew – Höhe 451 m – ✉ 6331 4 F3
▶ Bern 127 – Luzern 23 – Zürich 46 – Aarau 47

XX **Wart**
Wart 1, Nord: 1 km Richtung Wart - Sankt Wolfgang – ℰ 041 780 12 43
– www.wart.ch – Fax 041 780 92 88 – geschl. 27. Februar - 9. März, 24. Juli
- 10. August und Montagabend - Dienstag
Rest – (Tischbestellung ratsam) (20 CHF) Menü 68 CHF – Karte 48/122 CHF
♦ Hinter einer sehenswerten bemalten Fassade a. d. J. 1703 nehmen Sie in einer gediegenen getäferten Stube Platz und wählen aus einem traditionellen Speisenangebot.

HÜNIBACH – Bern – **551** K8 – siehe Thun

HÜTTENLEBEN – Schaffhausen – **551** Q2 – siehe Thayngen

HURDEN – Schwyz (SZ) – **551** R6 – 272 Ew – Höhe 411 m – ✉ 8640 4 G3
▶ Bern 162 – Zürich 37 – Rapperswil 3 – Schwyz 32

🏨 **Rössli**
Hurdnerstr. 137 – ℰ 055 416 21 21 – www.hotel-restaurant-roessli.ch
– Fax 055 416 21 25
26 Zim ⊇ – †120/155 CHF ††189/199 CHF
Rest – Menü 39 CHF (mittags)/100 CHF – Karte 63/108 CHF
♦ Schön liegt das wohnlich eingerichtete Hotel am Ufer des Zürichsees, hier hat man auch eine eigene Bootsanlegestelle. Fragen Sie nach den neueren Gästezimmern. Im OG befinden sich die rustikal gehaltenen Restauranträume. Von der Gartenterrasse blickt man zum See.

XX **Markus Gass zum Adler**
Hurdnerstr. 143 – ℰ 055 410 45 45 – www.mg-adlerhurden.ch
– Fax 055 410 11 20 – geschl. 1. - 23. Februar und Montag - Dienstag
Rest – (Tischbestellung ratsam) (48 CHF) Menü 75 CHF (mittags)/145 CHF
– Karte 108/155 CHF
Spez. Lauwarmer Saibling mit Frühlingsgemüse-Salat und Mandel-Schnittlauch-Vinaigrette. Steinbutt vom Grill mit Taggiasca-Olivenjus auf Wurzelspinat, Schneekartoffeln und Amalfi-Zitronenöl. Poularde mit Vin Jaune, weissem Spargel und Morcheln in zwei Gängen serviert.
♦ Ein modern-elegantes Restaurant in einem lichten hohen Raum in Weiss. Geboten wird eine schmackhafte zeitgemässe Küche, die auch auf der Terrasse serviert wird; hier sitzt man sehr angenehm unter Bäumen und schaut auf den See.

HUTTWIL – Bern (BE) – **551** L6 – 4 701 Ew – Höhe 638 m – ✉ 4950 3 E3
▶ Bern 48 – Luzern 48 – Olten 43 – Thun 74

🏨 **Mohren**
Marktgasse 5 – ℰ 062 962 20 10 – www.mohren-huttwil.ch – Fax 062 962 20 11
30 Zim ⊇ – †90/95 CHF ††160/170 CHF – ½ P +25 CHF
Rest – (geschl. 19. Juli - 7. August und Montag) (15 CHF) Menü 25/45 CHF
– Karte 35/63 CHF
♦ Der 1469 erstmals urkundlich erwähnte traditionelle Gasthof ist ein netter Familienbetrieb, dessen Zimmer im Haupthaus rustikal, im Gästehaus neuzeitlicher sind. Eine Weinpresse und Bilder des Künstlers Anker zieren das in ländlichem Stil gehaltene Restaurant.

ILLNAU – Zürich (ZH) – **551** Q5 – Höhe 517 m – ✉ 8308 4 G2
▶ Bern 145 – Zürich 24 – Rapperswil 29 – Wil 50

XX **Rössli** mit Zim
Kempttalstr. 52 – ℰ 052 235 26 62 – www.roessli-illnau.ch – Fax 052 235 26 64
– geschl. 19. Juli - 1. August
6 Zim ⊇ – †110 CHF ††180 CHF **Rest** – Menü 68/98 CHF – Karte 57/102 CHF
♦ Der traditionelle Gasthof beherbergt ein modernes Restaurant, eine typische Gaststube und eine trendige Lounge. Die Küche ist saisonal, serviert wird auch im lauschigen Garten.

INTERLAKEN – Bern (BE) – **551** L9 – 5 279 Ew – Höhe 564 m 8 E5
– ✉ 3800

▶ Bern 57 – Luzern 68 – Montreux 149 – Sion 88

🛈 Höheweg 37**AY**, ☏ 033 826 53 00, mail@interlakentourism.ch

▣ Interlaken-Unterseen, West: 2 km Richtung Gonten über Seestrasse, ☏ 033 823 60 16

◉ Lage★★★ - Höheweg★★: Aussicht★★★ **ABY** – Ansicht★ der Kirche von Unterseen **AY** B

◉ Jungfraujoch★★★ mit Bahn – Schynige Platte★★ Süd-Ost: 2,5 km über ② und Zahnradbahn – Harderkulm★★ mit Standseilbahn **BY** – Heimwehfluh★ **AZ**

Lokale Veranstaltungen:

   13. März-5. April: Interlaken Classics

   17. Juni-4. September: Wilhelm Tell - Freilichtspiele

   4.-10. Juni: Jungfrau Music Festival

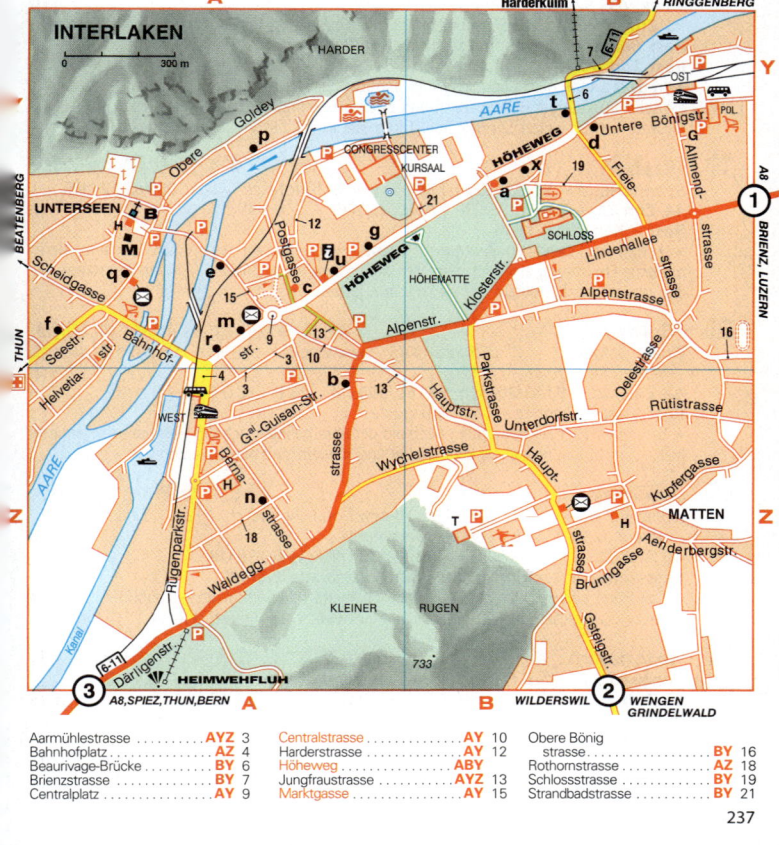

Aarmühlestrasse . . . . **AYZ** 3	Centralstrasse . . . . **AY** 10	Obere Bönig
Bahnhofplatz . . . . **AZ** 4	Harderstrasse . . . . **AY** 12	strasse . . . . **BY** 16
Beaurivage-Brücke . . . . **BY** 6	Höheweg . . . . **ABY**	Rothornstrasse . . . . **AZ** 18
Brienzstrasse . . . . **BY** 7	Jungfraustrasse . . . . **AYZ** 13	Schlossstrasse . . . . **BY** 19
Centralplatz . . . . **AY** 9	Marktgasse . . . . **AY** 15	Strandbadstrasse . . . . **BY** 21

INTERLAKEN

Victoria-Jungfrau
Höheweg 41 – ℰ 033 828 28 28
– www.victoria-jungfrau.ch – Fax 033 828 28 80 AYg
202 Zim – †610/710 CHF ††700/800 CHF, ⊆ 45 CHF – 20 Suiten – ½ P +130 CHF
Rest La Terrasse und **Jungfrau Brasserie** – *separat erwähnt*
Rest *La Pastateca* – ℰ 033 828 26 80 – Karte 47/79 CHF
• Das stilvolle und luxuriöse Grandhotel vereint äusserst gelungen Klassisches und Modernes. Recht individuell sind die eleganten Zimmer, Juniorsuiten und Suiten, sehr hochwertig ist das Wellnessangebot. Pastaspezialitäten bietet man im geradlinig gestalteten Restaurant La Pastateca.

Lindner Grand Hotel Beau Rivage
Höheweg 211 – ℰ 033 826 70 07
– www.lindnerhotels.ch – Fax 033 826 70 08 BYt
101 Zim ⊆ – †209/379 CHF ††289/459 CHF – ½ P +59 CHF
Rest *L'Ambiance* – *(geschl. Sonntag - Montag)* Menü 95/140 CHF
– Karte 90/118 CHF
• Schön liegt das traditionsreiche Grandhotel in einem Park. Elegante Hotelhalle, Zimmer in klassischem Stil, moderner Wellnessbereich und Seminarräume. Belle Epoque-Saal. L'Ambiance: ein stilvolles Hotelrestaurant mit internationaler Küche.

Metropole
Höheweg 37 – ℰ 033 828 66 66 – www.metropole-interlaken.ch
– Fax 033 828 66 33 AYu
96 Zim – †92/252 CHF ††142/363 CHF, ⊆ 25 CHF – ½ P +55 CHF
Rest *Bellini* – *(nur Abendessen)* Menü 78 CHF – Karte 61/104 CHF
Rest *Top o Met* – (25 CHF) – Karte 34/79 CHF
• In dem zentral gelegenen Hotel mit herrlicher Sicht auf das Jungfraumassiv erwarten Sie ein sehr grosszügiger Hallenbereich und zeitgemässe freundliche Zimmer. Bellini mit eleganter Note und Schweizer Spezialitäten. Top o Met im 18. Stock mit Panoramablick.

Krebs
Bahnhofstr. 4 – ℰ 033 826 03 30 – www.krebshotel.ch – Fax 033 823 24 65
44 Zim ⊆ – †135/185 CHF ††220/360 CHF – ½ P +49 CHF AYm
Rest – Karte 56/93 CHF
• Mitten im lebendigen Zentrum gelegenes Hotel mit sehr wohnlichen Zimmern, deren moderne Einrichtung einen interessanten Kontrast zur traditionellen Bauweise des Hauses bildet. Unterteiltes Restaurant mit elegantem A-la-carte-Bereich.

Goldey
Obere Goldey 85 – ℰ 033 826 44 45 – www.goldey.ch – Fax 033 826 44 40
– geschl. Dezember - 1. März AYp
42 Zim ⊆ – †140/200 CHF ††160/300 CHF – ½ P +30 CHF
Rest – *(nur Abendessen für Hausgäste)*
• Nicht weit vom Zentrum, ruhig oberhalb der Aare befindet sich das Hotel mit zeitgemässer heller Einrichtung. Besonders komfortabel und modern sind die "Looverooms".

Du Nord
Höheweg 70 – ℰ 033 827 50 50 – www.hotel-dunord.ch – Fax 033 827 50 55
– geschl. Mitte Oktober - Mitte Dezember BYa
46 Zim ⊆ – †160/180 CHF ††220/330 CHF – ½ P +38 CHF
Rest *Kinner's Restaurant Im Gade* – *separat erwähnt*
• Das Hotel befindet sich am Ende der Höhematte und verfügt über wohnliche, meist mit Stilmöbeln ausgestattete Gästezimmer und einen eleganten Frühstücksraum.

Interlaken
Höheweg 74 – ℰ 033 826 68 68 – hotelinterlaken.ch – Fax 033 826 68 69
60 Zim ⊆ – †145/225 CHF ††220/330 CHF – ½ P +35/45 CHF BYx
Rest – *(geschl. 18. Januar - 22. Februar, Ende Februar - Mitte April: Sonntag)*
(18 CHF) – Karte 38/80 CHF
• Die einstige Klosterherberge beim kleinen japanischen Garten ist das älteste Hotel Interlakens mit teilweise besonders modernen Zimmern. Alte Gerichtsstube im 1. Stock. Im Restaurant Taverne bietet man euro-asiatische Küche. Mit Lounge/Bar.

INTERLAKEN

Carlton - Europe garni
Höheweg 94 – ℰ 033 826 01 60 – www.carltoneurope.ch – Fax 033 826 01 69
75 Zim ⊇ – †125/210 CHF ††200/350 CHF   BY**d**
• Auf zwei klassische Hotelgebäude nahe dem Ost-Bahnhof verteilen sich die in Einrichtung und Zuschnitt recht verschiedenen Zimmer mit teilweise stilvollem Dekor.

Stella
Waldeggstr. 10 – ℰ 033 822 88 71 – www.stella-hotel.ch – Fax 033 822 66 71
– geschl. Januar - Februar 2 Wochen   AZ**b**
30 Zim ⊇ – †140/250 CHF ††190/330 CHF – ½ P +46 CHF
Rest *Stellambiente* – Menü 69/89 CHF – Karte 55/109 CHF
• In diesem funktionellen Hotel am Zentrumsrand erwarten den Gast sehr unterschiedlich eingerichtete und individuell geschnittene Zimmer. Restaurant in neuzeitlichem Stil mit gepflegter Atmosphäre und internationaler Küche.

Bernerhof garni
Bahnhofstr. 16 – ℰ 033 826 76 76 – www.bestwestern-bernerhof.ch
– Fax 033 826 76 60   AY**r**
43 Zim ⊇ – †110/190 CHF ††160/270 CHF
• Das Hotel nahe dem Bahnhof bietet Ihnen funktionell und zeitgemäss eingerichtete Gästezimmer, die meist über einen Balkon verfügen.

Bellevue garni
Marktgasse 59 – ℰ 033 822 44 31 – www.hotel-bellevue-interlaken.ch
– Fax 033 822 92 50   AY**e**
37 Zim ⊇ – †99/190 CHF ††153/285 CHF
• Das Jugendstilhaus liegt schön an der Aare im Ortskern und bietet gediegene wie auch modernere Zimmer und einen hübschen hellen Frühstücksraum in historischem Rahmen.

De la Paix
Bernastr. 24 – ℰ 033 822 70 44 – www.hotel-de-la-paix.ch – Fax 033 822 87 28
– geschl. 24. Oktober - 1. Mai   AZ**n**
21 Zim ⊇ – †90/160 CHF ††140/240 CHF – ½ P +26 CHF
Rest – *(nur Abendessen für Hausgäste)*
• Gäste schätzen den gut geführten Familienbetrieb wegen seiner persönlichen Atmosphäre. Ein klassisches Gebäude von 1910 mit vielen Antiquitäten und alten Uhren sowie kleinem Garten.

XXXX La Terrasse – Hotel Victoria-Jungfrau
Höheweg 41 – ℰ 033 828 28 28 – www.victoria-jungfrau.ch – Fax 033 828 28 80
– geschl. Sonntag - Dienstag   AY**g**
Rest – *(nur Abendessen)* Menü 138/164 CHF – Karte 93/125 CHF
• Ein elegantes Restaurant mit hochwertig eingedeckten Tischen, das seinen Gästen eine ambitionierte zeitgemässe Küche mit klassischen Wurzeln bietet.

XX Jungfrau Brasserie – Hotel Victoria-Jungfrau
Höheweg 41 – ℰ 033 828 26 20 – www.victoria-jungfrau.ch – Fax 033 828 28 80
– geschl. Mittwoch - Donnerstag   AY**g**
Rest – *(nur Abendessen)* Karte 64/111 CHF
• Ein einzigartiges Ambiente erwartet Sie in diesem Restaurant, einem wunderschönen Jugendstilsaal mit Täferung und sehenswerten Malereien. Schweizer Spezialitäten.

XX Kinner's Restaurant Im Gade – Hotel du Nord
Höheweg 70 – ℰ 033 821 60 81 – www.hotel-dunord.ch
– Fax 033 821 60 83 – geschl. 15. November
- 15. Dezember und Montag   BY**a**
Rest – *(Tischbestellung ratsam)* (18 CHF) – Karte 69/105 CHF
• Gemütlich sitzt man in der rustikalen Stube bei traditioneller Küche - der Chef hat sich auf Fischgerichte spezialisiert. Im Sommer serviert man auch auf der schönen Terrasse.

X Spice India
Postgasse 6 – ℰ 033 821 00 91 – www.spice-india.net – geschl. November
- 15. Dezember und Montag   AY**c**
Rest – Karte 39/60 CHF
• Ein Grossteil der Einrichtung dieses indischen Restaurants in der Fussgängerzone wurde aus Indien importiert, so auch der für viele Gerichte genutzte Tandoori-Ofen.

INTERLAKEN

in Bönigen Ost: 2 km über ① – Höhe 568 m – ✉ 3806

Seiler au Lac ⌂
am Quai 3 – ☏ 033 828 90 90 – www.seileraulac.ch – Fax 033 822 30 01
– geschl. November - 20. Dezember, 6. Januar - 1. April
42 Zim ⊡ – †125/190 CHF ††290/336 CHF – ½ P +35 CHF
Rest – *(geschl. Montag) (nur Abendessen)* (25 CHF) Menü 78 CHF
– Karte 41/83 CHF
♦ Am Seeufer liegt das gut geführte Hotel mit herrlichem Blick auf den Brienzersee. Die Gästezimmer sind grosszügig geschnitten und verfügen fast alle über bequeme Sitzgruppen. Gediegener Speisesaal und helles rustikales A-la-carte-Restaurant.

Seehotel ⌂
Seestr. 22 – ☏ 033 827 07 70 – www.seehotelterrasse.ch – Fax 033 827 07 71
– geschl. Januar
40 Zim ⊡ – †105/135 CHF ††191/243 CHF – ½ P +33 CHF
Rest – *(geschl. 20. Dezember - 10. März, März - April sowie November - Dezember: Montag - Dienstag)* Karte 37/74 CHF
♦ Das gepflegte familiär geleitete Ferienhotel in schöner ruhiger Lage verfügt über teilweise seeseitig gelegene Gästezimmer, die besonders gefragt sind. Das Restaurant bietet eine zeitgemässe internationale Küche. Von der netten Terrasse blickt man zum See.

in Wilderswil Süd-Ost: 4 km über ② – Höhe 584 m – ✉ 3812

Berghof Amaranth ⌂
Oberdorfstr. 23 – ☏ 033 822 75 66 – www.hotel-berghof.ch – Fax 033 822 89 68
– geschl. 17. Oktober - 18. Dezember
40 Zim ⊡ – †75/135 CHF ††150/220 CHF – ½ P +50 CHF
Rest – *(nur Abendessen für Hausgäste)*
♦ Von einer herrlichen Bergkulisse umgebenes Haus mit familiärer Atmosphäre und rustikal gestalteten Gästezimmern - geräumiger sind die Zimmer im Annex. Schöner Garten mit Pool.

Alpenblick
Oberdorfstr. 3 – ☏ 033 828 35 50 – www.hotel-alpenblick.ch
– Fax 033 828 35 51 – geschl. 7. November - 10. Dezember
35 Zim ⊡ – †90/200 CHF ††160/260 CHF – ½ P +40 CHF
Rest *Gourmetstübli* – separat erwähnt
Rest *Dorfstube* – *(geschl. Montag und September - Juni: Montag-Dienstag)*
(20 CHF) Menü 55 CHF – Karte 46/84 CHF
♦ Die auf mehrere Häuser verteilten Zimmer sind individuell, jedoch durchwegs rustikal eingerichtet - manche verfügen über einen Balkon. Bäuerliches Dekor ziert das Haus. Dorfstube mit ländlichem Ambiente und regionaler Küche.

XX **Gourmetstübli** (Richard Stöckli) – Hotel Alpenblick
❀ Oberdorfstr. 3 – ☏ 033 828 35 50
– www.hotel-alpenblick.ch – Fax 033 828 35 51 – geschl. 7. November
- 10. Dezember und Montag - Dienstag
Rest – Menü 115/210 CHF – Karte 102/138 CHF
Spez. Ganzer Saibling in der Salzkruste mit verschiedenen Olivenölen und mediterranem Gemüse. Kalbsconterfilet mit Osso Bucco-Ravioli und zwei Saucen. Auswahl an Schweizer Käsen vom Wagen.
♦ Das Restaurant ist ein behagliches kleines Stübli, an dessen sechs ansprechend eingedeckten Tischen kreativ und saisonal geprägte Speisen serviert werden, begleitet von einem Weinangebot mit über 1000 Positionen. Schöne Terrasse.

In jedem Sterne-Restaurant werden drei Spezialitäten angegeben, die den Küchenstil widerspiegeln. Nicht immer finden sich diese Gerichte auf der Karte, werden aber durch andere repräsentative Speisen ersetzt.

INTRAGNA – Ticino (TI) – **553** Q12 – 890 ab. – alt. 342 m – ✉ 6655 9 G6
▸ Bern 246 – Locarno 10 – Bellinzona 30 – Domodossola 40

XX **Stazione "Da Agnese & Adriana"** con cam
*piazzale Fart – ℰ 091 796 12 12 – www.daagnese.ch
– Fax 091 796 31 33 – chiuso 1° dicembre - 1° marzo*
15 cam – †100/150 CHF ††170/220 CHF, ☐ 17 CHF
Rist – *(consigliata la prenotazione la sera)* Menu 79/90 CHF – Carta 43/89 CHF
♦ Un'istituzione ticinese sostenuta dall'intera famiglia Broggini... Ristorante luminoso ed accogliente, dove gustare in un contesto armonioso di tradizione e modernità, squisiti piatti regionali. Camere in stile mediterraneo, recentemente rinnovate.

X **Centrale**
*Piazza Municipio – ℰ 091 796 12 84 – chiuso lunedì, domenica
escluso mezzogiorno da giugno a ottobre*
Rist – Menu 35 CHF (pranzo)/85 CHF – Carta 55/86 CHF
♦ Nel centro di questa caratteristica località, affacciato sulla pittoresca piazzetta, un ristorantino che propone un'intrigante cucina mediterranea, al passo coi tempi.

IPSACH – Bern (BE) – **551** I6 – 3 695 Ew – Höhe 435 m – ✉ 2563 2 C3
▸ Bern 42 – Basel 96 – La Chaux-de-Fonds 55 – Neuchâtel 35

🏨 **Schlössli**
Ipsachstr. 11 – ℰ 032 332 26 26 – www.schloessli-ipsach.ch – Fax 032 332 26 27
45 Zim – †170 CHF ††230 CHF, ☐ 20 CHF – ½ P +35 CHF
Rest – (24 CHF) – Karte 40/75 CHF
♦ Das hübsche Landhotel am Ortseingang verfügt über zeitgemäss eingerichtete Gästezimmer. Am Wochenende hat die Disco Castellino Club im Untergeschoss geöffnet. Rattanstühle und warme Töne geben dem Restaurant eine mediterrane Note.

ISELTWALD – Bern (BE) – **551** M9 – 403 Ew – Höhe 566 m – ✉ 3807 8 E5
▸ Bern 67 – Interlaken 11 – Brienz 15 – Luzern 59

🏠 **Chalet du Lac**
*– ℰ 033 845 84 58 – www.dulac-iseltwald.ch – Fax 033 845 84 59 – geschl.
November - Februar (Hotel)*
21 Zim ☐ – †90/120 CHF ††160/200 CHF – ½ P +35 CHF
Rest – *(geschl. November, Oktober - April: Montag - Dienstag)* (15 CHF)
– Karte 28/83 CHF
♦ Die exklusive Lage am Brienzersee sowie wohnliche Gästezimmer mit individuellem Touch und toller Aussicht auf See und Berge machen dieses hübsche regionstypische Hotel aus. Das rustikale Restaurant wird ergänzt durch eine grosse nett gestaltete Terrasse zum See.

ITTIGEN – Bern – **551** J7 – siehe Bern

JOUX (Vallée de) – Vaud (VD) – Sports d'hiver : 1 010/1 437 m 6 A5
▸ Bern 120 – Lausanne 69 – Genève 71 – Neuchâtel 86
🛈 8 r. de l'Orbe, ✉ 1347 Le Sentier, ℰ 021 845 17 77, info@valleedejoux.ch
◉ Site★★ - Dent de Vaulion★★ : ※★★

LE BRASSUS – Vaud (VD) – **552** B9 – alt. 1 022 m – ✉ 1348
▸ Bern 121 – Lausanne 49 – Les Rousses 16 – Vallorbe 21

🏨 **Des Horlogers**
*8 rte de France – ℰ 021 845 08 45 – www.leshorlogers.com – Fax 021 845 08 46
– fermé 19 novembre - 3 janvier et 10 juillet - 5 août*
27 ch ☐ – †180/220 CHF ††250/270 CHF – ½ P +45 CHF
Rest *Le Chronographe* – *(fermé samedi midi et dimanche)* (20 CHF)
Menu 62 CHF (déj.)/118 CHF – Carte 66/126 CHF
♦ Grande bâtisse braquée vers la vallée de Joux. Communs cosy, divers formats de chambres bien confortables, équipements pour réunions, détente et bien-être. Repas classique dans un décor rustique chic au Chronographe. Carte simple et cadre alpin à la brasserie.

JOUX (Vallée de)

LE SENTIER – Vaud (VD) – **552** B9 – alt. 1 024 m – ✉ 1347

▶ Bern 118 – Lausanne 66 – Les Rousses 21 – Vallorbe 19

Bellevue Le Rocheray
Le Rocheray 23, (au lac) – ℰ *021 845 57 20 – www.rocheray.ch*
– Fax 021 845 47 20 – fermé 21 décembre - 3 janvier
20 ch ⊊ – †120/160 CHF ††160/215 CHF – ½ P +45 CHF
Rest – *(fermé dimanche soir)* (18 CHF) Menu 45/78 CHF – Carte 41/94 CHF
♦ Nuitées tranquilles sur la jolie berge du lac. Chambres sobres dans le bâtiment principal, mais plus spacieuses et modernes dans la nouvelle aile. Salle à manger et terrasse panoramiques, cuisine traditionnelle assez poissonneuse, brasserie où manger simplement.

KANDERSTEG – Bern (BE) – **551** K10 – 1 192 Ew – Höhe 1 176 m   **8 E5**
– Wintersport : 1 200/1 700 m ⛷1 ⛷2 ⛷ – ✉ 3718

▶ Bern 66 – Interlaken 45 – Montreux 156 – Sion 47

🚂 Kandersteg - Goppenstein, Information ℰ 031 327 27 27, 0900 553 333

🛈 Hauptstrasse, ℰ 033 675 80 80, info@kandersteg.ch

◉ Lage ★

◉ Oeschinensee ★★★ – Klus ★★

Lokale Veranstaltungen:
8.-10. Januar: Ice Climbing Festival
23.-24. Januar: Schlittenhunderennen

Royal Park

Bellevuestr. 1 – ℰ *033 675 88 88 – www.royalkandersteg.com*
– Fax 033 675 88 80 – geschl. Anfang April - Ende Mai, Ende Oktober - Mitte Dezember
20 Zim ⊊ – †280/350 CHF ††400/820 CHF – 8 Suiten – ½ P +40 CHF
Rest – Karte 66/121 CHF
♦ Exklusiv ist das gewachsene Patrizierhaus mit seinen eleganten Zimmern und luxuriösen Suiten sowie dem stilvollen Salon Louis XV. Zum Haus gehört auch ein eigener Reitstall. Im klassischen Restaurant herrscht eine vornehme Atmosphäre. Schön: der Blick in den Garten.

Waldhotel Doldenhorn
Vielfalle, Süd: 1,5 km – ℰ *033 675 81 81*
– www.doldenhorn-ruedihus.ch – Fax 033 675 81 85
30 Zim ⊊ – †140/210 CHF ††270/370 CHF – 11 Suiten – ½ P +50 CHF
Rest *Au Gourmet* – separat erwähnt
Rest *Burestube* – *(geschl. 12. - 24. April, 7. November - 10. Dezember und Dienstag ausser Saison)* (30 CHF) Menü 50 CHF (mittags) – Karte 47/70 CHF
♦ Der Familienbetrieb in schöner und angenehm ruhiger Lage bietet wohnliche, unterschiedlich geschnittene Zimmer, einen modernen Bade- und Wohlfühlbereich und guten Service. Luxuriös sind die Suiten und Juniorsuiten. Traditionell speist man in der behaglichen Burestube.

Bernerhof
Hauptstrasse – ℰ *033 675 88 75 – www.bernerhof.ch – Fax 033 675 88 77*
– geschl. 6. April - 8. Mai, 24. Oktober - 10. Dezember
45 Zim ⊊ – †110/130 CHF ††165/230 CHF – ½ P +35 CHF
Rest – (23 CHF) – Karte 41/77 CHF
♦ Das Chalet am Dorfeingang bietet eine schöne Aussicht sowie zeitgemäss und wohnlich eingerichtete Gästezimmer. Nett sind auch der Empfangsbereich und das Kaminzimmer. Bürgerliches Restaurant mit modernem Touch.

Adler

Hauptstrasse – ℰ *033 675 80 10 – www.chalethotel.ch – Fax 033 675 80 11*
26 Zim ⊊ – †110/140 CHF ††180/220 CHF – ½ P +30 CHF
Rest – Menü 39/49 CHF – Karte 40/86 CHF
♦ In dem hübschen Chalet in der Ortsmitte erwarten Sie gemütliche holzgetäferte Gästezimmer. Für Romantiker: "Looverooms" mit auf den Balkon ausfahrbarem Whirlpool. Gaststube und Restaurant in ländlichem Stil - schön sitzt man auch auf der Terrasse.

KANDERSTEG

Ermitage
(bei der Oeschinensesselbahn) – ℰ 033 675 80 20
– www.ermitage-kandersteg.ch – Fax 033 675 80 21
– geschl. 6. April - 8. Mai
15 Zim ⇌ – †93/100 CHF ††170/190 CHF – ½ P +28 CHF
Rest – *(geschl. Montag)* (18 CHF) – Karte 40/63 CHF
♦ Dieses sehr gepflegte Haus an der Talstation der Oeschinenseebahn ist ein engagiert geführter Familienbetrieb mit recht individuellen und zeitgemäss ausgestatteten Gästezimmern. Im Restaurant serviert man traditionelle Küche sowie Speisen auf biologischer Basis.

Blümlisalp
Hauptstrasse – ℰ 033 675 18 44 – www.hotel-bluemlisalp.ch
– Fax 033 675 18 09 – geschl. November - 24. Dezember, April - 10. Mai
24 Zim ⇌ – †95/160 CHF ††160/230 CHF – ½ P +35 CHF
Rest – *(geschl. Montag)* (20 CHF) Menü 55/75 CHF – Karte 35/78 CHF
♦ Der Anbau dieses familiär geführten Hotels überzeugt mit hübschen modernen Gästezimmern - die im Haupthaus sind etwas schlichter gestaltet. Schöner Ausblick. Restaurant mit traditioneller Karte.

Au Gourmet – Waldhotel Doldenhorn
Vielfalle, Süd: 1,5 km – ℰ 033 675 81 81 – www.doldenhorn-ruedihus.ch
– Fax 033 675 81 85 – geschl. 12. - 24. April, 7. November - 10. Dezember und Dienstag ausser Saison
Rest – Menü 50 CHF (mittags)/125 CHF – Karte 63/105 CHF
♦ Das Au Gourmet ist ein recht kleines Restaurant mit gediegen-eleganter Atmosphäre und klassisch-französisch ausgerichtetem Speiseangebot.

Ruedihus - Biedermeier Stuben mit Zim
Vielfalle, Süd: 1,5 km – ℰ 033 675 81 82
– www.doldenhorn-ruedihus.ch – Fax 033 675 81 85
10 Zim ⇌ – †120/160 CHF ††240/270 CHF – ½ P +50 CHF
Rest – *(geschl. Mittwoch in der Zwischensaison) (Tischbestellung ratsam)*
Menü 55 CHF – Karte 44/66 CHF
Rest Chäs- und Wystube – *(geschl. Mittwoch in der Zwischensaison)* (24 CHF)
– Karte 30/65 CHF
♦ In dem hübsch restaurierten Holzhaus von 1753 nehmen Sie in zwei charmanten und geschmackvollen Biedermeierstuben Platz. Geboten werden ausschliesslich Schweizer Spezialitäten. Rustikal: Chäs- und Wystube im EG des denkmalgeschützten Hauses. Äusserst gemütlich sind die Gästezimmer.

in Blausee-Mitholz Nord: 4 km – Höhe 974 m – ✉ 3717

Blausee
(im Naturpark Blausee, über Spazierweg 5 min. erreichbar) – ℰ 033 672 33 33
– www.blausee.ch – Fax 033 672 33 39 – geschl. 11. - 14. Januar
18 Zim ⇌ – †145 CHF ††256 CHF – ½ P +69 CHF
Rest – Menü 49 CHF (mittags)/93 CHF – Karte 53/89 CHF
♦ Durch und durch romantisch ist dieses nette engagiert geführte Haus inmitten nahezu unberührter Natur. Die Zimmer sind ganz individuell von modern bis stilvoll. Hübsch ist auch der kleine Saunabereich. Das Restaurant bietet zeitgemässe Küche mit vielen Forellenspezialitäten aus eigener Zucht.

KASTANIENBAUM – Luzern – **551** O7 – siehe Luzern

KEHLHOF – Zürich – **551** Q6 – siehe Stäfa

KEMMERIBODEN-BAD – Bern (BE) – **551** L-M8 – siehe Schangnau

KESSWIL – Thurgau (TG) – **551** U4 – 951 Ew – Höhe 405 m – ✉ 8593   **5 H2**
▶ Bern 202 – Sankt Gallen 27 – Bregenz 49 – Frauenfeld 40

XX **Schiff** mit Zim
Hafenstr. 28 – ✆ *071 463 18 55 – www.seegasthofschiff.ch – geschl. Januar
- Anfang Februar*
8 Zim ⊇ – †105/125 CHF ††105/175 CHF
Rest – *(geschl. Dienstag, im Winter Montag - Dienstag)* (30 CHF) Menü 68 CHF
(abends)/96 CHF – Karte 54/98 CHF
♦ Das a. d. 17. Jh. stammende Riegelhaus am kleinen Hafen beherbergt eine gemütliche Gaststube und ein luftig-helles Restaurant mit Hussenstühlen, Dielenboden und Kristalllüster.

KESTENHOLZ – Solothurn (SO) – **551** L5 – 1 640 Ew – Höhe 453 m   **3 E3**
– ✉ 4703

▶ Bern 55 – Basel 54 – Aarau 39 – Luzern 67

XX **Eintracht - St. Peter-Stube** mit Zim
Neue Strasse 6 – ✆ *062 393 24 63*
*– www.eintrachtkestenholz.ch – Fax 062 393 24 23 – geschl. 1. - 15. Februar,
18. Juli - 8. August und Sonntag - Montag*
5 Zim ⊇ – †80/90 CHF ††160 CHF
Rest – Karte 55/92 CHF
Rest *Gaststube* – Karte 45/75 CHF
♦ Der Landgasthof, seit 150 Jahren in Familienbesitz, liegt im Zentrum des Dorfes. In der rustikalen St. Peter-Stube wählen Sie Gerichte einer zeitgemässen Küche. Die einfachere Gaststube bietet eine günstigere Karte.

KILCHBERG – Zürich (ZH) – **551** P5 – 7 173 Ew – Höhe 424 m – ✉ 8802   **4 G3**
▶ Bern 132 – Zürich 7 – Aarau 53 – Luzern 52

XX **Chez Fritz**
Seestr. 195b – ✆ *044 715 25 15 – www.dinning.ch – Fax 044 715 25 11 – geschl.
Oktober - März: Samstagmittag - Sonntag*
Rest – (26 CHF) – Karte 67/99 CHF
♦ Ein schönes modernes Restaurant mit wohnlicher Lounge in top Lage am Zürichsee - auf der Terrasse sitzt man unmittelbar am Wasser. Klassische Küche, mittags sehr kleines Angebot.

KIRCHDORF – Bern – **551** J8 – 844 Ew – Höhe 610 m – ✉ 3116   **2 D4**
▶ Bern 26 – Fribourg 65 – Solothurn 63 – Luzern 109

XX **Spycher mille privé**
Dorf 48 – ✆ *031 781 18 34 – www.milleprive.ch – Fax 031 329 29 91 – geschl.
18. April - Ende September*
Rest – *(geschl. Sonntag - Dienstag) (nur Abendessen) (Tischbestellung erforderlich)* Menü 95/138 CHF – Karte 98/113 CHF
♦ Das hübsche Fachwerkhaus ist eine sehr gelungene und ansprechende Mischung aus Rustikalem und Modernem. Urs Messerli bietet in dem Restaurant mit dem charmanten Service ambitionierte zeitgemässe und saisonale Küche.

KLEINDÖTTINGEN – Aargau (AG) – **551** O4 – Höhe 323 m – ✉ 5314   **4 F2**
▶ Bern 117 – Aarau 34 – Basel 58 – Freiburg i. Breisgau 85

X **Linde**
Hauptstr. 27 – ✆ *056 245 13 50 – www.linde-kleindoettingen.ch
– Fax 056 245 12 28 – geschl. 24. Juli - 4. August und Sonntag*
Rest – (20 CHF) Menü 46 CHF (mittags)/88 CHF – Karte 36/111 CHF
♦ Zwei schöne Räume und eine einfache Gaststube bilden die Restauration dieses Landgasthofes, in dem man von einer traditionell-klassischen Speisekarte wählen kann.

KLEINE SCHEIDEGG – Bern – **551** M9 – siehe Grindelwald – ✉ 3801

KLOSTERS – Graubünden (GR) – 553 X8 – 3 918 Ew – Höhe 1 191 m   11 J4
– Wintersport : 1 124/2 844 m 🎿 11 🎿 24 ⛷ – ✉ 7250

▶ Bern 258 – Chur 47 – Davos 12 – Vaduz 57
🚂 Klosters Selfranga - Susch Sagliains, Information ☏ 081 288 37 37
ℹ Alte Bahnhofstr. 6, ☏ 081 410 20 20, info@klosters.ch
🔟 ☏ 081 422 11 33

🏨 Vereina   ≼ 🚗 🍴 ▫ ⓢ ≋ ♨ 🛗 ≡ 🎧 🧖 🚙 VISA 💳 AE ①
Landstr. 179 – ☏ 081 410 27 27 – www.vereinahotel.ch – Fax 081 410 27 28
– geschl. 5. April - 25. Juni
11 Zim 🛏 – 14 Suiten – †190/1480 CHF ††320/1550 CHF – ½ P +64 CHF
Rest – *(geschl. 25. Juni - 15. Dezember: Mittwoch)* (28 CHF) Menü 135 CHF
(abends) – Karte 59/112 CHF 🌿
• Ein sehr schönes engagiert geführtes Haus, das für Wohnlichkeit und alpenländische Eleganz steht. Gutes Wellnessangebot im "Aquareina-Spa" auf über 1000 qm. Wein- und Delikatessenhandlung. Restaurant mit zwei Stuben und Wintergarten. Im Sommer bietet man mediterrane Snacks in der Enoteca.

🏨 Alpina   ▫ ≋ 🛗 ≡ 🎧 🧖 🚙 VISA 💳 AE ①
Bahnhofstr. 1 – ☏ 081 410 24 24 – www.alpina-klosters.ch – Fax 081 410 24 25
– geschl. 18. April - 12. Juni, 17. Oktober - 27. November
36 Zim 🛏 – †160/482 CHF ††240/482 CHF – 9 Suiten – ½ P +68 CHF
Rest *Bündnerstube* – separat erwähnt
• Das Ferienhotel direkt beim Bahnhof überzeugt mit persönlicher Leitung und wohnlichen Landhauszimmern, viele mit Parkettboden, einige zudem mit Gesundheitsbetten. Elegante Suiten.

🏨 Silvretta Parkhotel   🚗 🍴 ▫ ≋ 🛗 ≡ 🎾 🎧 🧖 🚙 P
😴 *Landstr. 190 – ☏ 081 423 34 35*   VISA 💳 AE ①
– www.silvretta.ch – Fax 081 423 34 50
– geschl. 25. Oktober - 4. Dezember, 18. April - 14. Mai
95 Zim (½ P inkl.) – †185/425 CHF ††270/650 CHF – 11 Suiten
Rest – (18 CHF) – Karte 51/95 CHF
• Ein Hotel im Chaletstil mit wohnlichen, teilweise besonders freundlich gestalteten Zimmern. Neben dem Sauna- und Badebereich gehören auch Kosmetik und Massage zum Angebot. Im Stübli bietet man mediterrane Küche, im Winter hat man ein Fondue-Restaurant.

🏨 Sunstar 🍃   ≼ 🚗 🍴 ▫ ≋ ≡ 🍽 Rest, 🎧 🧖 P VISA 💳 AE ①
Boscaweg 7 – ☏ 081 423 21 00 – www.sunstar.ch/klosters – Fax 081 423 21 21
– geschl. 5. April - 12. Juni, 10. Oktober - 13. Dezember
59 Zim 🛏 – †90/174 CHF ††180/358 CHF – ½ P +38 CHF
Rest – Menü 47 CHF (abends) – Karte 32/80 CHF
• Das bei Familien beliebte Hotel verfügt über behagliche, mit hellem Weichholzmobiliar rustikal eingerichtete Gästezimmer. Von den Balkonen aus hat man eine schöne Bergsicht. Traditionelle Speiseauswahl im Restaurant.

🏠 Chesa Grischuna   🍴 📞 P VISA 💳 AE ①
Bahnhofstr. 12 – ☏ 081 422 22 22 – www.chesagrischuna.ch
– Fax 081 422 22 25 – geschl. 12. April - 24. Juni, 24. Oktober - 5. Dezember
23 Zim 🛏 – †140/265 CHF ††220/550 CHF – ½ P +55 CHF
Rest – (26 CHF) Menü 82/108 CHF – Karte 78/122 CHF
• Fresken und Holzmalereien einheimischer Künstler wie Alois Carigiet zieren das regionstypische Bündnerhaus im Ortskern. Arvenholz versprüht in den Zimmern rustikalen Charme. Heimeliges, liebevoll dekoriertes Restaurant mit schöner Terrasse.

Die „Hoffnungsträger" sind Restaurants, deren Küche wir für die nächste Ausgabe besonders sorgfältig auf eine höhere Auszeichnung hin testen. Die Namen dieser Häuser sind Rot gedruckt und zudem auf der Sterne-Liste am Anfang des Buches zu finden.

KLOSTERS

Walserhof (Armin Amrein) mit Zim
Landstr. 141 – ℰ 081 410 29 29 – www.walserhof.ch – Fax 081 410 29 39
– geschl. 6. April - 17. Juni, 18. Oktober - 2. Dezember
13 Zim ⌇ – †140/325 CHF ††220/400 CHF – ½ P +85 CHF
Rest *– (geschl. Dienstag im Sommer)* (35 CHF) Menü 49 CHF (mittags)/175 CHF
– Karte 89/142 CHF
Spez. Prättigauer Menü in 6 Gängen serviert. Wolfsbarsch in der Salzkruste mit Olivencoulis. Beeren unter dem Strudelblatt mit Reis-Eis.
♦ Die zeitgemäss beeinflusste klassische Küche dieses gemütlichen Restaurants wird mit sehr guten Produkten schmackhaft zubereitet und in angenehmer Atmosphäre freundlich serviert. Ihren Apéro nehmen Sie in der Kaminlounge ein. Zwei der wohnlichen Gästezimmer sind Suiten.

Bündnerstube – Hotel Alpina
Bahnhofstr. 1 – ℰ 081 410 24 24 – www.alpina-klosters.ch – Fax 081 410 24 25
– geschl. 18. April - 12. Juni, 17. Oktober - 27. November
Rest *– (mittags nur kleine Karte)* Menü 79/180 CHF – Karte 76/134 CHF
♦ Mit viel Holz hat man die Bündnerstube und das Grischunstübli charmant und behaglich eingerichtet. Zeitgemässe Küche und gute Käseauswahl, einfachere Mittagskarte.

The Rustico Hotel mit Zim
Landstr. 194 – ℰ 081 410 22 88 – www.rusticohotel.ch – Fax 081 410 22 80
– geschl. Mitte April - Mitte Juni, 1. - 12. November
14 Zim ⌇ – †120/200 CHF ††150/385 CHF – ½ P +55 CHF
Rest *– (geschl. Juni - November: Sonntagabend - Montag)* (18 CHF) Menü 28 CHF (mittags)/98 CHF – Karte 54/113 CHF
♦ Euro-asiatisch speist man in diesem sehr gemütlichen und freundlichen Restaurant. Im alten Holzhaus nebenan, dem Prättiger Hüschi, bietet man im Winter Fondue. Zum Übernachten stehen hübsche gepflegte Gästezimmer bereit.

KLOTEN – Zürich – 551 Q4 – siehe Zürich

KONOLFINGEN – Bern (BE) – 551 K8 – 4 745 Ew – Höhe 728 m   8 E4
– ✉ 3510

▶ Bern 20 – Fribourg 57 – Langnau im Emmental 15 – Thun 19

in Stalden Süd: 1 km – Höhe 654 m – ✉ 3510 Konolfingen

Parkhotel Schloss Hünigen
Freimettigenstr. 9 – ℰ 031 791 26 11
– www.schlosshuenigen.com – Fax 031 791 27 31 – geschl. 21. Dezember
- 4. Januar
54 Zim ⌇ – †165/235 CHF ††290/310 CHF – ½ P +42 CHF
Rest *– (geschl. Sonntagabend - Montag)* (19 CHF) – Karte 53/74 CHF
♦ Ruhig liegt das schmucke historische Gebäude in einem hübschen Park. Die Zimmer sind modern gestaltet, einige mit schönen alten Kassettendecken. Wechselnde Kunstausstellung. Restaurant mit saisonal wechselndem Angebot.

KREUZLINGEN – Thurgau (TG) – 551 T3 – 17 878 Ew – Höhe 402 m   5 H2
– ✉ 8280

▶ Bern 189 – Sankt Gallen 40 – Bregenz 62 – Frauenfeld 27
🛈 Sonnenstr. 4, Haus zum Hammer, ℰ 071 672 38 40, info@kreuzlingen-tourismus.ch
🏌 Lipperswil 14 km Richtung Frauenfeld, ℰ 052 724 01 10

Hotel Kreuzlingen am Hafen
Seestr. 50 – ℰ 071 677 88 99 – www.hotel-kreuzlingen.ch – Fax 071 677 88 88
45 Zim – †110/160 CHF ††165/190 CHF, ⌇ 15 CHF   **Rest** – Karte 45/68 CHF
♦ Das engagiert geführte Businesshotel steht in bevorzugter Lage am Kreuzlinger Hafen und gegenüber dem Seeburgpark. Es überzeugt mit geradlinig-modern eingerichteten und funktionellen Zimmern.

KREUZLINGEN

Swiss
Hauptstr. 72 – ℰ 071 677 80 40 – www.hotel-swiss.com – Fax 071 677 80 44
18 Zim ⌑ – †150/170 CHF ††180/200 CHF
Rest – Menü 78 CHF – Karte 52/73 CHF
♦ Hinter der hübschen weissen Fassade mit roten Fensterläden erwarten die Gäste schicke moderne Zimmer, die mit hochwertiger Technik ausgestattet sind. Das Speiseangebot im klassisch-eleganten Restaurant ist vegan - auch das Frühstück.

XX Seegarten
*Promenadenstr. 40, (am Yachthafen) – ℰ 071 688 28 77 – www.seegarten.ch
– Fax 071 688 29 44 – geschl. 21. Dezember - 3. Januar, 25. Januar - 7. Februar sowie Montag, September - Mai: Montag - Dienstag*
Rest – (29 CHF) Menü 80/120 CHF – Karte 68/151 CHF
♦ In dem Haus am Yachthafen nimmt man im Tagesrestaurant oder im eleganten Salon Admiral Platz und wählt klassische Speisen oder regionale Fischgerichte aus dem Bodensee.

XX Jakobshöhe
*Bergstr. 46 – ℰ 071 670 08 88 – www.jakobshoehe.ch – Fax 071 670 08 89
– geschl. 2. - 11. Januar, Juni 3 Wochen und Sonntagabend - Montag*
Rest – (30 CHF) Menü 45 CHF (veg.)/90 CHF – Karte 58/93 CHF
♦ Internationale Küche mit regionalem und saisonalem Einfluss bietet man den Gästen in zwei hellen Restauranträumen mit gediegener Note, im Sommer speist man im schönen Garten.

in Tägerwilen Nord-West: 4 km Richtung Schaffhausen – ✉ 8274

Trompeterschlössle
*Konstanzerstr. 123, (am Zoll) – ℰ 071 669 31 31 – www.trompeterschloessle.ch
– Fax 071 669 31 33 – geschl. Anfang Januar 2 Wochen*
17 Zim ⌑ – †114 CHF ††178 CHF – ½ P +35 CHF
Rest – (18 CHF) – Karte 43/84 CHF
♦ Das kleine Schloss mit Türmchen ist eine sympathische familiäre Adresse nur wenige Schritte vom Grenzübergang. Die Zimmer sind zeitgemäss und praktisch, teils mit romantischem Touch. Einfachere rustikale Gaststube und gediegenes A-la-carte-Restaurant.

X Steinbock
*Hauptstr. 85 – ℰ 071 669 11 72 – www.steinbock-taegerwilen.ch
– Fax 071 669 17 52 – geschl. 24. - 31. Januar, 25. Juli - 8. August und Samstagmittag - Sonntag*
Rest – (20 CHF) – Karte 45/77 CHF
♦ Das hübsche Riegelhaus teilt sich in eine gemütlich-rustikale Gaststube und einen hellen modernen Pavillon-Wintergarten. Traditionelle Küche und Spezialitätenwochen.

in Gottlieben Nord-West: 4 km Richtung Schaffhausen – ✉ 8274

Drachenburg und Waaghaus
*Am Schlosspark 7 – ℰ 071 666 74 74 – www.drachenburg.ch
– Fax 071 666 74 99 – geschl. 20. Dezember - 2. Januar*
45 Zim ⌑ – †135/250 CHF ††225/315 CHF
Rest – Menü 68 CHF – Karte 55/94 CHF
♦ Der Familienbetrieb besteht aus verschiedenen historischen Fachwerkhäusern am Seeufer - hier hat man auch einen eigenen Bootssteg. Mit Stilmöbeln individuell eingerichtete Zimmer. Restaurant in der Drachenburg oder im Waaghaus. Dazu eine schöne Seeterrasse.

Krone
*Seestr. 11 – ℰ 071 666 80 60 – www.hoteldiekrone.ch – Fax 071 666 80 69
– geschl. 4. Januar - 22. Februar*
25 Zim ⌑ – †140/250 CHF ††160/380 CHF – ½ P +65 CHF
Rest *Der Schwarze Schwan* – *(geschl. Sonntagabend - Dienstag)*
Menü 85/130 CHF – Karte 73/108 CHF
Rest *Die Kronenstube* – (25 CHF) Menü 48 CHF (mittags)/130 CHF
– Karte 54/89 CHF
♦ Hübsch anzuschauen ist das historische Haus mit den bemalten Fensterläden, das ruhig am Seerhein liegt. Die Gäste wohnen in stilvollen Zimmern mit modernem Komfort. Design-Restaurant Der Schwarze Schwan im 1. Stock mit gehobenem Angebot. Sonnige Terrasse am Wasser.

KRIEGSTETTEN – Solothurn (SO) – **551** K6 – 1 154 Ew – Höhe 455 m   2 D3
– ✉ 4566

▶ Bern 34 – Biel 35 – Solothurn 12

Sternen
Hauptstr. 61 – ✆ 032 674 41 61 – www.sternen.ch – Fax 032 674 41 62
23 Zim ⊇ – †150/195 CHF ††220/295 CHF
Rest Gartenzimmer – (geschl. 1. - 15. Februar) Menü 77/118 CHF
– Karte 67/92 CHF
Rest Sternenstube – (geschl. 1. - 15. Februar) (20 CHF) – Karte 36/74 CHF
♦ Bereits über 30 Jahre leitet Familie Bohren mit Engagement das aus einem ehemaligen Bauerngut entstandene Hotel mit wohnlich und individuell gestalteten Zimmern. Gartenzimmer mit internationalem Angebot und einer interessanten Weinkarte mit einigen Raritäten.

KRONBÜHL – Sankt Gallen – **551** U4 – siehe Sankt Gallen

KÜSNACHT – Zürich (ZH) – **551** Q5 – 12 895 Ew – Höhe 415 m   4 G3
– ✉ 8700

▶ Bern 133 – Zürich 8 – Aarau 54 – Einsiedeln 43

Seehotel Sonne
Seestr. 120 – ✆ 044 914 18 18 – www.sonne.ch – Fax 044 914 18 00
40 Zim ⊇ – †225/345 CHF ††255/460 CHF
Rest Sonnengalerie – Menü 86/125 CHF – Karte 68/96 CHF
Rest Gaststuben – Karte 45/84 CHF
♦ Das historische Hotel mit sehenswertem mittelalterlichem Wehrturm bietet individuelle, wohnlich-moderne Zimmer und einen schönen Saunabereich. Tolle Seelage mit Strandbad. Sonnengalerie mit reizvoller Terrasse zum See. Gemütlich sind die drei getäferten Gaststuben.

Petermann's Kunststuben
ಟಿಟಿ Seestr. 160 – ✆ 044 910 07 15
– www.kunststuben.com – Fax 044 910 04 95
– geschl. 25. Dezember - 7. Januar, 19. Juli - 5. August und Sonntag - Montag
Rest – (Tischbestellung ratsam am Abend) Menü 85 CHF (mittags)/210 CHF
– Karte 141/216 CHF
Spez. Lauwarme Jakobsmuscheln mit Erbsen-Vinaigrette, Erbsenmousse und Kaviar. Leicht geräucherter Steinbutt mit jungen Karotten, Seespargel und Kaviar-Creme. Ganze Poularde mit schwarzen Trüffeln, Maiscrêpe und karamellisierten Frühlingszwiebeln (2 Pers.).
♦ Eine sehr persönliche Note bestimmt dieses elegante Restaurant, das bereits seit über 25 Jahren von Familie Petermann geleitet wird. Gereifte klassisch-französische Küche, dazu aufwändige Tischkultur und kompetenter Service.

Chez Crettol - Cave Valaisanne
Florastr. 22 – ✆ 044 910 03 15 – geschl. Juni - August
Rest – (nur Abendessen) (Tischbestellung ratsam) Karte 59/97 CHF
♦ Typische Schweizer Käsegerichte sind Spezialität dieser gemütlich-rustikalen Adresse. Am offenen Kamin wird das Raclette frisch zubereitet, daneben gibt es allerlei Käsefondues.

Zum Trauben
Untere Wiltisgasse 20 – ✆ 044 910 48 55 – Fax 043 266 91 53 – geschl. 15. Juli - 15. August und Sonntag - Montag
Rest – (37 CHF) – Karte 56/84 CHF
♦ Im Zentrum findet man das schlichte gepflegte Restaurant, in dem der Chef den sympathisch-familiären Service leitet und die Chefin ländlich-italienische Gerichte zubereitet.

In jedem Sterne-Restaurant werden drei Spezialitäten angegeben, die den Küchenstil widerspiegeln. Nicht immer finden sich diese Gerichte auf der Karte, werden aber durch andere repräsentative Speisen ersetzt.

KÜSSNACHT AM RIGI – Schwyz (SZ) – **551** P7 – 11 682 Ew   4 F3
– Höhe 435 m – ✉ 6403

■ Bern 133 – Luzern 16 – Schwyz 25 – Zürich 52
🛈 ℘ 041 850 70 60

🏨 **Frohsinn**
Zugerstr. 3 – ℘ 041 850 14 14 – www.rest-frohsinn.ch – Fax 041 850 14 36
– geschl. 23. Dezember - 10. Januar
30 Zim ⊇ – †102/128 CHF ††158/178 CHF – ½ P +25 CHF
Rest – (18 CHF) – Karte 32/68 CHF
♦ Hell, modern und funktionell sind die Zimmer in diesem Hotel. Das Haus liegt an der Durchgangsstrasse am Ortsrand und bietet eine gute Autobahnanbindung. Restaurant im Stammhaus mit internationaler Karte und Saisonangebot.

✗ **Du Lac-Seehof** mit Zim
Seeplatz 6 – ℘ 041 850 10 12 – www.du-lac-seehof.ch – Fax 041 850 10 22
– geschl. 12. Oktober - 26. November
12 Zim ⊇ – †120/150 CHF ††190/240 CHF – ½ P +35 CHF
Rest – (geschl. Dezember - 13. Mai: Dienstag - Mittwoch) (28 CHF)
Menü 39/43 CHF – Karte 40/66 CHF
♦ Das schmucke Haus von 1854 steht im Zentrum direkt am See und ist schon lange ein Familienbetrieb. Im Sommer ist die schattige Gartenterrasse ein Muss! Viele Fischgerichte.

LAAX – Graubünden (GR) – **553** T8 – 1 236 Ew – Höhe 1 023 m   10 I4
– Wintersport : 1 100/3 018 m ⭐10 ⭐13 – ✉ 7031

■ Bern 266 – Chur 27 – Andermatt 69
🛈 ℘ 081 920 81 81, info@flimslaaxfalera.ch

🏠 **Bellaval**
Via Falera 112 – ℘ 081 921 47 00 – www.hotelbellaval.ch – Fax 081 921 48 55
– geschl. 12. April - 12. Juni und Oktober - November
27 Zim ⊇ – †88/145 CHF ††176/240 CHF – ½ P +35 CHF
Rest – (nur Abendessen für Hausgäste)
♦ In Laax-Dorf liegt dieses Hotel neben einem schönen kleinen Badesee. Die wohnlichen Zimmer sind grösstenteils mit hellem Arvenholz in rustikalem Stil möbliert.

✗✗ **Posta Veglia** mit Zim
Via Principala 54 – ℘ 081 921 44 66 – www.postaveglia.ch – geschl. 18. April
- 5. Juni und im Sommer Montag
7 Zim ⊇ – †125/160 CHF ††180/300 CHF – ½ P +40 CHF
Rest – (22 CHF) Menü 75 CHF (abends) – Karte 58/75 CHF
♦ Regionale Schweizer Küche bietet das historische Gasthaus im Dorfkern. Auf zwei Etagen hat man charmante, gemütliche Stuben, eine davon ist mit vielen Spiegeln hübsch dekoriert. Zum Übernachten stehen liebenswert und wohnlich eingerichtete Gästezimmer bereit.

✗ **Ziegler's Riva am See**
Via Principala 95 – ℘ 081 921 64 64 – www.zieglers-riva.ch – Fax 081 921 36 98
– geschl. 20. April - 10. Mai, Mitte April - Mitte Juli und Mitte August - Mitte Dezember: Dienstagabend und Mittwochabend
Rest – Menü 80/90 CHF – Karte 62/116 CHF
♦ In dem Restaurant an der Postbusstation am See speist man international, während in der ländlichen Stube bürgerliche Gerichte serviert werden. Einfache Mittagskarte.

in Murschetg Nord 2 km – Höhe 1 080 m – ✉ 7031 Laax

✗✗ **Mulania**
Casa Murschetg – ℘ 081 927 91 91 – geschl. Mai - Juni, im Sommer: Montag
- Dienstag
Rest – (nur Abendessen) Menü 110/150 CHF – Karte 78/111 CHF
♦ Eine mit rustikalen und modernen Elementen geschmackvoll gestaltete Gaststube im Hotel Signina. Die zeitgemässe internationale Küche wird begleitet von einer guten Weinauswahl.

LAAX

in Salums Ost: 2 km – Höhe 1 020 m – ✉ 7031 Laax

Straussennest
Via Salums 516 – ✆ 081 921 59 71 – www.straussennest.ch – geschl. 9. November - 10. Dezember, 12. April - 12. Mai und Montag, ausser Saison: Montag - Dienstag
Rest – (26 CHF) Menü 29 CHF (mittags)/65 CHF – Karte 54/80 CHF
♦ Das rustikale Lokal in schöner Lage am Waldrand bietet traditionelle Küche in netter Atmosphäre. Terrasse mit wundervollem Blick auf die Signinakette.

auf dem Crap Masegn mit ✆ erreichbar – Höhe 2 477 m – ✉ 7032 Laax

Das Elephant
– ✆ 081 927 73 90 – geschl. Mitte April - Mitte Dezember
Rest – *(nur Mittagessen) (Tischbestellung ratsam)* Karte 64/90 CHF
♦ Umgeben von einer eindrucksvollen Bergkulisse ist das Restaurant in knapp 2500 m Höhe nur mit der Gondelbahn erreichbar. Man wählt von einer kleinen Karte mit Tagesempfehlungen.

LACHEN – Schwyz (SZ) – **551** R6 – 6 867 Ew – Höhe 417 m – ✉ 8853   **4** G3

▶ Bern 164 – Zürich 42 – Sankt Gallen 81 – Schwyz 38

Marina Lachen
Hafenstr. 4 – ✆ 055 451 73 73 – www.marinalachen.ch – Fax 055 451 73 74
21 Zim ⊆ – ♦240/390 CHF ♦♦240/390 CHF
Rest *Ristorante al Porto* – *(geschl. 1. - 18. Januar, 28. August - 6. September, 18. Oktober - 1. November und Samstagmittag, Sonntag - Montag)*
Karte 63/120 CHF
Rest *Osteria Vista* – *(geschl. 1. - 14. März, 4. - 17. Oktober)* Karte 39/83 CHF
Rest *OX Asian Cuisine* – *(geschl. 1. - 11. Januar, 28. August - 6. September und Samstagmittag, Sonntag sowie Oktober - April: Samstagmittag, Sonntag - Montag)* Karte 42/72 CHF
♦ Engagiert geführtes Designhotel in reizvoller Lage direkt am Hafen. Die geräumigen Sunset-Juniorsuiten verfügen über einen Jacuzzi im Raum, davor der Balkon zum See. Spezialität im modernen Ristorante sind Grillgerichte. Osteria mit Pasta und Steinofenpizza.

Oliveiras
Sagenriet 1 – ✆ 055 442 69 49 – www.oliveiras.ch – Fax 055 442 69 51 – geschl. 21. - 27. Dezember, 10. - 16. Mai, 26. Juli - 8. August, 22. - 28. November und Samstagmittag, Sonntag - Montag
Rest – (25 CHF) Menü 44 CHF (mittags)/98 CHF – Karte 65/111 CHF
♦ Die Küche in diesem Haus lässt die portugiesische Herkunft der herzlichen Gastgeber erkennen, zeigt aber auch schweizerische Einflüsse. Mittags- und Abendmenü auf einer Tafel.

LAI – Graubünden – **553** V9 – siehe Lenzerheide

LANDECY – Genève – **552** A12 – voir à La Croix-de-Rozon

LANGENTHAL – Bern (BE) – **551** L6 – 14 453 Ew – Höhe 472 m   **3** E3
– ✉ 4900

▶ Bern 46 – Aarau 36 – Burgdorf 24 – Luzern 56

Bären
St. Urbanstr. 1 – ✆ 062 919 17 17 – www.baeren-langenthal.ch
– Fax 062 919 17 18
37 Zim ⊆ – ♦165/180 CHF ♦♦245/265 CHF – ½ P +40 CHF
Rest – (21 CHF) Menü 40 CHF (mittags) – Karte 57/79 CHF
Rest *Bärenstube* – *(geschl. Samstagabend - Sonntag)* (20 CHF) – Karte 37/75 CHF
♦ In dem historischen Haus im Zentrum stehen zeitgemässe Zimmer unterschiedlicher Kategorien zur Verfügung. Sehenswert ist der Barocksaal. Stilvolles Restaurant mit internationalen und traditionellen Speisen. Legere Atmosphäre und Schweizer Küche in der Bärenstube.

LANGNAU IM EMMENTAL – Bern (BE) – 551 L7 – 8 845 Ew — 3 E4
– Höhe 673 m – ✉ 3550

▶ Bern 31 – Interlaken 63 – Luzern 63 – Solothurn 48

🛈 Schlossstr. 3, ℰ 034 402 42 52, info@emmental.ch

◉ Lage★

Hirschen
Dorfstr. 17 – ℰ 034 402 15 17 – www.hirschen-langnau.ch – Fax 034 402 56 23
18 Zim ⌑ – †110 CHF ††180 CHF – ½ P +35 CHF
Rest – *(geschl. Januar und Sonntagabend - Montag)* (18 CHF) Menü 90 CHF
– Karte 51/77 CHF
♦ In dem familiengeführten Gasthof in der Ortsmitte erwarten Sie zeitlos und ländlich eingerichtete Zimmer, die teilweise recht grosszügig geschnitten sind. A-la-carte-Restaurant mit traditioneller Küche, ergänzt durch eine einfache Gaststube.

Zum Goldenen Löwen mit Zim
Güterstr. 9, (Transitstrasse) – ℰ 034 402 65 55 – www.loewen-langnau.ch
– Fax 034 402 11 96 – geschl. 24. Juli - 15. August (nur Restaurant)
19 Zim ⌑ – †110/120 CHF ††160/180 CHF
Rest – *(geschl. Samstagmittag und Sonntag)* (17 CHF) – Karte 44/78 CHF
♦ Regional, traditionell und international ist das Speisenangebot in diesem unterteilten Restaurant mit Wintergarten und netter Terrasse. Zum Übernachten stehen zeitgemässe Zimmer im 100 m entfernten Gästehaus bereit.

LAUENEN – Bern – 551 I10 – siehe Gstaad

LAUERZ – Schwyz (SZ) – 551 P7 – 977 Ew – Höhe 460 m – ✉ 6424 — 4 G3
▶ Bern 145 – Luzern 39 – Altdorf 22 – Schwyz 8

Rigiblick
Seestr. 9 – ℰ 041 811 54 66 – www.rigiblick-lauerz.ch – Fax 041 811 83 13
– geschl. 25. Januar - 5. März und Montag
Rest – Menü 40/115 CHF – Karte 63/131 CHF
♦ Das Restaurant mit elegantem Pavillon liegt direkt am Lauerzersee - besonders schön ist der Seeblick von der Terrasse. Geboten wird internationale Küche.

Cathédrale

LAUSANNE

Canton : VD Vaud
Carte Michelin LOCAL : **552** E10
Bern 101 – Fribourg 71 – Genève 60 – Montreux 25
Population : 118 049 h.

Altitude : 455 m
Code Postal : 1000
Carte régionale : **6** B5

RENSEIGNEMENTS PRATIQUES

Offices de tourisme

2 av. de Rhodarie **DZ**

4 pl. de la Navigation **DZ**

9 pl. de la Gare **BY**, 021 613 73 73, information@lausanne-tourisme.ch

Automobile Clubs

3 r. du Petit-Chêne, 021 331 21 21, Fax 021 331 21 41 **BY**

9 av. de Rumine, 021 331 27 22, Fax 021 331 27 29 **CY**

Compagnie aérienne

Swiss International Air Lines Ltd., 0848 852 000

Foires et Manifestations

14-17 janvier : Swiss'expo

27 février-7 mars : Habitat-Jardin

9-17 avril : Cully Jazz festival

fin mai-début juin : spectacle de danse du Béjart Ballet

2-10 juillet : festival de la cité

8 juillet : Athletissima

20-22 août : Equissima

17-26 septembre : Comptoir Suisse

13-17 octobre : Underground Film & Music festival

18-21 novembre : Creativa

20-28 novembre : salon des antiquaires

Golfs

Lausanne Chalet-à-Gobet, Nord-Est : 6 km, 021 784 84 84

Domaine du Brésil Goumoens-le-Jux, direction Echallens-Goumoens-la-Ville : 20 km, 021 882 24 20

LAUSANNE

👁 DÉCOUVRIR

A VOIR

Site★★ - Cathédrale★★ : ≤★ de la tour **BCX** - Le Signal : ≤★★ **U** - Parc de Montriond : ≤★★ **AY** - Ouchy★★ **DZ** : ≤★★ des quais et du sentier du bord du lac - Collection de l'Art brut★ **AX**

MUSEES

Musée Olympique★★ **DZ** - Musée cantonal des Beaux-Arts★ **BX**

EXCURSIONS

en bateau sur le lac. Renseignements : Cie Gén. de Navigation, 17 av. de Rhodanie, ✆ 0848 811 848

LAUSANNE

🏨🏨🏨🏨🏨 Lausanne Palace
7 r. Grand-Chêne ✉ *1002* – ✆ *021 331 31 31*
– *www.lausanne-palace.com* – *Fax 021 323 25 71* BYb
142 ch – †440/650 CHF ††540/750 CHF, ⊆ 40 CHF
– 8 suites
Rest *La Table d'Edgard* – voir ci-après
Rest *Côté Jardin* – Carte 67/94 CHF
Rest *Grand-Chêne* – (28 CHF) – Carte 65/118 CHF
Rest *Sushi-Zen* – *(fermé dimanche et lundi)* Carte 40/72 CHF
• Palace de 1915 promettant un séjour d'exception : communs opulents, chambres classiques et modernes, splendide spa, vue lacustre et distractions. Plats méditerranéens au Côté Jardin. Ambiance "brasserie parisienne" au Grand-Chêne. Délicatesses nipponnes au Sushi-Zen.

🏨🏨🏨 De la Paix
5 av. Benjamin-Constant ✉ *1003* – ✆ *021 310 71 71* – *www.hoteldelapaix.net*
– *Fax 021 310 71 72* CYc
103 ch ⊆ – †305/425 CHF ††420/480 CHF
– 6 suites
Rest – (26 CHF) Menu 44 CHF (déj.)/78 CHF – Carte 64/96 CHF
• Ce luxueux établissement bâti en 1910 dans la vieille ville met à votre disposition des chambres actuelles de grand confort. Celles du 6e étage offrent une belle vue urbaine. Au restaurant, décoration et cuisine bien dans le coup. Choix simplifié côté bistrot.

🏨🏨🏨 Victoria sans rest
46 av. de la Gare ✉ *1003* – ✆ *021 342 02 02* – *www.hotelvictoria.ch*
– *Fax 021 342 02 22* – *fermé 23 décembre - 4 janvier* BYm
60 ch ⊆ – †195/315 CHF ††360/410 CHF
• Hôtel dont les paliers en mezzanine, surplombant un patio à colonnades, donnent accès à des chambres tout confort. Exposition d'œuvres d'art dans toute la maison.

🏨🏨🏨 Alpha-Palmiers
34 r. Petit-Chêne ✉ *1003* – ✆ *021 555 59 99* – *www.fassbindhotels.com*
– *Fax 021 555 59 98* BYg
210 ch – †200/350 CHF ††205/390 CHF, ⊆ 25 CHF
Rest *Le Jardin Thaï* – *(fermé mi-juillet - mi-août et dimanche)* (21 CHF)
– Carte 52/87 CHF
Rest *L'Esprit Bistrot* – (18 CHF) – Carte 54/81 CHF
• Deux générations de chambres donnant sur la rue (avec balcon) ou sur le jardin exotique aménagé dans le patio moderne en verre. Sauna, fitness et salles de réunions. Délices thaïlandais et cadre actuel lumineux au Jardin Thaï. Resto d'esprit bistrot actuel.

🏨🏨 Mirabeau
31 av. de la Gare ✉ *1003* – ✆ *021 341 42 43* – *www.mirabeau.ch*
– *Fax 021 341 42 42* BCYy
75 ch ⊆ – †200/280 CHF ††280/360 CHF – ½ P +55 CHF
Rest – Menu 52 CHF – Carte 48/88 CHF
• Près de la gare, élégante maison ancienne abritant des chambres bien tenues. Belle vue lacustre pour une vingtaine d'entre elles, du 3e au 6e étage. Brasserie cossue complétée par une jolie terrasse d'été sous les marronniers. Repas traditionnel prix justes.

🏨 Tulip Inn sans rest
8 ch. du Cerisier ✉ *1004* – ✆ *021 646 16 25* – *www.tulipinnlausanne.ch*
– *Fax 021 646 16 37* Ua
61 ch ⊆ – †147/220 CHF ††184/250 CHF
• Près du Palais de Beaulieu, hôtel comprenant deux bâtiments reliés par une galerie. Chambres pratiques pourvues de meubles de série en bois sombre. Clientèle d'affaires.

🏨 Élite sans rest
1 av. Sainte-Luce ✉ *1003* – ✆ *021 320 23 61* – *www.elite-lausanne.ch*
– *Fax 021 320 39 63* BYv
33 ch ⊆ – †140/220 CHF ††185/275 CHF
• Ressource hôtelière bénéficiant d'un emplacement très commode, près de la gare, dans un secteur piétonnier assez calme. Chambres fonctionnelles et actuelles. Jardin de repos.

Bergières (Av. des) . . . . **U** 15	Lavaux (Av. de) . . . . **V** 44	Ouchy (Quai d') . . . . **V** 67
Borde (R. de la) . . . . **U** 18	Levant (Ch. du) . . . . **V** 46	Provence (Av. de) . . . . **U** 79
Chablais (Av. du) . . . . **U** 21	Marc-Dufour (Av.) . . . . **V** 54	Sallaz (Av. de la) . . . . **U** 91
Chocolatière (Ch. de la) . . . . . . **U** 25	Montoie (Av. de) . . . . **U** 63	Tivoli (Av. de) . . . . **U** 96
Denantou (Av. du) . . . . **V** 31	Mont d'Or (Av. du) . . . . **U** 60	Vallombreuse
Grey (Av. du) . . . . **U** 37	Morges (Av. de) . . . . **U** 64	(Av. de la) . . . . **U** 102

XXXX **La Table d'Edgard** – Hôtel Lausanne Palace
ಬ 7 r. Grand-Chêne ⊠ 1002 – ℘ 021 331 31 31
– www.lausanne-palace.ch – Fax 021 323 25 71 – fermé juillet - août, samedi
midi, dimanche et lundi   BY**b**
Rest – Menu 68 CHF (déj.)/170 CHF – Carte 106/139 CHF
Spéc. Fleur de courgette soufflée, croustillant de Langoustine. Turbot rôti aux
cocos et tomates confites. Agneau "Le Baronet" rôti aux herbettes.
♦ Ce restaurant-véranda du Lausanne Palace est dévolu à une cuisine méditerranéenne
légère, goûteuse et recherchée. Superbe vue sur la ville et le lac, en salle comme en terrasse.
Bel assortiment de vins et sommelier de bon conseil.

XXX **San Marino**
20 av. de la Gare ⊠ 1003 – ℘ 021 312 93 69 – www.san-marino.ch
– Fax 021 323 86 64 – fermé samedi midi et dimanche   BY**t**
Rest – (30 CHF) Menu 58 CHF (déj.)/165 CHF – Carte 88/127 CHF
♦ Près de la gare, "ristorante" confortable présentant un choix classique à dominante ita-
lienne. Grande cave franco-transalpine, mobilier Louis-Philippe et lustres en Murano.

Acacias (Av. des) . . . . **DZ**	Floréal (Av.) . . . . **DZ**	Mouettes (Ch. des) . . . . **DZ**
Auguste-Pidou (Ch.) . . . . **DZ** 6	Fontenailles (R. des) . . . . . **DZ**	Navigation (Pl. de la) . . . . . **DZ**
Beauregard (Av.) . . . . **DZ** 9	Grammond (Av. du) . . . . . **DZ** 34	Ouchy (Av. d') . . . . **DZ**
Beau Rivage (Ch. de) . . . . **DZ**	Grancy (Bd de) . . . . **DZ**	Port (Pl. du) . . . . **DZ**
Belgique (Quai de) . . . . . . **DZ**	Harpe (Av. de la) . . . . **DZ**	Rhodanie (Av. de) . . . . **DZ**
Bellerive (Ch. de) . . . . **DZ**	Jean-Pascal Delamuraz	Rod-Edouard
Cour (Av. de) . . . . **DZ**	(Q.) . . . . **DZ**	(Av.) . . . . **DZ**
Edouard-Dapples (Av.) . . **DZ**	Jordils (Av. des) . . . . **DZ** 40	Servan (Av.) . . . . **DZ**
Élysée (Av. de l') . . . . **DZ**	Montchoisi (Av. de) . . . . . . **DZ**	Voltaire (R.) . . . . **DZ** 106
Eugène-Grasset (Ch.) . . . **DZ**	Mon-Loisir (Av. de) . . . . . . **DZ** 58	Warnery (Av.) . . . . **DZ** 108

XX **Au Canard Pékinois** 🏠 VISA ◎◎ AE ①

☕ *16 pl. Chauderon ✉ 1003 – 𝒞 021 329 03 23 – Fax 021 329 03 28 – fermé Noël et dimanche* AXd
Rest – (19 CHF) Menu 90 CHF – Carte 43/96 CHF
◆ Gastronomie chinoise dans une ample salle égayée de boiseries exotiques, d'antiquités du pays et d'un aquarium. Spécialité de canard pékinois, comme l'indique l'enseigne.

XX **La Grappa** 🍽 VISA ◎◎ AE ①

*3 r. Cheneau-de-Bourg ✉ 1003 – 𝒞 021 323 07 60 – Fax 021 323 22 31
– fermé 1ᵉʳ - 15 août, dimanche, lundi midi et samedi midi* CXa
Rest – Menu 68 CHF (déj.) – Carte 62/93 CHF
◆ L'Italie s'invite à votre table dans ce restaurant convivial situé au bord du secteur piétonnier. Spécialités de toutes les régions transalpines ; bon choix de vins de là-bas.

LAUSANNE

Acacias (Av. des)	**BY**	3
Ale (R. de l')	**ABX**	4
Alpes (Av. des)	**CY**	
Avant Poste (R. de l')	**CY**	7
Beaulieu (Av. de)	**AX**	
Beauregard (Av.)	**AY**	9
Beau Séjour (R.)	**BCY**	
Bellefontaine (R.)	**CY**	
Benjamin Constant (Av.)	**BCY**	13
Bergières (Av. des)	**AX**	
Bessières (Pont)	**CX**	
Béthusy (Av. de)	**CX**	
Borde (R. de la)	**BX**	16
Boston (Ch. de)	**AX**	19
Bourg (R. de)	**BCX**	
Bugnon (R. du)	**CX**	
Calvaire (Ch. du)	**CX**	
Cèdres (Av. des)	**AX**	
César Roux (R. du Dr.)	**CX**	
Charles-Monnard (R.)	**CY**	22
Château (Pl. du)	**CX**	23
Chauderon (Pl.)	**AX**	
Chauderon (Pont)	**AX**	
Cheneau de Bourg	**CX**	24
Cité Derrière (R.)	**CX**	27
Collonges (Av.)	**AX**	28
Cour (Av. de)	**AY**	
Croix Rouges (Ch. des)	**AX**	30
Davel (R.)	**BX**	
Échallens (Av. d')	**AX**	
Édouard-Dapples (Av.)	**ABY**	
Eglantine (Av.)	**CY**	
Fleurettes (Ch. des)	**AY**	
Floréal (Av.)	**AY**	
Florimont (Av. de)	**CY**	
France (Av. de)	**AX**	
Gare (Av. de la)	**BCY**	
Gare (Pl. de la)	**ABY**	
Genève (R. de)	**ABX**	
Georgette (Av.)	**CY**	33
Grancy (Bd de)	**ABY**	
Grand Chêne (R. du)	**BXY**	36
Grand Pont	**BX**	
Haldimand (R.)	**BX**	
Harpe (Av. de la)	**AY**	
Jean-Jacques-Mercier (Av.)	**AX**	37
Jomini (Av.)	**AX**	39
Jules-Gonin (Av.)	**ABX**	
Jura (R. du)	**AX**	
Jurigoz (Av. de)	**CY**	42
Juste-Olivier (Av.)	**CY**	
Langallerie (R. de)	**CX**	45
Longeraie (Ch. de)	**CY**	48
Louis-Ruchonnet (Av.)	**AXY**	
Louve (R. de la)	**BX**	49
Lucinge (Ch. de)	**CY**	
Madeleine (R.)	**BX**	51
Marc-Dufour (Av.)	**AX**	52
Marterey (R.)	**CX**	55
Mauborget (R.)	**BX**	57
Maupas (R. du)	**AX**	
Mercerie (R.)	**BX**	
Messidor (Ch.)	**CY**	
Midi (R. du)	**BY**	
Milan (Av. de)	**AY**	
Milan (Pl. de)	**AY**	
Montagibert (Av.)	**CX**	
Montbenon (Espl. de)	**AX**	
Montchoisi (Av. de)	**BY**	
Mont d'Or (Av. du)	**AY**	
Mont Tendre (Ch. du)	**AY**	61
Mon Repos (Av.)	**CY**	
Morges (Av. de)	**AX**	
Mornex (Ch. de)	**ABY**	66
Ouchy (Av. d')	**BY**	
Ours (Pl. de l')	**CX**	
Paix (R. de la)	**CY**	69
Palud (Pl. de la)	**BX**	70
Pépinet (Pl.)	**BX**	72
Petit Chêne (R. du)	**BY**	
Petit Valentin (R. du)	**BX**	73
Pierre-Decker (Av.)	**CX**	75
Pierre-Viret (R.)	**BX**	76
Pont (R. du)	**BX**	78
Riant Mont (Av. de)	**BX**	81
Riponne (Pl. de la)	**BX**	
Rond-Point (Av. du)	**AY**	82
Rosiers (Ch. des)	**AX**	84
Rôtillon (R. du)	**BCX**	
Rue Centrale	**BCX**	
Rue Neuve	**BX**	
Rumine (Av. de)	**CY**	
Sainte-Beuve (R.)	**CX**	90
Ste-Luce (Av.)	**BY**	
St-François (Pl.)	**BX**	85
St-François (R.)	**BX**	87

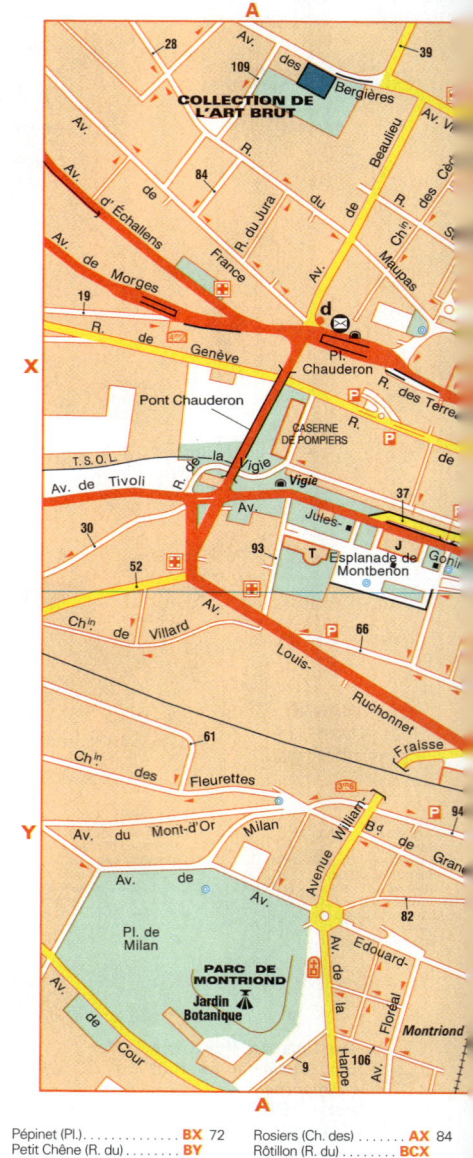

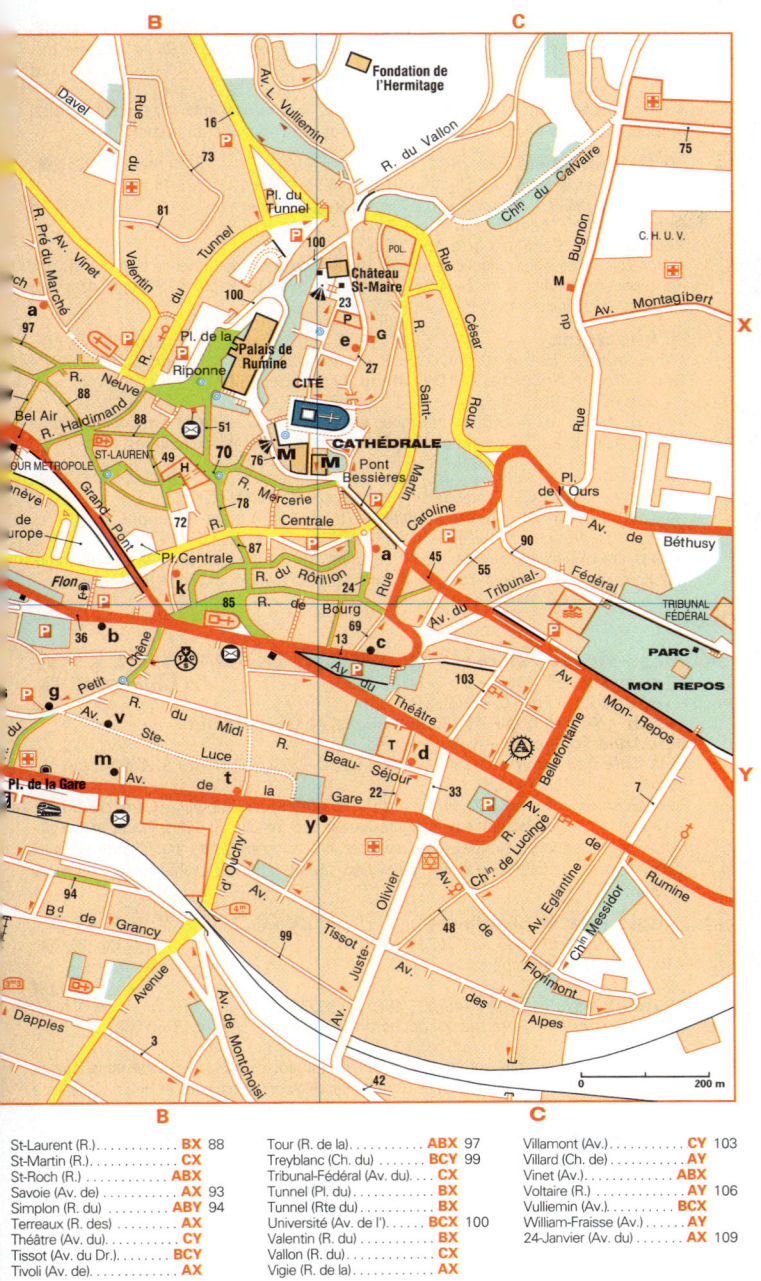

St-Laurent (R.) . . . . **BX** 88	Tour (R. de la) . . . . **ABX** 97	Villamont (Av.) . . . . **CY** 103
St-Martin (R.) . . . . **CX**	Treyblanc (Ch. du) . . . . . . **BCY** 99	Villard (Ch. de) . . . . **AY**
St-Roch (R.) . . . . **ABX**	Tribunal-Fédéral (Av. du) . . . **CX**	Vinet (Av.) . . . . **ABX**
Savoie (Av. de) . . . . **AX** 93	Tunnel (Pl. du) . . . . **BX**	Voltaire (R.) . . . . **AY** 106
Simplon (R. du) . . . . **ABY** 94	Tunnel (Rte du) . . . . **BX**	Vulliemin (Av.) . . . . **BCX**
Terreaux (R. des) . . . . **AX**	Université (Av. de l') . . . . . **BCX** 100	William-Fraisse (Av.) . . . . . . **AY**
Théâtre (Av. du) . . . . **CY**	Valentin (R. du) . . . . **BX**	24-Janvier (Av. du) . . . . . . **AX** 109
Tissot (Av. du Dr.) . . . . **BCY**	Vallon (R. du) . . . . **CX**	
Tivoli (Av. de) . . . . **AX**	Vigie (R. de la) . . . . **AX**	

LAUSANNE

✗ Au Chat Noir ⇔ VISA ⓒ AE
27 r. Beau-Séjour ✉ 1003 – ℰ 021 312 95 85 – Fax 021 312 95 54 – fermé mi-juillet - mi-août, samedi et dimanche   CY**d**
Rest – Menu 45 CHF (déj.) – Carte 67/92 CHF
♦ P'tits plats à se pourlécher les babines, ardoise selon le marché (influences internationales) et lambris ornés de photos de stars dans ce bistrot convivial voisin du théâtre.

✗ A la Pomme de Pin VISA ⓒ AE ⓞ
🐝
11 r. Cité-Derrière ✉ 1005 – ℰ 021 323 46 56 – Fax 021 323 46 82
– fermé 19 juillet - 15 août, samedi midi et dimanche   CX**e**
Rest – (28 CHF) Menu 55 CHF (déj.)/88 CHF – Carte 75/98 CHF
Rest *Café* – (19 CHF) – Carte 36/51 CHF
♦ Une cuisine classique soignée se conçoit derrière cette façade ancienne blottie dans une rue pavée de la Cité, entre cathédrale et château St-Maire. Repas traditionnel dans une ambiance décontractée au café.

✗ L'Aubergine VISA ⓒ AE ⓞ
Pré du Marché 15 – ℰ 021 320 18 18 – www.laubergine.ch – Fax 021 320 18 24
Rest – *(fermé dimanche)* (20 CHF) Menu 39 CHF (déj.)/120 CHF   BX**a**
– Carte 60/77 CHF
♦ Déco "fashion" dans les tons aubergine, salon-fumoir chaleureux et confortable, cuisine méditerranéenne à composantes provençales et petites fantaisies "moléculaires".

✗ kai zen AC ⇔ VISA ⓒ AE
3 r. Pépinet – ℰ 021 310 84 84 – www.kaizenrestaurant.com
– Fax 021 310 84 81 – fermé 25 juillet - 10 août, dimanche et lundi
Rest – *(réservation conseillée le soir)* (24 CHF) – Carte 70/125 CHF   BX**k**
♦ En centre-ville, lounge-bar branché et restaurant "fashion" dédiant sa cuisine à 5 métropoles : Rome, New York, Tokyo, Bangkok et Paris. Choix simplifié à midi. Live-cooking.

à Ouchy

🏨🏨🏨🏨 Beau-Rivage Palace ≤ 🚗 🐕 🌳 ⊐ ⊐ spa ♨ 🏋 ✗ 🛎 AC ((•)) 🛁
17 pl. du Port ✉ 1000 – ℰ 021 613 33 33   🚘 P VISA ⓒ AE ⓞ
– www.brp.ch – Fax 021 613 33 33   DZ**a**
161 ch – †450/830 CHF ††520/830 CHF, ⊇ 46 CHF – 7 suites
Rest *Anne-Sophie Pic* – voir ci-après
Rest *Café Beau-Rivage* – ℰ 021 613 33 30 – (29 CHF) Menu 52 CHF (déj.)/88 CHF – Carte 66/113 CHF
Rest *Miyako* – *(fermé 3-24 janvier et dimanche)* Menu 68 CHF – Carte 53/88 CHF
♦ Face au lac, palace somptueux inauguré au 19e s. et rénové au 21e s. Grand parc, communs stylés, chambres exquises, beau spa, services complets. Choix traditionnel et cadre moderne-ancien au Café Beau-Rivage. Au Miyako, saveurs nippones, sushi-bar, déco tendance et terrasse.

🏨🏨🏨 Angleterre et Résidence ≤ 🚗 🌳 ⊐ 🛎 & AC ch, ((•)) 🛁 🚘
11 pl. du Port ✉ 1006 – ℰ 021 613 34 34   VISA ⓒ AE ⓞ
– www.angleterre-residence.ch – Fax 021 613 34 35 – fermé 18 décembre
- 9 janvier   DZ**f**
75 ch – †285/365 CHF ††345/425 CHF, ⊇ 32 CHF
Rest *L'Accadémia* – *(fermé 23 décembre - 9 janvier)* Menu 48/68 CHF
– Carte 70/99 CHF
♦ Plusieurs jolies maisons autour d'un jardin composent cet agréable hôtel vous logeant dans des chambres classiques d'esprit "British" ou résolument actuelles et épurées. Repas à l'italienne dans une salle contemporaine en ocre-rouge ou dehors, côté lac.

🏨🏨🏨 Château d'Ouchy 🚗 🌳 ⊐ ♨ 🛎 & AC ✗ rest, ((•)) 🚘 P
pl. du Port 2 ✉ 1006 – ℰ 021 331 32 32   VISA ⓒ AE ⓞ
– www.chateaudouchy.ch – Fax 021 331 34 34   DZ**k**
43 ch – †270/380 CHF ††330/450 CHF, ⊇ 30 CHF – 7 suites
Rest – Carte 70/103 CHF
♦ Château restauré où l'on s'endort dans des chambres et junior suites modernes, mais aussi de superbes suites nichées dans la puissante tour (1170). Vue sur le lac pour certaines. Restaurant design et terrasse avec ponton privatif (sorties lacustres possibles).

LAUSANNE

Mövenpick
4 av. de Rhodanie ⊠ 1006 – ℰ 021 612 76 12
– www.moevenpick-lausanne.com – Fax 021 612 76 11 DZ **e**
265 ch – †315/385 CHF ††365/435 CHF, ⚏ 32 CHF
Rest – Carte 35/73 CHF

♦ Immeuble moderne bâti en face du port de plaisance. Aménagements intérieurs de style contemporain, diverses catégories de chambres rénovées et espace breakfast radieux. Carte internationale et spécialités de poissons proposées dans trois salles au cadre actuel.

Nash Carlton sans rest
4 av. de Cour ⊠ 1007 – ℰ 021 613 07 07 – www.nashotels.com
– Fax 021 613 07 10 DZ **h**
38 ch – †280/320 CHF ††280/320 CHF, ⚏ 25 CHF – 6 suites

♦ Fière demeure ancienne modernisée dans un souci d'esthétique et de confort. Communs fringants, chambres standard et suites personnalisées. Nouvelle station de métro à côté.

Port
5 pl. du Port ⊠ 1006 – ℰ 021 612 04 44
– www.hotel-du-port.ch – Fax 021 612 04 45
– fermé 15 décembre - 24 janvier DZ **g**
22 ch ⚏ – †165/220 CHF ††195/240 CHF
Rest – (27 CHF) Menu 45 CHF (déj.)/58 CHF – Carte 52/91 CHF

♦ Estimable petit hôtel officiant au bord du Léman. Amples chambres au pimpant décor actuel. Nuitées plus calmes à l'arrière mais vue sur la place du Port et le lac à l'avant. À table, préparations classiques-traditionnelles de bon aloi. Terrasse en façade.

Aulac
4 pl. de la Navigation ⊠ 1006 – ℰ 021 613 15 00 – www.aulac.ch
– Fax 021 613 15 15 DZ **b**
84 ch ⚏ – †140/220 CHF ††190/260 CHF – ½ P +30 CHF
Rest – (19 CHF) – Carte 47/72 CHF

♦ Établissement centenaire jouxtant le château d'Ouchy, à une encablure du port de plaisance. La moitié des chambres ont vue sur le lac et quelques-unes disposent d'un balcon. Brasserie décontractée au cadre nautique. Plats traditionnels sans effets de manche.

Anne-Sophie Pic – Hôtel Beau-Rivage Palace
17 pl. du Port ⊠ 1000 – ℰ 021 613 33 39
– www.brp.ch – Fax 021 613 33 34
– fermé 24 janvier - 16 février, dimanche et lundi DZ **a**
Rest – Menu 78 CHF (déj.)/340 CHF – Carte 178/268 CHF
Spéc. L'asperge de Mallemort et le caviar d'Aquitaine. Le turbot côtier, textures de navets à l'arabica "blue mountain". L'agneau de Sisteron, coulant de banon, fondant d'oignons doux des Cévennes.

♦ La première "cheffe" tri-étoilée coache cette grande table intégrée au Beau-Rivage Palace. Décor moderne particulièrement léché, délices créatifs, cave d'exception, personnel dévoué, superbe vue lacustre en salle comme en terrasse... Le plaisir est complet !

La Croix d'Ouchy
43 av. d'Ouchy ⊠ 1006 – ℰ 021 616 22 33 – Fax 021 617 86 13
– fermé 24 décembre - 3 janvier et samedi midi DZ **p**
Rest – (20 CHF) Menu 57 CHF (déj.)/83 CHF – Carte 65/89 CHF

♦ Cuisine italo-suisse à apprécier dans une petite salle chaleureuse et rustique accessible par un bistrot typique proposant la même carte. Service gentil ; terrasse en hauteur.

à Pully Sud-Est : 3 km – alt. 422 m – ⊠ 1009

Le Prieuré
2a pl. du Prieuré – ℰ 021 728 27 40 – www.leprieure.ch – Fax 021 728 78 11
– fermé 2 - 12 avril, 25 juillet - 23 août, dimanche et lundi V **t**
Rest – (20 CHF) Menu 78/98 CHF – Carte 53/111 CHF

♦ Derrière les murs épais d'un vieux prieuré. Café rustique, salle plus classique, terrasse d'été et salle avec rôtissoire. Cuisine du moment. Spécialité de "marmites" en hiver.

LAUSANNE

au Chalet-à-Gobet Nord-Est : 6 km par route de Berne ① et direction Epalinges – alt. 863 m – ⊠ 1000

XXX Le Berceau des Sens 🛠 P VISA ⓒ AE
(Ecole Hôtelière de Lausanne) – ℰ 021 785 12 21 – www.berceau-des-sens.ch
– Fax 021 785 11 21 – fermé 21 décembre - 4 janvier, 29 mars -
11 avril, 7 juillet - 20 septembre, vendredi soir, samedi et dimanche
Rest – Carte 65/80 CHF
♦ Le futur "gratin" de la gastronomie suisse fait ses gammes à cette enseigne dépendant de l'École hôtelière de Lausanne. Cuisine au goût du jour et cave d'épicurien.

à Vers-chez-les-Blanc Nord-Est : 6 km par route de Berne ① et direction Epalinges – alt. 840 m – ⊠ 1000

🏨 Hostellerie Les Chevreuils ⚜ ≤ 🚗 🏠 (¹) P VISA ⓒ AE ①
80 rte du Jorat Lausanne – ℰ 021 785 01 01 – www.chevreuils.ch
– Fax 021 785 01 02 – fermé 20 décembre - 11 janvier
30 ch ⛌ – †168/188 CHF ††240/260 CHF – ½ P +49 CHF
Rest – *(fermé dimanche et lundi)* (30 CHF) Menu 89/119 CHF – Carte 60/101 CHF
♦ Dans un site plaisible et verdoyant, hostellerie de caractère dont les façades s'animent de volets bleus. Chambres avenantes, salon douillet et jardin soigné. Restaurant-véranda donnant sur une agréable terrasse à l'ombre des arbres. Choix classique et vue agreste.

LAUTERBRUNNEN – Bern (BE) – 551 L9 – 2 486 Ew – Höhe 797 m   8 E5
– ⊠ 3822

▶ Bern 69 – Interlaken 12 – Brienz 30 – Kandersteg 55
🛈 Stutzli 460, ℰ 033 856 85 68, info@lauterbrunnen.ch
🟢 Staubbachfall★★ Nord
🟩 Lauterbrunnental★★★ – Trümmelbachfälle★★★ Süd

🏨 Silberhorn ⚜ ≤ 🏠 ♨ 🛠 Zim, (¹) P VISA ⓒ AE ①
– ℰ 033 856 22 10 – www.silberhorn.com – Fax 033 855 42 13 – geschl.
31. Oktober - 17. Dezember
32 Zim ⛌ – †79/109 CHF ††169/209 CHF   **Rest** – (19 CHF) – Karte 37/66 CHF
♦ Ein netter Familienbetrieb in ruhiger Lage ganz in der Nähe der Bergbahn. Die Gäste wohnen in ländlich oder neuzeitlich-freundlich gestalteten Zimmern, teils mit Balkon. Rustikales Restaurant mit Wintergarten.

LAVEY-VILLAGE – Vaud (VD) – 552 G12 – 800 h. – alt. 450 m – Stat.   7 C6
thermale – ⊠ 1892

▶ Bern 125 – Martigny 25 – Aigle 19 – Lausanne 64

🏨 Grand Hôtel des Bains 🌿 🏠 🍴 🖥 ♨ ♣ 🏋 🌤 🛠 rest,
Sud : 2 km ⊠ 1892 Lavey-les-Bains   (¹) 🛠 P P VISA ⓒ AE
– ℰ 024 486 15 15 – www.lavey-les-bains.ch – Fax 024 486 15 17
68 ch ⛌ – †165/185 CHF ††290/350 CHF – ½ P +45 CHF
Rest – *(buffets seulement)* Menu 59/106 CHF
♦ Ce vaste établissement cumulant les fonctions de centre thermal et d'hôtel offre aux curistes la promesse d'un séjour revigorant. Chambres modernes rénovées. Au restaurant, buffets de préparations traditionnelles et "minceur". Terrasse près d'un grand bassin.

LAVIGNY – Vaud (VD) – 552 B10 – 763 h. – alt. 522 m – ⊠ 1175   6 B5

▶ Bern 122 – Lausanne 26 – Genève 46 – Montreux 57

XX Auberge de la Croix Blanche avec ch 🏠 🛠 (¹) VISA ⓒ AE
25 rte du Vignoble – ℰ 021 808 86 54 – www.la-croix-blanche.ch
– Fax 021 808 86 58 – fermé 23 décembre - 13 janvier, lundi et mardi
3 ch ⛌ – †90 CHF ††150 CHF
Rest – (19 CHF) Menu 72/82 CHF – Carte 54/96 CHF
♦ Auberge communale entièrement réaménagée. Salle de restaurant moderne à touche design et choix classique annoncé de vive voix. Belle terrasse d'été. Hébergement simple et bien tenu, à prix raisonnables.

LAVORGO – Ticino (TI) – **553** R11 – alt. 615 m – ✉ 6746   **9** H5
▶ Bern 180 – Andermatt 49 – Bellinzona 43 – Brig 96

✕ **Alla Stazione**   ♿ **P** VISA ⓂⓄ AE Ⓞ
via Cantonale – ✆ *091 865 14 08 – Fax 091 862 39 34 – chiuso domenica sera e lunedì*
Rist – (35 CHF) Menu 54/80 CHF – Carta 62/70 CHF
♦ Simpatico indirizzo la cui cucina leggera è di stampo regionale con accenti mediterranei. Le piccole dimensioni della sala da pranzo impongono di riservare!

LÉCHELLES – Fribourg (FR) – **552** G8 – 565 h. – alt. 551 m – ✉ 1773   **7** C4
▶ Bern 47 – Fribourg 13 – Lausanne 51 – Neuchâtel 45

✕ **Auberge Communale**   🌿 ♿ **P** VISA ⓂⓄ
🐌 – ✆ *026 660 24 94 – Fax 026 660 24 04 – fermé 1 semaine à Pâques, 3 semaines août, 1 semaine Noël - Nouvel An, mercredi et dimanche*
Rest – (18 CHF) Menu 48 CHF (déj.)/110 CHF – Carte 76/101 CHF
♦ Près de la gare, restaurant exploité en famille, et dont la cuisine au goût du jour s'apprécie sur des tables vernies, dans une salle lumineuse, ou en terrasse, sur le devant.

LENK IM SIMMENTAL – Bern (BE) – **551** I10 – 2 331 Ew   **7** D5
– Höhe 1 068 m – Wintersport : 1 068/2 200 m 🎿4 ⛷18 🎿 – ✉ 3775
   ▶ Bern 84 – Interlaken 66 – Montreux 88 – Spiez 51
   🛈 Rawilstr. 3, ✆ 033 736 35 35, info@lenk-simmental.ch
   ◉ Iffigenfall ★
   Lokale Veranstaltungen:
      28. Januar-14. Februar: DAS ZELT-Show & Snow
      13.-14. Februar: Schlittenhunderennen
      9.-18. Juli: Jazz Tage Lenk

🏨 **Lenkerhof** 🌿   ≤ 🍽 🐕 🏠 ⊐ ▣ ⓢ 🎣 🧖 ♿ 👟 🎿 Rest, ⓦ
Badstr. 20 – ✆ *033 736 36 36*   🍴 ♿ **P** VISA ⓂⓄ AE ⓄⒿ
– www.lenkerhof.ch – Fax 033 736 36 37 – geschl. 12. April - 28. Mai
72 Zim (½ P inkl.) – †350 CHF ††580 CHF – 8 Suiten
Rest *Spettacolo* – separat erwähnt
Rest *Oh de Vie* – *(nur Menü)* Menü 48 CHF (mittags)/88 CHF
♦ Aus dem ehemaligen Badehaus mit 350-jähriger Geschichte ist ein schönes Hotel in modernem Design entstanden, das mit wohnlich-mediterranen Zimmern und einem umfassenden Wellnessangebot besticht. Restaurant Oh de Vie mit freundlichem Ambiente und einsehbarer Küche.

🏨 **Simmenhof**   ≤ 🍽 🏠 ⊐ ▣ 🎣 ⓢ ♿ ⓦ 🍸 **P** VISA ⓂⓄ AE Ⓙ
Lenkstr. 43, Nord: 2 km – ✆ *033 736 34 34 – www.simmenhof.ch*
– Fax 033 736 34 36 – geschl. 12. April - 6. Mai, 1. - 25. November
40 Zim ⊑ – †130/185 CHF ††240/330 CHF – ½ P +38/48 CHF
Rest – (22 CHF) Menü 36 CHF (mittags) – Karte 56/82 CHF
♦ Die Zimmer dieses etwas ausserhalb des Ortes gelegenen Hotels sind mit hellem massivem Holzmobiliar modern-rustikal gestaltet. Recht geräumig: die Juniorsuiten. Das Restaurant teilt sich in nach Schweizer Regionen benannte Stuben. Die Küche ist traditionell.

🏨 **Parkhotel Bellevue**   ≤ 🍽 🏠 ⊐ 🎣 ⓢ ♿ 🍸 Rest, ⓦ 🍴 🍸 **P**
Rawylstr.23 – ✆ *033 736 33 33 – www.bellevue-lenk.ch*   VISA ⓂⓄ AE
– Fax 033 736 33 30 – geschl. 6. April - 21. Mai
40 Zim ⊑ – †120/160 CHF ††198/320 CHF – ½ P +39 CHF
Rest – Menü 75 CHF – Karte 45/79 CHF
♦ Das Hotel a. d. J. 1903 befindet sich in einem schönen Garten mit Schwimmbad. Die Zimmer, darunter auch Familienzimmer, bieten meist Balkon und Bergblick. Eine klassisch gehaltene Stube und ein Wintergarten bilden das Restaurant.

🏨 **Kreuz**   ≤ 🍽 ⊐ 🎣 ▣ ♿ ⓦ 🍴 **P** VISA ⓂⓄ AE Ⓙ
🐌 *Aegertenstr. 1* – ✆ *033 733 13 87 – www.kreuzlenk.ch – Fax 033 733 13 40*
– geschl. 18. April - 7. Mai, 1. - 15. November
78 Zim ⊑ – †86/150 CHF ††162/300 CHF – ½ P +42 CHF
Rest – (16 CHF) Menü 35 CHF – Karte 41/81 CHF
♦ Die Zimmer dieses zentral gelegenen Hauses sind solide und praktisch möbliert - einige etwas rustikaler mit Kiefernholz eingerichtet und teilweise mit Balkon. Bürgerlich-rustikal: Restaurant Säumer, Buffet-Restaurant und Kreuz-Stube. Traditionelles Angebot.

LENK IM SIMMENTAL

XX **Spettacolo** – Hotel Lenkerhof
Badstr. 20 – ℰ 033 736 36 36 – www.lenkerhof.ch – Fax 033 736 36 37 – geschl.
12. April - 28. Mai
Rest – (nur Abendessen) Menü 85/185 CHF – Karte 78/95 CHF
• In klaren Linien und warmen Tönen gehaltenes Restaurant mit Wintergarten und begehbarem Weinkeller. Geboten wird zeitgemässe Küche.

LENZBURG – Aargau (AG) – **551** N5 – 7 702 Ew – Höhe 406 m 4 F3
– ✉ 5600

▶ Bern 93 – Aarau 12 – Baden 16 – Luzern 58

Krone
Kronenplatz 20 – ℰ 062 886 65 65 – www.krone-lenzburg.ch
– Fax 062 886 65 00
70 Zim ⊃ – †175/195 CHF ††215/225 CHF
Rest *Charly* – (30 CHF) – Karte 61/94 CHF
• Der aus drei Gebäuden bestehende Gasthof liegt am Rand des Ortskerns. Zeitgemässe und funktionelle Zimmer erwarten Sie im Altbau wie auch im Neubau. Nischen, Erker und eine schöne Täferung machen das Charly gemütlich.

Ochsen
Burghaldenstr. 33 – ℰ 062 886 40 80 – www.ochsen-lenzburg.ch
– Fax 062 886 40 70 – geschl. 20. Dezember - 3. Januar
21 Zim ⊃ – †150/200 CHF ††200 CHF
Rest – (geschl. 20. Dezember - 3. Januar, 2. - 5. April und Sonntag - Montag)
(25 CHF) Menü 52/74 CHF – Karte 47/74 CHF
• Dieses Hotel wird bereits in der vierten Generation von der Familie geführt. Die Gästezimmer sind individuell und teilweise modern gestaltet. Traditionell-bürgerlich, aber auch modern ist die Ochsenstube.

X **Rosmarin**
Rathausgasse 13 – ℰ 062 892 46 00 – www.restaurant-rosmarin.ch
– Fax 062 892 46 01 – geschl. 20. Dezember - 4. Januar, 28. Februar - 8. März,
3. - 18. Oktober und Sonntag - Montag
Rest – (nur Abendessen ausser Dienstag und Freitag) (24 CHF) Menü 95 CHF
– Karte 68/103 CHF
• Die Innenausstattung dieses Restaurants orientiert sich ganz an seinem Namensgeber, so wurde es in dunklen Tönen ansprechend eingerichtet. Das Speisenangebot ist mediterran.

LENZERHEIDE LAI – Graubünden (GR) – **553** V9 – 2 630 Ew 10 I4
– Höhe 1 476 m – Wintersport : 1 475/2 865 m ⚡2 ⚡25 ⚡ – ✉ 7078

▶ Bern 263 – Chur 21 – Andermatt 113 – Davos 41
🛈 Via Principala 68, ℰ 081 385 11 20, info@lenzerheide.com
🚌 Lenzerheide, Süd: 2 km, ℰ 081 385 13 13

Schweizerhof
Voa Principala 39 – ℰ 081 385 25 25
– www.schweizerhof-lenzerheide.ch – Fax 081 385 26 26
– geschl. 11. April - 7. Mai
83 Zim ⊃ – †180/560 CHF ††280/560 CHF – ½ P +60 CHF
Rest – (19 CHF) – Karte 62/110 CHF
• Zur Wahl stehen hier klassisch-elegante Nostalgie-Zimmer, moderne Alpenchic-Zimmer oder ebenso neuzeitliche, aber kleinere Budget-Zimmer. BergSpa mit tollem Hamam auf 450 qm. Allegra ist das A-la-carte-Restaurant des Hotels.

Lenzerhorn
Voa Principala 41 – ℰ 081 385 86 87 – www.hotel-lenzerhorn.ch
– Fax 081 385 86 88
39 Zim ⊃ – †110/175 CHF ††215/495 CHF – ½ P +52 CHF
Rest – (20 CHF) – Karte 50/110 CHF
• Ein zeitgemäss und funktionell ausgestattetes Hotel im Zentrum. Besonders wohnlich sind die Juniorsuiten mit Balkon, teils mit schöner hoher Dachschräge. Modern-elegante Bar. Restaurant Giardino mit Wintergarten, Kuchikästli mit rustikaler Note, Sonnenterrasse.

LENZERHEIDE

Spescha
Voa Principala 60 – ℰ 081 385 14 24 – www.hotel-spescha.ch
– Fax 081 385 14 40 – geschl. Mai
15 Zim ⊑ – †95/195 CHF ††150/298 CHF
Rest – (20 CHF) Menü 58 CHF – Karte 43/69 CHF
♦ In dem Familienbetrieb im Zentrum erwarten Sie rustikal eingerichtete Zimmer und geräumige wohnliche Suiten. Sie frühstücken in der hübschen Bündnerstube mit Kachelofen. Regionale Spezialitäten und eine gute kleine Weinkarte im Restaurant Ustria.

La Riva
Voa Davos Lai 27 – ℰ 081 384 26 00 – www.la-riva.ch
– Fax 081 384 26 22
– geschl. 11. April - 2. Juni, 24. Oktober - 2. Dezember und Montag
Rest – (25 CHF) Menü 87 CHF – Karte 62/114 CHF
♦ Mit Engagement kümmert sich Familie Eberl in dem hellen modern-alpenländischen Restaurant nahe dem Heidsee um die Gäste. Zeitgemässe klassische Küche mit regionalem Einfluss.

Scalottas - La Scala
Voa Principala 39 – ℰ 081 384 21 48
– www.scalottas-lenzerheide.ch – Fax 081 385 26 26
– geschl. 11. April - 7. Mai und Montag, im Sommer: Montag - Mittwoch
Rest – *(nur Abendessen)* Karte 61/88 CHF
Rest *Bündnerstube* – *(nur Abendessen)* (20 CHF) – Karte 56/80 CHF
♦ Mediterrane Küche in modern-trendigem Ambiente bietet Ihnen das in warmen Tönen gestaltete Restaurant La Scala. Zu den Spezialitäten der rustikalen Bündnerstube gehören neben regionalen Gerichten vor allem Fondues und Raclette.

in Sporz Süd-West: 2,5 km – 7078

Maiensäss Hotel Guarda Val
Voa Sporz 85 – ℰ 081 385 85 85
– www.guardaval.ch – Fax 081 385 85 95
39 Zim ⊑ – †220/600 CHF ††293/790 CHF – 13 Suiten – ½ P +110 CHF
Rest *Guarda Val* – separat erwähnt
Rest *Crap Naros* – *(geschl. Montag)* Karte 51/95 CHF
♦ Ein sehr schön gelegenes Maiensäss-Hotel aus elf bis zu 300 Jahre alten Scheunen und Ställen mit dem urtümlichen Charme eines kleinen Bergdorfes. Die Zimmer sind überaus hochwertig in modern-regionalem Design gehalten.

Guarda Val
Voa Sporz 85 – ℰ 081 385 85 85 – www.guardaval.ch
– Fax 081 385 85 95
Rest – *(mittags nur kleine Karte)* (48 CHF) Menü 125/175 CHF – Karte 115/165 CHF
Spez. Kalbskopf-Kartoffel-Carpaccio und Kaviar, Rindergehacktes mit Gemüsevinaigrette. Offene Ravioli von Flusskrebsen und Saibling mit Tomaten-Basilikumsauce. Kalbskotelette im Heu mit Trüffeln und Fave Bohnen.
♦ Rustikales altes Holz verbindet sich in dem reizenden historischen Bauernhaus auf geschmackvolle Weise mit modernen Elementen. Die Küche von Karlheinz Schuhmair ist klassisch ausgelegt, der Service aufmerksam. Mit gemütlicher Bar und Raucherlounge.

in Tgantieni Süd-West: 3,5 km – Höhe 1 755 m – 7078 Lenzerheide

Berghotel Tgantieni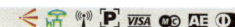
Voa Tgantieni 17 – ℰ 081 384 12 86
– www.tgantieni.ch – Fax 081 384 32 51
– geschl. 6. April - 26. Juni und 24. Oktober - 12. Dezember
15 Zim ⊑ – †95/155 CHF ††150/220 CHF – ½ P +35 CHF
Rest – *(geschl. im Sommer Mittwoch)* (18 CHF) – Karte 33/72 CHF
♦ Das kleine Hotel überzeugt mit seiner schönen Lage in 1796 m Höhe, direkt neben der Skipiste. Die meisten der freundlichen Zimmer verfügen über einen Balkon mit grandioser Sicht. Teil des Restaurants ist die gemütliche Arvenstube. Das Speiseangebot ist bürgerlich-regional.

LENZERHEIDE

in Valbella Nord: 3 km – Höhe 1 546 m – ✉ 7077

  Posthotel

Voa Principala 11 – ✆ 081 385 12 12 – www.posthotelvalbella.ch
– Fax 081 385 12 13 – geschl. 20. April - 30. November
19 Zim ⌑ – †180/260 CHF ††294/450 CHF
Rest Stoiva – (geschl. Montag und Dienstag) (nur Abendessen)
Karte 76/122 CHF
Rest Mamma Mia – Karte 45/76 CHF
♦ In dem familiengeführten Ferienhotel erwarten Sie eine gemütliche Lobby mit offenem Kamin, wohnliche Zimmer und ein grosses Hallenbad. Schöne Gemäldesammlung. Hübsche holzgetäferte Stoiva mit guter Tischkultur und vielen Weinen aus Italien und Frankreich.

Seehof

Voa Davos Lai 26 – ✆ 081 384 35 35 – www.seehof-valbella.ch
– Fax 081 384 34 88 – geschl. Mitte April - Mitte Mai
29 Zim ⌑ – †120/186 CHF ††200/332 CHF – ½ P +55 CHF
Rest – (44 CHF) – Karte 98/1118 CHF
♦ Ruhig liegt dieses Haus an der Seeuferstrasse. Wohnliche Arvenholzzimmer mit eigenem Quellwasser zur Begrüssung, darunter auch einige Juniorsuiten und eine Suite. Im behaglichen Restaurant bietet man klassische Küche mit mediterranem Einfluss.

LEUKERBAD (LOÈCHE-LES-BAINS) – Valais (VS) – 552 K11 – 1 583 Ew   8 E6
– Höhe 1 404 m – Wintersport : 1 411/2 700 m ⛷3 ⛷9 ⛸ – Kurort – ✉ 3954

▶ Bern 101 – Brig 47 – Interlaken 81 – Sierre 27
ℹ Rathausstr. 8, ✆ 027 472 71 71, info@leukerbad.ch
Lokale Veranstaltungen:
Juli: Literaturfestival

  Les Sources des Alpes

Tuftstr. 17 – ✆ 027 472 20 00
– www.sourcesdesalpes.ch – Fax 027 472 20 01 – geschl. 5. - 30. April und
21. November - 3. Dezember
26 Zim ⌑ – †310/450 CHF ††430/620 CHF – 4 Suiten – ½ P +75 CHF
Rest La Malvoisie – separat erwähnt
♦ Ein charmantes Direktorenpaar leitet das klassische Hotel von 1834. Die Zimmer sind geschmackvoll und elegant gestaltet, benannt nach Blumen, Früchten, Reben und Düften. In der Bar verweilt man bei gediegener Atmosphäre und Pianomusik.

Mercure Hotel Bristol

Rathausstr. 51 – ✆ 027 472 75 00
– www.mercure.com – Fax 027 472 75 52
77 Zim ⌑ – †165/205 CHF ††190/300 CHF – ½ P +45 CHF
Rest – Menü 18/60 CHF – Karte 42/85 CHF
♦ Die zwei Gebäude mit schönem grossem Garten-Poolbereich sind ruhig am Dorfrand gelegen. Die Zimmer des Haupthauses sind moderner eingerichtet.

Lindner Hotels & Alpentherme

Dorfplatz 1 – ✆ 027 472 10 00
– www.lindnerhotels.ch – Fax 027 472 10 01
135 Zim ⌑ – †119/299 CHF ††229/539 CHF – ½ P +55 CHF
Rest Sacré Bon – (geschl. Montag) Karte 48/89 CHF
♦ Auf drei miteinander verbundene Häuser verteilen sich die meist geräumigen Zimmer dieses Hotels. Direkt angeschlossen ist die Alpentherme mit schönem Walliser Saunadorf. Traditionelle Küche im Restaurant Sacré Bon mit hübscher Terrasse.

  Grichting und Badnerhof

Kurparkstr. 13 – ✆ 027 472 77 11 – www.hotel-grichting.ch
– Fax 027 470 22 69
44 Zim ⌑ – †90/120 CHF ††190/240 CHF – ½ P +32 CHF
Rest La Terrasse – (20 CHF) Menü 24 CHF (mittags)/42 CHF – Karte 38/88 CHF
♦ Die beiden Chalets dieses familiengeführten Ferienhotels beherbergen unterschiedlich geschnittene wohnliche Zimmer, teils mit Balkon. Netter Bade-, Sauna- und Ruhebereich. Restaurant La Terrasse mit gemütlicher Zirbenstube.

LEUKERBAD

Waldhaus-Grichting
Promenade 17 – ℘ 027 470 32 32 – www.hotel-waldhaus.ch
– *Fax 027 470 45 25*
16 Zim ⊇ – †131/151 CHF ††218/282 CHF – ½ P +28 CHF
Rest – *(geschl. Mitte April - Mitte Juni: Dienstag - Mittwoch, Mitte Juni - Mitte Juli und November - Mitte Dezember: Mittwoch)* (20 CHF) Menü 38 CHF (mittags)/ 57 CHF – Karte 42/92 CHF
♦ In dem ruhig ausserhalb des Zentrums gelegenen kleinen Hotel stehen für die Gäste behaglich-rustikal möblierte Zimmer bereit. Die Nutzung des Thermalbades ist inklusive. Im Restaurant reicht man u. a. eine bemerkenswerte Bordeaux-Weinkarte.

Viktoria garni
Pfolongstutz 2 – ℘ 027 470 16 12
– *www.viktoria-leukerbad.ch – Fax 027 470 36 12*
– *geschl. 11. April - 13. Mai, 21. November - 24. Dezember*
20 Zim ⊇ – †93/128 CHF ††170/240 CHF
♦ Der gut geführte Familienbetrieb mit neuzeitlich-wohnlichen Zimmern (alle mit Balkon) befindet sich am Burgerbad, zu dem die Hausgäste kostenfreien Zugang haben.

La Malvoisie – Hotel Les Sources des Alpes
Tuftstr. 17 – ℘ 027 472 20 00 – www.sourcesdesalpes.ch – *Fax 027 472 20 01*
– *geschl. 5. - 30. April, 21. November - 3. Dezember*
Rest – Menü 90/145 CHF – Karte 76/132 CHF
♦ Freundlich serviert man Ihnen in diesem stilvollen Restaurant an gut eingedeckten Tischen klassische Speisen. Eine schöne Sicht hat man von den Fensterplätzen.

LEYSIN – Vaud (VD) – **552** G11 – 3 477 h. – alt. 1 268 m – **Sports d'hiver :** 7 C6
1 350/2 205 m ⛷1 ⛷12 ⛷ – ✉ 1854

▶ Bern 121 – Montreux 33 – Aigle 17 – Genève 125
🛈 place Large, ℘ 024 493 33 00, info@leysin.ch
◉ Site ★★

Le Grand Chalet
Ch. du Chalet Noir, (à Feydey), Ouest : 1 km – ℘ 024 493 01 01
– *www.grand-chalet.ch – Fax 024 494 16 14 – fermé 11 octobre - 4 décembre et 13 avril - 13 mai*
30 ch ⊇ – †70/110 CHF ††140/220 CHF – ½ P +30 CHF
Rest – *(fermé lundi midi et mardi midi)* (19 CHF) Menu 35 CHF – Carte 42/89 CHF
♦ Chalet à flanc de montagne scrutant les Dents du Midi et les fières murailles des Diablerets. Chambres ensoleillées avec petit coin salon. Tranquillité assurée. Restaurant rustique, salle réservée aux fondues et terrasse panoramique.

LIEBEFELD – Bern – **551** J7 – siehe Bern

LIECHTENSTEIN – (FÜRSTENTUM) – **551** V-W6-7 – siehe Seite 497

LIESTAL 🄺 – Basel-Landschaft (BL) – **551** L4 – 13 128 Ew – Höhe 327 m   3 E2
– ✉ 4410

▶ Bern 82 – Basel 20 – Aarau 52 – Baden 59
🛈 Rathausstr. 76, ℘ 061 921 58 07, info@drehscheibeliestal.ch
◉ Lage ★
Lokale Veranstaltungen:
  21. Februar: Kienbesen-Umzug

Engel
Kasernenstr. 10 – ℘ 061 927 80 80 – www.engel-liestal.ch – *Fax 061 927 80 81*
49 Zim ⊇ – †200/230 CHF ††270 CHF – ½ P +40 CHF
Rest – Menü 56/81 CHF – Karte 32/82 CHF
♦ In dem zentral gelegenen Hotel erwarten Sie ein grosszügiger Hallenbereich sowie neuzeitlich und funktionell ausgestattete Gästezimmer. Sie wählen zwischen den drei Restaurants Raphael's, Taverne und Le Papillon.

LIESTAL

in Bad Schauenburg Nord-West: 4 km – Höhe 486 m – ⊠ 4410 Liestal

🏨 **Bad Schauenburg**
Schauenburgerstr. 76 – ℰ 061 906 27 27
– www.badschauenburg.ch – Fax 061 906 27 00
– geschl. 18. Dezember - 10. Januar
34 Zim – †135/190 CHF – ††190/210 CHF – ½ P +55 CHF
Rest – (geschl. Sonntagabend) Menü 59 CHF (mittags)/115 CHF
– Karte 80/114 CHF
◆ Das Hotel ist ein schönes historisches Gebäude in idyllischer Lage umgeben von Wald und Wiese, das über zeitlos und funktionell eingerichtete Gästezimmer verfügt. Die Baselbieter Gaststube und das hübsche Louis-Philippe-Stübli bilden das Restaurant.

LINDAU – Zürich (ZH) – **551** Q4 – 4 654 Ew – Höhe 530 m – ⊠ 8315   4 G2
▶ Bern 138 – Zürich 18 – Kloten 9 – Rapperswil 39

✕✕ **Rössli**
Neuhofstr. 3 – ℰ 052 345 11 51 – www.roessli-lindau.com – Fax 052 345 11 26
– geschl. 24. - 28. Dezember, 1. - 4. Januar, 30. August - 12. September und Sonntag - Montag
Rest – (32 CHF) Menü 39 CHF (mittags)/119 CHF – Karte 71/116 CHF
◆ In dem hübschen historischen Riegelhaus bietet man klassische Küche mit mediterranem Einschlag, die den Gästen in drei gemütlichen Stuben serviert wird.

Sie suchen ein besonderes Hotel für einen sehr angenehmen Aufenthalt?
Reservieren Sie in einem roten Haus: 🏠...🏨.

LINTHAL – Glarus (GL) – **551** S8 – 1 139 Ew – Höhe 648 m – ⊠ 8783   5 H4
▶ Bern 199 – Chur 88 – Glarus 17 – Sankt Gallen 107

West 3,5 km Richtung Klausenpass

✕ **Bergli** mit Zim
Klausenstr. 36 – ℰ 055 643 33 16 – www.giorgio.ch – Fax 055 643 33 44
– geschl. November - März
3 Zim – †65 CHF ††130 CHF
Rest – (Tischbestellung ratsam) Menü 35 CHF (mittags)/75 CHF – Karte 43/80 CHF
◆ Oberhalb des Ortes liegt das Haus mit schöner Sicht auf Linthal und Berge, auch Klausenrennen sind von hier aus zu sehen. Eigene Lachsräucherei. Einfache Zimmer.

LOCARNO – Ticino (TI) – **553** Q12 – 14 682 ab. – alt. 205 m – Sport   9 H6
invernali : a Cardada : 1 340/1 670 m ⛷ 1 ⛷ 3 – ⊠ 6600
▶ Bern 239 – Lugano 46 – Andermatt 107 – Bellinzona 24
🛈 Largo Zorzi 1 **BZ**, ℰ 091 791 00 91, buongiorno@maggiore.ch
✈ Ascona, Est : 6,5 km, ℰ 091 785 11 77
✈ Gerre Losone Losone, Ovest : 6 km per strada Centovalli, ℰ 091 785 10 90
◉ Lago Maggiore★★★ **BZ** – Piazza Grande★ **AZ** – Monte Cimetta★★ per seggiovia **AY**
◉ Circuito di Ronco ≤★★ sul lago dalla strada per Losone e Ronco – Valle Maggia★★ – Val Verzasca★ – Centovalli★
Manifestazioni locali :
  4-14 agosto : festival internazionale del film

🏨 **Belvedere**
via ai Monti della Trinità 44 ⊠ 6601 – ℰ 091 751 03 63
– www.belvedere-locarno.com – Fax 091 751 52 39   **AY**z
75 cam – †185/330 CHF ††320/440 CHF – 6 suites – ½ P +52 CHF
Rist – (25 CHF) – Carta 57/85 CHF
◆ Dimora storica dell'alto lago da cui è possibile scorgere la città dal giardino fiorito con piscina. Camere ampie e moderne: preferite quelle con vista lago. Diversi ambienti dedicati alla ristorazione, ma il menù di taglio tradizionale non cambia.

Ballerini (V. F.) .... **BY** 3	Grande (Pza) .... **ABZ**	Ramogna (V.) .... **BZ** 13
Balli (V. F.) .... **BZ** 4	Motta (V. della) .... **AZ** 10	S. Antonio (V.) .... **AZ** 15
Cittadella (V.) .... **AZ** 7	Municipio	Vallemaggia
Collegiatta (V. della) .... **BY** 9	(V. del) .... **BY** 12	(V.) .... **AZ** 16

🏨 **Du Lac** senza rist ≤ 🛗 AC ((¹)) VISA ⓜ AE

via Ramogna 3 – ℰ 091 751 29 21 – www.du-lac-locarno.ch
– Fax 091 751 60 71   **BZd**
30 cam ⊡ – †120/160 CHF ††190/230 CHF
◆ Proprio nel centro cittadino, hotel con camere diverse per dimensioni, dagli arredi moderni. Al primo piano, sala per la colazione da cui si accede ad una bella terrazza.

✕✕ **La Cittadella** con cam AC rist, ((¹)) VISA ⓜ AE ⓪

via Cittadella 18, (1° piano) – ℰ 091 751 58 85 – www.cittadella.ch
– Fax 091 751 77 59 – chiuso lunedì, giugno a luglio: domenica e lunedì
9 cam ⊡ – †65/100 CHF ††130/170 CHF   **AZr**
Rist – Menu 78 CHF – Carta 68/93 CHF
Rist *La Trattoria* – (22 CHF) – Carta 52/91 CHF
◆ Vecchia casa di stile rustico-elegante, con travi a vista anche nelle poche camere a disposizione. Cucina classica con specialità di pesce e cotture alla griglia. Tipicità a prezzi più contentuti la Trattoria: tante ricette italiane e l'immancabile pizza!

✕✕ **Da Valentino** VISA ⓜ AE

via Torretta 7 – ℰ 091 752 01 10 – www.ristorantedavalentino.ch
– Fax 091 752 01 10 – chiuso 18 - 27 aprile, 19 luglio - 2 agosto, maggio
- agosto: domenica e lunedì, settembre - aprile: domenica, lunedì a mezzogiorno,
sabato a mezzogiorno   **AZb**
Rist – (26 CHF) Menu 42 CHF (pranzo)/78 CHF – Carta 64/81 CHF
◆ Piccolo ristorante in stile rustico-elegante gelosamente custodito nella città vecchia, a pochi passi dalla piazza principale. Cucina mediterranea, leggera e gustosa.

LOCARNO

a Muralto – alt. 208 m – ✉ 6600

Ramada Hotel La Palma au Lac
viale Verbano 29 – ℰ *091 735 36 36*
– www.ramada.de – Fax 091 735 36 16 BYv
68 cam ⊆ – †235/355 CHF ††260/420 CHF – ½ P +52 CHF
Rist – (19 CHF) – Carta 47/84 CHF

• Situato di fronte al lago, albergo con camere di diverso stile alcune arredate con mobili in cuoio, funzionali altre con mobili più classici, di legno intarsiato. Dall'ampia hall si accede al ristorante in stile classico-elegante, che propone una squisita cucina d'impronta mediterranea.

Millennium senza rist
via Dogana Nuova 2 – ℰ *091 759 67 67 – www.millennium-hotel.ch*
– Fax 091 759 67 68 BZe
11 cam ⊆ – †110/290 CHF ††150/290 CHF

• Di fronte all'imbarcadero, lasciatevi viziare in questa graziosa bomboniera - familiare e personalizzata - nella quale vivere richiami al jazz. Camere di diversa tipologia: alcune un po' piccole, ma comunque confortevoli.

Muralto senza rist
via Sempione 10 – ℰ *091 735 30 60 – www.hotelmuralto.ch*
– Fax 091 735 30 61 – chiuso dicembre - gennaio BYc
34 cam ⊆ – †108/118 CHF ††198/208 CHF

• Albergo completamente ristrutturato, si ripropone in una squisita veste moderna. Camere accoglienti e confortevoli per un soggiorno di grande relax.

Camelia
via G.G. Nessi 9 – ℰ *091 743 00 21 – www.camelia.ch – Fax 091 743 00 22*
– chiuso 2 novembre - 5 marzo BYa
41 cam ⊆ – †100/132 CHF ††176/244 CHF – ½ P +28 CHF
Rist – (18 CHF) Menu 35/42 CHF (cena) – Carta 32/62 CHF

• Indirizzo simpatico e familiare dispone di camere vivacemente colorate e dal confort semplice, ma apprezzabile. La maggior parte delle camere è dotata di balcone o piccola loggia.

XX Osteria del Centenario
viale Verbano 17 – ℰ *091 743 82 22*
– www.osteriacentenario.ch – Fax 091 743 18 69
– chiuso 31 ottobre - 8 novembre, domenica escluso giorni festivi, novembre e gennaio - febbraio: domenica e lunedì BYm
Rist – Menu 68/85 CHF (cena) – Carta 62/96 CHF

• Piacevole terrazza sul lungolago, per un ristorante accogliente e luminoso che vi stupirà con ricette squisitamente mediterranee, rivisitate e corrette.

X Osteria Chiara
Vicolo dei Chiara 1 – ℰ *091 743 32 96*
– www.osteriachiara.ch – Fax 091 743 32 96
– chiuso 22 giugno - 5 luglio, 1° - 15 novembre, domenica e lunedì, luglio - ottobre: domenica a mezzogiorno, lunedì BYb
Rist – (25 CHF) Menu 68 CHF (cena) – Carta 55/73 CHF

• Un po' defilato in una stradina del centro storico, tradizionale grotto con un bel camino ed una piacevole terrazza pergolata, dove gustare la vera cucina regionale.

ad Orselina Nord : 2 km – alt. 406 m – ✉ 6644

Mirafiori
via al Parco 25 – ℰ *091 743 18 77*
– www.mirafiori.ch – Fax 091 743 77 39
– chiuso metà ottobre - metà marzo AYh
25 cam ⊆ – †120/180 CHF ††200/280 CHF – ½ P +28 CHF
Rist – (chiuso a mezzogiorno) Menu 34/48 CHF – Carta 45/81 CHF

• Allungati attorno alla piscina, lasciatevi trasportare verso mete lontane dal profumo intenso dei fiori esotici i cui colori ravvivano anche le camere. Incantevole giardino in una struttura familiare, dalla calda ospitalità. La gradevole terrazza del ristorante offre una vista imperdibile.

LOCARNO

Stella
rist, rist, P VISA ©©
via al Parco 14 – ℰ 091 743 66 81 – www.hotelstella.ch – Fax 091 743 66 83
– chiuso 1° novembre - 12 marzo AY**a**
35 cam ☑ – †86/134 CHF ††140/306 CHF – ½ P +28 CHF
Rist – Menu 33 CHF (cena) – Carta 39/55 CHF
♦ Situato nella parte superiore di Locarno, l'hotel dispone di un bel giardino fiorito con piscina. Camere e bagni totalmente rinnovati, arredi funzionali. Andate fino alla terrazza dalla quale si gode di una vista incantevole e cenate cercando la vostra "Stella": la squisita cucina tradizionale non vi deluderà!

a Minusio Est : 2 km per ① – alt. 246 m – ✉ 6648

Esplanade
P VISA ©© AE
via delle Vigne 149 – ℰ 091 735 85 85 – www.esplanade.ch
– Fax 091 735 85 86 – chiuso 3 gennaio - 5 marzo
71 cam ☑ – †175/255 CHF ††290/460 CHF – ½ P +50 CHF
Rist – Menu 45/70 CHF – Carta 54/76 CHF
♦ Incantevole vista per questo hotel del 1913 in stile Liberty - totalmente rinnovato - abbracciato da un lussureggiante parco. Oltre a moderne infrastrutture, offre un grande centro wellness e tutto per la vostra salute. Cucina mediterranea nella sala da pranzo classica e sulla terrazza.

Alba senza rist
VISA ©© AE
via Simen 58 – ℰ 091 735 88 88 – www.albahotel.ch – Fax 091 735 88 99
– chiuso 15 novembre - 15 marzo
36 cam ☑ – †90/130 CHF ††180/240 CHF
♦ Albergo dalle linee architettoniche d'avanguardia che si prolungano nell'altrettanto moderna sala per le colazioni. Belle camere spaziose: preferite quelle a sud, con balcone.

Remorino senza rist
P VISA ©© AE
via Verbano 29 – ℰ 091 743 10 33 – www.remorino.ch – Fax 091 743 74 29
– chiuso fine ottobre - metà marzo
25 cam ☑ – †120/298 CHF ††192/370 CHF
♦ Hall signorile aperta direttamente verso la terrazza e il rigoglioso giardino con piscina. Camere di diversa tipologia dal rustico allo stile tradizionale, passando per il moderno: alcune di esse recentemente rinnovate, tutte con vista lago.

Le LOCLE – Neuchâtel (NE) – **552** F6 – 10 148 h. – alt. 925 m – ✉ 2400   1 B4

◘ Bern 78 – Neuchâtel 28 – Besançon 76 – La Chaux-de-Fonds 9
🛈 Moulins souterrains du Col-des-Roches, ℰ 032 889 68 92, tourisme.locle@ne.ch, Fax 032 889 63 02
   Hôtel de Ville, ℰ 032 933 84 14
◉ Musée d'Horlogerie ★
◉ Saut du Doubs ★★★ Nord - Lac des Brenets ★ Nord

Auberge du Prévoux
P VISA ©© AE
Le Prévoux 10, 2,5 km par Le Col – ℰ 032 931 23 13
– www.aubergeduprevoux.ch – Fax 032 931 50 37
– fermé 8 - 16 mars, lundi soir et mardi
Rest – Menu 48 CHF (déj.)/110 CHF – Carte 78/104 CHF
Rest Brasserie – (17 CHF) Menu 17 CHF – Carte 38/68 CHF
♦ Dans un site tranquille en lisière de forêt, maison appréciée pour son atmosphère conviviale et sa cuisine française créative, à base de produits de saison. Brasserie sympathique proposant des plats mijotés.

De la Gare - Chez Sandro
VISA ©© ①
4 r. de la Gare – ℰ 032 931 40 87
– www.chez-sandro.ch – Fax 032 931 40 40
– fermé 24 décembre - 1er janvier, 18 juillet - 15 août, et dimanche
Rest – (17 CHF) Menu 64/105 CHF – Carte 53/102 CHF
♦ Resto rital à ranger parmi les institutions locales, depuis les années 1970. Savez-vous garder un secret ? L'Enoteca Il Clandestino recèle quelques crus qui ont de la cuisse !

LODANO – Ticino (TI) – **553** Q12 – 191 ab. – alt. 341 m – ✉ 6678 **9 G6**

▶ Bern 255 – Locarno 17 – Andermatt 123 – Bellinzona 39

🏠 Ca'Serafina 🍃

- 𝒞 091 756 50 60 – www.caserafina.com – Fax 091 756 50 69
- chiuso 1 gennaio - 13 marzo

5 cam ⌑ – ♦200 CHF ♦♦200 CHF   **Rist** – (solo per alloggiati) Menu 55/65 CHF

◆ Nel cuore di un pittoresco villaggio, questa tipica casa ticinese in sasso - completamente ristrutturata e graziosissima - dispone di sole cinque camere, belle e spaziose. Cucina legata ai sapori del territorio e buona selezione di vini ticinesi.

LOÈCHE-LES-BAINS – Valais – **552** K11 – voir à Leukerbad

LÖMMENSCHWIL – Sankt Gallen (SG) – **551** U4 – Höhe 543 m   **5 I2**
– ✉ 9308

▶ Bern 208 – Sankt Gallen 11 – Bregenz 41 – Konstanz 27

XXX Neue Blumenau

Romanshornerstr. 2 – 𝒞 071 298 35 70 – www.neueblumenau.ch
– Fax 071 298 35 90 – geschl. 2. - 8. August
Rest – (geschl. Samstagmittag, Sonntag - Montag) (38 CHF) Menü 69 CHF (mittags)/140 CHF – Karte 89/108 CHF 🍃
Rest Bistro – Karte 52/80 CHF

◆ In dem modern-eleganten Restaurant mit Terrasse bietet Thuri Maag eine ambitionierte Regionalküche, die auf saisonalen Produkten wie frischen Pilzen, Kräutern und Blüten basiert. Ehrliche, schmackhaft und sorgfältig zubereitete Küche im Bistro mit Gartenwirtschaft.

X Ruggisberg

Süd-Ost: 2 km, im Weiler Ruggisberg – 𝒞 071 298 54 64 – www.ruggisberg.ch
– Fax 071 298 54 53 – geschl. Oktober 3 Wochen, Sonntagabend - Dienstag
Rest – Menü 67/94 CHF (abends)

◆ In dem historischen Haus mit uriger Wirtschaft, schön eingedecktem Stübli und herrlicher Gartenterrasse werden vor allem lokale Produkte, teilweise aus biologischer Erzeugung, verwendet. Mittags günstiges A-la-carte-Angebot, abends wählt man aus einem Menü.

LOSONE – Ticino – **553** Q12 – vedere Ascona

LOSTALLO – Grigioni (GR) – **553** T11 – 688 ab. – alt. 426 m – ✉ 6558 **10 I6**

▶ Bern 490 – Sankt Moritz 130 – Bellinzona 24 – Chur 95

X Groven

– 𝒞 091 830 16 42 – www.groven.ch – Fax 091 830 16 24
– chiuso 1° - 25 gennaio, 29 agosto - 6 settembre, domenica sera e lunedì
Rist – Menu 38 CHF (pranzo)/98 CHF – Carta 65/92 CHF

◆ Piccola locanda dove tutto punta sulla semplicità locale: fermatevi per una pausa pranzo in terrazza, ogni giorno troverete un menù diverso, ispirato ai prodotti di stagione.

LOVERESSE – Berne (BE) – **551** I5 – 316 h. – alt. 765 m – ✉ 2732 **2 C3**

▶ Bern 64 – Delémont 29 – Basel 68 – Biel 21

XX Du Cerf

22 Les Vies – 𝒞 032 481 22 32 – Fax 032 481 11 98 – fermé 22 décembre
- 3 janvier, 19 juillet - 13 août, mardi soir et mercredi
Rest – (15 CHF) Menu 34 CHF (déj.)/65 CHF – Carte 56/73 CHF

◆ Cette ancienne ferme reconvertie vous reçoit dans une salle au joli décor champêtre ou sur sa terrasse panoramique. Répertoire culinaire traditionnel. Ambiance familiale.

LUCENS – Vaud (VD) – **552** F8 – 2 169 h. – alt. 493 m – ✉ 1522 **7 C5**

▶ Bern 68 – Fribourg 33 – Lausanne 32 – Montreux 45

🏌18 Vuissens, Nord : 7 km par route Combremont - Estavayer-le-Lac,
𝒞 024 433 33 00

LUCENS

XX **De la Gare** avec ch 🛜 AC rest, ⁽¹⁾ ⇔ P VISA ⓪
13 av. de la Gare – ☏ 021 906 12 50 – www.hoteldelagarelucens.ch
– Fax 021 906 12 60 – fermé 20 décembre - 4 janvier, 25 juillet - 9 août, dimanche et lundi
5 ch ⌨ – †120 CHF ††160 CHF
Rest – (réservation conseillée) (18 CHF) Menu 41 CHF (déj.)/115 CHF
– Carte 60/98 CHF 🌿
♦ Ambiance conviviale en cette auberge familiale rénovée. Bistrot, salle de restaurant chaleureuse, nouvelle véranda moderne, carte classique d'un bon rapport qualité-prix et beau choix de vins. Chambres amples et modernes.

LÜDERENALP – Bern – **551** L7 – siehe Sumiswald

LÜSCHERZ – Bern (BE) – **551** H6 – 540 Ew – Höhe 446 m – ✉ 2576 2 C4
▶ Bern 38 – Neuchâtel 22 – Biel 16 – La Chaux-de-Fonds 42

XX **3 Fische** 🛜 P VISA ⓪ AE
Hauptstr. 29 – ☏ 032 338 12 21 – www.3fische.ch – Fax 032 338 12 03 – geschl. Januar 3 Wochen und Mittwoch - Donnerstag
Rest – (25 CHF) Menü 60/83 CHF – Karte 97/120 CHF
♦ In der ehemaligen Klostertaverne a. d. 16. Jh. serviert man in gemütlichem rustikalem Ambiente traditionelle Küche mit vielen Fischgerichten. Gaststube und Säli.

XX **Zum Goldenen Sternen** 🛜 P VISA ⓪
Hauptstr. 33 – ☏ 032 338 12 23 – www.goldenersternen.ch – Fax 032 338 24 02
– geschl. 1. - 17. Februar, 30. August - 14. September und Montag - Dienstag
Rest – (19 CHF) Menü 72/82 CHF – Karte 48/98 CHF
♦ Das schöne Berner Gasthaus a. d. 18. Jh. bietet traditionelle Gerichte, die im Restaurant, in der derb-rustikalen Stube oder auf der hübschen Terrasse serviert werden.

Lago di Lugano

LUGANO

|C| Cantone : TI Ticino
Carta Michelin : 553 R13
▶ Bern 271 – Bellinzona 28
– Como 30 – Locarno 40
Popolazione : 49 719 ab.

Altitudine : 273 m
Codice Postale : ✉ 6900
Carta regionale : 10 H7

INFORMAZIONI PRATICHE

🛈 Ufficio Informazioni turistiche
Palazzo Civico - Riva Albertolli **Z**, ☏ 091 913 32 32, info@lugano-tourism.ch

Automobile Club
⊛ via S. Balestra 3, ☏ 091 911 65 65, Fax 091 911 65 66 **AV**

Aeroporto
✈ di Agno Sud-Ovest : 6 km ☏ 091 610 11 11, Fax 091 610 11 00

Compagnie aeree
Swiss International Air Lines Ltd., ☏ 0848 700 700

Alitalia, Piazza Cioccaro 11, ☏ 091 921 04 26, Fax 091 922 05 65

Manifestazioni locali
29 gennaio-1 febbraio : Ristora

25-28 marzo : LuganoNautica

22-25 aprile : LuganoExpo

1-3 luglio : Estival Jazz

27-29 agosto : Blues to Bop festival

9-12 settembre : Velexpo

15-19 settembre : M.M.A.O.

8-17 ottobre : Artecasa

29 ottobre-1 novembre : I Viaggiatori

10-12 dicembre : PiùGusto

Golf
⛳ Lugano Magliaso, Sud-Ovest : 10 km, ☏ 091 606 15 57

👁 SCOPRIRE

VEDERE

Lago★★ **BX** - Parco Civico★★ **ABX** - Affreschi★★ nella chiesa di Santa Maria degli Angioli **Z**

DINTORNI

Gandria★ - Monte San Salvatore★★★ 15 min di funicolare **AX** - Monte Generoso★★★ 15 km per ③ e treno - Monte Brè★★ Est : 10 km o 20 min di funicolare **BV** - Morcote★★ Sud : 8 km per ③ - Meride : Sud 7 km (Swissminiatur★)

LUGANO

Splendide Royal
riva Antonio Caccia 7 ⊠ 6902 Lugano-Paradiso
– ℰ 091 985 77 11 – www.splendide.ch – Fax 091 985 77 22 AXc
90 cam – †260/510 CHF ††360/660 CHF, ☐ 25 CHF – 3 suites – ½ P +85 CHF
Rist – Menu 66 CHF (pranzo)/85 CHF (cena) – Carta 94/157 CHF

♦ Antica villa adibita ad hotel da oltre un secolo: recentemente vi si è aggiunta un'ala nuova, ma la parte vecchia resta sempre la più elegante e raffinata. Sublime vista sul lago. Il ristorante riprende il lussuoso stile dell'albergo e nell'arredamento e nella cucina di linea classica.

Grand Hotel Villa Castagnola
viale Castagnola 31 ⊠ 6906 Lugano-Cassarate – ℰ 091 973 25 55 – www.villacastagnola.com
– Fax 091 973 25 50 BXn
87 cam ☐ – †345/410 CHF ††415/575 CHF – 3 suites – ½ P +70 CHF
Rist *Arté* – vedere selezione ristoranti
Rist *Le Relais* – Menu 56 CHF (pranzo)/105 CHF – Carta 79/104 CHF

♦ Ambiente vellutato per questo hotel sito in un giardino dalla flora subtropicale. Arredi di stile garantiscono un'amenità totale nelle belle e confortevoli camere. Assaporate una cucina creativa nella signorile sala da pranzo del Relais, come nella terrazza sul parco.

Villa Principe Leopoldo
via Montalbano 5 – ℰ 091 985 88 55
– www.leopoldohotel.com – Fax 091 985 88 25 AXm
33 cam ☐ – †330/650 CHF ††400/750 CHF – 4 suites
Rist *Principe Leopoldo* – vedere selezione ristoranti

♦ Villa patrizia del XIX sec. ubicata in zona verdeggiante, i cui interni sono impreziositi da un mobilio di classe. Ampie e lussuose suite rivolte verso il golfo di Lugano.

Residence Principe Leopoldo
via Montalbano 5 – ℰ 091 985 88 55
– www.leopoldohotel.com – Fax 091 985 88 25 AXm
29 cam ☐ – †330/580 CHF ††400/670 CHF – 9 suites – ½ P +75 CHF
Rist *Café Leopoldo* – *(chiuso 1° ottobre - 31 marzo)* Menu 118 CHF (cena)
– Carta 76/113 CHF

♦ Immerso nel verde e non lontano dalla villa Principe Leopoldo. Camere spaziose, arredamento moderno e di buon gusto. Sala prima colazione; le proposte della carta rappresentano però una simpatica alternativa al ristorante gastronomico del Principe Leopoldo.

Grand Hotel Eden
riva Paradiso 1 ⊠ 6902 Lugano-Paradiso
– ℰ 091 985 92 00 – www.edenlugano.ch – Fax 091 985 92 50 AXt
107 cam ☐ – †168/435 CHF ††279/610 CHF – 8 suites – ½ P +70 CHF
Rist *Oasis* – (28 CHF) Menu 68/110 CHF – Carta 85/114 CHF

♦ Costruito nel 1870, il complesso si articola oggi in due edifici e dispone di spazi comuni e di alcune camere arredati in uno stile etnico-coloniale e di una piccola spa. Piccola sala ristorante ed un suggestivo sushi bar per le serate estive.

Parco Paradiso
via Carona 27 ⊠ 6902 Lugano-Paradiso
– ℰ 091 993 11 11 – www.parco-paradiso.com – Fax 091 993 10 11 AXd
22 cam ☐ – †250/410 CHF ††350/490 CHF – 43 suites – ½ P +60 CHF
Rist *Tsukimi Tei* – *(chiuso domenica e lunedì) (chiuso a mezzogiorno)*
Menu 82/420 CHF

♦ Nella parte alta della città, struttura moderna con grandi camere e confortevoli suite, quasi tutte rivolte verso il lago. Bel giardino d'inverno e suggestioni del Sol Levante al *Tsukimi Tei*, dove le specialità nipponiche vestono la tavola.

De la Paix
via Cattori 18 – ℰ 091 960 60 60 – www.delapaix.ch – Fax 091 960 60 66
116 cam ☐ – †225/260 CHF ††330/360 CHF – 15 suites AXs
– ½ P +50 CHF
Rist – Carta 56/87 CHF

♦ Ubicato sull'arteria che conduce verso l'autostrada, propone camere di diverse tipologie e spazi comuni ben distribuiti. Ideale per l'attività congressuale. Il ristorante-pizzeria propone una cucina semplice, ispirata alla tradizione gastronomica italiana.

LUGANO

🏨 Lugano Dante senza rist
piazza Cioccaro 5 – ℰ *091 910 57 00* – *www.hotel-luganodante.com*
– *Fax 091 910 57 77* **Ya**
83 cam ⌑ – †225/345 CHF ††320/400 CHF
• Edificio di fine Ottocento situato nel centro città e riportato al suo antico splendore. Ampie camere tutte rinnovate e climatizzate, arredate con mobilio di qualità.

🏨 Delfino
via Casserinetta 6 ✉ *6902 Lugano-Paradiso* – ℰ *091 985 99 99*
– *www.delfinolugano.ch* – *Fax 091 985 99 00* **AXa**
50 cam ⌑ – †160/190 CHF ††190/290 CHF – ½ P +39 CHF
Rist – (25 CHF) Menu 35/49 CHF – Carta 62/93 CHF
• Albergo un po' decentrato, dispone di camere moderne, piacevolmente arredate. Le splendide zone comuni si aprono sulla terrazza solarium con piscina. Nuova impostazione per il ristorante, che propone una cucina prevalentemente moderna.

🏨 International au Lac
via Nassa 68 – ℰ *091 922 75 41*
– *www.hotel-international.ch* – *Fax 091 922 75 44* – *chiuso fine ottobre - fine marzo* **Zb**
79 cam ⌑ – †125/185 CHF ††195/380 CHF – ½ P +36 CHF
Rist – (23 CHF) Menu 35/42 CHF – Carta 42/69 CHF
• Accanto alla chiesetta di Santa Maria degli Angeli, all'inizio della zona pedonale nella parte vecchia della città, sorge questo piacevole complesso dotato di terrazza con piscina. Sala da pranzo, arredata in stile classico, per una proposta culinaria di carattere tradizionale-mediterraneo.

XXXX Principe Leopoldo – Hotel Villa Principe Leopoldo
via Montalbano 5 – ℰ *091 985 88 55*
– *www.leopoldohotel.com* – *Fax 091 985 88 25* **AXm**
Rist – Menu 120/145 CHF (cena) – Carta 94/150 CHF 🕸
• Un ambiente raffinato, con pavimenti di marmo, tovaglie di lino e luci velate dove la cucina tipica italiana è rivisitata con una discreta mano creativa.

XXX Al Portone
viale Cassarate 3 – ℰ *091 923 55 11* – *www.ristorantealportone.ch*
– *Fax 091 971 65 05* – *chiuso 1° - 7 gennaio, 25 luglio - 19 agosto, domenica e lunedì* **BXt**
Rist – *(coperti limitati, prenotare)* Menu 58/150 CHF – Carta 94/136 CHF
• Servizio attento e premuroso per un ristorante familiare, dove la gustosa cucina mediterranea è nelle mani del proprietario e del figlio. Carta ambiziosa.

XXX Arté – Grand Hotel Villa Castagnola
Piazza Emilio Bossi 7 ✉ *6906 Lugano-Cassarate* – ℰ *091 973 25 55*
– *www.villacastagnola.com* – *Fax 091 973 25 50* – *chiuso 1° - 18 gennaio, 2 - 17 agosto, domenica e lunedì* **BXd**
Rist – Menu 56 CHF (pranzo)/110 CHF – Carta 77/105 CHF
• Locale elegante e moderno, arredato secondo i toni del grigio e nero, affacciato direttamente sul lago. La cucina esplora con fantasia e competenza il regno della creatività.

XX La Perla del Lago
via Stauffacher 1, (2° piano) – ℰ *091 973 72 72* – *www.casinolugano.ch*
– *Fax 091 973 72 73* – *chiuso sabato e domenica a mezzogiorno* **Yb**
Rist – (25 CHF) Menu 68 CHF (cena)/78 CHF – Carta 66/104 CHF
• La completa ristrutturazione dell'edificio del Casinò ha incluso anche l'area del ristorante che oggi si presenta elegantemente rinnovato. Magnifica terrazza panoramica.

XX Orologio
via Nizzola 2 – ℰ *091 923 23 38* – *www.ristorante-orologio.ch*
– *Fax 091 924 90 31* – *chiuso agosto e domenica* **Ye**
Rist – (32 CHF) Menu 46/85 CHF – Carta 62/99 CHF
• Storico ristorante di Lugano sapientemente rinnovato, presenta un ingresso bar che anticipa la sala con arredi eleganti dalle tonalità chiare e graziosi lampadari in seta.

LUGANO

Cyrano
corso Pestalozzi 27 – ℘ 091 922 21 82 – www.bistrocyrano.ch
– Fax 091 922 22 82 – chiuso 21 giugno - 5 luglio, sabato e domenica
Rist – Carta 41/76 CHF   **Yd**
♦ Ristorante moderno, luminoso. La cucina, regionale ed italiana, è basata sulle offerte stagionali ed è ricercata. Un pizzico di creatività accompagna tutti i piatti!

Grotto Grillo
via Ronchetto 6 – ℘ 091 970 18 18 – www.grottogrillo.ch – Fax 091 970 18 16
– chiuso 27 giugno - 8 luglio, sabato a mezzogiorno e domenica   **ABVb**
Rist – (coperti limitati, prenotare) Carta 52/76 CHF
♦ Nella zona dello Stadio, un grotto di lunga tradizione risalente a fine '800. Ambiente caldo con tocchi eleganti e proposte adatte alle aspettative dei palati più diversi.

Bottegone del vino
via Magatti 3 – ℘ 091 922 76 89 – Fax 091 922 76 91 – chiuso domenica e giorni festivi   **Yf**
Rist – (consigliata la prenotazione la sera) Carta 56/90 CHF
♦ Trascinante atmosfera conviviale per questo tipico wine bar. Piatti, formaggi, salumi ed oltre 100 etichette di vini, serviti anche al bicchiere.

Osteria Calprino
via Carona 28 ✉ 6902 Lugano-Paradiso – ℘ 091 994 14 80
– www.osteriacalprino.ch – chiuso 25 luglio - 15 agosto e domenica   **AXn**
Rist – (coperti limitati, prenotare) (20 CHF) Menu 42 CHF – Carta 44/69 CHF
♦ Tappa obbligatoria per gustare succulenti piatti regionali quali: polenta cotta sul fuoco del camino, capretto o maialino al forno. La prenotazione è d'obbligo.

ad Aldesago Est : 6 km verso Brè – alt. 570 m – ✉ 6974

Colibrì
via Aldesago 91 – ℘ 091 971 42 42 – www.hotelcolibri.ch – Fax 091 971 90 16
– chiuso 4 gennaio - 28 febbraio   **BVa**
30 cam ⊇ – †100/190 CHF ††150/250 CHF – ½ P +35 CHF
Rist – (28 CHF) Menu 42/45 CHF – Carta 37/70 CHF
♦ Città e lago in un solo colpo d'occhio dalla piscina, dalle terrazze panoramiche e dalle camere ampie e luminose di questo albergo sul monte Bré. Ottima anche la vista che si gode dalla sala da pranzo e dalla terrazza del ristorante. Carta tradizionale.

a Sorengo Ovest : 3 km – alt. 350 m – ✉ 6924

Santabbondio (Martin Dalsass)
via Fomelino 10 – ℘ 091 993 23 88 – www.ristorante-santabbondio.ch
– Fax 091 994 32 37 – chiuso 25 dicembre - 28 febbraio, domenica e lunedì
Rist – (consigliata la prenotazione) Menü 58 CHF (pranzo)/158 CHF   **AXg**
– Karte 130/162 CHF
Rest *Bistro* – Karte 72/82 CHF
Spez. I fiori di zucchine farciti con ricotta di bufala su confit di pomodori. Gli agnolotti di baccalà su salsa allo zafferano. Il medaglione di lucioperca con spiedino di gamberi nel ristretto al levistico.
♦ Ambiente elegante in cui gustare una raffinata cucina mediterranea con originali tocchi di creatività. In estate il servizio si sposta sull'ombreggiata terrazza. Al Bistro: piatti di matrice squisitamente italiana.

a Massagno Nord-Ovest : 2 km – alt. 349 m – ✉ 6900

Villa Sassa
via Tesserete 10 ✉ 6900 Lugano – ℘ 091 911 41 11
– www.villasassa.ch – Fax 091 922 05 45   **AVd**
21 cam ⊇ – †250/450 CHF ††350/550 CHF – 28 suites – ½ P +60 CHF
Rist *Ai Giardini di Sassa* – ℘ 091 911 47 42 – Menu 42/92 CHF
– Carta 59/91 CHF
♦ La terrazza con giardino fiorito e vista lago è solo una delle attrattive di questa bella struttura dotata anche di una valida zona wellness. Camere di taglio moderno. In una struttura adiacente all'hotel il ristorante propone un menù moderno.

LUGANO

Grotto della Salute
via dei Sindacatori 4 – ℰ 091 966 04 76 – Fax 091 966 85 38
– chiuso 19 dicembre - 17 gennaio, 2 settimane metà agosto, sabato e domenica
Rist – *(consigliata la prenotazione)* (24 CHF) – Carta 43/72 CHF   AV**c**
♦ Caratteristico grotto, ombreggiato da platani quasi centenari: cornice ideale per gustare una buona cucina regionale, basata sui ingredienti casalinghi. Prezzi contenuti.

a Viganello – alt. 322 m – ⌧ 6962

Osteria Ticinese da Raffaele
via Pazzalino 19 – ℰ 091 971 66 14 – chiuso sabato e giorni festivi a
mezzogiorno e domenica   BV**f**
Rist – (16 CHF) – Carta 43/74 CHF
♦ Locale caratteristico a conduzione familiare; proposte originali con largo uso della griglia e dei prodotti del mercato. Nella bella stagione, piacevole servizio in terrazza.

LUGNORRE – Fribourg (FR) – **552** G-H7 – 1 055 h. – alt. 515 m – ⌧ 1789   **2** C4
▶ Bern 37 – Neuchâtel 20 – Biel 35 – Fribourg 28

Auberge des Clefs
4 rte de Chenaux, (1er étage) – ℰ 026 673 31 06 – www.aubergedesclefs.ch
– fermé 15 - 25 février, mercredi et jeudi
Rest – *(nombre de couverts limité, prévenir) (menu unique)* Menu 72/140 CHF
Rest *Bistro* – (19 CHF) Menu 67 CHF – Carte 37/97 CHF
♦ Dans un village au-dessus des vignes, chaleureuse auberge où règne une ambiance familiale. Menu de saison servi à l'étage dans un cadre cosy ou sur la miniterrasse côté lac. Suggestions selon le marché et plat du jour au bistrot.

au Mont-Vully Est : 1 km – alt. 653 m – ⌧ 1789 Lugnorre

Mont-Vully
50 rte du Mont – ℰ 026 673 21 21 – www.hotel-mont-vully.ch
– Fax 026 673 21 26 – fermé janvier - 25 février
9 ch ⌧ – †115/135 CHF ††170/200 CHF – ½ P +45 CHF
Rest – *(fermé mardi, mardi et mercredi en basse saison)* Carte 45/87 CHF
♦ Cette ancienne ferme isolée sur le Mont-Vully offre un panorama splendide sur le lac de Morat et les montagnes. Chambres tranquilles ; chacune possède son balcon. Repas proposés dans une salle néo-rustique ou l'été en plein air, devant un paysage fascinant.

LULLY – Fribourg – **552** F8 – voir à Estavayer-le-Lac

LUTERBACH – Solothurn – **551** K6 – siehe Solothurn

LUTRY – Vaud (VD) – **552** E10 – 8 735 h. – alt. 402 m – ⌧ 1095   **6** B5
▶ Bern 100 – Lausanne 5 – Montreux 25 – Genève 68

Le Rivage
rue du Rivage – ℰ 021 796 72 72 – www.hotelrivagelutry.ch – Fax 021 796 72 00
– fermé 3 janvier - 3 février
33 ch ⌧ – †160/250 CHF ††195/300 CHF – ½ P +34 CHF
Rest – *(fermé novembre - avril : dimanche et mardi)* (19 CHF) Menu 55/80 CHF
– Carte 55/76 CHF
♦ Bâtisse ancienne privilégiée par son emplacement au bord de la promenade du lac. Chambres fonctionnelles bien de notre temps et salles de réunions. Restaurant proposant une carte internationale dans une salle claire et actuelle ou sous les platanes en été.

Auberge de Lavaux
à La Conversion, 97 rte du Landar – ℰ 021 791 29 09 – Fax 021 791 68 09
– fermé 25 - 31 décembre, 9 - 16 mai, 3 - 24 octobre, dimanche et lundi
Rest – Menu 110/160 CHF – Carte 92/110 CHF
Rest *Le Bistrot* – Menu 59 CHF (déj.) – Carte 70/106 CHF
♦ Auberge de tradition où une végétation luxuriante envahit tant la salle à manger-véranda que la vaste terrasse très courtisée aux beaux jours. Carte actuelle. Bistrot évoquant une petite galerie de peinture avec ses toiles d'artistes locaux. Repas classique.

→ *Scoprire la migliore tavola ?*
→ *Trovare l'albergo più vicino ?*
→ *Orientarsi sulle piante e le carte ?*
→ *Interpretare i simboli utilizzati nella guida...*

Seguite i Bib rossi !

I consigli del **Bib Chef** per aiutarvi al ristorante.

I suggerimenti e le informazioni del **Bib Ammiccante** per orientarsi dentro la guida...e in strada.

I consigli del **Bib Groom** per aiutarvi in albergo.

Kappelbrücke

LUZERN
LUCERNE

K Kanton: LU Luzern
Michelin-Karte: **551** O7
▶ Bern 111 – Aarau 47 – Altdorf 40 – Interlaken 68
Einwohnerzahl: 57 890 Ew

Höhe: 439 m
Postleitzahl: ✉ 6000
Regionalkarte: **4** F4

PRAKTISCHE HINWEISE

🛈 Tourist-Information
Zentralstr. 5 **DZ**, ✆ 041 227 17 17, luzern@luzern.com

Automobilclub
⊕ Burgerstr. 22, ✆ 041 229 69 29, Fax 041 229 69 30 **CZ**

Messegelände
Messe Luzern AG, Horwstr. 87, ✉ 6005, ✆ 041 318 37 00

Messen
11.-14. März: Haga u. luflora

26.-29. März: LUWIRA

23. April-2. Mai: Luga

12.-16. September: Zagg

30. September-3. Oktober: Bauen + Wohnen

Veranstaltungen
11.-17. Februar: Fasnacht

20.-28. März: Lucerner Festival zu Ostern u. FUMETTO

9.-11. Juli: Ruder Welt Luzern - World Cup Final

23.-31. Juli: Blue Balls Festival

12. August-18. September: Lucerne Festival

Golfplätze
⛳ Rastenmoos Neuenkirch, Nord-West: 10 km bis Emmen-Nord, dann Richtung Basel-Sursee, beim Bahnhof Rothenburg auf die Hasenmoosstrasse, ✆ 041 467 04 26

⛳ Luzern am Dietschiberg, Nord-Ost: 4 km über Dietschibergstrasse, ✆ 041 420 97 87

⛳ Oberkirch, Nord-West: 27 km Autobahn Ausfahrt Sursee, Richtung Sursee, dann Nottwil/Oberkirch und über die Kantons-Umfahrungsstrasse, ✆ 041 925 24 50

⛳ Sempachersee Hildisrieden, Nord-West: 18 km Autobahn Richtung Basel, Ausfahrt Sempach, ✆ 041 462 71 71

SEHENSWÜRDIGKEITEN

SEHENSWERT

Lage★★★ - Altstadt und Ufer der Reuss: Altstadt ★★: Altes Rathaus★, Weinmarkt★ CZ, Jesuitenkirche St. Franz Xaver★: Innenraum ★ CZ, Kapellbrücke★ DZ - Hofkirche★ DY - Uferquai★★ DY - Dietschiberg★★ (mit Standseilbahn) BX - Panorama★ DY - Museggmauer★ CDY - Gütsch★ AX - Sammlung Rosengart M[4]★★: Picasso-Sammlung★★★, 125 Werke von Paul Klee★★ - Kultur- und Kongresszentrum★★

MUSEEN

Verkehrshaus der Schweiz★★★ über ②- Kunstmuseum★ DZ

AUSFLUGSZIELE

Pilatus★★★ Süd-West: 15 km über ③ und Zahnradbahn
- Rigi★★★ Ost: 24 km über ② und Zahnradbahn

Baselstrasse . . . . **AX** 3	Taubenhausstrasse . . . . **AX** 34
Bodenhofstrasse . . . . **BX** 6	Utenbergstrasse . . . . **BX** 37
Bundesstrasse . . . . **AX** 7	Vallasterstrasse . . . . **AX** 38
Kreuzbuchstrasse . . . . **BX** 24	Werkhofstrasse . . . . **BX** 40
St. Karli-Brücke . . . . **AX** 32	Zinggentorstrasse . . . . **BX** 42

285

LUZERN

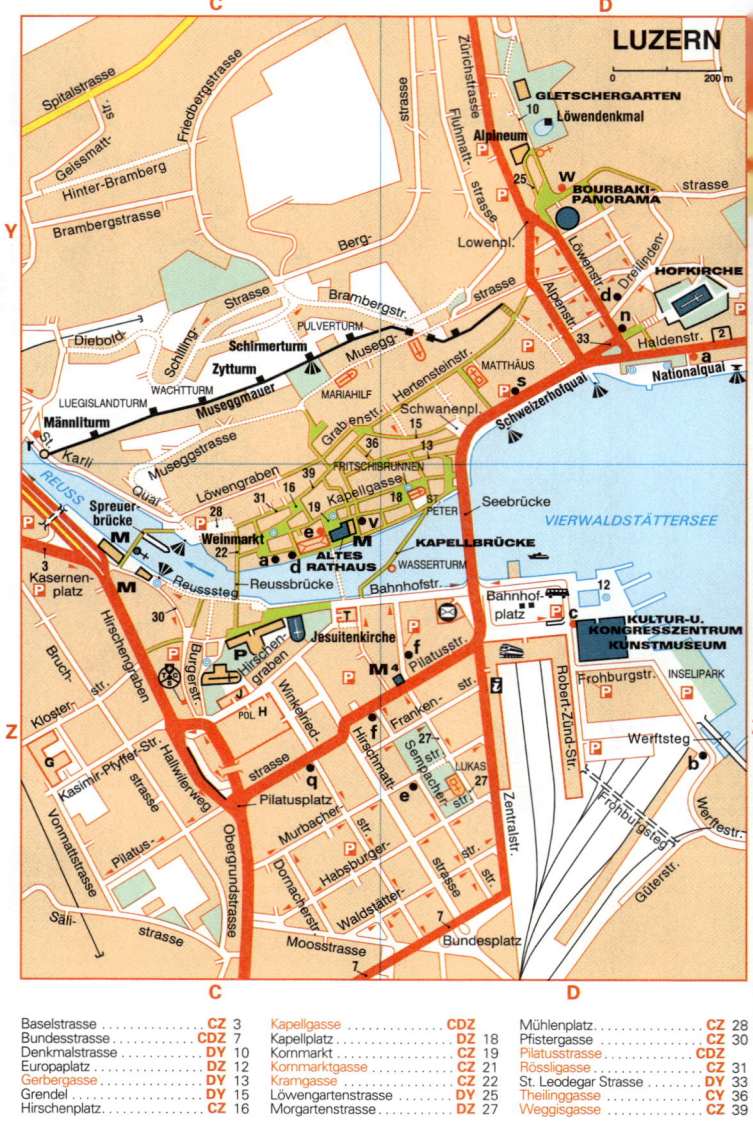

Baselstrasse	**CZ** 3	Kapellgasse	**CDZ**	Mühlenplatz	**CZ** 28
Bundesstrasse	**CDZ** 7	Kapellplatz	**DZ** 18	Pfistergasse	**CZ** 30
Denkmalstrasse	**DY** 10	Kornmarkt	**CZ** 19	Pilatusstrasse	**CDZ**
Europaplatz	**DZ** 12	Kornmarktgasse	**CZ** 21	Rössligasse	**CZ** 31
Gerbergasse	**DY** 13	Kramgasse	**CZ** 22	St. Leodegar Strasse	**DY** 33
Grendel	**DY** 15	Löwengartenstrasse	**DY** 25	Theilinggasse	**CY** 36
Hirschenplatz	**CZ** 16	Morgartenstrasse	**DZ** 27	Weggisgasse	**CZ** 39

LUZERN

Palace
Haldenstr. 10 ⊠ 6002 – ℰ 041 416 16 16 – www.palace-luzern.ch
– Fax 041 416 10 00   BXv
131 Zim – ✝480/620 CHF ✝✝580/730 CHF, ⊇ 40 CHF
– 5 Suiten
Rest Jasper – separat erwähnt
Rest Les Artistes – Karte 66/91 CHF
• Das prächtige Grandhotel von 1906 befindet sich am Seeufer und bietet eine herrliche Sicht. Die Zimmer sind klassisch oder modern gestaltet, schön ist der elegante Spabereich. Internationale Küche bietet das Restaurant Les Artistes.

Grand Hotel National
Haldenstr. 4 ⊠ 6006 – ℰ 041 419 09 09
– www.national-luzern.ch – Fax 041 419 09 10   BXa
41 Zim – ✝415/545 CHF ✝✝465/595 CHF, ⊇ 35 CHF
Rest Trianon – (geschl. Montagabend) (39 CHF) Menü 95/115 CHF
– Karte 83/106 CHF
• Eine klassische traditionsreiche Adresse ist das 1870 von César Ritz und Auguste Escoffier gegründete Grandhotel direkt am See. Die stilvollen Zimmer liegen teilweise seeseitig. Im Trianon und auf der schönen Terrasse zum See serviert man zeitgemässe Küche.

Schweizerhof
Schweizerhofquai 3 ⊠ 6002 – ℰ 041 410 04 10 – www.schweizerhof-luzern.ch
– Fax 041 410 29 71   DYs
97 Zim – ✝280/530 CHF ✝✝330/580 CHF, ⊇ 35 CHF
– 10 Suiten
Rest – (25 CHF) Menü 47 CHF (mittags)/93 CHF – Karte 53/118 CHF
• Bereits seit fünf Generationen ist das Hotel a. d. J. 1845 im Familienbesitz. In einem wunderschönen historischen Rahmen erwarten Sie Zimmer in klassischem Stil und eine moderne Bar. Das Restaurant bietet zeitgemässe Gerichte. Internationale Karte im Pavillon.

Montana
Adligenswilerstr. 22 ⊠ 6002 – ℰ 041 419 00 00 – www.hotel-montana.ch
– Fax 041 419 00 01   BXd
62 Zim ⊇ – ✝265/390 CHF ✝✝330/590 CHF
Rest Scala – Menü 45 CHF (mittags)/109 CHF – Karte 76/129 CHF
• Das 1910 erbaute Hotel in ruhiger Lage oberhalb der Stadt und des Vierwaldstättersees ist geschmackvoll und recht modern im Art-déco-Stil eingerichtet. Den See erreichen Sie bequem mit der Standseilbahn. Das Scala ist ein luftiger hoher Raum mit Seeblick und Panoramaterrasse. Mediterrane Küche.

The Hotel
Sempacherstr. 14 ⊠ 6002 – ℰ 041 226 86 86 – www.the-hotel.ch
– Fax 041 226 86 90   DZe
25 Zim – ✝370/430 CHF ✝✝370/430 CHF, ⊇ 30 CHF
Rest Bam Bou – (geschl. Samstagmittag und Sonntagmittag) (29 CHF)
Menü 105 CHF – Karte 80/103 CHF
• Eine angenehm freundliche Atmosphäre herrscht in dem von Jean Nouvel modern designten Hotel. In den Zimmern schaffen Deckenbilder erotischer Filmszenen ein besonderes Ambiente. Bam Bou: interessantes Restaurant in puristischem Stil mit euro-asiatischer Küche.

Radisson BLU
Inselquai 12, (Lakefront Center) ⊠ 6005 – ℰ 041 369 90 00
– www.radissonblu.com/hotel-lucerne – Fax 041 369 90 01   DZb
184 Zim – ✝230/380 CHF ✝✝230/380 CHF, ⊇ 30 CHF
– 5 Suiten
Rest – (20 CHF) – Karte 58/92 CHF
• In das Lakefront Center integriertes Businesshotel nahe dem Bahnhof und dem Kultur- und Kongresszentrum. Geradlinig-modern sind die "Urban"-, "Resort"- und "Lifestyle"-Zimmer. Luce: puristisch gestaltetes Restaurant mit mediterraner Küche. Bar im Retro-Look.

LUZERN

Des Balances 🍃
Weinmarkt ⊠ 6004 – ℰ 041 418 28 28 – www.balances.ch – Fax 041 418 28 38
52 Zim – †210/330 CHF ††310/430 CHF, ⊇ 27 CHF – 4 Suiten CZa
Rest – (37 CHF) Menü 95/125 CHF – Karte 68/112 CHF
• Fassadenmalerei im Stil Hans Holbeins ziert das Hotel zwischen Fussgängerzone und Reuss. Geschmackvoll verbindet das in Erdtönen und Gold gehaltene Haus Historisches und Modernes. Zeitgemäss speist man im Restaurant mit Lounge und auf der Terrasse zum Fluss.

Astoria
Pilatusstr. 29 ⊠ 6002 – ℰ 041 226 88 88 – www.astoria-luzern.ch
– Fax 041 226 88 90 CZq
254 Zim ⊇ – †180/340 CHF ††270/400 CHF
Rest *Thai Garden* – separat erwähnt
Rest *Latino* – (geschl. Sonntag - Montag) (Tischbestellung ratsam) (29 CHF) – Karte 63/85 CHF
Rest *La Cucina* – (geschl. Samstagmittag, Sonntagmittag und an Feiertagen mittags) (23 CHF) Menü 68 CHF (abends) – Karte 59/93 CHF
• Hotel im Zentrum mit modern-puristischem Hallenbereich. Einige der Zimmer sind besonders trendig, ganz in Weiss. Sehenswert: Penthouse-Bar mit Blick auf Luzern. Nettes Ambiente und zeitgemässe Küche im Latino. La Cucina: sympathisches italienisches Restaurant.

Flora
Seidenhofstr. 5 ⊠ 6002 – ℰ 041 227 66 66 – www.flora-hotel.ch
– Fax 041 227 68 71 DZf
161 Zim ⊇ – †160/270 CHF ††210/320 CHF
Rest *Brasserie* – (22 CHF) Menü 50 CHF – Karte 43/81 CHF
• Die zentrale Lage ganz in der Nähe des Bahnhofs und der Altstadt sowie zeitgemäss ausgestattete Gästezimmer sprechen für dieses Hotel. In der netten Brasserie bietet man regionale Küche.

Hofgarten
Stadthofstr. 14 ⊠ 6006 – ℰ 041 410 88 88 – www.hofgarten.ch
– Fax 041 410 83 33 DYd
19 Zim – †175/220 CHF ††279/320 CHF **Rest** – Karte 46/83 CHF
• Drei umgebaute Fachwerkgebäude a. d. 17. Jh. beherbergen das kleine Hotel mit wohnlichen modernen Zimmern. Im ganzen Haus findet sich Kunst. Das helle Bistro-Restaurant bietet vegetarische und internationale Gerichte aus der offenen Küche. Schöner grosser Hofgarten.

Schiller
Pilatusstr. 15 – ℰ 041 226 87 87 – www.schiller-luzern.ch – Fax 041 226 87 90
– geschl. Januar - Februar (nur Hotel) CZf
100 Zim ⊇ – †210/320 CHF ††270/380 CHF
Rest *Pacifico* – (geschl. Sonntagmittag und Feiertage) (21 CHF) – Karte 52/79 CHF
• Ganz in der Nähe des Bahnhofs liegt das Hotel mit der hübschen historischen Fassade. Die Zimmer sind klassisch oder modern. Januar/Februar 2010 wird das Haus renoviert. Das mexikanische Restaurant mit Bar ist in kräftigen Farben gehalten.

Zum Weissen Kreuz 🍃
Furrengasse 19 ⊠ 6004 – ℰ 041 418 82 20 – www.altstadthotelluzern.ch
– Fax 041 418 82 30 CZv
21 Zim ⊇ – †145/195 CHF ††265/295 CHF
Rest – Karte 51/79 CHF
• In dem Altstadthaus beim Rathaus erwarten Sie technisch gut ausgestattete, unterschiedlich geschnittene Zimmer in geradlinig-modernem Stil. Pizza- und Pasta-Angebot im Restaurant.

Rebstock
Sankt Leodegarstr. 3 ⊠ 6006 – ℰ 041 417 18 19 – www.rebstock-luzern.ch
– Fax 041 410 39 17 DYn
30 Zim ⊇ – †175/220 CHF ††279/320 CHF
Rest – Karte 44/97 CHF
• Eine nette individuelle Adresse ist das sorgsam restaurierte historische Haus mit unterschiedlich eingerichteten Zimmern von modern bis alpenländisch. Regionale Küche serviert man in den Restaurants Beizli, Hofstube und Hofegge sowie im schönen Hofgarten.

LUZERN

XXX Château Gütsch - Petit Palais ≤ 🍴 AC 🌿 ⇔ P VISA ⓜ AE
Kanonenstrasse – ℰ 041 248 98 98 – www.chateau-guetsch.ch
– Fax 041 248 98 99 – geschl. Sonntagabend - Montag **AXd**
Rest – *(Tischbestellung ratsam)* (26 CHF) Menü 46 CHF (mittags)/115 CHF
– Karte 88/120 CHF
• Mit grandiosem Blick über Luzern speist man im eleganten Petit Palais, besonders beeindruckend ist die Sicht von der Terrasse. Der Service ist freundlich und geschult, die Küche zeitgemäss. Zum Übernachten: die Toscanini-Suite.

XXX Jasper – Hotel Palace ≤ 🍴 AC 🌿 P VISA ⓜ AE ⓞ
ॐ
Haldenstr. 10 ✉ 6002 – ℰ 041 416 16 16 – www.palace-luzern.ch
– Fax 041 416 10 00 – geschl. 11. - 23. Februar und Dienstag **BXv**
Rest – (42 CHF) Menü 85/135 CHF – Karte 66/115 CHF
Spez. Trio von Thunfisch. Loup de mer in der Salzkruste. Kalbskotelett vom Grill.
• Das Restaurant in traumhafter Lage am Vierwaldstättersee steht für stilsicheres puristisch-elegantes Design und zeitgemässe mediterrane Küche. Seeblick bietet auch die Terrasse.

XXX Old Swiss House 🍴 ⇔ VISA ⓜ AE ⓞ
Löwenplatz 4 ✉ 6004 – ℰ 041 410 61 71 – www.oldswisshouse.ch
– Fax 041 410 17 38 – geschl. Februar 3 Wochen und Montag **DYw**
Rest – Menü 79 CHF – Karte 69/113 CHF 🌿
• Herzstück dieses gemütlichen Riegelhauses a. d. 19. Jh. ist der imposante Weinkeller mit 30 000 Flaschen - ab Jahrgang 1911 lückenlose Château-Mouton-Rothschild-Sammlung.

XX Thai Garden – Hotel Astoria AC VISA ⓜ AE ⓞ
Pilatusstr. 29 ✉ 6002 – ℰ 041 226 88 88 – www.astoria-luzern.ch – Fax 041 226 88 90 – geschl. Samstagmittag und Sonntagmittag, an Feiertagen mittags
Rest – (22 CHF) Menü 30 CHF (mittags) – Karte 73/98 CHF **CZq**
• Das elegante Restaurant im Hotel Astoria entführt Sie in eine andere Welt. Typisch thailändisch sind sowohl das Ambiente als auch das Speiseangebot.

XX Red ≤ ઙ VISA ⓜ AE ⓞ
Europaplatz 1, (im Kultur- und Kongresszentrum) ✉ 6005 – ℰ 041 226 71 10
– www.kkl-luzern.ch – Fax 041 226 70 71 – geschl. Februar 2 Wochen,
Juli 3 Wochen und Montag - Dienstag ausser bei Konzerten **DZc**
Rest – *(nur Abendessen)* Menü 78/140 CHF – Karte 74/99 CHF
• Im 1. Stock des KKL liegt das modern-elegante, rundum verglaste Restaurant, schön ist der Blick auf See und Seepromenade. Die zeitgemässe Küche bietet auch ein Konzertmenü.

XX Olivo ≤ 🍴 AC 🌿 VISA ⓜ AE ⓞ
Haldenstr. 6, (im Grand Casino) ✉ 6006 – ℰ 041 418 56 56
– www.grandcasinoluzern.com – Fax 041 418 56 55 – geschl. Sonntag,
Samstagmittag und Feiertagmittag **BXb**
Rest – (26 CHF) Menü 35 CHF (mittags)/82 CHF – Karte 63/87 CHF
• Der beeindruckende historische Saal mit hoher Stuckdecke, Kronleuchtern und Parkett bietet einen eleganten Rahmen für die mediterrane Küche. Balkonterrasse mit Seeblick.

XX Padrino 🍴 P VISA ⓜ AE
Haldenstr. 4, (im Grand Hotel National) ✉ 6006 – ℰ 041 410 41 50
– Fax 041 410 58 02 – geschl. Oktober - Ende März Sonntag **DYa**
Rest – Karte 67/96 CHF
• Eine luftige mediterrane Atmosphäre herrscht in dem schönen hohen Raum mit grossen Bogenfenstern. Die italienischen Speisen serviert man auch auf der Terrasse zum See.

X Reussbad "las torres" 🍴 ઙ ⇔ VISA ⓜ AE ⓞ
Brügglígasse 19 ✉ 6004 – ℰ 041 240 54 23 – www.reussbad.ch
– Fax 041 240 54 20 – geschl. 1. - 11. Januar und Montag, November - März:
Sonntagabend - Montag **CYr**
Rest – (25 CHF) Menü 43/85 CHF – Karte 53/102 CHF
• Das Gasthaus an einem der Wehrtürme der alten Stadtmauer beherbergt nette Stuben, in denen man spanische Gerichte und traditionelle Küche bietet. Terrasse unter Kastanien.

LUZERN

Brasserie Bodu
Kornmarkt 5 ⊠ 6004 – ℰ 041 410 01 77 – www.brasseriebodu.ch
– Fax 041 410 41 35   CZe
Rest – (20 CHF) – Karte 44/94 CHF
• In den drei Stuben im Haus zum Raben serviert man in typischem Brasserie-Ambiente bürgerliche Speisen. Schön ist die Terrasse zur Reuss bzw. am Kornmarkt.

Ost 4 km über ② Richtung Meggen

Hermitage
Seeburgstr. 72 ⊠ 6006 – ℰ 041 375 81 81 – www.hermitage-luzern.ch
– Fax 041 375 81 82
69 Zim – †220/360 CHF ††280/450 CHF, ⊇ 25 CHF
Rest – (38 CHF) Menü 44 CHF (mittags)/79 CHF – Karte 60/92 CHF
• Ein besonders auf Businessgäste zugeschnittenes Hotel mit modernen geräumigen Zimmern sowie Strandbad und Bootssteg. Schön ist der Blick auf See, Stadt und Berge. Zeitgemäss ist die Küche im Baccara, bürgerlich im Hermitage. Zum Restaurant gehört eine Seeterrasse.

Seeburg
Seeburgstr. 61 ⊠ 6006 – ℰ 041 375 55 55 – www.hotelseeburg.ch
– Fax 041 375 55 50
57 Zim ⊇ – †150/270 CHF ††190/360 CHF
Rest *Alexander* – (nur Abendessen) Menü 110/135 CHF – Karte 78/104 CHF
Rest *Seerestaurant* – (38 CHF) Menü 36 CHF (mittags)/93 CHF – Karte 52/89 CHF
• Das Hotel mit Panoramablick bietet in der durch den modernen Hallenbereich angeschlossenen Villa besonders komfortable Zimmer. Sehenswert ist der barocke Festsaal. Modernes Design und kreative Küche im Alexander. Elegantes Seerestaurant mit zeitgemässem Angebot.

in Kastanienbaum Süd-Ost: 4 km über Langensandstrasse BX – Höhe 435 m – ⊠ 6047

Seehotel Kastanienbaum
St. Niklausenstr. 105 – ℰ 041 340 03 40
– www.kastanienbaum.ch – Fax 041 340 10 15 – geschl. Anfang Dezember - Anfang Januar
42 Zim ⊇ – †165/290 CHF ††250/360 CHF – ½ P +60 CHF
Rest *Chrüztrichter* – Menü 125/135 CHF – Karte 86/108 CHF
Rest *Hechtstube* – Karte 62/91 CHF
• Nett ist die ruhige Lage in der Horwer Bucht, mit eigenem Badebereich und Bootssteg. Von den mit Rattanmöbeln eingerichteten Zimmern blickt man meist auf den Vierwaldstättersee. Ambitionierte Küche bietet das elegante Restaurant Chrüztrichter. Terrasse zum See.

in Horw Süd: 3 km – Höhe 442 m – ⊠ 6048

Seehotel Sternen
Winkelstr. 46, (in Winkel) – ℰ 041 348 24 82 – www.seehotel-sternen.ch
– Fax 041 348 24 83 – geschl. Februar
25 Zim – †170/235 CHF ††235/330 CHF
Rest – (geschl. September - Mai: Montag) Menü 64 CHF – Karte 63/94 CHF
• Die Lage am Seeufer, eine tolle Aussicht sowie funktionelle Zimmer mit Balkon sprechen für dieses Hotel. Auch ein eigenes Strandbad steht zur Verfügung. Eine grosse Seeterrasse und die rustikale Dorfstube ergänzen das Restaurant.

in Obernau Süd-West über Kriens: 6 km – Höhe 530 m – ⊠ 6012

Obernau - Nagelschmitte
Obernauerstr. 89 – ℰ 041 320 43 93 – www.top-tipps.ch/obernau – geschl. Anfang Juli - Anfang August: Sonntagabend
Rest – (29 CHF) Menü 59 CHF – Karte 59/99 CHF
• Ein gediegenes Restaurant mit schlicht-rustikaler Gaststube, zu dessen zeitgemässer Küche man eine sorgfältig zusammengestellte Weinkarte reicht. Weine auch zum Mitnehmen.

LYSS – Bern (BE) – 551 I6 – 10 974 Ew – Höhe 444 m – ⌧ 3250 2 D4
- Bern 31 – Biel 13 – Burgdorf 36 – Neuchâtel 42
- Bern/Moossee Münchenbuchsee, Süd-Ost: 17 km nach Münchenbuchsee-Schönbühl, ☏ 031 868 50 50

Weisses Kreuz
Marktplatz 15 – ☏ 032 387 07 40 – www.kreuz-lyss.ch – Fax 032 387 07 49
27 Zim ⌧ – †90/150 CHF ††155/200 CHF – ½ P +35 CHF
Rest – (20 CHF) – Karte 55/80 CHF
♦ Ein schöner historischer Gasthof, um 1500 erstmals erwähnt und somit der älteste in Lyss. Die Zimmer im Anbau sind zeitgemäss und funktionell, im Haupthaus einfacher. In dem mit viel Holz gemütlich gestalteten Restaurant Kreuzstube bietet man traditionelle Küche.

in Hardern Nord-Ost: 1,5km Richtung Büren a.d. Aare – Höhe 496 m – ⌧ 3250 Lyss

Freudiger's Hardern Pintli
Hardern 23 – ☏ 032 386 73 23 – Fax 032 386 73 22 – geschl. 9. - 24. Februar, 7. - 29. September und Dienstag - Mittwoch
Rest – *(Tischbestellung ratsam)* (17 CHF) – Karte 38/83 CHF
♦ In dem rustikalen Landgasthof mit Terrasse unter Kastanien erwarten Sie freundlicher Service und eine traditionelle Karte, ergänzt durch Tagesempfehlungen auf einer Tafel.

in Suberg Süd-Ost: 3 km Richtung Bern – Höhe 470 m – ⌧ 3262

Pelzmanns Goldener Krug
Bernstr. 61 – ☏ 032 389 13 30 – www.goldener-krug.ch – Fax 032 389 13 15
Rest – *(geschl. Sonntag)* (18,50 CHF) Menü 72/110 CHF – Karte 45/106 CHF
♦ Sehr gemütlich sitzt man in dem ca. 350 Jahre alten Riegelhaus in einem komplett getäferten Restaurant. Bekannt ist das Haus für seine Hummergerichte.

MADISWIL – Bern (BE) – 551 L6 – 2 015 Ew – Höhe 534 m – ⌧ 4934 3 E3
- Bern 49 – Luzern 55 – Olten 28 – Solothurn 31

Bären mit Zim
Kirchgässli 1 – ☏ 062 957 70 10 – www.baeren-madiswil.ch – Fax 062 957 70 12 – geschl. Sonntagabend - Montag
11 Zim ⌧ – †110 CHF ††180 CHF
Rest – (25 CHF) Menü 71/110 CHF – Karte 53/86 CHF
♦ Der nette alte Berner Landgasthof beherbergt hinter seiner schönen Fachwerkfassade gemütliche Restaurantstuben. Hübsch sind auch die Terrasse und der Velogarten. Zum Übernachten stehen freundliche Gästezimmer in neuzeitlichem Stil bereit.

MALIX – Graubünden – 553 V8 – siehe Chur

MALOJA – Graubünden (GR) – 553 W11 – Höhe 1 815 m – Wintersport: 11 J5
1 800/2 159 m ✓2 ✓ – ⌧ 7516
- Bern 332 – Sankt Moritz 17 – Chur 92 – Davos 83
- Strada principale, ☏ 081 824 31 88, maloja@estm.ch
- Belvedere-Turm: ≤ ★

Schweizerhaus
– ☏ 081 838 28 28 – www.schweizerhaus.info – Fax 081 838 28 29 – geschl. 11. April - 11. Juni, 18. Oktober - 17. Dezember
30 Zim ⌧ – †110/230 CHF ††190/380 CHF – ½ P +42 CHF
Rest – (33 CHF) Menü 69 CHF – Karte 47/98 CHF
♦ Das hübsche Engadiner Holzhaus von 1852 beherbergt zeitgemässe, teils rustikale Zimmer. Einfachere Zimmer sowie Sauna und Fitnessraum befinden sich im Gästehaus Pöstli. Eine der getäferten Restaurantstuben ist das schöne historische Engadinerstübli.

Bellavista
Capolago – ☏ 081 824 31 95 – www.bella-vista-restaurant.ch – geschl. 19. April - 2. Juni, 1. November - 15. Dezember und Montag - Dienstag
Rest – Karte 63/90 CHF
♦ In dem familiär geführten Huxelhäuschen a. d. 20. Jh. speist man in der gemütlichen kleinen Stube oder auf der Terrasse mit See- und Bergblick. Hausgemachte Wurstspezialitäten.

MAMMERN – Thurgau (TG) – **551** S3 – 551 Ew – Höhe 412 m – ✉ 8265   4 G2
▶ Bern 175 – Zürich 55 – Frauenfeld 14 – Konstanz 22

Adler mit Zim
Hauptstr. 4 – ℰ 052 741 29 29 – www.adler-mammern.ch – Fax 052 741 26 35
– geschl. 11. Januar - 9. Februar, Oktober - November 2 Wochen, September
- Mai: Montag - Dienstag, Juni - August: Dienstag
6 Zim ⌑ – †85/90 CHF ††130/140 CHF – ½ P +35 CHF
Rest – (20 CHF) – Karte 47/99 CHF

◆ In dem regionstypischen Gasthof von 1854 lässt man sich traditionelle Küche aus frischen regionalen Produkten schmecken. Neben mehreren behaglichen kleinen Stuben steht auch ein lichter Wintergarten zur Verfügung. Im Gästehaus auf der gegenüberliegenden Strassenseite bietet man ländlich-rustikale Zimmer.

Zum Schiff mit Zim
Seestr. 3 – ℰ 052 741 24 44 – www.schiff-mammern.ch – Fax 052 741 48 68
– geschl. 8. - 22. Oktober, 21. Dezember - 6. Februar und Montag
7 Zim ⌑ – †130 CHF ††190 CHF   **Rest** – Karte 42/86 CHF

◆ Ein herzlich geleitetes Restaurant, in dem man eigene Zuchtgüggeli und frisch gefangene Bodenseefische empfiehlt. Besonders gemütlich ist die mit einer Holztäferung a. d. 18. Jh. ausgestattete Stube. Schöne geräumige Zimmer mit Balkon/Terrasse im Gästehaus vis-à-vis. Zudem hat man ein Strandbad.

MANNENBACH – Thurgau (TG) – **551** S3 – Höhe 400 m – ✉ 8268   5 H1
▶ Bern 186 – Sankt Gallen 49 – Frauenfeld 24 – Konstanz 11

Seehotel Schiff
Seestr. 4 – ℰ 071 663 41 41 – www.seehotel.ch – Fax 071 663 41 50
– geschl. 4. - 24. Januar
18 Zim ⌑ – †120/135 CHF ††185/220 CHF – ½ P +35 CHF
Rest – (19 CHF) Menü 29 CHF (mittags)/52 CHF – Karte 49/96 CHF

◆ Das ruhig abseits der Strasse am Seeufer gelegene Haus bietet neben zeitgemässen Zimmern einen schönen Blick über den Bodensee und ein eigenes Strandbad. Zum modernen Restaurant gehört eine reizvolle Terrasse direkt am See.

MANNO – Ticino (TI) – **553** R13 – 1 163 ab. – alt. 344 m – ✉ 6928   10 H6
▶ Bern 240 – Lugano 7 – Bellinzona 26 – Locarno 40

Grotto dell'Ortiga
Strada Regina 35 – ℰ 091 605 16 13 – www.ortiga.ch – Fax 091 605 37 04
– chiuso 20 dicembre - 1° febbraio, 20 - 28 giugno, domenica e lunedì
Rist – Carta 39/57 CHF

◆ Circondato da prati e castagneti, un vero grotto - per un ambiente rilassante ed informale - dove apprezzare la buona cucina regionale a prezzi simpatici!

Les MARÉCOTTES – Valais – **552** G12 – voir à Martigny

MARTIGNY – Valais (VS) – **552** G12 – 15 163 h. – alt. 467 m – ✉ 1920   7 C6
▶ Bern 131 – Aosta 76 – Chamonix-Mont-Blanc 42 – Montreux 43
🛈 6 av. de la Gare Y, ℰ 027 720 49 49, info@martignytourism.ch
◉ Fondation Pierre Gianadda★★ Z – Verrière★ de l'Hôtel de Ville Y – Tour de la Bâtiaz : ≤★ Y
◉ Pont du Gueuroz★★ Nord-Ouest : 5 km par ④

Manifestations locales :
3-8 août : FIFO
1-10 octobre : foire du Valais

MARTIGNY

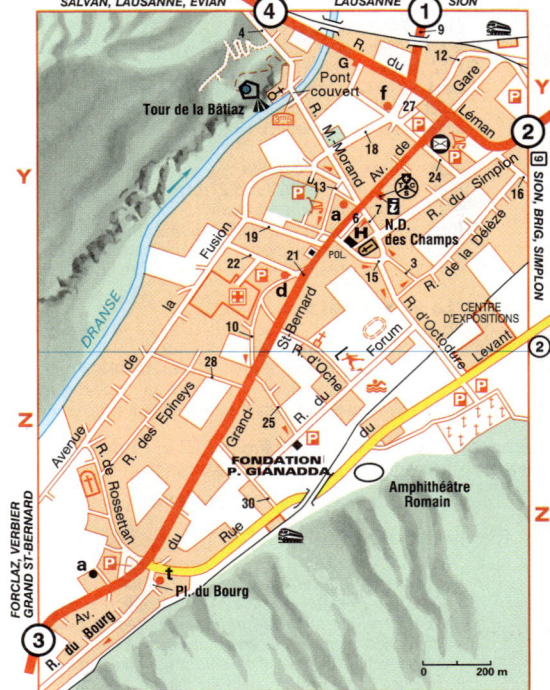

Alpes (R. des)	Y 3
Bâtiaz (R. de la)	Y 4
Centrale (Pl.)	Y 6
Collège (R. du)	Y 7
Fully (Av. de)	Y 9
Grand St-Bernard (Av. du)	Y
Hôpital (R. de l')	Y 10
Maladière (R. de la)	Y 12
Manoir (R. du)	Y 13
Midi (Pl. du)	Y 15
Neuvilles (Av. des)	Y 16
Nord (R. du)	Y 18
Petits Epineys (R. des)	Y 19
Plaisance (Pl. de)	Y 21
Plaisance (R. de)	Y 22
Poste (R. de la)	Y 24
Pré Borvey (R. de)	Z 25
Rome (Pl. de)	Y 27
St-Théodule (R.)	Z 28
Surfrête (R. de)	Z 30

Mercure Hotel Du Parc
19 r. Marconi, par ① – ℰ 027 720 13 13 – www.mercure.com
– Fax 027 720 13 14
90 ch – ♦114/179 CHF ♦♦114/179 CHF, ⌑ 15 CHF – ½ P +28 CHF
Rest – (fermé dimanche) (19 CHF) Menu 28 CHF – Carte 46/83 CHF
♦ Immeuble hôtelier moderne (1998) spécialisé dans les congrès, séminaires, réceptions et banquets. Chambres contemporaines parquetées et colorées. Repas traditionnel dans un décor de brasserie actuelle ou l'été en terrasse.

Le Forum
72 av. du Grand-Saint-Bernard – ℰ 027 722 18 41 – www.hotel-forum.ch
– Fax 027 722 79 25   Z**a**
29 ch ⌑ – ♦88/148 CHF ♦♦148/208 CHF – ½ P +35 CHF
Rest *L'Olivier* – (fermé dimanche) (26 CHF) Menu 55 CHF (déj.)/96 CHF
– Carte 60/89 CHF
♦ Cet établissement voisin de la jolie placette du Bourg et de la pittoresque rue du même nom abrite des chambres sans reproche ainsi qu'une table estimée des gastronomes. Appétissante carte saisonnière et menus tentateurs.

Kwong Ming
rue du Nord / place de Rome, (1er étage) – ℰ 027 722 45 15   Y**f**
Rest – (18 CHF) Menu 45 CHF (déj.)/95 CHF – Carte 55/98 CHF
♦ Très honorable restaurant chinois établi au premier étage d'une galerie marchande. Saveurs dépaysantes, décor intérieur de circonstance et fond musical approprié.

MARTIGNY

✗ Les Touristes   🛖 VISA ⦾
2 r. de l'Hôpital – ℰ *027 722 95 98 – Fax 027 722 96 02 – fermé 24 décembre
- 12 janvier, 27 juin - 20 juillet, dimanche et lundi*   **Yd**
Rest – (23 CHF) Menu 58/76 CHF – Carte 56/99 CHF

◆ Table tenue entre frères en centre-ville. Lounge bar, salle à manger ravivée et cuisine aux influences méditerranéennes, tout en saveurs et fraîcheur. Terrasse ensoleillée.

✗ Les Trois Couronnes   🛖 ✱ P VISA ⦾ AE
8 pl. du Bourg – ℰ *027 723 21 14 – Fax 027 723 21 56 – fermé 1ᵉʳ - 13 février,
9 - 14 août, dimanche et lundi*   **Zt**
Rest – (21 CHF) Menu 21 CHF (déj.)/62 CHF – Carte 42/74 CHF

◆ Sur une placette agrémentée d'une fontaine, belle demeure historique de 1609 où l'on vient faire des repas traditionnels dans un cadre rustique-contemporain. Bar sympathique.

✗ La vache qui vole   🛖 VISA ⦾ AE ①
2b pl. Centrale, (1ᵉʳ étage) – ℰ *027 722 38 33 – www.lavachequivole.ch
– Fax 027 722 38 34 – fermé dimanche*   **Ya**
Rest – (24 CHF) Menu 58/68 CHF – Carte 48/93 CHF

◆ Lieu "trendy" comportant un bar à vins au rez-de-chaussée, où l'on grignote des tapas, et une brasserie au-dessus, misant sur une carte à dominante italienne. Cadre original.

aux Marécottes Ouest : 10 km par ④ et route de Salvan – alt. 1 032 m – **Sports d'hiver : 1 110/2 220 m** ⛷ 1 ⛷4 – ✉ 1923

🛈 Place de la Gare, ℰ 027 761 31 01, info@marecottes.ch

🏠 Aux Mille Étoiles   ≤ 🍴 🛖 📺 ♨ 🛁 ¦ 🏋 P VISA ⦾ ①
– ℰ *027 761 16 66 – www.hotel-mille-etoiles.ch – Fax 027 761 16 00 – fermé
novembre - 19 décembre, 5 avril - 13 mai*
24 ch ⌂ – †118/138 CHF ††176/286 CHF – ½ P +32 CHF
Rest – *(fermé le midi du lundi au vendredi)* Menu 68 CHF – Carte 48/73 CHF

◆ Atmosphère montagnarde en ce grand chalet de bois au charme un rien désuet. Typiques chambres lambrissées, salle de réunions, jardin, piscine intérieure avec fitness et sauna. Resto d'une intime rusticité, complété par une terrasse.

à Chemin Sud-Est : 5 km par ③ et route du col des Planches – alt. 774 m – ✉ 1927

✗✗ Le Belvédère   ≤ ✥ P VISA ⦾ AE ①
☕
(🙂)
– ℰ *027 723 14 00 – www.lebelvedere.ch – Fax 027 723 14 03
– fermé 2 semaines juillet, 1 semaine août, 20 décembre - 6 janvier, lundi, mardi,
dimanche soir*
Rest – (19 CHF) Menu 59 CHF (78)/82 CHF – Carte 57/83 CHF

◆ Au-dessus de Martigny, joli chalet-belvédère rose dont la lumineuse véranda en bois clair donne à admirer la vallée du Rhône. Soigneuse cuisine jouant sur le bon rapport qualité-prix. Café sympa.

MASSAGNO – Ticino – 553 R13 – vedere Lugano

MEGGEN – Luzern (LU) – 551 O7 – 6 455 Ew – Höhe 472 m – ✉ 6045   4 F3
▶ Bern 118 – Luzern 8 – Olten 60 – Schwyz 30

🏨 Balm   ≤ 🍴 🛖 (¹) 🏋 ⌬ P VISA ⦾ AE ①
Balmstr. 3 – ℰ *041 377 11 35 – www.balm.ch – Fax 041 377 23 83*
18 Zim ⌂ – †125/160 CHF ††180/240 CHF
Rest *La Pistache* – *(geschl. Januar und Montag - Dienstag)* Menü 71/98 CHF
– Karte 56/91 CHF ❀
Rest *Dorf - Beizli* – *(geschl. Januar und Montag - Dienstag)* (21 CHF)
– Karte 35/86 CHF

◆ Das in Seenähe gelegene Haus mit den roten Fensterläden ist ein familiär geleitetes kleines Hotel mit zeitgemäss eingerichteten Gästezimmern. Im La Pistache finden Sie klassische wie auch moderne Gerichte auf der Karte. Traditionelle Küche im rustikalen Beizli.

MEILEN – Zürich (ZH) – **551** Q5 – 12 018 Ew – Höhe 420 m – ✉ 8706   4 G3
▶ Bern 141 – Zürich 16 – Luzern 48 – Sankt Gallen 90

✗ **Thai Orchid**   🈯 VISA ◉ AE ①
*Rosengartenstr. 2 – ℰ 044 793 29 29 – www.thai-orchid.ch – Fax 044 793 36 76
– geschl. 20. Dezember - 4. Januar, 18. Juli - 9. August, Montag, Samstagmittag
und Sonntagmittag*
Rest – *(Tischbestellung ratsam)* Karte 48/80 CHF
♦ In dem an der Seestrasse gelegenen hellen kleinen Lokal mit Terrasse serviert man in gepflegtem Ambiente exotische Spezialitäten aus Thailand.

in Obermeilen Richtung Rapperswil – Höhe 413 m – ✉ 8706 Meilen

Hirschen am See   ≼ 🈯 (¹) VISA ◉ AE
Seestr. 856 – ℰ 044 925 05 00 – www.hirschen-meilen.ch – Fax 044 925 05 01
16 Zim ⌑ – †120/250 CHF ††210/280 CHF
Rest *Bacino* – (30 CHF) Menü 49 CHF (mittags)/72 CHF – Karte 65/100 CHF
Rest *Taverne* – Karte 48/61 CHF
♦ Unmittelbar am Zürichsee, direkt hinter einem kleinen Hafen, liegt das historische Gasthaus mit wohnlich-gemütlichen Zimmern, die teils Seeblick bieten. Elegant: Bacino mit überdachter Seeterrasse. Taverne mit mediterranem Flair und ebenso schöner Terrasse.

MEIRINGEN – Bern (BE) – **551** N9 – 4 536 Ew – Höhe 595 m   8 F4
– Wintersport : 602/2 433 m ≼5 ≲8 ⌘ – ✉ 3860
▶ Bern 86 – Andermatt 64 – Brienz 15 – Interlaken 29
🛈 Bahnhofstr. 22, ℰ 033 972 50 50, info@haslital.ch
◉ Lage★
⬢ Aareschlucht★★ Süd-Ost: 2 km – Rosenlauital★★ Süd-West
  – Planplatten★★ mit ⌘ – Reichenbachfälle★ Süd: 1 km und ⌘
  - Rosenlaui : Gletscherschlucht★★ Süd-West: 10 km

Victoria   🈯 |≡| (¹) **P** VISA ◉ AE ①
*Bahnhofplatz 9 – ℰ 033 972 10 40 – www.victoria-meiringen.ch
– Fax 033 972 10 45 – geschl. 5. - 30. April*
18 Zim ⌑ – †120/170 CHF ††170/250 CHF – ½ P +52 CHF
Rest – Menü 75/95 CHF – Karte 49/89 CHF
♦ Das familiär geleitete kleine Hotel am Bahnhof bietet nette modern und funktionell ausgestattete Zimmer und aufmerksamen Service. Skulpturen und Bilder zieren das Haus. Im geradlinig designten Restaurant wählt man zwischen Degustationsmenü, internationalem A-la-carte-Angebot und günstigerer Bistrokarte.

Alpbach   🈯 🐾 |≡| ≋ Zim, (¹) **P** VISA ◉
*Kirchgasse 17 – ℰ 033 971 18 31 – www.alpbach.ch – Fax 033 971 44 78
– geschl. 1. November - 17. Dezember*
33 Zim ⌑ – †95/130 CHF ††190/270 CHF – ½ P +35 CHF
Rest – (20 CHF) Menü 98 CHF – Karte 53/95 CHF
♦ Der gut geführte Familienbetrieb liegt im Ortskern und verfügt über gepflegte funktionelle Zimmer, einige davon sind besonders wohnlich eingerichtet. Freundlicher Saunabereich. Gemütlich-rustikal ist das ganz mit hellem Naturholz ausgekleidete Restaurant.

MEISTERSCHWANDEN – Aargau (AG) – **551** O5 – 2 343 Ew   4 F3
– Höhe 505 m – ✉ 5616
▶ Bern 106 – Aarau 28 – Luzern 32 – Wohlen 10

Seerose   ≼ 🈯 |≡| AC ✆ ♨ **P** VISA ◉ AE ①
*Seerosenstr. 1, Süd: 1,5 km Richtung Aesch – ℰ 056 676 68 68 – www.seerose.ch
– Fax 056 676 68 88*
57 Zim ⌑ – †165/305 CHF ††280/460 CHF
Rest *Samui-Thai* – separat erwähnt
Rest – Menü 63/96 CHF – Karte 60/112 CHF ⌘
♦ Das Hotel am Seeufer überzeugt mit geräumigen Zimmern in klassischem oder modernem Stil und tollem Ausblick auf den Hallwilersee. Mit Bootssteg. Zum Restaurant gehört ein schöner begehbarer Weinkeller.

MEISTERSCHWANDEN

XX **Samui-Thai** – Hotel Seerose   VISA ⓂⓄ AE ①
Seerosenstr. 1, Süd: 1,5 km Richtung Aesch – ℰ 056 676 68 78 – www.seerose.ch
– Fax 056 676 68 88 – geschl. Sonntag
Rest – (nur Abendessen) Menü 82/88 CHF – Karte 61/84 CHF
♦ Das nach den vier Elementen ausgerichtete Interieur sowie die authentische Küche machen dieses Restaurant für Liebhaber der traditionellen thailändischen Küche interessant.

MELIDE – Ticino (TI) – **553** R14 – 1 668 ab. – alt. 274 m – ✉ 6815   **10** H7
▶ Bern 251 – Lugano 7 – Bellinzona 38 – Como 24
◉ Svizzera in miniatura★

Dellago   ← 🏠 |$| AC cam, 🍽 cam, "📶" P VISA ⓂⓄ AE ①
Lungolago Motta 9 – ℰ 091 649 70 41 – www.hotel-dellago.ch
– Fax 091 649 89 15
21 cam ⌧ – ♂120/430 CHF ♂♀200/430 CHF
Rist *Seafood Restaurant* – (35 CHF) Menu 45 CHF (pranzo) – Carta 64/86 CHF
♦ Lungo la passeggiata, godete del panorama sul Ceresio da questa piacevole struttura con camere dal design moderno e quattro nuove *Sparkling Room*. Ristorante in stile Art Déco che offre una cucina "fusion", proposta anche sulla terrazza in riva al lago.

Riviera   ← 🏠 |$| 🚗 VISA ⓂⓄ AE
Lungolago Motta 7 – ℰ 091 640 15 00 – www.hotel-riviera.ch
– Fax 091 649 67 61 – chiuso fine ottobre - metà marzo
27 cam ⌧ – ♂90/130 CHF ♂♀170/240 CHF – ½ P +28 CHF
Rist – Carta 32/67 CHF
♦ La struttura dispone di camere diverse, per dimensioni ma non per livello di confort, alcune dotate di piccolo balcone dal quale godere di un'imperdibile vista su lago e monti. La vetrata aperta sul lago rende luminosa la sala da pranzo, dove assaporare una gustosa cucina tradizionale.

MELS – Sankt Gallen (SG) – **551** U7 – 8 043 Ew – Höhe 487 m – ✉ 8887   **5** I3
▶ Bern 216 – Chur 29 – Sankt Gallen 83 – Davos 58

XXX **Schlüssel - Nidbergstube** (Seppi Kalberer)   🏠 🍽 P
❀ Oberdorfstr. 5, (1. Etage) – ℰ 081 723 12 38   VISA ⓂⓄ AE ①
– www.schluesselmels.ch – Fax 081 723 71 33 – geschl. 1. - 22. Februar, 18. Juli
- 9. August und Sonntag - Montag
Rest – Menü 69 CHF (mittags)/86 CHF – Karte 70/135 CHF 🌿
Rest *Schlüsselstube* – separat erwähnt
Spez. Gebratene Entenleber mit Essigzwetschgen und altem Balsamico-Essig. Gedämpfter Hummer mit Quarkravioli und Vanille-Limesschaum. Geschmorte Kalbsbacke mit Rotweinsauce und Kartoffel-Rosmarinpüree.
♦ Seit über 40 Jahren ist Seppi Kalberer Koch aus Leidenschaft, schon immer setzt er auf ausgezeichnete Produktqualität. Die kleine Biedermeierstube mit ihrer hübschen grünen Täferung bietet für seine klassische Küche einen gemütlichen Rahmen.

X **Waldheim**   ← 🏠 ⇔ P VISA ⓂⓄ ①
Weisstannenstr. 89, West: 4 km – ℰ 081 723 12 56 – www.waldheim-mels.ch
– Fax 081 723 25 33 – geschl. 13. Januar - 3. Februar, 7. - 27. Juli und Montag
- Dienstag
Rest – Menü 80 CHF – Karte 48/86 CHF
♦ Hier reicht man eine traditionelle Karte, die u. a. Forellen aus dem Weisstannental bietet. Sie speisen im Restaurant, im Stübli oder auf der Terrasse mit Sicht auf die Alvierkette.

X **Schlüsselstube** – Restaurant Schlüssel   🏠 P VISA ⓂⓄ AE ①
☺ Oberdorfstr. 5, (1. Etage) – ℰ 081 723 12 38 – www.schluesselmels.ch
– Fax 081 723 71 33 – geschl. 1. - 22. Februar, 18. Juli - 9. August und Sonntag
- Montag
Rest – Menü 65 CHF – Karte 40/93 CHF 🌿
♦ Eine gemütlich-rustikale Stube im regionstypischen Stil, in der man einfache, aber sorgfältig zubereitete und schmackhafte traditionelle Gerichte serviert.

MENDRISIO – Ticino (TI) – 553 R14 – 6 759 ab. – alt. 355 m – ✉ 6850   10 H7

▶ Bern 260 – Lugano 20 – Bellagio 40 – Bellinzona 46
ℹ via Luigi Lavizzari 2, ☎ 091 641 30 50, info@mendrisiottotourism.ch

Coronado
via Borromini 10 – ☎ *091 630 30 30* – *www.hotelcoronado.ch*
– *Fax 091 630 30 31*
100 cam – ♦195/395 CHF ♦♦295/495 CHF, ⌑ 18 CHF – 8 suites – ½ P +46 CHF
Rist – Menu 38/46 CHF – Carta 61/83 CHF
• Sobria eleganza e ospitalità attenta in una struttura nei pressi dell'uscita autostradale; arredi moderni nelle camere, dotate di ogni confort e ideali per i clienti business. Cucina che spazia dalle semplici pizze a ricette mediterranee più elaborate.

Atenaeo del Vino
via Pontico Virunio 1 – ☎ *091 630 06 36* – *www.atenaeodelvino.ch*
– *Fax 091 630 06 38 – chiuso 1° - 17 agosto e domenica*
Rist – (28 CHF) Menu 35/95 CHF – Carta 64/96 CHF
• Ubicato nel bel centro storico della cittadina, un ristorante wine-bar dove è possibile gustare alcuni piatti del giorno da abbinare ai vini dell'enoteca.

a Salorino Nord : 13 km sulla strada per il Monte Generoso – alt. 473 m
– ✉ 6872

Grotto la Balduana
Bellavista Monte Generoso – ☎ *091 646 25 28* – *www.baldovana.ch*
– *Fax 091 646 08 52 – chiuso 15 dicembre - 15 marzo e martedì*
Rist – Carta 32/42 CHF
• Cucina regionale e piatti freddi (quest'ultimi sempre a disposizione) in un ambiente rustico con servizio estivo in terrazza-giardino. Vista panoramica sulla vallata.

> Die „Hoffnungsträger" sind Restaurants, deren Küche wir für die nächste Ausgabe besonders sorgfältig auf eine höhere Auszeichnung hin testen. Die Namen dieser Häuser sind Rot gedruckt und zudem auf der Sterne-Liste am Anfang des Buches zu finden.

MENZBERG – Luzern (LU) – 551 M7 – 600 Ew – Höhe 1 016 m – ✉ 6125   3 E4

▶ Bern 103 – Luzern 36 – Brienz 87 – Olten 46

Menzberg
– ☎ *041 493 18 16* – *www.hotel-menzberg.ch* – *Fax 041 493 14 41* – *geschl. 8. - 26. Februar, 12. - 30. Juli*
26 Zim ⌑ – ♦118/128 CHF ♦♦178/188 CHF
Rest – *(geschl. Sonntagabend - Montag)* (25 CHF) Menü 60/80 CHF
– Karte 44/83 CHF
• Ruhig liegt der familiär geführte Gasthof von 1834 in den Bergen, wunderschön ist der Blick auf Mittelland und Jura. Eine gemütliche Adresse mit unterschiedlich eingerichteten Zimmern. Das bürgerliche Restaurant und die nette einfache Gaststube werden ergänzt durch eine Aussichtsterrasse.

MERIDE – Ticino (TI) – 553 R14 – 318 ab. – alt. 582 m – ✉ 6866   10 H7

▶ Bern 266 – Lugano 27 – Bellinzona 53 – Varese 18

Antico Grotto Fossati
– ☎ *091 646 56 06 – Fax 091 630 19 27 – chiuso 24 dicembre - 12 gennaio, 1° - 9 novembre e lunedì, inzio novembre a fine marzo: domenica sera, lunedì e martedì*
Rist – Menu 34/44 CHF – Carta 37/64 CHF
• Cucina semplice e regionale nella verde cornice di un caseggiato rustico con servizio estivo sulla terrazza alberata. Dopo pranzo rilassatevi giocando a bocce.

MERLIGEN – Bern (BE) – 551 K9 – 770 Ew – Höhe 568 m – ✉ 3658 8 E5
▶ Bern 40 – Interlaken 11 – Brienz 34 – Spiez 24

BEATUS
Seestr. 300 – ℰ 033 252 81 81 – www.beatus.ch
– Fax 033 251 36 76
75 Zim ☑ – †165/340 CHF ††310/640 CHF – 4 Suiten – ½ P +45 CHF
Rest *Bel Air* – Menü 74/95 CHF – Karte 60/106 CHF
Rest *Orangerie* – Karte 54/83 CHF
♦ Äusserst angenehm wohnt man in diesem Wellnesshotel in exklusiver Lage in einem schönen Park direkt am See. Ein eigenes Strandbad, freundlicher Service und das sehr gute Frühstück tun ihr Übriges. Das elegante Bel Air verfügt über eine hübsche Terrasse mit Blick auf Thunersee und Berge. Orangerie mit Piano-Bar.

MERLISCHACHEN – Schwyz (SZ) – 551 O7 – 1 205 Ew – Höhe 436 m 4 F3
– ✉ 6402
▶ Bern 136 – Luzern 10 – Aarau 61 – Schwyz 26

Schloss-Hotel Swiss-Chalet
Luzernerstr. 204 – ℰ 041 854 54 54
– www.schloss-hotel.ch – Fax 041 854 54 66
68 Zim ☑ – †139/222 CHF ††178/312 CHF
Rest – (27 CHF) Menü 60/89 CHF – Karte 47/114 CHF
♦ Mehrere Gebäude beherbergen behagliche, meist rustikal eingerichtete Zimmer. In den künstlerisch gestalteten Themenzimmern dient z. B. ein Jaguar (Auto) als Bett. Privatstrand am See. Das Restaurant befindet sich im gegenüberliegenden Swiss-Chalet a. d. 17.

MEYRIEZ – Freiburg – 552 H7 – siehe Murten

MEYRIN – Genève – 552 A11 – voir à Genève

MÉZIÈRES – Vaud (VD) – 552 G9 – 1 068 h. – alt. 740 m – ✉ 1083 6 B5
▶ Bern 82 – Lausanne 17 – Fribourg 52 – Montreux 28

Du Jorat
Grand Rue – ℰ 021 903 11 28 – Fax 021 903 39 14 – fermé 2 - 8 avril, 11 juillet - 3 août, 24 décembre - 5 janvier, dimanche et lundi
Rest – Menu 95/115 CHF – Carte 71/91 CHF
Rest *Café* – (22 CHF) Menu 49 CHF (déj.) – Carte 48/79 CHF
♦ Sur la traversée du village, repaire gourmand occupant une typique maison du pays. Goûteuse cuisine classique au restaurant. Café simple complété par une petite salle plus agréable, où l'on peut se régaler de plats du terroir et de quelques mets thaïlandais.

MINUSIO – Ticino – 553 R12 – vedere Locarno

MIRALAGO – Grigioni – 553 Y12 – vedere Le Prese

MISERY – Fribourg (FR) – 552 H8 – 1 311 h. – alt. 584 m – ✉ 1721 2 C4
▶ Bern 46 – Fribourg 10 – Neuchâtel 42 – Lausanne 77

Misery
rte de Fribourg – ℰ 026 475 11 52 – Fax 026 475 11 52 – fermé 28 décembre - 5 janvier, 15 - 23 février, 9 - 31 août, lundi et mardi
Rest – (19 CHF) Menu 89/95 CHF – Carte 56/85 CHF
♦ Restaurant dont la grande salle à manger a fait peau neuve, et cela saute aux yeux ! Tableaux modernes et couleurs claires produisent une ambiance décontractée.

MÖRIGEN – Bern (BE) – 551 I6 – 848 Ew – Höhe 481 m – ✉ 2572   2 C4
▶ Bern 46 – Neuchâtel 31 – Biel 9 – Solothurn 34

Seeblick
Hauptstr. 2 – ℘ 032 397 07 07 – www.seeblick.net – Fax 032 397 07 08 – geschl. 27. September - 11. Oktober, 22. - 31. Dezember
16 Zim ⌑ – †125/140 CHF ††170/190 CHF
Rest – *(geschl. Montag)* (17 CHF) – Karte 48/81 CHF
• Das freundlich geführte kleine Landhotel liegt nur wenige Schritte vom Bielersee entfernt und verfügt über zeitgemässe wohnliche Gästezimmer. Zum Restaurant gehört eine schöne mediterran gestaltete Seeterrasse mit toller Aussicht. Traditionelle Küche mit vielen Fischgerichten.

MOLLENS – Valais (VS) – 552 J11 – 802 h. – alt. 1 070 m – ✉ 3974   7 D6
▶ Bern 178 – Sion 25 – Fribourg 147 – Lausanne 119

Panorama avec ch
2 rte de Montana, Sud-Est : entre Venthône et Mollens ✉ 3974 – ℘ 027 481 28 92 – www.hotelrestaurantpanorama.ch – Fax 027 481 74 83
18 ch ⌑ – †93/265 CHF ††145/265 CHF – ½ P +42 CHF
Rest – *(fermé lundi)* Menu 65/135 CHF – Carte 94/119 CHF
Rest *Bistrot Panorama* – Menu 20 CHF (déj.)/65 CHF – Carte 56/88 CHF
• Le nom de ce chalet rénové est mérité ! Salle à manger décorée à la mode et cuisine contemporaine d'un chef hollandais formé dans de grands restos bataves. Bistrot-belvédère servant le plat du jour. Chambres cosy au look helvète. Belle vue alpestre à l'arrière.

MOLLIS – Glarus (GL) – 551 S7 – 3 031 Ew – Höhe 450 m – ✉ 8753   5 H3
▶ Bern 187 – Sankt Gallen 83 – Chur 64 – Glarus 9

Zum Löwen mit Zim
Bahnhofstr. 2 – ℘ 055 612 13 33 – Fax 055 612 15 52 – geschl. 11. Juli - 2. August und Sonntag - Montag
6 Zim ⌑ – †87 CHF ††144 CHF
Rest – (21 CHF) Menü 52 CHF (mittags)/99 CHF – Karte 69/103 CHF
• Neben einer heimeligen rustikalen Gaststube befindet sich in diesem Riegelhaus auch ein mit Biedermeiermöbeln eingerichtetes A-la-carte-Restaurant. Zeitgemässe Gerichte.

MONRUZ – Neuchâtel – 552 G7 – voir à Neuchâtel

MONTANA – Valais – 552 J11 – voir à Crans-Montana

MONT-CROSIN – Berne – 551 H6 – voir à Saint-Imier

MONTEZILLON – Neuchâtel (NE) – 552 F7 – alt. 761 m – ✉ 2037   2 C4
Montmollin
▶ Bern 59 – Neuchâtel 8 – La Chaux-de-Fonds 20 – Yverdon-les-Bains 37

L'Aubier
5 Les Murailles – ℘ 032 732 22 11 – www.aubier.ch – Fax 032 732 22 00
25 ch ⌑ – †130/160 CHF ††170/220 CHF – ½ P +36 CHF
Rest – *(fermé Noël)* (20 CHF) – Carte 39/82 CHF
• Invitation au ressourcement dans cette ancienne ferme entretenant, jusque dans les chambres, une ambiance sereine et très "nature". Belle vue sur le lac et les Alpes. Boutique "bio". À table, cuisine de saison où entrent des produits de l'agriculture raisonnée.

MONTHEY – Valais (VS) – 552 F11 – 15 814 h. – alt. 420 m – ✉ 1870   7 C6
▶ Bern 112 – Martigny 24 – Évian-les-Bains 38 – Gstaad 59
🛈 3 pl. Centrale, ℘ 024 475 79 63, monthey.tourisme@bluemail.ch
Manifestations locales :
21 août : Fârtisana (marché artisanal à l'ancienne)

MONTHEY

Café du Théâtre
6 r. du Théâtre – ℰ 024 471 79 70 – www.cuisinart.ch – Fax 024 471 79 70
– fermé 24 - 27 décembre, 3 - 13 janvier, 13 - 17 février, 5 - 7 avril, 18 juillet
- 11 août, dimanche et lundi
Rest – (18 CHF) Menu 72/102 CHF – Carte 62/90 CHF
◆ Idéal pour un repas d'avant ou d'après spectacle, ce bistrot agrégé à un théâtre propose, dans un cadre contemporain dépouillé, une soigneuse cuisine actuelle selon le marché.

à Choëx Sud-Est : 4 km – alt. 615 m – ✉ 1871

Café Berra
1 pl. de l'École – ℰ 024 471 05 30 – www.cafeberra.ch – Fax 024 471 05 34
– fermé 1er - 21 janvier, 22 août - 23 septembre, lundi et mardi
Rest – (22 CHF) Menu 60 CHF (déj.) – Carte 62/100 CHF
◆ Restaurant sympathique aménagé dans un chalet en bois de 1890. Carte saisonnière au goût du jour et suggestions faites oralement, selon le marché. Terrasse à l'arrière.

Le MONT-PÈLERIN – Vaud (VD) – 552 F10 – alt. 806 m – ✉ 1801   7 C5
▶ Bern 85 – Montreux 14 – Fribourg 54 – Lausanne 21
◉ Site★★ - ≤★★

Le Mirador Kempinski
5 ch. de l'Hôtel du Mirador
– ℰ 021 925 11 11 – www.mirador.ch – Fax 021 925 11 12
49 ch – †950 CHF ††950 CHF, ⊇ 35 CHF – 15 suites – ½ P +75 CHF
Rest *Le Trianon* – voir ci-après
Rest *Le Patio* – ℰ 021 925 18 00 – (35 CHF) Menu 65 CHF – Carte 65/80 CHF
◆ L'un des joyaux de l'hôtellerie vaudoise, entièrement remis à jour et doté d'une nouvelle extension où chaque junior suites possède sa terrasse. Équipements haut de gamme, déco smart, vue sublime. Brasserie-véranda avec terrasse agréable près de la piscine.

Le Trianon – Hôtel Le Mirador Kempinski
5 ch. de l'Hôtel du Mirador – ℰ 021 925 18 00
– www.mirador.ch – Fax 021 925 11 12 – fermé 15 janvier - 13 février, lundi et mardi
Rest – Menu 68 CHF (déj.)/145 CHF – Carte 110/150 CHF
Spéc. Pigeon cuit en fleur de courgette et langoustine rôtie. Turbot sauvage cuit en cocotte. Déclinaison autour du chocolat.
◆ Restaurant gastronomique de l'hôtel Mirador. Salle sur deux niveaux offrant un panorama sensationnel. Le soir, la magie s'installe avec les rives illuminées et l'ambiance piano-bar. Cuisine contemporaine recherchée.

Hostellerie chez Chibrac avec ch
1 ch. du Gort – ℰ 021 922 61 61 – www.chezchibrac.ch
– Fax 021 922 93 88 – fermé 20 décembre
- 19 janvier, dimanche soir et lundi
9 ch ⊇ – †138/143 CHF ††156/201 CHF – ½ P +56 CHF
Rest – (18 CHF) Menu 56 CHF (déj.)/125 CHF – Carte 64/100 CHF
◆ À l'entrée du bourg, ancienne ferme convertie en table traditionnelle par une accueillante famille d'origine française. Cuisine classique très artisanale. Terrasse au vert. Chambres calmes et douillettes, orientées côté Léman ou forêt.

Au Chalet
29 rte de Baumaroche – ℰ 021 925 18 00 – www.mirador.ch
– Fax 021 925 11 12
Rest – (fermé lundi) Menu 42 CHF – Carte 38/75 CHF
◆ Ce chalet guettant l'arrivée du funiculaire abrite un sympathique restaurant de spécialités 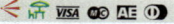 fromagères. Belle vue sur le lac et la montagne en terrasse. Simplicité et rusticité.

MONTREUX – Vaud (VD) – **552** F10 – 23 195 h. – alt. 406 m – ✉ 1820   **7** C6

- Bern 90 – Genève 95 – Lausanne 29 – Martigny 43
- pl. de l'Eurovision **DZ**, ✆ 084 886 84 84, info@mvtourism.ch
- Aigle, Sud : 12 km, ✆ 024 466 46 16
- Les Coullaux Chessel, Sud et route d'Évian : 13 km, ✆ 024 481 22 46
- Site ★★
- Rochers de Naye★★★ par train à crémaillère **BV** – Château de Chillon★★ **BX** – Les Pléiades★★ Nord – Col de Sonloup ≤★ Est : 9 km

Manifestations locales :
2-17 juillet : Jazz festival
27 août-12 septembre : septembre musical

Plans pages 301, 302

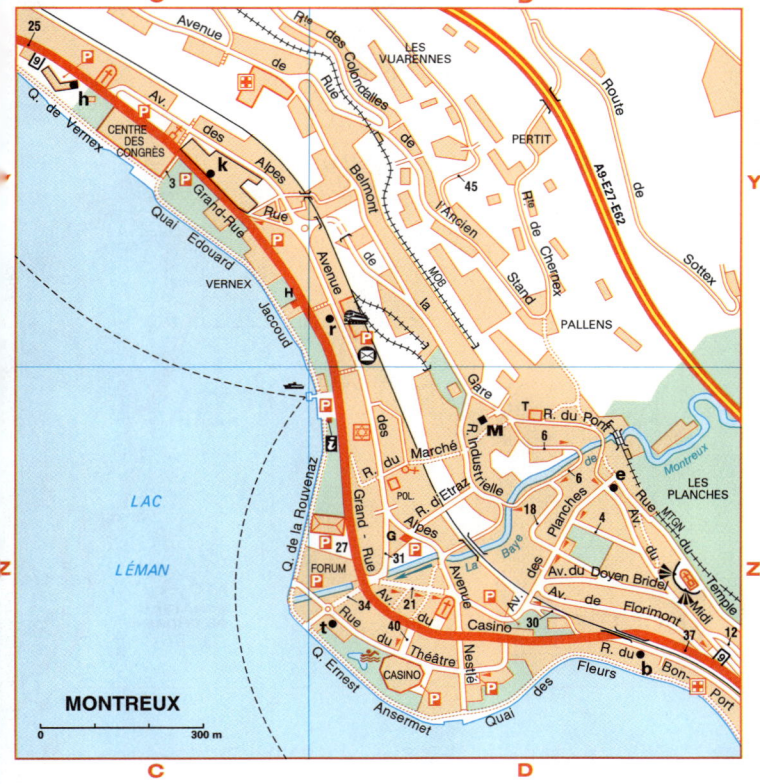

MONTREUX

Alexandre-Emery (R.) ....**CY** 3	Église Catholique (R. de l') ....**DZ** 21	Paix (R. de la) ....**DZ** 31
Amandiers (Av. des) ....**DZ** 4	Grand-Rue ....**DYZ**	Quai (R. du) ....**DZ** 34
Anciens Moulins (R. des) ....**DZ** 6	Lac (R. du) ....**CY** 25	Riviera (Av. de la) ....**DZ** 37
Chantemerle (Av. de) ....**DZ** 12	Marché (Pl. du) ....**DZ** 27	Stravinsky (R.) ....**DZ** 40
Corsaz (R. de la) ....**DZ** 18	National (Ch. du) ....**DZ** 30	Vuarennes (Rte des) ....**DY** 45

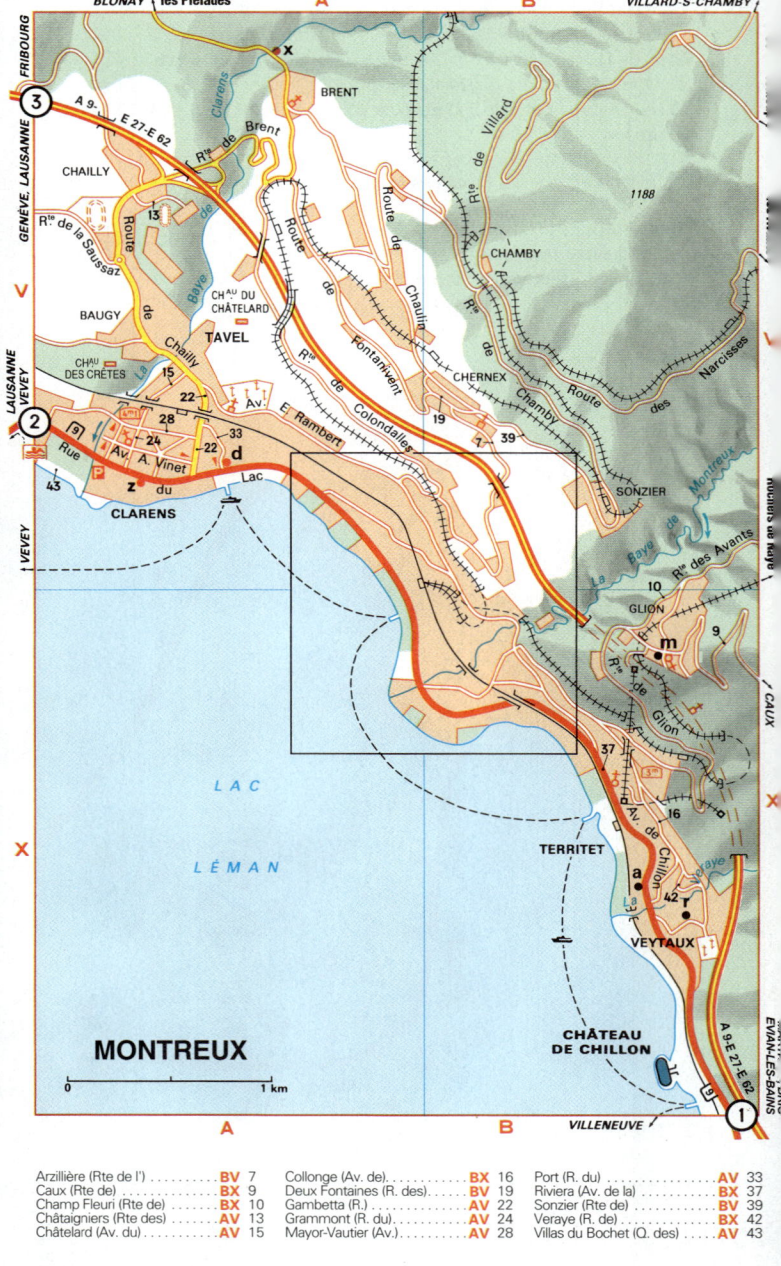

MONTREUX

Arzillière (Rte de l') ...... **BV** 7	Collonge (Av. de) ...... **BX** 16	Port (R. du) ...... **AV** 33
Caux (Rte de) ...... **BX** 9	Deux Fontaines (R. des) ...... **BV** 19	Riviera (Av. de la) ...... **BX** 37
Champ Fleuri (Rte de) ...... **BX** 10	Gambetta (R.) ...... **AV** 22	Sonzier (Rte de) ...... **BV** 39
Châtaigniers (Rte des) ...... **AV** 13	Grammont (R. du) ...... **AV** 24	Veraye (R. de) ...... **BX** 42
Châtelard (Av. du) ...... **AV** 15	Mayor-Vautier (Av.) ...... **AV** 28	Villas du Bochet (Q. des) ...... **AV** 43

MONTREUX

🏨🏨🏨🏨🏨 Fairmont Le Montreux Palace
100 Grand-Rue – ℰ *021 962 12 12*
– *www.montreux-palace.ch* – *Fax 021 962 17 17* CYk
216 ch – †460/790 CHF ††580/910 CHF, ☲ 40 CHF – 19 suites – ½ P +70 CHF
Rest *La Brasserie du Palace* – ℰ 021 962 13 00 – (26 CHF) – Carte 59/106 CHF
♦ Sélectissime palace de 1906 tourné vers le lac. Accueil et service de standing, salons d'époque, chambres luxueuses, superbe spa, salles de conférences et distractions en nombre. Brasserie smart remise à neuf dans le style contemporain.

🏨🏨🏨🏨 Royal Plaza
97 Grand-Rue – ℰ *021 962 50 50* – *www.royalplaza.ch* – *Fax 021 962 51 51*
140 ch – †395/495 CHF ††495/795 CHF, ☲ 32 CHF – 14 suites CYh
– ½ P +71 CHF
Rest *Café Bellagio* – Carte 61/106 CHF
♦ Affaires ou loisirs ? Ces deux clientèles sont choyées dans cet hôtel en bord de Léman. Communs soignés et chambres tout confort, à préférer en façade (balcon panoramique). Repas de saison et brunch dominical au Café Bellagio. Choix simplifié au Sinatra's Bar.

🏨🏨🏨 Grand Hôtel Suisse Majestic
45 av. des Alpes – ℰ *021 966 33 33*
– *www.suisse-majestic.com* – *Fax 021 966 33 00* DYr
137 ch – †250/300 CHF ††350/400 CHF, ☲ 22 CHF – ½ P +55 CHF
Rest – (25 CHF) – Carte 58/87 CHF
♦ Ce palace de 1870 s'élevant entre la gare et le lac vous accueille par un superbe hall Art déco. Vastes chambres et deux suites dotées de jacuzzi. Salle à manger feutrée, brasserie rénovée et grande terrasse d'été côté lac.

🏨🏨🏨 Eden Palace au Lac
11 r. du Théâtre – ℰ *021 966 08 00* – *www.edenpalace.ch* – *Fax 021 966 09 00*
110 ch – †265/335 CHF ††320/450 CHF, ☲ 20 CHF – ½ P +52 CHF DZt
Rest *Chez Gaston* – (24 CHF) Menu 52 CHF – Carte 58/98 CHF
♦ Face au lac, palace de style victorien où descendent volontiers les vedettes du showbiz. Chambres "king size". Bonnes installations pour se distraire et se réunir. Restaurant complété par un lounge avec piano-bar et une belle terrasse ouvrant sur la promenade.

🏨🏨🏨 Golf - Hôtel René Capt
35 r. de Bon Port – ℰ *021 966 25 25*
– *www.golf-hotel-montreux.ch* – *Fax 021 963 03 52* – *fermé 21 décembre -
20 janvier* DZb
75 ch ☲ – †210/350 CHF ††310/440 CHF – ½ P +59 CHF
Rest – Menu 58 CHF – Carte 58/81 CHF
♦ Imposante architecture Belle Époque face au lac. Chambres modernes souvent dotées d'un balcon braqué vers le Léman et les montagnes. Palmiers au jardin. Cuisine d'aujourd'hui servie dans une véranda du début du 20ᵉ s. ou à midi sur la belle terrasse-belvédère.

🏨🏨 Bristol
63 av. de Chillon, (à Territet) – ℰ *021 962 60 60* – *www.bristol-montreux.ch*
– *Fax 021 962 60 70* BXa
20 ch ☲ – †190/320 CHF ††260/390 CHF – ½ P +35 CHF
Rest *Le Pavois* – à Territet, 63 av. de Chillon – (18 CHF) Menu 66 CHF
– Carte 42/87 CHF
♦ Établissement cumulant les fonctions d'hôtel et de maison de santé. Chambres modernes bien équipées, espace de bien-être et de relaxation, jolie vue sur le lac et la montagne. Restaurant classique s'ouvrant sur une belle terrasse panoramique.

🏨 Tralala sans rest
2 r. du Temple – ℰ *021 963 49 73* – *www.tralalahotel.ch* – *Fax 021 963 23 11*
35 ch ☲ – †120/280 CHF ††140/320 CHF DZe
♦ Hôtel cool développant le thème de la musique, sur les hauts du vieux Montreux. Chambres "fashion" en noir, rouge et blanc. Chacune met à l'honneur une star passée dans le coin.

Une nuit douillette sans se ruiner ? Repérez les Bib Hôtel .

MONTREUX

L'Ermitage (Etienne Krebs) mit Zim
75 r. du Lac – 1815 Clarens – ℰ 021 964 44 11
– www.ermitage-montreux.com – Fax 021 964 70 02
– fermé 20 décembre - 12 février AV**z**
7 Zim – †190/390 CHF ††300/390 CHF
Rest – *(fermé mi-septembre - Pâques: dimanche et lundi)* (39 CHF) Menu 75 CHF (déj.)/195 CHF – Karte 123/173 CHF
Spéc. Le saucisson de lapin au foie gras et pistaches, les panoufles en persillade. Filet de féra du Lac à la moutarde et livèche (selon arrivage). Bouchons vaudois aux fraises et mousse de pralin.
• Cette villa ancienne est un havre de bon goût : accueil chic par une équipe soudée, gastronomie entre classicisme et modernité, cadre intime, superbe terrasse-jardin face au lac. Chaque chambre cultive sa différence, mais toutes offrent un bon confort.

Maï Thaï
40 r. du Lac – 1815 Clarens – ℰ 021 964 25 36
– www.maithai.ch – Fax 021 964 81 23
– fermé 15 février - 5 mars, lundi et octobre - mars lundi et mardi AV**d**
Rest – (20 CHF) Menu 40 CHF (déj.)/90 CHF – Carte 45/84 CHF
• Restaurant thaïlandais dont les deux salles au décor de circonstance sont reliées par une passerelle en bois exotique veillant sur un jardinet. Belle vue lacustre en terrasse.

aux Avants Nord : 8 km – alt. 970 m – ⌧ 1833

Auberge de la Cergniaulaz
par Col de Sonloup et route d'Orgevaux : 3,5 km – ℰ 021 964 42 76
– www.lacergniaulaz.ch – Fax 021 964 64 83
– fermé janvier - mars, lundi et mardi
Rest – Carte 56/96 CHF
• Ce restaurant d'altitude, genre chalet perdu en pleine montagne, reçoit les gourmets dans deux pièces rustiques ou sur sa jolie terrasse. Choix traditionnel noté à l'ardoise.

à Glion Nord-Est : 5 km – alt. 688 m – ⌧ 1823

Victoria
16 rte de Caux – ℰ 021 962 82 82
– www.victoria-glion.ch – Fax 021 962 82 92 BX**m**
49 ch – †210/280 CHF ††290/420 CHF – 5 suites – ½ P +80 CHF
Rest – Menu 65 CHF (déj.)/85 CHF – Carte 70/100 CHF
• Adoptez cet hôtel "grand style" plein de charme délicieusement rétro, la qualité de son accueil et son joli parc dominant le Léman et Montreux. Restaurant classique avec jardin d'hiver et terrasse côté vert, offrant une vue fascinante sur le lac et les Alpes.

à Brent Nord-Ouest : 7 km – alt. 569 m – ⌧ 1817

Le Pont de Brent (Gérard Rabaey)
4 rte de Blonay – ℰ 021 964 52 30
– www.lepontdebrent.ch – Fax 021 964 55 30
– fermé 24 décembre - 7 janvier, 11 - 29 juillet, dimanche et lundi AV**x**
Rest – Menu 85 CHF (déj.)/285 CHF – Carte 138/188 CHF
Spéc. Savarin de marzuolus au jus de persil. Filet de chamois en vinaigrette de choux rouges. Crumble aux pruneaux "Fellenberg".
• Maison de pays où trois étoiles brillent depuis 1998. Cuisine classique pleine de panache, faite par un chef d'origine normande. Élégantes salles meublées de style et belle terrasse sous les feuillages. Service pro jusqu'au bout des ongles.

à Veytaux – alt. 380 m – ⌧ 1820

Masson
5 r. Bonivard – ℰ 021 966 00 44 – www.hotelmasson.ch – Fax 021 966 00 36
– fermé 17 octobre - 1ᵉʳ avril BX**r**
31 ch – †120/200 CHF ††180/270 CHF – ½ P +44 CHF
Rest – *(dîner seulement) (menu unique)* Menu 44 CHF
• Le doyen de l'hôtellerie locale (1829). Bon nombre d'aristocrates russes, mais aussi J. Michelet et V. Hugo séjournèrent ici. Déco d'époque, ambiance familiale, jardin de repos.

MONT-VULLY – Fribourg – **552** H7 – voir à Lugnorre

MORAT – Fribourg – **552** H7 – voir à Murten

MORBIO INFERIORE – Ticino (TI) – **553** S14 – 4 294 ab. – alt. 360 m   10 H7 – ✉ 6834

▶ Bern 266 – Lugano 26 – Bellagio 47 – Bellinzona 54

XX **Locanda del Ghitello**
via Ghitello 1, (Parco della Breggia, dietro il centro comerciale), Sud: 1,5 km, uscita Chiasso Nord – ℰ 091 682 20 61 – www.locandadelghitello.ch
– Fax 091 682 29 41 – chiuso 15 - 21 febbraio, 21 giugno - 4 luglio,
2 - 15 agosto, mercoledì sera, sabato a mezzogiorno e domenica
Rist – (25 CHF) Menu 31 CHF (pranzo)/87 CHF – Carta 75/100 CHF
♦ Un vecchio mulino restaurato con gusto, situato in fondo ad una valle d'accesso al Parco della Breggia. Sotto il gazebo o nelle salette interne, una cucina sempre delicata.

MORCOTE – Ticino (TI) – **553** R14 – 737 ab. – alt. 280 m – ✉ 6922   10 H7

▶ Bern 255 – Lugano 11 – Bellinzona 42 – Como 28
◉ Località★★ – Santuario di Santa Maria del Sasso : affreschi★
◉ Strada per Lugano ≤★★

Swiss Diamond Hotel Olivella
via Cantonale ✉ *6921 Vico-Morcote*
– ℰ 091 735 00 00 – www.swissdiamondhotel.com
– Fax 091 735 00 99
79 cam ⊑ – †265/490 CHF ††350/630 CHF – 7 suites – ½ P +80 CHF
Rist *Panorama* – *(chiuso marzo - settembre)* Menu 80 CHF
– Carta 87/126 CHF
Rist *Al Lago* – *(chiuso ottobre - febbraio)* Menu 80 CHF – Carta 95/137 CHF
♦ Modernità e qualità degli arredi conferiscono un tono generale di signorilità ed eleganza in questo struttura recentemente rinnovata. Camere lussuose e spazi comuni ampi e confortevoli. Il ristorante all'ultimo piano, con vista mozzafiato, propone una cucina prevalentemente moderna.

Carina Carlton
Riva da Sant'Antoni – ℰ 091 996 11 31 – www.carina-morcote.ch
– Fax 091 996 19 29 – chiuso 1° gennaio - 31 marzo
23 cam ⊑ – †165/220 CHF ††205/280 CHF
Rist – Carta 44/89 CHF
♦ Nuova gestione in un albergo familiare, ben situato sul Ceresio, dalla cui terrazza si gode di una vista eccezionale. Camere confortevoli, arredate con mobili di buona fattura. Sala da pranzo molto accogliente e terrazza sul lago, per apprezzare una cucina tradizionale.

a Vico Nord-Est : 4 km – alt. 432 m – ✉ 6921 Vico Morcote

X **Vicania**
Alpe Vicania, sulla strada per Carona : 3 km e strada privata
– ℰ 091 980 24 14 – www.alpe-vicania.ch – Fax 091 996 13 70
– chiuso lunedì, marzo - giugno e novembre - dicembre: lunedì, martedì
Rist – Menu 56/68 CHF – Carta 60/79 CHF
♦ Il percorso per arrivare a questo ristorante immerso nel verde di un'ampia tenuta agricola è impegnativo, ma lo sforzo è ricompensato da atmosfera e buona cucina regionale.

Ogni ristorante stellato è introdotto da tre specialità che rappresentano in maniera significativa la propria cucina. Qualora queste non fossero disponibili, altre gustose ricette ispirate alla stagione delizieranno il vostro palato.

MORGES – Vaud (VD) – **552** D10 – 14 116 h. – alt. 380 m – ✉ 1110   6 B5
- ▶ Bern 108 – Lausanne 14 – Genève 52 – Pontarlier 68
- 🛈 2 r. du Château **Z**, ✆ 021 801 32 33, info@morges-tourisme.ch
- ◉ Musée Alexis-Forel★★ **Z M**

Manifestations locales :
14-19 avril : ARVINIS-salon international du vin
avril-mi-mai : fête de la tulipe

La Fleur du Lac
70 r. de Lausanne, par ① – ✆ 021 811 58 11 – www.fleur-du-lac.ch
– Fax 021 811 58 88
30 ch ☐ – †200/350 CHF ††358/402 CHF – ½ P +66 CHF
Rest – Menu 62/98 CHF – Carte 66/97 CHF
Rest *Le Café des Amis* – (21 CHF) Menu 56 CHF – Carte 49/88 CHF
♦ Chambres avec terrasse ou balcon offrant (à deux exceptions près) une superbe vue lacustre. Jardin soigné et piano bar. Confortable restaurant au cadre rustique boisé agrandi d'une terrasse panoramique. Café où il fait bon se retrouver entre amis.

Mont-Blanc au Lac
Quai du Mont-Blanc – ✆ 021 804 87 87 – www.hotel-mont-blanc.ch
– Fax 021 801 51 22   **Za**
45 ch ☐ – †170/260 CHF ††260/320 CHF – ½ P +47 CHF
Rest *Le Pavois* – Menu 32 CHF (déj.)/99 CHF – Carte 56/80 CHF
♦ Architecture du 19e s. abritant de grandes chambres de bon gabarit, majoritairement tournées vers le lac. Deux salles au Pavois : l'une dans le genre café et l'autre plus confortable, au 1er étage, accessible par un escalier tournant. Choix classique.

La Nouvelle Couronne sans rest
2 passage de la Couronne – ✆ 021 804 81 81
– www.couronne-morges.ch – Fax 021 804 81 91
– fermé 18 décembre - 12 janvier   **Zb**
34 ch ☐ – †200 CHF ††255 CHF
♦ Hôtel rénové depuis peu, œuvrant dans le centre piétonnier, près d'un beau musée d'objets précieux. Chambres réparties sur trois étages d'une bâtisse qui daterait du 17e s.

MORGES

Street	Ref
Alpes (R. des)	Z 3
Bluard (R. du)	Y 4
Casino (Pl. du)	Z 6
Centrale (R.)	Y
Charpentiers (R. des)	Y
Château (R. du)	Z 8
Couronne (Pas. de la)	Z 9
Couvaloup (R. de)	Y 10
Docteur-Yersin (R.)	Y
Fossés (R. des)	YZ
Gare (R. de la)	YZ
Grande-Rue	YZ
Jardins (R. des)	YZ 12
Lausanne (R. de)	Y
Lochmann (Quai)	Z
Louis-de-Savoie (R.)	YZ
Marcelin (Av. de)	Y
Mont Blanc (Quai du)	Z
Moulin (Av. du)	Z 13
Navigation (Pl. de la)	Z 15
Paderewski (Av. I.)	Z
Pâquis (Av. des)	Z
Parc (R. du)	Z 16
Pont Neuf (R. du)	Y 18
Rond-Point (R. du)	Z 19
Sablon (R. du)	Y
St-Louis (Pl.)	Y 21
St-Louis (R.)	Y
Tanneurs (R. des)	Y 22
Uttins (R. des)	Z
Vignerons (R. des)	YZ

306

MORSCHACH – Schwyz (SZ) – **551** Q7 – 886 Ew – Höhe 645 m – ✉ 6443   4 G4
▶ Bern 155 – Luzern 51 – Altdorf 15 – Brunnen 4

Swiss Holiday Park
Dorfstr. 10 – ✆ 041 825 50 50
– www.swissholidaypark.ch – Fax 041 825 50 05
130 Zim ⌂ – ♦155/195 CHF ♦♦210/290 CHF – 5 Suiten
Rest *Silk Road* – *(geschl. Anfang Juni 2 Wochen, Anfang Dezember 2 Wochen und Dienstag - Mittwoch) (nur Abendessen)* Menü 72/98 CHF – Karte 53/79 CHF
Rest *Panorama* – (19 CHF) Menü 28 CHF – Karte 39/77 CHF
Rest *Schwiizer Stube* – *(geschl. Sonntag - Montag) (nur Abendessen)*
Menü 43/48 CHF – Karte 36/59 CHF
♦ Eine weitläufige Hotelanlage oberhalb des Vierwaldstättersees. Zum beachtlichen Freizeitangebot zählen u. a. Kletterwand, Bowling und Tom's Kids Club. Asiatische Karte im Silk Road. Das Panorama bietet Mediterranes. Schwiizer Stube mit Schweizer Spezialitäten.

MOUTIER – Berne (BE) – **551** I5 – 7 479 h. – alt. 529 m – ✉ 2740   2 D3
▶ Bern 76 – Delémont 14 – Biel 33 – Solothurn 25
🛈 9 av. de la Gare, ✆ 032 494 53 43, moutier@jurabernois.ch
Manifestations locales :
  4-8 mai : SIAMS
  4 septembre : fête de la vieille ville

à Roches Nord : 3 km par route de Delémont – alt. 498 m – ✉ 2762

Auberge du Cheval Blanc
15 rte principale – ✆ 032 493 11 80 – Fax 032 493 62 27 – *fermé 25 juillet - 17 août, dimanche soir, lundi soir et mardi*
Rest – (18 CHF) Menu 46/74 CHF (menu unique)
♦ Aucun choix à la carte, côté restaurant, mais un menu revu quotidiennement, ce qui évite au chef de tomber dans la routine ! Petits plats "canailles" au café. Terrasse d'été.

à Perrefitte Ouest : 2,5 km – alt. 578 m – ✉ 2742

De l'Étoile
Gros Clos 4 – ✆ 032 493 10 17 – www.restaurant-etoile.ch – Fax 032 493 10 75
– *fermé 20 juillet - 9 août, dimanche et lundi*
Rest – (18 CHF) Menu 58/78 CHF – Carte 46/88 CHF
♦ Sympathique adresse familiale scindée en deux parties : une brasserie rustique pour manger simplement et un restaurant occupant un pavillon genre orangerie. Cuisine de saison.

MÜHLEDORF – Solothurn (SO) – **551** J6 – 358 Ew – Höhe 570 m   2 D3
– ✉ 4583
▶ Bern 34 – Biel 23 – Burgdorf 21 – Olten 53

Kreuz mit Zim
Hauptstr. 5 – ✆ 032 661 10 23 – www.kreuz-muehledorf.ch – Fax 032 661 11 30
– *geschl. 1. - 15. Februar und 27. September - 10. Oktober*
6 Zim ⌂ – ♦105/135 CHF ♦♦160/190 CHF   **Rest** – (17 CHF) – Karte 43/87 CHF
♦ Zu dem netten Landgasthof mit traditioneller Küche gehört neben gemütlichen Stuben auch eine hübsche Terrasse im Garten hinter dem Haus. Hier befindet sich auch das eigene Freibad. Übernachtungsgästen bietet man wohnliche Zimmer im Landhausstil.

MÜLLHEIM-WIGOLTINGEN – Thurgau (TG) – **551** S3 – 2 512 Ew   4 H2
– Höhe 412 m – ✉ 8554
▶ Bern 174 – Sankt Gallen 69 – Frauenfeld 12 – Konstanz 20

Wartegg
Müllheimerstr. 3, (beim Bahnhof) – ✆ 052 770 08 08
– www.landgasthof-wartegg.ch – Fax 052 763 17 25 – *geschl. Ende Januar 1 Woche, Ende Juli 2 Wochen und Dienstagabend - Mittwoch*
Rest – (24 CHF) Menü 48 CHF (mittags)/85 CHF – Karte 53/95 CHF
♦ Ein historischer Gasthof mit schlicht-rustikaler Stube und elegantem A-la-carte-Restaurant. Geboten wird eine saisonal beeinflusste klassische Küche aus regionalen Produkten.

MÜNCHENBUCHSEE – Bern (BE) – **551** J7 – 9 602 Ew – Höhe 557 m **2** D4
– ✉ 3053

▶ Bern 11 – Biel 29 – Burgdorf 22 – Neuchâtel 58

XX **Moospinte**
😊 *Lyss-Str. 39, Richtung Wiggiswil: 1 km – ℰ 031 869 01 13 – www.moospinte.ch
– Fax 031 869 54 13 – geschl. 8. Februar - 1. März und Sonntag - Montag*
Rest – *(Tischbestellung ratsam)* Menü 59 CHF (mittags)/160 CHF
– Karte 75/117 CHF
Rest *Gaststube* – *(Tischbestellung ratsam)* (22 CHF) – Karte 53/83 CHF
♦ Sehr gemütlich sitzt man in den Stuben dieses schönen Berner Gasthofs bei kreativer Küche. Zum Haus gehören auch eine herrliche Terrasse mit Blick ins Grüne sowie ein eigener Kräutergarten. In der Gaststube lässt man sich sorgfältig zubereitete traditionelle Speisen schmecken.

XX **Häberli's Schützenhaus - Le Gourmet**
😊 *Oberdorfstr. 10 – ℰ 031 868 89 88 – www.haeberlis.com
– Fax 031 868 89 89*
Rest – Menü 75/115 CHF – Karte 60/87 CHF
Rest *La Brasserie* – (19 CHF) – Karte 41/88 CHF
♦ Le Gourmet ist ein hell und freundlich gestaltetes Restaurant, in dem man seinen Gästen mündlich klassische Menüs empfiehlt. Nette Sommerterrasse und moderner Weinkeller. La Brasserie hat man authentisch im französischen Stil eingerichtet.

MÜRREN – Bern (BE) – **551** L10 – 427 Ew – Höhe 1 639 m – Wintersport: **8** E5
1 650/2 970 m ⛷ 2 ⛷ 8 – ✉ 3825

▶ Bern 74 – Interlaken 17 – Grindelwald 21 – Spiez 33

Autos nicht zugelassen

🛈 ℰ 033 856 86 86, info@muerren.ch

◉ Lage★★

◎ Schilthorn★★★: ≼★★★ West mit ⛷ – Sefinenfall★ Süd

mit Standseilbahn ab Lauterbrunnen erreichbar

🏨 **Eiger** ⌇
*Bahnhofplatz – ℰ 033 856 54 54 – www.hoteleiger.com – Fax 033 856 54 56
– geschl. 12. April - 4. Juni, 27. September - 14. Dezember*
34 Zim ⌑ – †178/268 CHF ††275/455 CHF – 10 Suiten – ½ P +50 CHF
Rest – Menü 50 CHF (abends) – Karte 44/99 CHF
♦ Das gegenüber dem Bahnhof gelegene Hotel von 1886 bietet Ihnen eine tolle Aussicht auf Eiger, Mönch und Jungfrau. Behaglich sind die Zimmer und Suiten sowie der Barbereich. Speisesaal und Eiger Stübli im rustikalen Stil.

🏨 **Bellevue** ⌇
*Obere Dorfstrasse – ℰ 033 855 14 01 – www.muerren.ch/bellevue
– Fax 033 855 14 90 – geschl. 12. April - 30. Mai*
19 Zim ⌑ – †95/250 CHF ††170/250 CHF – ½ P +35 CHF
Rest – *(geschl. 12. April - 12. Juni)* Karte 35/89 CHF
♦ Das Hotel mit schönem Bergblick befindet sich im Ortskern nicht weit von der Seilbahn ins Skigebiet und verfügt über helle, freundliche Gästezimmer mit individuellem Zuschnitt. Teil des Restaurants ist das nette regionstypische Jägerstübli.

🏨 **Alpenruh** ⌇
– ℰ 033 856 88 00 – www.alpenruh-muerren.ch – Fax 033 856 88 88
26 Zim ⌑ – †99/145 CHF ††160/270 CHF – ½ P +40 CHF
Rest – *(geschl. 1. November - 3. Dezember)* (20 CHF) – Karte 51/75 CHF
♦ Die recht ruhige Lage nahe der Luftseilbahnstation sowie gepflegte, unterschiedlich geschnittene Zimmer mit Sicht auf Eiger und Jungfrau sprechen für dieses Chalet. Gemütlich ist das Ambiente im rustikalen Restaurant.

MUNTELIER – Freiburg – **552** H7 – siehe Murten

MURALTO – Ticino – **553** Q12 – vedere Locarno

La MURAZ – Valais – **552** I11 – voir à Sion

MURG – Sankt Gallen (SG) – **551** T6 – 707 Ew – Höhe 439 m – ✉ 8877   **5** H3
▶ Bern 194 – Sankt Gallen 106 – Chur 57 – Feldkirch 58

Lofthotel garni
Alte Spinnerei – ✆ 081 720 35 75 – www.lofthotel.ch
– Fax 081 720 35 09
17 Zim ⚃ – †150/170 CHF ††220/260 CHF
♦ Die denkmalgeschützte ehemalige Spinnerei verbindet gelungen modern-puristisches Design und alte Industriearchitektur. Zwei der geräumigen Lofts bieten einen Motorradstellplatz.

MURI – Aargau (AG) – **551** O5 – 6 565 Ew – Höhe 458 m – ✉ 5630   **4** F3
▶ Bern 109 – Aarau 33 – Luzern 34 – Zürich 37

Ochsen
Seetalstr. 16 – ✆ 056 664 11 83 – www.ochsen-muri.ch – Fax 056 664 56 15
11 Zim ⚃ – †85/105 CHF ††140/170 CHF – ½ P +45 CHF
Rest – (geschl. Juli - August 2 Wochen und Sonntagabend - Montag) (20 CHF)
Menü 60 CHF – Karte 53/97 CHF
♦ Im Dorfzentrum liegt das von der Eigentümerfamilie geführte Hotel, das seinen Gästen nette, teils neuzeitliche Zimmer bietet. Verschiedene Stuben bilden den Restaurantbereich, unter anderem mit Banketträumen und dem A-la-carte-Stübli.

MURI BEI BERN – Bern – **551** J7 – siehe Bern

MURSCHETG – Graubünden – **553** T8 – siehe Laax

MURTEN MORAT – Freiburg (FR) – **552** H7 – 5 843 Ew – Höhe 448 m   **2** C4
– ✉ 3280
▶ Bern 31 – Neuchâtel 28 – Biel 42 – Fribourg 18
🛈 Franz. Kirchgasse 4 **Y**, ✆ 026 670 51 12, info@murtentourismus.ch
◉ Lage ★★ – Stadtmauer ★
Lokale Veranstaltungen:
  25. April: SlowUp
  22. Juni: Solennität
  9.-29. August: Murtenclassics

MURTEN

Alte Freiburgstrasse .... **Z**
Bahnhofstrasse .... **Z**
Bernstrasse .... **Y** 3
Bubengergstrasse .... **Z** 4
Burgunderstrasse .... **Z** 6
Deutsche Kirchgasse ...... **Y** 7
Erlachstrasse .... **Z** 9
Franz Kirchgasse .... **Y** 10
Freiburgstrasse .... **Z**
Hauptgasse .... **YZ**
Hôpital (R. de l') .... **Z** 12
Längmatt .... **Y** 13
Lausannestrasse .... **Z**
Meylandstrasse .... **YZ**
Pra Pury .... **Z**
Prehlstrasse .... **YZ** 15
Raffor .... **Y**
Rathausgasse .... **Y** 16
Ryf .... **YZ**
Schulgasse .... **Z** 17
Törliplatz .... **Z** 18
Wilerweg .... **Z**

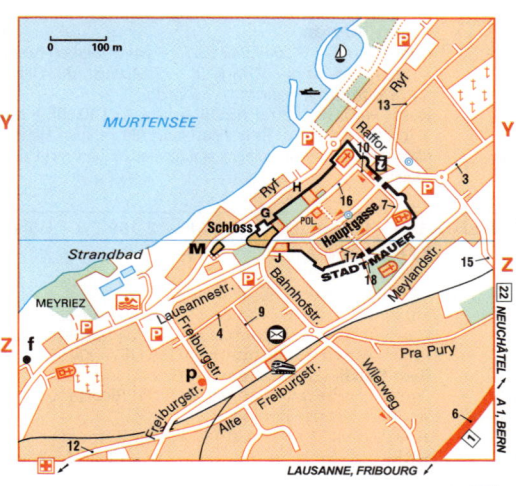

MURTEN

XX Da Pino Ristorante Frohheim
*Freiburgstr. 14 – ℰ 026 670 26 75 – www.dapino-frohheim.ch
– Fax 026 670 26 74 – geschl. 17. Oktober - 1. November, 20. Dezember
- 5. Januar und Sonntag - Montag* Zp
Rest – *(Tischbestellung ratsam)* (19 CHF) Menü 72/120 CHF – Karte 78/120 CHF
◆ In dem gemütlichen Restaurant mit schöner Terrasse unter Kastanien oder Pergola begleitet eine sehr gut sortierte Weinkarte mit Trouvaillen aus Italien die italienische Küche.

in Muntelier Nord-Ost: 1 km – Höhe 438 m – ✉ 3286

SeePark garni
*Muntelierstr. 25 – ℰ 026 672 66 66 – www.hotel-seepark.ch – Fax 026 672 66 77
– geschl. 24. Dezember - 10. Januar*
34 Zim – †142/190 CHF ††200/290 CHF
◆ Das besonders auf Businessgäste zugeschnittene Hotel ist ein moderner Bau aus Granit und Glas, der sachlich-funktionell in mediterranem Stil eingerichtete Zimmer beherbergt.

in Meyriez Süd-West: 1 km – Höhe 445 m – ✉ 3280

Le Vieux Manoir
*18 r. de Lausanne – ℰ 026 678 61 61 – www.vieuxmanoir.ch
– Fax 026 678 61 62 – geschl. 2. November - 26. März* Zf
30 Zim ⊇ – †300/410 CHF ††430/590 CHF – 4 Suiten – ½ P +85 CHF
Rest – Menü 86 CHF (mittags)/158 CHF – Karte 84/141 CHF
Rest *Pinte de Meyriez* – *(geschl. Dienstag)* (17 CHF) Menü 26 CHF (mittags)/36 CHF – Karte 61/92 CHF
◆ Professioneller und aufmerksamer Service, hochwertig und individuell gestaltete (Themen-) Zimmer sowie die traumhafte Lage in einem Park am Privatstrand machen dieses exklusive Landhaus zu einem wahren Bijou. Das angenehm helle Restaurant mit Wintergarten sowie die Terrasse bieten eine wunderschöne Sicht auf den See.

MUTSCHNENGIA – Graubünden – **553** R9 – siehe Curaglia

MUTTENZ – Basel-Landschaft – **551** K4 – siehe Basel

NÄNIKON – Zürich (ZH) – **551** Q5 – Höhe 457 m – ✉ 8606 4 G2
▶ Bern 141 – Zürich 20 – Rapperswil 28 – Sankt Gallen 83

XX Zum Löwen
*Zürichstr. 47 – ℰ 044 942 33 55 – www.loewen-naenikon.ch – Fax 044 942 33 56
– geschl. 25. April - 9. Mai, 8. - 22. August, 20. Dezember - 3. Januar und Samstagmittag, Sonntag - Montag,*
Rest – (40 CHF) Menü 68 CHF (mittags)/140 CHF – Karte 74/110 CHF
◆ In dem schmucken Riegelhaus von 1780 nehmen Sie in einer gemütlichen kleinen Stube Platz und wählen aus einem ambitionierten und recht modernen Angebot mit asiatischen Akzenten.

NEBIKON – Luzern (LU) – **551** M6 – 2 169 Ew – Höhe 487 m – ✉ 6244 3 E3
▶ Bern 81 – Aarau 34 – Baden 53 – Luzern 37

XX Adler (Raphael Tuor-Wismer)
*Vorstatt 4 – ℰ 062 756 21 22 – www.adler-nebikon.ch – Fax 062 756 32 80
– geschl. 8. - 24. Februar, 12. - 28. Juli und Montag - Dienstag*
Rest – Menü 45 CHF (mittags)/115 CHF – Karte 79/103 CHF
Rest *Beizli* – separat erwähnt
Spez. Forelle auf Cannelloni von Ricotta und jungem Spinat. Bouillabaisse. Wild aus der Region.
◆ Raphael und Marie-Louise Tuor-Wismer bieten in dem Gasthaus von 1798 aufmerksamen Service und eine zeitgemässe Küche, die ganz auf das Produkt bezogen ist, dazu eine schöne Weinauswahl (auch halbe Flaschen). Gemütlich-elegant sind die Stuben. Zwei Gästezimmer.

NEBIKON

✗ **Beizli** – Restaurant Adler   🛖 **P** VISA ⊕ AE ①
Vorstatt 4 – ℰ 062 756 21 22 – www.adler-nebikon.ch – Fax 062 756 32 80
– geschl. 8. - 24. Februar, 12. - 28. Juli, Montag und Dienstag
Rest – (18 CHF) Menü 40/59 CHF – Karte 48/60 CHF
♦ Eine etwas rustikalere Alternative zum Restaurant Adler ist das nette Beizli, in dem man Sie an blanken Tischen mit schmackhafter traditioneller Küche bewirtet.

NETSTAL – Glarus (GL) – **551** S7 – 2 887 Ew – Höhe 458 m – ✉ 8754   **5** H3
▶ Bern 190 – Sankt Gallen 87 – Chur 68 – Schwyz 64

✗✗ **Schwert** mit Zim   🛖 🛎 📞 ⇄ 🛁 **P** VISA ⊕
Landstr. 13a – ℰ 055 640 77 66 – www.schwert-netstal.ch – Fax 055 640 90 10
– geschl. Mitte Februar 1 Woche, Ende Juli - Anfang August 3 Wochen
9 Zim ⊇ – †85/98 CHF ††140/180 CHF – ½ P +38 CHF
Rest – *(geschl. Sonntag - Montag)* (20 CHF) Menü 65 CHF (mittags)/97 CHF
– Karte 68/95 CHF
♦ Ein modern-rustikales Restaurant mit zeitgemässer Küche. Neben der Wiggis Stube steht auch das Glarner Stübli zur Verfügung, in dem man zusätzlich regionale Gerichte bietet.

Die „Hoffnungsträger" sind Restaurants, deren Küche wir für die nächste Ausgabe besonders sorgfältig auf eine höhere Auszeichnung hin testen. Die Namen dieser Häuser sind Rot gedruckt und zudem auf der Sterne-Liste am Anfang des Buches zu finden.

NEUCHÂTEL (NEUENBURG) Ⓒ – Neuchâtel (NE) – **552** G7 – 32 333 h.   **2** C4
– alt. 440 m – ✉ 2000
▶ Bern 52 – Biel 33 – Köniz 50 – La Chaux-de-Fonds 21
🛈 Hôtel des Postes **CZ** ℰ 032 889 68 90, info@ne.ch
🏌 Saint-Blaise Sud-Est : 9 km, ℰ 032 753 55 50
👁 Site★★ - Quai Osterwald : ≤★★ BZ - Ville ancienne★ BZ - Eglise Notre-Dame★ CY - Musée d'Art et Histoire★★ CZ - Musée d'Ethnographie★ AZ
🚢 croisières sur le lac. Renseignements : Société de Navigation sur les lacs de Neuchâtel et Morat, Port de Neuchâtel, ℰ 032 729 96 00
Manifestations locales :
24-26 septembre : fête des vendanges

Plans pages suivantes

🏨 **Beau-Rivage**   ≤ 🛖 ♨ 🛎 & AC 📞 🛁 ☕ **P** VISA ⊕ AE ①
1 Esplanade du Mont-Blanc – ℰ 032 723 15 15 – www.beau-rivage-hotel.ch
– Fax 032 723 16 16   **BZb**
63 ch – †320/420 CHF ††390/490 CHF, ⊇ 30 CHF – 3 suites – ½ P +65 CHF
Rest – (49 CHF) Menu 54/110 CHF – Carte 68/105 CHF
♦ Hôtel de standing en bord de lac. Chambres et suites tout confort ; balcon avec vue sue l'eau pour celle situées à l'avant. Spa avec hammam, fitness et soins (massages). Restaurant-véranda panoramique devancé par une terrasse ; décor chic et choix traditionnel.

🏨 **Beaulac**   ≤ 🛖 ♨ 🛎 & AC 📞 🛁 ☕ VISA ⊕ AE ①
2 Esplanade Léopold-Robert – ℰ 032 723 11 11 – www.beaulac.ch
– Fax 032 725 60 35   **CZu**
90 ch – †215/270 CHF ††280/365 CHF, ⊇ 25 CHF – ½ P +42 CHF
Rest *Lake Side* – Menu 26 CHF (déj.)/65 CHF – Carte 66/95 CHF
♦ Proche du centre, hôtel rajeuni, côtoyant le port et un beau musée. Chambres classiques ou plus actuelles ; la moitié se trouve côté quai (jolie vue). Sushibar et restaurant panoramique servant de la cuisine "fusion" dans un cadre contemporain ou en plein air.

🏠	**Alpes et Lac**	⇐ 🛜 📶 📞 ♿ 🅿 VISA ⓜ AE ①

2 pl. de la Gare – ℰ *032 723 19 19 – www.alpesetlac.ch*
– Fax 032 723 19 20
30 ch ☕ – †135/168 CHF ††188/220 CHF – ½ P +37 CHF CY**r**
Rest *– (fermé 24 décembre - 4 janvier, samedi et dimanche)* (21 CHF)
Menu 52 CHF – Carte 48/68 CHF

♦ Façade de 1872, installations modernes, chambres donnant sur la gare ou sur le lac (plus calmes et avec balcon de ce côté-là), buffet matinal varié. Salle à manger de notre temps et terrasse d'été procurant une jolie vue sur les toits de la ville et les flots.

XXX **Hôtel DuPeyrou**   🛜 🍽 🔄 🅿 VISA ⓜ AE ①

1 av. DuPeyrou – ℰ *032 725 11 83 – www.dupeyrou.ch*
– Fax 032 724 06 28 – fermé 21 février - 8 mars, 18 juillet - 2 août,
dimanche et lundi CYZ**n**
Rest – (26 CHF) Menu 47 CHF (déj.)/140 CHF – Carte 83/107 CHF

♦ Ce petit palais du 18e s. appartint au financier Du Peyrou, ami de Rousseau. Table actuelle à touches créatives, cave où l'on choisit son fromage, belles salles de fêtes et parc.

NEUCHÂTEL

Street	Ref	
Abraham-Louis-Breguet (R.)	**CZ**	
Acacias (R. des)	**AY**	
Alexis-Marie-Piaget (Pl.)	**CZ**	
Alpes (Av. des)	**AY**	
Auguste Bachelin (R.)	**AY**	
Bassin (R. du)	**BZ**	
Beaux-Arts (R. des)	**CZ**	
Bercles (R. des)	**BZ**	
Cadolles (Av. des)	**AY**	
Cassarde (R. de la)	**BY**	
Château (R. du)	**BZ**	3
Clos Brochet (Av. de)	**CY**	
Comba Borel (R. de)	**AY**	
Côte (R. de la)	**AY**	
Crêt Taconnet (R. du)	**CY**	
Ecluse (R. de l')	**AZ**	
Eugène-Borel (Quai)	**ABZ**	
Evole (R. de l')	**AZ**	
Fahys (R. des)	**CY**	
Fontaine André (R. de)	**CY**	
Gare (Av. de la)	**BCY**	
Gare (Fg de la)	**CY**	
Gare (Pl. de la)	**CY**	
Georges Auguste Matile (R.)	**CY**	
Halles (Pl. des)	**BZ**	
Hôpital (Fg de l')	**BCZ**	
Hôpital (R. de l')	**BZ**	4
Hôtel-de-Ville (R. de l')	**BZ**	6
Jeanne-de-Hochberg (R.)	**AZ**	
Lac (Fg du)	**CYZ**	
Léopold-Robert (Quai)	**CZ**	
Louis-Favre (R.)	**BCY**	
Louis-Perrier (Quai)	**AZ**	
Main (R. de la)	**AZ**	
Maladière (R. de la)	**CY**	
Moulins (R. des)	**BZ**	
Musée (Ch. du)	**BZ**	7
Numa-Droz (Pl.)	**BZ**	9
Orée (R. de l')	**CY**	
Osterwald (Quai)	**BZ**	
Parcs (R. des)	**AZ**	
Pavés (Ch. des)	**ABY**	
Pertuis du Sault (Ch. du)	**BCY**	
Philippe-Godet (Quai)	**ABZ**	
Pierre à Bot (Rte de)	**AY**	
Pierre à Mazel (R. de la)	**CY**	10
Place d'Armes (R. de la)	**BZ**	12
Plan (R. du)	**ABY**	
Pommier (R. du)	**BZ**	13
Port (Pl. du)	**CZ**	
Poteaux (R. des)	**BZ**	15
Premier Mars (Av. du)	**CZ**	
Promenade Noire (R.)	**BZ**	16
Pury (Pl.)	**BZ**	
Rocher (R. du)	**CY**	
Sablons (R. des)	**BCY**	
St-Honoré (R.)	**BZ**	18
St-Maurice (R.)	**BZ**	19
St-Nicolas (R. de)	**AZ**	
Seyon (R. du)	**BZ**	21
Terreaux (R. des)	**BZ**	
Treille (R. de la)	**BZ**	22
Trésor (R. du)	**BZ**	24
Verger Rond (R. du)	**AY**	

XX **La Maison du Prussien** avec ch

11 r. des Tunnels, (Au Gor du Vauseyon) – ✆ 032 730 54 54
– www.hotel-prussien.ch – Fax 032 730 21 43 – fermé 21 décembre - 6 janvier, 19 juillet - 12 août
10 ch ⊇ – †150/290 CHF ††175/320 CHF – ½ P +65 CHF
Rest – (fermé samedi midi et dimanche) (35 CHF) Menu 49 CHF (déj.)/165 CHF – Carte 90/145 CHF

♦ Vieille maison nichée aux abords de la ville, entre gorges et chemin de fer. Carte créative proposée sous une verrière moderne ou l'été en terrasse. Pour l'étape nocturne, chambres rustiques personnalisées. Torrent aux flots parfois tumultueux en fond sonore.

XX **Le Banneret**

1 r. Fleury, (1er étage) – ✆ 032 725 28 61 – Fax 032 725 29 22 – fermé 20 décembre-4 janvier, 2-5 avril, 23-27 septembre, dimanche, lundi et jours fériés
Rest – (20 CHF) Menu 52/66 CHF – Carte 57/80 CHF   BZ**a**

♦ Cuisine italienne à apprécier au 1er étage d'une belle maison de 1609 à façade de style Renaissance tardive. Terrasse urbaine près d'une fontaine surmontée d'une statue.

NEUCHÂTEL

à Monruz Est : 2 km par ① – ⌧ 2008

Palafitte
2 rte des Gouttes-d'Or – ℰ 032 723 02 02 – www.palafitte.ch
– Fax 032 723 02 03
40 ch – ♦405/705 CHF ♦♦405/705 CHF, ⌑ 35 CHF – ½ P +80 CHF
Rest *Le Colvert* – (28 CHF) Menu 53 CHF (déj.)/130 CHF
– Carte 76/112 CHF
  ♦ Ensemble hôtelier unique, dans un site exceptionnel en bord de lac. Une ribambelle de pavillons sur pilotis abrite quarante belles chambres avec terrasse privée. Repas au goût du jour dans une salle design ou sur la terrasse au ras de l'eau.

à Hauterive Nord-Est : 5 km par ① – alt. 490 m – ⌧ 2068

Les Vieux Toits sans rest
20 r. Croix-d'Or – ℰ 032 753 42 42 – www.vieux-toits.ch – Fax 032 753 24 52
– fermé 12 février - 7 mars
10 ch ⌑ – ♦84/157 CHF ♦♦115/193 CHF
  ♦ Un sympathique accueil familial vous est réservé dans cette maison de village où vous habiterez de grandes chambres meublées avec soin et parfois mansardées.

Auberge d'Hauterive
9 r. Croix-d'Or – ℰ 032 753 17 98
– www.auberge-hauterive.ch – Fax 032 753 02 77
– fermé 1er- 23 janvier, dimanche et lundi
Rest – (20 CHF) Menu 54 CHF (déj.)/120 CHF
– Carte 48/106 CHF
  ♦ Bâtisse du 17e s. aux volets peints vous conviant à un repas traditionnel près d'une cheminée monumentale où crépitent de bonnes flambées quand le froid sévit. Jolie terrasse.

à Saint-Blaise Est : 5 km par ① – alt. 464 m – ⌧ 2072

Au Bocca (Claude Frôté)
11 av. Bachelin – ℰ 032 753 36 80 – Fax 032 753 13 23
– fermé 20 décembre - 11 janvier, 11 juillet - 16 août, dimanche et lundi
Rest – Menu 68 CHF (déj.)/180 CHF – Carte 82/124 CHF
Spéc. Filet de dorade au citron vert. Foie gras frais de canard poêlé aux fruits de la passion. Tranches de filet de boeuf du pays grillées sur un lit de roquette aux saveurs de basilic, olives et tomate.
  ♦ Claude Frôté et son équipe vous régalent d'une talentueuse cuisine créative dans cette salle moderne où s'exposent par tournante des œuvres de peintres renommés. Belle cave et service pro.

NEUHAUSEN AM RHEINFALL – Schaffhausen – **551** Q3 – siehe Schaffhausen

NEUHEIM – Zug (ZG) – **551** P6 – 1 940 Ew – Höhe 666 m – ⌧ 6345   **4** G3
▸ Bern 141 – Zürich 30 – Aarau 64 – Luzern 39

Falken
Hinterburgstr. 1 – ℰ 041 756 05 40
– www.dine-falken.ch – Fax 041 756 05 41
– geschl. 28. Februar - 9. März, 6. - 15. Juni, 31. Juli - 17. August und Montag - Dienstag
Rest – (32 CHF) Menü 98 CHF (abends)/134 CHF
– Karte 73/110 CHF
  ♦ In dem gut geführten Restaurant serviert man in freundlichem geradlinig-modernem Ambiente eine ambitionierte mediterran geprägte Küche.

NEUNKIRCH – Schaffhausen (SH) – **551** P3 – 1 790 Ew – Höhe 431 m 4 F2
– ✉ 8213

▶ Bern 143 – Zürich 49 – Baden 41 – Schaffhausen 13

XX **Gemeindehaus** ⇔ VISA ⦿ AE
☜☞ *Vordergasse 26, (1. Etage) – ℰ 052 681 59 59*
– www.restaurant-gemeindehaus.ch – Fax 052 681 50 07 – geschl. 11. Juli
- 11. August und Samstagmittag, Sonntag - Dienstag
Rest – (19 CHF) Menü 40 CHF (mittags)/76 CHF – Karte 49/95 CHF
♦ Das jahrhundertealte Gemeindehaus hat seinen ursprünglichen Charakter bewahrt. Serviert wird internationale Küche mit regionalen Einflüssen. Raucherlounge im alten Treppenhaus.

La NEUVEVILLE – Berne (BE) – **551** H6 – 3 444 h. – alt. 434 m 2 C4
– ✉ 2520

▶ Bern 51 – Neuchâtel 17 – Biel 16 – La Chaux-de-Fonds 37
🛈 4 r. du Marché, ℰ 032 751 49 49, laneuveville@jurabernois.ch

🏨 **J.-J. Rousseau** ≤ 🚗 🍽 |≡| ⅃ ⁽¹⁾ SA P VISA ⦿ AE
1 promenade J.-J. Rousseau – ℰ 032 752 36 52 – www.jjrousseau.ch
– Fax 032 751 56 23
22 ch ⊇ – †130/190 CHF ††200/320 CHF – ½ P +45 CHF
Rest – *(fermé dimanche soir de novembre à mars)* Menu 30 CHF (déj.)/71 CHF
– Carte 51/78 CHF
♦ Un hôtel rénové, sur la rive du lac de Bienne, face à une île évoquée par Rousseau dans les Rêveries. Chambres lumineuses et modernes, souvent tournées vers l'eau. Salles à manger et véranda "fashion", terrasses panoramiques, carte actuelle tendance "fusion".

NIEDERERNEN – Wallis – **552** N11 – siehe Fiesch

NIEDERMUHLERN – Bern (BE) – **551** J8 – 529 Ew – Höhe 845 m 2 D4
– ✉ 3087

▶ Bern 15 – Fribourg 36 – Langnau im Emmental 43 – Thun 26

XX **Bachmühle** 🍽 P VISA ⦿ AE
Nord-West: 1 km Richtung Oberscherli – ℰ 031 819 17 02
– www.bachmuehle.ch – Fax 031 819 78 24 – geschl. 1. - 17. Januar, 25. Juli
- 15. August und Montag - Dienstag
Rest – *(Mittwoch - Freitag nur Abendessen)* Menü 69/95 CHF (abends)
– Karte 61/97 CHF
♦ Die hübsche ehemalige Mühle in einem kleinen Weiler beherbergt dieses elegante Restaurant mit guter zeitgemässer Küche. Einfacher ist das Angebot in der rustikalen Burestube.

NIEDERRÜTI – Zürich – **551** P-Q4 – siehe Winkel

Le NOIRMONT – Jura (JU) – **551** G5 – 1 639 h. – alt. 969 m – ✉ 2340 2 C3
▶ Bern 80 – Delémont 38 – Biel 37 – La Chaux-de-Fonds 20

XXX **Georges Wenger** avec ch 🚗 🍽 AK rest, ⁽¹⁾ P VISA ⦿ AE ①
❀❀ *2 r. de la Gare – ℰ 032 957 66 33 – www.georges-wenger.ch*
– Fax 032 957 66 34 – fermé 23 décembre - 28 janvier, lundi et mardi
5 ch ⊇ – †250/330 CHF ††320/350 CHF
Rest – Menu 85/225 CHF – Carte 144/177 CHF 🍷
Spéc. Timbale de pois verts aux asperges, primeurs et morilles. Cabri de Monible "en apprêt entier", caillé aux herbes et artichauts sautés à cru. Rosace de pomme à l'abricot sec, glace au sirop de bourgeons de sapin et de jus de carcade.
♦ Accueil enjoué par la patronne volubile, déco distinguée, cave d'excellence, recettes classico-évolutives personnalisées avec succulence, à partir d'ingrédients haut de gamme. Grandes chambres élégamment personnalisées et breakfast soigné. Prestigieuses vitoles au fumoir.

NOTTWIL – Luzern (LU) – **551** N6 – 2 975 Ew – Höhe 518 m – ✉ 6207   **3** F3

▶ Bern 96 – Luzern 20 – Zürich 74 – Emmen 16

✗ **Krone** 🔒 ⚙ ⇔ **P** VISA ⊕ AE
*Oberdorfstr. 14 – ℰ 041 937 12 02 – www.krone-nottwil.ch – Fax 041 397 19 12
– geschl. 9. - 17. Februar, 19. Juli - 4. August und Dienstag - Mittwoch, Samstagmittag*
Rest – (20 CHF) Menü 52 CHF (veg.)/65 CHF – Karte 54/99 CHF
♦ Ein familiengeführter ländlicher Gasthof, in dem Sie saisonale Küche sowie freundlicher Service unter der Leitung des Chefs erwarten.

NOVAZZANO – Ticino (TI) – **553** R14 – 2 431 ab. – alt. 346 m   **10** H7
– ✉ 6883

▶ Bern 264 – Lugano 24 – Bellinzona 51 – Como 11

✗✗ **Locanda degli Eventi** 🔒 ⚙ **P** VISA ⊕ AE
⊛ *via Mulini 31 – ℰ 091 683 00 13 – www.locandadeglieventi.ch – chiuso sabato a mezzogiorno, domenica sera e lunedì*
Rist – (17 CHF) – Carta 60/94 CHF
♦ Locale periferico, una grande villa circondata dal verde, con ampio dehors estivo, ambiente caldo e luminoso e una cucina incentrata sulle ricette tradizionali.

I prezzi indicati davanti al simbolo ♦ corrispondono al prezzo minimo in bassa stagione e poi al prezzo massimo in alta stagione per una camera singola. Lo stesso principio è applicato al simbolo ♦♦ riferito ad una camera per due persone.

NOVILLE – Vaud (VD) – **552** F11 – 682 h. – alt. 374 m – ✉ 1845   **7** C6

▶ Bern 99 – Montreux 9 – Aigle 12 – Lausanne 37

✗✗ **L'Etoile** 🔒 **P** VISA ⊕
⊛ *1 ch. du Battoir – ℰ 021 960 10 58 – www.etoilenoville.ch – Fax 021 960 43 38
– fermé 3 semaines février, 2 semaines début juillet, lundi, mardi, décembre
- février : dimanche soir*
Rest – (18 CHF) Menu 50 CHF (déj.)/93 CHF – Carte 63/98 CHF
♦ Auberge familiale servant de la cuisine classique française dans un décor traditionnel rajeuni ou dehors en saison. Deux terrasses (plus jolie à l'arrière). Accès par le café.

NYON – Vaud (VD) – **552** B10 – 17 615 h. – alt. 406 m – ✉ 1260   **6** A6

▶ Bern 138 – Genève 28 – Lausanne 44 – Lons-le-Saunier 91
🛈 8 av. Viollier **A**, ℰ 022 365 66 00, info@nrt.ch
⛳ Domaine Impérial Gland, Est: 4 km, ℰ 022 999 06 00
👁 Promenade des vieilles murailles★ A
🏰 Château de Prangins★
Manifestations locales :
   15-23 avril : visions du réel
   20-25 juillet : Paléo-festival international de rock et folk
   11-21 août : FAR-festival des arts vivants

🏨 **Beau-Rivage** sans rest ≤ 🛗 AC 📞 🛁 **P** VISA ⊕ AE
*49 r. de Rive – ℰ 022 365 41 41 – www.leshotelsderive.ch – Fax 022 365 41 65
– fermé 15 décembre - 14 janvier*   B**x**
45 ch ⊑ – ♦290/320 CHF ♦♦330/360 CHF – 5 suites
♦ Goethe a logé dans cet hôtel fondé en 1481 au bord du lac. Balcon avec vue sur les flots pour certaines chambres. Salles de réunions, bar moderne, expo de toiles contemporaines.

NYON

Alfred-Cortot (Av.) . . . . . . **A** 2
Alpes (Quai des) . . . . **B**
César-Soulié (R.) . . . . **B**
Château (Pl. du) . . . . . . **AB** 3
Clémenty (Rte de) . . . . . . **A**
Colombière (R. de la) . . . **B** 4
Combe (R. de la) . . . . . . **A** 6
Cordon (R. du) . . . . **A**
Crève Coeur (Ch. de) . . . **A** 7
Gare (R. de la) . . . . **A**
Gare (R. de la) . . . . **A** 10
Genève (Rte de) . . . . **A** 12
Grand'Rue . . . . **A**
Jura (Prom. du) . . . . **A** 13
Juste-Olivier (R.) . . . . **A** 15
Lausanne (Rte de) . . . . . **B** 16
Louis-Bonnard (Quai) . . . **A**
Marchandises (R. des) . **AB** 17
Morâche (R. de la) . . . . . **A** 18
Perdtemps (Av. de) . . . . . **A** 19
Perdtemps (Pl.) . . . . . . **AB**
Porcelaine (R. de la) . . . **B** 21
Reverdil (Av.) . . . . **A**
Rive (R. de) . . . . **A**
St-Cergue (Rte de) . . . . . **A**
St-Jean (R.) . . . . **B**
Viollier (Av.) . . . . **A**
Vy Creuse (R. de la) . . . **B** 24

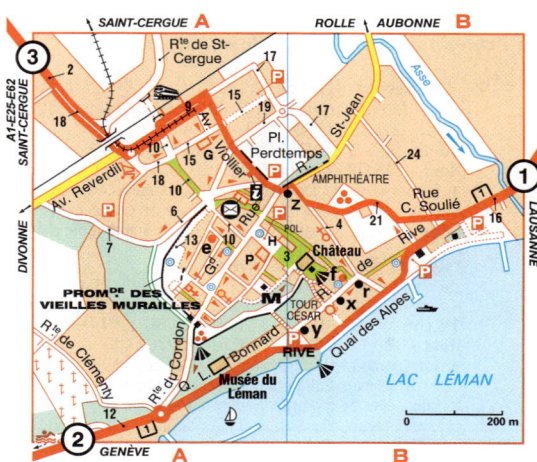

Real

1 pl. de Savoie – ✆ 022 365 85 85 – www.hotelrealnyon.ch – Fax 022 365 85 86
– fermé 19 décembre - 17 janvier   **B**y
30 ch ⌧ – †220/280 CHF ††280/360 CHF
Rest *Grand Café* – ✆ 022 365 85 95 *(fermé 24 décembre - 4 janvier, mardi, en hiver samedi-midi)* Carte 68/103 CHF

♦ Enseigne à la gloire du fameux club de foot madrilène, qui s'entraîne chaque année à Nyon. Chambres claires et modernes ; lac, port, château ou Mont-Blanc en toile de fond. Grand Café "trendy" proposant une cuisine italienne appétissante et des vins au verre.

Ambassador sans rest

26 r. Saint-Jean – ✆ 022 994 48 48 – www.hotel-ambassador-nyon.ch
– Fax 022 994 48 60 – fermé 23 décembre - 3 janvier   **AB**z
19 ch ⌧ – †180/240 CHF ††200/300 CHF

♦ Façade rose à volets blancs située en centre-ville. Lobby spacieux, terrasse pour se rafraîchir (carte boissons), chambres à préférer côté lac et château (un peu plus calmes).

Le Rive

15 r. de Rive – ✆ 022 362 34 34 – www.leshotelsderive.ch – Fax 022 362 34 35
28 ch ⌧ – †290/320 CHF ††330/360 CHF   **B**r
Rest *Le Lounge* – *(fermé octobre - avril : samedi et dimanche)* Menu 31 CHF (déj.) – Carte 65/95 CHF
Rest *Brasserie* – *(fermé octobre - avril : lundi et mardi)* (19 CHF) Menu 28 CHF – Carte 35/66 CHF

♦ De confortables chambres équipées "high-tech" sont à votre disposition dans cet hôtel situé entre quartier piétonnier et promenade du lac. Cuisine moderne et ambiance "trendy" au Lounge. Repas traditionnel dans une atmosphère vivante à la Brasserie.

Café du Marché

3 r. du Marché – ✆ 022 362 35 00 – www.cafedumarche.ch – fermé
22 décembre - 4 janvier, 2 semaines à Pâques et dimanche   **A**e
Rest – (24 CHF) Menu 48 CHF (déj.)/125 CHF – Carte 84/120 CHF

♦ Restaurant envoyant de la cuisine italienne généreuse dans une petite salle à manger "sympa" ou dans la partie café arrangée tout en simplicité. Spécialités du Tessin.

Le Maître Jaques

rue de Rive – ✆ 022 361 28 34 – www.maitrejaques.com – Fax 022 361 86 37
– fermé 24 décembre - 4 janvier, dimanche et lundi   **B**f
Rest – (21 CHF) – Carte 60/96 CHF

♦ Accueillante table bordant une rue piétonne. Salle bistrotière chaleureuse et boisée, pièce plus intime et terrasse près d'une fontaine veillée par la statue de Maître Jacques.

NYON

à Prangins par ① : 2 km – alt. 417 m – ✉ 1197

La Barcarolle
route de Promenthoux – ☎ *022 365 78 78* – *www.labarcarolle.ch*
– *Fax 022 365 78 00*
36 ch ⊐ – †270/350 CHF ††330/450 CHF – 3 suites – ½ P +50 CHF
Rest – (25 CHF) Menu 45 CHF (déj.)/98 CHF – Carte 77/89 CHF
♦ Sur les rives du lac, établissement tranquille disposant de chambres agréables à vivre. Salon de détente, bar "cosy", parc boisé et même ponton d'amarrage pour votre yacht ! Salles à manger plaisamment agencées. Cuisine au goût du jour.

Relais de L'Aérodrome avec ch
rte de l'Aérodrome ✉ *1197* – ☎ *022 365 75 45* – *www.relais-aerodrome.ch*
– *Fax 022 365 75 46* – *fermé 24 décembre - 13 janvier, mardi soir et mercredi*
14 ch – †150/170 CHF ††170/190 CHF, ⊐ 14 CHF
Rest – Menu 69/84 CHF – Carte 69/101 CHF
♦ Adresse moderne et "fashion" posée au bord de la piste de l'aéroclub de Prangins, dans un écrin de verdure. Cuisine aux influences intercontinentales. Terrasse sympathique. Chambres fonctionnelles de style contemporain, toutes de plain-pied, avec miniterrasse.

OBERÄGERI – Zug (ZG) – **551** Q6 – 5 203 Ew – Höhe 737 m – ✉ 6315   **4** G3
▶ Bern 151 – Luzern 46 – Rapperswil 27 – Schwyz 17

Gulm
Gulmstr. 62 – ☎ *041 750 12 48* – *www.gulm.ch* – *Fax 041 750 42 99* – *geschl. 8. - 23. Februar, 9. - 17. August, 4. - 19. Oktober und Montag - Dienstag*
Rest – (24 CHF) Menü 39/99 CHF – Karte 62/101 CHF
♦ Der erweiterte historische Gasthof in schöner Aussichtslage bietet in gemütlichen Stuben, im Wintergarten mit Seeblick sowie auf der Panoramaterrasse gute italienische Küche.

Hirschen mit Zim
Morgartenstr. 1 – ☎ *041 750 16 19* – *www.hirschen-oberaegeri.ch*
– *Fax 041 750 86 19* – *geschl. 18. Juli - 2. August*
2 Zim ⊐ – †135 CHF ††180 CHF – ½ P +45 CHF
Rest – *(geschl. Sonntag - Montag)* (23 CHF) Menü 87 CHF (abends)/115 CHF – Karte 68/88 CHF
♦ Unweit der Kirche liegt der Gasthof mit dem hellen modern gestalteten Restaurant und netter Terrasse. Geboten wird zeitgemässe Schweizer Küche. Zum Übernachten stehen zwei neuzeitlich eingerichtete Gästezimmer bereit.

OBERBIPP – Bern (BE) – **551** K5 – 1 503 Ew – Höhe 490 m – ✉ 4538   **3** E3
▶ Bern 44 – Basel 56 – Langenthal 13 – Solothurn 15

Eintracht
Oltenstr. 1 – ☎ *032 636 12 76* – *www.hoteleintracht.ch* – *Fax 032 636 12 79*
– *geschl. 26. Juli - 8. August, 22. Dezember - 4. Januar*
9 Zim ⊐ – †98 CHF ††145 CHF – ½ P +24 CHF
Rest – *(geschl. Samstag - Sonntag)* (18 CHF) – Karte 33/90 CHF
♦ Die Lage an der Kantonsstrasse sowie zeitgemässe und funktionelle Zimmer machen das familiär geleitete kleine Hotel für Durchreisende und Geschäftsleute interessant. Das Restaurant bietet traditionelle Küche. "La Différence" für besondere Anlässe.

OBERBOTTIGEN – Bern – **551** I7 – siehe Bern

OBERENTFELDEN – Aargau (AG) – **551** M5 – 7 130 Ew – Höhe 415 m   **3** E3
– ✉ 5036
▶ Bern 79 – Aarau 6 – Baden 31 – Basel 64

Aarau West garni
Muhenstr. 58, (beim Golfplatz) – ☎ *062 737 01 01* – *www.aarau-west.ch*
– *Fax 062 737 01 00* – *geschl. 23. Dezember - 3. Januar*
70 Zim ⊐ – †120/160 CHF ††180/220 CHF
♦ Die Lage unweit der Autobahnausfahrt und des Golfplatzes sowie hell, modern und funktionell eingerichtete Gästezimmer sprechen für dieses Hotel.

OBERERLINSBACH – Solothurn (SO) – 551 M4 – 691 Ew – Höhe 430 m   3 E2
– ✉ 5016

▶ Bern 88 – Aarau 5 – Basel 55 – Luzern 55

In Erlinsbach – Höhe 390 m – ✉ 5018

XXX **Hirschen** mit Zim
Hauptstr. 125 – ✆ 062 857 33 33 – www.hirschen-erlinsbach.ch
– Fax 062 857 33 00 – geschl. 20. Dezember - 7. Januar
19 Zim ⊇ – †135/165 CHF ††200/290 CHF
Rest – (26 CHF) Menü 85/112 CHF – Karte 66/121 CHF
♦ In dem engagiert geleiteten Familienbetrieb mit Gaststube, zeitlosem Restaurant und schöner Gartenterrasse setzt man auf regionale Produkte. Serviert wird schmackhafte Küche.

OBERGESTELN – Wallis (VS) – 552 O10 – 221 Ew – Höhe 1 353 m   8 F5
– ✉ 3988

▶ Bern 132 – Andermatt 41 – Brig 38 – Interlaken 77
◉ Source du Rhône, ✆ 027 973 44 00
◉ Nufenenpass ★★ Süd-Ost: 15 km

Hubertus
Schlüsselacker 35 – ✆ 027 973 28 28 – www.hotel-hubertus.ch
– Fax 027 973 28 69 – geschl. 6. April - 2. Mai, 18. Oktober - 26. November
23 Zim ⊇ – †105/170 CHF ††200/270 CHF – 5 Suiten – ½ P +45 CHF
Rest – (21 CHF) Menü 65/76 CHF – Karte 53/86 CHF
♦ Gäste schätzen an diesem Hotel die ruhige Lage ausserhalb des Dorfes sowie die zeitgemässe, wohnliche und helle Einrichtung der Zimmer. Im Restaurant mit Wintergarten bietet man traditionelle Küche und eine schöne Weinauswahl mit Trouvaillen aus dem Bordelais.

OBERHOFEN – Bern – 551 K9 – siehe Thun

OBERMEILEN – Zürich – 551 Q5 – siehe Meilen

OBERNAU – Luzern – 551 O7 – siehe Luzern

OBERRIET – Sankt Gallen (SG) – 551 V5 – 7 816 Ew – Höhe 421 m   5 I2
– ✉ 9463

▶ Bern 248 – Sankt Gallen 46 – Bregenz 33 – Feldkirch 12

XXX **Haus zur Eintracht**
Buckstr. 11 – ✆ 071 763 66 66 – www.hauszureintracht.ch – Fax 071 763 66 67
– geschl. 28. Februar - 7. März, 27. September - 17. Oktober und Mittwoch
Rest – (25 CHF) Menü 44 CHF (mittags)/98 CHF – Karte 51/102 CHF
Rest *Gaststube* – (25 CHF) Menü 43 CHF (mittags) – Karte 44/75 CHF
♦ Gemütlich sitzt man in den Restaurantstuben dieses schön restaurierten alten Gasthauses von 1614 oder auf der begrünten Terrasse. Das Speisenangebot ist zeitgemäss ausgerichtet. Die Gaststube bietet traditionelle Küche.

OBERSAXEN-MEIERHOF – Graubünden (GR) – 553 S9 – 819 Ew   10 H4
– Höhe 1 302 m – Wintersport : 1 201/2 310 m ≰15 ≰ – ✉ 7134

▶ Bern 241 – Chur 54 – Andermatt 58
🛈 ✆ 081 933 22 22, info@obersaxen.ch

Central und Haus Meierhof
in Meierhof – ✆ 081 933 13 23 – www.central-obersaxen.ch – Fax 081 933 10 22
– geschl. 11. April - 22. Mai, 31. Oktober - 15. Dezember
37 Zim ⊇ – †85/109 CHF ††150/198 CHF – ½ P +33 CHF
Rest – (19 CHF) Menü 69/78 CHF – Karte 40/90 CHF
♦ Das aus zwei Häusern bestehende Hotel befindet sich neben der Dorfkirche und verfügt über zeitgemässe Gästezimmer, die mit hellem Massivholz eingerichtet sind. Das Restaurant teilt sich in eine bürgerliche Gaststube und einen Wintergarten mit toller Sicht.

OBERSCHAN – Sankt Gallen (SG) – 551 V7 – Höhe 676 m – ✉ 9479   5 I3

▶ Bern 225 – Sankt Gallen 75 – Bad Ragaz 17 – Buchs 14

✕ **Mühle**   🛖 **P** VISA ⦿ AE
Grossbünt 2 – ℰ 081 783 19 04 – www.restaurantmuehle.ch
– Fax 081 783 13 14 – geschl. Mitte - Ende Juli und Dienstag - Mittwoch
Rest – (25 CHF) Menü 60/78 CHF – Karte 44/67 CHF
♦ Das Haus besteht aus einer 500-jährigen Maismühle und einem Anbau, in dem sich die rustikale Gaststube befindet. Das gehobene Stübli liegt im Museum. Traditionelle Küche.

OBERSTAMMHEIM – Zürich (ZH) – 551 R3 – 1 077 Ew – Höhe 448 m   4 G2
– ✉ 8477

▶ Bern 168 – Zürich 48 – Frauenfeld 14 – Konstanz 40

✕✕ **Zum Hirschen**   🛖 ⇔ **P** VISA ⦿ AE Ⓞ
⊜ *Steigstr. 4 – ℰ 052 745 11 24 – www.hirschenstammheim.ch*
– Fax 052 740 28 12 – geschl. 21. - 29. Dezember, 22. Februar - 16. März, 26. Juli
- 10. August und Montag - Dienstag
Rest – (19 CHF) Menü 78 CHF (abends)/104 CHF – Karte 57/80 CHF
♦ Das Riegelhaus von 1684 hat in seinen gemütlichen Stuben den Charme des einstigen herrschaftlichen Landsitzes bewahrt. Die Küche ist regional. Schlichte behagliche Übernachtungszimmer.

OBERWALD – Wallis (VS) – 552 P10 – 273 Ew – Höhe 1 370 m   8 F5
– Wintersport : 1 380/2 080 m ⚡3 ⚡ – ✉ 3999

▶ Bern 129 – Andermatt 38 – Brig 42 – Interlaken 74
🚆 Oberwald - Realp, Information, ℰ 027 927 76 66
🛈 Furkastrasse, ℰ 027 973 32 32, info@obergoms.ch
◉ Gletsch★★ Nord: 6 km – Grimselpass★★: ≼★★ Nord: 11,5 km
– Rhonegletscher : Eisgrotte★ Nord: 13 km

🏠 **Ahorni** ⦿   🛖 🛗 ♿ ✱ Rest, 🕪 **P** VISA ⦿
– ℰ 027 973 20 10 – www.ahorni.ch – Fax 027 973 20 32 – geschl. April
16 Zim ⊇ – ♦100/145 CHF ♦♦160/200 CHF – ½ P +35 CHF
Rest *Da Medici* – (20 CHF) – Karte 40/63 CHF
♦ Etwas versteckt und ruhig liegt das familiär geleitete kleine Hotel am Waldrand. Die Gästezimmer sind hell und funktionell ausgestattet, alle Doppelzimmer mit Balkon. Im Da Medici bietet man italienische Küche. Zudem hat man eine schöne Enoteca.

OBERWIL – Basel-Landschaft (BL) – 551 K4 – 10 169 Ew – Höhe 297 m   2 D2
– ✉ 4104

▶ Bern 102 – Basel 7 – Belfort 81 – Delémont 36

✕✕ **Viva**   🛖 ♿ AC **P** VISA ⦿ AE ⓄS
Hauptstr. 41 – ℰ 061 401 56 80 – www.vivadasrestaurant.ch
– Fax 061 401 56 81 – geschl. 1. - 4. Januar, 21. Februar - 8. März, 1. - 9. August,
24. Oktober - 7. November und Sonntag - Montag
Rest – (28 CHF) Menü 72 CHF (abends)/95 CHF – Karte 70/106 CHF
♦ Ein geradlinig-modernes Restaurant mit zentral angelegter kleiner Lounge und schöner Gartenterrasse. Das Speiseangebot ist mediterran - mittags reicht man eine kleinere Karte.

OBERZEIHEN – Aargau – 551 N4 – siehe Zeihen

OERLIKON – Zürich – 551 P5 – siehe Zürich

Le Guide MICHELIN
Une collection à savourer!

Belgique & Luxembourg
Deutschland
España & Portugal
France
Great Britain & Ireland
Italia
Nederland
Portugal
Suisse-Schweiz-Svizzera
Main Cities of Europe

Et aussi:

Hong Kong Macau
Kyoto Osaka
London
New York City
Paris
San Francisco
Tokyo

OLLON – Vaud (VD) – **552** G11 – 6 649 h. – alt. 468 m – ✉ 1867   7 C6
▶ Bern 108 – Montreux 21 – Évian-les-Bains 42 – Gstaad 52

※※ **Hôtel de Ville** avec ch   🛏 📶 ♿ ch, 📶 🅿 VISA ◎ AE
⌘ *place de l'Hôtel-de-Ville* – ✆ 024 499 19 22 – Fax 024 499 23 54
– *fermé 22 décembre - 14 janvier, mardi et mercredi*
7 ch ⌑ – 🛏 80 CHF 🛏🛏 130 CHF
Rest – (18 CHF) Menu 50/65 CHF – Carte 45/89 CHF
♦ Au centre du bourg, près du clocher, maison de pays où un chef belge mitonne de savoureux repas traditionnels. Jolie terrasse au jardin. Accueil gentil de la patronne. Chambres fraîches et nettes pour prolonger l'étape dans des conditions satisfaisantes.

à Plambuit Nord-Est : 7 km – alt. 798 m – ✉ 1867 Ollon

※ **Plambuit**   ≤ 🛏 🅿 VISA ◎
– ✆ 024 499 33 44 – www.plambuit.com – *fermé 4 janvier*
- *12 février, dimanche soir, lundi, mardi midi, de novembre à avril dimanche soir, lundi et mardi*
Rest – (20 CHF) Menu 62 CHF – Carte 54/84 CHF
♦ Ambiance alpine dans ce petit chalet dont les fenêtres éclairent généreusement une chaleureuse salle à manger boisée. Repas classique. Terrasse panoramique bien mignonne.

OLTEN – Solothurn (SO) – **551** M5 – 16 707 Ew – Höhe 396 m – ✉ 4600   3 E3
▶ Bern 69 – Aarau 15 – Basel 54 – Luzern 55
🛈 Klosterplatz 21 Z, ✆ 062 212 30 88, info@oltentourismus.ch
⛳ Weid Hauenstein Hauenstein, Nord: 7 km Richtung Basel, ✆ 062 293 44 53
⛳ Heidental Stüsslingen, Nord-Ost: 11 km über Winznau-Lostorf-Stüsslingen,
✆ 062 285 80 90

OLTEN

Aarauerstrasse . . . . Z 3
Aarburgerstrasse . . . . Z
Alte Brücke . . . . Z
Amthausquai . . . . YZ
Bahnhofbrücke . . . . Y
Bahnhofquai . . . . Y
Bahnhofstrasse . . . . Z 4
Baslerstrasse . . . . YZ
Belchenstrasse . . . . Y
Dornacherstrasse . . . . YZ
Fährweg . . . . Y
Friedhofweg . . . . Y
Froburgstrasse . . . . Y
Gösgerstrasse . . . . Y
Hagbergstrasse . . . . Y
Hagmattstrasse . . . . Y 6
Hauptgasse . . . . Z 7
Hausmattrain . . . . Z 9
Hübelistrasse . . . . Z 10
Ildefonsplatz . . . . Z 12
Jurastrasse . . . . Y
Kirchgasse . . . . Z 13
Klosterplatz . . . . Z
Konradstrasse . . . . Z 15
Leberngasse . . . . Z
Martin Disteli Strasse . . . . Z 16
Mühlegasse . . . . Z 18
Munzingerplatz . . . . Z 19
Ringstrasse . . . . YZ
Römerstrasse . . . . YZ 21
Rötzmattweg . . . . Z 22
Schützenmatte . . . . Z
Solothurnerstrasse . . . . . Z 24
Spitalstrasse . . . . Y 25
Tannwaldstrasse . . . . . . Z
Unterführungsstrasse . . . . Z 27
Ziegelfeldstrasse . . . . . . Y

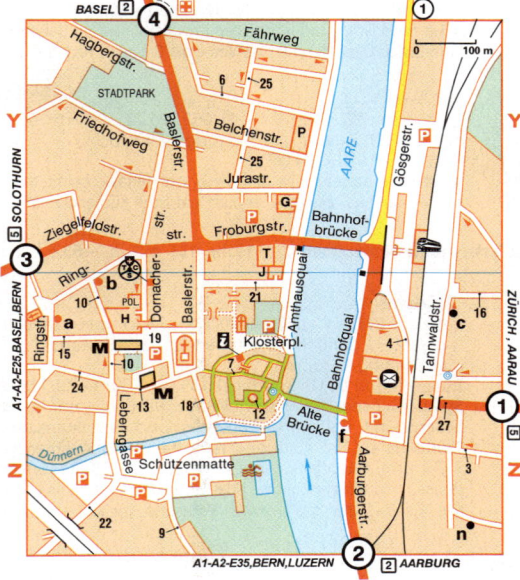

OLTEN

🏨 Arte
Riggenbachstr. 10 – ℰ 062 286 68 00 – www.konferenzhotel.ch
– Fax 062 286 68 10 **Zn**
79 Zim ⌿ – †130/240 CHF ††180/300 CHF – ½ P +40 CHF
Rest – (20 CHF) – Karte 36/72 CHF
• Das Businesshotel in günstiger Entfernung zum Bahnhof bietet neuzeitliche Zimmer und sehr gute Tagungsmöglichkeiten. Ständig wechselnde moderne Kunst ziert das ganze Haus. Restaurant mit internationalem Angebot.

🏨 Amaris garni
Tannwaldstr. 34 – ℰ 062 287 56 56 – www.hotelamaris.ch – Fax 062 287 56 57
37 Zim ⌿ – †115/145 CHF ††160/180 CHF **Zc**
• In dem engagiert geführten und modern ausgestatteten Hotel direkt am Bahnhof erwarten Sie wohnliche Zimmer mit guter Technik. Lebhafte Bar mit farbenfrohem Design.

XX Zum Goldenen Ochsen
Ringstr. 23 – ℰ 062 212 19 35 – www.ochsen-olten.ch – Fax 062 212 23 84
– geschl. 1. - 8. August und Sonntag - Montag **Zb**
Rest – (nur Menü) (22 CHF) Menü 54 CHF (mittags)/105 CHF – Karte 52/76 CHF
• Restaurant mit freundlichem Bistro, luftigem Wintergarten und lauschiger Gartenlaube. Die Menüs werden ergänzt durch Tagesempfehlungen auf einer Tafel. Moderne Event-Küche im OG.

XX Walliserkanne
Aarburgerstr. 6 – ℰ 062 296 44 76 – www.walliser-kanne.ch – Fax 062 296 44 72
– geschl. 1. - 10. Januar, 2. - 17. Oktober und Samstagmittag, Sonntag
Rest – (26 CHF) Menü 19 CHF (mittags)/49 CHF – Karte 51/83 CHF **Zf**
• An der Aare liegt das äusserlich eher unscheinbare Haus mit gemütlich-rustikalem Ambiente und klassisch-traditioneller Küche. Vor allem die Terrasse am Fluss ist angenehm.

XX Salmen
Ringstr. 39 – ℰ 062 212 22 11 – www.salmen-olten.ch – Fax 062 212 22 10
– geschl. 7. - 15. Februar, 18. Juli - 9. August und Sonntag - Montag
Rest – (38 CHF) Menü 69/98 CHF – Karte 59/93 CHF **Za**
• Ein freundliches und recht lebendiges Restaurant mit saisonaler Küche, das mit Fotos vom historischen Olten dekoriert ist. Vorne die Brasserie, hinten das Stukk-Säli.

XX Felsenburg
Aarauerstr. 157, über ① – ℰ 062 296 22 77 – Fax 062 296 13 76 – geschl.
12. Juli - 11. August und Dienstag - Mittwoch
Rest – Karte 56/104 CHF
• Über die Aussentreppe und die grosse Terrasse betritt man das gemütliche Restaurant. Überwiegend italienische, aber auch klassische Küche, dazu Wein aus Frankreich und Italien.

in Trimbach Nord: über ④ – Höhe 435 m – ✉ 4632

XXX Traube (Arno Sgier) ✿
Baslerstr. 211 – ℰ 062 293 30 50 – www.traubetrimbach.ch – Fax 062 293 01 50
– geschl. 31. Januar - 8. Februar, 18. Juli - 2. August, 3. - 14. Oktober
und Sonntag - Montag
Rest – Menü 60 CHF (mittags)/135 CHF – Karte 70/116 CHF
Spez. Ochsenschwanzravioli mit Pastinakenpüree und Pastinakenschaum. Scampi mit Calamares-Couscous und Basilikumsauce. Milchlammgigot mit Trüffeljus auf Pak Choi und Kartoffeln im Speckmantel.
• Der klare, moderne und angenehm reduzierte Stil des Restaurants findet sich auch in der stimmig und mit persönlicher Note zubereiteten Küche von Arno Sgier. Beliebt ist das kreative "Traube-Menü", das alle zwei Wochen wechselt.

OPFIKON – Zürich – siehe Zürich

ORIGLIO – Ticino (TI) – **553** R13 – 1 269 ab. – alt. 453 m – ✉ 6945   **10** H6
▶ Bern 237 – Lugano 9 – Bellinzona 24 – Como 39

a Carnago Est : 1 km – ✉ 6945

Origlio
via Cantonale – ✆ 091 945 46 46 – www.hoteloriglio.ch
– Fax 091 945 10 31
58 cam ⌑ – †183/225 CHF ††286/370 CHF – ½ P +48 CHF
Rist – (30 CHF) Menu 48 CHF (cena) – Carta 45/90 CHF
♦ Costruzione ben inserita nel contesto naturale della zona con una struttura a terrazze. Confort di livello omogeneo in ogni settore, camere ampie e luminose. La terrazza sul giardino e la graziosa sala da pranzo per una sorprendente carta di stampo francese.

ORMALINGEN – Basel-Landschaft (BL) – **551** M4 – 1 860 Ew   **3** E2
– Höhe 425 m – ✉ 4466
▶ Bern 83 – Aarau 24 – Baden 45 – Basel 31

Farnsburg mit Zim
Farnsburgerweg 194, Nord: 3 km – ✆ 061 985 90 30 – www.farnsburg.ch
– Fax 061 985 90 31 – geschl. Sonntagabend - Dienstag
4 Zim ⌑ – †100/120 CHF ††130/170 CHF
Rest – (36 CHF) Menü 74/115 CHF – Karte 60/104 CHF
♦ Spezialität in dem gemütlichen Landgasthof ausserhalb des Ortes ist Fleisch vom eigenen Bauernhof nebenan. Beeindruckend ist der begehbare Weinkeller mit über 2500 Positionen.

ORSELINA – Ticino – **553** Q12 – vedere Locarno

ORSIÈRES – Valais (VS) – **552** H13 – 2 843 h. – alt. 902 m – ✉ 1937   **7** D7
▶ Bern 151 – Martigny 20 – Aosta 57 – Montreux 63
ℹ rte de la Gare, ✆ 027 783 32 48, info@saint-bernard.ch

Terminus
place de la Gare – ✆ 027 783 20 40 – www.grosminus.ch – Fax 027 783 38 08
– fermé 8 - 23 avril et 27 octobre - 8 novembre
26 ch ⌑ – †70/75 CHF ††100/120 CHF – ½ P +28 CHF
Rest – (fermé mardi) (25 CHF) – Carte 34/65 CHF
♦ Hôtel familial côtoyant la gare d'un village situé au terminus de la ligne du Saint-Bernard-Express. Chambres proprettes. Celles de l'annexe offrent plus d'ampleur et de calme. Restaurant où l'on mange convenablement dans une ambiance décontractée.

Brasserie des Alpes
– ✆ 027 783 11 01 – Fax 027 783 38 78 – fermé 13 - 27 décembre, 15 - 30 mai, mardi et mercredi
Rest – (30 CHF) Menu 65/98 CHF – Carte 58/98 CHF
♦ Brasserie de tradition tenue depuis plus de 30 ans par la famille Joris. Carte mettant le terroir valaisan à l'honneur. Spécialité de risottos et "Menu Plaisir" en cinq actes.

ORVIN – Berne (BE) – **551** I6 – 1 227 h. – alt. 668 m – ✉ 2534   **2** C3
▶ Bern 51 – Delémont 49 – Biel 8 – La Chaux-de-Fonds 45

aux Prés-d'Orvin Nord-Ouest : 4 km – alt. 1 033 m – ✉ 2534

Le Grillon
– ✆ 032 322 00 62 – fermé 5 juillet - 3 août, lundi et mardi
Rest – (24 CHF) Menu 48/110 CHF – Carte 43/89 CHF
♦ Chalet de montagne face aux pistes. Décor actuel en salle, mets traditionnels, vins choisis et menu à recommander. Carte simple et bonnes fondues au café. Terrasse estivale.

OSTERFINGEN – Schaffhausen (SH) – **551** P3 – 359 Ew – Höhe 440 m   **4** F2
– ✉ 8218
▶ Bern 164 – Zürich 47 – Baden 41 – Schaffhausen 20

OSTERFINGEN

Bad Osterfingen
*Zollstrasse 75, Süd: 1 km – ℰ 052 681 21 21 – www.badosterfingen.ch
– Fax 052 681 43 01 – geschl. 24. Januar - 19. Februar, 11. Juli - 27. Juli und
Montag - Dienstag*
Rest – (28 CHF) – Karte 49/87 CHF

♦ Auf dem seit Generationen familiengeführten historischen Weingut bietet man eine unkomplizierte traditionelle Küche. Die Stuben versprühen ländlichen Charme, im lauschigen Garten sitzt man unter alten Kastanien.

OTTENBACH – Zürich (ZH) – **551** P5 – 2 252 Ew – Höhe 421 m 4 F3
– ✉ 8913

▶ Bern 115 – Zürich 22 – Aarau 38 – Luzern 38

Reussbrücke - Pavillon
Muristr. 32 – ℰ 044 760 11 61 – www.reussbruecke.ch – Fax 044 760 12 50
Rest – Menü 100/140 CHF (abends) – Karte 69/109 CHF
Rest *Bistro* – Menü 45 CHF – Karte 45/70 CHF

♦ Das Restaurant Pavillon ist ein heller neuzeitlicher Wintergarten mit Blick auf die Reuss und guter internationaler Küche. Zum Angebot gehört auch eine grosse Grappa-Auswahl. Im Bistro, einer rustikalen Gaststube, serviert man schmackhafte traditionelle Gerichte.

OUCHY – Vaud – **552** E10 – voir à Lausanne

OVRONNAZ – Valais (VS) – **552** H12 – 627 h. – alt. 1 350 m – Sports 7 D6
d'hiver : 1 400/2 500 m ⟋8 ⟋ – ✉ 1911

▶ Bern 152 – Martigny 26 – Montreux 65 – Sion 26
🛈 ℰ 027 306 42 93, info@ovronnaz.ch

L'Ardève
*à Mayens-de-Chamoson, Est : 2 km – ℰ 027 305 25 25 – www.hotelardeve.ch
– Fax 027 305 25 26 – fermé 8 novembre - 3 décembre*
15 ch ⚏ – †110/160 CHF ††150/230 CHF – ½ P +35 CHF
Rest – *(fermé lundi et mardi)* Menu 78/99 CHF – Carte 69/85 CHF
Rest *Brasserie* – (19 CHF) Menu 39/50 CHF – Carte 46/74 CHF

♦ Chalet contemporain dont la terrasse et les balcons procurent une vue magnifique sur la vallée et les Alpes valaisannes. Ambiance montagnarde ; quiétude assurée. Cuisine classique française au restaurant. Recettes valorisant le terroir local à la brasserie.

PAYERNE – Vaud (VD) – **552** G8 – 7 848 h. – alt. 452 m – ✉ 1530 7 C4

▶ Bern 53 – Neuchâtel 50 – Biel 62 – Fribourg 23
🛈 10 place du Marché, ℰ 026 660 61 61, tourisme@payerne.ch, Fax 026 660 71 26
🏌 Payerne, ℰ 026 662 42 20
◉ Site★ - Église abbatiale★★

Manifestations locales :
19-22 février : Brandons (fête populaire)

à Vers-chez-Perrin Sud : 2,5 km par route Fribourg/Romont – alt. 530 m
– ✉ 1551

Auberge de Vers-chez-Perrin avec ch
*Au Village – ℰ 026 660 58 46
– www.auberge-verschezperrin.ch – Fax 026 660 58 66
– fermé 24 - 27 décembre, 26 juillet - 1er août (restaurant)*
8 ch ⚏ – †108/148 CHF ††108/148 CHF – ½ P +38 CHF
Rest – *(fermé samedi midi, dimanche soir et lundi soir)* (20 CHF) Menu 55/99 CHF
– Carte 42/90 CHF

♦ Riante façade colorée pour cette auberge de campagne où règne une chaleureuse atmosphère familiale. Mets traditionnels et recettes italiennes se partagent la carte. Chambres fonctionnelles bien tenues.

PENEY Dessus et Dessous – Genève – **552** A11 – voir à Satigny

PENSIER – Fribourg (FR) – **552** H8 – alt. 551 m – ⊠ 1783   **2 C4**

▶ Bern 34 – Fribourg 10 – Neuchâtel 38 – Lausanne 78

X **Carpe Diem**   🈯 **P**
54 rte de Fribourg – ☎ *026 322 10 26* – *www.rist-carpediem.ch*
– *Fax 026 321 27 13* – *fermé 23 décembre - 5 janvier, 28 juillet*
- 7 août, dimanche, lundi et mardi
Rest *– (dîner seulement)* Menu 70 CHF – Carte 40/87 CHF

◆ Ancien moulin (1426) dans son écrin de verdure. Patronne à l'accueil, cuisine transalpine (avec table d'antipasti) faite par le patron, toiles modernes et déco façon brocante.

PERREFITTE – Berne – **551** I5 – **voir à Moutier**

PFÄFFIKON – Schwyz (SZ) – **551** R6 – 7 200 Ew – Höhe 412 m   **4 G3**
– ⊠ 8808

▶ Bern 159 – Zürich 36 – Rapperswil 6 – Schwyz 30

🎿 Nuolen Wangen, Ost: 14 km Richtung Lachen-Nuolen, ☎ 055 450 57 60

🏨🏨🏨 **Seedamm Plaza**   🈯 🍽 ♨ 🏊 ♿ 🆎 ❌ Rest, 📶 🔒 🅿
Seedammstr. 3 – ☎ *055 417 17 17*   VISA ⓜ 🆎 ⓞ
– *www.seedamm-plaza.ch* – *Fax 055 417 17 18*
142 Zim – ♦162/282 CHF ♦♦242/322 CHF, ⚏ 27 CHF
Rest *Pur* – *(geschl. Samstagmittag und Sonntagmittag)* (38 CHF)
Menü 96/127 CHF – Karte 78/113 CHF 🍷
Rest *Nippon Sun* – *(geschl. 11. Juli - 16. August und Samstagmittag, Sonntag - Montag)* Menü 45 CHF (veg.)/67 CHF – Karte 53/73 CHF
Rest *Punto* – (20 CHF) Menü 76 CHF – Karte 58/94 CHF

◆ Am Zürichsee gelegenes Businesshotel mit Kasino, grossem Tagungsbereich und modern-funktionellen Gästezimmern (zum Innenhof hin ruhiger). Pur: Internationales aus der Showküche. Nippon Sun mit japanischer Küche, auch Teppanyaki. Italienisches Angebot im Punto.

Le PICHOUX – Berne (BE) – **551** I5 – alt. 728 m – ⊠ 2716 Sornetan   **2 C3**

▶ Bern 74 – Delémont 19 – Biel 32 – Solothurn 52

XX **La Couronne**   🌳 🈯 **P**
Le Pichoux 33 – ☎ *032 484 91 28* – *Fax 032 484 91 28* – *fermé 15 décembre - 31 janvier, mardi soir et mercredi*
Rest – Menu 68 CHF – Carte 47/95 CHF

◆ Bois et pierres apparentes président au décor rustique du restaurant, perché au point culminant de la pittoresque route du Pichoux. Petites chambres simples mais soignées.

PIODINA – Ticino – **553** Q13 – **vedere Brissago**

PLAN-LES-OUATES – Genève – **552** B12 – **voir à Genève**

PLANS-MAYENS – Valais – **552** I-J11 – **voir à Crans-Montana**

PLAUN DA LEJ – Graubünden – **553** W11 – **siehe Sils Maria**

PLEUJOUSE – Jura (JU) – **551** I4 – 90 h. – alt. 585 m – ⊠ 2953   **2 C3**

▶ Bern 98 – Delémont 21 – Basel 46 – Biel 55

XX **Château de Pleujouse**   🈯 ✣ **P** VISA ⓜ
😊 *18 le Château* – ☎ *032 462 10 80* – *www.juragourmand.ch/le-chateau*
– *Fax 032 462 10 84* – *fermé 29 mars - 8 avril, 21 juin - 7 juillet, 11 - 20 octobre, 20 décembre - 6 janvier, lundi et mardi*
Rest – Menu 38/86 CHF – Carte 63/84 CHF

◆ Gastronomie au goût du jour dans un château fort datant du 10ᵉ s., perché sur un éperon rocheux. Restaurant d'été dans la cour, à l'ombre de la tour et d'un marronnier.

PONTE BROLLA – Ticino – **553** Q12 – **vedere Tegna**

PONTRESINA – Graubünden (GR) – **553** X10 – 1 916 Ew – Höhe 1 774 m – Wintersport : 1 805/2 262 m ≰2 ≰ – ✉ 7504   11 J5

▶ Bern 334 – Sankt Moritz 9 – Chur 94 – Davos 66
🛈 Kongresszentrum Rondo, ☏ 081 838 83 00, pontresina@estm.ch
⛳ Engadin Golf Samedan, Nord: 6 km, ☏ 081 851 04 66
⛳ Engadin Golf Zuoz-Madulain Zuoz, Nord: 18 km, ☏ 081 851 35 80
◉ Lage★★
◉ Belvedere di Chünetta★★★ Süd-Ost: 5 km – Diavolezza★★★ Süd-Ost: 10 km und ⛷ – Muottas Muragl★★ Nord: 3 km und Standseilbahn

Lokale Veranstaltungen:
18.-23. Februar: Magic Comedy Festival
1. März: Chalandamarz

Grand Hotel Kronenhof
Via Maistra 46 – ☏ 081 830 30 30
– www.kronenhof.com – Fax 081 830 30 31 – geschl. 12. April - 10. Juni, 25. Oktober - 2. Dezember
102 Zim (½ P inkl.) – ♦345/810 CHF ♦♦450/930 CHF – 10 Suiten
Rest Kronenstübli – *separat erwähnt*
♦ Im 19. Jh. ist dieses architektonische Juwel entstanden, stilvoll sind die Salons, prächtig die neubarocke Halle, in der man Nachmittagstee serviert. Die sehr schönen Suiten und Juniorsuiten bieten meist Gletscherblick, im modernen Spa relaxt man auf 2000 qm.

Walther
Via Maistra – ☏ 081 839 36 36 – www.hotelwalther.ch – Fax 081 839 36 37
– geschl. 7. April - 10. Juni, 4. Oktober - 9. Dezember
67 Zim ⊇ – ♦155/330 CHF ♦♦310/630 CHF – 3 Suiten – ½ P +55 CHF
Rest La Stüva – *separat erwähnt*
♦ Hübsch anzusehen ist das im Jahre 1907 eröffnete Hotel, das von Familie Walther engagiert geleitet wird. Die Zimmer sind klassisch-elegant oder mit ländlicher Note eingerichtet. Aqua Viva nennt sich der ansprechende Sauna- und Ruhebereich.

Saratz
Via da la Stazion – ☏ 081 839 40 00 – www.saratz.ch
– Fax 081 839 40 40 – geschl. 12. April - 3. Juni
93 Zim ⊇ – ♦235/415 CHF ♦♦280/515 CHF – ½ P +67 CHF
Rest Belle Epoque – ☏ 081 839 46 07 *(geschl. 12. April - 4. Juni und Sonntag - Montag)* (nur Abendessen) Menü 88/125 CHF – Karte 82/117 CHF
Rest Pitschna Scena – ☏ 081 839 45 80 – (24 CHF) – Karte 44/81 CHF
Rest La Cuort – ☏ 081 839 46 07 *(geschl. 12. April - 4. Juni)* (nur Abendessen) (Tischbestellung ratsam) Karte 64/75 CHF
♦ Das schmucke historische Chesa Nouva und der neuere Anbau Ela Tuff bieten zeitgemässe Zimmer - im Stammhaus hat man das Jugendstilflair bewahrt. Klassisch ist das Belle Epoque, internationale Küche. Donnerstags Live-Musik im Pitschna Scena. La Court: kleines Gewölbe mit Fondue und Raclette.

Allegra garni
Via Maistra – ☏ 081 838 99 00 – www.allegrahotel.ch – Fax 081 838 99 99
– geschl. 3. April - 3. Juni, 18. Oktober - 3. Dezember
52 Zim ⊇ – ♦145/240 CHF ♦♦195/320 CHF
♦ Hotel mit luftiger Atriumhalle und geradlinigen Feng-Shui-Zimmern, in der obersten Etage mit besonders schöner Sicht. Verbindungsgang zum öffentlichen Erlebnisbad Bellavita.

Müller
Via Maistra 100 – ☏ 081 839 30 00 – www.hotel-mueller.ch – Fax 081 839 30 30
– geschl. 6. April - 11. Juni, 18. Oktober - 4. Dezember
20 Zim ⊇ – ♦130/150 CHF ♦♦220/280 CHF – 3 Suiten – ½ P +40 CHF
Rest Stüva - EssZimmer – *separat erwähnt*
♦ Traditionsreiches Haus mit hellem klarem Interieur. Grosse Whisky-Auswahl in der Wintergarten-Lounge. Geschmackvoller Mix aus historisch und modern in den Suiten im Cà Rossa a. d. 18. Jh.

PONTRESINA

Schweizerhof
Via Maistra – ☏ 081 839 34 34 – www.schweizerhofpontresina.ch
– Fax 081 839 34 35 – geschl. 11. April - 1. Juni, 24. Oktober - 4. Dezember
67 Zim ⊇ – †115/225 CHF ††200/490 CHF – ½ P +35 CHF
Rest – Menü 54/75 CHF – Karte 55/87 CHF
• In diesem Hotel im Ortszentrum stehen unterschiedlich möblierte, praktisch ausgestattete Gästezimmer zur Verfügung, teilweise mit Balkon. Das behagliche rustikale Restaurant wird ergänzt durch eine urchige kleine Fondue-Stube.

Albris
Via Maistra ⊠ 7504 – ☏ 081 838 80 40 – www.albris.ch – Fax 081 838 80 50
– geschl. 11. April - 4. Juni, 24. Oktober - 3. Dezember
36 Zim ⊇ – †125/190 CHF ††200/420 CHF – ½ P +35 CHF
Rest *Kochendörfer* – separat erwähnt
• Die zuvorkommende Gästebetreuung durch Familie Kochendörfer und ihr Team sowie wohnliche Zimmer (darunter schöne Dachzimmer) überzeugen in diesem Haus. Zum Frühstück gibt es Leckeres aus der eigenen Bäckerei. Ruheraum und Sonnenterrasse mit Bergblick.

Steinbock
Via Maistra – ☏ 081 839 36 26 – www.hotelsteinbock.ch – Fax 081 839 36 27
32 Zim ⊇ – †130/170 CHF ††220/430 CHF – ½ P +35 CHF
Rest *Colanistübli* – (geschl. November: Mittwoch - Donnerstag) (22 CHF)
Menü 49/64 CHF – Karte 54/88 CHF
• Das Engadiner Haus a. d. 17. Jh. ist eine nette Ferienadresse mit gemütlichen Zimmern. Gäste können den Freizeitbereich des benachbarten Hotel Walther kostenfrei mitbenutzen. Im heimeligen Colanistübli serviert man regionale Küche mit internationalem Einfluss.

Chesa Mulin garni
Via da Mulin – ☏ 081 838 82 00 – www.chesa-mulin.ch – Fax 081 838 82 30
– geschl. 18. April - 5. Juni, 2. November - 18. Dezember
30 Zim ⊇ – †114/155 CHF ††190/275 CHF
• Ein Familienbetrieb mit freundlichen Zimmern, die alle mit einem dekorativen grossen Bild einem Engadiner Märchen gewidmet sind. Schöner Ausblick von der Liegeterrasse.

Kronenstübli – Grand Hotel Kronenhof
Via Maistra 46 – ☏ 081 830 30 30 – www.kronenhof.com – Fax 081 830 30 31
– geschl. 12. April - 17. Juni, 25. Oktober - 10. Dezember und Sonntag - Montag
Rest – *(nur Abendessen) (Tischbestellung ratsam)* Menü 98/148 CHF
– Karte 91/130 CHF
• Elegant und doch gemütlich ist das mit einer geschmackvoll-rustikalen Arvenholztäferung ausgekleidete Restaurant. Geboten wird eine klassische Küche.

La Stüva – Hotel Walther
Via Maistra – ☏ 081 839 36 36 – www.hotelwalther.ch – Fax 081 839 36 37
– geschl. 7. April - 10. Juni, 4. Oktober - 9. Dezember
Rest – Menü 98 CHF (abends) – Karte 87/120 CHF
• Mit angenehm hellen Tönen und 200 Jahre altem Fichtenholz hat man das Restaurant schön gestaltet. An gut eingedeckten Tischen reicht man eine zeitgemässe internationale Karte.

Kochendörfer – Hotel Albris
Via Maistra ⊠ 7504 – ☏ 081 838 80 40 – www.albris.ch – Fax 081 838 80 50
– geschl. 11. April - 4. Juni, 24. Oktober - 3. Dezember
Rest – (38 CHF) Menü 52 CHF – Karte 57/105 CHF
• Ein hübsches Restaurant in zeitgemässem Stil mit freundlichem Service und schmackhaften traditionellen Speisen - Spezialität des Hauses sind Fischgerichte.

Stüva - EssZimmer – Hotel Müller
Via Maistra 100 – ☏ 081 839 30 00 – www.hotel-mueller.ch – Fax 081 839 30 30
– geschl. 6. April - 11. Juni, 18. Oktober - 4. Dezember
Rest – (21 CHF) Menü 51/69 CHF – Karte 55/91 CHF
• Die rustikal-elegante Stüva und das moderne EssZimmer bieten italienische Küche mit Südtiroler und Schweizer Spezialitäten. Abends zudem klassische Tranchiergerichte in der Stüva.

PONTRESINA

Süd-Ost

🏠 Gasthaus Berninahaus ≤ 🈺 & ❄ Zim, 🅿 VISA ⓒ
7,5 km Richtung Berninapass ⌧ *7504 –* ✆ *081 842 64 05*
– www.berninahaus.ch – Fax 081 842 79 49 – geschl. November und Mai
21 Zim ⌑ – †80/112 CHF ††140/244 CHF – ½ P +31 CHF
Rest – Karte 46/77 CHF
♦ In 2000 m Höhe steht das im 16. Jh. erbaute regionstypische Haus. Die Zimmer (auch Familien-Maisonetten) sind mit viel Holz charmant eingerichtet. TV nur in den Superior-Zimmern. Auch in den drei gemütlichen Gaststuben bestimmt Holz den rustikalen Charakter.

🏠 Morteratsch ≤ 🚗 🈺 🅿 VISA ⓒ AE
5 km Richtung Berninapass ⌧ *7504 –* ✆ *081 842 63 13 – www.morteratsch.ch*
– Fax 081 842 72 58 – geschl. November, Mai
16 Zim ⌑ – †109/129 CHF ††178/223 CHF – ½ P +43 CHF
Rest – (21 CHF) – Karte 42/71 CHF
♦ Das kleine Hotel befindet sich am Talende, unterhalb des namengebenden Gletschers. Von den einfach eingerichteten Zimmern blickt man auf die Berge. Das Restaurant teilt sich in drei alpenländische Stuben und die schöne Sonnenterrasse zur Bernina-Bahnstation hin.

PORRENTRUY – Jura (JU) – 551 H4 – 6 564 h. – alt. 423 m – ⌧ 2900 2 C3

🚍 Bern 102 – Delémont 28 – Basel 56 – Belfort 37
🛈 5 Grand'Rue, ✆ 032 420 47 72, porrentruy@juratourisme.ch
⛳ La Largue Mooslargue (France), Nord-Est : 21 km, ✆ (0033) 389 07 67 67

🏠 Bellevue 🈺 📶 🍴 🅿 VISA ⓒ AE ①
😊
🍽 *46 rte de Belfort –* ✆ *032 466 55 44 – www.bellevue-porrentruy.ch*
– Fax 032 466 71 91
10 ch ⌑ – †110 CHF ††170 CHF – ½ P +25 CHF
Rest – Menu 38/55 CHF – Carte 53/91 CHF
Rest *Brasserie* – (19 CHF) – Carte 41/74 CHF
♦ Aux portes du bourg, construction basse dont le toit plat abrite des chambres contemporaines d'un bon niveau de confort. Brasserie servant des préparations simples.

PORTO RONCO – Ticino (TI) – 553 Q12 – alt. 205 m – ⌧ 6613 9 G6

🚍 Bern 244 – Locarno 8 – Bellinzona 28 – Lugano 51

✕ San Martino con cam ≤ 🈺 📶 ⇄ 🅿 VISA ⓒ
via Cantonale 47 – ✆ *091 791 91 96 – www.san-martino.ch – Fax 091 791 93 35*
– chiuso 11 - 25 novembre, 6 gennaio - 4 febbraio e mercoledì, giovedì a mezzogiorno
5 cam ⌑ – †120/160 CHF ††160/200 CHF **Rist** – Carta 69/104 CHF
♦ Di fronte all'isola di Brissago, si gode di una vista incantevole dalla veranda-terrazza di questo curato ristorantino ricco di fascino. Direttamente a bordo lago.

POSCHIAVO – Grigioni (GR) – 553 Y11 – 3 476 ab. – alt. 1 014 m 11 K5
– ⌧ 7742

🚍 Bern 366 – Sankt Moritz 40 – Chur 126 – Davos 99
🛈 Stazion, ✆ 081 844 05 71, info@valposchiavo.ch
◉ Lago★
◉ Alp Grüm★★★ Nord : 18 km e treno

🏠 Suisse 🈺 📶 ❄ rist, 🅿 VISA ⓒ AE ①
Via da Mez – ✆ *081 844 07 88 – www.suisse-poschiavo.ch – Fax 081 844 19 67*
– chiuso 1° novembre - 12 dicembre
25 cam ⌑ – †87/118 CHF ††136/208 CHF – ½ P +35 CHF
Rist – (28 CHF) – Carta 46/72 CHF
♦ In centro paese, albergo con camere moderne: risorsa ideale per soggiorni di sport o di relax a contatto con le bellezze naturalistiche della vallata. Vivaci colori e gustosi piatti fedeli alla tradizione nella luminosa sala da pranzo.

PRAGG-JENAZ – Graubünden (GR) – **553** W8 – **Höhe 719 m** – ✉ 7231 5 J4
▶ Bern 241 – Chur 31 – Bad Ragaz 22 – Davos 30

Sommerfeld mit Zim
Hauptstr. 264, (beim Bahnhof) – ✆ *081 332 13 12* – *www.sommerfeld.ch*
– *Fax 081 332 26 06* – *geschl. 12. April - 6. Mai, 27. September - 21. Oktober*
19 Zim – †78/98 CHF ††126/166 CHF – ½ P +25 CHF
Rest – *(geschl. Dienstag - Mittwoch)* (17 CHF) Menü 58 CHF (mittags)/124 CHF
– Karte 45/89 CHF
◆ Regional und mit kreativen Elementen kocht man in dem von der Familie engagiert geführten Landgasthof. Drei gemütliche Stuben und ein schöner begehbarer Weinkeller. Neben gepflegten Zimmern bietet man für Übernachtungsgäste auch Abenteuertouren an.

PRANGINS – Vaud – **552** C10 – **voir à Nyon**

Les PRÉS-D'ORVIN – Berne – **551** H6 – **voir à Orvin**

Le PRESE – Grigioni (GR) – **553** Y12 – **alt. 965 m** – ✉ 7746 11 K5
▶ Bern 371 – Sankt Moritz 45 – Chur 131 – Davos 103

La Romantica
– ✆ *081 844 03 83* – *www.laromantica.ch* – *Fax 081 844 10 33* – *chiuso 31 ottobre - 15 aprile*
25 cam – †75/102 CHF ††120/174 CHF – ½ P +32 CHF
Rist *Giardino* – Carta 45/70 CHF
◆ Recentemente rinnovato nelle camere, aggraziate con dettagli di pregio ed originalità, l'hotel si contraddistingue per la cordiale gestione familiare. Cucina mediterranea nel ristorante con grande veranda affacciata sul giardino.

a Miralago Sud-Est : 3 km – alt. 965 m – ✉ 7743

Miralago
– ✆ *081 839 20 00* – *www.miralago.ch* – *Fax 081 839 20 01* – *chiuso 3 gennaio - 1° aprile e 24 ottobre - 20 dicembre*
9 cam – †80/160 CHF ††130/220 CHF – ½ P +35 CHF
Rist – *(chiuso 3 gennaio - 6 febbraio e 24 ottobre - 20 dicembre, febbraio - marzo: martedì e mercoledì, aprile - metà maggio: mercoledì)* (33 CHF)
Menu 40 CHF – Carta 44/72 CHF
◆ In posizione gradevolissima - direttamente sul lago - sorge questa bella risorsa restaurata in uno stile attuale. Graziose camere tutte personalizzate: alcune romantiche, altre un po' più rustiche. Alla calda atmosfera della sala in legno, preferite in estate il fresco sasso del grottino. Piatti regionali in menu.

PRÉVERENGES – Vaud (VD) – **552** D10 – **4 513 h.** – **alt. 411 m** 6 B5
– ✉ 1028
▶ Bern 110 – Lausanne 10 – Genève 54 – Montreux 46

La Plage avec ch
5 av. de la Plage – ✆ *021 803 07 93* – *www.hotel-laplage.ch*
– *Fax 021 801 25 35* – *fermé novembre - février, mars - avril: dimanche et lundi*
7 ch – †140/150 CHF ††190/205 CHF – ½ P +40 CHF
Rest – (17 CHF) Menu 59 CHF (déj.)/98 CHF – Carte 78/113 CHF
◆ Sur la promenade du lac, établissement composé d'un petit café, d'une salle à manger bourgeoise et d'une terrasse côté Léman. Cuisine classique et carte des vins intéressante. Nuits calmes dans des chambres fraîches et nettes. Joli jardin de repos à l'arrière.

PULLY – Vaud – **552** E10 – **voir à Lausanne**

La PUNT-CHAMUES-CH. – Graubünden (GR) – **553** X10 – **714 Ew** 11 J5
– **Höhe 1 697 m** – ✉ 7522
▶ Bern 318 – Sankt Moritz 14 – Chur 77 – Davos 53

La PUNT-CHAMUES-CH.

Gasthaus Krone
- ℰ 081 854 12 69 – www.krone-la-punt.ch – Fax 081 854 35 48 – geschl.
5. April - 20. Mai und 1. November - 9. Dezember
17 Zim – †140/160 CHF ††220/260 CHF
Rest – (geschl. Mai - Juni Montag und Dienstag) (28 CHF) Menü 75 CHF (abends)
– Karte 57/123 CHF
• Ein ansprechender Mix aus geradlinig-modernem Design, heimischem Holz und Kunst bestimmt die Einrichtung dieses sympathischen und persönlich geführten historischen Gasthauses am Inn. Das Restaurant teilt sich in vier charmante Stuben, zudem hat man eine sonnige Terrasse. Die Küche ist regional.

Bumanns Chesa Pirani
Hauptstrasse – ℰ 081 854 25 15 – www.chesapirani.ch – Fax 081 854 25 57
– geschl. 4. April - 10. Juni, 10. Oktober - 9. Dezember und Sonntag - Montag (ausser Hochsaison)
Rest – (nur Abendessen) (Tischbestellung ratsam) Menü 148/218 CHF
– Karte 114/179 CHF
Spez. Menü mit Schweizer Safran aus Mund im Wallis.
• Es ist die liebenswürdige Art der Gastgeber, die dem Haus mit den eleganten kleinen Arvenstuben seine persönliche Note gibt. Safran steht im Mittelpunkt der kreativen Küche von Daniel Bumann, die stets eine regionale und saisonale Basis hat.

Gute Küche zu moderatem Preis? Folgen Sie dem Bib Gourmand.

RAPPERSWIL – Sankt Gallen (SG) – **551** R6 – 7 601 Ew – Höhe 409 m   **4** G3
– ✉ 8640

▶ Bern 161 – Zürich 39 – Sankt Gallen 73 – Schwyz 34

🛈 Fischmarktplatz 1, Rapperswil-Jona, ℰ 055 220 57 57, information@rapperswil.jona.ch, Fax 055 220 57 50.

⛳ Nuolen Wangen, Süd-Ost: 18 km Richtung Pfäffikon-Lachen-Nuolen, ℰ 055 450 57 60

Lokale Veranstaltungen:
6. Juni: Ironman
25.-27. Juni: Blues'n Jazz

Schwanen
Seequai 1 – ℰ 055 220 85 00 – www.schwanen.ch – Fax 055 210 77 77
25 Zim – †185/255 CHF ††320 CHF, 25 CHF – ½ P +80 CHF
Rest Le Jardin – (geschl.11. Januar - 7. Februar) Menü 47 CHF (mittags)/144 CHF
– Karte 63/121 CHF
Rest Schwanen Bar – Menü 54 CHF – Karte 55/118 CHF
• Schön liegt das historische Gebäude in einer Häuserzeile an der Seepromenade. Die modern eingerichteten Gästezimmer bieten teilweise eine tolle Sicht auf den Zürichsee. Le Jardin mit klassischer Küche. In der Schwanen Bar serviert man Grilladen - am Abend mit Live-Pianomusik.

Hirschen garni
Fischmarktplatz 7 – ℰ 055 220 61 80 – www.hirschen-rapperswil.ch
– Fax 055 220 61 81 – geschl. 20. Dezember - 4. Januar
13 Zim – †135/157 CHF ††195/225 CHF
• In dem kleinen Hotel am Fischmarktplatz nahe dem See stehen romantische, individuell und mit Geschmack eingerichtete Gästezimmer zur Verfügung.

Speer
Untere Bahnhofstr. 5 – ℰ 055 220 89 00 – www.hotel-speer.ch
– Fax 055 220 89 89
56 Zim – †155/185 CHF ††210/230 CHF   **Rest** – (20 CHF) – Karte 41/80 CHF
• Das Hotel gegenüber dem Bahnhof bietet einen neuzeitlichen Hallenbereich sowie zeitgemäss und funktionell ausgestattete, teilweise besonders wohnliche und moderne Zimmer. Asiatische Küche im Restaurant Sayori mit integrierter Sushi-Bar.

RAPPERSWIL

XX Falkenburg
Hauptplatz 4 – ℰ 055 214 11 22 – www.falkenburg-rapperswil.ch
– geschl. 26. - 30. Dezember, 25. Juli - 9. August und Samstagmittag, Sonntag - Montag
Rest – *(mittags auch einfache Karte)* (26 CHF) Menü 53 CHF (mittags)/138 CHF
– Karte 69/125 CHF

♦ In diesem modern eingerichteten Restaurant bietet der ambitionierte Chef zeitgemässe Speisen, die auch auf der netten Terrasse am schönen Hauptplatz serviert werden.

XX Villa Aurum
Alte Jonastr. 23 – ℰ 055 220 72 82 – www.villaaurum.ch – Fax 055 220 72 89
– geschl. 28. Februar - 11. März, 25. Juli - 12. August und Sonntag - Montag
Rest – *(Tischbestellung ratsam)* Menü 61 CHF (mittags)/112 CHF
– Karte 57/98 CHF

♦ In einer schmucken Herrschaftsvilla von 1878 befinden sich vier helle elegante Restauranträume, in denen man zeitgemässe Küche serviert. Schön sind auch die Gartenterrasse - teilweise unter einer grossen Kastanie - sowie der historische Weinkeller mit Gewölbe.

XX Schloss Restaurant
Lindenhügel, (im Schloss Rapperswil) – ℰ 055 210 18 28
– www.schloss-restaurant.ch – Fax 055 210 90 49 – geschl. 24. Januar
- 15. Februar, 25. Juli - 5. August und Sonntagabend - Montag
Rest – (26 CHF) Menü 89/98 CHF – Karte 72/86 CHF

♦ Die Kombination von Tradition und Design macht den Charme dieses modernen Restaurants im mächtigen Gemäuer des Schlosses a. d. 13. Jh. aus. Schöne Innenhofterrasse.

X Thai Orchid
Engelplatz 4 – ℰ 055 210 91 91 – www.thaiorchid.ch – Fax 055 210 02 21
– geschl. 24. Dezember - 6. Januar, 19. Juli - 9. August und Montag, Samstagmittag, Sonntagmittag
Rest – Menü 20 CHF (mittags Buffet) – Karte 42/88 CHF

♦ Das Stadthaus in der Fussgängerzone beherbergt ein thailändisches Restaurant mit authentischer Küche und landestypischem Dekor.

X Rössli
Hauptplatz 5 – ℰ 055 211 13 45 – www.roessli-rapperswil.ch
– Fax 055 211 13 69 – geschl. 1. - 8. Februar, 1. - 8. November und Sonntagabend
Rest – (24 CHF) Menü 68 CHF – Karte 59/80 CHF

♦ Inmitten der Stadt liegt dieses unterteilte Lokal in einem alten Gewölbekeller mit modernem Bistrobereich und Terrasse zum Hauptplatz. Zeitgemässe Küche.

in Rapperswil-Jona Nord : 1 km Richtung Rüti – Höhe 433 m

XX Weinhalde mit Zim
Rebhalde 9, (Krempraten) – ℰ 055 210 66 33 – www.weinhalde.ch
– Fax 055 211 17 72 – geschl. 25. Januar - 6. Februar (Restaurant)
12 Zim ⌑ – †95/130 CHF ††210/250 CHF
Rest – (21 CHF) Menü 48 CHF (mittags)/86 CHF – Karte 60/101 CHF

♦ In einem der verschiedenen Governing sowie auf der Terrasse reicht man eine Karte mit zeitgemässen Gerichten. Ruhige, modern ausgestattete Zimmer erwarten den Gast.

Les RASSES – Vaud – **552** D8 – **voir à Sainte-Croix**

RAVAISCH – Graubünden – **553** AA8 – **siehe Samnaun**

RECKINGEN – Wallis (VS) – **552** N10 – 508 Ew – Höhe 1 315 m   **8** F5
– ✉ 3998

▶ Bern 141 – Andermatt 50 – Brig 30 – Interlaken 85
🛈 Bahnhof ℰ 027 973 33 44, obergoms@reckingen-gluringen.ch

RECKINGEN

Joopi
Bahnhofstrasse – ℰ 027 974 15 50 – www.joopi.ch – Fax 027 974 15 55 – geschl. Mitte Juni - Ende Oktober, Mitte Dezember - Mitte April
20 Zim ⌒ – †65/80 CHF ††120/160 CHF – ½ P +30 CHF
Rest – *(geschl. Mittwoch ausser Saison)* Karte 37/65 CHF
♦ Gepflegte, wohnlich-rustikal eingerichtete Zimmer stehen in dem Familienbetrieb, einem regionstypischen Holzhaus im Dorfkern, zur Verfügung. Zum Restaurant gehört eine nette Sonnenterrasse.

REGENSDORF – Zürich (ZH) – **551** P4 – 15 652 Ew – Höhe 443 m   **4** F2
– ✉ 8105

▶ Bern 121 – Zürich 19 – Baden 22 – Luzern 61

  Mövenpick
*Zentrum – ℰ 044 871 51 11 – www.moevenpick-regensdorf.com
– Fax 044 871 50 19*
150 Zim – †185/415 CHF ††215/415 CHF, ⌒ 28 CHF
Rest – Karte 46/101 CHF
Rest *Ciao* – Karte 38/74 CHF
♦ Hier überzeugen meist sehr geräumige wohnlich-moderne Zimmer mit aktueller Technik sowie ein top Seminarbereich. Zugang zum benachbarten Fitness- und Wellnesscenter. Modernes Restaurant mit typisch traditionellem Angebot. Italienische Küche im Ciao, hübsche Terrasse.

Trend
Eichwatt 19 – ℰ 044 870 88 88 – www.trend-hotel.ch – Fax 044 870 88 99
59 Zim – †160/235 CHF ††185/270 CHF, ⌒ 26 CHF – 8 Suiten
Rest – (28 CHF) – Karte 56/96 CHF
♦ Die gute Autobahnanbindung, zeitgemässe und funktionelle Zimmer sowie variable Tagungsräume machen das Hotel vor allem für Businessgäste interessant. Die verschiedenen Restaurants Greenhouse, Luba Hati und Little Italy bieten internationale Küche.

  Hirschen
*Watterstr. 9 – ℰ 044 843 22 22 – www.hirschen-regensdorf.ch
– Fax 044 843 22 33 – geschl. 27. Dezember - 2. Januar*
31 Zim – †145/160 CHF ††190/200 CHF, ⌒ 18 CHF
Rest – *(geschl. Samstagmittag)* (20 CHF) – Karte 42/94 CHF
♦ Wohnlich sind die teilweise mit Parkettboden ausgestatteten Gästezimmer in diesem Haus, ansprechend ist der trendige Lounge-/Barbereich. Gemütliches Restaurant und hübscher Hirschenkeller mit Gewölbe, in dem mittwochs Raclette- und Fondue-Abende stattfinden.

REHETOBEL – Appenzell Ausserrhoden (AR) – **551** V5 – 1 685 Ew   **5** I2
– Höhe 958 m – ✉ 9038

▶ Bern 218 – Sankt Gallen 13 – Appenzell 27 – Bregenz 28

  Gasthaus Zum Gupf (Walter Klose) mit Zim
*Gupf 20, (auf dem Bergrücken), Nord-Ost: 2 km
– ℰ 071 877 11 10 – www.gupf.ch – Fax 071 877 15 10 – geschl. Februar
- 3. März, 12. - 27. Juli und Montag - Dienstag*
10 Zim ⌒ – †180 CHF ††250 CHF
Rest – *(Tischbestellung ratsam)* (40 CHF) Menü 89/119 CHF – Karte 72/118 CHF
Spez. Lauwarmer Kalbskopf mit Tomaten-Vinaigrette. Spanferkel mit Kartoffelstock und Bohnen. Geschmortes Kalbsbäggli und Filet mit Risotto.
♦ Harmonisch fügt sich das Gasthaus mit der Holzfassade und den gemütlichen Stuben in die malerische Berglandschaft ein. Die klassische Küche basiert auf saisonalen und regionalen Produkten. Weinkeller mit rund 1650 Positionen und einer Vielzahl an Grossflaschen. Liebenswerte wohnliche Gästezimmer, darunter zwei Suiten.

REICHENAU-TAMINS – Graubünden – **553** U8 – siehe Tamins

REICHENBACH – Bern (BE) – **551** K9 – 3 340 Ew – Höhe 706 m   **8** E5
– ✉ 3713

▶ Bern 47 – Interlaken 26 – Gstaad 58 – Kandersteg 19

REICHENBACH

Bären mit Zim
Dorfplatz – ℰ 033 676 12 51 – www.baeren-reichenbach.ch – Fax 033 676 27 44
– geschl. 27. Juni - 22. Juli, 10. - 27. November und Montag - Dienstag
3 Zim – †90 CHF ††170 CHF   **Rest** – (22 CHF) – Karte 54/104 CHF
♦ In den gemütlichen Stuben dieses wunderschönen Berner Hauses aus dem 16. Jh. lässt man sich sorgfältig zubereitete traditionelle Speisen schmecken.

RHEINFELDEN – Aargau (AG) – 551 L4 – 10 870 Ew – Höhe 285 m   3 E2
– Kurort – ✉ 4310

▶ Bern 93 – Basel 21 – Aarau 37 – Baden 46
🛈 Marktgasse 16, ℰ 061 835 52 00, tourismus@rheinfelden.ch
Rheinfelden, ℰ 061 833 94 07

Park-Hotel am Rhein
Roberstenstr. 31 – ℰ 061 836 66 33 – www.park-hotel.ch – Fax 061 836 66 34
56 Zim – †185/285 CHF ††335/375 CHF – ½ P +42 CHF
Rest *Bellerive* – Menü 41/66 CHF – Karte 54/89 CHF
Rest *Park-Café* – (26 CHF) – Karte 36/74 CHF
♦ Das Hotel bietet unterschiedlich möblierte Gästezimmer und eine zum Teil kostenlose Nutzung der im angeschlossenen Kurzentrum zur Verfügung stehenden Einrichtungen. Das Bellerive ist ein modernes Restaurant, das einen schönen Blick auf den Rhein bietet.

Schützen
Bahnhofstr. 19 – ℰ 061 836 25 25 – www.hotelschuetzen.ch – Fax 061 836 25 36
35 Zim – †152/172 CHF ††209 CHF – ½ P +36 CHF
Rest *Farfallina* – (geschl. 25. - 31. Dezember sowie im Winter: Sonntagabend)
(22 CHF) Menü 39 CHF (mittags)/52 CHF – Karte 49/79 CHF
♦ Ein klassisches Gebäude der Jahrhundertwende ist das Haus, das mit seinen modernen und funktionellen Zimmern und einem kleinen öffentlichen Kellertheater überzeugt. Das Farfallina wurde hell und neuzeitlich gestaltet, mit grossen Fenstern zum Garten hin.

Schiff am Rhein
Marktgasse 58 – ℰ 061 836 22 22 – www.hotelschiff.ch – Fax 061 836 22 00
46 Zim – †145 CHF ††195 CHF – ½ P +38 CHF
Rest – (20 CHF) Menü 35/49 CHF – Karte 46/66 CHF
♦ Direkt an Rhein und Zoll gelegenes Hotel, das Ihnen modern ausgestattete Gästezimmer bietet - teils auch mit Aussicht auf den Fluss. In verschiedene Bereiche gegliedertes Restaurant.

Schlossgarten
Feldschlösschenstr. 32, (auf dem Brauerei Feldschlösschenareal)
– ℰ 061 836 90 10 – www.restaurant-schlossgarten.ch – Fax 061 836 90 19
– geschl. Samstagmittag und Sonntag
Rest – (30 CHF) Menü 87/127 CHF – Karte 65/115 CHF
♦ Vor den Toren der traditionsreichen Feldschlösschenbrauerei findet man das Restaurant mit ambitionierter klassischer Küche, elegantem Wintergarten-Pavillon und nettem Garten.

RIEDERALP – Wallis (VS) – 552 M11 – Höhe 1 930 m – Wintersport :   8 F6
1 925/2 869 m ⛷3 ⛷14 – ✉ 3987

▶ Bern 113 – Brig 8 – Andermatt 90 – Sion 73
Autos nicht zugelassen
🛈 Bahnhofstr. 7, ℰ 027 928 60 50, info@riederalp.ch
Riederalp, ℰ 027 927 29 32
◉ Lage ★
◉ Aletschgletscher ★★★ Nord-Ost mit Sessellift – Moosfluh ★★ Nord-Ost mit 🚡

mit Luftseilbahn ab Mörel erreichbar

RIEDERALP

Walliser Spycher
Aletschpromenade 106 – ℰ *027 927 22 23* – www.walliser-spycher.ch
– *Fax 027 927 31 49* – *geschl. 19. April - 11. Juni, 25. Oktober - 18. Dezember*
18 Zim – †98/198 CHF ††176/376 CHF – ½ P +35 CHF
Rest – (20 CHF) Menü 29/69 CHF – Karte 39/92 CHF
• Das kleine Hotel unterhalb der Gondelbahn versprüht Walliser Charme. Herrlich ruhig ist die Lage, wunderschön der Panoramablick auf die Berge und das Rhonetal. Heimeliges Restaurant und hübsche Terrasse mit Aussicht.

Edelweiss
Liftweg 1 – ℰ *027 927 37 37* – www.edelweiss-riederalp.ch – *Fax 027 927 37 39*
– *geschl. 11. April - 1. Juli, 25. Oktober - 10. Dezember*
10 Zim – †100/200 CHF ††190/300 CHF – 4 Suiten – ½ P +35 CHF
Rest *Da Vinci* – *(geschl. Juli - Oktober: Montag) (nur Menü)* (21 CHF)
Menü 48/72 CHF
• In dem Chalet neben dem Kinderskilift erwarten die Gäste behagliche Zimmer und Familienappartements im regionstypischen Stil, teilweise mit Südbalkon. Zeitgemässe Küche im freundlich gestalteten Da Vinci. Daneben hat man eine sonnige Terrasse.

RIEDHOLZ – Solothurn – **551** K5 – siehe Solothurn

RIED-MUOTATHAL – Schwyz (SZ) – **551** Q7 – Höhe 567 m – ✉ 6436   **4** G4
▶ Bern 159 – Luzern 56 – Altdorf 30 – Einsiedeln 35

Adler
Kappelmatt – ℰ *041 830 11 37* – www.adler-muotathal.ch – *Fax 041 830 27 13*
– *geschl. 18. Juli - 16. August, 21. - 31. Dezember und Sonntag - Montag*
Rest – *(Tischbestellung ratsam)* (19 CHF) Menü 58/72 CHF – Karte 39/93 CHF
• In diesem traditionsreichen Landgasthof in einem kleinen Tal erwarten die Gäste sorgfältig zubereitete, saisonal beeinflusste Speisen, die in drei gemütlichen holzgetäferten Stuben freundlich serviert werden.

RIEMENSTALDEN – Schwyz (SZ) – **553** Q7 – 80 Ew – Höhe 1 030 m   **4** G4
– ✉ 6452
▶ Bern 162 – Luzern 51 – Altdorf 16 – Schwyz 16

Kaiserstock mit Zim
Dörfli – ℰ *041 820 10 32* – *Fax 041 820 03 05* – *geschl. 7. - 26. Januar,*
1. - 7. März und Montag - Dienstag
3 Zim – †60 CHF ††120 CHF
Rest – *(Tischbestellung ratsam)* Karte 42/72 CHF
• Ein freundlich geleiteter ländlich-schlichter Gasthof, der idyllisch in einem kleinen Bergdorf liegt. Die schmackhafte Küche orientiert sich an der Saison, gekocht wird mit heimischen Produkten.

RIFFELALP – Wallis – **552** K13 – siehe Zermatt

RIGI KALTBAD – Luzern (LU) – **551** P7 – Höhe 1 438 m – ✉ 6356   **4** G3
▶ Bern 147 – Luzern 29 – Zug 36 – Schwyz 38
Autos nicht zugelassen
🛈 ℰ 041 397 11 28, info.rigi@wvrt.ch
◉ Rigi-Kulm ★★★

mit Zahnradbahn ab Vitznau oder mit Luftseilbahn ab Weggis erreichbar

Bergsonne mit Zim
– ℰ *041 399 80 10* – www.bergsonne.ch – *Fax 041 399 80 20* – *geschl. 8. März*
- 1. Mai, 25. Oktober - 17. Dezember und Dienstag
15 Zim – †90/120 CHF ††180/220 CHF – ½ P +55 CHF
Rest – Menü 69 CHF (mittags)/135 CHF – Karte 67/121 CHF
• Dieses Haus verwöhnt Sie mit absoluter Ruhe und einer fantastischen Sicht auf See und Berge. Die zeitgemässe Küche bietet man auch auf der schönen Panoramaterrasse.

La RIPPE – Vaud (VD) – 552 B10 – 971 h. – alt. 530 m – ⊠ 1278　　6 A6
▶ Bern 143 – Genève 22 – Lausanne 47 – Lons-le-Saunier 89

XX Auberge de l'Etoile avec ch
rue des 4 Fontaines – ✆ *022 367 12 02* – *www.aubergelarippe.ch*
– *Fax 022 367 12 21 – fermé 4 - 12 avril, 18 juillet - 8 août, dimanche et lundi*
4 ch ⊇ – †80 CHF ††135 CHF **Rest** – (17 CHF) Menu 63 CHF – Carte 58/99 CHF
◆ Ancienne et attachante auberge communale (18ᵉ s.) où vous goûterez une cuisine traditionnelle dans un cadre frais et lumineux. Assiette du jour au café. Terrasse d'été. Simplicité et tenue sans reproche dans les chambres.

RISCH – Zug (ZG) – 551 P6 – 8 341 Ew – Höhe 417 m – ⊠ 6343　　4 F3
▶ Bern 126 – Luzern 22 – Zug 14 – Zürich 47

Waldheim
Rischerstr. 27 – ✆ *041 799 70 70* – *www.waldheim.ch* – *Fax 041 799 70 79*
– *geschl. 23. - 28. Dezember*
34 Zim ⊇ – †140/185 CHF ††230/280 CHF – ½ P +75 CHF
Rest – *(geschl. 7. Februar - 2. März, 3. - 19. Oktober, 23. - 28. Dezember)*
Menü 52 CHF (mittags)/119 CHF – Karte 63/117 CHF
Rest *Bistro* – *(geschl. 7. Februar - 2. März, 3. - 19. Oktober, 23. - 28. Dezember)*
Karte 59/83 CHF
◆ Schön liegt der über 400 Jahre alte Gasthof mit Anbau oberhalb des Zugersees, toll ist der See- und Bergblick. Sehr gepflegte Zimmer sowie Strandbad und Bootssteg. Elegantes Restaurant mit hübscher Gartenterrasse. Modernes Bistro mit Täferung und Kachelofen.

RISCHLI – Luzern – 551 M8 – siehe Sörenberg

ROCHES – Berne – 551 J5 – voir à Moutier

ROMANEL-SUR-MORGES – Vaud (VD) – 552 D9 – 465 h. – alt. 454 m　　6 B5
– ⊠ 1122
▶ Bern 104 – Lausanne 19 – Morges 6 – Nyon 35

XX Auberge de la Treille
2 rte de Cossonay – ✆ *021 869 91 19* – *www.aubergedelatreille.ch*
– *Fax 021 869 83 38 – fermé 5 - 11 avril, 30 août - 26 septembre, lundi et mardi*
Rest – (17 CHF) Menu 53 CHF (déj.)/92 CHF – Carte 56/96 CHF
◆ Auberge traditionnelle à retenir pour un gueuleton "à la française", dans ses recettes comme sa présentation des mets (service au plat). Salle rustique. Treille en terrasse.

RONCO – Ticino – 553 Q12 – vedere Gerra Gambarogno

RONCO SOPRA ASCONA – Ticino (TI) – 553 Q12 – 676 ab.　　9 G6
– alt. 355 m – ⊠ 6622
▶ Bern 246 – Locarno 9 – Bellinzona 29 – Lugano 52
◉ Posizione pittoresca★★
◉ Circuito di Ronco ≤★★ sul lago Maggiore dalla strada di Losone

La Rocca
via Ronco 61, Sud : 1 km ⊠ *6613 Porto Ronco* – ✆ *091 785 11 44*
– *www.la-rocca.ch – Fax 091 791 40 64 – chiuso fine ottobre - fine marzo*
19 cam ⊇ – †260/420 CHF ††420/460 CHF – ½ P +30 CHF
Rist – *(chiuso lunedì) (a mezzogiorno solo piccola carta)* Menu 62 CHF (cena)/68 CHF – Carta 60/103 CHF
◆ Grazie alla posizione favorevole si gode di una vista così bella che vi sembrerà di toccar con mano le isole di Brissago. Camere moderne e confortevoli, sebbene non tutte molte ampie: richiedete quelle con il balcone che si affaccia sul lago. Cucina classica e splendido panorama dalla terrazza-giardino del ristorante.

RONCO SOPRA ASCONA

Ronco
piazza della Madonna 1 – ℰ 091 791 52 65 – www.hotel-ronco.ch
– Fax 091 791 06 40 – chiuso 15 novembre - 15 marzo
20 cam – †100/200 CHF ††200/260 CHF
Rist – (30 CHF) Menu 58 CHF – Carta 49/81 CHF
• Provvisto di una bella terrazza panoramica con piscina da cui approfittare della splendida vista. Camere uniformi, funzionali: quasi tutte con balconcino. Per il ristorante, uno stile rustico che associa cucina tradizionale e mediterranea.

Della Posta con cam
via Ciseri 9 – ℰ 091 791 84 70 – www.ristorantedellaposta.ch
– Fax 091 791 45 33 – chiuso 7 gennaio - 13 febbraio
4 cam – †130/140 CHF ††190/240 CHF
Rist – (chiuso 1° novembre - 1° aprile : domenica sera e lunedì) Carta 70/86 CHF
• Fra le antiche *Strecc* di questa caratteristica località ticinese, ristorante familiare che propone una saporita cucina mediterranea. Nella moderna sala o sulla panoramica terrazza? A voi la scelta!

RORBAS – Zürich (ZH) – **551** Q4 – **2 123** Ew – Höhe 380 m – ✉ 8427   4 G2
▶ Bern 147 – Zürich 31 – Baden 47 – Schaffhausen 28

Adler
Postgasse 19 – ℰ 044 865 01 12 – www.adler-rorbas.ch – Fax 044 876 02 16
– geschl. Dienstag - Mittwoch
Rest – (26 CHF) – Karte 65/94 CHF
• Rustikalen Charme versprüht der Gasthof von 1406 mit seinem schönen alten Fachwerk. In dem familiär geleiteten Haus wird traditionelle Küche aufgetischt.

RORSCHACH – Sankt Gallen (SG) – **551** V4 – **8 458** Ew – Höhe 399 m   5 I2
– ✉ 9400
▶ Bern 218 – Sankt Gallen 14 – Bregenz 27 – Konstanz 37
ℹ Hauptstr. 63, ℰ 071 841 70 34, info@tourist-rorschach.ch, Fax 071 841 70 36
Lokale Veranstaltungen:
7. - 14. August: Sandskulpturen Festival

Seerestaurant - Aqua Fine Dining
Churerstr. 28 – ℰ 071 858 39 80
– www.see-restaurant.com – Fax 071 858 39 89
Rest – (30 CHF) – Karte 59/101 CHF
• Das Aqua Fine Dining ist ein Teil der modernen Glaskonstruktion direkt am Kai. Zeitgemässe Küche in puristischem Ambiente bei prächtiger Sicht auf den Bodensee. Terrasse.

in Rorschacherberg Süd: 3 km Richtung Lindau und Spital – Höhe 470 m
– ✉ 9404

Rebstock
Thalerstr. 57 – ℰ 071 855 24 55 – www.rebstock.ch – Fax 071 855 73 20
– geschl. 28. Dezember - 10. Januar
25 Zim – †95/145 CHF ††150/200 CHF – ½ P +30/40 CHF
Rest – (geschl. 27. Dezember - 11. Januar und Sonntag - Montag) (22 CHF)
Menü 49 CHF (mittags)/69 CHF – Karte 35/71 CHF
• Das Hotel liegt oberhalb des Ortes und verfügt über solide in rustikalem Stil eingerichtete Zimmer, die fast alle einen herrlichen Blick auf den Bodensee bieten. Restaurant und Wintergarten mit Seesicht.

Schloss Wartegg
von Blarer-Weg – ℰ 071 858 62 62 – www.wartegg.ch – Fax 071 858 62 60
– geschl. 28. Januar - 18. Februar
25 Zim – †115/270 CHF ††185/270 CHF – ½ P +48 CHF
Rest – (24 CHF) – Karte 56/78 CHF
• Ein hübsches weisses Schloss a. d. 16. Jh., eingebettet in einen grossen Park mit Rosengarten. Zum schönen Saunabereich gehört das "türkise Bad" von 1928. Zimmer ohne TV. Im geradlinig gestalteten Restaurant werden ausschliesslich Bioprodukte verwendet.

ROSSINIÈRE – Vaud (VD) – 552 G10 – 507 h. – alt. 922 m – ✉ 1659 7 C5
▶ Bern 82 – Montreux 52 – Bulle 24 – Gstaad 20

✗ Les Jardins de la Tour 🌳 P VISA ⓪
La Placette – ✆ *026 924 54 73* – *www.lesjardinsdelatour.ch*
– *fermé 1ᵉʳ - 20 avril, 9 - 26 octobre et lundi*
Rest – *(réservation indispensable)* Menu 80/100 CHF
♦ Table intime et charmante cachée au centre du bourg. Patron français aux casseroles et son accorte épouse flamande à l'accueil. Menu recommandable. Terrasse-jardin. Prévenir.

ROTHENBURG – Luzern – 551 O6 – siehe Luzern

ROUGEMONT – Vaud (VD) – 552 H10 – 894 h. – alt. 992 m – Sports 7 D5
d'hiver : 992/2 151 m ≰ 6 ≰10 ⛷ – ✉ 1659
▶ Bern 88 – Montreux 57 – Bulle 35 – Gstaad 9
🅘 Bâtiment Communal, ✆ *026 925 11 66, info@rougemont.ch*
Manifestations locales :
  21-24 mai : festival de musique "La Folia"

🏠 Hôtel de Commune 📶 📡 VISA ⓪ AE
rue du Village – ✆ *026 925 11 00 – Fax 026 925 11 01*
– *fermé 6 - 25 avril, 6 - 27 octobre*
11 ch ⊡ – †85/120 CHF ††160/180 CHF – ½ P +32 CHF
Rest – *(fermé mercredi en basse saison)* (20 CHF) – Carte 48/92 CHF
♦ Connu depuis 1833 au centre du petit village de Rougemont, ce joli chalet a su préserver son cadre montagnard sobrement rustique. Hébergement simple et propret. Café-restaurant où règne encore une attachante atmosphère rurale. Cuisine traditionnelle.

ROVIO – Ticino (TI) – 553 R-S14 – 741 ab. – alt. 500 m – ✉ 6821 10 H7
▶ Bern 292 – Lugano 15 – Bellinzona 42 – Milano 71

🏨 Park Hotel Rovio ॐ ≤ 🍴 🌳 🏊 🐾 ᛗ 📶 🅰🅲 cam, ✗ rist, 📡 P
– ✆ *091 649 73 72 – www.parkhotelrovio.ch* VISA ⓪ AE ⓪
– *Fax 091 649 79 63 – chiuso 8 novembre - 15 marzo*
40 cam ⊡ – †85/115 CHF ††160/260 CHF – ½ P +25 CHF
Rist – (25 CHF) Menu 35/60 CHF – Carta 46/63 CHF
♦ Alle pendici del monte Generoso, l'hotel dispone di camere in gran parte ristrutturate, confortevoli spazi comuni ed di una spettacolare terrazza-giardino con vista sul lago. Rinnovato negli interni, il ristorante offre una cucina classica.

RUBIGEN – Bern (BE) – 552 J7 – 2 581 Ew – Höhe 546 m – ✉ 3113 2 D4
▶ Bern 11 – Zürich 131 – Basel 103 – Lausanne 120

✗ Rössli 🌳 P VISA ⓪
Bernstr. 41 – ✆ *031 721 72 00* – *www.roesslirubigen.ch – geschl. Montag - Dienstag*
Rest – Menü 48 CHF (mittags)/145 CHF – Karte 62/113 CHF
♦ Das freundlich geführte Haus mit eigenem kleinen Kräutergarten bietet saisonal geprägte regionale Speisen, zu denen eine gut sortierte Weinkarte gereicht wird.

RÜMLANG – Zürich (ZH) – 551 P4 – 6 017 Ew – Höhe 430 m – ✉ 8153 4 G2
▶ Bern 128 – Zürich 15 – Schaffhausen 54 – Zug 48

🏨 Park Inn Zurich Airport ᛗ 📶 ♿ 🅰🅲 📡 🐾 🚗 P VISA ⓪ AE ⓪
Flughofstr. 75 – ✆ *044 828 86 86* – *www.zurich-airport.parkinn.com*
– *Fax 044 828 86 87*
208 Zim – †230/299 CHF ††230/299 CHF, ⊡ 25 CHF **Rest** – Karte 48/91 CHF
♦ Ideal für Geschäftsleute: Modernes Design in frischen Farben, "Easy-Check-in/-out", sehr gute Technik und Shuttle-Service zum Flughafen überzeugen.

SAANEN – Bern – 551 H10 – siehe Gstaad

SAANENMÖSER – Bern – 551 I10 – siehe Gstaad

SAAS ALMAGELL – Wallis (VS) – **552** L13 – 396 Ew – Höhe 1 672 m   8 F6
– Wintersport : 1 673/2 400 m ⛷7 ⛸ – ✉ 3905

> Bern 111 – Brig 37 – Sierre 55 – Sion 71

ℹ ℘ 027 958 66 44, info@saas-almagell.ch

Pirmin Zurbriggen
– ℘ 027 957 23 01 – www.zurbriggen.ch/saasalmagell – Fax 027 957 33 13
– geschl. 11. April - 3. Juni und 2. November - 18. Dezember
21 Zim (½ P inkl.) – †190/230 CHF ††280/310 CHF – 8 Suiten
Rest – *(nur Abendessen für Hausgäste)*
◆ Die Familie des namengebenden Ski-Olympiasiegers leitet dieses Hotel. Schön hat man den Spabereich mit heimischem Holz, Stein und Glas gestaltet. Besonders modern sind die Suiten.

SAAS FEE – Wallis (VS) – **552** L12 – 1 666 Ew – Höhe 1 798 m   8 E6
– Wintersport : 1 800/3 600 m ⛷6 ⛸11 Metro Alpin 1 ⛸ – ✉ 3906

> Bern 111 – Brig 36 – Sierre 55 – Sion 71

Autos nicht zugelassen

ℹ ℘ 027 958 18 58 **Y**, to@saas-fee.com

◉ Höhenlage★★★ – Allalin★★★ – Längfluh★★★ – Egginerjoch★★ – Hannig★
◉ Plattjen★★ mit ⛸

Ferienart Resort & SPA
– ℘ 027 958 19 00 – www.ferienart.ch
– Fax 027 958 19 05 – geschl. 3. Mai - 3. Juni
74 Zim ⊇ – †213/333 CHF ††360/960 CHF – ½ P +20 CHF   **Z a**
Rest *Vernissage* – *(geschl. Mitte April - Mitte Juni und Dienstag - Mittwoch) (nur Abendessen)* Menü 85/145 CHF – Karte 63/103 CHF
Rest *Le Mandarin* – *(geschl. Mitte April - Mitte Juli und Dienstag - Mittwoch) (nur Abendessen) (Tischbestellung ratsam)* Menü 42/78 CHF – Karte 49/83 CHF
Rest *Del Ponte* – (19 CHF) – Karte 42/82 CHF
◆ Ein wohnlich-komfortables Ferienhotel im Chaletstil. Die Zimmer verfügen teilweise über einen hübschen offenen Badebereich. Vielfältiges Angebot im ansprechenden "Paradia Spa". Vernissage mit modernem Ambiente. Asiatische Küche im Le Mandarin. Italienisch: Del Ponte.

Schweizerhof
– ℘ 027 958 75 75 – www.schweizerhof-saasfee.ch
– Fax 027 958 75 76 – geschl. Ende April - Mitte Juni und
November 2 Wochen   **Z z**
46 Zim ⊇ – †130/375 CHF ††260/350 CHF – ½ P +38 CHF
Rest *Lieblingsrestaurant* – *(geschl. Samstag - Sonntag) (nur Abendessen)*
Menü 85/140 CHF – Karte 70/121 CHF
◆ Das ruhig gelegene Hotel bietet seinen Gästen einen nach Feng Shui ausgerichteten Spabereich und wohnliche Zimmer, darunter die modernen Spa-Juniorsuiten Barrique und Emotion. Mediterrane Karte im Lieblingsrestaurant.

Beau-Site
– ℘ 027 958 15 60 – www.beausite.org – Fax 027 958 15 65 – geschl. 17. April
- 12. Juni   **Y b**
29 Zim ⊇ – †130/220 CHF ††214/460 CHF – 3 Suiten – ½ P +25/45 CHF
Rest *La Ferme* – *(geschl. 17. April - Anfang Juni)* Menü 30 CHF (mittags)/83 CHF
– Karte 44/104 CHF
Rest *Fee Chäller* – *(geschl. Mitte April - Mitte Dezember und Montag) (nur Abendessen)* Karte 41/88 CHF
◆ Das traditionsreiche Hotel a. d. 19. Jh. gefällt mit schönen handgeschnitzten Saaser Möbeln, die sowohl die behaglichen Zimmer als auch den Speisesaal zieren. Gemütlich ist das rustikale La Ferme. Echt walliserisch: Fee Chäller mit Grill- und Käsegerichten.

Allalin
Lomatte – ℘ 027 958 10 00 – www.allalin.ch – Fax 027 958 10 01
27 Zim ⊇ – †109/206 CHF ††218/296 CHF – ½ P +27 CHF   **Y r**
Rest *Walliserkanne* – *(geschl. Ende April - Ende Mai und Mitte Oktober
- Anfang Dezember)* (22 CHF) Menü 80 CHF – Karte 53/84 CHF
◆ Die Zimmer in dem Hotel in zentraler Lage sind klassisch-gediegen oder in klarem modernem Stil gehalten. Für Veranstaltungen hat man das Kongress- und Kulturzentrum Steinmatte. Walliserkanne mit schönen handgeschnitzten Saaser Möbeln und Holzbalken.

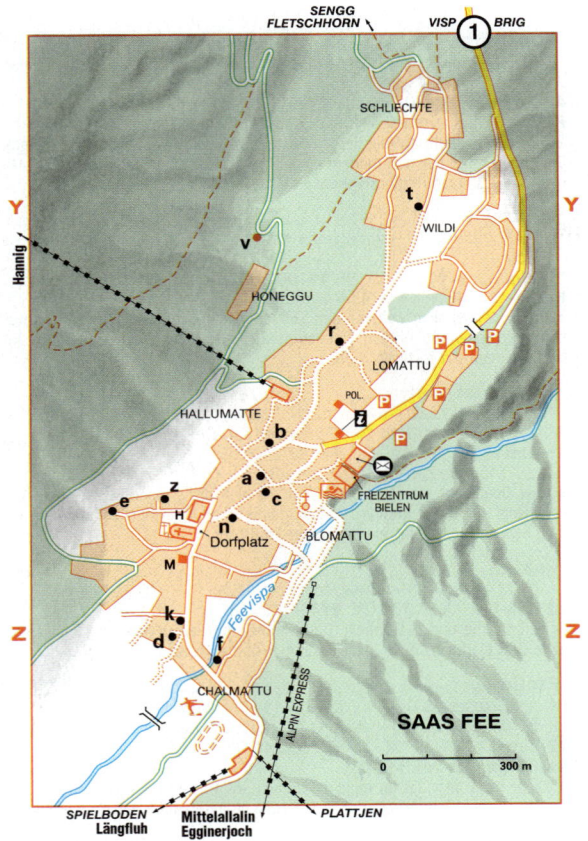

🏨 **Du Glacier** ≤ 🚗 🍽 🛋 |🛎| 🚻 ⚡ Rest, VISA ⓜⓒ Æ

- ⌀ 027 958 16 00 – www.duglacier.ch
- Fax 027 958 16 05
- geschl. Ende April - Mitte Juni   **Zn**

30 Zim (½ P inkl.) – †154/275 CHF ††232/528 CHF – 9 Suiten

Rest *Feeloch* – Karte 46/74 CHF

♦ Das stattliche Hotelgebäude mit den blauen Fensterläden steht im Zentrum und beherbergt zeitgemässe funktionelle Zimmer. Mehr Komfort in den Suiten und Familienzimmern. Feeloch mit urig-rustikaler Atmosphäre und Walliser Grill- und Käsespezialitäten.

🏨 **Metropol** ≤ 🍽 📺 🛋 |🛎| ⚡ Rest, 📞 🛁 VISA ⓜⓒ Æ ①

- ⌀ 027 957 10 01 – www.metropol-saas-fee.ch
- Fax 027 957 20 85
- geschl. 26. April - 13. Juni und 26. September - 15. November   **Zc**

51 Zim ⊇ – †122/252 CHF ††204/450 CHF – ½ P +40 CHF

Rest – Karte 49/84 CHF

♦ Das im Herzen des Wintersportortes gelegene Haus bietet unterschiedlich eingerichtete Zimmer - besonders schön sind die modernen Feng-Shui-Zimmer. In angenehmen Pastelltönen gehaltenes Restaurant.

SAAS FEE

🏨 **Saaserhof** ≤ 🚗 🛎 Ló 🛎 ✗ Rest, ⁽¹⁾ 🏊 VISA ⓜ AE ⓞ
– ✆ 027 958 98 98 – www.saaserhof.ch – Fax 027 958 98 99 – geschl. Mai und
Juni   Z**d**
48 Zim ⌑ – †120/310 CHF ††220/540 CHF – ½ P +35 CHF
Rest – *(nur Abendessen)* Karte 50/97 CHF
♦ Eine schöne Sicht auf die Berge und einen neuzeitlichen Saunabereich bietet dieses Haus. Die Zimmer sind hell und modern eingerichtet oder etwas älter und rustikal. Mit viel Holz hat man das Restaurant regionstypisch gestaltet.

🏠 **Mistral** ≤ 🏠 ✗ Zim, ⁽¹⁾ VISA ⓜ AE ⓞ
– ✆ 027 958 92 10 – www.hotel-mistral.ch – Fax 027 958 92 11 – geschl. 3. Mai
- 19. Juni   Z**f**
12 Zim ⌑ – †115/150 CHF ††190/300 CHF – ½ P +25 CHF
Rest – (22 CHF) – Karte 43/74 CHF
♦ Am Dorfende, nicht weit von den Skiliften, finden Sie das tipptopp gepflegte kleine Ferienhotel mit seinen wohnlichen Zimmern, die teilweise mit Whirlwanne ausgestattet sind. Helles Restaurant mit rustikaler Note.

🏠 **Au Chalet Cairn** 🌿 ≤ 🚗 🛎 ✗ VISA ⓜ
– ✆ 027 957 15 50 – www.au-chalet-cairn.ch – Fax 027 957 33 80 – geschl.
18. April - 12. Juni und 18. September - 4. Dezember
16 Zim ⌑ – †85/120 CHF ††180/250 CHF – ½ P +25 CHF   Z**e**
Rest – *(Abendessen nur für Hausgäste)*
♦ Hier überzeugt die Herzlichkeit, mit der sich die sympathischen Gastgeber Hannie und Toni Hopf um Sie kümmern. Neben gemütlichen individuellen Zimmern erwartet Sie in dem liebenswerten Haus ein sehr gutes Frühstück.

🏠 **Feehof** garni 🛎 ✗ 📞 VISA ⓜ AE ⓞ
– ✆ 027 958 97 00 – www.feehof.ch – Fax 027 958 97 01   Z**k**
12 Zim ⌑ – †80/130 CHF ††150/250 CHF
♦ Neuzeitliche und funktionelle Gästezimmer mit Balkon in einem familiären kleinen Hotel nahe dem Dorfplatz. Auch Familienzimmer sind vorhanden.

🏠 **Etoile** 🌿 ≤ 🚗 🏠 🛎 🛎 ✗ Rest, ⁽¹⁾ VISA ⓜ AE ⓞ
Wildi / Grosses Moos – ✆ 027 958 15 50 – www.hotel-etoile.ch
– Fax 027 958 15 55 – geschl. 17. April - 26. Juni und 2. Oktober - 18. Dezember
22 Zim ⌑ – †80/120 CHF ††160/240 CHF – ½ P +23 CHF   Y**t**
Rest – *(nur für Hausgäste)*
♦ Recht ruhig liegt das im regionstypischen Stil erbaute Haus am Ortsrand. Die Gäste schätzen das Animationsprogramm mit Ausflügen, Wanderungen und Erlebnisabenden.

XXX **Waldhotel Fletschhorn** (Markus Neff) mit Zim 🌿 ≤ 🚗 🏠 🛎 ♿
ಛಃ *(über Wanderweg Richtung Sengg 30 min.)* ⁽¹⁾ VISA ⓜ AE ⓞ
– ✆ 027 957 21 31 – www.fletschhorn.ch – Fax 027 957 21 87 – geschl. 25. April
- 10. Juni und 25. Oktober - 10. Dezember
13 Zim ⌑ – †220/235 CHF ††330/350 CHF – ½ P +110 CHF
Rest – (35 CHF) Menü 170/205 CHF – Karte 118/145 CHF 🍷
Spez. Trüffel "Wellington" in Marsanne blanche pochiert und in feinem Blätterteigmantel gebacken. Lammrücken unter der Roggenbrotkruste mit rahmigem Kartoffelgratin. Halbgefrorenes von der Petit Arvine mit Baumkuchen und konfierte Kumquats.
♦ In ca. 30 Gehminuten vom Zentrum (oder per Shuttle-Bus) erreicht man das Restaurant auf einer romantischen Waldlichtung. Bei grandiosem Berg- und Talblick geniesst man professionellen Service, zeitgemässe Küche und ausgesuchte Weine aus dem Wallis.

XX **Hohnegg** mit Zim 🌿 ≤ 🚗 🏠 🛎 ⁽¹⁾ VISA ⓜ AE
(von der Kirche aus über Wanderweg 20 min., Höhe 1 910 m)
– ✆ 027 958 10 70 – www.hohnegg.ch – Fax 027 958 10 99 – geschl.
2. - 31. Mai (Hotel)   Y**v**
8 Zim ⌑ – †115/190 CHF ††190/340 CHF – ½ P +58 CHF
Rest – *(geschl. 18. April - 17. Juni, 18. Oktober - 17. Dezember und Montag) (mittags auch kleine Karte)* (25 CHF) Menü 80/140 CHF – Karte 94/109 CHF
♦ Die herrliche Panoramaterrasse ist die Wanderung zu diesem über Saas Fee gelegenen Restaurant wert. Drinnen ist die Atmosphäre freundlich und modern. Zum Übernachten bietet man wohnlich-rustikale Gästezimmer.

SACHSELN – Obwalden (OW) – **551** N8 – 4 530 Ew – Höhe 472 m 4 F4
– ✉ 6072

▶ Bern 101 – Sarnen 4 – Luzern 23 – Emmen 28

Kreuz Rest, 🛏 🍽 P VISA ⓜ AE ⓓ
Bruder-Klausen-Weg 1 ✉ *6072 – ℰ 041 660 53 00 – www.kreuz-sachseln.ch
– Fax 041 660 53 90 – geschl. 31. Januar - 28. Februar*
26 Zim ⌁ – †145/180 CHF ††220/260 CHF – ½ P +40 CHF
Rest – (20 CHF) – Karte 52/81 CHF
♦ Das engagiert geleitete Gasthaus am Dorfplatz neben der Kirche vereint auf individuelle und äusserst wohnliche Art und Weise modernen Stil, historische Details und Kunst. Eines der ältesten Häuser der Schweiz ist das Farbhaus nebenan. Restaurant mit neuzeitlichem Ambiente.

SÄRISWIL – Bern (BE) – **551** I7 – Höhe 640 m – ✉ 3044 2 D4

▶ Bern 15 – Biel 31 – Fribourg 40 – Neuchâtel 53

Zum Rössli ← 🛏 ⇔ P VISA ⓜ AE ⓓ
*Staatsstr. 125 – ℰ 031 829 33 73 – www.roessli-saeriswil.ch – Fax 031 829 38 73
– geschl. 31. Januar - 14. Februar, 27. Juni - 18. Juli, 19. Juli - August: Sonntag
- Montag, September - Juni: Montag - Dienstag*
Rest – (20 CHF) Menü 38 CHF (mittags)/66 CHF – Karte 49/84 CHF
♦ In dem Gasthaus a. d. 19. Jh. erwarten Sie internationale und regionale Küche sowie freundlicher Service. Sie speisen in gemütlichen Stuben oder im Wintergarten mit Blick ins Grüne.

SAILLON – Valais (VS) – **552** H12 – 1 810 h. – alt. 522 m – Stat. thermale 7 D6
– ✉ 1913

▶ Bern 141 – Martigny 13 – Montreux 53 – Sion 20

◉ Ancien donjon : point de vue ★

Bains de Saillon ⚜ ← 🛏 🏊 🗻 spa 🛁 Lᵈ 🍽 🛌 🍴 (ℓ) 🛏 P
Rue du centre Thermal – ℰ 027 743 11 11 VISA ⓜ AE ⓓ
– www.hotel-des-bains-de-saillon.ch – Fax 027 744 32 92
70 ch ⌁ – †160/205 CHF ††220/280 CHF – ½ P +54 CHF
Rest *Le Mistral* – *(dîner seulement)* (20 CHF) Menu 54 CHF – Carte 54/95 CHF
♦ Confortable hôtel-centre de congrès connecté à un complexe thermal avec spa et à un ensemble de commerces et d'apparts en location (exploitation autonome pour chaque partie). Espaces de restauration avec vue sur les montagnes. Repas traditionnels.

SAINT-BLAISE – Neuchâtel – **552** G7 – voir à Neuchâtel

SAINTE-CROIX – Vaud (VD) – **552** D8 – 4 305 h. – alt. 1 066 m 6 B4
– ✉ 1450

▶ Bern 95 – Neuchâtel 53 – Lausanne 56 – Pontarlier 21

🛈 10 r. Neuve, ℰ 024 455 41 41, ot@sainte-croix.ch

◉ Les Rasses ★

◉ Le Chasseron ★★★ Nord-Ouest : 8 km – Mont de Baulmes ★★ Sud : 4 km
– L'Auberson : Collection de pièces à musique anciennes au musée
Baud ★ Ouest : 4 km

Manifestations locales :
17-21 février : comptoir de Sainte-Croix

aux Rasses Nord-Est : 3 km – alt. 1 183 m – ✉ 1452

Grand Hôtel ⚜
– ℰ 024 454 19 61 – www.grandhotelrasses.ch VISA ⓜ AE
– Fax 024 454 19 42
– fermé 6 - 20 décembre et 28 mars - 11 avril
42 ch ⌁ – †90/170 CHF ††165/235 CHF – ½ P +38 CHF
Rest – (20 CHF) Menu 45/50 CHF – Carte 43/78 CHF
♦ Hôtel imposant né en 1898. Distractions nombreuses, communs à l'ambiance rétro, chambres différentes en style, taille et confort, panorama grandiose sur la chaîne des Alpes. Repas traditionnels dans une ample et élégante salle "Belle Époque" ou en plein air.

SAINT-GALL – Sankt Gallen – **551** U5 – voir à Sankt Gallen

SAINT-IMIER – Berne (BE) – **551** G6 – 4 713 h. – alt. 793 m – ⌧ 2610 **2** C3
> ◘ Bern 71 – Delémont 43 – Neuchâtel 27 – Biel 28
> ❱ 2 pl. de la Gare, ✆ 032 942 39 42, saintimier@jurabernois.ch
> ◉ Le Chasseral★★★ Sud-Est : 13 km

au Mont-Crosin Nord-Est : 5 km – alt. 1 180 m – ⌧ 2610

✗✗ **Auberge Vert-Bois - Veranda** avec ch
– ✆ 032 944 14 55 – www.vert-bois.ch
– Fax 032 944 19 70 – fermé 1ᵉʳ - 25 mars
5 ch ⌨ – †100 CHF ††160 CHF – ½ P +45 CHF
Rest – (fermé dimanche soir, lundi, novembre - fin mars: dimanche soir, lundi et mardi) (22 CHF) Menu 62/67 CHF
♦ Chalet isolé dans la nature, au départ d'un sentier menant à un site d'éoliennes. Menu au goût du jour (pas de choix à la carte) servi dans une véranda confortable. Chambres actuelles confortables, dont deux possèdent un balcon avec vue.

à Villeret Est : 2 km – alt. 763 m – ⌧ 2613

✗✗ **L'Eléphant**
9 r. Principale – ✆ 032 941 72 41 – Fax 032 941 72 48 – fermé 15 juillet
- 20 août, mardi et mercredi
Rest – (16 CHF) Menu 69 CHF – Carte 53/92 CHF
♦ Honorable cuisine thaïlandaise à goûter dans une apaisante salle de restaurant vêtue de bois blond et décorée d'artisanat "made in Bangkok". Service en sari.

SAINT-LÉGIER – Vaud – **552** F10 – **voir à Vevey**

SAINT-LÉONARD – Valais – **552** I11 – **voir à Sion**

SAINT-LUC – Valais (VS) – **552** J12 – 403 h. – alt. 1 650 m – Sports **8** E6
d'hiver : 1 650/3 000 m ❄ 1 ❄ 12 – ⌧ 3961
> ◘ Bern 191 – Sion 37 – Brig 54 – Martigny 65
> ❱ route principale, ✆ 027 475 14 12, saint-luc@sierre-anniviers.ch
> ◉ ❄★★

🏨 **Bella Tola**
rue Principale – ✆ 027 475 14 44 – www.bellatola.ch – Fax 027 475 29 98
– fermé 18 octobre - 19 décembre, 12 avril - 11 juin
32 ch ⌨ – †165/190 CHF ††260/430 CHF – ½ P +20 CHF
Rest *Le tzamborn* – (19 CHF) Menu 56/95 CHF – Carte 56/100 CHF
♦ Hôtel délicieusement rétro, connu depuis 1883 dans ce village d'altitude. Divers types de chambres personnalisées, spa, salon de thé, jardin et superbes panoramas. Table actuelle et vue alpine chez Ida.

SAINT-MAURICE – Valais (VS) – **553** X10 – 3 934 h. – alt. 422 m **7** C6
– ⌧ 1890
> ◘ Bern 116 – Martigny 16 – Montreux 28 – Sion 42
> ❱ 1 av. des Terreaux, ✆ 024 485 40 40, info@st-maurice.ch
> ◉ Site★ - Trésor★★ de l'abbaye – Clocher★ de l'Église abbatiale

✗ **Lafarge**
place de la Gare – ✆ 024 485 13 60 – www.lafarge.ch – Fax 024 485 19 11
– fermé 20 décembre - 12 janvier, 28 mars - 6 avril, dimanche et lundi
Rest – (22 CHF) Menu 60/115 CHF – Carte 70/85 CHF
♦ Cette table, tenue depuis plus de 20 ans par un chef-patron d'origine lyonnaise, met à profit l'ex-hôtel de la gare. Choix traditionnel de saison. Plat du jour au bistrot.

SAINT-SAPHORIN – Vaud – **552** F10 – **voir à Vevey**

SALGESCH SALQUENEN – Wallis (VS) – **552** J11 – 1 312 Ew **8** E6
– Höhe 576 m – ⌧ 3970
> ◘ Bern 176 – Sion 23 – Fribourg 145 – Lausanne 117

SALGESCH

 Arkanum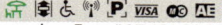
*Unterdorfstr. 1 - ℰ 027 451 21 00 - www.hotelarkanum.ch - Fax 027 451 21 05
– geschl. Januar*
28 Zim ⌛ – †98/150 CHF ††180/240 CHF
Rest *Bacchus* – *(geschl. Sonntagabend und Montag)* (24 CHF) Menü 43 CHF
(abends) – Karte 50/79 CHF
♦ In diesem Hotel in zentraler Lage bietet man neben neuzeitlichen Standardzimmern auch einige originelle Erlebniszimmer zum Thema Wein. Zeitgemässe Küche im Restaurant mit Weinbar. Terrasse vor dem Haus.

SALORINO – Ticino – **553** R-S14 – vedere Mendrisio

SALUMS – Graubünden – **553** T8 – siehe Laax

SAMEDAN – Graubünden (GR) – **553** X10 – 2 835 Ew – Höhe 1 709 m   **11 J5**
– Wintersport : 1 750/2 453 m ≰1 ⩙ – ⌧ 7503

▶ Bern 333 – Sankt Moritz 8 – Chur 93 – Davos 61
🚆 Samedan - Thusis, Information ℰ 081 288 47 16 und 081 288 66 77
🛈 Plazzet 21, ℰ 081 851 00 60, samedan@estm.ch
⛳ Engadin Golf Samedan, ℰ 081 851 04 66
◉ Lage ★
Lokale Veranstaltungen:
  22.-24. Januar: Out of the Blues Festival

 Quadratscha
*Via Quadratscha 2 – ℰ 081 851 15 15 – www.quadratscha.ch
– Fax 081 851 15 16 – geschl. 11. April - 5. Juni und 17. Oktober - 17. Dezember*
25 Zim ⌛ – †130/272 CHF ††240/340 CHF – ½ P +45 CHF
Rest – Karte 55/78 CHF
♦ Das Urlaubshotel verfügt über wohnliche Zimmer mit Südbalkon und Aussicht sowie einen hübschen Sauna- und Badebereich, zudem bietet man auch Massage (auf Bestellung). Internationale Küche in eleganten, hell getäferten Restaurantstuben.

 Donatz
*Plazzet 15 – ℰ 081 852 46 66 – www.hoteldonatz.ch – Fax 081 852 54 51
– geschl. 11. April - Mitte Juni*
25 Zim ⌛ – †105/190 CHF ††190/250 CHF – ½ P +45 CHF
Rest *La Padella* – *(geschl. Montag - Dienstagmittag)* (25 CHF)
– Karte 56/140 CHF 🌿
♦ Im verkehrsberuhigten Ortskern liegt das familiengeführte Haus mit soliden Zimmern. Nett sind auch der regionstypische Frühstücksraum und die rustikale kleine Bibliothek. Das Restaurant La Padella bietet viele Pfannengerichte und flambierte Speisen.

SAMNAUN – Graubünden (GR) – **553** AA8 – 808 Ew – Höhe 1 846 m   **11 K3**
– Wintersport : 1 840/2 864 m ≰5 ≰30 ⩙ – ⌧ 7563

▶ Bern 393 – Scuol 38 – Chur 142 – Landeck 52
🛈 Dorfstr. 4, ℰ 081 868 58 58, info@samnaun.ch

 Chasa Montana
*Dorfstr. 30 ⌧ 7563 – ℰ 081 861 90 00
– www.hotelchasamontana.ch – Fax 081 861 90 02 – geschl. 2. - 20. Mai und
24. Oktober - 26. November*
51 Zim (½ P inkl.) – †150/350 CHF ††230/580 CHF – 7 Suiten
Rest *Gourmet Stübli La Miranda* – separat erwähnt
Rest *La Pasta* – Karte 42/88 CHF
Rest *La Grotta* – *(geschl. im Sommer Sonntag und Dienstag) (nur Abendessen)*
Karte 43/97 CHF
♦ Freundlich kümmert man sich in dem alpenländischen Ferienhotel um die Gäste. Die Zimmer sind wohnlich im Engadiner Stil eingerichtet, Suiten teilweise mit Whirlwanne. Hübsches Hallenbad mit Bergblick. Italienische Küche im La Pasta. Urig-gemütlich: La Grotta mit regionalen Käsegerichten und Steaks vom heissen Stein.

SAMNAUN

Post
Dorfstr. 9 – ℰ 081 861 92 00 – www.wellnesshotelpost.ch – Fax 081 861 92 93
– geschl. 2. - 6. Mai und 17. - 21. Oktober
52 Zim ⌂ – †87/225 CHF ††136/400 CHF – ½ P +25 CHF
Rest – (30 CHF) Menü 35 CHF (mittags)/48 CHF – Karte 38/70 CHF
♦ Das familiengeführte Hotel bietet u. a. den hübschen modernen Saunabereich Stella Aqua sowie eine schöne Turm-Juniorsuite und den gut ausgestatteten Fitnessraum im Haus Samnaunia. Regionales und Internationales im Restaurant, mittags mit Terrasse. Bar "Why not".

Waldpark garni
Votlasstr. 46 – ℰ 081 861 83 10 – www.waldpark.ch – Fax 081 861 83 11
– geschl. 2. Mai - 26. November
20 Zim ⌂ – †136/203 CHF ††170/308 CHF
♦ Ein Familienbetrieb in ruhiger Aussichtslage, dessen freundlich-alpenländischer Stil sich von der schönen Lobby über die Zimmer (meist mit Balkon) bis zum Frühstücksraum zieht.

Des Alpes
Dorfstr. 39 – ℰ 081 868 52 73 – www.hotel-desalpes-samnaun.ch
– Fax 081 868 53 38 – geschl. Anfang Mai - Mitte Juni
19 Zim ⌂ – †68/184 CHF ††136/304 CHF – ½ P +40 CHF
Rest – (18 CHF) Menü 35 CHF (mittags) – Karte 35/84 CHF
♦ Das zeitgemässe kleine Hotel ist schon seit über 30 Jahren im Familienbesitz. Fast alle Zimmer mit Balkon, die meisten in hellem Arvenholz. Schöner Sauna- und Ruhebereich. Im behaglichen Restaurant bereitet der engagierte Chef gute regionale Speisen.

Gourmet Stübli La Miranda – Hotel Chasa Montana
Dorfstr. 30 ⌂ 7563 – ℰ 081 861 90 00
– www.hotelchasamontana.ch – Fax 081 861 90 02 – geschl. 17. April - 17. Juli,
8. - 26. November und Montag
Rest – (nur Abendessen) (Tischbestellung ratsam) Menü 87/159 CHF
– Karte 64/118 CHF
Spez. Harmonie von der Jakobsmuschel mit Paprika und Bärlauch. Dreierlei vom heimischen Ziegenkitz (Saison). Bratapfel mit Zimt und Schokolade.
♦ In der kleinen Gourmetstube mit modern-eleganter Atmosphäre geniessen die Gäste eine zeitgemässe Küche auf klassischer Basis. Die fachkundigen Empfehlungen des Sommeliers umfassen vor allem ausgesuchte Weine aus Italien, der Schweiz, Österreich und Frankreich.

in Samnaun-Ravaisch Nord-Ost: 1,5 km – Höhe 1 800 m – ⌂ 7563 Samnaun

Homann
Ravaischstr. 12 – ℰ 081 861 91 91 – www.hotel-homann.ch – Fax 081 861 91 90
– geschl. 1. Mai - 20. Juni und 20. Oktober - 30. November
30 Zim ⌂ – †84/160 CHF ††122/316 CHF – ½ P +25 CHF
Rest *Homann's Restaurant* – separat erwähnt
♦ Mit Engagement leitet Familie Homann dieses Ferienhotel. Das Ambiente im Haus ist wohnlich im Stil der Region gehalten, ein paar Zimmer mit Whirlwanne. Ansprechend ist der Relaxbereich.

Astoria
Talstr. 66 – ℰ 081 861 82 42 – www.astoria-samnaun.ch – Fax 081 861 82 41
– geschl. 3. Mai - 2. Juni und 25. Oktober - 25. November
11 Zim ⌂ – †78/165 CHF ††116/300 CHF – ½ P +20 CHF
Rest – (20 CHF) Menü 26 CHF – Karte 38/66 CHF
♦ In dem sehr gepflegten kleinen Hotel erwarten Sie mit hellem Naturholz behaglich eingerichtete Gästezimmer und ein hübsches Appartement mit Kachelofen. Duty-free-Shop im Haus. Gemütliches Restaurant Dorfstube mit rustikalem Charme.

Smarthotel garni
Talstr. 70 – ℰ 081 860 25 25 – www.smart-hotel.ch – Fax 081 860 25 35
– geschl. 3. Mai - 17. Juni und 18. Oktober - 26. November
31 Zim – †40/107 CHF ††90/174 CHF, ⌂ 15 CHF
♦ Eine trendige Adresse, durch und durch geradlinig-modern und funktional. Service-Leistungen wie Frühstücksbuffet und Zimmerreinigung sind zubuchbar, "Smart"-Reinigung gratis.

XX **Homann's Restaurant**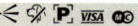
ಬಿ *Ravaischstr. 12 ⌧ 7563 – ℰ 081 861 91 91 – www.hotel-homann.ch*
– Fax 081 861 91 90 – geschl. 20. April - 5. Juli, 5. Oktober - 10. Dezember und Montag - Dienstag
Rest – *(nur Abendessen) (Tischbestellung erforderlich) (nur Menü)*
Menü 83/129 CHF
Spez. Variation von der Gänsestopfleber. Fische nach Angebot mit Lauchravioli und Trüffeljus. Rehrücken mit Balsamicokirschen.
♦ Das Brüderpaar Homann setzt auf Kreativität, Aromenreichtum und sehr gute Produkte, die sie in ihren beiden Menüs gekonnt vereinen. Zur Wahl stehen ein Überraschungs- und ein Fischmenü. Der Service ist freundlich, aufmerksam und kompetent.

Sankt Gallen

SANKT GALLEN
SAINT-GALL

K Kanton: SG Sankt Gallen
Michelin-Karte: 551 U5
▶ Bern 209 – Bregenz 36
– Konstanz 40 – Winterthur 59
Einwohnerzahl: 70 375 Ew

Höhe: 668 m
Postleitzahl: ✉ 9000
Regionalkarte: 5 I2

PRAKTISCHE HINWEISE

🛈 Tourist-Information
Bahnhofplatz 1a **B**

Gallusstr. 20 **BC**, ☏ 071 227 37 37, info@st.gallen-bodensee-ch

Automobilclub
✪ Poststr. 18, ☏ 071 227 19 60, Fax 071 222 28 82 **B**

✪ Sonnenstr. 6, ☏ 071 244 63 24, Fax 071 244 52 54 **C**

Messegelände
Olma Messen, Splügenstr. 12, ✉ 9008, ☏ 071 242 01 33

Messen und Veranstaltungen

15.-17. Januar: Fest- und Hochzeitsmesse

22.-24. Januar: Gesundheitssymposium

12.-14. Februar: OCA u. Ferienmesse

25.-28. Februar: Tier&Technik

5.-7. März: Brocante

19.-21. März: Immo-Messe Schweiz

7.-11. April: OFFA

23.-25. April: Art & Style

25. Juni-9. Juli: Festspiele

7.-17. Oktober: OLMA

Golfplätze
⛳ Niederbüren West: 24 km, ☏ 071 422 18 56

⛳ Waldkirch Nord-West: 20 km über Ausgang Gossau, Richtung Bischofszell,
☏ 071 434 67 67

SANKT GALLEN

👁 SEHENSWÜRDIGKEITEN

SEHENSWERT

Lage★★ - Stiftsbibliothek★★★ **C**
- Kathedrale★★ **BC** : Chor★★★
- Altstadt★★- Ehemaliges Kloster★★★ **C**

MUSEEN

Historisches Museum und
Völkerkundemuseum★★ **C**
- Kunstmuseum★ **C**

AUSFLUGSZIELE

Dreilinden★ **A** - Tierpark Peter und Paul
≤★ Nord: 3 km über Tannenstrasse **A**

SANKT GALLEN

Bahnhofplatz	**B** 3
Bankgasse	**B** 4
Bitzistrasse	**A** 6
Bogenstrasse	**A** 7
Dierauerstrasse	**B** 8
Engelgasse	**B** 9
Freudenbergstrasse	**A** 10
Frongartenstrasse	**B** 12
Gallusplatz	**B** 13
Gallusstrasse	**C** 14
Geltenwilenstrasse	**A** 15
Gerhaldenstrasse	**A** 16
Hafnerstrasse	**C** 17
Hinterlauben	**B** 18
Kugelgasse	**C** 19
Linsebühlstrasse	**A** 20
Marktgasse	**BC**
Neugasse	**B**
Rosenbergstrasse	**A** 22
Rotachstrasse	**A** 24
Sankt-Leonard-Strasse	**A** 25
Sonnenstrasse	**C** 27
Splügenstrasse	**A** 28
Tannenstrasse	**A** 30
Unterer Graben	**B** 32
Untere Büschenstrasse	**C** 31
Varnbüelstrasse	**A** 33
Vonwilstrasse	**A** 34
Webergasse	**B** 36
Zürcher Strasse	**A** 37
Zwinglistrasse	**A** 39

SANKT GALLEN

🏨 Einstein
Berneggstr. 2 – ℰ 071 227 55 55 – www.einstein.ch – Fax 071 227 55 77
108 Zim ⌒ – †300/400 CHF ††400/500 CHF – 5 Suiten **Ba**
– ½ P +45 CHF
Rest – (25 CHF) Menü 45 CHF (mittags) – Karte 58/106 CHF
• Im Klosterviertel in der Innenstadt befindet sich das komfortable Hotel mit Stammhaus a. d. 19. Jh., zu dem auch ein modernes Tagungszentrum gehört. Sichtbalken zieren das rustikal-gediegene Restaurant mit Blick über die Stadt.

🏨 Radisson BLU
Sankt Jakobstr. 55 – ℰ 071 242 12 12 – www.radissonblu.com/hotel-stgallen
– Fax 071 242 12 00 **Ab**
123 Zim – †220 CHF ††220 CHF, ⌒ 27 CHF – 3 Suiten
Rest *Olivé* – (25 CHF) – Karte 46/91 CHF
• Das Hotel überzeugt mit komfortablen, sehr modern eingerichteten und technisch gut ausgestatteten Zimmern. Auch ein Spielkasino befindet sich im Haus. Trendig ist das Ambiente im Olivé, mediterran und traditionell die Küche.

🏨 Metropol
Bahnhofplatz 3 – ℰ 071 228 32 32 – www.hotel-metropol.ch
– Fax 071 228 32 00 **Bt**
31 Zim ⌒ – †150/190 CHF ††240/290 CHF – ½ P +35 CHF
Rest *oPremier* – (geschl. 24. Juli - 9. August und Sonntag) Menü 22 CHF (mittags)/90 CHF – Karte 42/83 CHF
• Die zentrale Lage am Bahnhof sowie modern und wohnlich eingerichtete Gästezimmer machen das auch für Geschäftsleute geeignete Hotel aus. Internationale Küche bietet das Restaurant oPremier.

🏨 City Weissenstein garni
Davidstr. 22 – ℰ 071 228 06 28 – www.cityweissenstein.ch – Fax 071 228 06 30
– geschl. 24. Dezember - 3. Januar, 2. - 5. April und 24. - 26. Mai **Bn**
27 Zim ⌒ – †160/190 CHF ††210/280 CHF – 4 Suiten
• Ein frisches modernes Design prägt die wohnlichen, technisch gut ausgestatteten Gästezimmer dieses gut geführten Hotels in Zentrumsnähe.

🏨 Jägerhof
Brühlbleichestr. 11 – ℰ 071 245 50 22 – www.jaegerhof.ch – Fax 071 245 26 12
– geschl. 24. Dezember - 7. Januar **Ae**
20 Zim – †165/200 CHF ††230/280 CHF
Rest *Jägerhof* – separat erwähnt
• Etwas versteckt liegt dieser kleine Familienbetrieb am Zentrumsrand. Den Gast erwarten hier helle, individuell gestaltete Zimmer in freundlichen Farben.

XX David 38
Davidstr. 38 – ℰ 071 230 28 38 – www.david38.ch – Fax 071 230 28 39 – geschl. Samstagmittag und Sonntag **Bw**
Rest – (Tischbestellung ratsam) (20 CHF) Menü 50 CHF (mittags)/132 CHF
– Karte 56/102 CHF
• In diesem modern-eleganten Restaurant mitten im Geschäftsviertel können die Gäste die gebotene zeitgemässe Küche in kleinen David- oder grossen Goliath-Portionen geniessen.

XX Schoren
Dufourstr. 150 – ℰ 071 277 08 51 – www.restaurant-schoren.ch
– Fax 071 277 58 60 – geschl. Samstag - Sonntag **Ac**
Rest – (Tischbestellung ratsam) (40 CHF) – Karte 52/94 CHF
• Das leicht erhöht am Stadtrand gelegene Haus bietet internationale Küche, die im freundlichen Restaurant, im eleganten Wintergarten oder auf der Terrasse serviert wird.

XX Jägerhof – Hotel Jägerhof
Brühlbleichestr. 11 – ℰ 071 245 50 22 – www.jaegerhof.ch – Fax 071 245 26 12
– geschl. 24. Dezember - 7. Januar und 8. Juli - 7. August **Ae**
Rest – (geschl. Samstagmittag, Sonn- und Feiertage) (nur Menü)
Menü 105/165 CHF
• In dem hellen neuzeitlichen Restaurant serviert man dem Gast an gut eingedeckten Tischen klassische Speisen aus Bioprodukten. Kleinere Karte am Mittag.

SANKT GALLEN

XX **Netts Schützengarten**
*Sankt Jakobstr. 35 – ℰ 071 242 66 77 – www.netts.ch – Fax 071 242 66 78
– geschl. Sonntag* **Cf**
Rest *– (Tischbestellung ratsam)* (22 CHF) Menü 59 CHF (mittags)/98 CHF
– Karte 53/89 CHF
♦ Hinter einer verglasten Fassade erwarten Sie ein einfacherer Gaststubenbereich und die elegant-gediegene Braustube. Biergarten unter Kastanien und Platanen.

X **Zur alten Post**
*Gallusstr. 4, (1. Etage) – ℰ 071 222 66 01 – www.apost.ch – Fax 071 222 66 94
– geschl. 1. - 11. Januar, 26. Juli - 10. August, Montag, Sonn- und Feiertage*
Rest *– (mittags nur kleine Karte)* Menü 49/79 CHF **Ca**
– Karte 57/91 CHF
♦ Typisch für ein Sankt Galler Altstadtrestaurant: Man speist hier im 1. Stock in gemütlich-rustikalem Umfeld. Serviert werden zeitgemässe Gerichte.

in Kronbühl Nord-Ost: 3 km über Langgasse A – Höhe 614 m – ✉ 9302

XX **Segreto**
*Ziegeleistr. 12 – ℰ 071 290 11 11 – www.segreto.ch – Fax 071 290 11 17
– geschl. 24. - 31. Dezember, 25. Juli - 9. August und Samstagmittag, Sonntag
- Montag*
Rest *– (mittags nur kleine Karte)* (26 CHF) Menü 48 CHF (mittags)/135 CHF
– Karte 75/85 CHF
♦ Im mediterranen Restaurant oder auf der schönen Terrasse serviert man eine Mischung aus italienischer, asiatischer und französischer Küche. Gemütlich: die separate Raucherlounge.

SANKT MORITZ – Graubünden (GR) – **553** X10 – 5 119 Ew **11** J5
– Höhe 1 775 m – Wintersport : 1 772/3 057 m ‍5 ‍18 ‍ – Kurort – ✉ 7500

▶ Bern 327 – Chur 88 – Davos 67 – Scuol 63
🛈 Via Maistra 12 **Z**, ℰ 081 837 33 33, istmoritz@estm.ch
🏌 Engadin Golf Samedan, Nord-Ost: 5 km, ℰ 081 851 04 66
🏌 Engadin Golf Zuoz-Madulain Zuoz, Nord-Ost: 18 km, ℰ 081 851 35 80
◉ Lage★★. Engadiner Museum★ X **M¹** – Segantini Museum★ X **M²**
◉ Piz Corvatsch★★★ - Piz Nair★★
Lokale Veranstaltungen:
    29.-31. Januar: Audi FIS Alpine Ski World Cup Damen
    1.-5. Februar: Gourmet Festival
    7./14./21. Februar: White Turf
    1. März: Chalandamarz

Stadtplan auf der nächsten Seite

🏨🏨🏨🏨 **Kulm**
Via Veglia 18 – ℰ 081 836 80 00
*– www.kulmhotel-stmoritz.ch – Fax 081 836 80 01 – geschl. 5. April - 24. Juni
und 5. September - 10. Dezember* **Zb**
168 Zim ⌑ – ♂255/700 CHF ♂♂470/1125 CHF – 5 Suiten – ½ P +35 CHF
Rest *Rôtisserie des Chevaliers – (geschl. Anfang April - Anfang Dezember) (nur Abendessen)* Karte 109/160 CHF
Rest *The Pizzeria* – Karte 67/110 CHF
Rest *Sunny Bar* – *(geschl. Anfang April - Anfang Dezember)* Menü 150/260 CHF
– Karte 54/128 CHF
♦ Seiner über 150-jährigen Tradition verpflichtet, steht das herrschaftlich anmutende Hotel für klassische Eleganz, die Sie bereits in der bemerkenswerten Halle umgibt. Eindrucksvoll ist der Ausblick. Stilvoll-rustikale Rôtisserie. The Pizzeria mit italienischem Angebot. Japanische Küche in der Sunny Bar.

SANKT MORITZ

Arona (V.)	**X**
Aruons (V.)	**XY** 3
Bagn (V. dal)	**XY** 4
Dim Lej (V.)	**X** 5
Grevas (V.)	**XY** 6
Ludains (V.)	**Y** 7
Maistra (V.)	**Z**
Mezdi (V.)	**Y**
Mulin (Pl. dal)	**Z**
Mulin (V.)	**Z** 9
Posta Veglia (Pl. da la)	**Z** 10
Quadrellas (V.)	**Z**
Rosatsch (V.)	**Y** 12
San Gian (V.)	**Y** 13
Scoula (Pl. da)	**Z** 15
Seepromenade	**XY**
Sela (V.)	**Y** 16
Serlas (V.)	**Z**
Somplaz (V.)	**XY**
Stredas (V.)	**Z** 18
Surpunt (V.)	**Y**
Tinus (V.)	**Z**
Traunter Plazzas (V.)	**Z** 19
Veglia (V.)	**Z**
Vout (V.)	**Z** 21

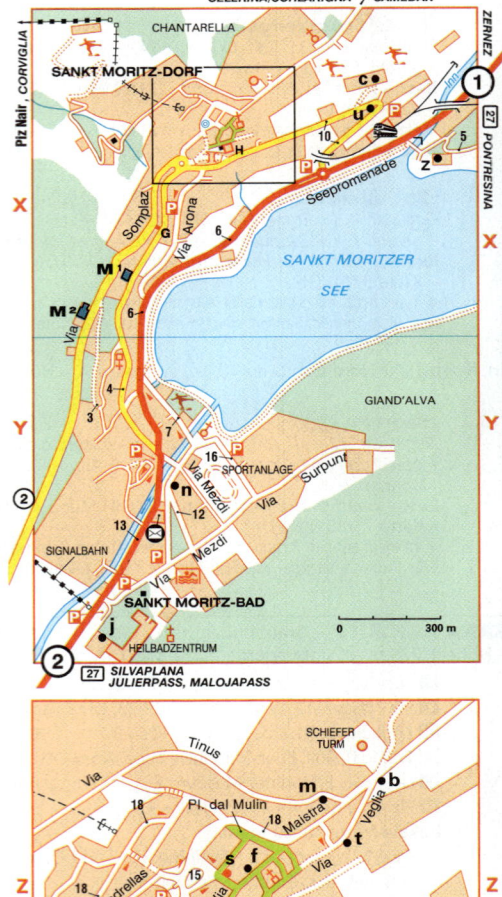

352

SANKT MORITZ

 Badrutt's Palace
Via Serlas 27 – ℰ 081 837 10 00
– www.badruttspalace.com – Fax 081 837 29 99 – *geschl. 7. April - 24. Juni und 13. September - Anfang Dezember* **Za**
118 Zim – †280/2233 CHF ††365/2270 CHF – 38 Suiten – ½ P +160 CHF
Rest – Menü 80 CHF (mittags)/180 CHF – Karte 121/195 CHF
Rest *Le Bistro* – *(geschl. Anfang April - Anfang Dezember) (nur Abendessen)*
Karte 95/128 CHF
Rest *Nobu* – *(geschl. Anfang April - Anfang Dezember) (nur Abendessen)*
Menü 175/185 CHF – Karte 85/235 CHF
♦ Ein Luxushotel a. d. 19. Jh. in bester Lage. Man trifft sich zur Tea Time in der sehenswerten historischen Lobby "Le Grand Hall" oder macht im King's Club die Nacht zum Tag. Auf Wunsch Butler- und Limousinenservice. Moderne Atmosphäre im Le Bistro. Japanisch-international speist man im Nobu bei Nobuyuki Matsuhisa.

 Carlton
Via Johannes Badrutt 11 – ℰ 081 836 70 00
– www.carlton-stmoritz.ch – Fax 081 836 70 01
– *geschl. 11. April - November* **Xc**
36 Zim – †900/7850 CHF ††950/7900 CHF – 24 Suiten
Rest *Romanoff* – *(nur Abendessen)* Karte 100/164 CHF
Rest *Tschinè* – Karte 91/161 CHF
♦ Das 1913 erbaute Haus bietet als Boutique-Hotel exklusiven Service vom 24-h-Concierge bis zum Helikopter-Transfer. Gäste residieren in edlen, von Star-Designer Carlo Rampazzi individuell eingerichteten Juniorsuiten und Suiten. Romanoff ist ein gediegen-stilvolles Restaurant. Ungezwungene Atmosphäre im Tschinè.

 Suvretta House
Via Chasellas 1, Süd-West: 2 km
über Via Somplaz **Y** – ℰ 081 836 36 36 – www.suvrettahouse.ch
– Fax 081 836 37 37 – *geschl. 6. April - Ende Juni und Anfang September - Anfang Dezember*
171 Zim – †229/790 CHF ††458/1580 CHF – 10 Suiten – ½ P +35 CHF
Rest – *(nur Abendessen)* Karte 74/92 CHF
Rest *Suvretta Stube* – Karte 64/124 CHF
♦ Aus dem Jahre 1912 stammt das stattliche Grandhotel vor grandioser Bergkulisse. Elegantes Ambiente und der klassische Nachtmittagstee spiegeln die Tradition des Hauses wider. Festlicher Speisesaal mit imposanter Kassettendecke. Separates Kinderrestaurant. Regionale Küche in der gemütlichen Stube mit Terrasse.

 Kempinski Grand Hotel des Bains
Via Mezdi 27
– ℰ 081 838 38 38 – www.kempinski-stmoritz.com – Fax 081 838 30 00 – *geschl. 6. April - 17. Juni, 18. Oktober - 2. Dezember* **Yj**
168 Zim – †290/945 CHF ††400/1000 CHF – 16 Suiten – ½ P +75/95 CHF
Rest *Cà d'Oro* – separat erwähnt
Rest *Les Saisons* – *(nur Abendessen)* Menü 75/110 CHF – Karte 90/136 CHF
Rest *Enoteca* – *(geschl. Dienstag und Mittwoch) (nur Abendessen)*
Menü 89/145 CHF – Karte 102/159 CHF
♦ In dem prächtigen Hotel von 1864 empfängt Sie eine modern-elegante Halle in wunderschönem historischem Rahmen. Spa mit eigenem Quellwasserbrunnen. Tower Suiten über 3 Etagen. Les Saisons: heller klassischer Speisesaal. Die Enoteca bietet u. a. Alpen-Tapas.

Monopol
Via Maistra 17 – ℰ 081 837 04 04 – www.monopol.ch – Fax 081 837 04 05
– *geschl. 7. April - 29. Mai und 2. Oktober - 3. Dezember* **Zf**
74 Zim – †245/480 CHF ††410/640 CHF
Rest *Grischuna* – separat erwähnt
♦ Die Zimmer in diesem Hotel im Zentrum sind elegant oder mit rutikalem Arvenholz eingerichtet. Saunabereich hoch über St. Moritz mit Panorama-Dachterrasse, Massage und Kosmetik.

SANKT MORITZ

Schweizerhof
Via dal Bagn 54 – ℰ *081 837 07 07* – *www.schweizerhofstmoritz.ch*
– *Fax 081 837 07 00* **Zd**
82 Zim ⌑ – †200/475 CHF ††340/710 CHF – ½ P +30 CHF
Rest *Acla* – (21 CHF) Menü 26 CHF (mittags)/65 CHF – Karte 67/108 CHF
◆ Hier stehen hell und zeitgemäss gestaltete Zimmer verschiedener Kategorien bereit, teilweise zum See hin gelegen. Saunabereich mit kleiner Dachterrasse in der obersten Etage. Regional und international speist man im Restaurant Acla und auf der Sonnenterrasse.

Steffani
Am Sonnenplatz 6 – ℰ *081 836 96 96* – *www.steffani.ch* – *Fax 081 836 97 17*
61 Zim ⌑ – †205/310 CHF ††310/470 CHF – 5 Suiten **Ze**
– ½ P +40 CHF
Rest *Le Lapin Bleu* – (23 CHF) – Karte 38/102 CHF
Rest *Le Mandarin* – *(geschl. 4. Oktober - 26. November, Montag) (nur Abendessen)* Menü 46/72 CHF – Karte 47/91 CHF
◆ Ein Ferienhotel im Zentrum mit wohnlich-alpenländischen Zimmern, teils im modernen Stil. Die Superior-Zimmer liegen schön zum Tal, einige mit Balkon. Eine hübsche Holztäferung ziert das Restaurant Le Lapin Bleu, mit Terrasse. Chinesische Küche im Le Mandarin.

La Margna
Via Serlas 5 – ℰ *081 836 66 00* – *www.lamargna.ch* – *Fax 081 836 66 01*
– *geschl. 5. April - 29. Mai und 3. Oktober - 17. Dezember* **Xu**
58 Zim ⌑ – †190/380 CHF ††340/530 CHF – ½ P +50 CHF
Rest – Menü 42/58 CHF – Karte 42/85 CHF
Rest *Stüvetta* – (28 CHF) – Karte 48/91 CHF
◆ Die Tradition dieses 1907 erbauten Hotels ist vor allem in der schönen Halle mit Kreuzgewölbe und Original-Leuchtern zu spüren. Nette rustikale Zimmer zur Berg- oder Talseite. Klassischer Speisesaal mit sehenswerter Stuckdecke. Heimelig-regionale Stüvetta.

Waldhaus am See
Via Dim Lej 6 – ℰ *081 836 60 00* – *www.waldhaus-am-see.ch*
– *Fax 081 836 60 60* **Xz**
52 Zim ⌑ – †105/200 CHF ††210/370 CHF – ½ P +45 CHF
Rest – Karte 60/96 CHF
◆ Eine fantastische Sicht auf St. Moritz bietet das Hotel in direkter Seelage am Eingang zum Naturschutzgebiet. Zimmer in Arvenholz, ausgestattet mit CD-/DVD-Player. Restaurant mit grossem Rotisserie-Grill. In der Bar: beachtliche Whisky-Auswahl und Humidor.

Languard garni
Via Veglia 14 – ℰ *081 833 31 37* – *www.languard-stmoritz.ch*
– *Fax 081 833 45 46* – *geschl. 18. April - 3. Juni und 17. Oktober - 3. Dezember*
22 Zim ⌑ – †90/308 CHF ††180/572 CHF **Zt**
◆ Einige Zimmer in dem freundlich geführten Familienbetrieb sind besonders schöne Superior-Zimmer mit Aussicht. Den Blick auf See und Berge hat man auch von der Frühstücksveranda.

Corvatsch
Via Tegiatscha 1 – ℰ *081 837 57 57* – *www.hotel-corvatsch.ch*
– *Fax 081 837 57 58* – *geschl. 17. Oktober - 2. Dezember und 19. April - 2. Juni*
28 Zim ⌑ – †130/205 CHF ††210/370 CHF – ½ P +41 CHF **Yn**
Rest – (25 CHF) Menü 26 CHF (mittags)/63 CHF – Karte 55/96 CHF
◆ Eine gepflegte familiäre Adresse nicht weit vom St. Moritzer See, deren Gästezimmer alle behaglich im Engadiner Stil eingerichtet sind. Spezialität im Restaurant sind regionale Speisen und Grillgerichte. Auf dem Gehsteig befindet sich die Terrasse.

Arte
Via Tinus 7 – ℰ *081 837 58 58* – *www.arte-stmoritz.ch* – *Fax 081 837 58 69*
– *geschl. 1. - 22. November, 20. April - 21. Juni* **Zm**
9 Zim ⌑ – †130/180 CHF ††220/300 CHF
Rest – *(geschl. Montag) (nur Abendessen)* Karte 28/65 CHF
◆ Recht klein, aber ansprechend dekoriert sind die Gästezimmer in diesem Haus in zentraler Lage. Themen sind z. B. Australien, Engadin oder Japan. Im Restaurant bietet man Pizza und Pasta.

SANKT MORITZ

XXXX Cà d'Oro – Kempinski Grand Hotel des Bains
Via Mezdi 27 – ℰ 081 838 38 38 – www.kempinski-stmoritz.com
– Fax 081 838 30 00 – geschl. 6. April - 2. Dezember und Sonntag - Montag
Rest *– (nur Abendessen) (Tischbestellung ratsam)* **Yj**
Menü 149/220 CHF – Karte 130/198 CHF

• Ein feines Restaurant mit zeitgemässer Küche in einem stilgerecht restaurierten historischen Raum mit hohen stuckverzierten Decken und Kristallüstern.

XXX Grischuna – Hotel Monopol
Via Maistra 17 ⊠ 7500 – ℰ 081 837 04 04 – www.monopol.ch
– Fax 081 837 04 05 – geschl. 7. April - 29. Mai und 2. Oktober - 3. Dezember
Rest *– (Tischbestellung ratsam)* (22 CHF) Menü 29 CHF **Zs**
– Karte 53/131 CHF

• Das elegante Restaurant bietet italienische Küche mit einer zeitgemäss interpretierten "Cucina Casalinga". In einem der beiden Räume verbreitet eine schöne Holzdecke Gemütlichkeit.

XX Meierei mit Zim
Via Dim Lej 52, Nord-Ost: über Seepromenade und Spazierweg (Zufahrt mit dem Auto für Hausgäste gestattet) – ℰ 081 838 70 00 – www.hotel-meierei.ch
– Fax 081 833 70 05 – geschl. 7. April - 18. Juni, 27. September - 25. Dezember und Montag
11 Zim ⊇ – †145/250 CHF ††260/340 CHF – ½ P +48 CHF
Rest – Menü 48 CHF (abends) – Karte 41/81 CHF

• Im Restaurant und auf der Terrasse geniesst man in traumhafter Landschaft die absolute Ruhe und die wunderbare Sicht auf die Berge. Hübsche moderne Gästezimmer.

XX Chesa Chantarella
Via Salastrains 10, Nord-West: 2 km, im Winter Strasse bis 16 Uhr geschlossen, aber mit Chantarellabahn und Fussweg (10 min.) erreichbar – ℰ 081 833 33 55
– www.chesachantarella.ch – Fax 081 833 85 46 – geschl. 6. April - 17. Juni, 18. Oktober - 2. Dezember
Rest – (39 CHF) Karte 68/131 CHF

• Das rustikale Resataurant liegt mitten im Skigebiet und verfügt über eine grosse Sonnenterrasse mit traumhaftem Panoramablick. Zeitgemässe Küche, einfachere Mittagskarte.

X Cascade
Via Somplaz 6 – ℰ 081 833 33 44 – www.cascade-stmoritz.ch
– Fax 081 833 33 41 – geschl. 25. April - 1. Juli, 17. Oktober - 25. November, im Sommer: Sonntag - Montag **Zh**
Rest *– (nur Abendessen)* Karte 67/113 CHF

• In gemütlich-eleganter Bistro-Atmosphäre mit Jugenstilflair nimmt man an gut eingedeckten Tischen Platz und wählt von einer internationalen Karte mit italienischem Einfluss.

X Chesa Veglia - Patrizier Stuben
Via Veglia 2 – ℰ 081 837 28 00 – www.badruttspalace.com – Fax 081 837 28 99
– geschl. 7. April - 24. Juni und 13. September - Anfang Dezember **Zc**
Rest – Karte 70/185 CHF
Rest *Heuboden* – Karte 67/123 CHF
Rest *Chadafö Grill* *– (geschl. Anfang April - Anfang Dezember) (nur Abendessen)* Karte 98/190 CHF

• Historisch-rustikalen Charme versprüht die Chesa Veglia, eines der ältesten Bauernhäuser von St. Moritz, mit ihren liebenswert eingerichteten Patrizier Stuben, in denen man überwiegend regionale Küche bietet. Im 1. Stock befindet sich die Pizzeria Heuboden. Nur im Winter: klassische Speisen im Chadafö Grill.

X Chasellas
Via Suvretta 22, Süd-West: 2,5 km über Via Somplaz Y – ℰ 081 833 38 54
– www.chasellas.ch – Fax 081 833 44 00 – geschl. Anfang April - Ende Juni und Anfang September - Anfang Dezember
Rest *– (mittags nur kleine Karte)* Menü 115 CHF (abends) – Karte 58/125 CHF

• Während sich hier mittags die Skifahrer auf der Terrasse einfach verpflegen, erwarten Sie am Abend ein gemütliches Ambiente und regionale Küche.

SANKT MORITZ

auf der Corviglia mit Standseilbahn erreichbar – Höhe 2 488 m – ⌧ 7500 Sankt Moritz

XX **Mathis Food Affairs - La Marmite**
– ℰ 081 833 63 55 – www.mathisfood.ch – Fax 081 833 85 81 – geschl. Mitte April - Mitte Juni und Mitte Oktober - Mitte November
Rest – (nur Mittagessen) Karte 91/159 CHF
Rest *Brasserie* – (nur Mittagessen) Karte 59/84 CHF
♦ Ein elegantes Restaurant inmitten der atemberaubenden Bergwelt. Spezialität sind Kaviar- und Trüffelgerichte, die Weinkarte bietet eine sehr gute Auswahl an Grossflaschen. Als etwas einfachere Alternative empfiehlt sich die Brasserie.

in Champfèr Süd-West: 3 km – Höhe 1 820 m – ⌧ 7512

🏨 **Chesa Guardalej**
Via Maistra 3 – ℰ 081 836 63 00
– www.chesa-guardalej.ch – Fax 081 836 63 01 – geschl. 5. April - 18. Juni und 17. Oktober - 3. Dezember
84 Zim ⌕ – †140/375 CHF ††280/680 CHF – 8 Suiten – ½ P +65 CHF
Rest Stüva dal Postigliun – *separat erwähnt*
Rest *Jenatsch* – (nur Abendessen) Menü 89/125 CHF – Karte 72/115 CHF
Rest *Diavolo* – (geschl. im Winter: Dienstag) (nur Abendessen) Karte 64/109 CHF
♦ Ein Hotel aus mehreren unterirdisch miteinander verbundenen Engadiner Häusern mit schönem modernem Sauna-, Bade- und Ruhebereich sowie Massage und Kosmetik. Klassisch-internationale Küche im Jenatsch. Der Künstler Steivan Liun Könz hat das Diavolo sehenswert gestaltet.

XXX **Jöhri's Talvo**
🏵 Via Gunels 15 – ℰ 081 833 44 55 – www.talvo.ch – Fax 081 833 05 69 – geschl. 6. April - 22. Juni, 26. September - 2. Dezember
Rest – (geschl. Sommer: Montag - Dienstag und Winter: Montag - Dienstagmittag, ausser Hochsaison) Menü 86 (mittags)/238 CHF – Karte 110/212 CHF
Spez. Tatsch mit Steinpilzen (Sommer). Kalbskarree mit Rosmarin. Warmes Soufflé mit Saisonfrucht und Vanilleeis.
♦ Die engagierten Gastgeber Brigitte und Roland Jöhri haben aus dem einstigen Bauernhaus von 1658 ein rustikal-elegantes Restaurant mit Empore und historischer Stube gemacht. Man bietet klassische Küche, auf Wunsch auch mit Trüffel oder Kaviar.

X **Stüva dal Postigliun** – Hotel Chesa Guardalej
Via Maistra 3 – ℰ 081 836 63 00
– www.chesa-guardalej.ch – Fax 081 836 63 01 – geschl. 5. April - 18. Juni und 17. Oktober - 3. Dezember
Rest – (Tischbestellung ratsam) Menü 89/98 CHF – Karte 63/115 CHF
♦ 1792 wurde die heimelige holzgetäferte Stube erstmals urkundlich erwähnt. Man kocht auf klassisch-regionaler Basis mit italienischen und asiatischen Einflüssen. Kleine Mittagskarte.

SANKT NIKLAUSEN – Obwalden (OW) – **551** O8 – Höhe 839 m   4 F4
– ⌧ 6066
▶ Bern 110 – Luzern 24 – Altdorf 50 – Engelberg 34

X **Alpenblick**
🏵 Melchtalerstrasse – ℰ 041 660 15 91 – Fax 041 662 16 49 – geschl. März 1 Woche, Mitte Juli - Mitte August und Montag - Dienstag
Rest – (Tischbestellung ratsam) Menü 68/107 CHF – Karte 44/84 CHF
♦ Das familiär geleitete Restaurant teilt sich in eine bürgerlich-schlichte Gaststube und ein kleine gediegene Stube. Geboten werden traditionelle Speisen und Spezialitätenwochen.

SANKT PELAGIBERG – Thurgau (TG) – **551** U4 – Höhe 570 m   5 H2
– ⌧ 9225
▶ Bern 202 – Sankt Gallen 14 – Bregenz 45 – Frauenfeld 43

SANKT PELAGIBERG

XX **Sankt Pelagius**
Sankt Pelagibergstr. 17 – ℰ *071 433 14 34* – *www.pelagius.ch*
– *Fax 071 433 14 40* – *geschl. 13. Januar - 1. Februar, 21. Juli - 2. August und Sonntagabend, Montag - Dienstag*
Rest – *(Tischbestellung erforderlich)* Menü 48 CHF (mittags)/138 CHF
– Karte 66/106 CHF
♦ Mit Engagement leiten Ruedi und Dragica Brander das hochwertig und geschmackvoll-elegant eingerichtete Restaurant und sorgen mit klassischer Küche und zuvorkommendem Service für das Wohl ihrer Gäste. Schöne Terrasse und nettes kleines Raucherhüsli.

SAN PIETRO DI STABIO – Ticino – **553** R14 – vedere Stabio

SANTA MARIA VAL MÜSTAIR – Graubünden (GR) – **553** AA10   **11** K4
– 365 Ew – Höhe 1 388 m – ⊠ 7536

▶ Bern 337 – Scuol 63 – Chur 125 – Davos 69
🛈 ℰ 081 858 57 27, info.stamaria@val-muestair.ch

Crusch Alba
Via Maistra – ℰ *081 858 51 06* – *www.hotel-cruschalba.ch* – *Fax 081 858 61 49*
13 Zim ⊇ – †85/130 CHF ††140/170 CHF
Rest – *(geschl. im Winter : Sonntag)* Karte 48/85 CHF
♦ Der älteste Gasthof im Val Müstair ist originalgetreu restauriert und ausgestattet mit hübschen wohnlichen Zimmern. Sehenswert sind die historischen Bereiche, wie z. B. die urige Küche von einst. Behagliche und freundliche Gaststuben.

Alpina
Via Maistra – ℰ *081 858 51 17* – *www.santamaria.ch* – *Fax 081 858 56 97*
– *geschl. November*
18 Zim ⊇ – †80/95 CHF ††140/170 CHF – ½ P +25 CHF
Rest – (19 CHF) – Karte 31/53 CHF
♦ Familienbetrieb in einem ehemaligen Patrizierhaus mit recht einfachen, aber gepflegten Gästezimmern, die mit hellem Naturholz eingerichtet sind. Teil des Restaurants ist eine sehr gemütliche komplett getäferte Gaststube.

in Valchava West: 1 km – Höhe 1 414 m – ⊠ 7535

Central
– ℰ *081 858 51 61* – *www.centralvalchava.ch* – *Fax 081 858 58 16*
– *geschl. 12. - 26. April*
20 Zim ⊇ – †115/120 CHF ††180/210 CHF – ½ P +30 CHF
Rest – (26 CHF) Menü 30 CHF – Karte 33/57 CHF
♦ Das frühere Engadiner Bauernhaus mit der auffallend bemalten Fassade ist ein Familienbetrieb mit recht modernen Zimmern im regionalen Stil. Heubäder und Massage. Das nette Restaurant mit heimeliger Stube bietet traditionelle Gerichte und Bioküche.

SARNEN K – Obwalden (OW) – **551** N8 – 9 582 Ew – Höhe 473 m   **4** F4
– ⊠ 6060

▶ Bern 106 – Luzern 20 – Altdorf 44 – Brienz 34
🛈 Hofstr. 2, ℰ 041 666 50 40, info@sarnen-tourism.ch

Krone
Brünigstr. 130 – ℰ *041 666 09 09* – *www.krone-sarnen.ch* – *Fax 041 666 09 10*
59 Zim ⊇ – †157 CHF ††252 CHF – ½ P +35 CHF
Rest – (18 CHF) – Karte 43/71 CHF
♦ Das Hotel im Ortszentrum beherbergt eine helle, freundliche Halle sowie recht individuelle Gästezimmer in geradlinigem neuzeitlichem Stil. Im Restaurant hat man gelungen modernes und traditionell-rustikales Ambiente kombiniert. Nett ist auch die Lounge.

357

SARNEN

Gasthaus Zum Landenberg
Jordanstr. 1, (1. Etage) – ℰ 041 660 12 12 – www.vinarium.ch
– Fax 041 660 12 56 – geschl. 14. - 28. Februar, 1. - 15. August und Samstagmittag, Sonntag
Rest – (24 CHF) Menü 58 CHF (mittags)/125 CHF – Karte 62/119 CHF
♦ Internationale Küche mit kreativem Einschlag bietet das Restaurant im 1. Stock eines alten Stadthauses - im Sommer serviert man auch auf der schönen Terrasse. Mit Vinothek.

in Wilen Süd-West: 3 km – Höhe 506 m – ✉ 6062

Seehotel Wilerbad
Wilerbadstr. 6 – ℰ 041 662 70 70 – www.wilerbad.ch – Fax 041 662 70 80
57 Zim ☑ – †140/180 CHF ††240/320 CHF – ½ P +38 CHF
Rest *Taptim Thai* – (20 CHF) – Karte 49/68 CHF
Rest *Fyf Farbä* – (20 CHF) – Karte 48/85 CHF
♦ Ein funktionelles Tagungshotel in ruhiger Lage oberhalb des Sarnersees mit eigenem Strandbad. Frische Farbakzente zieren die Business-, Comfort- und Deluxezimmer. Taptim Thai mit thailändischer Küche. Eine Terrasse mit See- und Bergblick ergänzt die Restaurants.

SATIGNY – Genève (GE) – **552** A11 – 2 996 h. – alt. 485 m – ✉ 1242 6 A6
▶ Bern 163 – Genève 11 – Bellegarde-sur-Valserine 33 – Divonne-les-Bains 23

à Peney-Dessus Sud : 3 km par route de Dardagny et voie privée – ✉ 1242 Satigny

Domaine de Châteauvieux (Philippe Chevrier) avec ch
ఘఘ *16 ch. de Châteauvieux*
– ℰ 022 753 15 11 – www.chateauvieux.ch – Fax 022 753 19 24 – fermé 24 décembre - 4 janvier, 4 - 12 avril, 25 juillet - 9 août, dimanche et lundi
13 ch ☑ – †285/425 CHF ††335/475 CHF
Rest – *(réservation conseillée)* Menu 88 CHF (déj.)/270 CHF – Carte 199/284 CHF
Spéc. Les noix de coquilles Saint-Jacques aux poireaux et au foie gras, vinaigrette tiède au jus de truffe noire. Menu à la truffe blanche d'Alba. L'aile de raie bouclée et queue de boeuf confite, beurre monté à l'orange et campari.
♦ Au cœur du vignoble, ancienne ferme promue hostellerie. Salles de caractère, cuisine évoluant sur de bonnes bases classiques, crus prestigieux, belle terrasse et service appliqué. Chambres stylées, breakfast soigné, boutique de bouche, jardin-potager et fumoir pour connaisseurs.

à Peney-Dessous Sud : 3 km – ✉ 1242 Satigny

Le Café de Peney
130 rte d'Aire-la-Ville – ℰ 022 753 17 55 – www.chateauvieux.ch
– Fax 022 753 17 60 – fermé 24 décembre - 3 janvier
Rest – *(réservation conseillée)* (26 CHF) Menu 72/98 CHF – Carte 84/110 CHF
♦ Vieux café rajeuni en gardant sa jovialité et son âme genevoise. Soigneuse cuisine de saison aux saveurs intactes. Salle typée, serre et jolie terrasse. Ponton d'amarrage en face.

SAULCY – Jura (JU) – **551** H5 – 262 h. – alt. 910 m – ✉ 2873 2 C3
▶ Bern 77 – Delémont 19 – Basel 61 – Biel 34

Bellevue
3 rte de l'Eglise – ℰ 032 433 45 32 – www.le-bellevue.ch – Fax 032 433 46 93
– fermé 1ᵉʳ - 25 février
11 ch ☑ – †70/100 CHF ††120/150 CHF – ½ P +35 CHF
Rest – *(fermé mardi - mercredi sauf en août)* (15 CHF) – Carte 42/69 CHF
♦ Belle bâtisse ancienne (1905) de style régional tournée vers la vallée et les monts du Jura. Chambres diversement agencées ; celle portant le numéro 25 est la plus charmante. Restaurant au décor rustique et à l'ambiance familiale. Cuisine traditionnelle.

SAX – Sankt Gallen (SG) – 551 V6 – Höhe 484 m – ⊠ 9468 — 5 I3

▶ Bern 243 – Sankt Gallen 60 – Altstätten 25 – Bad Ragaz 33

XX Schlössli mit Zim
Gaditsch 1 – ℰ 081 750 40 90 – www.schloesslisax.ch – Fax 081 750 40 91
– geschl. Ende Januar - Anfang März und Montag - Dienstag
9 Zim ⊡ – †140 CHF ††160 CHF
Rest – Menü 40 CHF (mittags)/94 CHF – Karte 72/102 CHF
Rest *Bier Stübli* – (18 CHF) Menü 40 CHF (mittags) – Karte 39/76 CHF

◆ Ein schönes Restaurant in einem Herrschaftshaus von 1551 mit tollem Blick auf Rheintal und Berge. Das Grotto mit Kreuzgewölbe und das Freiherrenstübli mit getäfelten Wänden sind beide schlicht-modern gestaltet. Die einfachere Alternative ist das Bier Stübli. Zeitgemässe Gästezimmer mit funktioneller Einrichtung.

SCHAFFHAUSEN K – Schaffhausen (SH) – 551 Q3 – 33 459 Ew — 4 G1
– Höhe 403 m – ⊠ 8200

▶ Bern 172 – Zürich 52 – Winterthur 29 – Villingen 56

🛈 Herrenacker 15 A, ℰ 052 632 40 20, info@schaffhausen-tourismus.ch

🏌 Rheinblick Lottstetten-Nack (Deutschland), Süd-West: 19 km, ℰ (0049) 77 45 92 960

🏌 Obere Alp Stühlingen (Deutschland), Nord-West: 20 km, ℰ (0049) 77 03 92 030

◉ Lage★ - Altstadt★ - Vordergasse★ B. Museum zu Allerheiligen★★ B M¹ - Hallen für neue Kunst★ B M²

◉ Rheinfall★★

Stadtplan auf der nächsten Seite

🏨 Bahnhof
Bahnhofstr. 46 – ℰ 052 630 35 35 – www.hotelbahnhof.ch – Fax 052 630 35 36
– geschl. 21. Dezember - 3. Januar   Ae
50 Zim ⊡ – †180/220 CHF ††280/320 CHF
Rest – *(geschl. Samstag - Sonntag) (nur Mittagessen)* Menü 18 CHF
– Karte 40/73 CHF

◆ Die zentrale Lage gegenüber dem Bahnhof sowie neuzeitlich-funktional ausgestattete Gästezimmer sprechen für dieses Haus. Auch Tagungsräume sind vorhanden. Im Restaurant-/ Loungebereich bietet man eine internationale Karte.

🏨 Kronenhof
Kirchhofplatz 7 – ℰ 052 635 75 75 – www.kronenhof.ch – Fax 052 635 75 65
– geschl. 24. - 31. Dezember   Bc
40 Zim ⊡ – †145/175 CHF ††195/260 CHF – ½ P +35 CHF
Rest – Karte 56/65 CHF

◆ Das familiär geleitete Hotel befindet sich mitten in der Altstadt und verfügt über Zimmer mit zeitgemässer Einrichtung. Stilvoll wohnt man in der "Antik-Suite". Das Restaurant und das kleine Bistro nebenan sind in neuzeitlichem Stil gehalten.

🏨 Promenade
Fäsenstaubstr. 43 – ℰ 052 630 77 77 – www.promenade-schaffhausen.ch
– Fax 052 630 77 78 – geschl. 22. Dezember - 5. Januar   Ab
39 Zim ⊡ – †140/175 CHF ††200/255 CHF – ½ P +27 CHF
Rest – Karte 42/66 CHF

◆ Nur wenige Gehminuten vom Zentrum finden Sie die schmucke alte Stadtvilla mit schön bepflanzter Aussenanlage und hellen praktischen Zimmern mit gutem Platzangebot. Bürgerlich gestaltetes Restaurant.

🏨 Rüden garni
Oberstadt 20 – ℰ 052 632 36 36 – www.rueden.ch – Fax 052 632 36 37 – geschl.
20. Dezember - 4. Januar   Ax
30 Zim ⊡ – †150/190 CHF ††220/290 CHF

◆ Modernes Ambiente im schönen historischen Zunfthaus. Sehenswert ist die alte Treppe unter hohen Decken. In den Zimmern: rustikale Details wie Holzbalken und Mauerwerk.

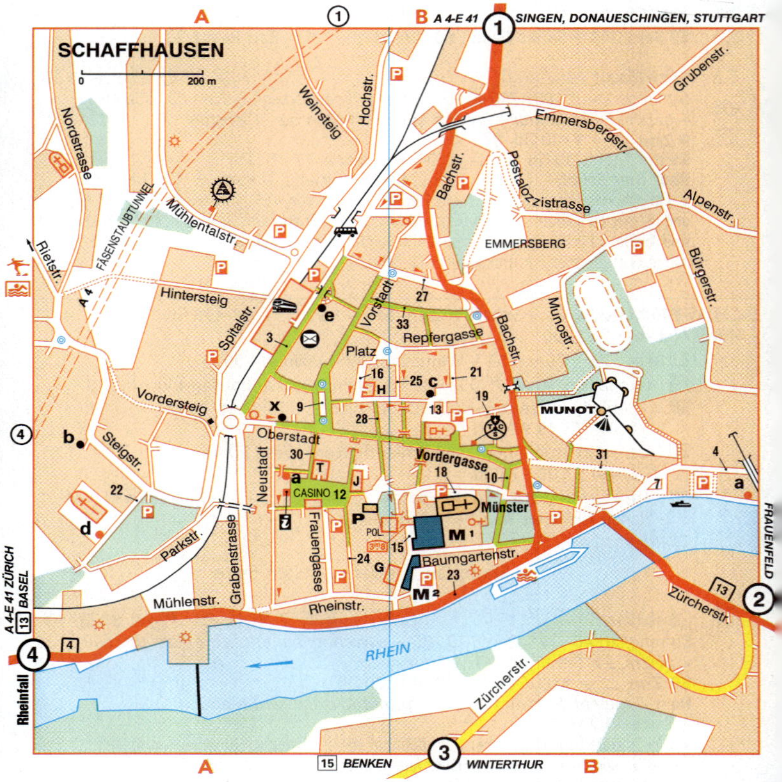

SCHAFFHAUSEN

Bahnhofstrasse . . . . A 3	Krummgasse . . . . A 16	Safrangasse . . . . B 25
Fischerhäuserstrasse . . . . B 4	Münsterplatz . . . . A 18	Schützengraben . . . . B 27
Freier Platz . . . . B 7	Pfarrhofgasse . . . . B 19	Sporengasse . . . . B 28
Fronwagplatz . . . . A 9	Pfrundhausgasse . . . . B 21	Tanne . . . . A 30
Goldsteinstrasse . . . . B 10	Promenaden-	Unterstadt . . . . B 31
Herrenacker . . . . A 12	strasse . . . . A 22	Vordergasse . . . . AB
Kirchhofplatz . . . . B 13	Rheinuferstrasse . . . . B 23	Vorstadt . . . . A
Klosterstrasse . . . . B 15	Rosengasse . . . . A 24	Webergasse . . . . B 33

Rheinhotel Fischerzunft (André Jaeger) mit Zim

Rheinquai 8 – ℰ 052 632 05 05 – www.fischerzunft.ch
– Fax 052 632 05 13

6 Zim ⊇ – †210/260 CHF ††295/360 CHF – 4 Suiten
Rest *Vinopium* – separat erwähnt
Rest – *(geschl. 8. - 23. Februar und Montag - Dienstag)* Menü 115/195 CHF
– Karte 112/165 CHF

Spez. Halber Hummer mit Tandoori gegrillt auf exotischem Salat mit Wasabi-creme. Bento Box mit vier asiatischen Köstlichkeiten. Ente à la Broche in zwei Gängen serviert.

♦ In der eleganten Zunftstube und auf der Terrasse mit Rheinblick überzeugen das fachkundige Serviceteam unter der Leitung von Jana Zwesper und die kreative euro-asiatische Küche von André Jaeger, die aufwändig zubereitet und ansprechend präsentiert wird.

 Gute Küche zu moderatem Preis? Folgen Sie dem Bib Gourmand.

SCHAFFHAUSEN

Schaffhauserhof
Promenadenstr. 21 – ℰ 052 625 58 00 – www.schaffhauserhof.ch
– Fax 052 625 58 30 – geschl. Montag und Dienstag **Ad**
Rest – (25 CHF) Menü 59/105 CHF – Karte 55/86 CHF
♦ Bei Familie Böhi werden die Gäste auf sympathische Art mit solide und schmackhaft gekochten traditionellen und internationalen Speisen umsorgt.

Wirtschaft zum Frieden
Herrenacker 11 – ℰ 052 625 47 67 – www.wirtschaft-frieden.ch
– Fax 052 625 47 15 – geschl. 4. - 12. April, 3. - 18. Oktober und Sonntag
- Montag **Aa**
Rest – (19 CHF) – Karte 55/79 CHF
♦ Der Gasthof a. d. 15. Jh. hiess früher wegen eines Nachbarschaftsstreits "Wirtschaft zum Streit". Heute serviert man in ganz und gar friedlicher Atmosphäre traditionelle Küche.

Sommerlust
Rheinhaldenstr. 8 – ℰ 052 630 00 60 – www.sommerlust.ch
Rest – (22 CHF) Menü 48 CHF (mittags)/72 CHF – Karte 52/83 CHF
♦ Die hübsche Villa am Rhein liegt ein freundliches Restaurant mit lichtem Wintergarten, der sich im Sommer zum schönen Garten hin öffnen lässt. Mit im Haus: Kunst und Kultur.

Vinopium – Rheinhotel Fischerzunft
Rheinquai 8 – ℰ 052 632 05 05 – www.fischerzunft.ch – Fax 052 632 05 13
– geschl. 8. - 23. Februar und Montag - Dienstag **Ba**
Rest – (22 CHF) – Karte 54/62 CHF
♦ Das in Vinothek-Lounge und Bistro unterteilte Restaurant bietet zeitgemässe Küche. Einige Gerichte wie auch das frische Ambiente sind euro-asiatisch inspiriert.

in Herblingen Nord-Ost: 3 km über ① – Höhe 404 m – ✉ 8207 Schaffhausen

Hohberg
Schweizersbildstr. 20 – ℰ 052 643 42 49 – www.hotel-hohberg.ch
– Fax 052 643 14 00
35 Zim ⊇ – †100/160 CHF ††160/240 CHF – ½ P +25 CHF
Rest – (21 CHF) – Karte 50/89 CHF
♦ Am Waldrand liegt das familiär geführte Hotel mit zeitgemässen Zimmern und angeschlossener Reithalle. Dank der guten Verkehrsanbindung ist man schnell im Zentrum von Schaffhausen. Bürgerlich-regionales Angebot im Restaurant.

in Neuhausen am Rheinfall Süd-West: 2 km über ④ – Höhe 397 m – ✉ 8212

Schlössli Wörth
Rheinfallquai, (Am Rheinfall) – ℰ 052 672 24 21 – www.schloessliwoerth.ch
– Fax 052 672 24 30 – geschl. 28. Januar - 14. Februar und Okt. - März: Mittwoch
Rest – Menü 49 CHF (mittags)/97 CHF – Karte 52/92 CHF
♦ Der direkt gegenüber liegende grösste Wasserfall Europas ist eine eindrucksvolle Kulisse, die man mit freiem Panoramablick würdigt. Die Küche ist international ausgelegt.

SCHANGNAU – Bern (BE) – 551 L8 – 915 Ew – Höhe 933 m – ✉ 6197   8 E4
▶ Bern 55 – Langnau im Emmental 26 – Luzern 59 – Thun 29

in Kemmeriboden-Bad Süd-Ost: 8 km – Höhe 979 m – ✉ 6197 Schangnau

Kemmeriboden-Bad
– ℰ 034 493 77 77 – www.kemmeriboden.ch – Fax 034 493 77 70
– geschl. 7. - 26. Dezember
30 Zim ⊇ – †101/106 CHF ††193/220 CHF – ½ P +55 CHF
Rest – (geschl. Sonntagabend, November - April: Sonntagabend - Montag) (22 CHF) Menü 70/72 CHF – Karte 49/80 CHF
♦ Ein schöner Landgasthof a. d. 19. Jh. am Ende des Tales vor einer herrlichen Bergkulisse. Das familiengeführte Haus bietet recht unterschiedliche zeitgemässe Zimmer. In gemütlich-rustikale Stuben unterteiltes Restaurant und grosse Terrasse mit Baumbestand.

SCHEUNENBERG – Bern (BE) – **551** I-J6 – Höhe 487 m – ✉ 3251   **2 D4**
Wengi B. Büren
▶ Bern 26 – Biel 20 – Burgdorf 31 – Neuchâtel 49

XX   **Sonne** (Kurt Mösching)
Scheunenberg 70 – ✆ 032 389 15 45 – www.sonne-scheunenberg.ch
– Fax 032 389 15 36 – geschl. 25. Januar - 13. Februar, 20. September
- 6. Oktober und Montag - Dienstag
Rest – *(Tischbestellung ratsam)* Menü 65 CHF (mittags)/139 CHF
– Karte 90/130 CHF
Rest *Bistro* – separat erwähnt
Spez. Scampis mit hausgemachten Nudeln und Mangochutney. Sommer-Reh auf Pilzen mit knusprigen Spargeln, Balsamico-Kirschen und Safran-Mousseline. Sabayone Whisky.
♦ In der ländlichen Umgebung eines kleinen Weilers steht das hübsche ehemalige Bauernhaus mit seinen schönen Stuben. Bei klassischer Küche blickt man ins Grüne oder geniesst im Winter das Cheminéefeuer.

X   **Bistro** – Restaurant Sonne
Scheunenberg 70 – ✆ 032 389 15 45 – www.sonne-scheunenberg.ch
– Fax 032 389 15 36 – geschl. 25. Januar - 11. Februar, 20. September
- 6. Oktober und Montag - Dienstag
Rest – (26 CHF) – Karte 51/78 CHF
♦ Das Bistro des Restaurants Sonne ist eine nette rustikale Gaststube, in der man sorgfältig zubereitete regionale Speisen bietet.

SCHLARIGNA – Graubünden – **553** X10 – siehe Celerina

SCHLATTINGEN – Thurgau (TG) – **551** R3 – Höhe 427 m – ✉ 8255   **4 G2**
▶ Bern 170 – Zürich 51 – Frauenfeld 20 – Schaffhausen 14

X   **Frieden "Ban Thai"**
Hauptstr. 10 – ✆ 052 657 33 52 – www.ban-thai.ch – Fax 052 657 38 24
– geschl. 23. Dezember - 3. Januar, 11. Juli - 4. August und Sonntag
Rest – *(nur Abendessen)* Karte 45/75 CHF
♦ In einem alten Gasthof in der Ortsmitte befindet sich das freundliche Restaurant mit familiärer Atmosphäre und authentisch zubereiteter thailändischer Küche.

SCHMERIKON – Sankt Gallen (SG) – **551** S6 – 3 336 Ew – Höhe 408 m   **4 H3**
– ✉ 8716
▶ Bern 172 – Zürich 57 – Frauenfeld 57 – Glarus 27

Strandhotel
Allmeindstrasse – ✆ 055 282 56 00 – www.strand-hotel.ch – Fax 055 282 45 71
12 Zim – †128/143 CHF ††175/200 CHF
Rest – *(geschl. Mitte Januar - Mitte Februar und Oktober - April: Dienstag)* (29 CHF) – Karte 60/91 CHF
♦ Geschmackvoll und gemütlich eingerichtete Zimmer und Appartements erwarten Sie in dem direkt am See gelegenen kleinen Hotel mit eigener Bootsanlegestelle. Das moderne, in warmen Tönen gehaltene Restaurant mit grosser Terrasse bietet italienische Küche.

SCHÖNBÜHL – Bern (BE) – **551** J7 – Höhe 526 m – ✉ 3322   **2 D4**
▶ Bern 18 – Biel 36 – Burgdorf 15 – Neuchâtel 64

XX   **Schönbühl** mit Zim
Alte Bernstr. 11 – ✆ 031 859 69 69 – www.gasthof-schoenbuehl.ch
– Fax 031 859 69 05 – geschl. 21. - 28. Dezember und Mittwoch
12 Zim – †109/125 CHF ††178/198 CHF – ½ P +30 CHF
Rest – (19 CHF) Menü 55 CHF – Karte 42/60 CHF
♦ In dem traditionellen Berner Landgasthof a. d. 19. Jh. nehmen Sie in netten kleinen Stuben oder auf der hübschen Terrasse unter Platanen Platz. Übernachtungsgästen bietet man zeitgemässe Zimmer.

SCHÖNENWERD – Solothurn (SO) – **551** M5 – 4 609 Ew – Höhe 379 m   3 E3
– ✉ 5012

▶ Bern 77 – Aarau 5 – Baden 31 – Basel 59
◉ Schuhmuseum★★

Storchen
Oltnerstr. 16 – ✆ 062 858 47 47 – www.hotelstorchen.ch – Fax 062 858 47 00
– geschl. 24. Dezember - 3. Januar
42 Zim ⌑ – †145/270 CHF ††198/235 CHF
Rest *A la Carte* – Menü 65/110 CHF – Karte 62/81 CHF
Rest *Giardino* – (18 CHF) – Karte 43/74 CHF
♦ Das Geschäftshotel in der Ortsmitte bietet funktionelle Gästezimmer, teilweise besonders schön im Art-déco-Stil, sowie gute Tagungsmöglichkeiten. Modernes Restaurant A la Carte mit gepflegter Tischkultur und zeitgemässer Küche. Leger: das Giardino.

SCHÖNRIED – Bern – **551** I10 – siehe Gstaad

SCHWEFELBERG BAD – Bern (BE) – **551** J9 – Höhe 1 398 m   7 D5
– ✉ 1738

▶ Bern 40 – Interlaken 64 – Fribourg 32 – Thun 37

Schwefelberg-Bad
– ✆ 026 419 88 88 – www.schwefelbergbad.ch
– Fax 026 419 88 44 – geschl. Ende Oktober - 24. Dez. und April
26 Zim – †130 CHF ††260 CHF, ⌑ 24 CHF – ½ P +28 CHF
Rest – (19 CHF) Menü 46 CHF – Karte 39/85 CHF
♦ Schon im 16. Jh. wurden die romantisch in der schönen Alpenlandschaft gelegenen Schwefelquellen genutzt. Das Hotel bietet sehr ruhige Zimmer mit gutem Komfort. Idyllische Speiseterrasse und rustikales Restaurant.

SCHWENDE – Appenzell Innerrhoden – **551** U5 – siehe Appenzell

---

SCHWYZ K – Schwyz (SZ) – **551** Q7 – 14 178 Ew – Höhe 501 m   4 G4
– ✉ 6430

▶ Bern 150 – Luzern 47 – Altdorf 19 – Einsiedeln 27
🛈 Bahnhofstr. 4 **A**, ✆ 041 810 19 91, mail@info-schwyz.ch
◉ Lage★ – Kanzel★ der Pfarrkirche Sankt Martin B
◉ Rigi-Scheidegg★★ Nord-West: 12 km über ②und ⛴ – Strasse zum Ibergeregg-Pass★ Ost: 11 km über Rickenbachstrasse
– Höllochgrotte★ Süd-Ost: 16 km über Grundstrasse

SCHWYZ

Bahnhofstrasse	**A**
Grundstrasse	**B**
Hauptplatz	**B** 3
Herrengasse	**A**
Hirzengasse	**B** 4
Maria Hilfe Strasse	**A** 6
Postplatz	**B** 7
Reichsgasse	**B** 8
Reichsstrasse	**B** 9
Riedstrasse	**AB**
Rikenbachstrasse	**AB**
St. Martinsstrasse	**A**
Schmiedgasse	**AB** 10
Schützenstrasse	**B** 12
Schulgasse	**B** 11
Sedlerengasse	**B** 13
Sonnenplätzli	**B**
Strehlgasse	**B** 15

SCHWYZ

Wysses Rössli
☐ 🕭 ሌ ❀ Rest, 🛈 🏛 🚗 VISA ⓜ⓿
Am Hauptplatz 3 – ℰ 041 811 19 22 – www.wrsz.ch – Fax 041 811 10 46
– geschl. 26. Dezember - 4. Januar   **Bc**
27 Zim ⌒ – †140/160 CHF ††220/280 CHF   **Rest** – Karte 46/89 CHF
♦ Mitten im Ort steht das Stadthaus mit der klassischen Fassade, in dem zeitlos eingerichtete Gästezimmer und einige Biedermeierzimmer bereitstehen. In gemütlichen Stuben bietet man internationale und regionale Gerichte. Hübsch ist die historische Täferstube.

Schwyzer-Stubli
☐ ⇔ VISA ⓜ⓿
Riedstr. 3 – ℰ 041 811 10 66 – www.schwyzer-stubli.ch – Fax 041 811 80 67
– geschl. 24. Dezember - 12. Januar und Samstagmittag, Sonntag, im Winter: Samstagmittag, Sonntag - Montag   **Ba**
Rest – (22 CHF) Menü 72/92 CHF – Karte 54/89 CHF
♦ Ein behagliches Gasthaus mit sehenswerter Täferung. Neben einer elegant-modernen Raucherlounge verfügt man auch über eine ruhig gelegene berankte Terrasse.

Nord-West 5,5 km Richtung Einsiedeln über ③ – ✉ 6422 Steinen

Adelboden (Franz Wiget)
< ☐ P VISA ⓜ⓿ AE ⓘ
Schlagstrasse – ℰ 041 832 12 42 – www.wiget-adelboden.ch
– Fax 041 832 19 42 – geschl. 14. Februar - 4. März, 11. Juli - 5. August und Sonntag - Montag
Rest – (Tischbestellung ratsam) Menü 72 CHF (mittags)/168 CHF
– Karte 98/150 CHF
Spez. Seeforelle mit Sellerie, Vongole Muscheln und Safran. Das Beste vom Freilandschweinchen mit Trüffeljus und Makkaroni nach Adelbodener Alp-Art. Souffliertes Törtchen mit Chartreuse, marinierten Erdbeeren und Pistazienglace.
♦ Die engagierten Betreiber Ruth und Franz Wiget überzeugen mit saisonaler Küche, die sie in den drei gemütlichen rustikal-elegant Stuben eines ehemaligen Bauernhauses von 1733 anbieten. Von der Terrasse blickt man auf das Tal und die Berge.

> Wie entscheidet man sich zwischen zwei gleichwertigen Adressen?
> In jeder Kategorie sind die Häuser nochmals geordnet, die besten
> Adressen stehen an erster Stelle.

SCUOL SCHULS – Graubünden (GR) – 553 Z9 – 2 168 Ew   11 K4
– Höhe 1 244 m – Wintersport : 1 250/2 783 m ⛷2 ⛷5 ⛸ – Kurort – ✉ 7550

▶ Bern 317 – Chur 106 – Davos 49 – Landeck 59
🛈 Stradun A, ℰ 081 861 22 22, info@engadin.com
⛳ Vulpera, ℰ 081 864 96 88
◉ Lage ★
Lokale Veranstaltungen:
  1. März: chalandamarz

Belvédère
< 🚲 ☐ 🕭 🕭 ሌ ❀ Rest, 🛈 🏛 🚗 P VISA ⓜ⓿ AE
Stradun 330 – ℰ 081 861 06 06 – www.belvedere-scuol.ch
– Fax 081 861 06 00   **Bz**
72 Zim ⌒ – †140/260 CHF ††240/560 CHF – ½ P +20/25 CHF
Rest – Menü 69 CHF – Karte 62/94 CHF
♦ Modernes Interieur in einem traditionsreichen Haus a. d. J. 1876. Besonders komfortabel wohnt man im geradlinig designten Südflügel Ala Nova. Durch die lichte Passarelle spaziert man vom Kosmetik- und Massagebereich zum grossen Engadin Bad Scoul. Eine schöne Sicht bieten die zwei Restaurantterrassen. Bar und Weinlounge.

SCUOL

Bagnera	**B** 2
Bahnhofstrasse (Via Staziun)	**A** 3
Bogns (V. dals)	**B** 4
Büglgrond	**B** 6
Ftan (V. da)	**A** 7
Gurlaina	**B** 9
Ospidal (V. da l')	**B** 10
Punt	**B**
Stradun	**AB**

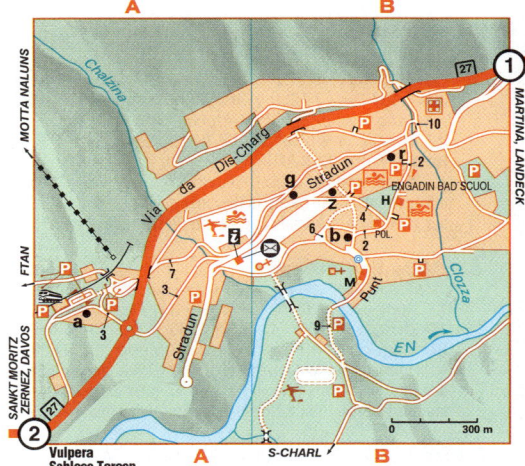

🏠 **Guarda Val**   ⇐ 🚗 🏩 ⚑ Rest, 📞 🎿 ⇐ VISA 🅾
*Vi 383 – ✆ 081 861 09 09 – www.guardaval-scuol.ch – Fax 081 861 09 00
– geschl. 1. November - 18. Dezember und 12. - 30. April*   **Bg**
35 Zim ⊃ – ♦135/190 CHF ♦♦230/380 CHF
Rest – *(geschl. Montag - Dienstag) (nur Abendessen) (Tischbestellung
erforderlich) (nur Menü)* Menü 65/112 CHF
♦ In dem aus zwei historischen Häusern entstandenen Hotel verbinden sich traditionelle Elemente mit klarem Design; einige Zimmer auch im Engadiner Stil. Modernes Restaurant mit rustikaler Note und Cheminée-Bar mit traumhafter Terrasse. Ambitionierte Küche.

🏠 **Altana**   🚗 🏩 📞 ⇐ 🅿 VISA 🅾
*Via Staziun 496 – ✆ 081 861 11 11 – www.altana.ch – Fax 081 861 11 12
– geschl. 6. April - 4. Juni und 24. Oktober - 17. Dezember*   **Aa**
24 Zim ⊃ – ♦134/164 CHF ♦♦208/298 CHF – ½ P +30 CHF
Rest – *(nur Menü)* Menü 30 CHF – Karte 54/78 CHF
♦ Die Gästezimmer in diesem von den Inhabern freundlich und engagiert geleiteten Hotel sind mit massiven Erlenholzmöbeln eingerichtet, einige in herrlicher Südlage mit Balkon. Zum Restaurant gehört eine Sonnenterrasse mit Blick auf Tal und Berge.

🏠 **Engiadina** 🌿   ⚑ Zim, 📞 ⇐ 🅿 VISA 🅾
*Ralüzza 152 ✉ 7550 – ✆ 081 864 14 21 – www.hotel-engiadina.ch
– Fax 081 864 12 45 – geschl. 6. April - 13. Mai und 1. November - 15. Dezember*
17 Zim ⊃ – ♦110/250 CHF ♦♦174/244 CHF – ½ P +35/39 CHF   **Bb**
Rest – *(geschl. Sonntag - Montag ausser an Feiertagen und Hochsaison)* (23 CHF)
Menü 54 CHF (abends) – Karte 49/91 CHF
♦ Das charmante Engadiner Haus a. d. 16. Jh. präsentiert sich als sympathische familiäre Adresse, die alpenländische Gemütlichkeit ausstrahlt. Sehr schön ist die luftige Dachgeschoss-Suite im Nebengebäude. Die kleinen Restaurantstuben sind heimelig und rustikal wie das ganze Haus. Regionale Küche.

🏠 **Belvair**   ⇐ 🏩 📶 ⚑ Rest, 📞 ⇐ VISA 🅾
*Stradun – ✆ 081 861 25 00 – www.belvair.ch – Fax 081 861 25 50 – geschl.
6. April - 12. Mai*   **Br**
33 Zim ⊃ – ♦180/230 CHF ♦♦260/360 CHF – ½ P +20 CHF
Rest – Menü 58 CHF (abends) – Karte 38/78 CHF
Rest *Nam Thai* – ✆ 081 864 81 43 *(geschl. Montag) (Mai - Ende Juni: Dienstag
- Donnerstag nur Abendessen)* Karte 54/66 CHF
♦ Das Ferienhotel befindet sich neben dem Engadin Bad Scuol, zu dem die Hausgäste einen direkten und kostenfreien Zugang haben. Helle, freundliche Südzimmer mit Balkon. Restaurant mit regionalem und internationalem Angebot. Nam Thai in der angeschlossenen Therme.

SCUOL

in Vulpera Süd-West: 3 km über ② – Höhe 1 268 m – ✉ 7552

   Villa Post ⮱   ≤ 🐕 🛏 |≋| (📶) 🏋 🚗 **P** VISA ⦿
– ☏ 081 864 11 12 – www.villa-post.ch – Fax 081 864 95 85 – geschl. Mitte April
- Anfang Juni und Mitte Oktober - Mitte Dezember
25 Zim ⌧ – ♦130/150 CHF ♦♦250/290 CHF – ½ P +30 CHF
Rest – Karte 42/82 CHF
♦ Ein mit schönen antiken Einzelstücken dekoriertes Hotel am Kurpark. Rustikale Zimmer,
teils gemütlich mit Dachschräge oder auch mit Blick auf die Wildfutterkrippe. Geschmackvoll
hat man das mit Arvenholz getäferte Restaurant gestaltet. Panoramaterrasse.

⌂   **Villa Engiadina** ⮱   ≤ 🚙 🛏 **P** VISA ⦿ ①
– ☏ 081 861 22 44 – www.villa-engiadina.ch – Fax 081 861 22 66 – geschl.
12. April - 12. Mai, 18. Oktober - 17. Dezember
19 Zim ⌧ – ♦95/130 CHF ♦♦180/370 CHF – ½ P +45 CHF
Rest – (geschl. Mittwoch) (24 CHF) Menü 28/50 CHF
♦ In der schmucken Jugendstilvilla von 1902 stehen individuelle klassische Zimmer bereit,
darunter eine Turm-Maisonette. Grossartig ist die Aussicht auf Scuol und die Berge. Das Res-
taurant bietet im Winter dienstags Käsefondue, auch auf der idyllischen Terrasse.

in Tarasp Süd-West: 6 km über ② – Höhe 1 414 m – Wintersport : 1 400/1 700 m
⛷2 ⛷ – ✉ 7553

 Fontana, ☏ 081 861 20 52, tarasp-vulpera@engadin.com
◉ Schloss Tarasp ★

   Schlosshotel Chastè ⮱   ≤ 🚙 🛏 🎿 🍽 Rest, (📶) 🚗 **P**
Sparsels – ☏ 081 861 30 60 – www.schlosshoteltarasp.ch   VISA ⦿ AE ①
– Fax 081 861 30 61 – geschl. 6. April - 21. Mai und
17. Oktober - 18. Dezember
19 Zim ⌧ – ♦125/180 CHF ♦♦250/340 CHF – ½ P +65 CHF
Rest – (geschl. Montag - Dienstag) Menü 85/120 CHF – Karte 69/108 CHF ⌘
♦ Ein ehemaliger Bauernhof in einem kleinen Dorf unterhalb des Schlosses Tarasp. Im Laufe
von 500 Jahren hat Familie Pazeller hier ein wahres Bijou geschaffen, ausgestattet mit äus-
serst wohnlichen Zimmern und hübschem Saunabereich. Schönes heimisches Arvenholz
macht die Restaurantstuben gemütlich.

SEDRUN – Graubünden (GR) – 553 Q9 – 1 881 Ew – Höhe 1 441 m   **9** G5
– Wintersport : 1 450/2 215 m ⛷9 ⛷ – ✉ 7188

▶ Bern 169 – Andermatt 23 – Altdorf 57 – Bellinzona 105
🚆 Sedrun - Andermatt, Information ☏ 027 927 77 40
 Via Alpsu 62, ☏ 081 920 40 30, info@disentis-sedrun.ch
🅿 Richtung Andermatt: 6 km, ☏ 081 949 23 24

⌂   **La Cruna**   🍽 |≋| 🎿 **P** VISA ⦿ AE ①
🍴 Via Alpsu 65 – ☏ 081 920 40 40 – www.hotelcruna.ch – Fax 081 920 40 45
– geschl. 11. April - 15. Mai und 24. Oktober - 27. November
28 Zim ⌧ – ♦85/135 CHF ♦♦140/230 CHF – ½ P +40 CHF
Rest *Tavetscher-Gaststube "En Ca'nossa"* – separat erwähnt
♦ Ein traditionsreiches Hotel in der Ortsmitte, das freundlich und familiär geleitet wird und
für seine Gäste zeitgemässe wohnliche Zimmer bereithält.

⌂   **Soliva**   ≤ 🛏 🍽 |≋| (📶) **P** VISA ⦿
⦿ Via Alpsu 83 – ☏ 081 949 11 14 – www.hotelsoliva.ch – Fax 081 949 21 00
18 Zim ⌧ – ♦80/90 CHF ♦♦160/180 CHF – ½ P +30 CHF
Rest – (19 CHF) – Karte 36/76 CHF
♦ In dem schönen Bündnerhaus im Dorfzentrum erwarten Sie praktische, im regionstypi-
schen Stil eingerichtete Zimmer, darunter auch Familienzimmer. Behagliche rustikale Gast-
stube mit Raucherbereich.

SEDRUN

Tavetscher-Gaststube "En Ca'nossa" – Hotel La Cruna
Via Alpsu 65 – ✆ 081 920 40 40 – www.hotelcruna.ch
– Fax 081 920 40 45 – geschl. 11. April - 15. Mai,
24. Oktober - 27. November und Mai - Oktober:
Mittwoch
Rest – (19 CHF) – Karte 38/83 CHF
♦ Eine gemütliche Atmosphäre herrscht in der ursprünglich aus dem Jahre 1796 stammenden Stube. Man serviert Ihnen hier regionale Gerichte.

SEEBACH – Zürich – 551 P4 – siehe Zürich

SEEDORF – Bern (BE) – 551 I7 – 2 947 Ew – Höhe 565 m – ✉ 3267   2 D4
▶ Bern 18 – Biel 21 – Fribourg 48 – Neuchâtel 39

in Baggwil Süd-Ost: 0,5 km – Höhe 605 m – ✉ 3267 Seedorf

Curtovino
Bernstr. 104 – ✆ 032 392 55 32 – www.curtovino.ch – geschl. Januar - Februar
2 Wochen und Samstagmittag, Sonntag - Montag
Rest – (18 CHF) Menü 72/94 CHF – Karte 52/114 CHF
♦ In dem freundlichen, mit modernen Bildern des Chefs dekorierten Restaurant bietet man internationale Küche und einen gut bestückten Weinkeller. Im Sommer Gerichte vom Texas-Grill.

SEMENTINA – Ticino (TI) – 553 S12 – 2 906 ab. - alt. 225 m – ✉ 6514   10 H6
▶ Bern 221 – Locarno 17 – Bellinzona 3 – Lugano 29

Fattoria L'Amorosa
via Moyar, Sud-Ovest : 2,5 km direzione Gudo – ✆ 091 840 29 50
– www.amorosa.ch – Fax 091 840 29 51
10 cam – †100/150 CHF ††200/280 CHF
Rist – (chiuso novembre a marzo: domenica sera e lunedì) (solo menu)
Menu 36 CHF (pranzo)/69 CHF
♦ Al confine tra Sementina e Gudo, l'originale struttura dispone di camere confortevoli, arredate con gusto. Sala degustazione-osteria dove assaporare una schietta cucina locale.

SEMPACH – Luzern (LU) – 551 N6 – 3 810 Ew – Höhe 515 m – ✉ 6204   4 F3
▶ Bern 98 – Luzern 19 – Aarau 51 – Zug 40

Gasthof Adler mit Zim
Stadtstr. 22 – ✆ 041 460 13 23 – www.a-o.ch/6204-adler – Fax 041 460 40 46
– geschl. 7. - 21. Februar, 19. September - 10. Oktober und Sonntag - Montag
3 Zim – †100/110 CHF ††150/160 CHF
Rest – (25 CHF) Menü 55/115 CHF – Karte 51/106 CHF
♦ Freundlich leitet die Inhaberfamilie dieses gemütliche Restaurant in der Altstadt. Die traditionelle Küche serviert man auch auf der schönen Sommerterrasse mit Seeblick.

SEMPACH STATION – Luzern (LU) – 551 N6 – Höhe 514 m – ✉ 6203   4 F3
▶ Bern 101 – Luzern 16 – Olten 43 – Sursee 11
◉ Aussicht ★ bei der Dorfkirche in Kirchbühl

Sempacherhof - Säli mit Zim
Bahnhofstr. 13 – ✆ 041 469 70 10 – www.sempacherhof.ch – Fax 041 469 70 19
– geschl. 25. Juli - 5. August und Samstagmittag, Sonntag
5 Zim – †106 CHF ††165 CHF
Rest – Karte 54/94 CHF
Rest Rosso – Karte 39/78 CHF
♦ Gegenüber dem Bahnhof liegt dieses Gasthaus, in dessen gediegenem Restaurant Säli eine zeitgemäss ausgelegte Küche serviert wird. Traditionelle Gerichte bietet das Rosso. Übernachten können Sie in modern eingerichteten Gästezimmern.

Le SENTIER – Vaud – 552 B9 – voir à Joux (Vallée de)

SEON – Aargau (AG) – **551** N5 – 4 564 Ew – Höhe 446 m – ✉ 5703   **3** F3
▶ Bern 90 – Aarau 14 – Baden 22 – Luzern 41

XX **Bänziger**
*Seetalstr. 43 – ℰ 062 775 11 39 – www.restaurant-baenziger.ch
– Fax 062 775 11 39 – geschl. 4. - 10. Januar, Mai 2 Wochen, September
2 Wochen und Montag - Dienstag*
Rest – *(nur Abendessen)* Menü 95/130 CHF – Karte 55/97 CHF
• Hinter der recht unscheinbaren Fassade erwartet Sie ein dezent dekoriertes gepflegtes Restaurant mit einer schmackhaften zeitgemässen Küche und familiärem Service.

SERTIG DÖRFLI – Graubünden – **553** X9 – siehe Davos

SESEGLIO – Ticino – **553** S14 – vedere Chiasso

SÉZEGNIN – Genève (GE) – **552** A12 – alt. 420 m – ✉ 1285 Athénaz   **6** A6
▶ Bern 172 – Genève 20 – Gex 30 – Saint-Julien-en-Genevois 18

X **Au Renfort**
*19 rte Creux du Loup – ℰ 022 756 12 36 – www.renfort.ch – Fax 022 756 33 37
– fermé 17 - 29 janvier, dimanche soir et lundi*
Rest – (18 CHF) Menu 69 CHF – Carte 60/95 CHF
• Un village typique sert de cadre à cette auberge connue localement pour sa spécialité de cuisson sur ardoise. Solide mobilier rustique en salle ; grande terrasse.

SIERRE – Valais (VS) – **552** J11 – 15 319 h. – alt. 534 m – ✉ 3960   **7** D6
▶ Bern 171 – Sion 18 – Brig 38
🛈 10 pl. de la Gare, ℰ 027 455 85 35, sierre@sierre-anniviers.ch
⛳ Sierre Granges, ℰ 027 458 49 58
⛳ Leuk Susten, Est : 12 km, ℰ 027 473 61 61
◉ Intérieur ★ de l'Hôtel de Ville
Manifestations locales :
2-6 juin : festival sismics

🏨 **Le Terminus**
*1 r. du Bourg ✉ 3960 – ℰ 027 455 13 51 – www.hotel-terminus.ch
– Fax 027 456 44 91 – fermé 3 semaines fin décembre - début janvier,
3 semaines fin juin - début juillet*
19 ch ⛛ – †140/180 CHF ††215/240 CHF
Rest Didier de Courten et **L'Atelier Gourmand** – *voir ci-après*
• Près de la gare, hôtel de standing chargé d'histoire (1870) et modernisé dans un style très smart. Grandes chambres tout confort, breakfast soigné, bar à vins design, table de renom.

🏨 **Poste**
22 r. du Bourg – ℰ 027 456 57 60 – www.hotel-sierre.ch – Fax 027 456 57 62
15 ch ⛛ – †140 CHF ††270 CHF
Rest – *(fermé mercredi et dimanche)* (20 CHF) Menu 45/90 CHF – Carte 48/86 CHF
• Cette maison du 18e s. à la riante façade jaune accueillit Goethe et Rilke. Fraîches, modernes et lumineuses, les chambres déclinent chacune un thème botanique. Bistro sympa et resto design adoptant la forme et la couleur d'une feuille de trèfle. Jolies terrasses.

XXX **Didier de Courten** – Hôtel Le Terminus
❀❀ *1 r. du Bourg – ℰ 027 455 13 51 – www.hotel-terminus.ch – Fax 027 456 44 91
– fermé 3 semaines fin décembre - début janvier, 3 semaines fin juin - début juillet, dimanche et lundi*
Rest – Menu 95 CHF (déj.)/220 CHF – Carte 157/178 CHF
Spéc. Les bouchons de féra du lac et d'écrevisses en salpicon, chair de mangue et petits pois (printemps). Le perdreau sauvage aux canneberges et sa tourtière feuilletée aux cêpes au vinaigre de genièvre (automne). Les noix de coquilles St. Jacques aux poireaux crayons et beignets de truffes noires (hiver).
• Les plaisirs d'un délicieux repas résolument créatif, d'une excellente cave helvète et d'un service distingué, dans un intérieur contemporain à la fois sobre et chic, ou à l'ombre des platanes du patio.

SIERRE

※ **L'Atelier Gourmand** – Hôtel Le Terminus 🛜 ⚐ ch, AK **P**
1 r. du Bourg ✉ 3960 – ℘ 027 455 13 51   VISA ◉ AE
– www.hotel-terminus.ch – Fax 027 456 44 91
– fermé 3 semaines fin décembre - début janvier, 3 semaines fin juin - début juillet, dimanche et lundi
Rest – (25 CHF) Menu 52 CHF (déj.)/82 CHF – Carte 59/101 CHF
♦ Brasserie "fashionable" où vous succomberez au péché gourmand dans une ambiance cordiale et un cadre moderne épuré, ou dehors en saison. Appétissante carte inventive.

SIGIGEN – Luzern (LU) – **551** N7 – Höhe 760 m – ✉ 6019   4 F3
▶ Bern 105 – Luzern 21 – Olten 48 – Wolhusen 11

XXX **Pony - Pavillon**   🛜 **P** VISA ◉
– ℘ 041 495 33 30 – www.pony-sigigen.ch – Fax 041 495 13 37 – geschl. Februar - März 2 Wochen, August 2 Wochen und Montag - Dienstag
Rest – (35 CHF) Menü 60/105 CHF – Karte 54/108 CHF 🍴
Rest *Gaststube* – (28 CHF) Menü 30 CHF – Karte 42/69 CHF
♦ In einem kleinen Dorf befindet sich diese freundlich und familiär geleitete Adresse. In der Küche des eleganten Pavillon-Restaurants bereiten Vater und Sohn klassische Speisen. Eine einfachere Alternative ist die Gaststube.

SIGRISWIL – Bern (BE) – **551** K9 – 4 436 Ew – Höhe 800 m – ✉ 3655   8 E5
▶ Bern 41 – Interlaken 19 – Brienz 39 – Spiez 25
ℹ Feldenstr. 1, ℘ 033 251 12 35, sigriswil@thunersee.ch

🏨 **Solbadhotel** ◈   ≤ 🛜 📺 ◉ ♨ ℔ 🛗 ✻ Rest, 🍴 ♨ ◎ **P**
Sigriswilstr. 117 – ℘ 033 252 25 25   VISA ◉ AE ①
– www.solbadhotel.ch – Fax 033 252 25 00 – geschl. 4. - 13. Januar
70 Zim ⊊ – ♦145/165 CHF ♦♦220/300 CHF – 4 Suiten – ½ P +45 CHF
Rest – Menü 29 CHF (mittags)/56 CHF – Karte 50/85 CHF
♦ In ruhiger Lage oberhalb des Sees befindet sich dieses Ferien- und Tagungshotel mit zeitgemässen, teils moderneren Zimmern, die meist Seeblick bieten. Helles, zeitlos gehaltenes Restaurant mit Panoramaterrasse.

SIHLBRUGG – Zug (ZG) – **551** P6 – Höhe 538 m – ✉ 6340   4 G3
▶ Bern 140 – Zürich 27 – Einsiedeln 31 – Rapperswil 28

in Hirzel – Höhe 720 m – ✉ 8816

XX **Krone** mit Zim   🛜 🍴 ⇔ **P** VISA ◉ AE
Sihlbrugg 4 – ℘ 044 729 83 33 – www.krone-sihlbrugg.ch – Fax 044 729 83 32
– geschl. Montag - Dienstag
7 Zim – ♦135/200 CHF ♦♦140/380 CHF, ⊊ 20 CHF
Rest – Menü 65 CHF (mittags)/150 CHF – Karte 58/124 CHF
♦ Der rustikale Landgasthof von 1773 wird bereits in der 13. Generation von Familie Huber geführt. In stilvollen Stuben serviert man traditionelle und moderne Küche. Die Namen der individuellen Gästezimmer sind lateinische Sprüche und Lebensweisheiten.

SILS MARIA SEGL MARIA – Graubünden (GR) – **553** W11   11 J5
– Höhe 1 815 m – Wintersport : 1 800/3 303 m ⛷2 ⛷11 ⛷ – ✉ 7514
▶ Bern 325 – Sankt Moritz 11 – Chur 86 – Sondrio 89
ℹ chesa cumünela, ℘ 081 838 50 50, sils@estm.ch
Lokale Veranstaltungen:
  1. März: chalandamarz

SILS MARIA

Waldhaus
- ℰ 081 838 51 00 – www.waldhaus-sils.ch
- Fax 081 838 51 98 – geschl. 25. Oktober
- 16. Dezember, 19. April - 10. Juni

131 Zim ⌕ – †216/424 CHF ††434/704 CHF – 10 Suiten – ½ P +50 CHF
Rest – Menü 110 CHF (abends) – Karte 70/102 CHF

• Tradition wird in dem engagiert geführten Familienbetrieb gross geschrieben, auch ein sehenswertes eigenes Museum widmet sich der Geschichte des 1908 eröffneten klassisch-eleganten Grandhotels in traumhafter Lage. Sehr schön: Suiten, Maisonetten und Turmzimmer. Gemütlich-rustikal ist das Ambiente in der Arvenstube.

Post
- ℰ 081 838 44 44 – www.hotelpostsils.ch – Fax 081 838 44 00 – geschl.
18. Oktober - 17. Dezember, 12. April - 10. Juni

38 Zim ⌕ – †140/260 CHF ††225/520 CHF – 4 Suiten – ½ P +40 CHF
Rest Stüva da la Posta – (19 CHF) Menü 75 CHF – Karte 65/89 CHF

• Freundlich leitet Familie Nett das Hotel im Zentrum, dessen Zimmer regionstypisch eingerichtet sind, im neueren Bereich mit frischen Farbakzenten. Sauna in mediterranem Stil. Zeitgemässe saisonale Küche im neuzeitlichen Restaurant Stüva de la Posta.

Edelweiss
Dorfstr. 53 – ℰ 081 838 42 42 – www.hotel-edelweiss.ch – Fax 081 838 43 43
– geschl. 10. Oktober - 13. Dezember, 6. April - 12. Juni

68 Zim ⌕ – †155/270 CHF ††290/550 CHF – ½ P +25 CHF
Rest – Menü 29 CHF (mittags)/58 CHF – Karte 55/92 CHF

• In dem Hotel mit klassisch-historischem Haupthaus erwarten die Gäste eine schöne gediegene Lobby mit Kamin und Zimmer in hellem Arvenholz. Moderner ist die Juniorsuite Marmoré. Das Restaurant: gemütliches Arvenstübli und Jugendstil-Speisesaal.

Privata
- ℰ 081 832 62 00 – www.hotelprivata.ch – Fax 081 832 62 01 – geschl.
17. Oktober - 3. Dezember, 18. April - 11. Juni

26 Zim ⌕ – †135/175 CHF ††230/320 CHF – ½ P +25 CHF
Rest – (nur Abendessen für Hausgäste)

• Ein sehr netter Familienbetrieb im Ortskern mit wohnlich-rustikal eingerichteten Gästezimmern und hübschem kleinem Gartenbereich.

Maria
- ℰ 081 832 61 00 – www.hotel-maria.ch – Fax 081 832 61 01 – geschl.
24. April - 8. Juni, 2. November - 6. Dezember

42 Zim ⌕ – †122/135 CHF ††230/260 CHF – ½ P +35 CHF
Rest Stüva Marmoré – (24 CHF) Menü 34 CHF (mittags)/54 CHF – Karte 47/57 CHF

• Neuzeitlich-alpenländisch sind sowohl die Lobby als auch die Gästezimmer in dem seit vielen Jahren familiengeführten Hotel. Behaglichkeit verbreitet die ganz in Holz gehaltene Stüva Marmoré mit einem dekorativen uralten Ofen.

Alpenrose
- ℰ 081 833 80 08 – www.alpenrose-sils-maria.ch – Fax 081 833 45 42 – geschl.
12. April - 10. Juni, 18. Oktober - 17. Dezember und Montag - Dienstag, ausser Saison
Rest – (33 CHF) Menü 57/87 CHF – Karte 67/85 CHF

• In dem Restaurant nahe Langlaufloipe und See serviert man Internationales mit regionalem Einfluss. Einer der Räume ist ländlich-rustikal gestaltet, der andere etwas eleganter.

In jedem Sterne-Restaurant werden drei Spezialitäten angegeben, die den Küchenstil widerspiegeln. Nicht immer finden sich diese Gerichte auf der Karte, werden aber durch andere repräsentative Speisen ersetzt.

SILS MARIA

in Sils Baselgia Nord-West: 1 km – Höhe 1 802 m – ✉ 7515

Margna ⌾ ≤ 🛋 🍴 🐾 🎱 ⚡ Rest, "¶" 🚗 P VISA ⓂⓄ
– ☏ 081 838 47 47 – www.margna.ch – Fax 081 838 47 48 – geschl. 5. April
- 25. Juni und 18. Oktober - 17. Dezember
55 Zim ⌕ – ♂220/320 CHF ♂♂400/600 CHF – 8 Suiten – ½ P +35 CHF
Rest Grill – Menü 70 CHF – Karte 58/122 CHF
Rest Stüva – (30 CHF) – Karte 49/124 CHF
Rest Enoteca Murütsch – (geschl. Montag, im Sommer: Sonntag - Montag) (nur
Abendessen) Karte 61/102 CHF
♦ A. d. 19. Jh. stammt das Hotel mit historisch-elegantem Rahmen, wohnlichen Zimmern und
geschmackvollem geradlinig-modernem Freizeitbereich auf drei Etagen. Massageangebot und
6-Loch-Golfplatz. Das Restaurant bietet u. a. Speisen vom namengebenden Grill. Behaglich:
die Stüva von 1817. Italienische Küche in der Enoteca.

Chesa Randolina ⌾ ≤ 🛋 🍴 🐾 🎱 ⚡ Rest, "¶" 🚗 P VISA ⓂⓄ
– ☏ 081 838 54 54 – www.randolina.ch – Fax 081 838 54 00 – geschl.
18. Oktober - 20. Dezember, 6. April - 5. Juni
38 Zim ⌕ – ♂130/270 CHF ♂♂260/350 CHF – 6 Suiten – ½ P +25 CHF
Rest – Menü 46 CHF (abends) – Karte 46/90 CHF
♦ Das Ferienhotel in ruhiger Lage am See ist im Engadiner Stil eingerichtet. Suiten und
Juniorsuiten sowie die Sauna befinden sich im benachbarten Haus Crastella. Gemütliches Restaurant mit regionaler Küche, Fondues und international-mediterranen Gerichten.

in Sils Fextal Süd: 2 km, über Wanderweg (30 Min.) oder mit Hotelbus erreichbar
– Höhe 1 920 m – ✉ 7514 Sils Maria

Chesa Pool ⌾ ≤ 🛋 🍴 ⚡ Rest, "¶" VISA ⓂⓄ
Platta – ☏ 081 838 59 00 – www.pensiun-chesapool.ch – Fax 081 838 59 01
– geschl. Mitte Oktober - Mitte Dezember und Mitte April - Mitte Juni
24 Zim (½ P inkl.) – ♂170/240 CHF ♂♂364/480 CHF
Rest – (abends nur Menü) Menü 45/60 CHF – Karte 44/56 CHF
♦ Ein Bauernhaus a. d. J. 1585 sowie zwei kleinere Gebäude bilden dieses nach ökologischen
Richtlinien geführte Hotel, das malerisch im Fextal liegt. Von dem modern-rustikalen Restaurant aus hat man eine herrliche Sicht auf die Berge.

in Fex-Crasta Süd: 2 km, über Wanderweg (40 Min.) oder mit Hotelbus
erreichbar – Höhe 1 960 m – ✉ 7514 Sils Maria

Sonne ⌾ ≤ 🛋 🍴 🐾 ☏ VISA ⓂⓄ AE ①
– ☏ 081 826 53 73 – www.hotel-sonne-fex.ch – Fax 081 826 59 63 – geschl.
10. April - 12. Juni und 16. Oktober - 12. Dezember
14 Zim ⌕ – ♂115/135 CHF ♂♂220/260 CHF – 3 Suiten – ½ P +45 CHF
Rest – Karte 50/75 CHF
♦ Um zu diesem gemütlichen kleinen Haus in einsamer und idyllischer Lage im Fextal zu
gelangen, steht für die Gäste ein individueller Busservice zur Verfügung. Susanne Witschi-
Fümm leitet den Familienbetrieb bereits in der 3. Generation. In rustikalem Rahmen serviert
man regionale Küche.

in Plaun da Lej Süd-West: 5 km – Höhe 1 802 m – ✉ 7517

XX Murtaröl ≤ 🍴 P VISA ⓂⓄ AE ①
Hauptstr. 3, (an der Strasse nach Maloja) – ☏ 081 826 53 50
– www.plaundalej.ch – Fax 081 826 59 59 – geschl. Montag, ausser Saison
Rest – (Tischbestellung ratsam) Karte 54/130 CHF
♦ Am Silsersee liegt das Fischrestaurant mit Wintergarten und separater Fondue-Stube.
Beeindruckend ist das Angebot an frischem Süss- und Meerwasserfisch sowie Meeresfrüchten.
Fischhandel.

SILVAPLANA – Graubünden (GR) – **553** W11 – 967 Ew – Höhe 1 816 m **11** J5
– Wintersport : 1 870/3 303 m ⛷2 ⛷11 ⛷ – ✉ 7513

▶ Bern 321 – Sankt Moritz 7 – Chur 82 – Sondrio 85
🛈 Via dal Farrèr 2, ✆ 081 838 60 00, silvaplana@estm.ch
🅶 Piz Corvatsch★★★ Ost: 2 km und ⛷ – Silvaplaner und Silser See★★ Süd
Lokale Veranstaltungen:
  1. März: chalandamarz

Albana   🍴 🛁 ♿ 📶 🚗 🅿 VISA 💳 AE ①
Via vers Mulins 5 – ✆ 081 838 78 78 – www.albana-silvaplana.ch
– Fax 081 838 78 79 – geschl. 11. April - 26. Juni und 17. - 27. Oktober
33 Zim ⇌ – †140/285 CHF ††220/430 CHF – ½ P +40 CHF
Rest *Le Gourmet* – *(geschl. 2. April - 11. April und 5. September - 17. Dezember)*
Menü 169 CHF – Karte 93/116 CHF
Rest *Spunta Grischun* – Karte 61/82 CHF
◆ In dem Hotel neben der Kirche erwarten Sie zeitgemäss-wohnliche Gästezimmer, darunter für Familien interessante Maisonetten und zwei Juniorsuiten mit Kamin. Internationales im Le Gourmet mit schöner Terrasse. Rustikal: Spunta Grischun mit regionalem Angebot.

in Surlej Süd: 1 km – Höhe 1 877 m – ✉ 7513 Silvaplana

Bellavista ⌕   ≤ 🍴 🛁 ♿ 📶 🅿 VISA 💳 AE ①
Via da l'Alp 6 – ✆ 081 838 60 50 – www.bellavista.ch – Fax 081 828 89 88
– geschl. Ende April - Anfang Juni und Ende Oktober - Ende November
35 Zim ⇌ – †135/305 CHF ††310/430 CHF – ½ P +20 CHF
Rest – Karte 45/106 CHF
◆ Einen tollen Seeblick bieten einige der Zimmer in dem wohnlich-alpenländischen Ferienhotel. Juniorsuiten mit Balkon, Familiensuite mit separatem Kinderzimmer. Schöne Sauna. In mehrere Stuben unterteiltes Restaurant mit regionaler Küche, Wild aus eigener Jagd.

SION (SITTEN) 🄲 – Wallis (VS) – **552** I12 – 28 633 h. – alt. 491 m **7** D6
– ✉ 1950

▶ Bern 156 – Brig 55 – Aosta 103 – Lausanne 95
🛈 place de la Planta **Z**, ✆ 027 327 77 27, info@siontourisme.ch
🛈 Sion, ✆ 027 203 79 00
🅶 Site★★ – Basilique N.-D.-de-Valère★ Y – Cathédrale N.-D.-du-Glarier★ Y
– Hôtel de Ville★ Y H – Grande salle★ de la maison Supersaxo Y B
🅶 Route du Sanetsch★ par ②
Manifestations locales :
  mi-mai : finale cantonale des combats de reines à Aproz
  5-7 août : Irish festival
  18 septembre : fête du goût

Rhône   🍴 ♿ ❄ rest, 📶 🚗 VISA 💳 AE ①
10 r. du Scex – ✆ 027 322 82 91 – www.bestwestern.ch/durhonesion
– Fax 027 323 11 88 **Za**
44 ch ⇌ – †140/150 CHF ††170/180 CHF – ½ P +30 CHF
Rest – (18 CHF) Menu 30 CHF (déj.) – Carte 36/77 CHF
◆ En centre-ville, hébergement recommandable pour accueillir le marchand de sable dans de bonnes conditions ! Réception à l'étage. Sage politique tarifaire. Cuisine traditionnelle, chaleureux cadre rustique et ambiance animée au restaurant.

Ibis   🍴 ♿ ♿ 📶 🅿 VISA 💳 AE ①
21 av. Grand-Champsec, Sud-Est : par rue de la Dixence Z – ✆ 027 205 71 00
– www.ibishotel.com – Fax 027 205 71 71
71 ch – †99/109 CHF ††99/109 CHF, ⇌ 15 CHF
Rest – *(fermé samedi midi et dimanche midi)* (17 CHF) – Carte 36/61 CHF
◆ Ensemble hôtelier implanté aux portes de Sion. Toutes identiques, dotées de larges plans de travail, les chambres offrent le confort fonctionnel habituel de la chaîne Ibis. Salle à manger de type bistrot actuel. Prestation culinaire traditionnelle.

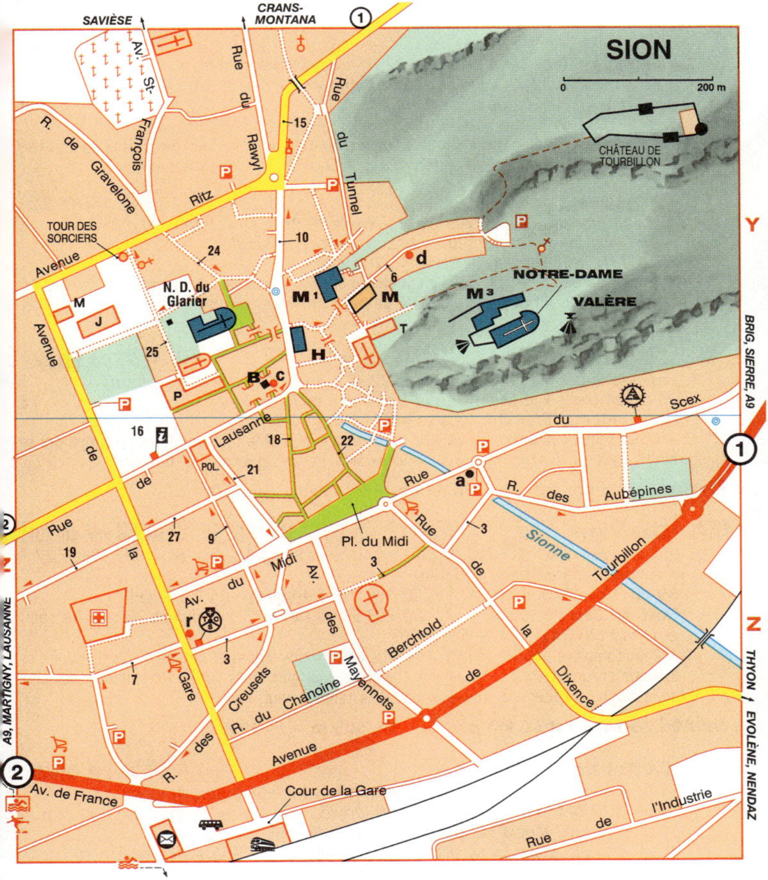

SION

Aubépines (R. des) .... **Z**	Gravelone (R. de) .... **Y**	Remparts (R. des) .... **Z** 21
Cèdres (R. des) .... **Z** 3	Industrie (R. de l') .... **Z**	Rhône (R. du) .... **Z** 22
Chanoine-Berchtold (R. du) .. **ZZ**	Lausanne (R. de) .... **YZ**	Ritz (Av.) .... **Y**
Châteaux (R. des) .... **Y** 6	Loèche (R. de) .... **Z** 15	St-François
Condémines (R. des) .... **Z** 7	Mayennets (Av. des) .... **Z**	(Av.) .... **Y**
Creusets (R. des) .... **Z**	Midi (Av. du) .... **Z**	Savièse (R. de) .... **Z** 24
Dent Blanche (R. de la) .... **Z** 9	Midi (Pl. du) .... **Z**	Scex (R. du) .... **YZ**
Dixence (R. de la) .... **Z**	Planta (Pl. de la) .... **Z** 16	Tourbillon (Av. de) .... **Z**
France (Av. de) .... **Z**	Porte Neuve (R. de la) ..... **YZ** 18	Tour (R. de la) .... **Y** 25
Gare (Av. de la) .... **YZ**	Pratifori (Av. de) .... **Z** 19	Tunnel (R. du) .... **Y**
Grand Pont (R. du) .... **Y** 10	Rawil (R. du) .... **Y**	Vergers (R. des) .... **Z** 27

××× **Le Jardin Gourmand**   🏠 A/C 🔄 VISA 💳 AE
22 av. de la Gare – ✆ *027 323 23 10 – www.jardingourmand.ch*
– Fax 027 323 23 21 – fermé 1ᵉʳ - 15 août et dimanche   **Z r**
Rest – (24 CHF) Menu 49 CHF (déj.)/145 CHF – Carte 86/112 CHF 🍴
♦ Un chef breton a repris cette table du centre-ville. Terrasse-véranda façon orangerie, salle
classique pourvue de sièges de style, carte au goût du jour et beau choix de vins.

Un classement passé en rouge met en avant le charme de la maison 🏠 ×××.

SION

XX L'Enclos de Valère
18 r. des Châteaux – ℰ 027 323 32 30 – www.enclosdevalere.ch
– Fax 027 323 32 03 – fermé 24 décembre - 9 février, dimanche et lundi, de mai à septembre dimanche soir et lundi **Yd**
Rest – (20 CHF) Menu 47 CHF (déj.)/96 CHF – Carte 55/93 CHF
• Cette maison traditionnelle blottie à l'ombre du château offre l'une des plus plaisantes terrasses du Sion médiéval. Chef-patron nancéien. Secteur historique piétonnier.

X La Sitterie
41 r. du Rawyl – ℰ 027 203 22 12 – www.lasitterie.ch – fermé 24 décembre - 6 janvier, 20 août - 13 septembre, dimanche et lundi
Rest – Menu 39/68 CHF – Carte 43/78 CHF
• Maison du début du 20e s. où l'on goûte de la cuisine actuelle aux accents du Sud dans un cadre contemporain ou au jardin. Mise de table simplifiée. Menu d'un bon rapport qualité-prix.

X Le Coq en Pâte
Passage Supersaxo 1 – ℰ 027 346 22 33 – www.coqenpate.ch – fermé 20 décembre - 5 janvier, 1er - 17 août, dimanche et lundi **Yc**
Rest – Menu 48/58 CHF – Carte 48/77 CHF
• On se sent un peu comme un "coq en pâte" à cette petite table moderne et sympa qui se blottit dans un passage historique du vieux Sion. Petite loggia et cour terrasse.

à Uvrier Est : 5 km par ① – alt. 498 m – ⊠ 1958

Des Vignes
9 r. du Pont – ℰ 027 203 16 71 – www.hoteldesvignes.ch – Fax 027 203 37 27 – fermé 21 décembre - 10 janvier
39 ch ⊇ – †160/200 CHF ††220/280 CHF – 4 suites – ½ P +47 CHF
Rest *Au Cep de Vigne* – ℰ 027 203 53 00 *(fermé 5 - 18 juillet, dimanche soir et lundi)* (20 CHF) – Carte 56/90 CHF
• Petit complexe hôtelier tout confort situé entre route, vignes et village. Salon-cheminée et fontaine en granit côté hall. Grandes chambres, jolie piscine et jardin. Restaurant proposant de la cuisine méditerranéenne dans un décor remis à neuf.

à Saint-Léonard Est : 6 km par ① – alt. 505 m – ⊠ 1958

X Buffet de la Gare
35 av. de la Gare – ℰ 027 203 43 43 – www.buffetdelagare-st-leonard.ch – Fax 027 203 44 49 – fermé 1er - 10 janvier, 27 juillet - 19 août, lundi et mardi
Rest – (20 CHF) Menu 58/88 CHF – Carte 64/88 CHF
• Sympathique affaire tenue par la même famille depuis 1915 et repérable à sa façade régionale rouge-orange que devance une terrasse. Repas soigné dans un joli décor bistrotier.

à Vex Sud-Est : 6,5 km par route d'Évolène - Z – ⊠ 1981

XX L'Argilly (Daniel Guerlavais)
route du Val d'Hérens – ℰ 027 207 27 17 – www.argilly.ch – Fax 027 207 27 17 – fermé 2 semaines fin avril - début mai, 2 semaines septembre, dimanche soir, lundi et mardi
Rest – Menu 60 CHF (déj.)/142 CHF – Carte 93/124 CHF
Spéc. Poisson sauvage de la Bretagne (selon arrivage). Pigeonneau de Racan, pommes de terre croustillantes aux abats. Filet de boeuf et côte de veau.
• Haute voltige culinaire et vue plongeante sur Sion et la vallée à cette table perchée tel un nid d'aigle. Patronne de charme à l'accueil, chef français, beau rapport prix-plaisir dans ses menus.

à La Muraz Nord-Ouest : 2 km par route de Savièse – alt. 657 m – ⊠ 1950 Sion

XX Relais du Mont d'Orge
route de la Muraz – ℰ 027 395 33 46 – www.ricou.ch – Fax 027 395 41 68 – fermé 1er - 16 août, dimanche soir et lundi
Rest – (35 CHF) Menu 63 CHF (déj.)/130 CHF – Carte 91/126 CHF
• Restaurant-véranda proposant de la cuisine du moment et des vins du cru. Toiles du peintre suisse A. Chavaz, dont ce fut la maison. Jolie vue de la terrasse près des vignes.

SITTEN – Wallis – **552** I12 – siehe Sion

SOAZZA – Grigioni (GR) – **553** T11 – 374 ab. – alt. 623 m – ✉ 6562   **10** I5
▶ Bern 237 – Sankt Moritz 125 – Bellinzona 30 – Chur 88

Al Cacciatore
Piazzetta – ✆ 091 831 18 20 – www.hotel-cacciatore.com
– Fax 091 831 19 79
12 cam ☑ – ♦135/165 CHF ♦♦240/290 CHF
Rist – *(metà gennaio - febbraio picola carta)* Menu 68 CHF
– Carta 66/100 CHF
♦ Tre graziosi rustici totalmente rinnovati in un tranquillo villaggio tipico. Camere personalizzate, arredate con molto gusto. Ateliers e corsi d'arte. Luogo ideale per una sosta, il ristorante propone un'affidabile cucina mediterranea.

SÖRENBERG – Luzern (LU) – **551** M8 – Höhe 1 166 m – Wintersport :   **8** F4
1 166 m/2 350 m ✦1 ✦14 ✦ – ✉ 6174
▶ Bern 69 – Luzern 50 – Brienz 45 – Stans 47

in Rischli Nord-West: 2 km – ✉ 6174 Sörenberg

Rischli
Rischlistr. 88 – ✆ 041 488 12 40 – www.hotel-rischli.ch
– Fax 041 488 24 69
25 Zim ☑ – ♦130/155 CHF ♦♦230/250 CHF – ½ P +40 CHF
Rest – (25 CHF) – Karte 44/87 CHF
♦ Das familiengeführte Hotel bietet überwiegend moderne Gästezimmer. Überall im Haus finden sich traditionelle Glasarbeiten. Im Winter hat man die Skipiste direkt vor der Tür. Bürgerlich speist man im neuzeitlichen Restaurant oder in der rustikalen Gaststube.

SOGLIO – Grigioni (GR) – **553** V11 – 176 ab. – alt. 1 095 m – ✉ 7610   **10** I5
▶ Bern 354 – Sankt Moritz 38 – Chiavenna 16 – Chur 114

Stüa Granda con cam
Via Maistra – ✆ 081 822 19 88 – www.stua-granda.ch – Fax 081 834 02 64
– chiuso 5 gennaio - 8 marzo, 15 novembre - 20 dicembre, marzo - aprile e novembre : lunedì, martedì
10 cam ☑ – ♦100/140 CHF ♦♦170/190 CHF – ½ P +38 CHF
Rist – Menu 35/65 CHF – Carta 46/68 CHF
♦ Alle porte del paese, abbracciato da pittoresche montagne, un ristorante semplice che vanta una piacevole terrazza con vista. Cucina tradizionale. Camere lineari, luminose e curate.

SOLEURE – Solothurn – **551** J6 – voir à Solothurn

SOLOTHURN (SOLEURE) 🄚 – Solothurn (SO) – **551** J6 – 15 184 Ew   **2** D3
– Höhe 432 m – ✉ 4500
▶ Bern 44 – Basel 69 – Biel 26 – Luzern 84
🛈 Hauptgasse 69 Z, ✆ 032 626 46 46, info@solothurn-city.ch
⛳ Wylihof Luterbach, ✆ 032 682 28 28
⛳ Limpachtal Aetingen, Süd-West: 15 km Richtung Bätterkinden, ✆ 032 661 17 43
◉ Lage★ – Altstadt★ Y – Sankt Ursenkathedrale★ Y – Schiff★ der Jesuitenkirche Y. Kunstmuseum★ Y
◉ Weissenstein★★★ Nord-West: 10 km über ⑤

Lokale Veranstaltungen:
    21.-28. Januar: Solothurner Filmtage
    11.-17. Februar: Fasnacht
    29. Juni-10. Juli: Classic Openair

Stadtplan auf der nächsten Seite

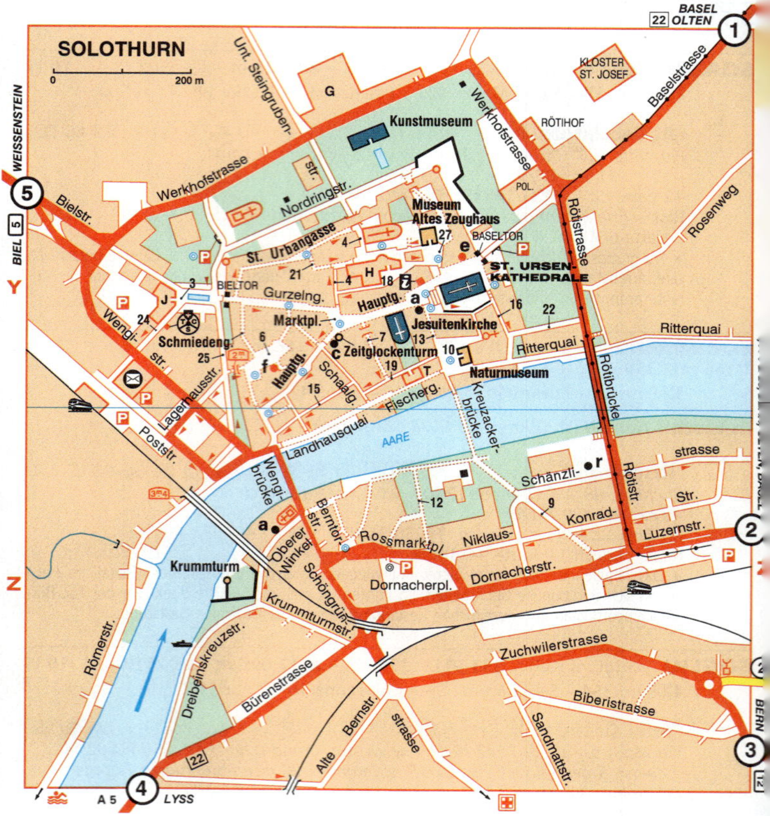

SOLOTHURN

Amthausplatz	Y 3	Klosterplatz	Y 10	Theatergasse	Y 19
Barfüssergasse	Y 4	Kreuzacker		Weberngasse	Y 21
Friedhofplatz	Y 6	strasse	Z 12	Werkstrasse	Y 22
Goldgasse	Y 7	Kronengasse	Y 13	Westbahnhof	
Gurzelngasse	Y	Löwengasse	Y 15	Strasse	Y 24
Hauptbahnhof Strasse	Z 9	Nictumgässlein	Y 16	Westringstrasse	Y 25
Hauptgasse	Y	Rathausplatz	Y 18	Zeughausplatz	Y 27

Ramada
Schänzlistr. 5 – ℰ 032 655 46 00 – www.ramada-treff.ch – Fax 032 655 46 01
100 Zim – ⑆185/245 CHF ⑆⑆185/245 CHF, ⚏ 25 CHF – 10 Suiten **Zr**
Rest – (geschl. Sonntagabend) (20 CHF) Menü 54 CHF – Karte 45/77 CHF
♦ Ein klarer moderner Stil in Architektur und Einrichtung bestimmt das auf Businessgäste zugeschnittene Hotel. Vom Freizeitbereich im OG blickt man auf Stadt und Fluss. Das Restaurant befindet sich im Palais Besenval am gegenüberliegenden Ufer der Aare.

Die Krone
Hauptgasse 64 – ℰ 032 626 44 44 – www.diekrone.ch – Fax 032 626 44 45
42 Zim ⚏ – ⑆173/253 CHF ⑆⑆226/306 CHF – ½ P +45 CHF **Ya**
Rest *Die Ambassadorenstube* – Menü 65/100 CHF – Karte 69/110 CHF
Rest *Stadtrestaurant* – (20 CHF) – Karte 44/81 CHF
♦ Eine sehr spezielle Note hat das 1418 erstmals als Herberge erwähnte Haus in der Fussgängerzone mit seinen Zimmern im Louis-XV- oder im Biedermeier-Stil. Elegant ist die Ambassadorenstube. Barockterrasse mit schöner Aussicht.

SOLOTHURN

🏠 Roter Turm 🛜 📶 📡 🏋️ VISA ⓜ AE ⓓ
Hauptgasse 42 – ☏ 032 622 96 21 – www.roterturm.ch – Fax 032 622 98 65
– geschl. über Weihnachten **Yc**
36 Zim ⌑ – †130/150 CHF ††200/230 CHF
Rest *La Tourelle* – (37 CHF) Menü 89 CHF – Karte 61/77 CHF
Rest *Turmstube* – (18 CHF) Menü 27 CHF (mittags) – Karte 35/67 CHF
♦ Am "Zytglocke-Turm" im Herzen von Solothurn liegt das aus vier historischen Häusern bestehende familiengeführte Hotel mit recht individuellen, aber immer zeitgemässen Zimmern. La Tourelle im 5. Stock verfügt über eine Dachterrasse mit herrlichem Ausblick.

🏠 Hotel an der Aare ⇐ 🛜 📡 🏋️ VISA ⓜ AE
Oberer Winkel 2 – ☏ 032 626 24 00 – www.hotelaare.ch – Fax 032 626 24 10
– geschl. 24. Dezember - 3. Januar **Za**
16 Zim ⌑ – †130/160 CHF ††190/220 CHF
Rest – *(geschl. im Sommer Montag, im Winter Sonntag)* Karte 40/84 CHF
♦ Das ehemalige Schwesternhaus des Alten Spitals verbindet puristisch-trendiges Design mit historischer Bausubstanz. Alle Zimmer zur Aare hin. Variable Tagungs-/Veranstaltungsräume. Erdfarben dominieren im Restaurant mit schöner Terrasse zum Fluss.

✕✕ Zum Alten Stephan - Zaugg's Zunftstube VISA ⓜ AE ⓓ
Friedhofplatz 10, (1. Etage) – ☏ 032 622 11 09 – www.alterstephan.ch
– Fax 032 623 70 60 – geschl. 24. Dezember - 4. Januar, 1. - 5. April,
1. - 9. August, 17. - 31. Oktober und Sonntag - Montag **Yf**
Rest – *(nur Abendessen) (Tischbestellung erforderlich)* Menü 98/224 CHF 🍷
Rest *Stadtbeiz* – separat erwähnt
♦ Die Zunftstube im ersten Stock des in der Altstadt gelegenen ehrwürdigen Hauses "Zum Alten Stephan" ist ein schönes kleines Restaurant, in dem man den Gästen die zeitgemässe Küche von Patron Andreas Zaugg serviert.

✕ Baseltor mit Zim 🛜 📡 VISA ⓜ AE
Hauptgasse 79 – ☏ 032 622 34 22 – www.baseltor.ch – Fax 032 622 18 79
– geschl. Sonntagmittag **Ye**
9 Zim ⌑ – †115/130 CHF ††175/200 CHF **Rest** – Karte 43/76 CHF
♦ Das Restaurant befindet sich in einem Altstadthaus direkt beim Baseltor. Im Parterre und im 1. Stock tischt man Ihnen mediterrane Küche auf. Nette Gästezimmer mit moderner Einrichtung in historischem Rahmen.

✕ Stadtbeiz – Restaurant Zum Alten Stephan - Zaugg's Zunftstube 🛜
Friedhofplatz 10 – ☏ 032 622 11 09 VISA ⓜ AE ⓓ
– www.alterstephan.ch – Fax 032 623 70 60 – geschl. 1. - 5. April, 1. - 9. August,
17. - 31. Oktober, 24. Dezember - 4. Januar **Yf**
Rest – *(geschl. Sonntag und Montag)* (20 CHF) Menü 48/79 CHF – Karte 49/94 CHF
♦ Die Stadtbeiz ist die etwas einfachere Alternative zur Zunftstube. Im Erdgeschoss des Hauses lässt man sich traditionelle und regionale Gerichte zu fairen Preisen schmecken. Im Sommer bietet man auch schöne Plätze im Freien.

in Riedholz Nord-Ost: 3 km über ① – Höhe 474 m – ✉ 4533

✕✕✕ Attisholz 🛜 P VISA ⓜ AE
Attisholzstr. 3, Süd: 1 km – ☏ 032 623 06 06 – www.attisholz.ch
– Fax 032 623 06 07 – geschl. Anfang Februar 10 Tage, Ende Juli 2 Wochen und
Montag - Dienstag
Rest – Menü 65/138 CHF – Karte 94/137 CHF 🍷
Rest *Gaststube* – (20 CHF) Menü 52/68 CHF – Karte 50/83 CHF
♦ Das schöne gestandene Gasthaus ist ein ehemaliges Heilbad, in dem man feine klassische Küche bietet. Die Farbe Weiss unterstreicht das geschmackvoll-elegante Interieur des Restaurants. Nette Gaststube mit über 300 Jahre altem Kreuzgewölbe.

In Rot gedruckt, bezeichnet **Rest** ein Restaurant mit
Auszeichnung: ✿ (Stern) oder 🅰 (Bib Gourmand).

377

SOLOTHURN

in Luterbach Nord-Ost: 4 km über ① und Attisholz – Höhe 433 m – ✉ 4542

Park Forum Wylihof 🐾 🐕 🛜 ((•)) 🛁 **P** VISA ⦾ AE
*Wylihof 43, (beim Golf 🅱) – ℰ 032 681 34 34 – www.parkforum-wylihof.ch
– Fax 032 681 34 35 – geschl. 18. Dezember - 11. Januar und 27. Juli - 9. August*
16 Zim ⛛ – †190 CHF ††245 CHF
Rest – *(geschl. Samstag - Sonntag) (nur für Hausgäste)* Menü 17/39 CHF
◆ Das Seminarhotel ist eine ansprechende Adresse, eingebettet in einen schönen Park direkt am Golfplatz. Neuzeitliche und wohnliche Zimmer in der Villa und im Blumensteinhaus.

SONCEBOZ – Berne (BE) – **551** H6 – 1 740 h. – alt. 653 m – ✉ 2605   **2** C3

▶ Bern 55 – Delémont 36 – Biel 12 – La Chaux-de-Fonds 31

✕✕ **Du Cerf** (Jean-Marc Soldati) avec ch   🏨 ♿ 🆎 rest, ✆ ⇔ **P** VISA ⦾ ⓞ
❀ *4 r. du Collège – ℰ 032 488 33 22 – www.cerf-sonceboz.ch – Fax 032 488 33 21
– fermé 23 décembre - 6 janvier, 7 juillet - 11 août, dimanche soir - jeudi midi, vendredi midi*
10 ch ⛛ – †100/109 CHF ††164/180 CHF – ½ P +22 CHF
Rest *Brasserie* – voir ci-après
Rest – *(réservation indispensable) (menu unique)* Menu 77/170 CHF 🍷
Spéc. Ballotine de pintadeau de Bresse aux morilles (printemps). Court-bouillon de homard breton aux tomates confites. Dos de Sole d'Ostende farci aux bolets (automne).
◆ Cette maison de 1707 au passé de relais de poste vous régale dans un cadre chaleureux, sous un plafond en bois, près d'une grande cheminée. Tables élégantes. Menu unique à discuter lors de la réservation. Belle carte des vins. Chambres pour prolonger l'étape dans de bonnes conditions.

✕ **Brasserie** – Restaurant Du Cerf   🛜 ♿ 🆎 **P** VISA ⦾ ⓞ
☙ *4 r. du Collège – ℰ 032 488 33 22 – www.cerf-sonceboz.ch – Fax 032 488 33 21
– fermé 7 juillet - 11 août, 23 décembre - 6 janvier, mardi soir et mercredi*
Rest – *(réservation indispensable)* (18 CHF) Menu 77 CHF (déj.) – Carte 40/72 CHF
◆ Brasserie sympa proposant, dans une salle boisée ou dehors en été, l'assiette du jour et un petit assortiment de plats bourgeois où entre le terroir. Par prudence, réservez.

SORENGO – Ticino – **553** R13 – vedere Lugano

SOYHIÈRES – Jura – **551** J4 – voir à Delémont

SPEICHER – Appenzell Ausserrhoden (AR) – **551** U6 – 3 927 Ew   **5** I2
– Höhe 924 m – ✉ 9042

▶ Bern 213 – Sankt Gallen 8 – Altstätten 17 – Bregenz 41

🏨 **Appenzellerhof**   ((•)) 🛁 **P** VISA ⦾ AE ⓞ
Trogenerstr. 6 – ℰ 071 343 71 10 – www.appenzellerhof.ch – Fax 071 343 71 11
19 Zim ⛛ – †125/160 CHF ††195/220 CHF – ½ P +40 CHF
Rest – *(geschl. Dienstag) (nur Abendessen)* Menü 47/105 CHF – Karte 51/93 CHF
◆ In dem erweiterten hübschen Fachwerkhaus im Ortskern bieten die freundlichen Gastgeber wohnliche, zeitlos eingerichtete Zimmer. In der 1. Etage befindet sich die ländlich-gediegene Stube mit Täferung und Kachelofen. Gekocht wird mit Bioprodukten.

SPIEZ – Bern (BE) – **551** K9 – 12 349 Ew – Höhe 628 m – ✉ 3700   **8** E5

▶ Bern 41 – Interlaken 18 – Bulle 102 – Kandersteg 28
🛈 Bahnhof, ℰ 033 655 90 00, spiez@thunersee.ch
◉ Schloss★ : ❊★★ vom Turm – Lage★
◉ Fahrt auf den Niesen★★★ Süd: 7 km und Standseilbahn
– Stockhorn★★★ West: 12 km und 🚠

SPIEZ

Eden
Seestr. 58 – ☏ 033 655 99 00 – www.eden-spiez.ch – Fax 033 655 99 01
43 Zim ⌧ – †205/390 CHF ††295/480 CHF – ½ P +55 CHF
Rest – (35 CHF) Menü 42 CHF (mittags)/115 CHF – Karte 53/86 CHF
• Das Hotel in schöner Lage nahe dem See ist besonders auf Alleinreisende ausgerichtet und bietet individuelle Zimmer von modern bis klassisch, teils mit offenem Bad. Im Restaurant mit internationaler Karte kann man sich zu anderen Gästen an einen grossen Tisch gesellen.

Belvédère
Schachenstr. 39 – ☏ 033 655 66 66
– www.belvedere-spiez.ch – Fax 033 654 66 33 – geschl. Februar
33 Zim ⌧ – †100/250 CHF ††250/440 CHF – ½ P +55 CHF
Rest – (40 CHF) Menü 94/119 CHF – Karte 60/102 CHF
• In dem recht idyllisch in einem sehr gepflegten Park über dem See gelegenen Hotel (in der Nebensaison auch Seminarhotel) erwarten Sie klassische zeitgemässe Zimmer. Mit Strandbad. Vom eleganten Speisesaal und von der Terrasse blicken Sie auf den Thuner See.

Bellevue mit Zim
Seestr. 36 – ☏ 033 654 84 64 – www.bellevue-spiez.ch – Fax 033 654 88 48
– geschl. 1. - 24. April, 1. - 31. Oktober und November - April: Mittwoch, Sonntagabend
18 Zim ⌧ – †83/135 CHF ††144/150 CHF – ½ P +35 CHF
Rest – (16 CHF) Menü 64/112 CHF – Karte 45/96 CHF
• Das familiär geleitete Haus in der Ortsmitte beherbergt das schlicht-moderne Beizli und das gediegenere Restaurant. Serviert werden saisonal geprägte zeitgemässe Speisen.

in Faulensee Süd-Ost: 2 km – Höhe 603 m – ✉ 3705

Seerose
Interlakenstr. 87 – ☏ 033 654 10 25 – www.seerose-faulensee.ch
– Fax 033 654 10 23 – geschl. Januar - Februar
13 Zim ⌧ – †100/180 CHF ††130/250 CHF – ½ P +30 CHF
Rest – (geschl. März - April: Montag - Dienstag und Oktober - Dezember: Montag - Dienstag) (18 CHF) – Karte 40/84 CHF
• Das Haus liegt direkt am Thunersee in einem kleinen Dorf und verfügt über helle zeitgemässe Zimmer, teils mit Balkon/Terrasse und Aussicht. Auch ein Bootssteg ist vorhanden. Restaurant und Terrasse bieten einen sehr schönen Blick auf See und Berge.

SPORZ – Graubünden – **553** V9 – siehe Lenzerheide

SPREITENBACH – Aargau (AG) – **551** O4 – 10 084 Ew – Höhe 424 m   **4 F2**
– ✉ 8957
▶ Bern 110 – Aarau 33 – Baden 10 – Dietikon 4

Arte
Wigartestr. 10 – ☏ 056 418 42 42 – www.zuerich-hotels.ch – Fax 056 418 43 43
72 Zim ⌧ – †135/165 CHF ††170/195 CHF – **Rest** – (20 CHF) – Karte 37/69 CHF
• In dem modernen Hotelbau stehen Gästezimmer zur Verfügung, die zeitgemäss und funktionell eingerichtet sind. Auch Tagungsräume sind vorhanden. Helles Restaurant mit internationaler Küche.

STABIO – Ticino (TI) – **553** R14 – 4 066 ab. – alt. 347 m – ✉ 6855   **10 H7**
▶ Bern 300 – Lugano 23 – Bellinzona 50 – Milano 66

a San Pietro di Stabio Nord : 1 km – ✉ 6854

Montalbano
via Montalbano 34c – ☏ 091 647 12 06 – www.montalbano.ch
– Fax 091 647 40 25 – chiuso 4 - 20 gennaio, 28 giugno - 14 luglio, sabato a mezzogiorno, domenica sera e lunedì
Rist – (consigliata la prenotazione) (32 CHF) Menu 53/88 CHF – Carta 58/100 CHF
• Sito sull'omonimo colle, caratteristico ristorante d'impronta familiare con quadri moderni, sculture ed una piacevole terrazza. Cucina mediterranea e a mezzogiorno menu ridotto.

STÄFA – Zürich (ZH) – **551** Q6 – 13 019 Ew – Höhe 414 m – ✉ 8712 **4 G3**
▶ Bern 158 – Zürich 26 – Einsiedeln 28 – Luzern 73

in Kehlhof Süd-Ost: 1 km Richtung Rapperswil – ✉ 8712 Stäfa

Im Kehlhof
Seestr. 191 – ✆ 044 926 11 55 – Fax 044 926 80 49 – geschl. 1. - 16. März, 30. August - 14. September und Montag - Dienstag
Rest – *(Mittwoch - Samstag nur Abendessen)* Menü 95/125 CHF – Karte 77/112 CHF

◆ Gemütlich und gediegen ist das kleine Restaurant im Ortsteil Kehlhof an der Seestrasse. Hier wie auch auf der Terrasse serviert man klassische Speisen.

STALDEN – Bern – **551** K8 – siehe Konolfingen

STANS 𝕂 – Nidwalden (NW) – **551** O7 – 7 583 Ew – Höhe 451 m **4 F4**
– ✉ 6370
▶ Bern 125 – Luzern 15 – Altdorf 30 – Engelberg 20
🛈 Bahnhofplatz 4, ✆ 041 610 88 33, info@lakelucerne.ch
◉ Glockenturm★ der Kirche
◉ Stanserhorn★★ Süd mit Standseilbahn und ⛷

Engel
Dorfplatz 1 – ✆ 041 619 10 10 – www.engelstans.ch – Fax 041 619 10 11
20 Zim – ✝95/110 CHF ✝✝160 CHF – ½ P +28 CHF
Rest – (20 CHF) Menü 92 CHF – Karte 32/86 CHF

◆ Der a. d. J. 1713 stammende traditionsreiche Gasthof im Dorfzentrum ist ein kleines Hotel mit gepflegten zweckmässigen Zimmern in sachlich-neuzeitlichem Stil. Gediegenes Säli und schlichte ländlich-moderne Gaststube.

Zur Linde - Gourmetstuben mit Zim
Dorfplatz 7 – ✆ 041 619 09 30 – www.hotel-linde.ch – Fax 041 619 09 48
9 Zim ☐ – ✝90/105 CHF ✝✝160/180 CHF
Rest – *(geschl. 24. Dezember - 11. Januar, 14. - 22. Februar, 28. Juni - 22. August und Sonntag - Montag)* Menü 61/125 CHF – Karte 55/105 CHF
Rest *Gaststube* – *(geschl. 24. Dezember - 11. Januar, 14. - 22. Februar und Sonntag - Montag)* *(Tischbestellung ratsam)* (20 CHF) – Karte 45/85 CHF

◆ Im 1. Stock dieses schmucken Hauses von 1714 nehmen Sie in den stilvoll-gediegenen Gourmetstuben (Stanser- und Zelgerstube) unter einer kunstvollen historischen Holzkassettendecke Platz. Im EG befindet sich die Gaststube mit legerer Atmosphäre und einfacheren, sorgfältig zubereiteten Speisen.

Wirtschaft zur Rosenburg
Alter Postplatz 3, (im Höfli) – ✆ 041 610 24 61 – www.rosenburg-stans.ch – Fax 041 610 93 56 – geschl. 12. Januar - 22. Februar, 20. Juli - 8. August und Montag - Dienstag
Rest – (20 CHF) Menü 60/70 CHF – Karte 43/84 CHF

◆ Aus dem 12. Jh. stammt das hübsche historische Gebäude mit Wehrturm. In drei gemütlichen Stuben serviert man seinen Gästen internationale Küche mit regionalem Bezug.

STANSSTAD – Nidwalden (NW) – **551** O7 – 4 482 Ew – Höhe 438 m **4 F4**
– ✉ 6362
▶ Bern 123 – Luzern 12 – Altdorf 32 – Sarnen 14
🛈 Bürgenstock, ✆ 041 610 24 34

in Fürigen Nord-Ost: 3,5 km Richtung Bürgenstock – ✉ 6363 Obbürgen

Fürigen
Fürigenstr. 15 – ✆ 041 618 69 69 – www.hotel-fuerigen.ch – Fax 041 618 69 00
82 Zim ☐ – ✝160/200 CHF ✝✝240/290 CHF – ½ P +55 CHF
Rest – Menü 69/115 CHF – Karte 50/81 CHF

◆ Vor allem die Panoramalage oberhalb des Vierwaldstättersees mit beeindruckendem Berg- und Seeblick macht dieses Tagungshotel mit funktionellen Gästezimmern aus. Zum modern-eleganten Restaurant La Brasserie gehört eine Terrasse mit toller Aussicht.

STECKBORN – Thurgau (TG) – **551** S3 – 3 389 Ew – Höhe 404 m   4 H2
– ✉ 8266

▶ Bern 185 – Sankt Gallen 55 – Frauenfeld 18 – Konstanz 16
🛈 ℘ 052 761 10 55, info@steckborntourismus.ch

Feldbach
(Am Yachthafen) – ℘ 052 762 21 21 – www.hotel-feldbach.ch
– Fax 052 762 21 91 – geschl. 19. Dezember - 17. Januar
36 Zim ⊆ – †180/200 CHF ††220/260 CHF   **Rest** – (26 CHF) – Karte 68/95 CHF
♦ Hier überzeugen die ruhige Lage am Bootshafen mit Blick auf den Bodensee und neuzeitliche Zimmer mit Rattanmobiliar. Auch als Tagungsadresse geeignet. Schön sitzt man im Restaurant in einem gegenüberliegenden Kloster a. d. 13. Jh. Hübsche Seeterrasse.

Frohsinn
Seestr. 62 – ℘ 052 761 11 61 – www.frohsinn-steckborn.ch – Fax 052 761 28 21
– geschl. 28. Januar - 19. Februar
10 Zim ⊆ – †90/125 CHF ††135/170 CHF
Rest – *(geschl. Mittwoch, Oktober - April: Mittwoch - Donnerstag)*
Karte 39/65 CHF
♦ Das kleine Hotel in dem netten Riegelhaus am See hat einen familiären Charakter. Die Gäste erwarten praktisch ausgestattete Zimmer und ein eigener Bootssteg. Reizvoll ist die zum See hin gelegene Laubenterrasse des Restaurants. Regionale Fischspezialitäten.

STEFFISBURG – Bern – **551** K8 – siehe Thun

STEIN AM RHEIN – Schaffhausen (SH) – **551** R3 – 3 119 Ew   4 G2
– Höhe 413 m – ✉ 8260

▶ Bern 177 – Zürich 58 – Baden 77 – Frauenfeld 16
◉ Lage★★ - Altstadt★★: Museum★ im ehemaligen Benediktinerkloster Sankt Georgen
◉ Burg Hohenklingen★: ≤★ Nord: 2,5 km

Chlosterhof
Oehningerstr. 2 – ℘ 052 742 42 42 – www.chlosterhof.ch – Fax 052 741 13 37
– geschl. 20. Dezember - 7. Januar
43 Zim ⊆ – †260 CHF ††330 CHF – 28 Suiten – ½ P +60 CHF
Rest *Le Bateau* – *(geschl. Januar - April: Sonntagabend)* (26 CHF) Menü 59 CHF (mittags)/108 CHF – Karte 61/97 CHF
♦ Das wohnlich-komfortable familiengeführte Haus liegt direkt am Ufer, am Übergang vom Bodensee in den Rhein. Im Winter sitzt man gemütlich in der Halle am Kamin. Im Sommer ergänzt eine schöne Terrasse mit Rheinblick das Restaurant Le Bateau. Zeitgemässe Küche.

Rheinfels
Rhygasse 8 – ℘ 052 741 21 44 – www.rheinfels.ch – Fax 052 741 25 22 – geschl.
13. Dezember - 19. März
17 Zim ⊆ – †135/145 CHF ††190/200 CHF – ½ P +40 CHF
Rest – *(geschl. September - Juni: Mittwoch)* Karte 51/88 CHF
♦ Aus dem mittelalterlichen Wasserzoll- und Lagerhaus in der Altstadt ist ein kleines Hotel unter familiärer Leitung entstanden, dessen gediegene Zimmer teils zum Rhein liegen. Rustikale Restauranträume und Rheinterrasse.

Adler
Rathausplatz 2 – ℘ 052 742 61 61 – www.adlersteinamrhein.ch
– Fax 052 741 44 40 – geschl. 23. Januar - 9. Februar
23 Zim ⊆ – †130/140 CHF ††150/200 CHF – ½ P +45 CHF
Rest – *(geschl. Montag)* (25 CHF) Menü 92/110 CHF – Karte 48/83 CHF
♦ Schön fügt sich das Haus mit sehenswerter Fassadenmalerei von Alois Carigiet in das historische Stadtbild ein. Zeitgemässe Zimmer, teilweise im Gästehaus auf der anderen Rheinseite.

Burg Hohenklingen
Hohenklingenstr. 1 ✉ 8260 – ℘ 052 741 21 37 – www.burghohenklingen.ch
– Fax 052 741 21 34 – geschl. Januar - März und Sonntagabend - Montag
Rest – (35 CHF) – Karte 59/74 CHF
♦ In den rustikal-eleganten Stuben der a. d. 12. Jh. stammenden Burg mit grandiosem Blick auf den Ort und die Umgebung serviert man regionale Küche mit internationalem Einfluss.

STEINEN – Schwyz – **551** P7 – siehe Schwyz

STEINHAUSEN – Zug (ZG) – **551** P6 – 8 642 Ew – Höhe 424 m   **4** F3
– ✉ 6312
▶ Bern 132 – Zürich 37 – Luzern 28 – Aarau 53

XX   **Zur Linde - Carpe Diem** mit Zim
Bahnhofstr. 28 – ℰ 041 748 81 18 – www.gasthaus-linde.ch – Fax 041 748 81 19
– geschl. Sonntag
13 Zim ⌑ – †155 CHF ††230 CHF – ½ P +35 CHF
Rest – (25 CHF) Menü 65 CHF – Karte 53/77 CHF
♦ Freundliche warme Farben verleihen dem Restaurant Carpe Diem einen mediterranen Touch. Daneben bietet man noch ein gemütliches Beizli sowie moderne wohnliche Zimmer.

SUBERG – Bern – **551** I6 – siehe Lyss

SUGIEZ – Fribourg (FR) – **552** H7 – 1 817 h. – alt. 434 m – ✉ 1786   **2** C4
▶ Bern 32 – Neuchâtel 21 – Biel 36 – Fribourg 25

XX   **De l'Ours** avec ch
5 rte de l'Ancien Pont – ℰ 026 673 93 93 – www.hotel-ours.ch
– Fax 026 673 93 99 – fermé 1er- 23 février et 11 octobre - 2 novembre, lundi et mardi
8 ch ⌑ – †127 CHF ††214/229 CHF
Rest – (réservation conseillée) (17 CHF) Menu 29 CHF (déj.)/89 CHF
– Carte 42/84 CHF
♦ Ravissante maison bernoise (1678) entre canal, lac et vignobles. Salle à manger contemporaine, cuisine de saison, cave de qualité, belle terrasse et café néo-rétro. Chambres soignées, souvent dotées de boiseries anciennes. Jardin et jolie piscine couverte.

SUGNENS – Vaud (VD) – **552** E9 – 266 h. – alt. 648 m – ✉ 1043   **6** B5
▶ Bern 88 – Lausanne 20 – Montreux 46 – Moudon 12

XX   **Auberge de Sugnens** (Foudil Sidi-Ali)
– ℰ 021 881 45 75 – Fax 021 881 45 35 – fermé 11 - 18 janvier, 12 - 26 juillet, dimanche soir et lundi
Rest – Menu 55 CHF (déj.)/123 CHF – Carte 72/108 CHF
Spéc. Eventail de pommes charlotte aux truffes d'été. Selle de chevreuil au sureau et sa garniture. Menu couscous.
♦ Au cœur du village, sympathique auberge perpétuant en famille la tradition du bon accueil vaudois. Choix simple au café, repas classique élaboré au restaurant, terrasse mignonne.

SUHR – Aargau (AG) – **551** N4 – 9 199 Ew – Höhe 397 m – ✉ 5034   **3** F3
▶ Bern 82 – Aarau 4 – Baden 24 – Basel 68

   Bären
Bernstr.-West 56 – ℰ 062 855 25 25 – www.baeren-suhr.ch – Fax 062 855 25 91
29 Zim ⌑ – †90/145 CHF ††190 CHF
Rest – (geschl. Samstagmittag und Sonntag) (30 CHF) – Karte 51/87 CHF
♦ Der erweiterte Gasthof beherbergt das heutige Hotel mit wohnlichen Zimmern und Tagungsraum. Ein moderner Barbereich und eine gepflegte Halle erwarten Sie ebenso. Das Restaurant teilt sich in eine leicht elegante und eine schlichte Stube.

SUMISWALD – Bern (BE) – **551** L7 – 5 085 Ew – Höhe 700 m – ✉ 3454   **3** E4
▶ Bern 44 – Burgdorf 16 – Luzern 63 – Olten 58

   Bären
Marktgasse 1 – ℰ 034 431 10 22 – www.baeren-sumiswald.ch
– Fax 034 431 23 24 – geschl. 24. Januar - 9. Februar, 26. Juli - 12. August
18 Zim ⌑ – †95 CHF ††160 CHF – ½ P +35 CHF
Rest – (geschl. Montag - Dienstag) (25 CHF) – Karte 37/73 CHF
♦ Der von Familie Hiltbrunner gut geführte Gasthof mit der schönen Holzfassade ist ein geschichtsträchtiges Haus a. d. 14. Jh., das gepflegte und wohnliche Zimmer beherbergt. Bürgerlich isst man in den verschiedenen netten Restaurantstuben.

SUMISWALD

in Lüderenalp Süd-Ost: 10 km über Wasen – ✉ 3457 Wasen im Emmental

Lüderenalp
– ℰ 034 437 16 76 – www.luederenalp.ch – Fax 034 437 19 80 – geschl. 1.
- 15. Februar und 30. November - 8. Dezember
20 Zim ⌑ – †85/150 CHF ††130/215 CHF – ½ P +40 CHF
Rest – (geschl. im Winter Montag) Karte 47/91 CHF
 ♦ Die schöne einsame Lage über dem Emmental sowie die fantastische Aussicht auf die Berner Alpen und die Jurakette machen dieses kleine Hotel aus. Eine grosse Panoramaterrasse ergänzt das Restaurant.

SURLEJ – Graubünden – **553** X11 – siehe Silvaplana

SURSEE – Luzern (LU) – **551** N6 – 8 432 Ew – Höhe 504 m – ✉ 6210   **3** F3
▶ Bern 90 – Luzern 23 – Aarau 26 – Baden 48
🏌 Oberkirch, Süd: 2 km, ℰ 041 925 24 50
◉ Rathaus ★

Bellevue am See
Bellevueweg 7 – ℰ 041 925 81 10 – www.bellevue-sursee.ch – Fax 041 925 81 11
19 Zim ⌑ – †135/220 CHF ††260/320 CHF – ½ P +50 CHF
Rest – (geschl.11. - 31. Januar und Sonntagabend - Montag) (27 CHF)
– Karte 59/93 CHF
 ♦ Die hübsche Villa in ruhiger Lage ca. 200 m vom See ist ein gut geführtes kleines Hotel unter familiärer Leitung. Die Zimmer sind recht individuell, meist mit Balkon. Das lichte Wintergartenrestaurant bietet u. a. eine schöne Weinkarte.

SUSTEN-LEUK – Wallis (VS) – **552** K11 – Höhe 627 m – ✉ 3952   **8** E6
▶ Bern 183 – Brig 29 – Leukerbad 14
🏌 Leuk, ℰ 027 473 61 61

Relais Bayard
Kantonsstr. 59, Ost: 1 km Richtung Brig – ℰ 027 474 96 96
– www.relaisbayard.ch – Fax 027 474 96 99
30 Zim ⌑ – †100/150 CHF ††170/240 CHF – ½ P +25 CHF
Rest – (18 CHF) Menü 45 CHF – Karte 47/81 CHF
 ♦ Der Landgasthof liegt an der Strasse nach Brig und am Golfplatz. Man bietet funktionell eingerichtete Zimmer sowie Duplex-Zimmer, die für Familien geeignet sind. Gediegen-rustikales Restaurant und Pizzeria.

SUTZ-LATTRIGEN – Bern (BE) – **551** I6 – 1 302 Ew – Höhe 450 m   **2** C3
– ✉ 2572
▶ Bern 44 – Biel 7 – Neuchâtel 36 – Solothurn 33

Anker
Hauptstr. 4 – ℰ 032 397 11 64 – www.anker-sutz.ch – Fax 032 397 11 74
– geschl. 22. Februar - 7. März, 20. September - 10. Oktober und Montag
- Dienstag
Rest – (17 CHF) Menü 55/75 CHF – Karte 41/74 CHF
 ♦ Ein sympathischer Berner Gasthof mit gemütlicher Atmosphäre und traditioneller Küche. Nett sitzt man auch in der ländlichen Gaststube und im schönen Garten unter Platanen.

TÄGERWILEN – Thurgau – **551** T3 – siehe Kreuzlingen

TAMINS – Graubünden (GR) – **553** U8 – 1 147 Ew – Höhe 640 m   **5** I4
– ✉ 7015
▶ Bern 251 – Chur 11 – Andermatt 84 – Davos 68

383

TAMINS

in Reichenau – Höhe 604 m – ✉ 7015 Tamins

Schlosshotel Adler
Reichenauerstr. 58 – ✆ 081 641 10 44 – www.adlerreichenau.ch
– Fax 081 641 24 96
15 Zim ⌂ – †125 CHF ††210 CHF
Rest Gourmet Stübli – (geschl. Sonntagabend - Montag) Karte 47/82 CHF
Rest Gaststube – (geschl. Sonntagabend - Montag) Karte 38/64 CHF
• Ein Nebengebäude des Schlosses ist das gut für Tagungen geeignete kleine Hotel am Zusammenfluss von Vorder- und Hinterrhein. Funktionelle Zimmer mit rustikalem Flair.

TANNAY – Vaud (VD) – 552 B11 – 1 441 h. – alt. 392 m – ✉ 1295   6 A6
▶ Bern 146 – Lausanne 51 – Genève 21 – Annecy 64

Auberge au Lion d'Or avec ch
2 r. du Village – ✆ 022 776 04 23 – www.aubergeauliondor.ch
– Fax 022 776 04 76 – (déménage au printemps à l'Auberge Communale à Arzier) fermé lundi et mardi (ferme à partir du 14 mars 2010)
6 ch – †90/100 CHF ††160/180 CHF, ⌂ 13 CHF
Rest – (22 CHF) Menu 68/86 CHF – Carte 67/91 CHF
Rest Café – (22 CHF) – Carte 50/77 CHF
• Auberge du centre où un jeune couple dynamique vous régale dans une salle fraîche et colorée ou sur la terrasse ensoleillée. Goûteuse cuisine classique selon le marché. Au café, table traditionnelle d'un rapport qualité-prix favorable. Chambres pour l'étape.

TARASP – Graubünden – 553 Z9 – siehe Scuol

TAVERNE – Ticino (TI) – 553 R13 – 2 934 ab. – alt. 364 m – ✉ 6807   10 H6
▶ Bern 235 – Lugano 10 – Bellinzona 21 – Locarno 31

Motto del Gallo con cam
via Bicentenario 16 – ✆ 091 945 28 71 – www.mottodelgallo.ch
– Fax 091 945 27 23 – chiuso domenica
4 suites ⌂ – †120 CHF ††240 CHF
Rist – (consigliata la prenotazione) (45 CHF) Menu 52 CHF (pranzo)/152 CHF
– Carta 100/118 CHF
• Servizio familiare, attento e curato, in un ristorante dall'atmosfera calorosa, dotato di una bella terrazza. Cucina classica e pregevole carta dei vini. Camere graziose ed accoglienti.

TEGNA – Ticino (TI) – 553 Q12 – 748 ab. – alt. 258 m – ✉ 6652   9 G6
▶ Bern 244 – Locarno 6 – Andermatt 112 – Bellinzona 28

a Ponte Brolla – ✉ 6652

Da Enzo
– ✆ 091 796 14 75 – www.ristorantedaenzo.ch – Fax 091 796 13 92 – chiuso 10 gennaio - 1° marzo e mercoledì, giovedì a mezzogiorno
Rist – Menu 62 CHF (pranzo) – Carta 82/118 CHF
• Casa ticinese in sasso e bella terrazza-giardino: ai tipici tavoli in granito - coperti in parte da volte, in parte da alberi - piatti squisitamente mediterranei. Fornita enoteca in cantina.

Centovalli con cam
– ✆ 091 796 14 44 – www.centovalli.com – Fax 091 796 31 59 – chiuso 13 dicembre - 3 marzo (albergo)
10 cam ⌂ – †130/165 CHF ††150/199 CHF
Rist – (chiuso 20 dicembre - 3 marzo, lunedì e martedì) (consigliata la prenotazione) Carta 55/77 CHF
• Due sale da pranzo rustico-moderne e la grande terrazza di questo tipico grotto ticinese vi danno il benvenuto per apprezzare una scelta piccola, ma stuzzicante di proposte regionali.

TGANTIENI – Graubünden – 553 V9 – siehe Lenzerheide

THALWIL – Zürich (ZH) – **551** P5 – 16 296 Ew – Höhe 435 m – ✉ 8800   **4** G3
▶ Bern 134 – Zürich 12 – Luzern 47 – Schwyz 55

Sedartis
Bahnhofstr. 16 – ℰ 043 388 33 00 – www.sedartis.ch – Fax 043 388 33 01
39 Zim – †280 CHF ††280 CHF, ⊇ 25 CHF
Rest – (22 CHF) Menü 78/95 CHF – Karte 58/80 CHF
♦ Frisches modernes Design und gute technische Ausstattung zeichnen dieses Boutique-Hotel aus. Praktisch: die Lage zwischen Bahnhof und See sowie der variable Tagungsbereich. Stylisches Restaurant mit Bistro und Terrasse mit Seeblick. Bar im Seminarhaus gegenüber.

THAYNGEN – Schaffhausen (SH) – **551** Q2 – 4 113 Ew – Höhe 440 m   **4** G1
– ✉ 8240
▶ Bern 180 – Zürich 61 – Baden 80 – Schaffhausen 10

in Hüttenleben Nord-West: 1,5 km

Hüttenleben mit Zim
Drachenbrunnenweg 5 – ℰ 052 645 00 10 – www.huettenleben.ch
– Fax 052 645 00 13 – geschl. Montag und Dienstag
4 Zim ⊇ – †95 CHF ††165 CHF   **Rest** – Karte 54/83 CHF
♦ Der Landgasthof bietet internationale Küche mit italienischen und regionalen Einflüssen. Vom lichten Wintergarten blickt man in den Garten, nett ist auch die rustikale Pasteria.

THÖRIGEN – Bern (BE) – **551** L6 – 1 006 Ew – Höhe 488 m – ✉ 3367   **3** E3
▶ Bern 41 – Aarau 54 – Basel 69 – Luzern 83

Löwen (Nik Gygax)
Langenthalstr. 1 – ℰ 062 961 21 07 – www.nikgygax.ch – Fax 062 961 16 72
– geschl. Sonntag und Montag
Rest – (Tischbestellung ratsam) (35 CHF) Menü 60/200 CHF – Karte 67/130 CHF
Rest Nik's Wystube – (25 CHF) – Karte 50/115 CHF
Spez. "Spaghetti-Ei" mit Trüffel. Ein Allerlei aus dem Meer. Kalbs-Cordon bleu mit Gemüse.
♦ Das elegante Restaurant in dem hübschen regionstypischen Gasthof bietet klassische Küche, die auch auf der schönen Terrasse unter Kastanienbäumen serviert wird. Traditionell ist das Speisenangebot in Nik's Wystube.

THÔNEX – Genève – **552** B11 – voir à Genève

THUN – Bern (BE) – **551** K8 – 41 177 Ew – Höhe 560 m – ✉ 3600   **8** E4
▶ Bern 32 – Interlaken 29 – Gstaad 61 – Langnau im Emmental 32
🛈 Seestr. 2 Z, Bahnhof, ℰ 033 225 90 00, thun@thunersee.ch
⛳ Thunersee, Ost: 2 km Richtung Allmendingen, ℰ 033 334 70 70
⛳ Aaretal Kiesen, Nord: 12 km Richtung Bern, ℰ 031 782 00 00
◉ Lage★★ - Jakobshübeli★★ Z – Schloss Schadau★: ≤★★BY
– Altstadt (Obere Hauptgasse★, Rathausplatz★, Schloss★) Z

Stadtplan auf der nächsten Seite

Seepark
Seestr. 47 – ℰ 033 226 12 12 – www.seepark.ch – Fax 033 226 15 10 – geschl.
20. Dezember - 4. Januar   BYb
91 Zim ⊇ – †180/290 CHF ††260/330 CHF – ½ P +53 CHF
Rest – (geschl. Januar - März: Sonntagabend) Menü 53/73 CHF – Karte 51/84 CHF
♦ Vor allem auf Tagungen ist dieses Hotel mit seinen funktionell ausgestatteten Gästezimmern ausgelegt. Schön ist die Lage des Hauses direkt am See. Restaurant mit Terrasse zum Park.

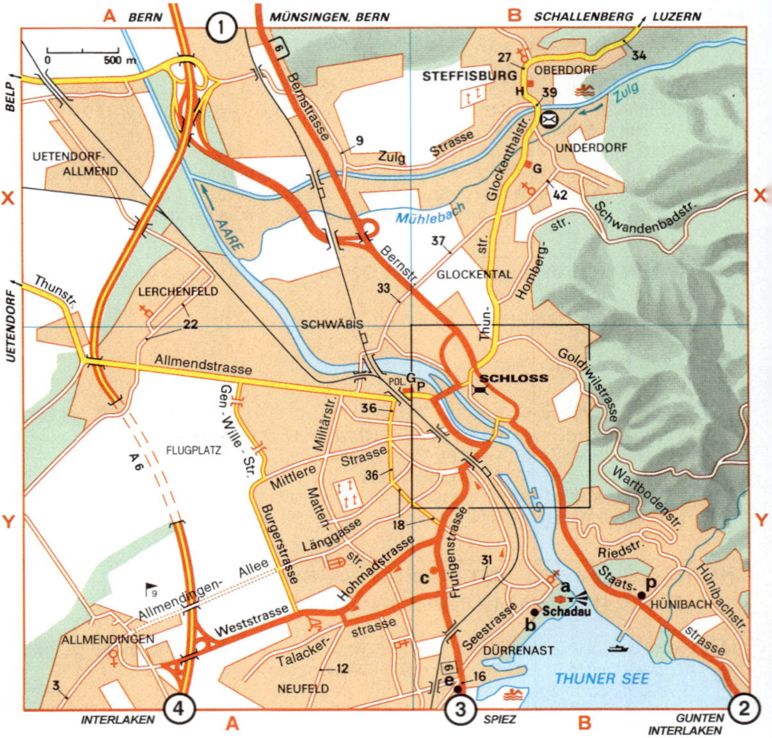

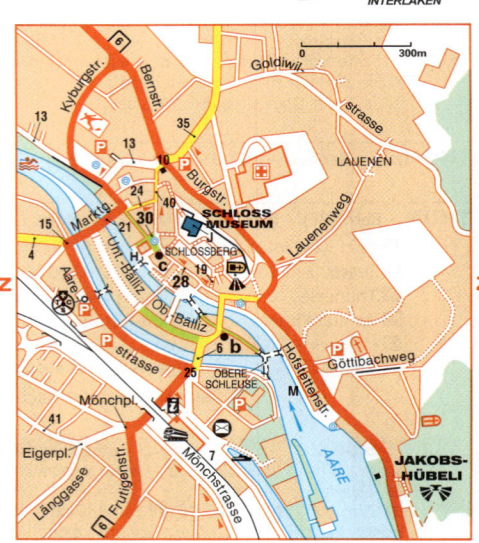

STEFFISBURG

Bernstrasse alte	**AX**	9
Oberdorfstrasse	**BX**	27
Schwäbisstrasse	**AX**	33
Schwarzeneggstrasse	**BX**	34
Stockhornstrasse	**BX**	37
Unterdorfstrasse	**BX**	39
Ziegeleistrasse	**BX**	42

THUN

Allmendingenstrasse	**AY**	3
Allmendstrasse	**Z**	4
Bälliz	**Z**	
Bahnhofbrücke	**Z**	6
Bahnhofplatz	**Z**	7
Berntorplatz	**Z**	10
Buchholzstrasse	**AY**	12
Grabenstrasse	**Z**	13
Guisanplatz	**Z**	15
Gwattstrasse	**BY**	16
Hauptgasse	**Z**	
Jungfraustrasse	**ABY**	18
Kirchtreppe	**Z**	19
Kuhbrücke	**Z**	21
Lerchenfeldstrasse	**AXY**	22
Marktgasse	**Z**	24
Maulbeerplatz	**Z**	25
Obere Hauptgasse	**Z**	28
Rathausplatz	**Z**	30
Schadaustrasse	**BY**	31
Steffisburgstrasse	**Z**	35
Stockhornstrasse	**AY**	36
Untere Hauptgasse	**Z**	40
Waisenhausstrasse	**Z**	41

Freienhof

Freienhofgasse 3 – ℰ *033 227 50 50* – *www.freienhof.ch* – *Fax 033 227 50 55*
70 Zim ⌂ – †135/250 CHF ††235/285 CHF – ½ P +40 CHF Z**b**
Rest – (20 CHF) – Karte 37/98 CHF

♦ Auf der Aarehalbinsel, nicht weit vom Stadtzentrum entfernt, befindet sich dieses Hotel mit gepflegtem Garten. Die Zimmer sind sehr modern und funktionell. Restaurant mit Terrasse an der Aare.

Krone

Obere Hauptgasse 2 – ℰ *033 227 88 88* – *www.krone-thun.ch*
– Fax 033 227 88 90 Z**c**
27 Zim ⌂ – †150/190 CHF ††200/265 CHF – ½ P +38 CHF
Rest – *(geschl. Montag und Dienstag)* Menü 75/98 CHF – Karte 65/104 CHF
Rest Wong Kun – (18 CHF) Menü 42/69 CHF – Karte 41/60 CHF
Rest Stadtrestaurant – (18 CHF) – Karte 36/69 CHF

♦ In dem historischen Haus mitten in der Thuner Altstadt erwarten Sie ein moderner Hallenbereich mit trendiger Lounge und zeitlos gestaltete Gästezimmer. Das Gourmetrestaurant bietet eine internationale Saisonkarte. Chinesisch sind Küche und Dekor im Wong Kun.

Alpha

Eisenbahnstr. 1 – ℰ *033 334 73 47* – *www.alpha-thun.ch* – *Fax 033 334 73 48*
– *geschl. 20. Dezember - 6. Januar* BY**e**
35 Zim ⌂ – †110/150 CHF ††170/210 CHF – ½ P +30 CHF
Rest – (15 CHF) Menü 38 CHF (abends)/58 CHF – Karte 39/74 CHF

♦ Etwas ausserhalb des Zentrums liegt dieses Hotel. Zweckmässig und zeitgemäss sind die Zimmer grossteils mit dunklem Eichenholzmobiliar eingerichtet. Restaurant mit traditionellem Speiseangebot.

XX Arts Schloss Schadau

Seestr. 45 – ℰ *033 222 25 00* – *www.schloss-schadau.ch* – *Fax 033 222 15 80*
– *geschl. Februar und Montag, November - April: Montag und Dienstag*
Rest – Menü 54/107 CHF – Karte 67/92 CHF BY**a**

♦ Ein Schloss wie aus einem Märchen in einem Park direkt am See, das diesem geschmackvollen Restaurant mit schönen Stuck- und Holzarbeiten einen romantischen historischen Rahmen bietet. Herrlich ist der Blick auf den Thunersee und die Berge.

X Burehuus

Frutigenstr. 44 – ℰ *033 224 08 08* – *www.burehuus.ch* – *Fax 033 224 08 09*
Rest – (17 CHF) Menü 28 CHF (mittags)/80 CHF – Karte 53/80 CHF BY**c**

♦ Das hübsch restaurierte 200 Jahre alte Bauernhaus beherbergt ein freundlich gestaltetes Restaurant auf zwei versetzten Ebenen. Die gute regionale Küche serviert man auch auf der grossen Terrasse hinter dem Haus. Am Mittag bietet man günstigere Menüs.

in Steffisburg Nord-West: 2 km - **AX** - Höhe 563 m – ✉ 3612

XX Panorama - Cayenne

Hartlisbergstr. 39, (auf dem Hartlisberg) – ℰ *033 437 43 44*
– *www.panorama-hartlisberg.ch* – *Fax 033 437 60 98* – *geschl. Montag und Dienstag*
Rest – *(Mittwoch - Samstag nur Abendessen)* Menü 73/130 CHF
– Karte 74/107 CHF
Rest Bistro – (18 CHF) Menü 45 CHF – Karte 47/93 CHF

♦ Das Cayenne ist ein elegantes Restaurant in schöner Panoramalage oberhalb des Ortes, das seinen Gästen zeitgemässe und saisonale Küche bietet. Vor allem auf der Terrasse geniesst man den Blick auf Thun und die Berge. Schmackhaft und günstig ist das traditionelle Angebot im Bistro.

XX Höchhus

Höchhusweg 17 – ℰ *033 437 70 72* – *www.gaumenschmaus.ch* – *geschl. Montag und Dienstag*
Rest – Menü 80/155 CHF – Karte 59/130 CHF

♦ In dem aufwändig restaurierten Herrschaftssitz a. d. 15. Jh. hat man historische Bausubstanz mit geradlinig-modernem Stil kombiniert. Zeitgemässe internationale Küche und gut sortierte Weinkarte.

THUN

in Hünibach Süd-Ost: 2,5 km – Höhe 572 m – ⊠ 3626

Chartreuse 🛜 ⁽¹⁾ P VISA ⦿

Staatsstr. 142 – ℰ 033 243 33 82 – www.chartreuse.ch – Fax 033 243 33 59
14 Zim ⊇ – †85/95 CHF ††150/180 CHF – ½ P +30 CHF BYp
Rest – (18 CHF) – Karte 45/62 CHF
♦ In dem kleinen Hotel an der Hauptstrasse stehen gepflegte und funktionelle Gästezimmer zur Verfügung. In zwei Gehminuten erreichen Sie die Schiffsanlegestelle am Thunersee. Mit viel Holz ausgestattete Restaurantstuben.

in Hilterfingen Süd-Ost: 3 km – Höhe 563 m – ⊠ 3652

Schönbühl ⓢ ← 🛜 ⌷ ♿ ⁽¹⁾ P VISA ⦿ AE

Dorfstr. 47 – ℰ 033 243 23 83 – www.schoenbuehl.ch – Fax 033 243 40 47
– geschl. Januar
19 Zim ⊇ – †105/160 CHF ††160/240 CHF – ½ P +48 CHF
Rest – *(geschl. Montag, Oktober - Mai: Montag - Dienstag)* (18 CHF) Menü 43 CHF (mittags) – Karte 50/95 CHF
♦ Die erweiterte regionstypische Villa ist ein gut geführtes kleines Hotel in toller Panoramalage über dem See. Im Haupthaus und in der modernen Dependance erwarten Sie zeitlos gehaltene Zimmer. Eigenes Solarschiff für 11 Personen. Restaurant und Terrasse bieten See- und Bergblick sowie schmackhafte saisonale Küche.

in Oberhofen Süd-Ost: 3 km – Höhe 563 m – ⊠ 3653

Parkhotel ⓢ ← 🚗 🛜 ⌷ ✻ Zim, ⁽¹⁾ ♿ P VISA ⦿

Friedbühlweg 36 – ℰ 033 244 91 91 – www.parkhoteloberhofen.ch
– Fax 033 244 91 92 – geschl. Januar
36 Zim ⊇ – †115/200 CHF ††230/350 CHF – ½ P +40 CHF
Rest – *(geschl. November - April: Sonntag und Montag)* (22 CHF) Menü 70/90 CHF – Karte 60/91 CHF
♦ Die schöne und recht ruhige erhöhte Lage und die herrliche Aussicht auf den Thunersee und die Berge machen das 1913 eröffnete Hotel aus. Fragen Sie nach den seeseitigen Zimmern. Zeitgemäss speist man im neuzeitlich-gediegenen Restaurant.

THUNSTETTEN – Bern (BE) – 551 L6 – 2 950 Ew – Höhe 435 m   3 E3
– ⊠ 4922

▶ Bern 43 – Basel 62 – Luzern 76 – Biel 45

In Thunstetten-Forst West: 1,5 km Richtung Herzogenbuchsee – ⊠ 4922

Forst ← 🛜 ♿ ⇔ P VISA ⦿ AE ①

Forst 101 – ℰ 062 963 21 11 – www.restaurantforst.ch – geschl. 20.
- 30. September, Dienstagabend und Mittwoch
Rest – Menü 56/100 CHF – Karte 54/97 CHF
♦ Der historische Gasthof in einem kleinen Weiler etwas ausserhalb von Thunstetten beherbergt ein lichtdurchflutetes Restaurant mit internationaler Küche. Schöne Terrasse mit Aussicht.

THUSIS – Graubünden (GR) – 553 U9 – 2 592 Ew – Höhe 697 m   10 I4
– ⊠ 7430

▶ Bern 266 – Chur 26 – Bellinzona 93 – Davos 47
🚉 Thusis - Samedan, Information ℰ 081 288 47 16 und 081 288 66 77
🛈 Äussere Bahnhofstr. 4, ℰ 081 650 90 30, info@viamala.ch
◉ Zillis Holzdecke★★ der Kirche Süd: 8 km – Via Mala★★ Süd: 4 km

Weiss Kreuz 🛜 📶 ⌷ ⁽¹⁾ ♿ P VISA ⦿

Neudorfstr. 50 – ℰ 081 650 08 50 – www.weisskreuz.ch – Fax 081 650 08 55
– geschl. 31. Oktober - 3. Dezember
35 Zim ⊇ – †90/130 CHF ††140/220 CHF – ½ P +30 CHF
Rest – (20 CHF) Menü 58/63 CHF – Karte 48/88 CHF
♦ Hinter der markanten roten Fassade dieses als Familienbetrieb geführten Hauses in der Ortsmitte verbergen sich helle zeitgemässe Gästezimmer. Sehr gemütlich speist man in der Bündner Stube, eine herrliche Aussicht hat man vom lichten Dachwintergarten.

THYON-LES COLLONS – Valais (VS) – **552** I12 – **alt. 2 187 m** – Sports 7 D6
d'hiver : 1 800/3 300 m ⛷ 16 ⛷ 47 ⛷ – ✉ 1988

▶ Bern 179 – Sion 24 – Brig 74 – Martigny 53
🛈 Les Collons 1800, ✆ 027 281 27 27, thyon-region@coeurduvalais.ch

aux Collons – alt. 1 802 m – ✉ 1988

La Cambuse
– ✆ 027 281 18 83 – www.lacambuse.ch – Fax 027 281 32 22 – fermé
24 octobre - 6 décembre et 11 avril - 26 juin
10 ch ⛬ – †90/150 CHF ††150/180 CHF – ½ P +35 CHF
Rest – *(fermé le mercredi en été)* (18 CHF) Menu 26 CHF (déj.)/68 CHF
– Carte 39/72 CHF

♦ Ce chalet dominant le val d'Hérens jouit d'une vue et d'une situation magnifiques au pied des pistes. Les chambres, douillettes, sont revêtues de boiseries. Une carte traditionnelle est présentée au restaurant. Espace fondues séparé.

La TOUR-DE-PEILZ – Vaud – **552** F10 – **voir à Vevey**

TRIMBACH – Solothurn – **551** M5 – **siehe Olten**

TROINEX – Genève – **552** B12 – **voir à Genève**

TRUN – Graubünden (GR) – **553** S9 – 1 235 Ew – Höhe 852 m – ✉ 7166 10 H4

▶ Bern 190 – Andermatt 44 – Altdorf 78 – Bellinzona 96

Casa Tödi
Via Principala 106 – ✆ 081 943 11 21 – www.casa-toedi.ch – Fax 081 943 18 28
– geschl. 12. April - 1. Mai und 31. Oktober - 22. November
18 Zim ⛬ – †70/80 CHF ††130/145 CHF – ½ P +39 CHF
Rest – *(geschl. in der Nebensaison: Dienstag - Mittwochmittag)* Menü 20 CHF (mittags)/110 CHF – Karte 55/76 CHF

♦ Das hübsche historische Patrizierhaus existiert seit 1830 als Hotel und wird schon über 80 Jahre von der Familie geführt. Gemütliche Zimmer in hellem Holz. Im behaglichen Restaurant mit Specksteinofen a. d. 18. Jh. bietet der junge Chef schmackhafte und ambitionierte Küche.

TSCHUGG – Bern (BE) – **552** H7 – 420 Ew – Höhe 470 m – ✉ 3233 2 C4

▶ Bern 36 – Neuchâtel 14 – Biel 29 – La Chaux-de-Fonds 34

XX Rebstock
Unterdorf 60 – ✆ 032 338 11 61 – www.rebstock-tschugg.ch
– Fax 032 338 13 73 – geschl. Montag - Dienstagmittag
Rest – Menü 72/135 CHF – Karte 66/105 CHF

♦ In einem ehemaligen Weingut befindet sich dieses schöne Restaurant mit mediterraner Note. Neben zeitgemässer Küche erwartet Sie auch eine ständig wechselnde Gemäldeausstellung.

TWANN – Bern (BE) – **551** H6 – 849 Ew – Höhe 434 m – ✉ 2513 2 C4

▶ Bern 50 – Neuchâtel 23 – Biel 10 – La Chaux-de-Fonds 43

Bären
Moos 36 – ✆ 032 315 20 12 – www.baeren-twann.ch – Fax 032 315 22 92
– geschl. 1. - 21. Februar, 1. - 14. November
13 Zim ⛬ – †95/135 CHF ††150/225 CHF – ½ P +42 CHF
Rest – *(geschl. November - März: Montag - Dienstag)* Menü 53 CHF
– Karte 41/83 CHF

♦ Ein familiär geleitetes kleines Hotel in einem Dorf zwischen Weinbergen und Bielersee, das über gepflegte und zeitgemässe Gästezimmer verfügt. Restaurant und Terrasse bieten Seeblick sowie traditionelle Küche mit vielen Fischgerichten.

TWANN

🏠 Fontana
Moos 10 – ℰ 032 315 03 03 – www.hotelfontana.ch – Fax 032 315 03 13
– geschl. 15. Dezember - 8. Januar
14 Zim ⌑ – †148 CHF ††198/218 CHF – ½ P +39 CHF
Rest Olivar – (geschl. ausser Saison: Donnerstag - Freitag) Menü 61/65 CHF
– Karte 52/86 CHF
♦ Im Gästehaus dieses netten regionstypischen Gasthofs befinden sich hell und freundlich gestaltete Zimmer mit Balkon und Seeblick. Zum Restaurant gehört eine grosse Terrasse mit Sicht auf den See. Geboten wird überwiegend Fischküche.

XX Zur Ilge
Kleintwann 8 – ℰ 032 315 11 36 – www.restaurantilge.com – Fax 032 315 70 19
– geschl. November 2 Wochen und Montag - Dienstag
Rest – Karte 46/101 CHF
♦ Seit über 20 Jahren betreibt Familie Thiébaud dieses Restaurant mit modernem Speisesaal, rustikalen Stuben und netter Terrasse zum See. Das Angebot ist traditionell und asiatisch.

UETIKON AM SEE – Zürich (ZH) – **551** Q5 – 5 446 Ew – Höhe 414 m   **4 G3**
– ✉ 8707

▶ Bern 143 – Zürich 18 – Rapperswil 15

🏠 Alpenblick
Bergstr. 322, Nord-Ost: 3 km Richtung Uster – ℰ 044 920 47 22
– www.landhotelalpenblick.ch – Fax 044 920 62 54 – geschl. Januar
12 Zim ⌑ – †115/140 CHF ††200/260 CHF
Rest – (geschl. Montag und Dienstag) (26 CHF) Menü 45 CHF (mittags)/65 CHF
– Karte 43/84 CHF
♦ Das Landhotel liegt hoch über dem See am Berghang und bietet ruhige, mit hellen Massivholzmöbeln eingerichtete Zimmer sowie eine freundliche familiäre Atmosphäre. Rustikales Restaurant und Terrasse mit wunderbarer Sicht auf den Zürichsee und die Berge.

XX Wirtschaft zum Wiesengrund (Hans-Peter Hussong)
❀❀ Kleindorfstr. 61 – ℰ 044 920 63 60
– www.wiesengrund.ch – Fax 044 921 17 09 – geschl. Februar 2 Wochen, August 3 Wochen und Sonntag - Montag
Rest – (Tischbestellung ratsam) Menü 72 CHF (mittags)/230 CHF
– Karte 136/174 CHF
Spez. Langustinen in Olivenöl gebraten. Schmorbratenravioli mit Salbeibutter. Geschmorte Jungschweinschulter.
♦ Das Restaurant von Ines und Hans-Peter Hussong ist nicht nur bei zahlreichen Stammgästen beliebt. Der Chef kocht klassisch mit saisonalem Einfluss, seine Frau begleitet freundlich den Service. Im schön angelegten Garten befindet sich die Terrasse.

UETLIBERG – Zürich – **551** P5 – siehe Zürich

ULMIZ – Freiburg (FR) – **552** H7 – 406 Ew – Höhe 500 m – ✉ 3214   **2 C4**

▶ Bern 24 – Neuchâtel 29 – Biel 35 – Fribourg 20

XX Zum Jäger
Dorfstr. 104 – ℰ 031 751 02 72 – Fax 031 751 09 99 – geschl. Mitte Juli - Mitte August und Mittwoch - Donnerstag
Rest – (29 CHF) Menü 53/74 CHF – Karte 44/77 CHF
Rest Bistro – (18 CHF) Menü 39 CHF – Karte 33/64 CHF
♦ In dem familiär geleiteten Gasthaus im Dorfkern nehmen Sie in ländlichen Stuben an gut eingedeckten Tischen Platz. Die bürgerlichen Speisen werden mit Sorgfalt und Geschmack zubereitet und freundlich serviert. Im Bistro bietet man eine kleinere Karte.

UNTERÄGERI – Zug (ZG) – 551 Q6 – 7 752 Ew – Höhe 725 m – ✉ 6314 4 G3
▶ Bern 148 – Luzern 45 – Einsiedeln 31 – Rapperswil 29

Seminarhotel am Ägerisee
Seestr. 10 – ℰ 041 754 61 61
– www.seminarhotelaegerisee.ch – Fax 041 754 61 71
69 Zim ⊑ – †210 CHF ††280 CHF **Rest** – (21 CHF) – Karte 54/80 CHF
♦ Das komfortable, auf Tagungen ausgelegte Hotel liegt nicht weit vom See entfernt und verfügt über zeitgemäss ausgestattete Gästezimmer. Das moderne Restaurant mit Blick auf den See bietet internationale Küche.

UNTERBÄCH – Wallis (VS) – 552 L11 – 431 Ew – Höhe 1 228 m 8 E6
– Wintersport : 1 220/2 500 m ⛷5 – ✉ 3944
▶ Bern 90 – Brig 22 – Sierre 28 – Sion 44
🛈 Haus Valesia, ℰ 027 934 56 56, info@unterbaech.ch

Alpenhof
– ℰ 027 935 88 44 – www.myalpenhof.ch – Fax 027 935 88 40 – geschl. 5. April - 13. Mai und 20. Oktober - 20. Dezember
36 Zim ⊑ – †95/130 CHF ††140/210 CHF – 3 Suiten – ½ P +45 CHF
Rest – (im Sommer: Montag - Freitag nur Abendessen) (26 CHF) Menü 30 CHF (mittags)/70 CHF – Karte 40/91 CHF
♦ In diesem Hotel im Zentrum des kleinen Ortes wählen Sie zwischen älteren Gästezimmern im Haupthaus und modernen im Annex, teilweise mit Kitchenette. Helles Restaurant in geradlinigem Stil.

UNTERSEEN – Bern (BE) – 551 I9 – 5 400 Ew – Höhe 573 m – ✉ 3800 8 E5
▶ Bern 57 – Thun 30 – Köniz 67 – Ostermundigen 59

Beausite
Seestr. 16, (Stadtplan Interlaken) – ℰ 033 826 75 75 – www.beausite.ch
– Fax 033 826 75 85 – geschl. 24. Oktober - 18. Dezember AYf
50 Zim ⊑ – †120/180 CHF ††180/330 CHF – ½ P +38 CHF
Rest – (20 CHF) Menü 30 CHF (mittags) – Karte 44/80 CHF
♦ Funktionelle Zimmer und ein netter Garten erwarten Sie in diesem gepflegten Hotel in einem direkt an Interlaken grenzenden kleinen Ort. Gediegenes Restaurant mit zeitgemässem Speisenangebot.

benacus
Kirchgasse 15 – ℰ 033 821 20 20 – www.benacus.ch – Fax 033 821 20 23
– geschl. Samstagmittag, Sonntag - Montag
Rest – Karte 53/102 CHF
♦ Ein nettes modernes Restaurant mit Lounge und Bar, das zeitgemässe Küche und eine gute internationale Weinauswahl bietet - mittags reicht man eine sehr kleine Karte.

UNTERSIGGENTHAL – Aargau (AG) – 551 O4 – 6 231 Ew 4 F2
– Höhe 379 m – ✉ 5417
▶ Bern 109 – Aarau 32 – Baden 6 – Schaffhausen 55

Chämihütte
Rooststr. 15, Nord: 1 km Richtung Koblenz – ℰ 056 298 10 56
– www.chaemihuette.ch – Fax 056 288 10 08 – geschl. Februar 1 Woche, Oktober 1 Woche und Montag
Rest – (28 CHF) Menü 65/98 CHF – Karte 52/96 CHF
♦ Fast im Grünen liegt dieses Restaurant mit schöner Terrasse in einem toskanisch gestalteten Garten. Auch eine Smokers Lounge gehört zum Haus.

UNTERWASSER – Sankt Gallen (SG) – 551 U6 – Höhe 910 m 5 I3
– Wintersport : 910/2 262 m ⛷3 ⛷16 ⛷ – ✉ 9657
▶ Bern 208 – Sankt Gallen 74 – Altstätten 40 – Buchs 20
🛈 Dorf, ℰ 071 999 19 23, unterwasser@toggenburg.org, Fax 071 999 20 85

UNTERWASSER

Schwendihotel Iltios
Schwendi 933, Süd: 2 km – ℰ 071 999 39 69 – www.schwendihotel.ch
– Fax 071 999 37 94 – geschl. 10. April - 5. Mai und 31. Oktober - 1. Dezember
20 Zim – †70/95 CHF ††130/160 CHF – ½ P +25 CHF
Rest – *(nur Abendessen für Hausgäste)*
♦ Der kleine Familienbetrieb in schöner Lage am Berg verfügt über gepflegte rustikale Zimmer, die teilweise eine tolle Sicht auf das Säntismassiv bieten, einige mit Etagenbad.

URNÄSCH – Appenzell Ausserrhoden (AR) – **551** U5 – 2 243 Ew – Höhe 826 m – ✉ 9107
5 H3

▶ Bern 209 – Sankt Gallen 20 – Altstätten 26 – Herisau 10

Urnäscher Kreuz
Unterdorfstr. 16 – ℰ 071 364 10 20 – www.urnaescher-kreuz.ch
– Fax 071 364 22 92 – geschl. Januar - Februar 3 Wochen, Juni 3 Wochen und Montag - Dienstag
Rest – *(Tischbestellung ratsam)* (23 CHF) Menü 39 CHF (mittags)/98 CHF
– Karte 49/77 CHF
♦ Das typische Appenzeller Haus ist eine ehemalige Gremplerwirtschaft mit Grundmauern a. d. 18. Jh. In behaglichen Stuben bietet man frische traditionelle Küche, einfacher ist das Mittagsangebot mit günstigen Tagesgerichten. Gartenterrasse am Bach.

Frischknecht's Anker
Schwägalpstr. 36 – ℰ 071 364 17 71 – www.frischknechts-anker.ch
– Fax 071 364 17 24 – geschl. 14. - 29. Januar, 14. Juli - 5. August und Mittwoch - Donnerstag
Rest – (32 CHF) Menü 82 CHF – Karte 47/80 CHF
♦ Wo einst eine Bäckerei untergebracht war, leitet heute das Ehepaar Frischknecht dieses freundliche Restaurant mit netter Terrasse. Die zeitgemässe Küche ist saisonal und regional geprägt.

URSENBACH – Bern (BE) – **551** L6 – 898 Ew – Höhe 588 m – ✉ 4937
3 E3

▶ Bern 43 – Burgdorf 20 – Langnau im Emmental 29 – Luzern 57

Hirsernbad
Hirsern 102, Süd: 1 km Richtung Oeschenbach – ℰ 062 965 32 56
– www.hirsernbad.ch – Fax 062 965 03 06 – geschl. Dienstag - Mittwoch
Rest – (18 CHF) Menü 67 CHF (abends)/112 CHF – Karte 46/101 CHF
♦ Der Landgasthof bietet traditionelle Küche in gemütlichen Stuben oder auf der Terrasse unter einer grossen Buche. Für Apéros: Weinkeller und sehenswerter alter Speicher im Garten.

USTER – Zürich (ZH) – **551** Q5 – 30 144 Ew – Höhe 464 m – ✉ 8610
4 G3

▶ Bern 145 – Zürich 24 – Rapperswil 24 – Winterthur 27
🏌 Hittnau-Zürich Hittnau, Ost: 10 km, ℰ 044 950 24 42

Ochsen
Zentralstr. 23 – ℰ 043 399 18 18 – www.ochsen-uster.ch – Fax 043 399 18 19
– geschl. 23. Dezember - 3. Januar, 2. - 5. April und 23. - 24. Mai
36 Zim – †125/198 CHF ††165/258 CHF – ½ P +35 CHF
Rest – *(geschl. 23. Dezember - 3. Januar, 2. - 5. April, 23. - 24. Mai, 25. Juli - 15. August und Montag)* (19 CHF) – Karte 46/91 CHF
♦ Recht schlicht und zweckmässig sind die Zimmer im Haupthaus dieses zentral gelegenen Familienbetriebs, etwas moderner in den Gästehäusern. Komfortabel: die Superiorzimmer. Neben der zeitgemässen Gaststube hat man noch die einfache Taverne, eine Art Café-Bar.

UTZENSTORF – Bern (BE) – **551** K6 – 3 916 Ew – Höhe 474 m – ✉ 3427
2 D3

▶ Bern 26 – Biel 35 – Burgdorf 12 – Olten 47
◉ Schloss Landshut ★

UTZENSTROF

Bären
Hauptstr. 18 – ℰ 032 665 44 22 – www.baeren-utzenstorf.ch
– Fax 032 665 29 69 – geschl. 25. Januar - 16. Februar und Montag - Dienstag
Rest – (22 CHF) Menü 55 CHF (mittags)/98 CHF – Karte 46/89 CHF
◆ Der 1261 erstmals erwähnte Berner Gasthof wird schon seit vielen Generationen als Familienbetrieb geführt. In dem schönen Haus lässt man sich in gemütlichen Stuben traditionelle Küche schmecken, die auch auf der Terrasse mit Blick in den Garten serviert wird.

UVRIER – Valais – **552** I11 – voir à Sion

UZNACH – Sankt Gallen (SG) – **551** S6 – 5 541 Ew – ✉ 8730   **5 H3**
▶ Bern 178 – Sankt Gallen 63 – Zürich 56 – Winterthur 60

Kunsthof
Zürcherstr. 28 – ℰ 055 280 30 00 – www.kunsthof-uznach.ch
– Fax 055 280 51 01 – geschl. Januar 3 Wochen und Sonntag - Montag
Rest – (19 CHF) Menü 54 CHF (mittags)/110 CHF – Karte 73/113 CHF
◆ Hier bietet man Galerie und Restaurant unter einem Dach. Modernes Design und freiliegendes Dachgebälk schaffen ein schönes Ambiente, in dem man internationale Küche serviert.

VACALLO – Ticino (TI) – **553** S14 – 2 904 ab. – alt. 375 m – ✉ 6833   **10 H7**
▶ Bern 269 – Lugano 29 – Bellinzona 55 – Como 9

Conca Bella
via Concabella 2 – ℰ 091 697 50 40 – www.concabella.ch – Fax 091 683 74 29
– chiuso 27 dicembre - 13 gennaio
17 cam ⊇ – †125/155 CHF ††180/250 CHF – ½ P +48 CHF
Rist Conca Bella – vedere selezione ristoranti
◆ In una zona paradisiaca, circondato dalla natura lussureggiante della Valle di Muggio, la struttura dispone di camere confortevoli, sobriamente arredate.

Conca Bella – Albergo Conca Bella
via Concabella 2 – ℰ 091 697 50 40 – www.concabella.ch – Fax 091 683 74 29
– chiuso 27 dicembre - 13 gennaio, domenica e lunedì
Rist – (consigliata la prenotazione) (42 CHF) Menu 52/135 CHF
– Carta 90/121 CHF
◆ Un ambiente arioso e luminoso fa da palcoscenico ad una cucina che esalta sapori classici, ma anche profumi mediterranei. La vasta proposta enologica è il corollario alla piacevole sosta.

VALBELLA – Graubünden – **553** V9 – siehe Lenzerheide

VALCHAVA – Graubünden – **553** AA10 – siehe Santa Maria i.M.

VALS – Graubünden (GR) – **553** T10 – 1 026 Ew – Höhe 1 248 m   **10 H5**
– Kurort – ✉ 7132
▶ Bern 229 – Chur 52 – Andermatt 83 – Davos 109
🛈 Poststrasse, ℰ 081 920 70 70, visitvals@vals.ch

Rovanada
– ℰ 081 935 13 03 – www.rovanada.ch – Fax 081 935 17 35 – geschl. 5. April
- 4. Juni
28 Zim ⊇ – †90/125 CHF ††150/238 CHF – ½ P +39 CHF
Rest – (24 CHF) Menü 66 CHF – Karte 38/78 CHF
◆ Ein gepflegtes Haus, in dem helle zeitgemässe Gästezimmer - meist mit Balkon und schöner Aussicht - sowie ein moderner Bade- und Saunabereich zur Verfügung stehen. Italienische Küche im La Cucina, Grillgerichte im Diavolo und Regionales in der Tschäni Stube.

VANDOEUVRES – Genève – **552** B11 – voir à Genève

VERBIER – Valais (VS) – **552** H12 – 2 163 h. – alt. 1 406 m – Sports d'hiver : 1 500/3 330 m ⛷ 16 🎿 47 ⛸ – ✉ 1936

7 D6

▶ Bern 159 – Martigny 28 – Lausanne 98 – Sion 55
🛈 place Centrale **BZ**, ✆ 027 775 38 88, info@verbier.ch
🏠 Verbier, ✆ 027 771 53 14
👁 Site★★★ – Mont Gelé★★ par ⛷ – Mont Fort★★★ BZ

Manifestations locales :
    21-24 avril : patrouille des glaciers
    16 juillet-1er août : Verbier festival (concerts classiques)

Le Chalet d'Adrien 🍃   ← 🍽 🖼 📶 🛁 ♨ (ⁱ) **P** VISA ⦿ AE
chemin des Creux – ✆ *027 771 62 00* – *www.chalet-adrien.com*
– *Fax 027 771 62 24* – *fermé 21 septembre - 4 décembre et 26 avril - 2 juillet*
20 ch – ♦375/875 CHF ♦♦420/920 CHF, ⊇ 45 CHF – 9 suites   AYc
– ½ P +90 CHF
Rest La Table d'Adrien – *voir ci-après*
Rest *Le Grenier* – Carte 70/98 CHF

◆ Vaste chalet dominant Verbier. Chambres, junior suites et suites arrangées avec goût. Vue splendide et divertissements pour toute la famille. Plats valaisans et atmosphère "alpage" au Grenier.

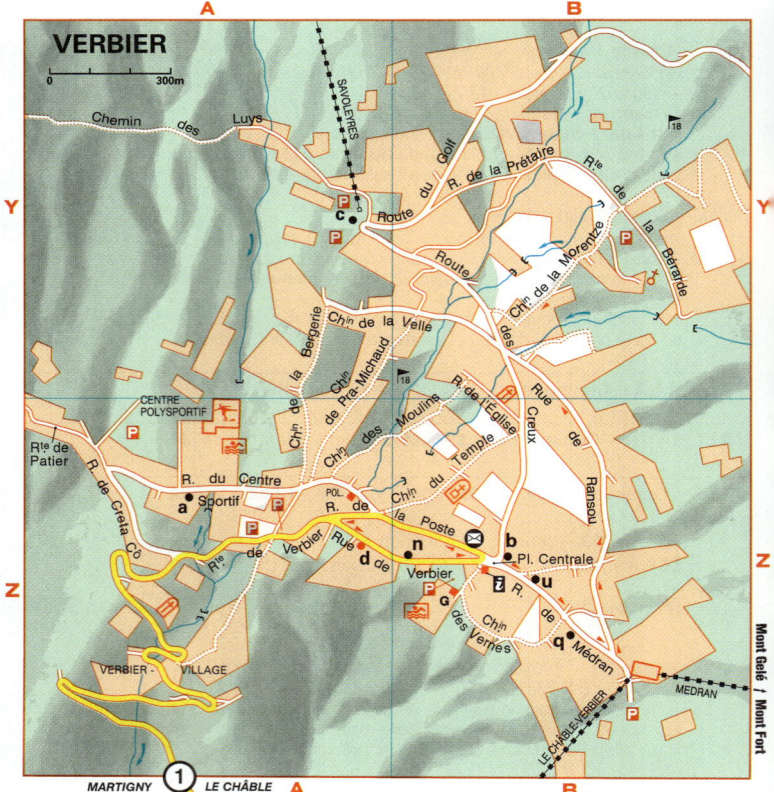

VERBIER

🏨 Nevaï 🌀 🛎 ♿ 📶 🛁 🚗 P VISA ⓜ AE ①
*rue de Verbier – ℘ 027 775 40 00 – www.nevai.ch – Fax 027 775 40 01 – fermé
26 avril - 3 juillet et 30 août - 30 novembre* BZ**n**
35 ch ⌂ – †230/540 CHF ††375/680 CHF
Rest – *(dîner seulement)* Carte 68/130 CHF

♦ Hotel relooké dans un style ultra-fashion. Sa raison sociale signifie "neige" en dialecte local. Chambres fonctionnelles et bar "trendy" appréciés par la clientèle en loisirs. Au restaurant, cadre contemporain, carte au goût du jour et spécialité de grillades.

🏨 Montpelier ⚘ ≤ 🌿 🏊 🌀 🛎 📞 🛁 🚗 P VISA ⓜ AE ①
*37 r. du Centre Sportif – ℘ 027 771 61 31 – www.hotelmontpelier.ch
– Fax 027 771 46 89 – fermé mi-septembre - mi-décembre, 6 avril - 9 juillet*
40 ch ⌂ – †170/510 CHF ††310/510 CHF – 6 suites – ½ P +30 CHF AZ**a**
Rest – *(résidents seulement)*

♦ Cet imposant chalet voisin d'un centre multisports fournit un hébergement très valable pour qui souhaite conjuguer détente, détente et ressourcement. Fringante salle de restaurant montagnarde. Carte au goût du jour et beau choix de vins valaisans.

🏨 Les 4 Vallées *sans rest* ⚘ ≤ 🌀 🛎 🍴 📶 🚗 P VISA ⓜ AE ①
*20 r. de Médran – ℘ 027 775 33 44 – www.les4vallees.ch – Fax 027 775 33 45
– fermé 18 juillet - 15 juillet et 22 août - 8 décembre* BZ**q**
20 ch ⌂ – †185/510 CHF ††295/510 CHF

♦ Chalet posté sur les hauteurs de la station, à proximité de deux télécabines. Salon panoramique et amples chambres bien tenues, dont trois familiales, avec mezzanine.

🏨 Central *sans rest* 📶 VISA ⓜ AE
*place Centrale – ℘ 027 771 50 07 – www.verbiercentralhotel.com
– Fax 027 771 50 11 – fermé mai - 2 juillet et 26 septembre - 5 novembre*
8 ch ⌂ – †180/340 CHF ††180/450 CHF BZ**b**

♦ Enseigne-vérité : ce chalet en bois bénéficie d'un emplacement très central. Communs et chambres modernes. Chacune a son jacuzzi ; balcon avec vue pour celles donnant au Sud.

🏨 La Rotonde *sans rest* 🛎 📶 🚗 P VISA ⓜ AE
*2 ch. de la Barmète – ℘ 027 771 65 25 – www.hotelrotonde.com
– Fax 027 771 33 31 – fermé 30 avril - 1ᵉʳ juillet et 31 août - 1ᵉʳ décembre*
26 ch ⌂ – †95/170 CHF ††220/340 CHF BZ**u**

♦ Au cœur du village, engageant chalet renfermant des chambres de tailles et d'aménagements divers, où domine souvent le bois. Feu de bûches au salon quand le froid sévit.

XXX La Table d'Adrien – *Hôtel Le Chalet d'Adrien* ≤ P VISA ⓜ AE
ⓈⓈ *chemin des Creux – ℘ 027 771 62 00 – www.chalet-adrien.com
– Fax 027 771 62 24 – fermé 21 septembre - 4 décembre, 26 avril - 2 juillet*
Rest – *(dîner seulement)* Menu 175/190 CHF AY**c**
– Carte 121/144 CHF 🍷

Spéc. Tagliolini aux langoustines et truffes. Foie gras chaud aux châtaignes cuit en croûte de sel. Saint Pierre rôti au fenouil fondant et olives taggiasche.
♦ Une table au cadre cosy et classiques, dans un hôtel perché. Cuisine personnalisée avec maestria par un chef dont on devine aisément la "patte" italienne. Service très pro, entre les mains d'une équipe soudée.

XX La Grange 🌿 P VISA ⓜ AE ①
🥜 *rue de Verbier – ℘ 027 771 64 31 – www.lagrange.ch – Fax 027 771 15 57
– fermé juin, mercredi soir hors saison* AZ**d**
Rest – (18 CHF) Menu 26 CHF (déj.)/130 CHF – Carte 73/112 CHF 🍷
Rest *Brasserie* – (18 CHF) Menu 26 CHF (déj.)/62 CHF – Carte 59/94 CHF

♦ Établissement au cadre rustique montagnard recyclant d'anciens matériaux glanés ici et là. Carte traditionnelle et bon choix de vins du valais au restaurant (non-fumeurs). Grillades au feu de bois et cuisine fromagère à la Brasserie.

> Question de standing : n'attendez pas le même service dans un X ou un 🏠 que dans un XXXXX ou un 🏨🏨🏨.

VERCORIN – Valais (VS) – **552** J11 – 500 h. – alt. 1 341 m – Sports d'hiver : 1 330/2 336 m ⛷2 ⛷8 – ✉ 3967

7 D6

▶ Bern 174 – Sion 22 – Brig 52 – Martigny 48

🅘 ℰ 027 455 58 55, vercorin@sierre-anniviers.ch

Manifestations locales :
24.07 - 26.07 : Vercojazz

🏠 **Victoria** ⪦ ≤ 🚗 🏡 ℅ rest, 🛌 **P** 𝑉𝐼𝑆𝐴 ⓒⓞ 𝔸𝔼 ⓞ
1 pl. Centrale – ℰ 027 455 40 55 – www.victoria-vercorin.ch – Fax 027 455 40 57
– fermé 10 avril - 11 juin et 10 octobre - 22 décembre
21 ch ⌷ – †110/180 CHF ††200/320 CHF – ½ P +28 CHF
Rest – (19 décembre - 10 avril et 11 juin - 2 juillet ainsi que du 30 août
- 10 octobre: lundi - vendredi dîner seulement) Menu 44 CHF (déj.)/64 CHF
– Carte 48/82 CHF
♦ Au centre du village, auberge du 19ᵉ s. vous logeant dans de calmes chambres ou dans 3 raccards (entrepôts à grain) en bois convertis en hébergements de charme. Vue alpine. Au restaurant, recettes du moment. Table fromagère dans le caveau du carnotzet.

🏠 **Hostellerie d'Orzival** ⪦ ≤ 🚗 ℅ rest, 🎵 **P** 𝑉𝐼𝑆𝐴 ⓒⓞ
– ℰ 027 455 15 56 – www.orzival.ch – fermé novembre - 10 décembre et 19
- 29 avril
16 ch (½ P comprise) – †109/149 CHF ††218/278 CHF
Rest – (fermé 3 mai - 20 juin dimanche soir, lundi et mardi) (23 CHF)
Menu 65 CHF – Carte 48/75 CHF
♦ Ce petit hôtel situé au bord du village propose des chambres impeccablement tenues. Presque toutes ont un grand balcon ; belle vue sur la vallée pour la moitié d'entre elles. Cuisine traditionnelle servie dans une salle panoramique décorée à la mode.

Envie de partir à la dernière minute ?
Visitez les sites Internet des hôtels pour bénéficier de promotions tarifaires.

VERDASIO – Ticino (TI) – **553** P12 – alt. 702 m – ✉ 6655

9 G6

▶ Bern 253 – Locarno 16 – Bellinzona 37 – Domodossola 36

✕ **Al Pentolino** 🏡
– ℰ 091 780 81 00 – www.alpentolino.ch – Fax 091 780 81 01
– chiuso 2 novembre - 2 aprile, lunedì e martedì
Rist – (coperti limitati, prenotare) Menu 79/89 CHF – Carta 50/84 CHF 🌿
♦ Abbandonata l'auto nel parcheggio all'inzio del pittoresco villaggio, si prosegue a piedi per arrivare a questo scrigno di sapori locali. Cinque tavoli e molta intimità.

VERS-CHEZ-LES-BLANC – Vaud – **552** E9 – **voir à Lausanne**
▶ Bern 89 – Lausanne 9 – Montreux 32

VERS-CHEZ-PERRIN – Vaud – **552** G8 – **voir à Payerne**

VERSOIX – Genève (GE) – **552** B11

6 A6

▶ Bern 148 – Genève 10 – Lausanne 53 – Annecy 55

✕✕ **Du Lac** ≤ 🏡 ♿ **P** 𝑉𝐼𝑆𝐴 ⓒⓞ 𝔸𝔼
😊 1 quai de Versoix – ℰ 022 779 31 00 – www.restaurant-du-lac-versoix.ch
– fermé 20 décembre - 4 janvier, 28 mars - 12 avril, 17 - 25 octobre, dimanche et lundi
Rest – (réservation conseillée) (21 CHF) – Carte 57/82 CHF
♦ En bord du lac. Cuisine internationale composée à partir de produits de saison et servie dans un décor moderne ou sur la terrasse ensoleillée. Accueil et service sympathiques.

VEVEY – Vaud (VD) – 552 F10 – 16 954 h. – alt. 386 m – ⊠ 1800   7 C5

- Bern 85 – Montreux 7 – Lausanne 25 – Yverdon-les-Bains 60
- Lavaux Puidoux, Nord-Ouest : 13 km par route de la Corniche-Chexbres-Lac de Bret, ℘ 021 946 14 14
- Site ★ – Église Saint-Martin : ≤ ★ B. Musée suisse de l'Appareil photographique ★
- Le Mont-Pèlerin ★★ par route de Châtel-Saint-Denis A

Trois Couronnes
49 r. d'Italie – ℘ 021 923 32 00 – www.hoteltroiscouronnes.ch
– Fax 021 923 33 99   Bs
71 ch – ♦450/700 CHF ♦♦450/700 CHF, ⌑ 45 CHF – 17 suites
Rest *Le Restaurant* – (42 CHF) Menu 70 CHF (déj.)/120 CHF – Carte 82/109 CHF
◆ Palace de 1842 ayant connu bien des têtes couronnées ! Superbe hall-salon à colonnades, chambres soignées, nouvelles suites classico-modernes et luxueux wellness. Au resto, choix classique appétissant, chic déco d'époque et belle terrasse côté lac. Bar à sushis.

Anciens Fossés (Ruelle des) . . . . **A** 2	Crottaz (Rte de la) . . . . **A** 12	Müllheim (Prom. de) . . . . **A** 24
Carpentras (Prom. de) . . . . **A** 3	Deux Marchés (R. des) . . . . . . **AB** 13	Panorama (R. du) . . . . **B** 26
Centre (R. du) . . . . **B**	Entrepôts (Rte des) . . . . **A** 15	Paul-Cérésole (Av.) . . . . **A** 28
Châtel St-Denis (Rte de) . . . . . . **A** 4	Espérance (Ch. de l') . . . . **B** 16	Robin (Pl.) . . . . **A** 30
Collet (R.) . . . . **B** 6	Gare (Av. de la) . . . . **A** 18	Ste-Claire (R.) . . . . **B** 32
Communaux (R. des) . . . . **A** 7	Gare (Pl. de la) . . . . **A** 19	Simplon (R. du) . . . . **AB**
Conseil (R. du) . . . . **A** 9	Hôtel-de-Ville (R. de l') . . . . **B** 21	Théâtre (R. du) . . . . **A** 34
Crosets (Av. des) . . . . **B** 10	Lac (R. du) . . . . **AB**	Tilleuls (R. des) . . . . **A** 36
	Marronniers (R. des) . . . . **A** 22	

VEVEY

Grand Hôtel du Lac
1 r. d'Italie – ℰ 021 925 06 06
– www.grandhoteldulac.ch – Fax 021 925 06 07
47 ch – †325/500 CHF ††425/600 CHF, ☑ 39 CHF – 3 suites – ½ P +110 CHF Ba
Rest *Les Saisons* – *(fermé 2 semaines Noël - Nouvel An, juillet - août, dimanche et lundi) (dîner seulement)* Menu 169/189 CHF – Carte 120/183 CHF
Rest *La Véranda* – Menu 59 CHF (déj.)/155 CHF – Carte 74/133 CHF

♦ Palace de 1868 ayant retrouvé tout son éclat au terme d'une rénovation minutieuse. Communs fastueux, service performant et chambres raffinées. Aux Saisons, registre culinaire classique français, opulent décor d'esprit Louis XVI et belle terrasse panoramique. Cuisine régionale de saison à La Véranda.

Astra
4 pl. de la Gare – ℰ 021 925 04 04 – www.astra-hotel.ch – Fax 021 925 04 00
100 ch ☑ – †360/410 CHF ††430/480 CHF – ½ P +95 CHF An
Rest – (21 CHF) Menu 35 CHF (déj.)/64 CHF – Carte 46/90 CHF

♦ Architecture du 20e s. jouxtant la gare. Communs spacieux, chambres modernes pensées pour la clientèle d'affaires, bon outil conférencier, fitness, sauna et jacuzzi panoramique. Plusieurs restos, dont une brasserie et une serre avec terrasse. Carte classique.

Denis Martin
ಣಿ ಣಿ
2 r. du Château – ℰ 021 921 12 10 – www.denismartin.ch – Fax 021 921 45 52
– fermé 20 décembre - 12 janvier, 18 juillet - 3 août, dimanche et lundi
Rest – *(dîner seulement) (menu unique)* Menu 310 CHF Bu
Spéc. Rocher Granit - Argent de Boya. Paysage Vaudois abstrait. Brouillard et avalanche.

♦ Surprenante cuisine créative d'orientation "moléculaire", volontiers ludique, à découvrir sous la forme d'un menu extensif, en une multitude de services. Mise de table minimaliste, pour une vraie avalanche de saveurs et textures, qui ne laisse jamais indifférent !

à Chardonne Nord-Ouest : 5 km par ② – alt. 592 m – ✉ 1803

Le Montagne
21 r. du Village – ℰ 021 921 29 30 – www.le-montagne.com
– Fax 021 921 11 54 – fermé 3 semaines fin décembre - début janvier,
3 semaines en août, lundi et mardi
Rest – (30 CHF) Menu 58/155 CHF – Carte 99/135 CHF

♦ Dans un petit village au-dessus du lac. Accueil soigné, décor de saison, recettes contemporaines pleines de goût et belle vue panoramique par les fenêtres comme en terrasse.

à La Tour-de-Peilz Sud-Est : 2 km par ③ – ✉ 1814

Hostellerie Bon Rivage
18 rte de St-Maurice – ℰ 021 977 07 07 – www.bon-rivage.ch
– Fax 021 977 07 99
50 ch ☑ – †140/220 CHF ††180/270 CHF
Rest *L'Olivier* – *(fermé 20 décembre - 19 janvier, de septembre à mi-juin dimanche et lundi)* Menu 49/62 CHF – Carte 64/86 CHF

♦ Dans une localité lacustre, près du port, hôtel fondé au 19e s. mais rénové au 21e s. Quelques chambres ont un balcon tourné vers l'eau. Verger et potager au jardin. Cuisine méditerranéenne où entrent les fruits et légumes cultivés sur place. Terrasse agréable.

à Corseaux Nord-Ouest : 3 km – alt. 441 m – ✉ 1802

Hôtellerie de Châtonneyre
8 r. du Village – ℰ 021 921 47 81 – www.chatonneyre.ch – Fax 021 921 62 80
– fermé 20 décembre - 20 janvier
12 ch ☑ – †116/126 CHF ††198/228 CHF – ½ P +39 CHF
Rest – *(fermé dimanche soir et mercredi)* (19 CHF) Menu 38 CHF (déj.)/72 CHF – Carte 40/74 CHF

♦ Un village vigneron au bord du lac Léman sert de cadre à cette auberge communale dont les chambres, fonctionnelles, sont parfois pourvues d'un balcon. Accueil familial gentil. Cuisine traditionnelle au restaurant ; plat du jour au café. Terrasse sur le devant.

VEVEY

à Corsier Nord : 3 km – alt. 424 m – ⊠ 1804 Corsier-Sur-Vevey

× **Le Châtelard** 🔒 VISA ◉◉
1 sentier des Crosets – ℰ *021 921 19 58 – Fax 021 921 20 68 – fermé 23 décembre - 4 janvier, 24 juillet - 16 août, samedi et dimanche*
Rest – (22 CHF) – Carte 43/79 CHF
◆ Cette maison en pierre vous invite à passer à table dans une petite salle rustique ménageant une vue sur le jardin aux herbes. Cuisine selon le marché. Terrasse verte.

à Saint-Saphorin Ouest : 4 km par ① – ⊠ 1071

×× **Auberge de l'Onde - La Rôtisserie** 🔒 AK ⇔ VISA ◉◉ AE ①
❀ – ℰ *021 925 49 00 – www.aubergedelonde.ch – Fax 021 925 49 01*
– *fermé 20 décembre - 12 janvier, 5 - 13 avril, lundi et mardi*
Rest – Menu 98/145 CHF – Carte 112/143 CHF
Rest *La Pinte* – (35 CHF) Menu 52/69 CHF – Carte 54/76 CHF
Spéc. La tranche de foie gras de canard poêlée. Carré d'agneau rôti au romarin, raviole de chèvre. Biscuit fondant au chocolat Guanaja, fruits de la passion en coulis et en sorbet.
◆ Maison historique (1730) au centre du bourg vinicole. Cuisine de base classique servie dans plusieurs salles. Réservez sous la charpente blanchie, près de la belle rôtissoire. Cadre sympa, carte traditionnelle et suggestions du jour à La Pinte.

à Saint-Légier Est : 5 km – alt. 553 m – ⊠ 1806

×× **Auberge de la Veveyse** (Jean-Sébastien Ribette) 🔒 P
212 rte de Châtel-St-Denis, par Blonay : 6,5 km   VISA ◉◉ AE ①
❀ – ℰ *021 943 67 60 – www.auberge-de-la-veveyse.ch – Fax 021 943 67 61*
– *fermé fin décembre - mi-janvier 3 semaines, fin août - début septembre 2 semaines, dimanche, lundi et mardi midi*
Rest – *(menu unique)* Menu 72 CHF (déj.)/145 CHF
Rest *Brasserie* – (18 CHF) Menu 52 CHF – Carte 53/99 CHF
Spéc. Pressée de cailles et aubergines aux fevettes et velours de piquillos. Filet de boeuf des Monts aux cacahuètes grillées et citron confit. Carré tout choc au parfum de chicorée et écumes d'amandes.
◆ Au-dessus de Blonay, auberge accueillante et sympathique, vous conviant à découvrir son délicieux menu-surprise sous les poutres d'une pièce intime égayée de toiles modernes. Brasserie et terrasse où l'on goûte de la cuisine bistrotière soignée.

VEX – Valais – **552 I12** – voir à Sion

VEYRIER – Genève – **552 B12** – voir à Genève

VEYSONNAZ – Valais (VS) – **552 I12** – 504 h. – alt. 1 240 m – Sports **7 D6**
d'hiver : 1 400/3 300 m ❄ 16 ❄ 47 – ⊠ 1993

▶ Bern 162 – Sion 13 – Martigny 36 – Montreux 74
🛈 ℰ 027 207 10 53, tourism@veysonnaz.ch
Manifestations locales :
26 juin : inalpe à la Combyre, montée à l'alpage et combats de vaches
28-29 octobre : rallye international du Valais

🏨 **Chalet Royal** ⚜ ≤ 🔒 🛋 🍴 ☕ 🎿 ⁽ᵗᵛ⁾ 🛏 🅿 VISA ◉◉ AE ①
(à la station) – ℰ *027 208 56 44 – www.chaletroyal.com – Fax 027 208 56 00*
– *fermé novembre - 16 décembre*
57 ch ☑ – ♦110/170 CHF ♦♦160/270 CHF – ½ P +40 CHF
Rest – Carte 42/73 CHF
◆ Près de l'entrée de la télécabine, hôtel-chalet contemporain dont les meilleures chambres, côté vallée, procurent une vue magnifique sur le Rhône et les montagnes. Salle à manger et restaurant d'été où vous serez aux premières loges pour admirer le paysage.

VEYTAUX – Vaud – **552 F-G10** – voir à Montreux

VICO MORCOTE – Ticino – **553 R14** – siehe Morcote

VIÈGE – Wallis – *552* L11 – voir à Visp

VIGANELLO – Ticino – *553* R13 – vedere Lugano

VILLAREPOS – Fribourg (FR) – *552* H7 – 524 h. – alt. 498 m – ✉ 1583   **2** C4
▶ Bern 39 – Neuchâtel 33 – Estavayer-le-Lac 23 – Fribourg 15

Auberge de la Croix Blanche avec ch
rte de Donatyre 22 – ℰ *026 675 30 75* – *www.croixblanche.ch*
– *Fax 026 675 50 30* – *fermé 22 décembre - 14 janvier, mardi et mercredi*
7 ch ⊔ – †115/135 CHF ††195/240 CHF
Rest – Menu 75 CHF (déj.)/105 CHF – Carte 95/109 CHF
Rest *Café* – (18 CHF) Menu 55 CHF (déj.) – Carte 47/85 CHF
♦ Au cœur du village, auberge de caractère où vous serez reçus avec égards. Cadre rustique et intime, jolie terrasse-jardin, mets classiques soignés et vins choisis. Plat du jour et ardoise à suggestions au café. Quatre grandes chambres modernes ont été rénovées. Bon breakfast.

VILLARS-SUR-OLLON – Vaud (VD) – *552* G11 – 1 208 h.   **7** C6
– alt. 1 253 m – Sports d'hiver : 1 200/2 120 m ✦3 ✦25 ✦ – ✉ 1884
▶ Bern 118 – Montreux 31 – Lausanne 56 – Martigny 33
🛈 rue Centrale, ℰ 024 495 32 32, information@villars.ch
🏌 Villars, Nord-Est : 8 km par route du Col de la Croix, ℰ 024 495 42 14
◉ Les Chaux★ Sud-Est : 8 km – Refuge de Solalex★ Sud-Est : 9 km

Chalet Royalp
Domaine de Rochegrise 252 – ℰ *024 495 90 90* – *www.royalp.ch*
– *Fax 024 495 90 91* – *fermé novembre - 10 décembre*
93 ch – †500/945 CHF ††530/1040 CHF, ⊔ 45 CHF – ½ P +68 CHF
Rest – (35 CHF) – Carte 74/98 CHF
♦ Un hôtel de vacances exclusif et raffiné, avec de grandes chambres de caractère et des appartements spacieux. Piscine indoor, spa, fitness, salons stylés et jardin de repos. Resto gastronomique moderne, carnotset dévolu aux spécialités régionales et terrasse d'été.

Le Bristol
rue Centrale – ℰ *024 496 36 36* – *www.bristolvillars.ch* – *Fax 024 496 36 37*
– *fermé novembre - 18 décembre*
102 ch – †170/300 CHF ††220/420 CHF, ⊔ 22 CHF – 3 suites – ½ P +46 CHF
Rest – Carte 59/88 CHF
♦ Grand chalet braqué vers les montagnes et la vallée. Déco alpine et bonne ampleur dans les chambres. Pour profiter au mieux du paysage, logez côté Sud (balcons panoramiques). Au restaurant, cadre rustique clair et offre culinaire sagement traditionnelle.

Du Golf
rue Centrale – ℰ *024 496 38 38* – *www.hoteldugolf.ch* – *Fax 024 495 39 78*
69 ch – †136/315 CHF ††210/435 CHF – ½ P +50 CHF
Rest – *(fermé 11 avril - 29 mai et 23 octobre - 19 décembre)* (25 CHF)
Menu 40 CHF (déj.)/60 CHF – Carte 54/102 CHF
♦ Hôtel familial de situation centrale. Vaste jardin, salon panoramique, grandes chambres au Sud (vue superbe) et un peu plus basiques ("budget") au Nord. Carte avec grillades présentée dans plusieurs salles. Les soirs d'hiver, fondues et raclettes au carnotzet.

La Renardière
route des Layeux – ℰ *024 495 25 92* – *www.larenardiere.ch* – *Fax 024 495 39 15*
– *fermé novembre - 18 décembre, 11 avril - 18 juin*
15 ch ⊔ – †220/400 CHF ††260/400 CHF – 3 suites – ½ P +68 CHF
Rest *La Renardière* – voir ci-après
♦ Hôtel familial sympathique composé de deux grands chalets typés ouvrant sur un jardin tranquille. Chambres rustiques en accord avec style architectural de l'ensemble.

Alpe Fleurie sans rest
rue Centrale – ℰ *024 496 30 70* – *www.alpe-fleurie.com* – *Fax 024 496 30 77*
– *fermé 1er mai - 10 juin*
22 ch ⊔ – †115/255 CHF ††150/255 CHF
♦ Offre d'hébergement très variée et emplacement commode au cœur de la station pour ce grand chalet tenu en famille depuis 1946. Chambres rustiques rénovées.

Tierce Majeure

Reserve de la Comtesse
Second Vin du Château
Pichon Longueville Comtesse de Lalande

Chateau Pichon Longueville
Comtesse de Lalande
Grand Cru Classé en 1855 · Pauillac

Chateau Bernadotte
Haut-Médoc

33250 Pauillac - France - Tel. 33 (0)5 56 59 19 40 - Fax. 33 (0)5 56 59 29 78

WWW.PICHON-LALANDE.COM

→ *Dénicher la meilleure table ?*
→ *Trouver l'hôtel le plus proche ?*
→ *Vous repérer sur les plans et les cartes ?*
→ *Décoder les symboles utilisés dans le guide..*

Suivez les Bibs rouges !

Les conseils du **Bib Chef** pour vous aider au restaurant.

Les « bons tuyaux » et les informations du **Bib Astuce** pour vous repérer dans le guide... et sur la route.

Les conseils du **Bib Groom**  pour vous aider à l'hotel.

VILLARS-SUR-OLLON

✗✗ **La Renardière** – Hôtel La Renardière 🅿 VISA ⓒⓔ AE ①
route des Layeux – ℰ 024 495 25 92 – www.larenardiere.ch – Fax 024 495 39 15
– fermé novembre - 18 décembre, 11 avril - 2 juillet, 29 août - 30 novembre
Rest – (lundi - vendredi dîner seulement) Menu 75/150 CHF – Carte 95/129 CHF
♦ Salle de restaurant agréablement boisée et intime terrasse estivale enrobée de verdure :
un cadre idéal pour goûter une cuisine classique plutôt bien tournée.

VILLERET – Berne – **551** G6 – voir à Saint-Imier

VILLETTE – Vaud (VD) – **552** E10 – 598 h. – alt. 387 m – ✉ 1096 Villette   **6 B5**
▶ Bern 102 – Lausanne 7 – Montreux 20 – Yverdon-les-Bains 46

✗ **Le Villette**   VISA ⓒⓔ AE
199 rte de Lausanne – ℰ 021 799 21 83 – Fax 021 799 21 82 – fermé
21 décembre - 20 janvier, dimanche et lundi, de mi-octobre à fin juin dimanche
soir et lundi
Rest – Menu 58/95 CHF – Carte 63/103 CHF
♦ Dans un village des rives du Léman, sur la route de Lausanne, maison bleue où un couple
franco-suisse vous accueille pour un repas traditionnel en tête-à-tête avec le lac.

VIRA GAMBAROGNO – Ticino (TI) – **553** R12 – 662 ab. – alt. 204 m   **10 H6**
– ✉ 6574
▶ Bern 231 – Locarno 13 – Bellinzona 18 – Lugano 36
ℹ via Cantonale, ℰ 091 795 18 66, info@gambarognoturismo.ch

🏨 **Bellavista** ⚜   AC rist, ✗ rist, 📞 🅿
via per Indemini, Sud : 1 km – ℰ 091 795 11 15   VISA ⓒⓔ AE ①
– www.hotelbellavista.ch – Fax 091 795 25 18 – chiuso 8 novembre - 13 marzo
63 cam ⌂ – †124/144 CHF ††228/272 CHF – ½ P +33 CHF
Rist – Menu 45 CHF (cena) – Carta 47/74 CHF
♦ Piccoli edifici sparsi in un bel parco dominante il lago. Accanto alla costruzione principale
sorge la piacevole terrazza-giardino con piscina. Costanti lavori di rinnovo rendono questa
struttura sempre attuale e consigliabile. Proprio una "Bellavista"... anche dalla sala da pranzo
dell'omonimo albergo!

✗ **Rodolfo**   ✗ ✰ VISA ⓒⓔ AE ①
via Cantonale – ℰ 091 795 15 82 – www.gambarogno.ch/rodolfo
– Fax 091 795 27 72 – chiuso 2 settimane a carnevale, domenica sera e lunedì
Rist – (24 CHF) Menu 74 CHF – Carta 52/87 CHF
♦ L'entrata vi porta nella pergola coperta delle volte delle arcate. All'interno, salette rustiche
con camino vi accolgono per gustare le proposte del territorio.

VISP VIÈGE – Wallis (VS) – **552** L11 – 6 513 Ew – Höhe 651 m – ✉ 3930   **8 E6**
▶ Bern 85 – Brig 10 – Saas Fee 27 – Sierre 29
ℹ Bahnhofstr. 10 ℰ 027 946 18 18, info@visp.ch

🏠 **Visperhof** garni   📶 🛜 VISA ⓒⓔ AE ①
Bahnhofstr. 2 – ℰ 027 948 38 00 – www.visperhof.ch – Fax 027 948 38 01
45 Zim ⌂ – †105/135 CHF ††180/210 CHF
♦ Ein Hotel in zentraler Lage gegenüber dem Bahnhof mit praktischen Zimmern in neuzeitlichem Stil. Modernes Ambiente und Snacks in der Coffee-Lounge Tiziano's.

VOGELSANG – Luzern – **551** N6 – siehe Eich

VOLKETSWIL – Zürich (ZH) – **551** Q5 – 15 465 Ew – Höhe 475 m   **4 G2**
– ✉ 8604
▶ Bern 141 – Zürich 19 – Pfäffikon 33 – Rapperswil 29

VOLKETSWIL

Alte Post
Brugglenstr. 1 – ℰ 043 444 92 92 – www.altepost-volketswil.ch
– Fax 043 444 93 93 – geschl. 1. - 20. Januar, 30. Juli - 18. August und Sonntag - Mittwochmittag
Rest – (32 CHF) Menü 55/89 CHF – Karte 63/111 CHF
♦ Viel frischer Fisch findet sich auf der klassischen Karte dieses familiär geleiteten Restaurants. Die drei Räume sind gemütlich-rustikal, zeitgemäss oder klassisch-gediegen.

VOUVRY – Valais (VS) – 552 F11 – 3 375 h. – alt. 381 m – ✉ 1896   7 C6
▶ Bern 103 – Montreux 13 – Aigle 11 – Évian-les-Bains 26

Auberge de Vouvry (Martial Braendle) avec ch
2 av. du Valais – ℰ 024 481 12 21 – www.aubergedevouvry.ch
– Fax 024 481 17 54 – fermé 1er - 13 janvier, dimanche soir et lundi
15 ch ☲ – †80/100 CHF ††130/160 CHF – ½ P +60 CHF
Rest – Menu 60 CHF (déj.)/200 CHF – Carte 92/190 CHF
Rest *Le Bistrot* – (18 CHF) Menu 52 CHF (déj.)/65 CHF – Carte 38/86 CHF
Spéc. Espuma d'ail des ours et tartare de féra. Filet de perche du lac Léman. Abricot du Valais rôti au thym.
♦ Ex-relais de poste régalant au centre du patelin. Mets classico-modernes à base de produits méticuleusement choisis, cave de prestige, personnel attentionné, déco chaleureuse et distinguée. Chambres très convenables pour prolonger l'étape gastronomique.

VUFFLENS-LE-CHÂTEAU – Vaud (VD) – 552 D10 – 703 h.   6 B5
– alt. 471 m – ✉ 1134
▶ Bern 111 – Lausanne 17 – Morges 2
La Côte, Golf Parc Signal de Bougy Bougy-Villars, Sud-Ouest : 12 km par Aubonne et route du Signal de Bougy, ℰ 021 821 59 50

L'Ermitage (Bernard et Guy Ravet) avec ch
26 rte du Village – ℰ 021 804 68 68 – www.ravet.ch – Fax 021 802 22 40
– fermé 23 décembre - 15 janvier, 1er - 19 août, dimanche et lundi
9 ch ☲ – †390/440 CHF ††410/460 CHF
Rest – Menu 75 CHF (déj.)/180 CHF – Carte 165/213 CHF
Spéc. Poisson du lac à basse température. Tout le boeuf. Les douceurs d'Isabelle.
♦ Une famille entière soigne les gourmets dans cette belle demeure ancienne agrémentée d'un jardin avec étangs. Délices classico-créatifs, spécialités à la broche, père et fils aux marmites. Chambres et junior-suites personnalisées, pour prolonger l'étape dans les meilleures conditions.

VULPERA – Graubünden – 553 Z9 – siehe Scuol

WÄDENSWIL – Zürich (ZH) – 551 Q6 – 19 404 Ew – Höhe 408 m   4 G3
– ✉ 8820
▶ Bern 149 – Zürich 24 – Aarau 71 – Baden 48

Engel
Engelstr. 2 – ℰ 044 780 00 11 – www.engel-waedenswil.ch – Fax 044 780 00 12
10 Zim ☲ – †125 CHF ††180 CHF
Rest – *(geschl. 28. Dezember - 3. Januar, 12. Juli - 1. August und Sonntagabend)* (25 CHF) Menü 33 CHF – Karte 41/90 CHF
♦ In dem traditionsreichen Gasthaus, das nur durch die Bahnlinie vom See getrennt ist, stehen recht geräumige funktionelle Zimmer bereit. Gemütlich ist die neuzeitliche Lounge. Schlicht-modernes Restaurant mit grossen Fenstern zum See.

WÄDENSWIL

XX **Eder's Eichmühle**
Eichmühle 2, Süd: 3 km Richtung Einsiedeln – ℰ *044 780 34 44*
– www.eichmuehle.ch – Fax 044 780 48 64 – geschl. 3. - 7. Januar, 1. - 7. März, 27. September - 10. Oktober und Sonntagabend - Montag
Rest – Menü 65/125 CHF – Karte 74/145 CHF
♦ Das einstige Bauernhaus in idyllischer Lage bietet eine sehr angenehme Atmosphäre mit charmantem Service und ambitionierter Küche. Im Kontrast zu den zwei gemütlichen, liebenswert dekorierten Stuben steht der verglaste Pavillon mit geradlinig-modernem Ambiente.

WALCHWIL – Zug (ZG) – 551 P6 – 3 370 Ew – Höhe 449 m – ⌧ 6318   4 G3
▶ Bern 144 – Luzern 40 – Aarau 67 – Einsiedeln 34

XXX **Sternen** (René Weder)
✿
Dorfstr. 1 – ℰ *041 759 04 44 – www.sternen-walchwil.ch – Fax 041 759 04 40 – geschl. 25. Januar - 11. Februar, 13. - 30. September und Montag - Dienstag*
Rest – (55 CHF) Menü 68 CHF (mittags)/185 CHF – Karte 94/149 CHF
Spez. Fischdegustation aus unserem Räucherofen. Oxtail-Ravioli. Karamellvariation.
♦ Christine und René Weder sind Ihre Gastgeber in dem Holzhaus, das bereits seit 1830 als Gasthof existiert. In den gemütlich-gediegenen Stuben speist man klassisch. Die einladende Terrasse liegt am See auf der gegenüberliegenden Strassenseite.

X **Zugersee**
Artherstr. 6 – ℰ *041 758 17 77 – Fax 041 759 07 70 – geschl. 8. - 28. Februar, 18. - 31. Oktober und Montag, November - Februar: Montag - Dienstag*
Rest – (25 CHF) Menü 68/78 CHF – Karte 50/88 CHF
♦ Das familiär geleitete Restaurant direkt am Ufer des Zugersees ist hell und freundlich gestaltet und bietet seinen Gästen beim Speisen einen schönen Seeblick.

WALLISELLEN – Zürich – 551 Q4 – siehe Zürich

WALZENHAUSEN – Appenzell Ausserrhoden (AR) – 551 V-W4   5 I2
– 2 058 Ew – Höhe 672 m – ⌧ 9428
▶ Bern 230 – Sankt Gallen 25 – Altstätten 15 – Bregenz 19

🏠 **Walzenhausen**
Dorf 45 – ℰ *071 886 21 21 – www.swissdreamshotels.com – Fax 071 888 10 84*
70 Zim ⌚ – †115/250 CHF ††180/330 CHF – ½ P +45 CHF
Rest – *(geschl. 4. Januar - März und November - 20. Dezember)* (34 CHF) Menü 56 CHF – Karte 53/81 CHF
♦ Eine traumhafte Sicht auf den Bodensee hat man von diesem erhöht gelegenen Hotel mit unterschiedlichen Zimmern. Für Romantiker: zwei Kuschelzimmer mit Himmelbett und Whirlpool. Neuzeitliches Restaurant mit Fensterfront zum See.

WANGEN BEI DÜBENDORF – Zürich (ZH) – 551 Q5 – 6 946 Ew   4 G2
– Höhe 445 m – ⌧ 8602
▶ Bern 134 – Zürich 14 – Frauenfeld 36 – Schaffhausen 42

XX **Sternen - Badstube**
Sennhüttestr. 1 – ℰ *044 833 44 66 – www.sternenwangen.ch*
– Fax 044 833 44 65 – geschl. 1. - 11. Januar, 18. Juli - 1. August und Sonntag - Montag
Rest – Menü 49/99 CHF – Karte 65/95 CHF
Rest *Gaststube* – (19 CHF) – Karte 42/79 CHF
♦ Ein spezielles und doch harmonisches Bild ergeben das wunderschöne helle Originalgewölbe a. d. 16. Jh. und die moderne Einrichtung in Cremetönen. Die Küche ist klassisch. Traditionell-bürgerliche Speisen bietet man in der einfachen Gaststube.

WATTWIL – Sankt Gallen (SG) – 551 S5 – 8 176 Ew – Höhe 614 m   5 H3
– ⌧ 9630
▶ Bern 186 – Sankt Gallen 37 – Bad Ragaz 68 – Rapperswil 27

WATTWIL

XX Krone
*Ebnaterstr. 136 – ℰ 071 988 13 44 – www.kronewattwil.ch – Fax 071 988 67 44
– geschl. Mitte Juli - Anfang August 1 Woche und Montag - Dienstag*
Rest – Karte 55/110 CHF
Rest *Bistro* – (20 CHF) Menü 59 CHF (mittags) – Karte 52/71 CHF
♦ Im angenehm hellen und modern gestalteten Restaurant serviert man dem Gast in elegantem Rahmen eine schmackhafte und zeitgemässe Küche. Etwas einfacher präsentiert sich das rustikal-moderne Bistro. Daran angrenzend: die gemütliche Lounge.

WEESEN – Sankt Gallen (SG) – **551** T6 – 1 483 Ew – Höhe 424 m – ✉ 8872   **5** H3

▶ Bern 186 – Sankt Gallen 82 – Bad Ragaz 43 – Glarus 15

Parkhotel Schwert
Hauptstr. 23 – ℰ 055 616 14 74 – www.parkhotelschwert.ch – Fax 055 616 18 53
32 Zim ⌑ – ✝95/125 CHF ✝✝140/190 CHF
Rest – *(geschl. 14. Januar - 14. Februar)* (19 CHF) – Karte 37/77 CHF
♦ Das 1523 erstmals erwähnte Gasthaus, eines der ältesten der Schweiz, wurde im 19. Jh. zum Hotel erweitert. Zeitgemässe Zimmer, teils mit alten Sichtbalken, und eigener Bootssteg. Gediegen ist das A-la-carte-Restaurant mit schöner Terrasse.

XX Flyhof
Betliserstr. 16 – ℰ 055 616 12 30 – www.flyhof.ch – Fax 055 616 12 40 – geschl. 18. Januar - 18. Februar und Mittwoch, November - Juni: Mittwoch - Donnerstag
Rest – (28 CHF) Menü 59/89 CHF (abends) – Karte 52/82 CHF
♦ Gemütlich sitzt man in diesem Haus a. d. 16. Jh. bei mediterran inspirierter Küche oder traditionellen Gerichten. Serviert wird auch auf der schönen Terrasse zum Walensee.

XX Fischerstube
Marktgasse 9, (1. Etage) – ℰ 055 616 16 08 – www.fischerstubeweesen.ch – Fax 055 616 12 39 – geschl. Dienstag - Mittwoch
Rest – *(Tischbestellung ratsam)* Menü 38 CHF (mittags)/87 CHF – Karte 72/116 CHF
♦ Gelungen hat man in dem alteingesessenen Restaurant in der Ortsmitte traditionellen und modernen Stil kombiniert. In drei hübschen Stuben bietet man überwiegend Fischküche.

WEGGIS – Luzern (LU) – **551** P7 – 3 920 Ew – Höhe 435 m – ✉ 6353   **4** F4

▶ Bern 140 – Luzern 21 – Schwyz 30 – Zug 28
🛈 Seestr. 5, ℰ 041 390 11 55, info.weggis@wvrf.ch
◉ Rigi-Kulm★★★ mit 🚡 und ab Rigi-Kaltbad mit Zahnradbahn

Lokale Veranstaltungen:
  11.-13. Juni: Heirassa Festival
  2.-4. Juli: Rosenfest

Park Hotel Weggis
Hertensteinstr. 34 – ℰ 041 392 05 05 – www.phw.ch – Fax 041 392 05 28
47 Zim – ✝265/330 CHF ✝✝370/610 CHF, ⌑ 34 CHF – 6 Suiten
Rest *Annex* – separat erwähnt
Rest *Sparks* – (40 CHF) Menü 60 CHF (mittags)/84 CHF – Karte 63/97 CHF
♦ Sehr guter Service, geschmackvolle Einrichtung und ein bemerkenswerter Spabereich machen das teilweise a. d. 19. Jh. stammende Hotel aus. Schön ist die Liegewiese am See. Auch ein Bootssteg gehört zum Haus. Elegante Atmosphäre herrscht im Restaurant Sparks mit zeitgemässer Küche.

Beau Rivage
Gotthardstr. 6 – ℰ 041 392 79 00 – www.beaurivage-weggis.ch – Fax 041 390 19 81 – geschl. November - März
39 Zim ⌑ – ✝140/190 CHF ✝✝230/450 CHF – ½ P +50 CHF
Rest – Menü 55/85 CHF – Karte 61/96 CHF
♦ Das familiär geleitete klassisch-elegante Hotel bietet einen tollen Blick auf den Vierwaldstättersee, einen gepflegten Garten mit Pool und ein Strandbad sowie teils moderne Zimmer. Eine schöne Terrasse zum See ergänzt das stilvolle Restaurant.

WEGGIS

Post Hotel
Seestr. 8 – ℰ 041 392 25 25 – www.poho.ch – Fax 041 392 25 28
45 Zim – †190/265 CHF ††235/395 CHF, ⊇ 25 CHF – ½ P +80 CHF
Rest – (19 CHF) Menü 23/65 CHF – Karte 56/92 CHF
♦ Eine trendige Adresse ist dieses Lifestyle-Hotel am See mit durch und durch modernem Design, sehr guter technischer Ausstattung sowie grosser Bar mit DJ. Das Restaurant teilt sich in die Dining Lounge mit internationalem Angebot und das rustikale Weggiser Stübli.

Central am See
Seestr. 25 – ℰ 041 392 09 09 – www.central-am-see.ch – Fax 041 392 09 00
– geschl. 7. November - 27. Januar
32 Zim ⊇ – †130/150 CHF ††185/265 CHF – ½ P +45 CHF
Rest – *(geschl. Januar - März: Donnerstag)* (26 CHF) Menü 36 CHF (mittags)/ 55 CHF – Karte 41/85 CHF
♦ Das gut geführte Hotel direkt an der Promenade verfügt über modern gestaltete Zimmer mit schönem Blick auf den See sowie ein Strandbad und einen Bootssteg. Sie speisen im Wintergarten, in der rustikalen Stube oder auf der herrlich gelegenen Seeterrasse.

Rössli
Seestr. 52 – ℰ 041 392 27 27 – www.wellness-roessli.ch – Fax 041 392 27 26
55 Zim ⊇ – †130/200 CHF ††220/320 CHF – ½ P +40 CHF
Rest – (20 CHF) Menü 50 CHF (mittags)/80 CHF – Karte 48/72 CHF
♦ Ein Hotel in direkter Seenähe mit hübschem kleinen Spa und zahlreichen Beauty-Anwendungen. Ein Teil der Zimmer ist besonders modern und liegt zum See, andere zum Innenhof. Heller Speisesaal und rustikale Gaststube mit internationaler Küche.

Seehotel Gotthard
Gotthardstr. 11 – ℰ 041 390 21 14 – www.gotthard-weggis.ch
– Fax 041 390 09 14 – geschl. 12. Oktober - 11. Dezember
16 Zim ⊇ – †120/145 CHF ††170/265 CHF – ½ P +45 CHF
Rest – *(geschl. Dienstag)* (26 CHF) – Karte 48/91 CHF
♦ Wohnlich und freundlich sind die Zimmer in dem seit vielen Jahren familiär geleiteten kleinen Haus. Gäste können den Wellnessbereich des Hotels Beau Rivage mitbenutzen. Zum Restaurant mit Pizza- und Pasta-Angebot gehört eine Seeterrasse mit toller Sicht.

Friedheim
Friedheimweg 31 – ℰ 041 390 11 81 – www.hotel-friedheim.ch
– Fax 041 390 27 40 – geschl. Oktober - April
20 Zim ⊇ – †88/110 CHF ††140/240 CHF – ½ P +42 CHF
Rest – Karte 44/81 CHF
♦ Ein sehr gepflegter sympathischer Familienbetrieb ist das ehemalige Bauernhaus a. d. 17. Jh. in schöner Lage oberhalb des Ortes, umgeben von viel Grün und mit herrlichem Seeblick. Einfach, aber gemütlich ist die Gaststube mit traditioneller Küche.

Annex – Park Hotel Weggis
Hertensteinstr. 34 – ℰ 041 392 05 05 – www.phw.ch – Fax 041 392 05 28
– geschl. Dienstag
Rest – *(Montag - Samstag nur Abendessen)* Menü 120/195 CHF
– Karte 82/120 CHF
Spez. Rindstatar mit Avocado, Wachtelei und Kaviar. Steinbuttfilet unter der Langustinenhaube mit Frühlingslauch und Pfifferlingen. Zweierlei vom Kalb, Spargel und Ravioli mit Kalbskopf-Sugo.
♦ Nicht nur die zeitgemässe internationale Küche von Renee Rischmeyer geniesst man in dem eleganten Restaurant, auch der Ausblick auf den Vierwaldstättersee ist fantastisch. Die Terrasse liegt ebenso zum See hin oder zum Park.

in Hertenstein Süd-West: 3 km – Höhe 435 m – ✉ 6353

Graziella
Hertensteinstr. 132 – ℰ 041 392 78 78 – www.graziella.ch – Fax 041 392 78 88
44 Zim ⊇ – †130/200 CHF ††200/280 CHF – ½ P +35 CHF
Rest – (24 CHF) – Karte 47/66 CHF
♦ Hier erwarten Sie seeseitig gelegene Zimmer mit Balkon, ein grosses Beautyangebot und ein eigenes Strandbad. Schön ist der Seeblick vom Saunabereich im 6. Stock. Keine Kinder.

WEINFELDEN – Thurgau (TG) – 551 T4 – 9 686 Ew – Höhe 429 m — 5 H2
– ✉ 8570

▶ Bern 182 – Sankt Gallen 40 – Arbon 26 – Frauenfeld 19

Gasthof Eisenbahn
Bahnhofstr. 2 – ☏ *071 622 10 60 – www.gasthof-eisenbahn.ch*
– Fax 071 622 79 86 – geschl. 30. Januar - 8. Februar und 24. Juli - 9. August
7 Zim ⊇ – †85 CHF ††160 CHF – ½ P +35 CHF
Rest – *(geschl. Sonntag - Montag)* (20 CHF) – Karte 43/80 CHF
♦ Das Riegelhaus in Bahnhofsnähe ist ein kleiner Familienbetrieb mit hellen neuzeitlichen Gästezimmern, der im Sommer auch gerne von Radtouristen besucht wird. Freundlich-ländlich gestaltetes Restaurant mit saisonaler Küche.

Wirtschaft zum Löwen
Rathausstr. 8 – ☏ *071 622 54 22 – www.zum-loewen.ch – Fax 071 622 13 98*
– geschl. 23. Juli - 14. August und Mittwoch - Donnerstag
Rest – (18 CHF) Menü 49/89 CHF – Karte 48/81 CHF
♦ A. d. 16. Jh. stammt das Haus mit der hübschen Fachwerkfassade. Man speist in der rustikalen Gaststube, in der gediegen-eleganten Ratsherrenstube oder auf der Gartenterrasse.

Gambrinus
Marktstr. 2 – ☏ *071 622 11 40 – www.gambrinus-weinfelden.ch*
– Fax 071 622 13 39 – geschl. 3. - 11. April, 5. - 17. Juli, 4. - 16. Oktober und Sonntag - Montag
Rest – Menü 58 CHF (abends) – Karte 51/114 CHF
♦ Gemütlich und familiär ist die Atmosphäre in den rustikalen Stuben. Zur authentischen italienischen Küche gehört auch Pasta, die man vor den Augen der Gäste frisch zubereitet.

Pulcinella
Wilerstr. 2 – ☏ *071 622 12 66 – Fax 071 622 12 41 – geschl. 18. Juli - 9. August und Sonntag - Montag*
Rest – (28 CHF) – Karte 45/80 CHF
♦ Seit vielen Jahren führen die Pelusos dieses im Zentrum, nicht weit vom Bahnhof gelegene Restaurant, in dem frische italienische Speisen aus guten Produkten serviert werden.

WEININGEN – Zürich (ZH) – 551 P4 – 4 040 Ew – Höhe 413 m – ✉ 8104   4 F2
▶ Bern 117 – Zürich 21 – Aarau 39 – Luzern 56

Winzerhaus
Haslernstr. 28, Nord: 1 km – ☏ *044 750 40 66 – www.winzerhaus.ch*
– Fax 044 750 40 95 – geschl. 24. Dezember - 5. Januar und Dienstag
Rest – Menü 32/35 CHF – Karte 55/97 CHF
♦ Klassische Speisen und Wild aus eigener Jagd bietet man hier oben in Panoramalage über dem Limmattal. Auf der grossen Terrasse wird gegrillt.

WEISSBAD – Appenzell Innerrhoden – 551 U5 – siehe Appenzell

WEISSFLUHGIPFEL – Graubünden – 553 W8 – siehe Davos

WEITE – Sankt Gallen (SG) – 551 U6 – Höhe 469 m – ✉ 9476   5 I3
▶ Bern 224 – Sankt Gallen 73 – Bad Ragaz 16 – Buchs 11

Heuwiese
Nord-Ost: 1,5 km – ☏ *081 783 10 55 – www.restaurantheuwiese.com*
– Fax 081 783 31 86 – geschl. Januar - März, Sonntag und Montag
Rest – *(Tischbestellung ratsam)* Menü 80/125 CHF – Karte 50/118 CHF
♦ Eine abgelegene, nicht alltägliche Adresse im Grünen. In lockerer und ungezwungener Atmosphäre serviert man zeitgemässe Küche. Schöne Innenhofterrasse.

WENGEN – Bern (BE) – **551** L9 – 1 100 Ew – Höhe 1 275 m   8 E5
– Wintersport : 1 274/2 500 m ⛷5 ⛷17 – ✉ 3823

▶ Bern 71 – Interlaken 16 – Grindelwald 16 – Luzern 82
Autos nicht zugelassen
🛈 Dorfstrasse, ☏ 033 855 14 14, info@wengen.ch
◉ Lage★★★
◉ Jungfraujoch★★★ mit Bahn – Trümmelbachfälle★★★ – Kleine Scheidegg★★ Süd-Ost: mit Bahn
Lokale Veranstaltungen:
15.-17. Januar: Lauberhornrennen

mit Zahnradbahn ab Lauterbrunnen erreichbar

Beausite Park
– ☏ 033 856 51 61 – www.parkwengen.ch – Fax 033 855 30 10 – geschl.
28. September - 18. Dezember und 12. April - 20. Mai
36 Zim ⊇ – †145/275 CHF ††260/480 CHF – 4 Suiten – ½ P +25 CHF
Rest – Menü 55 CHF (abends)/100 CHF – Karte 62/100 CHF
◆ Das sehr ruhig etwas ausserhalb am Waldrand gelegene Urlaubshotel mit Bergblick bietet unterschiedlich geschnittene und teils recht moderne Zimmer. Ins Zentrum sind es nur wenige Gehminuten. Klassisch ist das Ambiente im Restaurant.

Regina
– ☏ 033 856 58 58 – www.hotelregina.ch – Fax 033 856 58 50 – geschl.
12. April - 5. Juni und 10. Oktober - 11. Dezember
76 Zim ⊇ – †130/215 CHF ††260/460 CHF – 4 Suiten – ½ P +45 CHF
Rest *Chez Meyer's* – separat erwähnt
Rest *Jack's Brasserie* – Menü 56 CHF – Karte 54/97 CHF
◆ Die herrliche Lage über dem Ort und gediegene Zimmer mit toller Sicht sprechen für das Hotel mit der klassischen Fassade. Geschmackvoll und individuell sind die vier Luxussuiten. Internationales Angebot in Jack's Brasserie.

Caprice
– ☏ 033 856 06 06 – www.caprice-wengen.ch – Fax 033 856 06 07 – geschl.
26. September - 17. Dezember und 5. April - 21. Mai
20 Zim ⊇ – †160/530 CHF ††200/620 CHF – 3 Suiten – ½ P +50 CHF
Rest Caprice – separat erwähnt
◆ Das Chalet mit holzverkleideter Fassade und herrlicher Aussicht auf das Jungfrau-Massiv ist ein sehr wohnliches kleines Hotel mit aufmerksamem Service sowie gemütlichen Zimmern und recht grosszügigen Suiten.

Schönegg
– ☏ 033 855 34 22 – www.hotel-schoenegg.ch – Fax 033 855 42 33 – geschl.
7. April - 5. Juni und 3. Oktober - 18. Dezember
21 Zim ⊇ – †120/200 CHF ††240/400 CHF – ½ P +30 CHF
Rest – (im Winter nur Abendessen) (17 CHF) Menü 38/120 CHF – Karte 66/118 CHF
◆ Das freundlich-familiär geleitete Hotel des ehemaligen Mitglieds der Schweizer Ski-Nationalmannschaft ist wohnlich gestaltet und hübsch mit toskanischen Antiquitäten dekoriert. Sehr nett und urig ist die Atmosphäre in dem ganz in Altholz gehaltenen Restaurant.

Wengener Hof
– ☏ 033 856 69 69 – www.wengenerhof.ch – Fax 033 856 69 70 – geschl.
30. März - 29. Mai und 30. September - 18. Dezember
40 Zim ⊇ – †106/260 CHF ††212/460 CHF – ½ P +35 CHF
Rest – Menü 25/70 CHF
◆ Die sehr ruhige Lage mit Blick auf Berge und Tal sowie wohnliche Gästezimmer machen das Ferienhotel mit dem klassischen Rahmen aus. Hübsch ist auch der Panoramagarten.

Alpenrose
– ☏ 033 855 32 16 – www.alpenrose.ch – Fax 033 855 15 18 – geschl. Mitte April - Mitte Mai und Ende September - Mitte Dezember
48 Zim ⊇ – †105/191 CHF ††180/338 CHF – ½ P +25 CHF
Rest – (nur Abendessen für Hausgäste)
◆ In dem Hotel unterhalb des Dorfzentrums erwarten Sie familiäre Atmosphäre und wohnlich-rustikale Zimmer - vor allem von den Balkonen hat man eine tolle Sicht.

WENGEN

XXX Chez Meyer's – Hotel Regina
– ℰ 033 856 58 58 – www.hotelregina.ch – Fax 033 856 58 50 – geschl.
12. April - 11. Dezember
Rest – Menü 62/180 CHF – Karte 120/141 CHF
♦ Ein stilvoll-elegant gestaltetes kleines Restaurant mit ansprechend eingedeckten Tischen, freundlichem Service und französischer Küche.

XX Caprice – Hotel Caprice
– ℰ 033 856 06 06 – www.caprice-wengen.ch – Fax 033 856 06 07 – geschl.
26. September - 17. Dezember und 5. April - 21. Mai
Rest – (mittags nur kleine Karte) (20 CHF) Menü 69/119 CHF – Karte 101/139 CHF
♦ Moderne französische Küche mit klassischer Basis serviert man seinen Gästen in diesem neuzeitlich-eleganten Restaurant oder auf der schönen Panoramaterrasse.

XX Bären mit Zim
– ℰ 033 855 14 19 – www.baeren-wengen.ch – Fax 033 855 15 25 – geschl.
5. April - 20. Mai, 27. September - 15. Dezember und im Sommer Sonntag
16 Zim ⌑ – †70/140 CHF ††140/220 CHF – ½ P +20 CHF
Rest – (17 CHF) Menü 46/59 CHF – Karte 45/73 CHF
♦ Das ruhig im unteren Dorfteil gelegene Haus beherbergt ein familiär geführtes Restaurant in modernem Stil. Die internationale Küche bietet man auch auf der Panoramaterrasse.

in Wengernalp mit Zug ab Interlaken, Lauterbrunnen oder Wengen erreichbar
– Höhe 1 874 m – ✉ 3823 Wengen

Jungfrau
– ℰ 033 855 16 22 – www.wengernalp.ch – Fax 033 855 30 69 – geschl. 5. April
- 20. Dezember
23 Zim (½ P inkl.) – †280/365 CHF ††400/520 CHF
Rest – (abends nur für Hausgäste) Karte 43/86 CHF
♦ In diesem Hotel in atemberaubender Lage wird mit viel Engagement die lange Tradition des Hauses gewahrt, die sich in einem exquisiten Interieur voller historischer Details widerspiegelt. Die Atmosphäre im A-la-carte-Restaurant ist urig. Am Abend bietet man den Hausgästen eine hochwertige Halbpension.

WERMATSWIL – Zürich (ZH) – **551** R5 – Höhe 560 m – ✉ 8615   4 G2
▶ Bern 144 – Zürich 24 – Frauenfeld 46 – Schwyz 58

Puurehuus
Fehraltorterstr. 9 – ℰ 043 399 16 16 – www.puurehuus.ch – Fax 043 399 16 17
18 Zim ⌑ – †135 CHF ††190 CHF
Rest – (19 CHF) Menü 69/90 CHF – Karte 63/95 CHF
♦ Fast ländlich und doch verkehrsgünstig ist die Lage dieses kleinen Hotels. Besonders schön sind die modernen Gästezimmer im Anbau, etwas einfacher im Haupthaus. Restaurant mit gehoben-rustikalem Ambiente, zeitgemässer Küche und guter kleiner Weinauswahl. Schlichte Gaststube.

WERNETSHAUSEN – Zürich (ZH) – **551** R5 – 782 Ew – Höhe 730 m   4 G3
– ✉ 8342
▶ Bern 156 – Zürich 31 – Rapperswil 14 – Uster 24

XX Hohes Schlössli
Bachtelstr. 63 – ℰ 044 938 13 13 – www.hohes-schloessli.ch – Fax 044 938 13 10
– geschl. 1. - 11. Jan., 26. April - 3. Mai, 1. - 15. Aug. und Sonntag - Montag
Rest – Karte 39/98 CHF
♦ An der Strasse nach Hasenstrick findet man dieses rustikal mit Sichtbalken dekorierte Restaurant. Einen sehr schönen Blick auf das Unterland bietet die Terrasse.

WETTINGEN – Aargau (AG) – **551** O4 – 18 618 Ew – Höhe 388 m   4 F2
– ✉ 5430
▶ Bern 106 – Aarau 28 – Baden 3 – Schaffhausen 70
🛈 Seminarstr. 54, ℰ 056 426 22 11, info@schmidreisen.ch
▣ Lägern Otelfingen, Ost: 5 km, ℰ 044 846 68 00

WETTINGEN

XX Sternen - Stella Maris
Klosterstr. 9 – ℰ 056 427 14 61 – www.sternen-kloster-wettingen.ch
– Fax 056 427 14 62 – geschl. 24. - 30. Dezember und Samstagmittag
Rest – Menü 73/98 CHF – Karte 63/103 CHF
Rest Klostertaverne – Karte 48/78 CHF
 ♦ Das wohl älteste Gasthaus der Schweiz beherbergt das mit Skulpturen und Kunstwerken dekorierte Restaurant Stella Maris, das Ihnen zeitgemässe Küche bietet. Eine nette Alternative in dem hübschen ehemaligen Weiberhaus a. d. 13. Jh. ist die Klostertaverne.

WETZIKON – Zürich (ZH) – 551 R5 – 19 726 Ew – Höhe 532 m – ✉ 8620   4 G3
▶ Bern 150 – Zürich 29 – Rapperswil 15 – Schwyz 51

XXX Il Casale (Antonio Colaianni)
Leutholdstr. 5 – ℰ 043 477 57 37 – www.il-casale.ch – Fax 043 477 57 38
– geschl. 25. Juli – 9. August und Sonntag - Montag
Rest – (30 CHF) Menü 90 CHF (veg.)/180 CHF – Karte 102/135 CHF
Rest Bistro – separat erwähnt
Spez. Raviolone mit Büffelricotta und Eigelb. Karamellisierte Brust vom Jungschwein. Warmes Schokoladenküchlein mit Kokoseis.
 ♦ Angenehm klare Linien finden sich sowohl im schönen modern-eleganten Interieur der restaurierten historischen Scheune als auch in der feinen mediterranen Küche. Die gute Weinauswahl ist rein europäisch.

X Bistro – Restaurant Il Casale
Leutholdstr. 5 – ℰ 043 477 57 37 – www.il-casale.ch – Fax 043 477 57 38
– geschl. 25. Juli - 10. August und Sonntag - Montag
Rest – Karte 42/65 CHF
 ♦ Das Bistro - unter einem Dach mit dem Restaurant Il Casale - gefällt mit seinem geradlinigen Ambiente. Geboten werden preisgünstige traditionelle Gerichte.

Die „Hoffnungsträger" sind Restaurants, deren Küche wir für die nächste Ausgabe besonders sorgfältig auf eine höhere Auszeichnung hin testen. Die Namen dieser Häuser sind Rot gedruckt und zudem auf der Sterne-Liste am Anfang des Buches zu finden.

WIDEN – Aargau (AG) – 551 O5 – 3 596 Ew – Höhe 548 m – ✉ 8967   4 F3
▶ Bern 110 – Aarau 33 – Baden 23 – Dietikon 8

XX Ryokan Hasenberg - Usagiyama mit Zim
Hasenbergstr. 74 – ℰ 056 648 40 00
– www.hotel-hasenberg.ch – Fax 056 648 40 01 – geschl. 25. - 29. Dezember, 1. - 5. Januar, 2. - 17. August
7 Zim – ♦180/200 CHF ♦♦200/220 CHF, ⌑ 20 CHF
Rest – (geschl. Montag und Dienstag) (nur Abendessen) Menü 125/288 CHF
Rest Sushi Nouveau – (geschl. Montag und Dienstag) (32 CHF) Menü 30 CHF (mittags)/57 CHF – Karte 25/53 CHF
Spez. Kaiseki-Menüs.
 ♦ Zu einem unvergesslichen Erlebnis wird die in den aufwändig gestalteten Ryokan-Zimmern zelebrierte traditionelle Kochkunst: Die authentischen Kaiseki-Menüs können nur von speziell ausgebildeten Köchen zubereitet werden. Man kann sie auch auf der Panoramaterrasse geniessen. Sushi Nouveau mit Sushi-Bar.

WIGOLTINGEN – Thurgau (TG) – 551 S3 – 2 126 Ew – Höhe 435 m   5 H2
– ✉ 8554
▶ Bern 177 – Sankt Gallen 50 – Frauenfeld 15 – Konstanz 18

WIGOLTINGEN

Taverne zum Schäfli (Wolfgang Kuchler) mit Zim
Oberdorfstr. 8 – ℰ 052 763 11 72 – www.schaefli-wigoltingen.ch
– Fax 052 763 37 81 – geschl. 1. - 25. Januar, 26. Juli - 18. August und Sonntag
- Montag
3 Zim – †150 CHF ††240 CHF
Rest – *(Tischbestellung ratsam) (nur Menü)* (35 CHF) Menü 75 CHF (mittags)/
195 CHF
Spez. Gegrillte Langoustines mit Erbsen-Minzecoulis. Spargelfricassée mit Pinienkernöl-Vinaigrette. Bodenseefische mit Felchenkaviar.
♦ Elegante Stuben mit ländlich-historischem Charme in einem schmucken Riegelhaus. Während Wolfgang Kuchler das Menü zubereitet, sorgt seine Frau mit ihrer herzlichen, unkomplizierten Art für Wohlfühlatmosphäre und überzeugt mit fachkundiger Weinberatung. Im Gästehaus bietet man drei wohnlich gestaltete Zimmer.

WIL – Sankt Gallen (SG) – **551** S4 – 17 262 Ew – Höhe 571 m – ✉ 9500   **5** H2
▶ Bern 178 – Sankt Gallen 32 – Glarus 65 – Konstanz 31
🛈 Bahnhofplatz 6, ℰ 071 913 53 00, touristinfo@stadtwil.ch
👁 ≤ ★ vom Vorplatz der Stadtkirche

Schwanen
Obere Bahnhofstr. 21 – ℰ 071 913 05 10 – www.hotel-schwanen.ch
– Fax 071 913 05 15
24 Zim – †110/150 CHF ††160/210 CHF
Rest *Swan 21* – (29 CHF) – Karte 55/95 CHF
♦ In diesem Hotel in Zentrumslage wählt der Gast zwischen modernen Zimmern im neueren Anbau und den klassischen, relativ ruhig zur Fussgängerzone gelegenen Zimmern im Haupthaus. Im ersten Stock befindet sich das Restaurant Swan 21 mit internationalem Angebot.

Hof zu Wil
Marktgasse 88 – ℰ 071 913 87 00 – www.hofzuwil.ch – Fax 071 913 87 01
– geschl. Ende Juli - Anfang August 2 Wochen
Rest – (26 CHF) Menü 49/88 CHF – Karte 46/85 CHF
♦ Das Abteigebäude a. d. 14. Jh. verbindet gelungen altes Gemäuer und moderne Einrichtung. Recht grosses internationales Angebot und Themenmenüs. Schöne Säle und Ausstellungsräume.

Rössli mit Zim
Toggenburgerstr. 59, (1. Etage) – ℰ 071 913 97 50 – www.roessli-wil.ch
– Fax 071 913 97 51
6 Zim – †110 CHF ††160 CHF
Rest – *(geschl. 18. Juli - 8. August und Sonntag - Montag)* (23 CHF)
– Karte 52/103 CHF
♦ In dem hübschen familiär geleiteten Gasthaus von 1840 nimmt man in einem gemütlichen hell gestalteten Restaurant Platz. Geboten wird internationale Küche. Zum Übernachten stehen zeitgemässe Gästezimmer bereit.

WILDEGG – Aargau (AG) – **551** N4 – 3 407 Ew – Höhe 354 m – ✉ 5103   **3** F2
▶ Bern 90 – Aarau 11 – Baden 20 – Luzern 58
👁 Schloss ★

Aarehof
Bahnhofstr. 5 – ℰ 062 887 84 84 – www.aarehof.ch – Fax 062 887 84 85
60 Zim – †120/150 CHF ††170/195 CHF
Rest – *(geschl. Samstagmittag und Sonntag)* (22 CHF) Menü 48/63 CHF
– Karte 38/80 CHF
♦ Das gegenüber dem Bahnhof gelegene Hotel bietet seinen Gästen unterschiedlich eingerichtete Zimmer, die zeitgemäss und funktional ausgestattet sind. Farbenfroh präsentiert sich das moderne Hauptrestaurant mit trendiger Bar.

WILDERSWIL – Bern – **551** L9 – siehe Interlaken

WILDHAUS – Sankt Gallen (SG) – **551** U6 – 1 213 Ew – Höhe 1 098 m   5 I3
– Wintersport : 1 050/2 262 m – ⊠ 9658

▶ Bern 214 – Sankt Gallen 70 – Altstätten 35 – Bad Ragaz 40

🛈 Lisighaus, ✆ 071 999 99 11, kontakt@toggenburg.ch

Stump's Alpenrose
(beim Schwendisee), Süd: 2,5 km
– ✆ 071 998 52 52 – www.stumps-alpenrose.ch
– Fax 071 998 52 53
50 Zim – ♦127/167 CHF ♦♦218/298 CHF – ½ P +50 CHF
Rest – (32 CHF) Menü 45 CHF (mittags)/60 CHF – Karte 43/73 CHF
♦ In ruhiger Aussichtslage oberhalb des Ortes bietet dieses Haus seinen Gästen mit hellen Naturholzmöbeln zeitgemäss eingerichtete Zimmer und einen netten Wohlfühlbereich. Gaststube und neo-rustikales Restaurant.

WILEN – Obwalden – **551** N8 – **siehe Sarnen**

WINKEL – Zürich (ZH) – **551** Q4 – 3 724 Ew – Höhe 450 m – ⊠ 8185   4 G2

▶ Bern 135 – Zürich 19 – Schaffhausen 31 – Zug 56

in Niederrüti Süd: 1 km – Höhe 443 m – ⊠ 8185

Wiesental
Zürichstr. 25 – ✆ 044 860 15 00
– www.restaurant-wiesental.ch – Fax 044 862 18 02
– geschl. 24. Dezember - 3. Januar und Samstagmittag, Sonntag
Rest – (24 CHF) Menü 59 CHF – Karte 44/100 CHF
♦ In der rustikalen Gaststube und im eleganten Restaurant kann man von einer zeitgemässen und auch traditionellen Karte wählen. Zudem hat man im UG eine moderne Bar.

Die Auswahl an Hotels, Gästehäusern und Restaurants ändert sich jährlich.
Kaufen Sie deshalb jedes Jahr den neuen MICHELIN-Führer!

WINTERTHUR – Zürich (ZH) – **551** Q4 – 94 709 Ew – Höhe 439 m   4 G2
– ⊠ 8400

▶ Bern 146 – Zürich 28 – Baden 46 – Konstanz 45

🛈 im Hauptbahnhof A, ✆ 052 267 67 00, tourismus@win.ch

🏌 Winterberg, Süd: 12 km, ✆ 052 345 11 81

🏌 Schloss Goldenberg Dorf, Nord-West: 13 km Richtung Flaach,
✆ 052 305 23 33

◉ Sammlung Oskar Reinhart "Am Römerholz"★★★ Nord: über Haldenstrasse B. Kunstmuseum★★ B M^2 – Fotomuseum★★ - Villa Flora★ Süd: über Tösstalstrasse B

Lokale Veranstaltungen:
   25.-27. Juni: Albanifest
   19.-30. August: Musikfestwochen

Stadtplan auf der nächsten Seite

Park Hotel
Stadthausstr. 4 – ✆ 052 265 02 65 – www.phwin.ch
– Fax 052 265 02 75   **B**r
73 Zim – ♦185/255 CHF ♦♦300/335 CHF
Rest *Bloom* – Karte 54/87 CHF
♦ Ganz auf den Businessgast zugeschnitten ist das moderne Stadthotel nahe der Fussgängerzone mit grosszügigem Hallenbereich und funktionell-komfortablen Zimmern. Zeitgemässe Küche bietet das geradlinig-elegante Restaurant mit netter Bar.

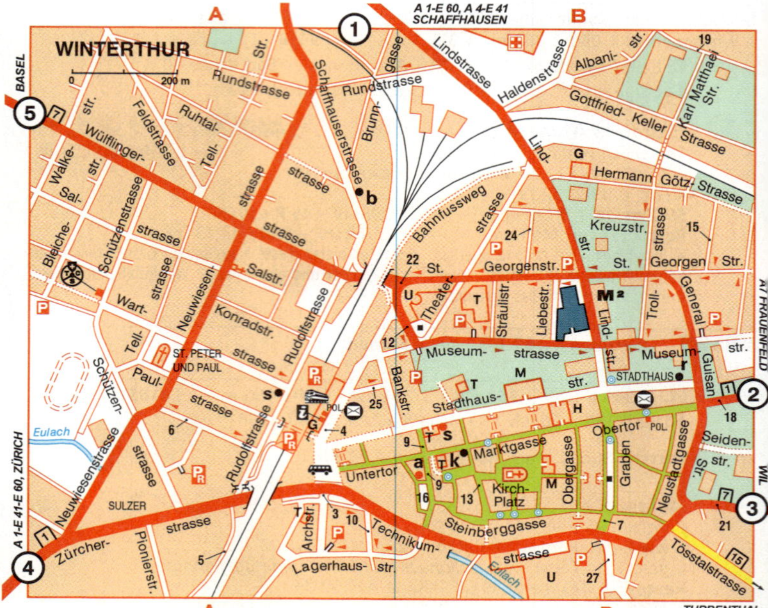

Archplatz . . . . **A** 3	Meisenstrasse. . . . . **A** 10	St. Gallerstrasse . . . . **B** 21
Bahnhofplatz . . . . **A** 4	Merkurstrasse . . . . **B** 12	St. Georgenplatz. . . . . **AB** 22
Bahnmeisterweg . . . . **A** 5	Metzgasse . . . . **B** 13	Stadthausstrasse. . . . . **B**
Gertrudstrasse. . . . . **A** 6	Nelkenstrasse . . . . **B** 15	Steinberggasse . . . . **B**
Holderplatz . . . . **B** 7	Neumarkt . . . . **B** 16	Sulzbergstrasse . . . . **B** 24
Kasinostrasse . . . . **B** 9	Römerstrasse . . . . **B** 18	Turnerstrasse. . . . . **A** 25
Marktgasse . . . . **B**	Rychenbergstrasse . . . . **B** 19	Zeughausstrasse. . . . . **B** 27

Banana City

Schaffhauserstr. 8 – ℘ *052 268 16 16 – www.bananacity.ch – Fax 052 268 16 00*
101 Zim – ♦170/220 CHF ♦♦250/270 CHF – 3 Suiten – ½ P +35 CHF **Ab**
Rest – Karte 41/74 CHF

◆ Den ungewöhnlichen Namen verdankt das Haus seiner langen gebogenen Glasfassade. Moderne, funktionell ausgestattete Zimmer mit gutem Platzangebot erwarten den Gast.

Wartmann

Rudolfstr. 15 – ℘ *052 260 07 07 – www.wartmann.ch – Fax 052 213 30 97*
– geschl. 25. Dezember - 3. Januar und 2. - 5. April
72 Zim ⊇ – ♦135/180 CHF ♦♦180/260 CHF **As**
Rest *Gleis 11* – ℘ 052 260 07 00 – (21 CHF) Menü 79 CHF (abends)
– Karte 35/80 CHF

◆ In dem Hotel gegenüber dem Bahnhof stehen freundlich gestaltete Gästezimmer mit neuzeitlicher und funktioneller Ausstattung zur Verfügung. Trendiges Ambiente im Restaurant Gleis 11.

Krone

Marktgasse 49 – ℘ *052 208 18 18 – www.kronewinterthur.ch*
– Fax 052 208 18 20 – geschl. 23. Dezember - 3. Januar
41 Zim ⊇ – ♦195/240 CHF ♦♦250/270 CHF **Bk**
Rest *Pearl* – *(geschl. Samstagmittag, Sonntag und Montag)* (32 CHF)
Menü 39/98 CHF – Karte 77/90 CHF
Rest *La Couronne* – *(geschl. Sonntag)* (18 CHF) Menü 21 CHF – Karte 40/64 CHF

◆ Ein denkmalgeschütztes Haus mitten in der Altstadt, hinter dessen historischer Fassade wohnlich-moderne Zimmer mit Parkett auf die Gäste warten. Schön hat man das Restaurant Pearl mit eleganter Note eingerichtet. La Couronne ist ein lebendiges Bistro.

WINTERTHUR

Ibis
Brühlbergstr. 7, über ④ – ℰ 052 264 57 00 – www.ibishotel.com
– Fax 052 264 57 11
88 Zim – †105/166 CHF ††105/166 CHF, ☑ 15 CHF
Rest – (16 CHF) – Karte 37/63 CHF
♦ Modern, funktionell und sachlich ausgestattete Zimmer - recht schlicht und preisgünstig - bietet dieses Hotel nicht weit vom Zentrum.

strauss
Stadthausstr. 8 – ℰ 052 212 29 70 – www.strauss-winterthur.ch
– Fax 052 213 42 54 – geschl. 4. - 17. Oktober und Sonntag   **Bs**
Rest – (30 CHF) Menü 85/115 CHF – Karte 65/98 CHF
♦ Neben dem Freilichttheater mitten in Winterthur befindet sich dieses freundliche, lebendige Restaurant, das traditionelle Speisen bietet. Vineria, kleines Bistro und beliebte Terrasse.

Trübli
Bosshardengässchen 2 – ℰ 052 212 55 36
– www.truebli-winterthur.ch – Fax 052 212 55 25
– geschl. 1. - 4. Januar, 17. April - 3. Mai, 26. - 31. Juli, Montag, Sonn- und
Feiertage   **Ba**
Rest – (24 CHF) Menü 52 CHF (mittags)/92 CHF – Karte 55/82 CHF
♦ Eine sympathische familiäre Adresse in der Fussgängerzone am Altstadtrand. Das kleine Restaurant mit traditioneller Küche steht für gemütliche Atmosphäre und freundlichen Service.

in Wülflingen Nord-West: 2,5 km über ⑤ – ✉ 8408 Winterthur

Taggenberg (Peter Schnaibel)
Taggenbergstr. 79, über Strassenverkehrsamt Nord: 1,5 km – ℰ 052 222 05 22
– www.taggenberg.ch – Fax 052 222 05 24
– geschl. Februar 1 Woche, Juli 2 Wochen, Oktober 1 Woche und Sonntag
- Montag
Rest – (56 CHF) Menü 66 CHF (mittags)/148 CHF – Karte 91/116 CHF
Spez. Bisoncarpaccio und Tatar mit Sauerrahmsauce und lila Senf. Terrine von pochierter Gänseleber mit Feigenchutney und Briochetoast. Basilikum-Taglierinis mit gebratenem Rock-Lobster und Tomatenconfit.
♦ Ländlicher Charme und gepflegte Tischkultur in einem herzlich-familiär geleiteten Restaurant. Angenehm unkompliziert ist die feine zeitgemässe Küche, für die viele heimische Produkte verwendet werden.

Schloss Wülflingen
Wülflingerstr. 214 – ℰ 052 222 18 67 – www.schlosswuelflingen.ch
– Fax 052 222 18 90
Rest – Karte 65/110 CHF
♦ Die gemütlichen Stuben des schmucken Hauses a. d. 17. Jh. wurden stilgerecht und mit Liebe zum Detail restauriert - sehenswerte Details wie Täferungen, Malereien und Öfen geben jedem Raum seine individuelle Note.

WÖLFLINSWIL – Aargau (AG) – **551** M4 – 856 Ew – Höhe 440 m   **3 E2**
– ✉ 5063
▶ Bern 119 – Aarau 11 – Zürich 55 – Basel 47

Landgasthof Ochsen mit Zim
Dorfplatz 56 – ℰ 062 877 11 06 – www.ochsen-woelflinswil.ch
– Fax 062 877 11 04 – geschl. 15. Februar - 3. März, 3. - 20. Oktober und
Dienstagabend - Mittwoch
6 Zim ☑ – †70/100 CHF ††120/150 CHF
Rest – (18 CHF) Menü 66/88 CHF – Karte 51/105 CHF
♦ Der Familienbetrieb befindet sich in einem Landgasthof a. d. 13. Jh. und bietet in elegant-rustikaler Umgebung eine solide traditionelle Küche. Für Übernachtungsgäste hat man nette gepflegte Zimmer.

WOHLEN BEI BERN – Bern (BE) – 551 I7 – 9 093 Ew – Höhe 549 m – ✉ 3033   2 D4

▶ Bern 10 – Biel 49 – Burgdorf 33 – Solothurn 48

XX **Kreuz**
😊 Hauptstr. 7 – ✆ 031 829 11 00 – www.kreuzwohlen.ch
– geschl. 22. Februar - 28. März, 5. Juli - 3. August und Montag
- Dienstag
Rest – (17 CHF) – Karte 33/75 CHF
◆ Traditionell speist man in dem seit 1618 von der Familie geleiteten Gasthof an der Hauptstrasse - im 18. Jh. fand hier die "Berner Platte" ihren Ursprung. Kinderspielplatz am Haus.

WOLFGANG – Graubünden – 553 X8 – siehe Davos

WOLHUSEN – Luzern (LU) – 557 N7 – 4 127 Ew – Höhe 571 m – ✉ 6110   3 F4

▶ Bern 99 – Luzern 23 – Sarnen 42 – Stans 36

XX **Rössli ess-kultur**
😊 Menznauerstr. 2 – ✆ 041 492 60 60 – www.roessli-wolhusen.ch
– Fax 041 492 60 61 – geschl. 18. Juli - 2. August, 20. - 30. Dezember
und Sonntag - Montag
Rest – Menü 47 CHF (mittags)/92 CHF – Karte 67/95 CHF
Rest *Dorfbeiz & Stübli* – (18 CHF) Menü 39 CHF (mittags)/48 CHF
– Karte 45/63 CHF
◆ Das traditionsreiche Gasthaus beherbergt im 1. Stock das modern gehaltene Gourmetrestaurant mit schöner Terrasse, auf der man zusätzlich eine Karte mit Grillgerichten und ein Salatbuffet bietet. Geradliniger Stil und regionale Küche in Dorfbeiz und Stübli.

WOLLISHOFEN – Zürich – 551 P5 – siehe Zürich

WORB – Bern (BE) – 551 J7 – 11 213 Ew – Höhe 585 m – ✉ 3076   2 D4

▶ Bern 11 – Burgdorf 20 – Langnau im Emmental 20 – Thun 28

Zum Löwen
Enggisteinstr. 3 – ✆ 031 839 23 03 – www.loewen-worb.ch – Fax 031 839 58 77
13 Zim ⌑ – †112/125 CHF ††175/200 CHF
Rest – (geschl. Samstag - Sonntag) Karte 39/93 CHF
◆ Der schöne typische Berner Landgasthof aus dem 15. Jh. beherbergt seine Gäste in rustikal eingerichteten Zimmern von guter Grösse. Interessant: das Korkenziehermuseum. Restaurant mit traditioneller Karte.

WORBEN – Bern (BE) – 552 I6 – 2 270 Ew – Höhe 442 m – ✉ 3252   2 D3

▶ Bern 35 – Aarberg 8 – Biel 9 – Murten 28

Worbenbad
Hauptstr. 77 – ✆ 032 384 67 67 – www.worbenbad.com – Fax 032 384 79 06
– geschl. Ende Juli 2 Wochen
32 Zim – †99/143 CHF ††148/185 CHF, ⌑ 22 CHF
Rest *Le Grill* – (geschl. Sonntagabend) Menü 45 CHF (mittags)/105 CHF
– Karte 41/76 CHF
Rest *Sardi's* – (geschl. Sonntagabend) Karte 36/54 CHF
◆ Das Hotel bietet zeitgemässe funktionelle Gästezimmer und vier romantische Themenzimmer sowie einen Freizeitbereich mit grossem Hallenbad, der auch öffentlich genutzt wird. Internationale Küche im Restaurant Le Grill. Sardi's mit mediterranem Angebot.

WÜLFLINGEN – Zürich – 551 Q4 – siehe Winterthur

Gute Küche zu moderatem Preis? Folgen Sie dem „Bib Gourmand". Das freundliche Michelin-Männchen „Bib" steht für ein besonders gutes Preis-Leistungs-Verhältnis!

WÜRENLOS – Aargau (AG) – 551 O4 – 5 165 Ew – Höhe 420 m – ✉ 5436   4 F2

▶ Bern 110 – Aarau 31 – Baden 8 – Luzern 59

XX Rössli
Landstr. 77 – ℰ 056 424 13 60 – www.roessli-wuerenlos.ch – Fax 056 424 38 50 – geschl. Sonntag - Montag
Rest – Menü 48 CHF (mittags) – Karte 64/102 CHF
♦ Das schöne alte Riegelhaus war ursprünglich eine Umspannstation für Postkutschenpferde. Schon in fünfter Generation bewirtet man hier Gäste in diversen rustikalen Stuben.

Das Symbol † bzw. †† zeigt den Mindestpreis in der Nebensaison und den Höchstpreis in der Hochsaison für ein Einzelzimmer bzw. für ein Doppelzimmer an.

YVERDON-LES-BAINS – Vaud (VD) – 552 E8 – 24 696 h. – alt. 435 m – Stat. thermale – ✉ 1400   6 B5

▶ Bern 76 – Neuchâtel 40 – La Chaux-de-Fonds 57 – Lausanne 40
🛈 2 av. de la Gare **AY**, ℰ 024 423 61 01, info@yverdon-les-bains.ch
⛳ Vuissens, Sud-Est : 17 km par route de Moudon, ℰ 024 433 33 00
◉ Château de Grandson★★ Nord : 4 km par ①

Plan page suivante

🏠 La Prairie
9 av. des Bains – ℰ 024 423 31 31 – www.laprairiehotel.ch – Fax 024 423 31 99   BZ**b**
36 ch ⊇ – †165/230 CHF ††240/305 CHF – ½ P +48 CHF
Rest *Français* – *(fermé dimanche et lundi)* Menu 71/110 CHF – Carte 70/104 CHF
Rest *Brasserie* – *(fermé dimanche soir)* (20 CHF) Menu 48 CHF (déj.) – Carte 51/77 CHF
♦ Site verdoyant, communs pimpants, chambres douillettes et petit wellness moderne pour cet hôtel centenaire où souffle un vent nouveau. Cadre chic, carte vouée à l'Hexagone et beau chariot de desserts au Français. Brasserie design envoyant des recettes de saison.

🏠 Du Théâtre sans rest
5 av. Haldimand – ℰ 024 424 60 00 – www.hotelyverdon.ch – Fax 024 424 60 01   AZ**f**
31 ch ⊇ – †130/165 CHF ††180/230 CHF
♦ En centre-ville, près du théâtre, bâtisse ancienne rajeunie et dotée de chambres parfois un peu petites mais souvent chaleureuses. Huit chambres dans la dépendance du jardin.

à Cheseaux-Noréaz Est : 2 km – ✉ 1400 Cheseaux

X Table de Mary
🕸 *2 r. du Gymnase, Ouest : 3 km – ℰ 024 436 31 10 – www.latabledemary.ch – Fax 024 436 31 12 – fermé 20 décembre - 5 janvier, 7 - 16 février, 2 - 19 août, lundi et mardi*
Rest – (18 CHF) Menu 56 CHF (déj.) – Carte 67/87 CHF
♦ Ex-auberge communale entièrement relookée. Cuisine du moment servie dans une longue salle moderne tout en fraîcheur et luminosité, ou dehors quand perce le soleil d'été.

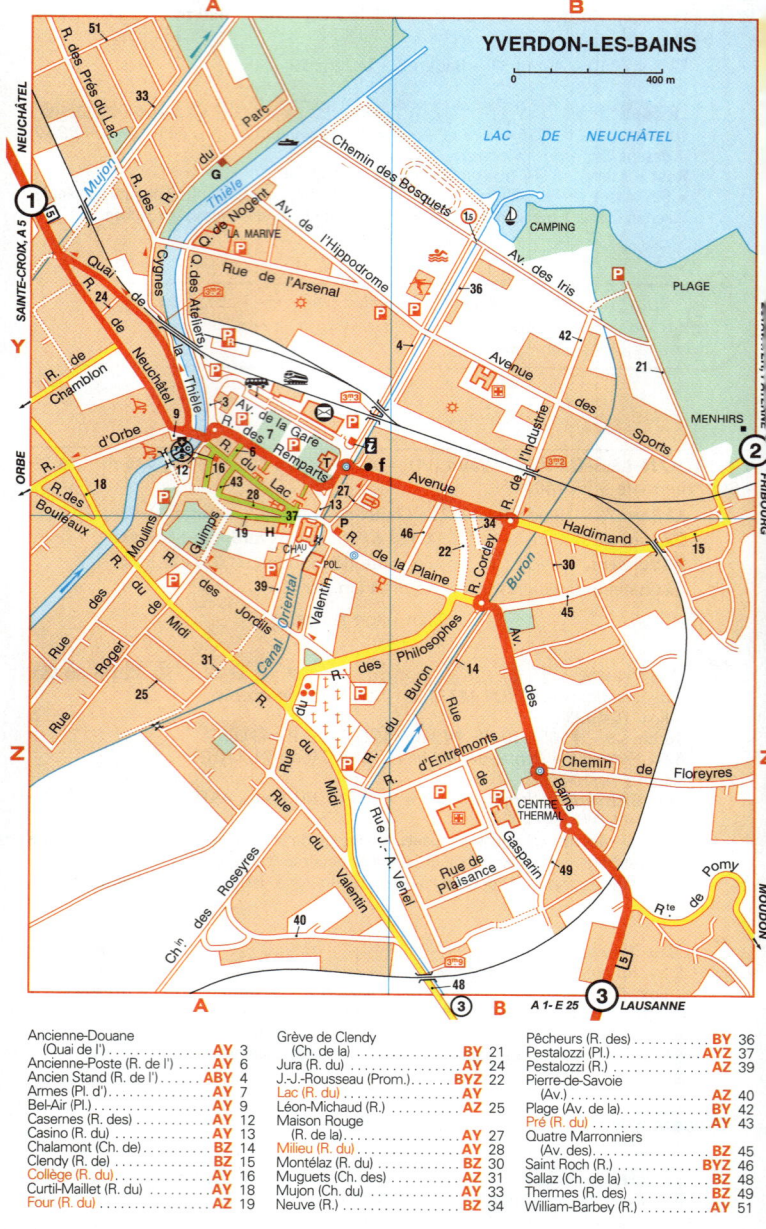

YVERDON-LES-BAINS

Ancienne-Douane (Quai de l')	**AY** 3
Ancienne-Poste (R. de l')	**AY** 6
Ancien Stand (R. de l')	**ABY** 4
Armes (Pl. d')	**AY** 7
Bel-Air (Pl.)	**AY** 9
Casernes (R. des)	**AY** 12
Casino (R. du)	**AY** 13
Chalamont (Ch. de)	**BZ** 14
Clendy (R. de)	**BZ** 15
Collège (R. du)	**AY** 16
Curtil-Maillet (R. du)	**AY** 18
Four (R. du)	**AZ** 19
Grève de Clendy (Ch. de la)	**BY** 21
Jura (R. du)	**AY** 24
J.-J.-Rousseau (Prom.)	**BYZ** 22
Lac (R. du)	**AY**
Léon-Michaud (R.)	**AZ** 25
Maison Rouge (R. de la)	**AY** 27
Milieu (R. du)	**AY** 28
Montélaz (R. du)	**BZ** 30
Muguets (Ch. des)	**AZ** 31
Mujon (Ch. du)	**AY** 33
Neuve (R.)	**BZ** 34
Pêcheurs (R. des)	**BY** 36
Pestalozzi (Pl.)	**AYZ** 37
Pestalozzi (R.)	**AZ** 39
Pierre-de-Savoie (Av.)	**AZ** 40
Plage (Av. de la)	**BY** 42
Pré (R. du)	**AY** 43
Quatre Marronniers (Av. des)	**BZ** 45
Saint Roch (R.)	**BYZ** 46
Sallaz (Ch. de la)	**BZ** 48
Thermes (R. des)	**BZ** 49
William-Barbey (R.)	**AY** 51

YVORNE – Vaud (VD) – **552** G11 – **907 h.** – **alt. 395 m** – ✉ 1853 **7** C6
▶ Bern 105 – Montreux 14 – Aigle 2 – Lausanne 43

XXX **La Roseraie** (Christophe Rod) P VISA ⓶ AE ①
ⓈⓈ *Nord : 2 km par route cantonale* – ☎ 024 466 25 89
– www.roseraie.ch – Fax 024 466 56 28
– *fermé 24 décembre - 6 janvier, 25 juillet - 11 août, dimanche et lundi*
Rest – Menu 75 CHF (déj.)/190 CHF – Carte 113/142 CHF
Rest *La Pinte* – Menu 54 CHF – Carte 66/104 CHF
Spéc. Truffe noire entière aux cardons en cocotte lutée. St.-Pierre entier au citron confit. Joue de veau braisée à l'ancienne.
♦ Accueil charmant de la patronne, salles stylées, terrasse intime, belle cuisine de base classique et service bien huilé : un délicieux moment de table en perspective ! Plats traditionnels à prix doux et ambiance bistrot à La Pinte.

ZÄZIWIL – Bern – **551** K7 – siehe Grosshöchstetten

ZEIHEN – Aargau (AG) – **551** N4 – **908 Ew** – **Höhe 433 m** – ✉ 5079 **3** E2
▶ Bern 98 – Aarau 15 – Baden 23 – Basel 46

in Oberzeihen Süd-West: 1 km – ✉ 5079 Zeihen

X **Ochsen** 🏠 P
Weizacher 2 – ☎ 062 876 11 35 – www.ochsen-oberzeihen.ch
– *Fax 062 876 32 45 – geschl. 4. - 14. Januar, 1. - 10. Juni, 2. - 30. September und Montag - Mittwoch*
Rest – *(Donnerstag - Freitag nur Abendessen)* Karte 58/91 CHF
♦ Dies ist ein Landgasthof wie aus dem Bilderbuch, der Ihnen nebst freundlichem und sehr familiärem Service gute bürgerliche Grillgerichte offeriert.

ZERMATT – Wallis (VS) – **552** K13 – 5 808 Ew – Höhe 1 610 m **8** E7
– **Wintersport :** 1 620/3 883 m ⛷21 ⛷34 – ✉ 3920
▶ Bern 115 – Brig 40 – Sierre 59 – Sion 75
Autos nicht zugelassen
🛈 Bahnhofplatz 5 AY, ☎ 027 966 81 00, info@zermatt.ch
🚆 Matterhorn Täsch, Nord: Zug 13 Minuten, dann Richtung Randa: 2 km, ☎ 027 967 70 00
◉ **Lage ★★**
◉ Gornergrat★★★ Süd-Ost: mit Zahnradbahn BZ – Stockhorn★★★ mit ⛷ vom Gornergrat – Klein Matterhorn★★★ Süd-West: mit ⛷ AZ
– Theodulgletscher★★ Süd: mit ⛷ – Unter Rothorn★★ Ost: mit Standseilbahn BY – Schwarzsee★ Süd-West: mit ⛷ AZ

Lokale Veranstaltungen:
August: Folklore-Festival
September: Zermatt Festival

mit dem Zug ab Täsch erreichbar

Stadtplan auf der nächsten Seite

🏨 **Grand Hotel Zermatterhof** ≤ 🌿 🏠 📺 💧 ♨ 🛌 🛗 🍽 Rest,
Bahnhofstr. 55 – ☎ 027 966 66 00 (((•))) 🔒 VISA ⓶ AE ①
– www.zermatterhof.ch – Fax 027 966 66 99 – *geschl. 21. April - 4. Juni und 26. September - 3. Dezember* AZ**w**
72 Zim ⌑ – †255/670 CHF ††460/880 CHF – 12 Suiten – ½ P +80 CHF
Rest *Lusi* – *(geschl. 11. April - 4. Juni, 26. September - 18. Dezember) (mittags nur kleine Karte)* Menü 65/89 CHF – Karte 55/108 CHF
Rest *Prato Borni* – *(geschl. 21. April - 11. Juli, 28. August - 3. Dezember) (nur Abendessen)* Menü 95/145 CHF – Karte 88/127 CHF
♦ Ein sehr angenehmes Grandhotel, dessen lange Tradition bis ins Jahr 1879 zurückreicht. Unter den schönen und individuellen Zimmern stechen die geschmackvoll-zeitgemässen Chalet-Suiten besonders hervor. Lusi ist ein modernes Restaurant mit klassischem Rahmen. Stilvolle Atmosphäre im Prato Borni.

ZERMATT

Bachstrasse .... **AZ**
Bahnhofstrasse ..... **AYZ**
Getwingstrasse ..... **ABY**
Hofmattstrasse ...... **AY** 3
Kirchstrasse .... **AZ** 4
Matterstrasse .... **AYZ** 5
Mattertalstrasse .... **BY**
Oberdorfstrasse ..... **AZ** 6
Obere Mattenstrasse . **BY** 7
Riedstrasse .... **BZ** 8
Schluhmattenstrasse .. **AZ**
Spissstrasse .... **BY**
Steinmattenstrasse ... **AZ** 9
Untere Mattenstrasse . **BY** 10
Vispastrasse .... **AYZ** 12
Wiestistrasse .... **BY** 14

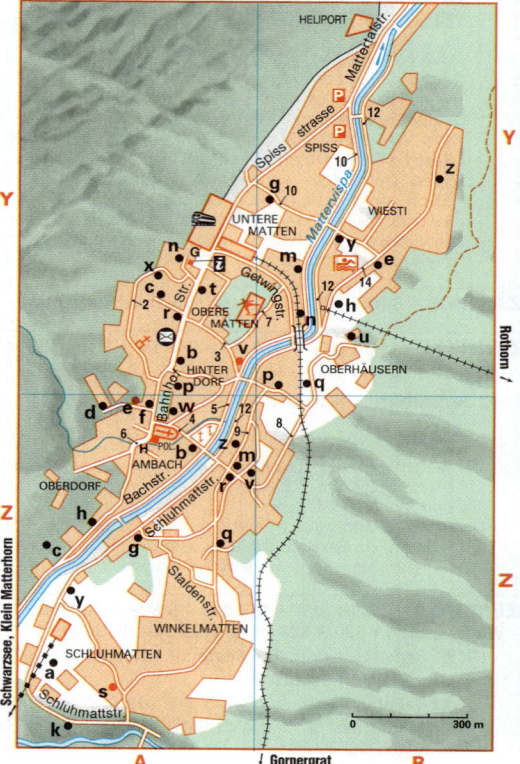

Mont Cervin Palace

Bahnhofstr. 31 - ℰ 027 966 88 88
- www.montcervinpalace.ch - Fax 027 966 88 99 - geschl. Mitte April - Mitte Juni und Ende September - Ende November **AYb**
140 Zim ⌲ - †325/435 CHF ††650/900 CHF - 33 Suiten - ½ P +80 CHF
Rest - Karte 76/100 CHF
Rest *Grill Le Cervin* - Karte 76/120 CHF
Rest *Capri* - ℰ 027 966 87 00 *(geschl. Anfang April - Mitte Dezember und Dienstag) (nur Abendessen)* Karte 84/124 CHF

◆ Das 1852 mitten in Zermatt erbaute Haus ist zu einem eleganten Luxushotel gewachsen, das von Familie Kunz mit Engagement geführt wird. Besonders hübsch ist der alpine Chalet-Stil im Nebenhaus "Le Petit Cervin". Speisesaal mit gediegenem Ambiente. Gemütlich: Grill Le Cervin. Italienisches Angebot im Capri.

The Omnia

Auf dem Fels - ℰ 027 966 71 71 - www.the-omnia.com - Fax 027 966 71 00
- geschl. 18. April - 11. Juni **AZd**
18 Zim ⌲ - †270/700 CHF ††320/800 CHF - 12 Suiten
Rest - *(nur Abendessen)* Karte 68/89 CHF

◆ Eine stylische Adresse in spektakulärer exponierter Lage. Modernes Design gepaart mit Mountain-Lodge-Flair, entstanden aus hochwertigen Materialien der Region, die mit Stilsicherheit kombiniert wurden. Geradlinigkeit bestimmt auch das Restaurant.

ZERMATT

Alpenhof
Matterstr. 43 – ℰ 027 966 55 55 – www.alpenhofhotel.com
– Fax 027 966 55 56 – geschl. 24. April - 15. Juni, 20. September -
1. Dezember **BYm**
54 Zim – †162/550 CHF ††298/634 CHF – 8 Suiten – ½ P +35 CHF
Rest *Alpenhof - Le Gourmet* – separat erwähnt
◆ Das Hotel unter der persönlichen Leitung von Familie Julen besticht durch seine eleganten und individuellen Zimmer, vom Typ "Classic" bis hin zum aparten "Fire & Ice"-Zimmer. Schön ist die Stille Alm mit Blockhaussauna.

Monte Rosa
Bahnhofstr. 80 – ℰ 027 966 03 33 – www.seilerhotels.ch/monterosa
– Fax 027 966 03 30 – geschl. 11. April - 12. Juni, 26. September - Mitte
Dezember **AZf**
36 Zim – †185/460 CHF ††360/750 CHF – 11 Suiten – ½ P +60 CHF
Rest – (nur Abendessen) Menü 85/180 CHF – Karte 57/86 CHF
◆ Das historische Hotel mit den roten Fensterläden bietet gemütlich-gediegene Räume wie Leselobby und Bar sowie wertig und technisch sehr gut ausgestattete Zimmer. Besonders schicke Suiten im 6. Stock. Stilvoll-klassisches Restaurant.

Parkhotel Beau-Site
Brunnmattgasse 9 – ℰ 027 966 68 68
– www.parkhotel-beausite.ch – Fax 027 966 68 69
– geschl. 25. April - 31. Mai, 10. Oktober - 4. Dezember **BYp**
61 Zim – †149/204 CHF ††248/438 CHF – 5 Suiten – ½ P +36 CHF
Rest – (nur Abendessen) (Tischbestellung ratsam) Menü 50/75 CHF
– Karte 44/71 CHF
◆ Nicht weit von Zentrum und Bergbahn steht das komfortable Hotel mit klassischem Rahmen und wohnlich-eleganten Zimmern. Eine exklusive Note vermittelt die Turmsuite. Das Restaurant: Speisesaal und mehrere gemütliche Stuben. Die Küche ist traditionell.

Mirabeau
Untere Mattenstr. 12 – ℰ 027 966 26 60 – www.hotel-mirabeau.ch
– Fax 027 966 26 65 – geschl. 25. April - 4. Juni, 3. - 14. Oktober **BYg**
61 Zim – †135/550 CHF ††180/630 CHF – ½ P +35/45 CHF
Rest *Le Corbeau d'Or* – separat erwähnt
◆ Hier wohnt man in schönen modernen Zimmern - im Annex betonen heimische Naturmaterialien die alpine Eleganz. Stein und Holz aus der Region finden sich auch im "Alpinen Refugium".

La Ginabelle
Vispastr. 52 – ℰ 027 966 50 00 – www.la.ginabelle.ch
– Fax 027 966 50 10 – geschl. 18. April - 12. Mai, 25. Oktober -
27. November **BYy**
41 Zim – †115/350 CHF ††284/532 CHF – 4 Suiten – ½ P +25 CHF
Rest – (nur Abendessen) Menü 45/96 CHF – Karte 43/70 CHF
◆ Alpenländisches Flair von der Fassade über die Lobby mit Cheminée bis in die wohnlichen Zimmer. Vielfältig ist das Angebot im ansprechenden neuzeitlichen Beauty- und Vitalbereich. Klassisch-elegantes Restaurant mit zeitgemässer Küche.

Alex
Bodmenstr. 12 – ℰ 027 966 70 70 – www.hotelalexzermatt.com
– Fax 027 966 70 90 – geschl. 25. April - 5. Juni, 17. Oktober -
27. November **AYn**
70 Zim – †210/330 CHF ††360/600 CHF – 14 Suiten – ½ P +20 CHF
Rest – Menü 85/160 CHF – Karte 72/130 CHF
◆ Mit freundlichem Service und individuellen, liebevoll und charmant eingerichteten Zimmern sorgt man in dem engagiert geführten Familienbetrieb für einen angenehmen Aufenthalt. Ein imposanter Weinkeller dient als Veranstaltungsraum. Rustikal-gemütliches Restaurant mit lichtem Wintergarten. Einfachere Mittagskarte.

ZERMATT

Post
Zim, VISA AE
Bahnhofstr. 41 – ℰ 027 967 19 31 – www.hotelpost.ch – Fax 027 968 19 09
29 Zim ⌑ – ♦170/400 CHF ♦♦250/650 CHF – ½ P +70 CHF AYp
Rest Portofino – *(geschl. Mai - November und Montag - Dienstag) (nur Abendessen) (Tischbestellung ratsam)* Menü 80/190 CHF – Karte 80/120 CHF
Rest Broken Tex Mex Grill – *(geschl. Mai - September) (nur Abendessen)* Karte 50/110 CHF
Rest Spaghetti & Pizza Factory – *(nur Abendessen)* Karte 63/87 CHF
• Mitten im Zentrum steht dieses Lifestyle- und Boutique-Hotel, das gelungen geradlinig-modernes Design und warme alpine Atmosphäre kombiniert. Musik-Events in der Bar "The Pink". Im gastronomischen Bereich bietet man diverse Restaurants und Lounges.

Schweizerhof und Residence
VISA AE
Bahnhofstr. 5 – ℰ 027 966 00 00 – www.seilerhotels.ch – Fax 027 966 00 66
– geschl. 12. April - 21. Mai, 4. Oktober - 17. Dezember AYt
90 Zim ⌑ – ♦195/330 CHF ♦♦350/900 CHF – 24 Suiten
Rest Lanaa Thai – *(nur Abendessen)* Karte 66/90 CHF
Rest Prato Borni – *(geschl. im Sommer) (nur Abendessen)* Menü 45/55 CHF – Karte 70/86 CHF
Rest Schwyzer Stübli – Karte 49/79 CHF
• Teil dieses Ferienhotels ist der moderne Freizeitbereich Sempervivum, der auch Kosmetik anbietet. Familienfreundlich: Nico Kids Club sowie die Résidence-Zimmer mit Kochnische. Rustikal-gemütlich ist das Prato Borni mit Käsespezialitäten.

Schönegg
VISA AE
Riedweg 35 – ℰ 027 966 34 34 – www.schonegg.ch – Fax 027 966 34 35
– geschl. 18. April - 30. Mai, 25. September - 28. November BYu
37 Zim ⌑ – ♦145/340 CHF ♦♦290/580 CHF – ½ P +45 CHF
Rest Gourmetstübli – *(geschl. 12. April - 5. Juli, 20. September - 18. Oktober und Mittwoch) (nur Abendessen)* Karte 77/117 CHF
• Ein Aufzug bringt Sie von der Talstation durch den Berg hindurch direkt zur Hotelrezeption. Von einigen der wohnlich-eleganten Zimmer blickt man aufs Matterhorn. Zeitgemässe Küche bietet das mit schönen Decken- und Wandmalereien geschmückte Gourmetstübli.

Julen
VISA AE
Riedstr. 2 – ℰ 027 966 76 00 – www.julen.com – Fax 027 966 76 76
28 Zim ⌑ – ♦152/242 CHF ♦♦304/564 CHF – 4 Suiten – ½ P +25 CHF AZr
Rest – (28 CHF) Menü 45 CHF – Karte 54/97 CHF
Rest Schäferstübli – *(geschl. im Sommer: Montag) (nur Abendessen)* Karte 51/85 CHF
• Aufmerksam und kompetent ist die Gästebetreuung durch Familie Julen und ihr Team. Das Hotel ist ein schmuckes Chalet mit Atmosphäre, die Zimmer sind sehr heimelig und mit frischen Farbakzenten hübsch gestaltet. Gemütliches Restaurant mit Wintergarten. Grill- und Käsespezialitäten im Schäferstübli.

Coeur des Alpes garni
VISA
Oberdorfstr. 134 – ℰ 027 966 40 80 – www.coeurdesalpes.ch
– Fax 027 966 40 81 AZc
19 Zim ⌑ – ♦170/250 CHF ♦♦220/370 CHF – 5 Suiten
• Ein wertiges kleines Hotel designed by Heinz Julen. Modern und sehr schön sind die Zimmer und Lofts sowie der Saunabereich mit Hamam. Traumhafter Blick zum Matterhorn.

Matterhorn Focus garni
VISA AE
Winkelmattenweg 32 – ℰ 027 966 24 24 – www.matterhorn-focus.ch
– Fax 027 966 24 25 – geschl. 3. Mai - 10. Juni, 11. Oktober - 4. November
24 Zim ⌑ – ♦135/550 CHF ♦♦200/550 CHF – 6 Suiten AZa
• Das Hotel trägt die Handschrift des Künstlers H. Julen - Glas, Stahl und Holz bestimmen das Bild. Fast alle Zimmer verfügen über einen Balkon mit Aussicht aufs Matterhorn.

Firefly garni
VISA AE
Schluhmattstr. 55 – ℰ 027 967 76 76 – www.firefly-zermatt.com
– Fax 027 967 71 71 – geschl. 19. April - 31. Mai AZg
15 Suiten ⌑ – ♦520/770 CHF ♦♦520/770 CHF
• Eine geschmackvolle Kombination aus modernem Stil und heimischem Material wie Holz und Stein zeichnet dieses Hotel aus. Grosse Suiten für bis zu sechs Personen, mit Küche.

ZERMATT

Eden garni
Riedstr. 5 – ☏ 027 967 26 55 – www.hotel-eden.ch – Fax 027 967 62 40 – geschl. 2. Mai - 18. Juni, 3. Oktober - 26. November AZ**v**
30 Zim ⌑ – †130/200 CHF ††196/395 CHF
♦ Neuzeitlich ausgestattete Zimmer, ein gepflegter Freizeitbereich mit Zugang zum Garten und ein Open-End-Frühstücksbuffet sprechen für das im Chaletstil gebaute Hotel.

Albatros garni
Steinmattstr. 93 – ☏ 027 966 80 60 – www.hotel-albatros.ch – Fax 027 966 80 66 – geschl. Mitte April - Ende Juni, Ende September - Anfang Dezember
20 Zim ⌑ – †120/260 CHF ††190/360 CHF AZ**q**
♦ Das Haus befindet sich in ruhiger Lage und verfügt über wohnliche Zimmer, in denen hübsche Stoffe ein stimmiges Ambiente schaffen. Whirlwanne mit Panoramablick in der Juniorsuite.

Chesa Valese garni
Steinmattstr. 30 – ☏ 027 966 80 80 – www.chesa-valese.ch – Fax 027 966 80 85
23 Zim ⌑ – †105/165 CHF ††200/290 CHF AZ**z**
♦ Eine gemütliche familiäre Adresse mit allerlei hübschem Dekor, regionstypisch eingerichteten Gästezimmern und freundlichen Mitarbeitern.

Simi garni
Brantschenhaus 20 – ☏ 027 966 45 00 – www.hotelsimi.ch – Fax 027 966 45 05 – geschl. 10. Oktober - 3. Dezember AY**c**
41 Zim ⌑ – †137/197 CHF ††244/384 CHF
♦ Zentral und doch ruhig liegt das familiengeführte Hotel, in dem auch Hunde herzlich willkommen sind. Wohnliche Zimmer - modern oder rustikaler. Zwei schöne Juniorsuiten.

Allalin garni
Kirchstr. 40 – ☏ 027 966 82 66 – www.hotel-allalin.ch – Fax 027 966 82 65 – geschl. 4. Oktober - 26. November, 19. April - 4. Juni AZ**b**
30 Zim ⌑ – †105/270 CHF ††190/390 CHF
♦ In diesem herzlich geleiteten Haus tragen schöne Holzschnitzereien zum behaglichen Ambiente bei, das Sie von der Lobby über die Zimmer bis in den Frühstücksraum begleitet.

Alpen Lodge garni
Zer Bännu 22 – ☏ 027 966 97 97 – www.alpenlodge.com – Fax 027 966 97 98 – geschl. 3. Mai - 5. Juni, 4. Oktober - 5. November BY**z**
12 Zim ⌑ – †90/230 CHF ††140/310 CHF
♦ Ein lohnendes Ziel ist das etwas abseits über Zermatt gelegene Hotel: schicker moderner Alpen-Lodge-Stil und fantastische Aussicht. Die Zimmer tragen Namen von Bergen der Region.

Mountain Paradise garni
Schluhmattstr. 130 – ☏ 027 966 80 40 – www.mountainparadise.ch – Fax 027 966 80 41 – geschl. Mai, Oktober AZ**k**
19 Zim ⌑ – †95/130 CHF ††190/260 CHF
♦ In dem kleinen Hotel in ruhiger Lage hat man mit viel Holz ein wohnliches Umfeld geschaffen. Von einigen Zimmern schaut man zum Matterhorn, Frühstück im lichten Wintergarten.

Pollux
Bahnhofstr. 28 – ☏ 027 966 40 00 – www.hotelpollux.ch – Fax 027 966 40 01
35 Zim ⌑ – †130/227 CHF ††238/390 CHF – ½ P +51 CHF AY**r**
Rest – (22 CHF) Menü 37/51 CHF – Karte 49/80 CHF
♦ Die Gästezimmer dieses zentral gelegenen Hotels vereinen auf gelungene Weise modernes Design und rustikale Elemente. Hauseigene Diskothek. Von der Terrasse des Restaurants beobachten Sie das lebendige Treiben im Ort.

Butterfly
Bodmenstr. 21 – ☏ 027 966 41 66 – www.hotel-butterfly.com – Fax 027 966 41 65 – geschl. 18. April - 12. Mai, 17. Oktober - 15. Dezember
63 Zim ⌑ – †155/195 CHF ††250/370 CHF – ½ P +35 CHF AY**x**
Rest – *(Abendessen nur für Hausgäste)* Menü 45 CHF – Karte 38/80 CHF
♦ Etwas versteckt und ruhig liegt dieses Hotel oberhalb des Bahnhofs. Der Gast wohnt in Zimmern, die im rustikalen Stil eingerichtet wurden.

ZERMATT

Antares ⊛ ≤ 🚗 🌿 ♨ 🛗 ℅ Rest, 📶 VISA ⑳
Schluhmattstr. 101 – ℰ 027 967 36 64 – www.hotel-antares.ch
– Fax 027 967 52 36 – geschl. 15. Mai - 10. Juni, 15. Oktober - 15. November
36 Zim ⌑ – †128/295 CHF ††236/490 CHF – ½ P +30 CHF **AZy**
Rest – (geschl. 30. April - 20. Juni, 15. September - 15. November)
Karte 44/90 CHF

♦ Ruhe und ein reizvoller Bergblick erwarten Sie in dem Familienbetrieb am Ortsrand nahe der Gondelbahn. Die Zimmer sind mit aparten zeitgemässen Onyxbädern ausgestattet. Antares-Bar und Sky-Club ergänzen das Restaurant. Klassische Küche.

Bellerive garni ♨ 🛗 📶 VISA ⑳ AE
Riedstr. 3 – ℰ 027 966 74 74 – www.bellerive-zermatt.ch – Fax 027 966 74 75
– geschl. 25. April - 10. Juni, 17. Oktober - 19. November **AZm**
26 Zim ⌑ – †130/175 CHF ††210/320 CHF

♦ Das Hotel bietet schöne modern-alpine Zimmer sowie einige in ländlicherem Stil. Frühstücksraum und Lobby sind geradlinig und freundlich gestaltet. Halbpension auf Wunsch.

Holiday ⊛ ≤ 🛗 VISA ⑳ AE ①
Gryfelblatte 4 – ℰ 027 967 12 03 – www.hotelholiday.ch – Fax 027 967 50 14
– geschl. 5. April - 18. Mai, 10. Oktober - 17. Dezember **BYe**
35 Zim ⌑ – †106/200 CHF ††170/340 CHF – ½ P +35 CHF
Rest – (nur Abendessen) (Tischbestellung ratsam) Menü 52/115 CHF
– Karte 66/99 CHF

♦ Fichtenholz und Stoffe in warmen Farben machen die tipptopp gepflegten und zeitgemässen Gästezimmer behaglich - mit Balkon mit Aussicht auf die Berge. International und regional ist das Speisenangebot im Restaurant.

Bella Vista garni ⊛ ≤ 🚗 ♨ 🛗 VISA ⑳
Riedweg 15 – ℰ 027 966 28 10 – www.bellavista-zermatt.ch – Fax 027 966 28 15
– geschl. 25. April - 1. Juni, 24. Oktober - 18. Dezember **BYq**
19 Zim ⌑ – †113/164 CHF ††185/295 CHF

♦ Familie Götzenberger überzeugt in ihrem kleinen Hotel mit Annehmlichkeiten wie sympathischem Service, sehr gutem Frühstück mit Selbstgebackenem sowie liebenswerter Atmosphäre. Der Saunabereich ist in ansprechendem klarem Stil gehalten. Halbpension auf Wunsch.

Alpenblick ⊛ ≤ 🌿 ♨ 🧖 🛗 ℅ Rest, 📶 VISA ⑳ AE
Oberdorfstr. 106 – ℰ 027 966 26 00 – www.reconline.ch/alpenblick
– Fax 027 966 26 05 – geschl. 1. Oktober - 20. Dezember **AZh**
32 Zim ⌑ – †125/260 CHF ††230/400 CHF – ½ P +38 CHF
Rest – (geschl. 1. Oktober - 20. Dezember, 19. April - 14. Juni) Menü 45 CHF
– Karte 36/96 CHF

♦ In dem familiengeführten Hotel stehen sehr gepflegte und solide eingerichtete Gästezimmer zur Verfügung, darunter besonders komfortable Superiorzimmer. Ländlich-gediegenes Restaurant mit Gartenterrasse und traditionellem Angebot.

Welschen garni ⊛ ≤ 🚗 ℅ VISA ⑳ AE ①
Wiestistr. 44 – ℰ 027 967 54 22 – www.reconline.ch/welschen
– Fax 027 967 54 23 – geschl. 24. April - 3. Juli, 19. September - 18. Dezember
16 Zim ⌑ – †90/120 CHF ††180/220 CHF **BYh**

♦ Ein sehr nettes Haus unter familiärer Leitung, das ruhig nicht weit von der Talstation des Sunnegga-Express entfernt liegt. Warmes Holz sorgt hier für Gemütlichkeit.

Cheminée ≤ 🚗 🌿 ℅ Zim, 📶 VISA ⑳ AE
Matterstr. 31 – ℰ 027 966 29 44 – www.hotelcheminee.ch – Fax 027 966 29 55
– geschl. 20. April - 1. Juli **BYn**
16 Zim ⌑ – †85/130 CHF ††160/260 CHF – ½ P +35 CHF
Rest – (im Sommer nur Abendessen) Karte 27/76 CHF

♦ Neben der durch den Ort fliessenden Mattervispa und gegenüber der Sunnegga-Station befindet sich das mit praktischen und freundlichen Zimmern ausgestattete Hotel. Bürgerlich-rustikales Restaurant mit Wintergarten.

ZERMATT

XXX Le Corbeau d'Or – Hotel Mirabeau 🛇 VISA ⦿ AE ①
Untere Mattenstr. 12 – ℰ 027 966 26 60 – www.hotel-mirabeau.ch
– Fax 027 966 26 65 – geschl. 10. April - 9. Juli, 19. September – 10. Dezember
und Sonntag - Montag **BYg**
Rest – *(nur Abendessen) (Tischbestellung ratsam)* Menü 110/145 CHF
– Karte 87/124 CHF
♦ In dem kleinen Gourmet-Restaurant des Hotels Mirabeau herrscht eine behagliche und gediegene Atmosphäre. Die Küche ist geprägt von modernen Akzenten.

XXX Alpenhof - Le Gourmet – Hotel Alpenhof 🛇 VISA ⦿ AE ①
Matterstr. 43 – ℰ 027 966 55 55 – www.alpenhofhotel.com – Fax 027 966 55 56
– geschl. 24. April - 15. Juni, 20. September - 1. Dezember **BYm**
Rest – *(geschl. 18. April - 9. Juli, 12. September - 3. Dezember und Mittwoch) (nur Abendessen) (Tischbestellung ratsam)* Menü 82/135 CHF – Karte 82/108 CHF
♦ Charmant-elegantes Ambiente und freundlicher Service sowie hübsch arrangiertes Dekor und sehr gepflegte Tischkultur erwarten Sie in diesem kleinen Restaurant.

XX Heimberg 🌳 VISA ⦿ AE
Bahnhofstr. 84 – ℰ 027 967 84 84 – www.heimberg-zermatt.ch
– Fax 027 967 84 86 – geschl. Mai - 14. Juni **AZe**
Rest – *(geschl. 15. Juni - 1. Dezember: Sonntag - Montag) (Tischbestellung ratsam)* Menü 71/95 CHF – Karte 66/118 CHF
♦ Der Künstler Heinz Julen hat das Interieur dieses historischen Hauses entworfen: Modernes Design trifft auf ursprünglich-rustikalen Stil. Internationales Angebot und variable Menüs.

XX Le Mazot VISA ⦿ AE
Hofmattstr. 23 – ℰ 027 966 06 06 – www.lemazotzermatt.ch – Fax 027 966 06 07
– geschl. Ende April - Ende Juni, Mitte Oktober - Ende November und Montag
Rest – *(nur Abendessen) (Tischbestellung ratsam)* Karte 66/103 CHF **AYv**
♦ Mündlich empfiehlt man seinen Gästen hier saisonale Küche und Grillgerichte wie die bekannten Lammspezialitäten, die am Holzkohlegrill mitten im Restaurant zubereitet werden.

XX Sonnmatten mit Zim ⟵ 🌳 ✆ VISA ⦿ AE ①
Winkelmattenweg 96 – ℰ 027 967 30 30 – www.sonnmatten.ch
– Fax 027 967 30 29 – geschl. Mai - 10. Juni, November - 4. Dezember, im Sommer Montag **AZs**
4 Zim ⊡ – †120/200 CHF ††280/360 CHF – 2 Suiten
Rest – (23 CHF) Menü 45 CHF – Karte 56/89 CHF
♦ In drei geschmackvollen, in warmem Nussbaumholz gehaltenen Restaurantstuben serviert man freundlich zeitgemässe Saisonküche. Der Elektrobus hält direkt vor der Tür. Sehr schöne Gästezimmer im Chaletstil - die Suiten eignen sich gut für Familien.

in Findeln mit Sunnegga Express und Spazierweg (25 min.) oder über Spazierweg von Zermatt (50 min.) erreichbar – Höhe 2 036 m – ✉ 3920 Zermatt

X Findlerhof ⟵ 🌳 VISA ⦿
– ℰ 027 967 25 88 – www.findlerhof.ch – Fax 027 967 28 53 – geschl. 26. April - 12. Juni, 11. Oktober - 30. November
Rest – *(nur Mittagessen) (Tischbestellung ratsam im Winter)* Karte 64/100 CHF
♦ In dem beliebten urgemütlichen Restaurant mit sensationellem Blick aufs Matterhorn bieten Franz und Heidi Schwery internationale Küche und eine schöne italienische Weinauswahl.

auf der Riffelalp mit Zahnradbahn Gornergrat und Riffelalpbähnli (Sommer) (20 min.) erreichbar – Höhe 2 210 m – ✉ 3920 Zermatt

🏨 Riffelalp Resort ⟵ 💧 🌳 ☃ ⊠ 🕭 ※ 🍴 🛇 Rest, ⟪🎙⟫ 🎿
– ℰ 027 966 05 55 – www.riffelalp.com VISA ⦿ AE ①
– Fax 027 966 05 50 – geschl. 22. September
- 13. Dezember, 17. April - 19. Juni
65 Zim ⊡ – †230/605 CHF ††410/1080 CHF – 5 Suiten – ½ P +40/80 CHF
Rest Alexandre – *(nur Abendessen)* Karte 68/108 CHF
♦ In sagenhafter exponierter Lage mit überwältigendem Bergpanorama steht dieses stilvoll-elegante Haus inmitten des Ski- und Wandergebiets. Schöner Freizeitbereich mit einzigartigem Aussenpool direkt gegenüber dem Matterhorn. Alexandre ist ein vornehm gehaltenes Restaurant.

ZERMATT

auf dem Gornergrat mit Zahnradbahn Gornergrat (40 min.) erreichbar – Höhe 3 089 m – ✉ 3920 Zermatt

🏠 **Kulmhotel Gornergrat** ⌂ 〈 🏨 🛏 📶 VISA ⓜ AE ⓓ
  – 𝒞 027 966 64 00
  – www.gornergrat-kulm.ch – Fax 027 966 64 04
  – geschl. November - 12. Dezember, 26. April - 8. Mai
  22 Zim (½ P inkl.) – †150/200 CHF ††270/370 CHF
  Rest – (geschl. November - 20. Dezember, 26. April - 27. Juni) Karte 38/76 CHF
  ♦ Das höchstgelegene Hotel der Schweiz! Man wohnt in funktionellen, mit Arvenholz eingerichteten Zimmern, benannt nach den umliegenden Bergen, und geniesst die einmalige Sicht. Highlight ist die Terrasse mitten in der grandiosen hochalpinen Bergwelt.

in Furi mit Gondelbahn erreichbar – Höhe 1 861 m – ✉ 3920 Zermatt

🏠 **Silvana** ⌂ 〈 🚗 🏨 🛏 📶 VISA ⓜ
  Furri – 𝒞 027 966 28 00 – www.zermatt.ch/silvana
  – Fax 027 966 28 05 – geschl. Anfang Mai - Mitte Juni, Mitte September - Ende November
  21 Zim (½ P inkl.) – †140/185 CHF ††260/370 CHF
  Rest *Gitz-Gädi* – (Tischbestellung erforderlich im Winter abends)
  Karte 43/82 CHF
  ♦ Von der Zwischenstation der Gondelbahn sind es nur wenige Schritte zu diesem Haus in herrlich ruhiger Lage. Gemütlich hat man Zimmer, Lounge und Bar gestaltet. Viel Holz, Stein und allerlei Zierrat versprühen im Gitz-Gädi urig-traditionellen Charme.

in Zum See mit Gondelbahn bis Furi und Spazierweg (15 min.) oder über Schwarzseepromenade AZ (40 min.) erreichbar – ✉ 3920 Zermatt

✗ **Zum See** 🏨 VISA ⓜ AE
  – 𝒞 027 967 20 45 – www.zumsee.ch – Fax 027 967 18 73 – geschl. 5. Oktober - 5. Dezember, 18. April - 18. Juni
  Rest – (nur Mittagessen) (Tischbestellung erforderlich) Karte 58/92 CHF
  ♦ Familie Mennig führt das heimelige Chalet in dem Bergweiler seit 25 Jahren. International-saisonale sowie Walliser Küche, dazu gute Weine, vor allem aus Italien. Sonnige Terrasse.

ZINAL – Valais (VS) – **552** J12 – alt. 1 671 m – Sports d'hiver : 1 670/ 2 896 m ⛷1 ⛷6 ⛸ – ✉ 3961   **8 E6**

▶ Bern 195 – Sion 42 – Brig 60 – Sierre 27
🛈 Au Village, 𝒞 027 475 13 70, info@zinal.ch
Manifestations locales :
  23-24 janvier : Mauler Cup

🏨 **Europe** 〈 🏨 📶 ♨ 🛏 🅰🅲 rest, ✗ rest, 📶 🛀 🅿 VISA ⓜ AE ⓓ
  – 𝒞 027 475 44 04 – www.europezinal.ch – Fax 027 475 44 14
  – fermé novembre - 17 décembre et 2 mai - 11 juin
  34 ch ⌂ – †102/149 CHF ††174/258 CHF – ½ P +28 CHF
  Rest – (20 CHF) Menu 32/67 CHF – Carte 35/75 CHF
  ♦ Construction récente de type chalet surveillant la place principale. Chambres de bon calibre et duplex familiaux. Équipements modernes. Proximité des remontées mécaniques. Bar-pizzeria et restaurant où l'on vient faire des repas plus élaborés.

ZOFINGEN – Aargau (AG) – **551** M5 – 10 394 Ew – Höhe 432 m   **3 E3**
– ✉ 4800

▶ Bern 70 – Aarau 19 – Luzern 46 – Olten 12
🛈 Stadthaus, Kirchplatz 26, 𝒞 062 745 71 72, verkehrsbuero@zofingen.ch
Lokale Veranstaltungen:
  28. Juni: New Orleans meets Zofingen

ZOFINGEN

Zofingen 🛜 🛗 A/C Zim, 🍴 ♨ VISA ⦿ AE
Kirchplatz 30 – ☏ 062 745 03 00 – www.hotel-zofingen.ch – Fax 062 745 03 99
45 Zim ⌂ – ♂130/210 CHF ♂♂230/320 CHF **Rest** – Karte 51/89 CHF
♦ Das neuzeitliche Stadthotel befindet sich im Ortskern. Die zeitgemäss-funktionelle Einrichtung und die Seminarräume eignen sich auch für Businessgäste. In der eleganten Thutstube und im netten einfacheren Restaurant Bögli serviert man internationale Küche.

XX **Federal** 🛜 VISA ⦿ AE ⓪
Vordere Hauptgasse 57 – ☏ 062 751 88 10 – www.federal-zofingen.ch
– Fax 062 751 88 67 – geschl. 24. - 30. Dezember, 17. Juli - 9. August und Samstagmittag, Sonntag - Montag
Rest – Menü 44 CHF (mittags)/88 CHF – Karte 76/106 CHF
♦ Das Stadthaus in der Fussgängerzone beherbergt ein klassisch-gediegenes Restaurant unter familiärer Leitung, in dem man seinen Gästen euro-asiatische Küche bietet.

XX **Schmiedstube** 🛜 VISA ⦿ AE
Schmiedgasse 4 – ☏ 062 751 10 58 – www.schmiedstube.ch – Fax 062 751 18 60
– geschl. Samstagabend - Sonntag und Feiertage
Rest – (22 CHF) Menü 55 CHF – Karte 52/86 CHF
♦ Eine gediegene, mit Sichtbalken und schöner Holzdecke dekorierte Stube im 1. Stock eines Altstadthauses a. d. 15. Jh. Klassische Speisekarte. Einfacherer Bereich im Parterre.

ZOLLIKON – Zürich – **551** Q5 – siehe Zürich

Grossmünster

ZÜRICH

K **Kanton:** ZH Zürich
Michelin-Karte: 551 P5
▶ Bern 125 – Aarau 47 – Baden 24 – Chur 122
Einwohnerzahl: 350 125 Ew

Höhe: 409 m
Postleitzahl: ✉ 8000
Regionalkarte: 4 G2

PRAKTISCHE HINWEISE

❚ Tourist-Information
im Hauptbahnhof **EY**, ℘ 044 215 40 00, information@zuerich.com

Automobilclub
⊕ Uraniastr. 14, ℘ 044 217 30 70, Fax 044 217 30 61 **EY**

Ⓐ Forchstr. 95, ℘ 044 387 75 00, Fax 044 387 75 09 **DX**

Flughafen
✈ Unique, ℘ 043 816 22 11

Fluggesellschaften
Swiss International Air Lines Ltd., ℘ 0848 852 000, Fax 044 564 60 62

Air France, Europastr. 31, 8152 Glattbrugg, ℘ 044 439 18 18

Alitalia, Neugutstr. 66, 8600 Dübendorf, ℘ 0848 486 486, Fax 044 824 45 10

Austrian Airlines, Gutenbergstr. 10, ℘ 044 286 80 88, Fax 044 286 80 98

British Airways, Löwenstr. 29, ℘ 0848 845 845, Fax 0848 845 849

Lufthansa, Gutenbergstr. 10, ℘ 0900 900 922, Fax 044 286 72 05

Messegelände
Messezentrum Zürich, Wallisellenstr. 49, ✉ 8050, ℘ 058 206 50 50

Messen und Veranstaltungen

15.-18. Januar: ORNARIS

28.-31. Januar: FESPO

18.-21. Februar: SWISS-MOTO

6.-7. März: Beauty Forum Swiss

18.-19. April: Sechseläuten

6.-7. Mai: Community 36

2.-4. Juli: Züri Fäscht

24. September-3. Oktober: Züspa

26.-29. Oktober: IFAS

Golfplätze

🏌 Dolder, ☏ 044 261 50 45

🏌 Unterengstringen, Nord-West: 18 km über Ausfahrt Weiningen, Richtung Geroldswil, Fahrweid und Überlandstrasse, ☏ 044 748 57 40

🏌 Winterberg, Nord: 20 km Richtung Effretikon-Lindau, ☏ 052 345 11 81

🏌 Zumikon Süd-Ost: 9 km, ☏ 043 288 10 88

🏌 Hittnau Ost: 33 km, ☏ 044 950 24 42

🏌 Breitenloo Oberwil bei Nürensdorf, Nord: 22 km, ☏ 044 836 40 80

👁 SEHENSWÜRDIGKEITEN

SEHENSWERT

Lage★★★ - Die Quais★★: Quaibrücke ≤★ FZ - Mythenquai: ≤★ CX - Kunsthaus★★★ FZ - Sammlung E. G. Bührle★★ BU M^3 - Fraumünster: Kreuzgang★, Fenster★ EZ - Lindenhof★ EZ - Schipfe★ EY - Bahnhofstrasse★ EZ - Zoo Zürich★★ BT - Grossmünster★ FZ - Altstadt★★

MUSEEN

Schweizerisches Landesmuseum★★ EY - Museum Rietberg★★ CX M^2 - Migros Museum für Gegenwartskunst und Kunsthalle★ CV M

AUSFLUGSZIELE

Uetliberg und Felsenberg★★: ❋★★mit Bahn AU - Albisstrasse★ über ⑥ - Ehem. Zisterzienserabtei Kappel★: Glasmalereien★ Süd-West: 22 km über ⑥ - Eglisau: Lage★ Nord: 27 km über ①

ZÜRICH

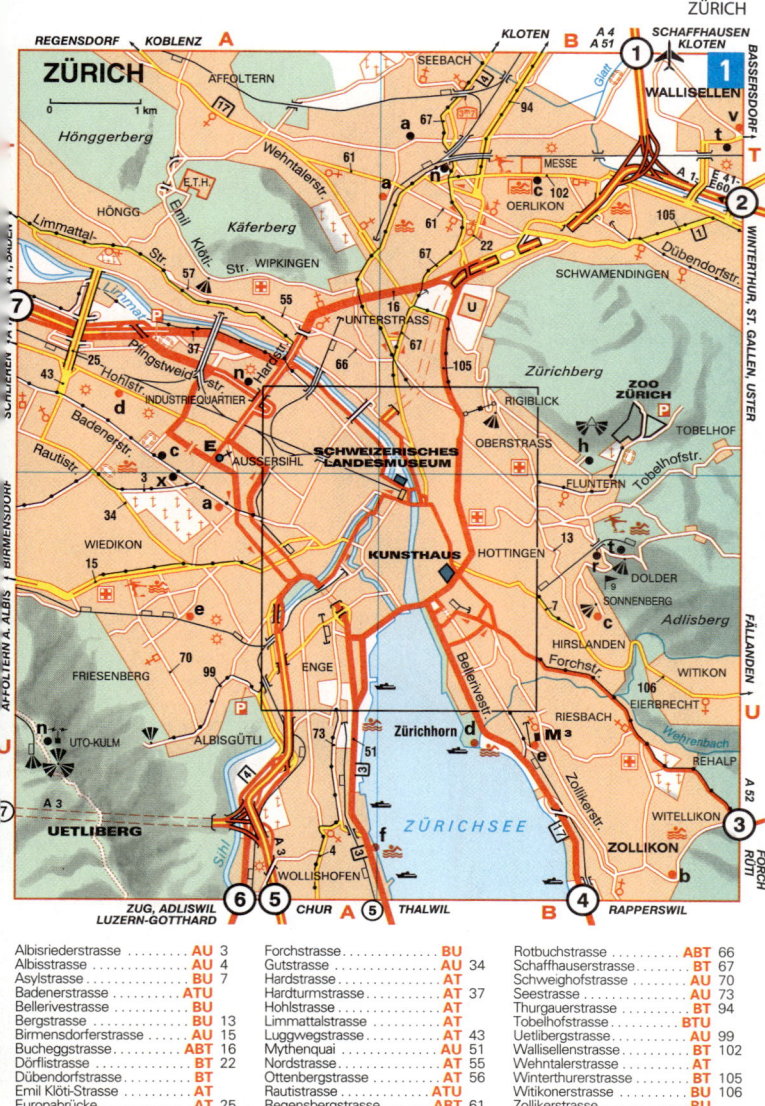

Albisriederstrasse ...... **AU** 3	Forchstrasse .... **BU**	Rotbuchstrasse .... **ABT** 66
Albisstrasse .... **AU** 4	Gutstrasse .... **AU** 34	Schaffhauserstrasse ...... **BT** 67
Asylstrasse .... **BU** 7	Hardstrasse .... **AT**	Schweighofstrasse .... **AU** 70
Badenerstrasse .... **ATU**	Hardturmstrasse .... **AT** 37	Seestrasse .... **AU** 73
Bellerivestrasse .... **BU**	Hohlstrasse .... **AT**	Thurgauerstrasse .... **BT** 94
Bergstrasse .... **BU** 13	Limmattalstrasse .... **AT**	Tobelhofstrasse .... **BTU**
Birmensdorferstrasse ..... **AU** 15	Luggwegstrasse .... **AT** 43	Uetlibergstrasse .... **AU** 99
Bucheggstrasse .... **ABT** 16	Mythenquai .... **AU** 51	Wallisellenstrasse .... **BT** 102
Dörflistrasse .... **BT** 22	Nordstrasse .... **AT** 55	Wehntalerstrasse .... **AT**
Dübendorfstrasse .... **BT**	Ottenbergstrasse .... **AT** 56	Winterthurerstrasse ..... **BT** 105
Emil Klöti-Strasse .... **AT**	Rautistrasse .... **ATU**	Witikonerstrasse .... **BU** 106
Europabrücke .... **AT** 25	Regensbergstrasse ..... **ABT** 61	Zollikerstrasse .... **BU**

429

ZÜRICH

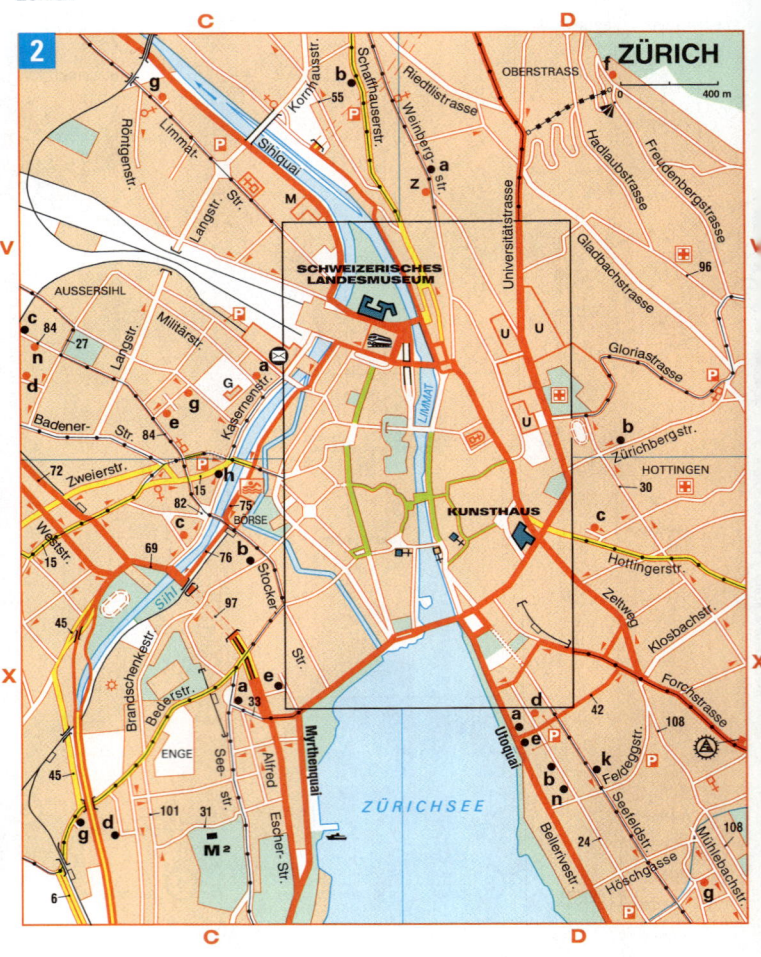

Allmendstrasse	**CX** 6	Kreuzstrasse	**DX** 42	Sihlhölzlistrasse	**CX** 76
Augustinergasse	**EZ** 9	Limmatquai	**FYZ**	Stadelhoferstrasse	**FZ** 78
Bärengasse	**EZ** 10	Löwenstrasse	**EY**	Stampfenbachplatz	**FY** 79
Bahnhofstrasse	**EYZ**	Manessestrasse	**CX** 45	Stampfenbachstrasse	**EFY** 81
Beethovenstrasse	**EZ** 12	Marktgasse	**FZ** 46	Stauffacherplatz	**CX** 82
Bellevueplatz	**FZ**	Münsterhof	**EZ** 48	Stauffacherstrasse	**CVX** 84
Birmensdorferstrasse	**CX** 15	Museumstrasse	**EY** 49	Storchengasse	**EZ** 85
Claridenstrasse	**EZ** 18	Nelkenstrasse	**FY** 52	Strehlgasse	**EZ** 87
Clausiusstrasse	**FY** 19	Neumarkt	**FZ** 54	Sumatrastrasse	**FY** 88
Culmannstrasse	**FY** 21	Nordstrasse	**DV** 55	Talacker	**EZ** 90
Dufourstrasse	**DX** 24	Paradeplatz	**EZ**	Tannenstrasse	**FY** 91
Feldstrasse	**CV** 27	Poststrasse	**EZ** 58	Theaterstrasse	**FZ** 93
Fraumünsterstrasse	**EZ** 28	Rathausbrücke	**EFZ** 60	Toblerstrasse	**DV** 96
Freiestrasse	**DVX** 30	Rennweg	**EYZ** 63	Tunnelstrasse	**CX** 97
Gablerstrasse	**CX** 31	Rindermarkt	**FZ** 64	Uraniastrasse	**EYZ**
General Wille-Strasse	**CX** 33	St. Peterstrasse	**EZ** 57	Usteristrasse	**EY** 100
Hafnerstrasse	**EY** 36	Schimmelstrasse	**CX** 69	Waffenplatzstrasse	**CX** 101
Kantonsschulstrasse	**FZ** 39	Seebahnstrasse	**CX** 72	Weinbergfussweg	**FY** 103
Konradstrasse	**EY** 40	Selnaustrasse	**CX** 75	Zollikerstrasse	**DX** 108

ZÜRICH

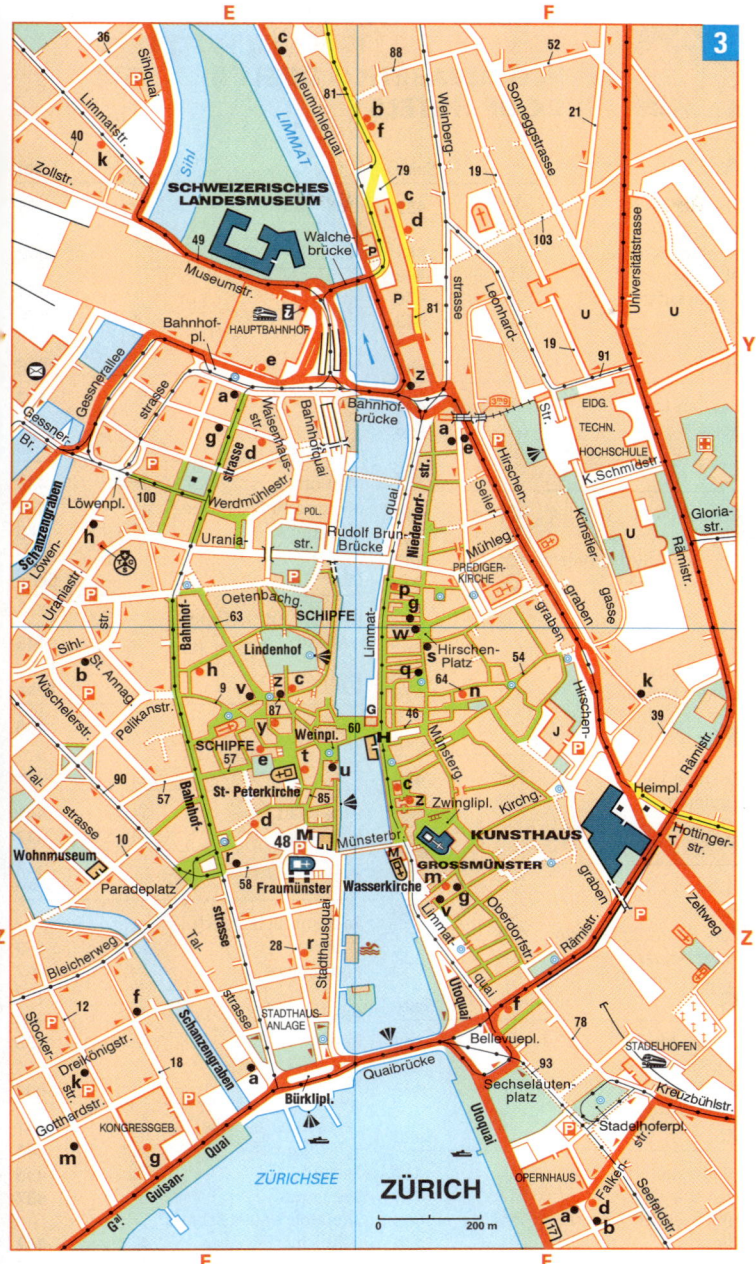

ZÜRICH

LISTE ALPHABÉTIQUE DES HÔTELS
ALPHABETISCHE LISTE DER HOTELS
ELENCO ALFABETICO DEGLI ALBERGUI
INDEX OF HOTELS

A		Seite
Adler		437
Alden Hotel Splügenschloss		441
Allegra		448
Ambassador		436
Ascot		442

B		Seite
Baur au Lac		440
Belair		448

C		Seite
Central Plaza		435
City		443
Courtyard by Marriott		447
Crowne Plaza		442

D		Seite
The Dolder Grand		435
Dolder Waldhaus		436

E		Seite
Eden au Lac		435
Engimatt		442

F		Seite
Fleming's		443
Florhof		436
Four Points by Sheraton		441
Franziskaner		437

G		Seite
Glärnischhof		442
Glockenhof		442
Greulich		443

H		Seite
Helmhaus		437
Helvetia		443
Hilton Zurich Airport		448
Hirschen		438
Holiday Inn Messe		447

I		Seite
Ibis		444

K		Seite
Kindli		443
Krone Unterstrass		436

L		Seite
Lady's First		437

M		Seite
Marriott		435
Mercure Hotel Stoller		443
Mövenpick		448

N		Seite
Novotel Zürich Airport Messe		448

O		Seite
Opera		436

P		Seite
Park Hyatt		441
Plattenhof		437

R		Seite
Radisson BLU Zurich Airport		449
Renaissance		447
Rex		437
Rössli		438
Rütli		438

S		Seite
Savoy Baur en Ville		441
Schweizerhof		441
Seefeld		436
Seegarten		437
Sheraton Neues Schloss Zürich		442
St. Gotthard		443

ZÜRICH

Steigenberger Bellerive au Lac	🏠🏠🏠	435
Zum Storchen	🏠🏠🏠	442
Swissôtel	🏠🏠🏠	447

W		**Seite**
Wellenberg	🏠🏠	436
Widder	🏠🏠🏠🏠	441

T		**Seite**
Du Théâtre	🏠	437

Z		**Seite**
Zürichberg	🏠🏠🏠	435

U		**Seite**
Uto Kulm	🏠🏠	449

LISTE ALPHABÉTIQUE DES RESTAURANTS
ALPHABETISCHE LISTE DER RESTAURANTS
ELENCO ALFABETICO DEI RISTORANTI
INDEX OF RESTAURANTS

A		**Seite**
Accademia del Gusto	XX	445
Alpenrose	X	447
Da Angela	XX	445

B		**Seite**
Ban Song Thai	X	440
Bianchi	XX	439
Bistro	X	447
Bistro Quadrino	X 😊	440
Blaue Ente	X	440
Bü's	X	446

C		**Seite**
Caduff's Wine Loft	X	446
Casa Ferlin	XX	439
Ciro	X	446
Conti	XX	438

D		**Seite**
Didi's Frieden	X	440
Zum Doktorhaus	XX	448

G		**Seite**
Gandria	XX	439
Il Gattopardo	XX	444
Giesserei	X	447
Il Giglio	XX	445
Greulich	XX	444

H		**Seite**
Haus zum Rüden	XX	439
Heugümper	X	446

I		**Seite**
Intermezzo	XX	445

J		**Seite**
Jdaburg	X	446

K		**Seite**
Kaiser's Reblaube	XX	444
Kronenhalle	XX	439

L		**Seite**
Lake Side	XX	439
Lindenhofkeller	XX	444
Luo	XX	440

M		**Seite**
Mesa	XX ✻	439
Metropol	X	445

O		**Seite**
Oepfelchammer	X	440

P		**Seite**
Au Premier	XX	445

433

ZÜRICH

R		Seite
The Restaurant	XxxX ✿	438
Rigiblick - Spice	XxX ✿	438

S		Seite
Sala of Tokyo	X	446
Sale e Pepe	XX	445
Sankt Meinrad	X ✿	446
Sein	XX ✿	444
Sonnenberg	XxX	438

T		Seite
Tao's	XX	444

V		Seite
Veltlinerkeller	XX	445

W		Seite
Wirtschaft zur Höhe	XX	449
Wolfbach	XX	439

RESTAURANTS OUVERTS LE DIMANCHE
RESTAURANTS AM SONNTAG GEÖFFNET
RISTORANTI APERTI LA DOMENICA
RESTAURANTS OPEN ON SUNDAY

Alpenrose	X	447
Bianchi	XX	439
Conti	XX	438
Zum Doktorhaus	XX	448
Kronenhalle	XX	439
Lake Side	XX	439
Sonnenberg	XxX	438
Wirtschaft zur Höhe	XX	449

Rechtes Ufer der Limmat (Universität, Kunsthaus)

The Dolder Grand
Kurhausstr. 65 ⊠ 8032 – ℰ 044 456 60 00
– www.thedoldergrand.com – Fax 044 456 60 01
162 Zim – †540/1450 CHF ††870/1450 CHF, ⊇ 32 CHF – 11 Suiten
Rest The Restaurant – separat erwähnt
Rest *Garden Restaurant* – Karte 85/115 CHF

1BUt

♦ Das Luxushotel über der Stadt ist das Flaggschiff der Züricher Hotellerie. Mit dem "Curhaus" von 1899 als Herzstück vereint es Historie und Moderne. Einzigartig sind die exquisiten Top-Suiten (170 - 400 qm!). Im Spa finden sich europäische und japanische Einflüsse. Garden Restaurant mit grosser Terrasse und Aussicht.

Eden au Lac
Utoquai 45 ⊠ 8008 – ℰ 044 266 25 25 – www.edenaulac.ch
– Fax 044 266 25 00
50 Zim – †450/590 CHF ††690/765 CHF, ⊇ 40 CHF – 5 Suiten
Rest – (geschl. Samstagmittag) (38 CHF) Menü 48 CHF (mittags)/145 CHF
– Karte 84/137 CHF

2DXa

♦ Das "kleine Grandhotel" am See beherbergt seit 1909 Gäste in seinem stilvollen klassischen Interieur. Die schönen Zimmer sind sehr unterschiedlich geschnitten. Das elegante Restaurant Eden ist in Rot- und Blautönen gehalten und bietet ambitionierte moderne Küche.

Marriott
Neumühlequai 42 ⊠ 8001 – ℰ 044 360 70 70 – www.zurichmarriott.com
– Fax 044 360 77 77
264 Zim – †395/525 CHF ††395/525 CHF, ⊇ 39 CHF – 8 Suiten
Rest *White Elephant* – (geschl. Samstagmittag, Sonntagmittag) Karte 58/83 CHF
Rest *Echo* – (nur Abendessen) Karte 58/92 CHF

3EYc

♦ Das Hochhaus mit eigener Tiefgarage liegt direkt am Fluss. Die Zimmer unterscheiden sich in Grösse und Ausstattung, sind neuzeitlich-komfortabel eingerichtet. Modern, in klaren Linien zeigt sich das White Elephant mit thailändischen Speisen.

Steigenberger Bellerive au Lac
Utoquai 47 ⊠ 8008 – ℰ 044 254 40 00
– www.zuerich.steigenberger.ch – Fax 044 254 40 01
51 Zim ⊇ – †350/480 CHF ††480/580 CHF
Rest – (30 CHF) – Karte 70/110 CHF

2DXe

♦ Ein charmantes Boutique-Hotel in sehr schöner Lage am See. Die Einrichtung verbindet klassisch-eleganten Stil mit modernen Formen und Feng-Shui-Elementen. Im Restaurant bietet man eine ausgewogene 5-Elemente-Küche aus regionalen Produkten.

Zürichberg
Orellistr. 21 ⊠ 8044 – ℰ 044 268 35 35 – www.zuerichberg.ch
– Fax 044 268 35 45
66 Zim ⊇ – †240/590 CHF ††350/590 CHF
Rest – (28 CHF) Menü 45 CHF (mittags) – Karte 63/101 CHF

1BTh

♦ Das Hotel besteht aus dem klassischen Kurhaus von 1900 und dem holzverkleideten ellipsenförmigen Anbau. Moderne Lobby mit Bar-Lounge und geschmackvolle Zimmer im Designerstil. Geradliniges Restaurant mit offener Küche und herrliche Terrasse mit Stadt- und Seeblick.

Central Plaza
Central 1 ⊠ 8001 – ℰ 044 256 56 56 – www.central.ch
– Fax 044 256 56 57
105 Zim – †395/420 CHF ††395/420 CHF, ⊇ 18 CHF – 4 Suiten
Rest *King's Cave* – ℰ 044 256 55 55 (geschl. Samstag - Sonntag und an Feiertagen mittags) Karte 58/84 CHF

3FYz

♦ Gegenüber dem Bahnhof, direkt am Limmatufer gelegenes Hotel von 1883 mit klassischer Fassade und grosszügiger Halle. Die Zimmer sind meist nicht sehr geräumig, aber komfortabel und modern. Grillrestaurant King's Cave im Kellergewölbe - früher teilweise Tresor der UBS.

ZÜRICH

Dolder Waldhaus
Kurhausstr. 20 ⊠ 8032 – ℰ 044 269 10 00
– www.dolderwaldhaus.ch – Fax 044 269 10 01
1BUr
70 Zim – †265/345 CHF ††380/480 CHF, ⊆ 22 CHF – 30 Suiten
Rest – (28 CHF) – Karte 52/87 CHF

♦ Das Haus in ruhiger Lage verfügt über zeitgemässe Zimmer mit Balkon und Blick auf Stadt und See. Für Familien und längere Aufenthalte empfehlen sich die modernen Appartements. Restaurant mit bürgerlich-gediegenem Ambiente und netter Terrasse.

Wellenberg garni
Niederdorfstr. 10 ⊠ 8001 – ℰ 043 888 44 44 – www.hotel-wellenberg.ch
– Fax 043 888 44 45
3FZs
45 Zim ⊆ – †325/410 CHF ††420/470 CHF

♦ Wohnlich-modern und angenehm grosszügig sind die meisten Zimmer in dem gut geführten Hotel in der Altstadt, einige noch etwas einfacher. Hübscher Frühstücksraum mit gutem Buffet.

Ambassador
Falkenstr. 6 ⊠ 8008 – ℰ 044 258 98 98 – www.ambassadorhotel.ch
– Fax 044 258 98 00
3FZa
45 Zim – †260/480 CHF ††395/540 CHF, ⊆ 28 CHF
Rest *A l'Opera* – (29 CHF) Menü 36 CHF (mittags)/115 CHF – Karte 46/111 CHF

♦ Das ehemalige Patrizierhaus befindet sich am Rande des Zentrums in unmittelbarer Nähe des Opernhauses. Es stehen moderne, gut ausgestattete Gästezimmer zur Verfügung. Wandmalereien mit Opernszenen schmücken das Restaurant A l'Opera.

Opera garni
Dufourstr. 5 ⊠ 8008 – ℰ 044 258 99 99 – www.operahotel.ch
– Fax 044 258 99 00
3FZb
58 Zim – †245/440 CHF ††360/490 CHF, ⊆ 26 CHF

♦ Benannt wurde das Geschäftshotel nach dem Opernhaus direkt gegenüber. Der Hallenbereich ist stilvoll gestaltet, die Zimmer sind modern, in warmen Tönen gehalten.

Florhof
Florhofgasse 4 ⊠ 8001 – ℰ 044 250 26 26 – www.florhof.ch
– Fax 044 250 26 27 – geschl. 24. - 30. Dezember
3FZk
35 Zim ⊆ – †265/305 CHF ††390/410 CHF
Rest – (geschl. 24. Dezember - 10. Januar, 25. April - 10. Mai, Samstagmittag, Sonntag - Montag) (Juni - Juli und Dezember: Samstagmittag, Sonntag und Montagmittag) Menü 86/110 CHF – Karte 89/116 CHF

♦ Wer das Individuelle sucht, ist in dem schönen Patrizierhaus von einst gut aufgehoben. Hinter der historischen Fassade von 1576 verbergen sich sehr wohnliche, mit Liebe zum Detail eingerichtete Zimmer, aufwändiger sind die beiden Juniorsuiten im Dachgeschoss. Gemütlich-elegantes Restaurant.

Seefeld garni
Seefeldstr. 63 ⊠ 8008 – ℰ 044 387 41 41 – www.hotelseefeld.ch
– Fax 044 387 41 51
2DXk
64 Zim ⊆ – †240/380 CHF ††300/440 CHF

♦ Geradlinig-moderner Stil bestimmt das Bild in diesem Businesshotel im trendigen Seefeldquartier nahe dem Zürichsee. In der chic designten Bar serviert man auch kleine Speisen.

Krone Unterstrass
Schaffhauserstr. 1 ⊠ 8006 – ℰ 044 360 56 56 – www.hotel-krone.ch
– Fax 044 360 56 00
2CVb
76 Zim – †185/210 CHF ††260/290 CHF, ⊆ 19 CHF
Rest – (20 CHF) Menü 75 CHF – Karte 52/74 CHF

♦ In dem oberhalb des Zentrums gelegenen Hotel erwarten die Gäste modern-funktionelle Zimmer mit guter technischer Ausstattung. Neben einem einfachen Tagesrestaurant bietet man ein gediegeneres Restaurant mit Cheminée und Bar.

ZÜRICH

Helmhaus garni
Schifflände 30 ✉ 8001 – ℰ 044 266 95 95 – www.helmhaus.ch
– Fax 044 266 95 66   **3FZv**
24 Zim ⚏ – †190/280 CHF ††270/420 CHF
◆ Das engagiert geleitete Haus im Zentrum in Seenähe zeichnet sich aus durch seine wohnliche, wertige und zeitgemässe Einrichtung. Freundlicher und moderner Frühstücksraum.

Franziskaner garni
Niederdorfstr. 1 ✉ 8001 – ℰ 044 250 53 00 – www.hotel-franziskaner.ch
– Fax 044 250 53 01   **3FZq**
23 Zim ⚏ – †210/280 CHF ††260/340 CHF
◆ Ein Altstadthaus von 1357 im Niederdorf. Es überzeugt mit sehr individuellen Zimmern in teilweise kräftigen Farben, inspiriert von Themen wie Blumen, Gewürzen, den Elementen etc.

Lady's First garni
Mainaustr. 24 ✉ 8008 – ℰ 044 380 80 10 – www.ladysfirst.ch
– Fax 044 380 80 20 – geschl. 23. Dezember - 4. Januar   **2DXn**
28 Zim ⚏ – †220/260 CHF ††275/375 CHF
◆ Eine recht spezielle, von Frauen konzipierte Adresse mit stilvoll-modernen Zimmern. Der Wellnessbereich ist exklusiv für Damen, aber auch Herren sind als Hotelgäste willkommen.

Du Théâtre garni
Seilergraben 69 ✉ 8001 – ℰ 044 267 26 70 – www.hotel-du-theatre.ch
– Fax 044 267 26 71   **3FYe**
50 Zim – †185/255 CHF ††230/315 CHF, ⚏ 18 CHF
◆ Am Rande des Niederdorfs, nur wenige Gehminuten vom Bahnhof, liegt das Hotel mit modernen, technisch gut ausgestatteten Zimmern. La Suite Lounge mit kleinem internationalem Angebot.

Adler
Rosengasse 10, (am Hirschenplatz) ✉ 8001 – ℰ 044 266 96 96
– www.hotel-adler.ch – Fax 044 266 96 69   **3FZw**
52 Zim ⚏ – †160/300 CHF ††250/350 CHF
Rest Swiss Chuchi – ℰ 044 266 96 66 – (18 CHF) – Karte 42/77 CHF
◆ Die hellen funktionellen und technisch modern ausgestatteten Zimmer sind mit Wandbildern von Zürcher Altstadtansichten des Malers Heinz Blum geschmückt. Rustikal ist das Ambiente im zur Strasse liegenden Swiss Chuchi.

Plattenhof
Plattenstr. 26 ✉ 8032 – ℰ 044 251 19 10 – www.plattenhof.ch
– Fax 044 251 19 11   **2DVb**
37 Zim ⚏ – †190/355 CHF ††250/395 CHF
Rest Sento – ℰ 044 251 16 15 (geschl. 18. Dezember - 3. Januar
sowie Samstag, Sonn- und Feiertage) (23 CHF) – Karte 53/83 CHF
◆ Recht persönlicher Service und funktionale Zimmer in modern-puristischem Designerstil machen das Hotel in einem Wohnquartier am Zentrumsrand aus. Sento mit Bistro-Atmosphäre und italienischer Küche.

Rex garni
Weinbergstr. 92 ✉ 8006 – ℰ 044 360 25 25 – www.zuerich-hotels.ch
– Fax 044 360 25 52   **2DVa**
41 Zim ⚏ – †150/195 CHF ††205/290 CHF
◆ Das Hotel befindet sich am Rande der Innenstadt und verfügt über neuzeitlich und funktionell eingerichtete Gästezimmer mit zeitgemässer Technik.

Seegarten
Seegartenstr. 14 ✉ 8008 – ℰ 044 388 37 37 – www.hotel-seegarten.ch
– Fax 044 383 37 38   **2DXb**
28 Zim ⚏ – †190/295 CHF ††290/325 CHF
Rest Latino – ℰ 044 388 37 77 (geschl. Samstagmittag, Sonntagmittag)
(26 CHF) – Karte 51/79 CHF
◆ Ein nettes und sympathisch geführtes Hotel im attraktiven Seefeldquartier, in dem individuelle Zimmer mit mediterraner Note bereitstehen. Südländisches Flair und italienische Küche im Restaurant Latino.

ZÜRICH

🏠 Rössli garni
*Rössligasse 7 ⊠ 8001 – ✆ 044 256 70 50 – www.hotelroessli.ch
– Fax 044 256 70 51* **3FZg**
27 Zim ⊋ – †230/380 CHF ††320/380 CHF

◆ Das Altstadthaus beherbergt wohnliche, funktionelle Zimmer, die Dependance vis-à-vis ist moderner eingerichtet. Appartement-Suite mit Dachterrasse. Bar mit Snackangebot.

🏠 Hirschen garni
*Niederdorfstr. 13 ⊠ 8001 – ✆ 043 268 33 33 – www.hirschen-zuerich.ch
– Fax 043 268 33 34* **3FYg**
27 Zim ⊋ – †150/165 CHF ††190/225 CHF

◆ Der engagiert geführte Familienbetrieb ist eines der ältesten Gasthäuser Zürichs. Die Zimmer sind hell und individuell geschnitten. Kleine Speisen im Gewölbe-Weinkeller a. d. 16. Jh.

🏠 Rütli garni
*Zähringerstr. 43 ⊠ 8001 – ✆ 044 254 58 00 – www.rutli.ch – Fax 044 254 58 01
– geschl. 19. Dezember - 5. Januar* **3FYa**
62 Zim ⊋ – †190/395 CHF ††295/395 CHF

◆ Nahe dem Bahnhof gelegenes Hotel mit einem netten Empfangsbereich und schlicht-modern eingerichteten Gästezimmern. Interessant sind die Graffiti-Zimmer.

XXXX The Restaurant – Hotel The Dolder Grand
ۚ *Kurhausstr. 65 ⊠ 8032 – ✆ 044 456 60 00
– www.thedoldergrand.com – Fax 044 456 60 01 – geschl. Samstagmittag, Sonntag und Montag* **1BUt**
Rest – *(Tischbestellung ratsam)* Menü 138 CHF (mittags)/208 CHF
– Karte 109/184 CHF

Spez. Gänsestopfleber, Lorbeer und Senf. Hummer mit Erdbeeren, Randen und Kapuzinerkresse. Reh mit Gurke, Mispeln, Wacholder und Dill.

◆ Heiko Nieder steht für innovative Küche mit sehr persönlicher Note, recht puristisch und doch aufwändig, geprägt von feinen Aromenkontrasten. Serviert wird in klarem modern-elegantem Ambiente unter einer schön restaurierten historischen Decke.

XXX Rigiblick - Spice (Felix Eppisser) mit Zim
ۚ *Germaniastr. 99 ⊠ 8044 – ✆ 043 255 15 70
– www.restauranttrigiblick.ch – Fax 043 255 15 80* **2DVf**
7 Zim ⊋ – †490/800 CHF ††490/800 CHF
Rest *Bistro Quadrino* – separat erwähnt
Rest – *(geschl. Sonntag - Montag) (Tischbestellung ratsam)* (32 CHF)
Menü 62 CHF (mittags)/158 CHF – Karte 111/128 CHF

Spez. Laksa von Seeteufel mit Lotuswurzel-Chips und knusprig gebackenen Riesencrevetten. Roulade vom Milchlamm mit Morcheln und Kartoffel-Morchelespuma. In Tandoori gebratenes Sommer-Reh mit Kartoffel-Linsenstrudel.

◆ Kunstvolle Kreationen sind die äusserst aufwändig und aromenreich zubereiteten euroasiatischen Speisen von Patron Felix Eppisser. Geradlinige Formen und hochwertige Materialien vermitteln schlichte Eleganz. Topmodern hat man die Juniorsuiten gestaltet.

XXX Sonnenberg
*Hitzigweg 15 ⊠ 8032 – ✆ 044 266 97 97 – www.sonnenberg-zh.ch
– Fax 044 266 97 98* **1BUc**
Rest – *(Tischbestellung erforderlich)* (40 CHF) Menü 60 CHF (mittags)
– Karte 71/155 CHF

◆ Ein helles elegantes Restaurant mit gepflegter Tischkultur und eindrucksvollem Blick auf Zürich und den See. Klassiker des Hauses sind Kalb- und Rindfleischgerichte.

XX Conti
*Dufourstr. 1 ⊠ 8008 – ✆ 044 251 06 66 – www.bindella.ch
– Fax 044 251 06 86* **3FZd**
Rest – (54 CHF) – Karte 72/124 CHF

◆ In dem Restaurant in unmittelbarer Nähe der Oper erwarten Sie ein klassisch-gediegenes Interieur mit schöner hoher Stuckdecke, eine Bilderausstellung und italienische Küche.

ZÜRICH

XX Mesa 🛱 AC VISA ⓂⓄ AE
☸
*Weinbergstr. 75 ⊠ 8006 – ℰ 043 321 75 75 – www.mesa-restaurant.ch
– Fax 043 321 75 77 – geschl. 23. Dezember - 15. Januar, 21. Juli - 14. August
und Samstagmittag, Sonntag - Montag* **2DVz**
Rest – *(Tischbestellung ratsam)* (36 CHF) Menü 69 CHF (mittags)/189 CHF
– Karte 123/148 CHF
Spez. Saiblingsfilet mit Morcheln, Erbsen und Wachteleidotter. Entenleber, St. Pierre, Gewürz-Rhabarber und Spargel. Lammschulter und Würstchen, Frühlingslauch, Artischocke und Auberginencreme.

• Küchenchef Marcus G. Lindner bietet hier eine raffinierte moderne Küche, die seinen persönlichen Stil erkennen lässt. Dazu erwarten den Gast sehr gute Weinempfehlungen durch den freundlichen und kompetenten Service. Preiswertere Lunchkarte.

XX Haus zum Rüden AC ⇔ VISA ⓂⓄ AE ⓞ
*Limmatquai 42, (1. Etage) ⊠ 8001 – ℰ 044 261 95 66
– www.hauszumrueden.ch – Fax 044 261 18 04 – geschl. Samstag - Sonntag*
Rest – (36 CHF) Menü 63 CHF (mittags)/138 CHF – Karte 78/129 CHF **3FZc**

• Das Restaurant im Zunfthaus aus dem 13. Jh. überrascht mit seiner gotischen Holzflachtonnendecke. In historisch-gediegener Atmosphäre wählt man von einer klassischen Karte.

XX Bianchi 🛱 AC VISA ⓂⓄ AE ⓞ
*Limmatquai 82 ⊠ 8001 – ℰ 044 262 98 44 – www.ristorante-bianchi.ch
– Fax 044 262 98 46* **3FYp**
Rest – (32 CHF) – Karte 54/124 CHF

• In verkehrsberuhigter Lage direkt an der Limmat finden Sie dieses freundliche moderne Restaurant, an dessen grossem Buffet man sich Fisch und Meeresfrüchte selbst aussuchen kann.

XX Kronenhalle AC ℅ ⇔ VISA ⓂⓄ AE ⓞ
*Rämistr. 4 ⊠ 8001 – ℰ 044 262 99 00 – www.kronenhalle.com
– Fax 044 262 99 19* **3FZf**
Rest – *(Tischbestellung ratsam)* (48 CHF) – Karte 77/133 CHF

• Eine Zürcher Institution ist das 1862 erbaute Haus am Bellevueplatz mit sehenswerter, über Jahrzehnte gewachsener Kunstsammlung. Die Atmosphäre ist traditionell, ebenso die Küche.

XX Wolfbach 🛱 VISA ⓂⓄ AE
*Wolfbachstr. 35 ⊠ 8032 – ℰ 044 252 51 80 – www.ristorante-wolbach.ch
– Fax 044 252 53 12 – geschl. 24. Dezember - 3. Januar, 1. - 11. April, 25. Juli
- 8. August und Samstagmittag, Sonntag* **2DXc**
Rest – (36 CHF) Menü 80/120 CHF – Karte 73/110 CHF

• Das gemütliche Restaurant bietet eine angenehm schlichte und feine mediterrane Küche aus frischen und oft regionalen Produkten. Die Chefin leitet charmant den Service.

XX Lake Side ≤ 🛱 AC ℅ VISA ⓂⓄ AE ⓞ
*Bellerivestr. 170 ⊠ 8008 – ℰ 044 385 86 00 – www.lake-side.ch
– Fax 044 385 86 01* **1BUd**
Rest – (38 CHF) – Karte 69/106 CHF

• Im Seepark Zürichhorn liegt dieses moderne Restaurant mit zeitgemässer Küche und Sushi-Bar. Im Sommer lockt die grosse Terrasse am Seeufer.

XX Casa Ferlin AC VISA ⓂⓄ AE ⓞ
*Stampfenbachstr. 38 ⊠ 8006 – ℰ 044 362 35 09 – www.casaferlin.ch
– Fax 044 362 35 34 – geschl. Mitte Juli - Mitte August und Samstag - Sonntag*
Rest – *(Tischbestellung ratsam)* (34 CHF) Menü 56 CHF (mittags) **3FYc**
– Karte 69/115 CHF

• Eine traditionelle familiengeführte Adresse mit klassisch-rustikalem Ambiente. Das Restaurant wurde bereits 1907 eröffnet und bietet italienische Gerichte.

XX Gandria 🛱 VISA ⓂⓄ AE
*Rudolfstr. 6 ⊠ 8008 – ℰ 044 422 72 42 – www.restaurant-gandria.ch – geschl.
10. - 30. Mai, 12. - 19. September, 24. Dezember - 6. Januar und Samstag
- Sonntag sowie 30. Oktober - Weihnachten: Samstagmittag, Sonntag*
Rest – (29 CHF) – Karte 58/92 CHF **2DXg**

• Gemütlich und familiär ist die Atmosphäre in dem kleinen Restaurant nicht weit vom Zürichsee. In zwei freundlichen gepflegten Räumen serviert man mediterrane Speisen.

ZÜRICH

XX Luo – Hotel Continental [A/C] [VISA] [MC] [AE]
Stampfenbachstr. 60 ⊠ 8006 – ℘ 043 810 00 65 – Fax 043 322 58 18 – geschl. 26. Juli - 21. August und Samstagmittag, Sonntag **3FYf**
Rest – (23 CHF) Menü 65/95 CHF – Karte 52/99 CHF
♦ Backsteinwände und eine schöne Holzdecke geben dem Restaurant seinen gepflegt-rustikalen Rahmen. Geboten wird eine schmackhafte chinesische Küche.

X Blaue Ente [🍴] [♿] [VISA] [MC] [AE] [①]
*Seefeldstr. 223 ⊠ 8008 – ℘ 044 388 68 40 – www.blaue-ente.ch
– Fax 044 422 77 41 – geschl. 24. Dezember - 3. Januar, Februar 2 Wochen, Juli
- August 2 Wochen und Sonntag* **1BUe**
Rest – *(Tischbestellung ratsam)* (29 CHF) Menü 89/119 CHF – Karte 71/121 CHF
♦ Ein trendiges Restaurant im historischen Gebäude der ehemaligen Mühle - Blickfang ist das beachtliche Räderwerk. Aus der halb einsehbaren Küche kommen innovative, moderne Speisen.

X Oepfelchammer [🍴] [♿] [VISA] [MC] [AE] [①]
*Rindermarkt 12, (1. Etage) ⊠ 8001 – ℘ 044 251 23 36
– www.oepfelchammer.ch – Fax 044 262 75 33 – geschl. 24. Dezember
- 4. Januar, 19. Juli - 16. August, 2. - 5. April und Sonntag - Montag, Feiertage*
Rest – (26 CHF) – Karte 62/83 CHF **3FZn**
♦ Schon der Dichter Gottfried Keller war Stammgast in der urchigen Weinstube. Zeitgemässe Küche, aber auch Traditionelles erwartet den Gast in dem Haus aus dem 19. Jh.

X Didi's Frieden [🍴] [VISA] [MC] [AE]
*Stampfenbachstr. 32 ⊠ 8006 – ℘ 044 253 18 10 – www.didisfrieden.ch
– Fax 044 253 18 12 – geschl. 24. Dezember - 3. Januar, 25. April - 9. Mai,
10. - 24. Oktober, Samstagmittag, Sonntag* **3FYd**
Rest – *(Tischbestellung ratsam)* (29 CHF) Menü 95 CHF – Karte 67/95 CHF
♦ Ein helles, freundliches Restaurant in klarem modernem Bistrostil. Serviert werden zeitgemässe Speisen - am Mittag bietet man eine kleine Karte.

X Ban Song Thai [VISA] [MC] [AE]
*Kirchgasse 6 ⊠ 8001 – ℘ 044 252 33 31 – www.bansongthai.ch
– Fax 044 252 33 15 – geschl. 19. Juli - 8. August, 22. Dezember - 2. Januar
sowie Samstagmittag und Sonntag* **3FZm**
Rest – *(Tischbestellung ratsam)* (23 CHF) – Karte 44/89 CHF
♦ Das Restaurant nahe Kunsthaus und Grossmünster bietet eine authentische thailändische Küche aus frischen Produkten - mittags als Buffet, am Abend in Form einer anspruchsvolleren Karte.

X Bistro Quadrino – Restaurant Rigiblick [≤] [🍴] [VISA] [MC] [AE] [①]
*Germaniastr. 99 ⊠ 8044 – ℘ 043 255 15 70 – www.restaurantrigiblick.ch
– Fax 043 255 15 80 – geschl. Sonntag und Montag* **2DVf**
Rest – (20 CHF) – Karte 54/77 CHF
♦ Schmackhaft und überwiegend aus Bioprodukten zubereitet ist die zeitgemässe Küche, die man in moderner, ungezwungener Bistro-Atmosphäre hoch über Zürich bietet. Mit im Raum: Sofa-Lounge, Ess-Bar und eine begehbare Weinvitrine.

Linkes Ufer der Limmat (Hauptbahnhof, Geschäftszentrum)

🏨🏨🏨 Baur au Lac
Talstr. 1 ⊠ 8001 – ℘ 044 220 50 20 [VISA] [MC] [AE] [①]
– www.bauraulac.ch – Fax 044 220 50 44 **3EZa**
95 Zim – †540/870 CHF ††870/1050 CHF, ⊇ 42 CHF – 25 Suiten
Rest *Le Pavillon* – ℘ 044 220 50 22 – (52 CHF) Menü 98 CHF
– Karte 107/197 CHF
Rest *Rive Gauche* – ℘ 044 220 50 60 *(geschl. 19. Juli - 9. August und Sonntag)*
(45 CHF) – Karte 68/125 CHF
♦ Nobel ist dieses imposante Hotel aus dem 19. Jh.: Es besticht durch eine grosszügige Halle, luxuriöse Zimmer und eine schöne Gartenanlage. Mediterrane Küche serviert man im Pavillon. Trendig und beliebt ist das Rive Gauche.

ZÜRICH

Park Hyatt

Beethovenstr. 21 ⊠ 8002 – ℰ 043 883 12 34 – www.zurich.park.hyatt.ch
– Fax 043 883 12 35

3EZ**k**

138 Zim – †480/1030 CHF ††630/1180 CHF, ⊑ 45 CHF – 4 Suiten
Rest *Parkhuus* – ℰ 043 883 10 75 *(geschl. Samstagmittag und Sonntag)*
Menü 49 CHF (mittags)/92 CHF – Karte 84/138 CHF

♦ Es erwarten Sie ein grosser eleganter Hallen- und Lobbybereich mit Zugang zur markanten Onyx-Bar, stilvolle und moderne Zimmer mit viel Platz sowie ein geschmackvoller kleiner Spa. Parkhuus mit Showküche und verglaster Weinbibliothek auf zwei Etagen.

Savoy Baur en Ville

Poststr. 12, (am Paradeplatz) ⊠ 8001 – ℰ 044 215 25 25
– www.savoy-zuerich.ch – Fax 044 215 25 00

3EZ**r**

104 Zim ⊑ – †520/800 CHF ††800/840 CHF – 8 Suiten
Rest *Baur* – ℰ 044 215 25 25 *(geschl. Samstag und Sonntag)* (48 CHF)
Menü 74 CHF (mittags) – Karte 98/148 CHF
Rest *Orsini* – ℰ 044 215 27 27 *(Tischbestellung ratsam)* (48 CHF) Menü 75 CHF (mittags) – Karte 97/144 CHF

♦ Mit Traditionsbewusstsein, beispielhaftem Service und luxuriösem, hochwertigem Interieur wird das Hotel dem schönen klassischen Rahmen des 1838 erbauten Gebäudes gerecht. Vornehm-elegant ist das Baur in der 1. Etage. Die italienische Alternative: das Orsini.

Widder

Rennweg 7 ⊠ 8001 – ℰ 044 224 25 26 – www.widderhotel.ch
– Fax 044 224 24 24

3EZ**v**

42 Zim – †550/740 CHF ††740/920 CHF, ⊑ 48 CHF – 7 Suiten
Rest – *(geschl. Sonntag) (nur Abendessen)* Karte 97/125 CHF

♦ Mitten in Zürich steht das exklusive und sehr engagiert geführte Hotel mit top Service. Das Ensemble aus acht sorgsam sanierten Altstadthäusern kombiniert äusserst ansprechend und stimmig Historisches mit Modernem. Widderrestaurant und Turmstübli sind beide elegant und doch ganz verschieden eingerichtet.

Schweizerhof

Bahnhofplatz 7 ⊠ 8021 – ℰ 044 218 88 88 – www.hotelschweizerhof.com
– Fax 044 218 81 81

3EY**a**

115 Zim ⊑ – †470/580 CHF ††580/770 CHF
Rest *La Soupière* – ℰ 044 218 88 40 *(geschl. Sonntag, Juli - August: Samstag - Sonntag)* Menü 77 CHF (mittags) – Karte 91/110 CHF

♦ Ein klassisches Stadthotel a. d. 19. Jh. mit imposanter Fassade, das sich durch sehr guten Service, wohnliches Ambiente und zentrale Lage am Anfang der Fussgängerzone auszeichnet. Besonders komfortable Juniorsuiten. Restaurant La Soupière in elegantem Stil.

Alden Hotel Splügenschloss

Splügenstr. 2 ⊠ 8002 – ℰ 044 289 99 99
– www.alden.ch – Fax 044 289 99 98

2CX**e**

22 Suiten ⊑ – †700/1500 CHF ††700/1500 CHF
Rest *Alden per te* – ℰ 044 289 99 99 – Karte 64/117 CHF

♦ Das feine kleine Hotel ist in einem repräsentativen denkmalgeschützten Gebäude von 1895 untergebracht. Eine individuelle Adresse mit ausgesuchter Designereinrichtung. Die Minibar ist im Zimmerpreis inbegriffen. Klare moderne Formen und italienische Küche im Alden per te. Eine schöne Stuckdecke ziert einen der Räume.

Four Points by Sheraton

Kalandergasse 1, (Sihlcity) ⊠ 8045
– ℰ 044 554 00 00 – www.fourpoints.com/zurich
– Fax 044 554 00 01

2CX**g**

128 Zim – †280/480 CHF ††280/480 CHF, ⊑ 30 CHF
– 4 Suiten
Rest *Rampe Süd* – Menü 69 CHF (abends) – Karte 55/80 CHF

♦ In der "Sihlcity" mit grossem Einkaufszentrum liegt dieses komfortable Hotel mit technisch sehr gut ausgestatteten Zimmern in topmodernem Design. Im trendigen Restaurant bietet man internationale Küche.

ZÜRICH

Zum Storchen
Am Weinplatz 2 ⊠ 8001 – ℰ 044 227 27 27 – www.storchen.ch
– Fax 044 227 27 00
3EZu
68 Zim ⌑ – †430/595 CHF ††655/850 CHF
Rest *Rôtisserie* – ℰ 044 227 21 13 – (52 CHF) Menü 85/110 CHF
– Karte 69/112 CHF

♦ Das traditionelle Hotel - eines der ältesten der Stadt - befindet sich direkt an der Limmat. Geschmackvolle Stoffe von Jouy schmücken die eleganten und komfortablen Zimmer. Eine schöne Terrasse am Fluss ergänzt das Restaurant; von hier blickt man auf die Altstadt.

Crowne Plaza
Badenerstr. 420 ⊠ 8040 – ℰ 044 404 44 44 – www.cpzurich.ch
– Fax 044 404 44 40
1ATc
364 Zim – †175/345 CHF ††175/345 CHF, ⌑ 33 CHF
Rest *Relais des Arts* – Menü 45 CHF (mittags) – Karte 63/91 CHF

♦ In dem komfortablen Businesshotel mit guter Verkehrsanbindung erwarten den Gast überwiegend neuere, modern-funktionell gestaltete Zimmer und ein grosszügiger Fitnessbereich. Klassisches Ambiente im Relais des Arts.

Ascot
Tessinerplatz 9 ⊠ 8002 – ℰ 044 208 14 14 – www.ascot.ch – Fax 044 208 14 20
2CXa
74 Zim ⌑ – †460/600 CHF ††580/680 CHF
Rest *Lawrence* – ℰ 044 208 14 50 *(geschl. Samstag - Sonntag)* Menü 65 CHF
– Karte 62/89 CHF

♦ Das klassisch-stilvolle Hotel im Geschäftszentrum hat Atmosphäre. Neben wohnlichen Zimmern mit Marmorbädern bietet man eine Bar nach englischem Vorbild. Restaurant Lawrence im gediegenen Kolonialstil mit vielen "Surf'n'Turf"-Gerichten.

Sheraton Neues Schloss Zürich
Stockerstr. 17 ⊠ 8002 – ℰ 044 286 94 00 – www.sheraton.com/neuesschloss
– Fax 044 286 94 45
3EZm
60 Zim – †410/620 CHF ††410/620 CHF, ⌑ 39 CHF
Rest *Le Jardin Suisse* – *(geschl. Samstag, Sonn- und Feiertage)* Karte 59/80 CHF

♦ Die Lage ganz in der Nähe des Zürichsees und modern-komfortable, technisch gut ausgestattete Zimmer in warmen Tönen machen dieses Hotel aus. Restaurant Le Jardin Suisse mit traditioneller Schweizer Küche.

Engimatt
Engimattstr. 14 ⊠ 8002 – ℰ 044 284 16 16 – www.engimatt.ch
– Fax 044 201 25 16
2CXd
73 Zim ⌑ – †265/395 CHF ††320/470 CHF
Rest – (22 CHF) Menü 48 CHF (mittags)/80 CHF – Karte 41/83 CHF

♦ Das Hotel liegt im Quartier Enge - zentrumsnah und dennoch im Grünen. Der Hallenbereich ist modern gestaltet, die Zimmer sind individuell und wohnlich, alle mit Balkon. Luftig-lichtes Restaurant im Wintergartenstil und angenehme Gartenterrasse.

Glockenhof
Sihlstr. 31 ⊠ 8022 – ℰ 044 225 91 91 – www.glockenhof.ch
– Fax 044 225 92 92
3EZb
91 Zim ⌑ – †330/390 CHF ††440/520 CHF
Rest – (24 CHF) Menü 55 CHF (mittags) – Karte 41/99 CHF

♦ Die Zimmer dieses geschichtsträchtigen Stadthotels im Zentrum sind unterschiedlich geschnitten und trendig im Design, teilweise mit heimischem Material ausgestattet. Modernes, schlicht-elegantes Restaurant Conrad. Einfacher ist das Tagesrestaurant Glogge Egge.

Glärnischhof
Claridenstr. 30 ⊠ 8002 – ℰ 044 286 22 22 – www.hotelglaernischhof.ch
– Fax 044 286 22 86
3EZf
62 Zim ⌑ – †360/440 CHF ††460/500 CHF
Rest *Le Poisson* – *(geschl. Samstag, Sonn- und Feiertage)* Menü 61 CHF
(mittags)/119 CHF – Karte 69/100 CHF
Rest *Vivace* – (29 CHF) – Karte 50/87 CHF

♦ Das Businesshotel im Bankenquartier verfügt über einen gediegenen Hallenbereich und zeitgemässe funktionelle Gästezimmer, die technisch gut ausgestattet sind. Im Le Poisson serviert man Fischgerichte.

ZÜRICH

St. Gotthard
Bahnhofstr. 87 ⊠ 8021 – ℰ 044 227 77 00 – www.hotelstgotthard.ch
– Fax 044 227 77 50   **3**EY**g**
143 Zim – †320/485 CHF ††500/550 CHF, ⊆ 33 CHF
Rest *Hummer- & Austernbar* – ℰ 044 211 76 21 *(geschl. 20. Juli - 17. August und Sonntag - Montag)* Menü 68/145 CHF – Karte 90/200 CHF
Rest *Lobbybar-Bistro* – ℰ 044 211 76 25 – Karte 55/81 CHF

♦ Ein traditionsreiches Hotel a. d. J. 1889 nur wenige Schritte vom Hauptbahnhof entfernt mit klassischem Rahmen und überwiegend modern gestalteten Zimmern. Krustentiere und französische Küche bietet man im gediegen-eleganten Restaurant Hummer- und Austernbar.

Greulich
Herman-Greulich-Str. 56 ⊠ 8004 – ℰ 043 243 42 43 – www.greulich.ch
– Fax 043 243 42 00   **2**CV**c**
18 Zim – †225/295 CHF ††295/410 CHF, ⊆ 28 CHF
Rest *Greulich* – separat erwähnt

♦ Das kleine Designhotel überzeugt mit sachlich-puristischen Zimmern und geräumigeren Juniorsuiten - alle sind ganz hell, freundlich und klar gestaltet. Innenhof mit Birkenhain.

Fleming's
Brandschenkestr. 10 ⊠ 8001 – ℰ 044 563 00 00 – www.flemings-hotels.com
– Fax 044 563 00 99   **2**CX**b**
28 Zim ⊆ – †240/490 CHF ††270/520 CHF   **Rest** – (20 CHF) – Karte 42/84 CHF

♦ Modern-funktional und wertig hat man die Zimmer in dem Hotel nahe der Börse eingerichtet, auffallend sind die in den Raum integrierten Granit-Glas-Bäder. W-Lan kostenfrei.

Mercure Hotel Stoller
Badenerstr. 357 ⊠ 8003 – ℰ 044 405 47 47 – www.mercure.com
– Fax 044 405 48 48   **1**AU**x**
80 Zim – †215/300 CHF ††235/310 CHF, ⊆ 26 CHF
Rest *Ratatouille* – (27 CHF) – Karte 46/89 CHF

♦ Am Rande der Innenstadt nahe einer Tramstation gelegenes Hotel mit funktionellen Gästezimmern, nach hinten ruhigere Zimmer mit Balkon. Das in zwei Stuben unterteilte Ratatouille wird im Sommer durch ein Strassencafé ergänzt.

Kindli
Pfalzgasse 1 ⊠ 8001 – ℰ 043 888 76 76 – www.kindli.ch – Fax 043 888 76 77
20 Zim ⊆ – †260/390 CHF ††420/460 CHF   **3**EZ**z**
Rest *Zum Kindli* – ℰ 043 888 76 78 *(geschl. Sonn- und Feiertage)* (36 CHF) – Karte 64/103 CHF

♦ Das traditionsreiche Zürcher Stadthaus von 1474 ist eine sehr individuelle und familiäre Adresse mit engagiertem Service und charmanten Zimmern. In einem Nebengebäude hat man hochwertige kleine Longstay-Appartements. Gediegen-elegantes Restaurant mit zeitgemässem Angebot.

Helvetia
Stauffacherquai 1 ⊠ 8004 – ℰ 044 297 99 99 – www.hotel-helvetia.ch
– Fax 044 297 99 90   **2**CX**h**
16 Zim – †180/250 CHF ††220/280 CHF, ⊆ 12 CHF
Rest – *(geschl. Samstagmittag, Sonntagabend)* (25 CHF) – Karte 48/84 CHF

♦ Das sympathische kleine Hotel in einem historischen Stadthaus direkt an einer Limmatbrücke beherbergt liebenswerte und behagliche Zimmer mit heller moderner Einrichtung. In klassischem Stil gehaltenes Restaurant im 1. Stock.

City
Löwenstr. 34 ⊠ 8001 – ℰ 044 217 17 17 – www.hotelcity.ch
– Fax 044 217 18 18   **3**EY**h**
64 Zim ⊆ – †155/275 CHF ††245/390 CHF
Rest – *(geschl. Juli - August, Weihnachten - 3. Januar sowie Samstag, Sonn- und Feiertage)* Karte 44/72 CHF

♦ Sehr zentral in unmittelbarer Nähe der Fussgängerzone liegt das zeitgemässe Hotel mit seinen relativ kleinen, aber tipptopp gepflegten und gut ausgestatteten Zimmern. Geradlinig-modernes Ambiente im Restaurant.

ZÜRICH

Ibis
🍴 |♿| 🅰🅲 Rest, 🍽 Rest, 🚗 VISA ⓒ 🅰🅴 ①
Schiffbaustr. 11 ✉ *8005 –* ✆ *044 276 21 00 – www.ibishotel.com*
– Fax 044 276 21 01 **1ATn**
155 Zim – ♦152/180 CHF ♦♦152/180 CHF, ⊇ 16 CHF
Rest – *(geschl. Samstagmittag, Sonntagmittag)* (18 CHF) – Karte 40/69 CHF
◆ Wo früher die alten Schiffsbauhallen standen, bietet heute ein gepflegtes praktisches Hotel funktionell eingerichtete Gästezimmer zu fairen Preisen.

Tao's
🍴 VISA ⓒ 🅰🅴
Augustinergasse 3 ✉ *8001 –* ✆ *044 448 11 22 – www.taos-lounge.ch*
– Fax 044 448 11 23 – geschl. Sonntag **3EZe**
Rest – Menü 115/125 CHF – Karte 93/159 CHF
Rest *Lounge* – Menü 28 CHF (mittags) – Karte 63/113 CHF
◆ Die fernöstlich-exotische Note dieses geschmackvoll-eleganten Restaurants findet sich auch in der Küche wieder, die Klassisches mit asiatischen Aromen mischt. Eine legere Alternative ist die schöne Lounge im Parterre mit hübscher Terrasse.

Sein (Martin Surbeck)
🍴 VISA ⓒ 🅰🅴 ①
Schützengasse 5 ✉ *8001 –* ✆ *044 221 10 65 – www.zuerichsein.ch*
– Fax 044 212 65 80 – geschl. 24. - 31. Dezember, 29. März - 11. April, 19. Juli
- 8. August und Samstag - Sonntag **3EYd**
Rest – (48 CHF) Menü 75 CHF (mittags)/160 CHF – Karte 86/136 CHF
Rest *Tapas Bar* – Karte 41/82 CHF
Spez. Gebrannte Entenleber mit Frühlingszwiebeln und Popkorn. Temperiertes Kalbsnierstück mit Schwarzwurzeln und Trüffeln. Schokoladenkuchen mit Sauerrahmglace.
◆ Eine sehr interessante kreative Küche erlebt man in diesem Restaurant, modern-eleganter Stil und aufmerksamer Service bestimmen den Rahmen. Kleine Köstlichkeiten in der Tapas Bar mit Lounge-Atmosphäre.

Il Gattopardo
🅰🅲 🍽 VISA ⓒ 🅰🅴 ①
Rotwandstr. 48 ✉ *8004 –* ✆ *043 443 48 48 – www.ilgattopardo.ch*
– Fax 043 243 85 51 – geschl. 1. - 31. August sowie Samstagmittag, Sonntag
und Montagmittag **2CVe**
Rest – (32 CHF) Menü 110 CHF – Karte 67/108 CHF
◆ Eine recht spezielle stilvolle Atmosphäre herrscht in dem gediegen-eleganten Restaurant in einem hübschen Stadthaus auf der Ecke. Geboten wird klassische italienische Küche. Begehbarer Weinkeller (für Gruppen).

Greulich – Hotel Greulich
🍴 🅿 VISA ⓒ 🅰🅴 ①
Herman-Greulich-Str. 56 ✉ *8004 –* ✆ *043 243 42 43 – www.greulich.ch*
– Fax 043 243 42 00 – geschl. Samstagmittag - Sonntag **2CVc**
Rest – Menü 84/144 CHF – Karte 75/98 CHF
◆ Ein angenehm schlicht gehaltenes Restaurant in klaren Linien mit sehr gepflegter Tischkultur und einer schmackhaften ideenreichen Kreativküche mit spanischen Wurzeln. Innenhofterrasse.

Lindenhofkeller
🍴 VISA ⓒ 🅰🅴
Pfalzgasse 4 ✉ *8001 –* ✆ *044 211 70 71 – www.lindenhofkeller.ch*
– Fax 044 212 33 37 – geschl. 25. April - 2. Mai, 2. -22. August und Samstag
- Sonntag, November - Dezember: Samstagmittag und Sonntag **3EZc**
Rest – Menü 69 CHF (mittags)/119 CHF – Karte 63/122 CHF 🍷
◆ Mit seinem wohnlich-romantischen Touch fügt sich das elegante Gewölberestaurant mit Wein-Lounge harmonisch in das beschauliche Altstadtbild ein. Klassische Küche mit modernen Elementen.

Kaiser's Reblaube
🍴 🍽 VISA ⓒ
Glockengasse 7 ✉ *8001 –* ✆ *044 221 21 20 – www.kaisers-reblaube.ch*
– Fax 044 221 21 55 – geschl. 26. Juli - 15. August sowie Samstagmittag
und Sonntag **3EZy**
Rest – *(Tischbestellung ratsam)* (39 CHF) Menü 56 CHF (mittags)/165 CHF
– Karte 78/117 CHF
◆ In dem 1260 erbauten Haus in einer engen kleinen Gasse lässt man sich zeitgemässe Küche mit klassischen Einflüssen schmecken. Gemütlich: Goethe-Stübli im 1. Stock und Weinstube im Parterre.

ZÜRICH

XX Intermezzo
Beethovenstr. 2, (im Kongresshaus) ⊠ *8002 – ℰ 044 206 36 42*
– www.kongresshaus.ch – Fax 044 206 36 59 – geschl. 19. Juli - 10. August sowie Samstag, Sonn- und Feiertage **3EZg**
Rest – Menü 59 CHF (mittags) – Karte 93/132 CHF
♦ Zeitgemäss speist man in dem hellen eleganten Restaurant im Kongresshaus. An gut eingedeckten Tischen werden Sie freundlich und aufmerksam umsorgt.

XX Accademia del Gusto
Rotwandstr. 62 ⊠ *8004 – ℰ 044 241 62 43 – www.accademiadelgusto.ch*
– Fax 044 241 42 07 – geschl. 24. Juli - 15. August, 24. Dezember - 2. Januar sowie Samstagmittag und Sonntag, Mai - August: Samstag - Sonntag
Rest – Menü 38/48 CHF – Karte 68/98 CHF **2CVg**
♦ Das Ehepaar Piscopo betreibt hier ein sympathisches kleines Restaurant mit behaglichem Ambiente und einem ansprechenden italienischen Angebot. Günstige Mittagsmenüs.

XX Veltlinerkeller
Schlüsselgasse 8 ⊠ *8001 – ℰ 044 225 40 40 – www.veltlinerkeller.ch*
– Fax 044 225 40 45 – geschl. 18. Juli - 16. August und Samstag - Sonntag
Rest – *(Tischbestellung ratsam)* Karte 71/126 CHF **3EZt**
♦ Gemütliche holzgetäferte Stuben im jahrhundertealten ehemaligen "Haus zum Schlüssel" mitten in der Altstadt. Gekocht wird traditionell, mit klassisch-französischer Note.

XX Au Premier
Bahnhofplatz 15, (1. Etage) ⊠ *8001 – ℰ 044 217 15 55 – www.au-premier.ch*
– Fax 044 217 15 00 – geschl. 12. Juli - 8. Aug., Samstag, Sonn- und Feiertage
Rest – (35 CHF) Menü 55 CHF (mittags) – Karte 62/95 CHF **3EYe**
♦ In schönen hohen Räumen des stattlichen Bahnhofsgebäudes ist das modern-puristische Restaurant mit Lounge und guten Veranstaltungsmöglichkeiten untergebracht. Internationale Küche.

XX Il Giglio
Weberstr. 14 ⊠ *8004 – ℰ 044 242 85 97 – www.ilgiglio.ch – Fax 044 291 01 83*
– geschl. 24. Dezember - 5. Januar, 24. Juli - 17. August, Samstagmittag, Sonn- und Feiertage, Juni - August: Samstag, Sonn- und Feiertage **2CXc**
Rest – (35 CHF) Menü 53 CHF (mittags)/85 CHF – Karte 61/100 CHF
♦ Das weiss eingedeckte kleine Lokal, dessen Wände mit moderner Kunst dekoriert sind, liegt ein Stück von der Innenstadt entfernt. Die Speiseauswahl ist italienisch.

XX Da Angela
Hohlstr. 449 ⊠ *8048 – ℰ 044 492 29 31 – www.daangela.ch*
– Fax 044 492 29 32 – geschl. 18. Juli - 9. August und Sonntag - Montag **1ATd**
Rest – (39 CHF) – Karte 48/98 CHF
♦ Ein traditionelles Restaurant mit italienischem Flair und ebensolcher Küche, in der hausgemachte Pasta nicht fehlen darf. Freundlich leitet die Chefin den Service. Schattige Terrasse.

XX Sale e Pepe
in Wiedikon, Sieberstr. 18 ⊠ *8055 – ℰ 044 463 07 36 – Fax 044 463 07 01*
– geschl. 1. - 15. August, Samstagmittag, Sonntag und Montagabend
Rest – (31 CHF) – Karte 54/92 CHF **1AUe**
♦ "Cucina Italiana Originale" wird hier gross geschrieben. Das helle Restaurant mit elegantem Touch befindet sich in einem Wohngebiet und verfügt über eine nette Terrasse.

X Metropol
Fraumünsterstr. 12 ⊠ *8001 – ℰ 044 200 59 00 – www.metropol-restaurant.ch*
– Fax 044 200 59 01 – geschl. Sonn- und Feiertage **3EZr**
Rest – Karte 65/119 CHF
♦ Ein schönes Neu-Barock-Haus im Bankenviertel beherbergt das modern-puristische Restaurant mit Café, Bar und Lounge. Die internationale Küche bietet auch Sushi und Sashimi.

ZÜRICH

Sankt Meinrad (Tobias Buholzer)
Stauffacherstr. 163 ⊠ 8004 – ℰ 043 534 82 77 – www.sanktmeinrad.ch
– geschl. 20. Dezember - 4. Januar, 18. Juli - 16. August und Samstagmittag,
Sonntag - Dienstagmittag **2CVn**
Rest *– (Tischbestellung erforderlich)* (39 CHF) Menü 54 CHF (mittags)/130 CHF
– Karte 91/110 CHF
Spez. Suppe aus Grünen Oliven mit Scampi. Kalbsmüsli mit Randencreme. Warmer Schokoladenkuchen mit Kirschglace.
• Die sehr kreative und teilweise experimentelle Küche zeichnet dieses Restaurant ebenso aus wie der freundliche und engagierte Service sowie die angenehm ungezwungene und legere Atmosphäre.

Heugümper
Waaggasse 4 ⊠ 8001 – ℰ 044 211 16 60
– www.restaurantheuguemper.ch – Fax 044 211 16 61
– geschl. 12. Juli - 9. August, 24. - 31. Dezember und Samstag - Sonntag,
Oktober - Dezember: Samstagmittag und Sonntag **3EZd**
Rest – (38 CHF) Menü 148 CHF – Karte 61/115 CHF
• In dem ehrwürdigen Stadthaus im Herzen von Zürich kocht man international mit asiatischem Einschlag. Schickes modernes Bistro im Parterre, elegantes Restaurant in 1. Stock.

Caduff's Wine Loft
Kanzleistr. 126 ⊠ 8004 – ℰ 044 240 22 55 – www.wineloft.ch
– Fax 044 240 22 56 – geschl. 24. Dezember - 5. Januar, Samstagmittag und
Sonntag **2CVd**
Rest *– (Tischbestellung ratsam)* (30 CHF) Menü 52 CHF (mittags)/120 CHF
– Karte 74/129 CHF
• Eine trendige Adresse mit moderner Loft-Atmosphäre, die neben einer schmackhaften Frischküche aus guten Produkten eine imponierende Weinauswahl mit über 2000 Gewächsen bietet.

Bü's
Kuttelgasse 15 ⊠ 8001 – ℰ 044 211 94 11 – Fax 044 211 94 10 – geschl.
26. April - 9. Mai, 11. - 24. Oktober und Samstag - Sonntag **3EZh**
Rest *– (Tischbestellung ratsam)* (36 CHF) Menü 65 CHF (mittags)/110 CHF
– Karte 58/96 CHF
• Aus einer ehemaligen Metzgerei entstand dieses gemütliche Restaurant mit hübschem Garten. Zeitgemässe Küche mit mediterranen und traditionellen Einflüssen, sehr gutes Weinangebot.

Jdaburg
Gertrudstr. 44 ⊠ 8003 – ℰ 044 451 18 42 – www.jdaburg.ch
– Fax 044 450 11 92 – geschl. Sonntag - Montag und Samstagmittag
Rest *– (mittags nur kleine Karte)* Karte 57/82 CHF **1AUa**
• Das kleine Restaurant mit zeitgemässer regional geprägter Karte ist hell und freundlich gestaltet, die nette Terrasse liegt zur ruhigen Strasse hin.

Ciro
Militärstr. 16 ⊠ 8004 – ℰ 044 241 78 41 – Fax 044 291 14 24 – geschl. Sonntag
Rest – (21 CHF) – Karte 52/82 CHF **2CVa**
• Ein kleines italienisches Restaurant in Bahnhofsnähe mit gepflegter wohnlich-privater Atmosphäre. Spezialität des Hauses sind Pastagerichte.

Sala of Tokyo
Limmatstr. 29 ⊠ 8005 – ℰ 044 271 52 90 – www.sala-of-tokyo.ch
– Fax 044 271 78 07 – geschl. Weihnachten, Neujahr, 18. Juli - 9. August
und Samstagmittag, Sonntag - Montag **3EYk**
Rest – Menü 110/160 CHF – Karte 65/119 CHF
• Neben Sushi-Bar und Restaurant bietet man hier in einem geradlinig-modernen Ambiente authentische japanische Speisen, die an speziellen "Sankaiyaki"-Grilltischen zubereitet werden.

ZÜRICH

Alpenrose
Fabrikstr. 12 ✉ 8005 – ✆ 044 271 39 19 – Fax 044 271 02 76 – geschl. Mitte Juli - Mitte August und Montag, Dienstagmittag, Samstagmittag, Sonntagmittag
Rest – *(Tischbestellung ratsam)* (25 CHF) – Karte 44/69 CHF **2CVg**
• Seit über 100 Jahren bewirtet man in diesem Quartierrestaurant schon seine Gäste. In einfachem traditionellem Rahmen serviert man frische Bio-Marktküche.

Bistro
Dufourstr. 35 ✉ 8008 – ✆ 044 261 06 00 – Fax 044 262 06 01 – geschl. 2. - 25. Juli und Samstag - Sonntag **2DXd**
Rest – (30 CHF) – Karte 45/102 CHF
• Solide traditionelle Küche zu einem günstigen Preis bietet man in diesem familiär geleiteten Restaurant im Seefeldquartier.

in Zürich-Oerlikon Nord – ✉ 8050

Courtyard by Marriott
Max Bill-Platz 19 – ✆ 044 564 04 04 – www.courtyardzurich.com – Fax 044 564 04 00 **1BTa**
152 Zim – ♦209/339 CHF ♦♦209/339 CHF, ⊇ 30 CHF **Rest** – Karte 38/75 CHF
• Eine Businessadresse im typischen Stil der amerikanischen Hotelkette. Die Einrichtung der technisch sehr gut ausgestatteten Zimmer ist modern und doch klassisch. Trendiges Restaurant mit internationalem Angebot.

Swissôtel
Schulstr. 44, (am Marktplatz) – ✆ 044 317 31 11 – www.swissotel.com/zurich – Fax 044 312 44 68 **1BTn**
336 Zim – ♦200/450 CHF ♦♦200/450 CHF, ⊇ 35 CHF – 11 Suiten
Rest *Dialog* – *(geschl. 19. Juli - 21. August und Samstag, Sonn- und Feiertage)* (31 CHF) Menü 59 CHF – Karte 64/90 CHF
Rest *Szenario* – ✆ 044 317 33 91 – (24 CHF) – Karte 51/69 CHF
• Das Hochhaus liegt im Zentrum am Marktplatz und verfügt über funktionelle, hell und zeitlos eingerichtete Zimmer. Hallenbad in der 32. Etage mit Blick über die ganze Stadt. Zweigeteilter Gastronomiebereich mit einfacherem Speiseraum und gehobenerem Restaurant.

Holiday Inn Messe
Wallisellenstr. 48 – ✆ 044 316 11 00 – www.holidayinn.com/zurichmesse – Fax 044 316 11 01 **1BTc**
164 Zim – ♦280/430 CHF ♦♦280/430 CHF, ⊇ 23 CHF **Rest** – Karte 35/79 CHF
• Interessant ist hier vor allem die Lage direkt gegenüber dem Messezentrum. Die Gästezimmer überzeugen mit frischem modernen Design und funktioneller Ausstattung. Nette legere Bistro-Atmosphäre im Restaurant.

Giesserei
Birchstr. 108 – ✆ 043 205 10 10 – www.diegiesserei.ch – Fax 043 205 10 11 – geschl. 24. - 30. Dezember, Oktober - April: Samstagmittag, Mai - Juni: Samstagmittag und Sonntag, Juli - August: Samstagmittag und Sonntag, September: Samstagmittag und Sonntag **1BTa**
Rest – Karte 48/86 CHF
• Die herbe Industriearchitektur der einstigen Fabrikhalle und Relikte wie ein alter Schmiedeofen im Cheminée-Raum schaffen einen ganz speziellen Rahmen. Internationale Küche.

in Glattbrugg Nord: 8 km über ① – ✉ 8152

Renaissance
Thurgauerstr. 101, (Glattpark) – ✆ 044 874 50 00 – www.renaissancezurich.com – Fax 044 874 50 01
196 Zim – ♦295/355 CHF ♦♦295/355 CHF, ⊇ 37 CHF – 8 Suiten
Rest *Asian Place* – *(geschl. Mitte Juli - Mitte August, Samstagmittag und Sonntag)* Menü 59/89 CHF – Karte 45/91 CHF
Rest *Brasserie* – *(geschl. Samstag)* Menü 59 CHF – Karte 58/71 CHF
• Das Hotel verfügt über einen grossen öffentlichen Freizeitbereich im UG und geräumige komfortable Zimmer in klassischem Stil. Im Asian Place reicht das Angebot von chinesisch und thailändisch über japanisch bis hin zu indonesisch. Traditionell die Brasserie.

ZÜRICH

Hilton Zurich Airport 🛋 ℹ 🛎 ♿ AC ⌀ Rest, 📞 🏋 P
Hohenbühlstr. 10 – ✆ *044 828 50 50 – www.hilton.ch*
– Fax 044 828 51 51 VISA ⓜ AE ⓘ
321 Zim – †205/445 CHF ††205/445 CHF, ⌑ 39 CHF – 2 Suiten
Rest *Market Place* – Menü 60 CHF (Buffet) – Karte 46/108 CHF
♦ Modern, funktionell und technisch up to date sind die Zimmer in diesem Hotel in Airportnähe, sehr grosszügig die Relaxation-Rooms. Variabler Tagungsbereich. Market Place ist ein zur Halle hin offenes Restaurant mit Showküche.

Mövenpick 🌿 ℹ 🛎 ♿ AC 📞 🏋 P VISA ⓜ AE ⓘ
Walter Mittelholzerstr. 8 – ✆ *044 808 88 88 – www.moevenpick-zurich.com*
– Fax 044 808 88 77
333 Zim – †235/385 CHF ††285/730 CHF, ⌑ 33 CHF – 10 Suiten
Rest – Karte 34/83 CHF
Rest *Appenzeller Stube* – ✆ *044 808 85 55 (geschl. August 2 Wochen und Samstagmittag)* Karte 64/109 CHF
Rest *Dim Sum* – ✆ *044 808 84 44 (geschl. August 2 Wochen und Sonntag)* Karte 47/75 CHF
♦ Ein Hotel in direkter Autobahnnähe mit stylischem Hallen- und Empfangsbereich. Die modernen Zimmer sind teilweise besonders geradlinig und ausdrucksstark in der Farbgebung. Appenzeller Stube in traditionellem Schweizer Stil. Chinesische Küche bietet das Dim Sum.

Novotel Zürich Airport Messe 🌿 🛋 ℹ 🛎 ♿ AC Zim, 📞 🏋
Lindbergh - Platz 1, (Glattpark) 🐾 P VISA ⓜ AE ⓘ
– ✆ *044 829 90 00 – www.novotel-zurich-airport-messe.com*
– Fax 044 829 99 99
255 Zim – †199/399 CHF ††199/399 CHF, ⌑ 26 CHF
Rest – *(geschl. Samstag, Sonntag und an Feiertagen mittags)* (20 CHF)
– Karte 55/76 CHF
♦ Im Büro- und Handelszentrum befindet sich das auf Businessgäste zugeschnittene Hotel mit klar designten Zimmern und guter Verkehrsanbindung. Trendiges Ambiente und internationales Speiseangebot im Restaurant.

in Kloten Nord: 12 km über ① – ✉ 8302

Allegra 🌿 ℹ 🛎 ⌀ Rest, 📞 🏋 P VISA ⓜ AE ⓘ
Hamelirainstr. 3 – ✆ *044 804 44 44 – www.hotel-allegra.ch – Fax 044 804 41 41*
132 Zim – †183 CHF ††223 CHF, ⌑ 18 CHF **Rest** – Karte 40/87 CHF
♦ Das Geschäftshotel direkt neben dem Bahnhof bietet grosszügige Zimmer mit funktioneller, farbenfroher Einrichtung sowie einen gratis Shuttle-Service vom und zum nahen Flughafen.

in Wallisellen Nord-Ost: 10 km – ✉ 8304

Belair 🌿 ℹ 📞 🏋 P VISA ⓜ AE ⓘ
Alte Winterthurerstr. 16 – ✆ *044 839 55 55 – www.belair-hotel.ch*
– Fax 044 839 55 65 **1BTt**
47 Zim ⌑ – †220/310 CHF ††240/330 CHF
Rest *La Cantinella* – ✆ *044 839 55 99* – (29 CHF) – Karte 58/91 CHF
♦ Das Hotel befindet sich in verkehrsgünstiger Lage und verfügt über modern-funktionelle, technisch gut ausgestattete Zimmer (Standardzimmer sowie geräumigere Businesszimmer). Restaurant La Cantinella in neuzeitlichem Design und mit italienischem Speiseangebot.

XX Zum Doktorhaus 🌿 ⇔ VISA ⓜ AE ⓘ
Alte Winterthurerstr. 31 – ✆ *044 830 58 22 – www.doktorhaus.ch*
– Fax 044 830 19 03 **1BTv**
Rest – (38 CHF) Menü 115 CHF – Karte 66/83 CHF
♦ Das Gasthaus a. d. J. 1733 beherbergt zwei moderne Restauranträume mit wechselnden Bilderausstellungen und klassischer Karte. Trendige Bar/Lounge mit Biergarten.

Sie möchten spontan verreisen? Besuchen Sie die Internetseiten der Hotels, um von deren Sonderkonditionen zu profitieren.

ZÜRICH

in Zollikon Süd-Ost: 4 km über ④ – ✉ 8702

XX **Wirtschaft zur Höhe**
Höhestr. 73 – ℰ 044 391 59 59
– www.wirtschaftzurhoehe.ch – Fax 044 392 00 02
– geschl. Montag   **1BUb**
Rest – (44 CHF) Menü 58 CHF (mittags)/115 CHF – Karte 77/124 CHF
◆ Das Gasthaus mit schönem gepflegtem Aussenbereich ist mit persönlicher Note eingerichtet und aufwändig dekoriert. Die klassische Küche basiert auf sehr guten Produkten.

am Flughafen Nord: 12 km über ①

Radisson BLU Zurich Airport
(direkter Zugang zu den Terminals) ✉ 8058
– ℰ 044 800 40 40 – www.zurich.radissonblu.com
– Fax 044 800 40 50
330 Zim – ♦215/495 CHF ♦♦215/495 CHF, ☑ 37 CHF
Rest *filini* – Karte 42/107 CHF
Rest *Angels' Wine Tower Grill* – (geschl. Sonntag) (nur Abendessen)
Karte 45/115 CHF
◆ Businesshotel mit den von Matteo Thun designten Zimmern "At Home", "Chic" und "Fresh" sowie einer imposanten Atriumhalle mit einem 16 m hohen Wine Tower. Retro-Stil und italienische Küche im filini. Angels' Wine Tower Grill bietet Grillgerichte.

auf dem Uetliberg ab Zürich Hauptbahnhof mit der SZU-Bahn (25 min.) und Fussweg (10 min.) erreichbar – Höhe 871 m – ✉ 8143 Uetliberg

 Uto Kulm ⚘
– ℰ 044 457 66 66 – www.utokulm.ch – Fax 044 457 66 99   **1AUn**
55 Zim ☑ – ♦160/210 CHF ♦♦270/420 CHF
Rest – Menü 79 CHF (abends) – Karte 47/130 CHF
◆ In traumhafter Panoramalage auf dem Zürcher Hausberg erwarten die Gäste trendige, funktionelle "Lifestyle"-Zimmer und sehr schöne individuelle Einraum-Suiten. Moderne Seminarräume. Das grossflächige Restaurant wird im Sommer zur Terrasse. Gute Weinauswahl.

Bei schönem Wetter isst man gern im Freien! Wählen Sie ein Restaurant mit Terrasse:

ZUG K – Zug (ZG) – **551** P6 – 24 854 Ew – Höhe 425 m – ✉ 6300   **4 G3**
▶ Bern 139 – Luzern 34 – Zürich 31 – Aarau 58
🛈 Bahnhofplatz Y, ℰ 041 723 68 00, tourism@zug.ch
⛳ Schönenberg, Nord-Ost: 14 km, ℰ 044 788 90 40
Ennetsee / Holzhäusern Rotkreuz, ℰ 041 799 70 10
◉ Zuger See★★ – Die Quais ← ★ – Altstadt★ Z
◉ Zugerberg★ Süd-Ost: 7 km über ② – Ehemalige Zisterzienserabtei Kappel★ Nord: 8 km über ①
Lokale Veranstaltungen:
  19.-26. Juni: Seefest

Stadtplan auf der nächsten Seite

Parkhotel Zug
Industriestr. 14 – ℰ 041 727 48 48 – www.parkhotel.ch
– Fax 041 727 48 49   **Yb**
108 Zim ☑ – ♦190/380 CHF ♦♦240/450 CHF – 4 Suiten
Rest – Menü 29 CHF (mittags) – Karte 51/90 CHF
◆ Das gehobene Geschäftshotel bietet modern eingerichtete Räume mit guter Ausstattung, die Zimmer in der Residenz sind geräumiger, teils mit kleinem Wintergartenanbau. Schachbrett-Boden, Säulen und Lederbänke verleihen dem Restaurant Brasserie-Ambiente.

ZUG

Aabachstrasse	Y
Aegeristrasse	Z
Alpenquai	Y
Alpenstrasse	Z
Artherstrasse	Z
Baarerstrasse	Y
Bahnhofstrasse	YZ
Bundesplatz	Y
Bundesstrasse	Y
Chamerstrasse	Y
Dammstrasse	Y
Fischmarkt	Z 3
Gartenstrasse	Y 4
Gotthardstrasse	Y
Grabenstrasse	Z
Guggiweg	YZ
Hirschenplatz	Z
Hofstrasse	Z 6
Industriestrasse	Y 7
Kirchenstrasse	Z 9
Kolinplatz	Z
Landsgemeindeplatz	Z 10
Metallstrasse	Y
Neugasse	Z
Ober-Altstadt	Z 12
Postplatz	Z
Poststrasse	YZ
Rigistrasse	Y 13
St. Oswalds-Gasse	Z 15
Schmidgasse	Y 16
Seestrasse	Z
Unter-Altstadt	Z 18
Vorstadt	YZ
Vorstadtquai	YZ
Zeughausgasse	Z 19
Zugerbergstrasse	Z

Löwen garni   ≤ 📶 & AC 🚭 ✆ VISA ⓜ AE ①
Landsgemeindeplatz 1 – ℰ 041 725 22 22 – www.loewen-zug.ch
– Fax 041 725 22 00 – geschl. 20. Dezember - 8. Januar   **Z n**
48 Zim ⊆ – †220/290 CHF ††290/320 CHF
  ♦ Dieses sehr gepflegte Hotel liegt in der Altstadt, nicht weit vom Ufer des Zugersees. Viele der zeitgemäss eingerichteten Gästezimmer bieten einen schönen Seeblick.

Zugertor   🍴 📶 AC ✆ 🚗 VISA ⓜ AE ①
Baarerstr. 97, über ① – ℰ 041 729 38 38 – www.zugertor.ch
– Fax 041 711 32 03 – geschl. 19. - 31. Dezember
35 Zim ⊆ – †175/195 CHF ††210/235 CHF – ½ P +30 CHF
Rest *Zeno's Spezialitäten Restaurant* – ℰ 041 720 09 19 *(geschl. 25. Juli - 8. August und Samstag)* (25 CHF) – Karte 39/76 CHF
  ♦ Das von der Familie freundlich geführte Hotel am Zentrumsrand verfügt über funktionelle, zeitgemäss und solide ausgestattete Zimmer. Zeno's Spezialitäten Restaurant ist hell und neuzeitlich gestaltet.

Guggital ⌂   ≤ 🍴 📶 🚭 Zim, ✆ 🎿 P VISA ⓜ AE ①
Zugerbergstr. 46, über Z – ℰ 041 711 28 21 – www.hotel-guggital.ch
– Fax 041 710 14 43 – geschl. 24. Dezember - 3. Januar
32 Zim ⊆ – †125/180 CHF ††190/230 CHF – ½ P +35 CHF
Rest – (18 CHF) Menü 35 CHF (mittags)/60 CHF – Karte 41/90 CHF
  ♦ Schön ist die recht ruhige erhöhte Lage dieses Hotels. Es stehen zeitgemässe Gästezimmer mit praktischer Einrichtung zur Verfügung. Vom bürgerlichen Restaurant und der schattigen Terrasse aus hat man eine tolle Panoramasicht auf Zug, See und Berge.

ZUG

XXX Rathauskeller - Zunftstube
Ober-Altstadt 1, (1. Etage) – ℰ 041 711 00 58
– www.rathauskeller.ch – Fax 041 712 18 88
– geschl. 25. Dezember - 4. Januar, 19. April - 3. Mai, 5. Juli - 17. August und
Sonntag - Montag **Zd**
Rest – *(Tischbestellung ratsam)* Menü 120/140 CHF – Karte 86/130 CHF
Rest *Bistro* – *(geschl. 25. Dezember - 4. Januar, 19. April - 3. Mai und Sonntag*
- Montag) Karte 48/77 CHF
• Die schöne Holztäferung, Versace-Porzellan und moderne schwarze Lederstühle erzeugen in der Zunftstube im 1. Stock des schmucken historischen Hauses eine elegante Atmosphäre. Legeres Bistro mit blanken Tischen und sorgfältig zubereiteter traditioneller Küche.

XX Aklin
Kolinplatz 10 – ℰ 041 711 18 66 – www.restaurantaklin.ch – Fax 041 711 07 50
– geschl. 4. Juli - 8. August, Samstagmittag, Sonn- und Feiertage **Ze**
Rest – (30 CHF) Menü 86/119 CHF – Karte 54/120 CHF
• Sehr gemütlich sitzt man in diesem schönen Altstadthaus a. d. J. 1787 in geschmackvoll eingerichteten und aufwändig dekorierten Stuben.

XX Zum Kaiser Franz im Rössl
Vorstadt 8 – ℰ 041 710 96 36 – www.kaiser-franz.ch – Fax 041 710 97 37
– geschl. Ende Juli 1 Woche, Samstagmittag und Sonntag **Zg**
Rest – *(Tischbestellung ratsam)* (32 CHF) Menü 75 CHF – Karte 64/106 CHF
• In diesem klassisch gehaltenen Restaurant mit Hussenstühlen erwarten den Gast österreichische Küche und freundlicher Service.

ZUMIKON – Zürich (ZH) – 551 Q5 – 4 884 Ew – Höhe 659 m – ✉ 8126   4 G3
▶ Bern 135 – Zürich 10 – Rapperswil 24 – Winterthur 35

XX Triangel
Ebmatingerstr. 3 – ℰ 044 918 04 54
– www.triangel.ch – Fax 044 919 07 55
– geschl. 24. Dezember - 3. Januar, Samstagmittag und Sonntag
Rest – (28 CHF) Menü 47 CHF (mittags)/98 CHF – Karte 48/97 CHF
• Ein freundliches, mit Bildern und Skulpturen verschiedener Künstler dekoriertes Restaurant, in dem auf zeitgemässe Art mediterrane Speisen zubereitet werden. Unterteilte Terrasse.

ZUOZ – Graubünden (GR) – 553 X10 – 1 258 Ew – Höhe 1 695 m   11 J5
– Wintersport : 1 716/2 465 m ⟋5 ⟋ – ✉ 7524
▶ Bern 319 – Sankt Moritz 19 – Scuol 46 – Chur 82
🛈 im Bahnhof, ℰ 081 854 15 10, zuoz@estm.ch
⛳ Engadin Golf Zuoz-Madulain, ℰ 081 851 35 80
◉ Lage★★ – Hauptplatz★★ – Engadiner Häuser★

Lokale Veranstaltungen:
1. März: chalandamarz

🏨 Castell
Nord: 1 km – ℰ 081 851 52 53 – www.hotelcastell.ch
– Fax 081 851 52 54 – geschl. 6. April - 4. Juni und
24. Oktober - 3. Dezember
68 Zim ⇆ – †160/360 CHF ††230/430 CHF – ½ P +58 CHF
Rest – Karte 64/108 CHF
• Verschiedene Architekten und Künstler haben das 1912 erbaute Hotel über Zuoz zu einer individuellen Adresse gemacht, die den historischen Rahmen und topmodernes Design vereint. Eindrucksvoller Hamam, Eislaufbahn (Winter) und ganzjährige Kinderbetreuung. Klassischer Speisesaal mit prächtiger Stuckdecke.

X Dorta
Via Dorta 73 ✉ 7524 – ℰ 081 854 20 40 – www.dorta.ch – Fax 081 854 00 40
– geschl. 18. April - 3. Juni und 25. Oktober - 3. Dezember, Montag - Dienstag,
August und Dezember - März: Montag - Dienstagmittag
Rest – *(Tischbestellung ratsam)* Menü 48 CHF – Karte 44/105 CHF
• Ganz bewusst hat man den urigen Charme des einstigen Bauernhauses bewahrt, sehenswert ist der Keller a. d. 11. Jh. im alten Turm. Traditionelle Küche und umfangreiche Weinkarte.

Schloss Vaduz

FÜRSTENTUM LIECHTENSTEIN

Michelin-Karte: 551 VW6+7 **Regionalkarte:** 5 I3
▶ Bern 125 – Aarau 47 – Baden 24 – Chur 122

PRAKTISCHE HINWEISE

Die Hauptstadt des Fürstentums Liechtenstein, das eine Fläche von 160 km² und eine Einwohnerzahl von ca. 35 000 hat, ist VADUZ. Die Amtssprache ist Deutsch, darüber hinaus wird auch ein alemannischer Dialekt gesprochen. Landeswährung sind Schweizer Franken.

La principauté de Liechtenstein d'une superficie de 160 km², compte env. 35 000 habitants. La capitale est VADUZ. La langue officielle est l'allemand, mais on y parle également un dialecte alémanique. Les prix sont établis en francs suisses.

Il principato del Liechtenstein ha una superficie di 160 km² e conta 35 000 abitanti. Capitale é VADUZ. La lingua ufficiale é il tedesco, ma vi si parla anche un dialetto alemanno. I prezzi sono stabiliti in franchi svizzeri.

The principality of Liechtenstein, covering an area of 61,8 square miles, has 35 000 inhabitants. VADUZ is the capital. The official language is German, but a Germanic dialect is also spoken. Prices are in Swiss francs.

▯ Tourist-Information
Städtle 37, ✉ 9490 Vaduz, ✆ (00423) 239 63 00, info@tourismus.li

Automobilclub
ACFL Automobil Club des Fürstentums Liechtenstein, Rätikonstr. 31, ✉ 9490 Vaduz, ✆ (00423) 237 67 67, Fax (00423) 233 30 50

Lokale Veranstaltungen

2. Mai: SlowUp

12. Juni: LGT Alpin Marathon

Juli: Film Fest, Open Air in Vaduz

15. August: Staatsfeiertag mit Volksfest und Feuerwerk

Wintersport
Malbun 1 602/2 000 m 5 ⛷

Steg 1303 m ⛷

Balzers – 551 V7 – 4 402 Ew – Höhe 474 m – ✉ 9496

Bern 224 – Vaduz 9 – Chur 29 – Feldkirch 22

Hofbalzers
Höfle 2 – ℰ (00423) 388 14 00 – www.hofbalzers.li – Fax (00423) 388 14 55 – geschl. 23. Dezember - 6. Januar
26 Zim ⊑ – †142 CHF ††190 CHF
Rest *Leonardo* – separat erwähnt

• Vor allem Geschäftsreisende schätzen das Hotel im Zentrum mit freundlichen, neuzeitlichen und funktionellen Zimmern. Mit im Haus: Dampfbad, kleiner Fitnessraum und eine Bar.

Leonardo – Hotel Hofbalzers
Höfle 2 – ℰ (00423) 384 14 33 – www.leonardo-balzers.li – Fax (00423) 384 34 33 – geschl. Anfang Januar 1 Woche, 18. - 25. April, 25. Juli - 15. August und Montag - Dienstag
Rest – (28 CHF) – Karte 61/95 CHF

• Italienisch-mediterrane Küche bietet das in klaren modernen Linien gehaltene Restaurant, dazu gute Weine aus Italien. Schön ist die Terrasse mit alten Platanen.

Triesen – 551 V7 – 4 634 Ew – Höhe 466 m – ✉ 9495

Bern 230 – Vaduz 4 – Chur 39 – Feldkirch 18

Schatzmann (Klaus Schatzmann)
Landstr. 80 – ℰ (00423) 399 12 12 – www.schatzmann.li – Fax (00423) 399 12 10 – geschl. 24. Dezember - 7. Januar
29 Zim ⊑ – †130/195 CHF ††170/220 CHF – ½ P +52 CHF
Rest – (geschl. Juli - August 3 Wochen und Samstag - Montag) Menü 64 CHF (mittags)/140 CHF – Karte 75/144 CHF

Spez. Hors d'oeuvres mit Köstlichkeiten der Saison in 2 Gängen serviert. Filet von Loup de mer auf Tomaten-Fenchel-Fondue und Essenz mit Orangenzeste und Oliven. Dreierlei vom Kalb mit Pastinaken und Kartoffelspuma.

• In dem Familienbetrieb an der Ortsdurchfahrt erwarten Sie einfachere, rustikalere Gästezimmer im Stammhaus sowie moderne und grosszügige Zimmer im Anbau. Im Restaurant und im Wintergarten serviert man schmackhafte saisonale Speisen, die produktbezogen zubereitet werden.

Meierhof
Meierhofstr. 15 – ℰ (00423) 399 00 11 – www.meierhof.li – Fax (00423) 399 00 88 – geschl. 24. Dezember - 3. Januar
43 Zim ⊑ – †145/180 CHF ††200/240 CHF – ½ P +40 CHF
Rest – (geschl. 24. Dezember - 10. Januar, 30. Juli - 15. August und Freitag - Samstag) Menü 27/44 CHF – Karte 43/86 CHF

• An der Strasse nach Triesenberg findet man dieses aus drei Gebäuden bestehende Hotel. Die meisten der zeitgemäss ausgestatteten Zimmer haben Balkon oder Terrasse. Das Restaurant teilt sich in einen modernen und einen rustikalen Bereich.

Schlosswald garni
Eichholzweg 6 – ℰ (00423) 392 24 88 – www.schlosswald.li – Fax (00423) 392 24 36
32 Zim ⊑ – †130/160 CHF ††180/220 CHF

• Hell, zeitlos und praktisch eingerichtete Gästezimmer, teilweise mit Balkon, stehen in dem familiengeführten Hotel in erhöhter Lage zur Verfügung.

Triesenberg – 551 V6 – 2 580 Ew – Höhe 884 m – ✉ 9497

Bern 231 – Vaduz 6 – Chur 41 – Feldkirch 20

Kulm
Jonaboda 2 – ℰ (00423) 237 79 79 – www.hotelkulm.com – Fax (00423) 237 79 78 – geschl. 17. - 31. Januar
20 Zim ⊑ – †110/120 CHF ††137/180 CHF – ½ P +44 CHF
Rest – (geschl. 10. - 31. Januar) (18 CHF) Menü 45 CHF (mittags)/72 CHF – Karte 58/87 CHF

• Die mit hellem Weichholz möblierten Zimmer dieses Hauses bieten einfachen Komfort. Fragen Sie nach einem der talseitigen Zimmer mit schönem Blick auf Berge und Rheintal. Teil des Restaurants ist der Wintergarten mit fantastischer Aussicht.

Vaduz – **551** V6 – 5 014 Ew – Höhe 460 m – ✉ 9490

Bern 233 – Chur 43 – Feldkirch 15 – Sankt Anton am Arlberg 76

Siehe auch Titelseite Liechtenstein

Kunstmuseum ★ - Landesmuseum ★

Park-Hotel Sonnenhof (Hubertus Real)
Mareestr. 29 – ℰ (00423) 239 02 02 — Rest,
– www.sonnenhof.li – Fax (00423) 239 02 03 – geschl. 21. Dezember
- 11. Januar
29 Zim – †260/380 CHF ††390/480 CHF – ½ P +65 CHF
Rest – (geschl. 24. Juli - 9. August und Samstagmittag, Sonntag) (Tischbestellung erforderlich) Menü 64 CHF (mittags)/150 CHF – Karte 87/136 CHF
Spez. Asiatisch mariniertes Thunfischtartar mit Mangoragout und Zitronengrasschaum. Knusprig glasierte Brust vom Wollschwein mit Passionsfruchtjus, Dörrpflaumen, Chinakohl und Salzkartoffeln. Rehrücken im knusprigen Ciabattabrot mit Pfifferlingen und rotem Gelee.
• In einem schönen Park oberhalb von Vaduz liegt das seit Jahrzehnten von Familie Real geführte Hotel. Das ganze Haus ist mit Geschmack, Stilsicherheit und Liebe zum Detail äusserst wohnlich gestaltet. In angenehmer gediegen-eleganter Atmosphäre geniesst man die zeitgemässe saisonale Küche des Patrons.

Residence
Städtle 23 – ℰ (00423) 239 20 20 – www.residence.li – Fax (00423) 239 20 22
29 Zim – †240/260 CHF ††300/320 CHF
Rest *Residence* – separat erwähnt
• Vom Empfangsbereich bis in die technisch gut ausgestatteten Zimmer bestimmen klare Linien und helle, warme Farben das moderne Design dieses Hotels in der Fussgängerzone.

Löwen
Herrengasse 35 – ℰ (00423) 238 11 44 – www.hotel-loewen.li
– Fax (00423) 238 11 45 – geschl. 23. Dezember - 10. Januar und 25. Juli
- 8. August
8 Zim – †199/259 CHF ††299/369 CHF
Rest – (geschl. Samstag - Sonntag) (24 CHF) Menü 63 CHF (mittags)/95 CHF
– Karte 56/99 CHF
• Beim hauseigenen Weinberg liegt das schmucke, über 600 Jahre alte Haus. Die Zimmer sind mit stilvollen, teils antiken Möbeln eingerichtet, einige mit Schlossblick. Behagliches ländlich-klassisches Restaurant.

Torkel
Hintergass 9 – ℰ (00423) 232 44 10 – www.torkel.li – Fax (00423) 232 44 05
– geschl. 22. Dezember - 20. März und Sonntag
Rest – Menü 69/98 CHF – Karte 65/104 CHF
• Das historische Haus mit dem gemütlichen Ambiente ist umgeben von Weinbergen. Blickfang im Restaurant ist der beachtliche Torkelbaum, eine alte Weinpresse. Idyllische Terrasse.

Real mit Zim
Städtle 21 – ℰ (00423) 232 22 22 – www.hotel-real.li – Fax (00423) 232 08 91
– geschl. 23. Dezember - 11. Januar
12 Zim – †185/225 CHF ††250/270 CHF   **Rest** – Karte 69/117 CHF
• In dem behaglichen Restaurant mit rustikalem Charme bietet man klassische Küche, die sich an der Saison orientiert. Im Sommer sitzt man schön auf der Terrasse zur Fussgängerzone.

Residence – Hotel Residence
Städtle 23 – ℰ (00423) 239 87 87 – www.restaurant-residence.li
– Fax (00423) 239 87 86
Rest – (22 CHF) Menü 28 CHF (mittags)/111 CHF – Karte 61/93 CHF
• Ein modernes Restaurant mit Bar und netter Terrasse zur verkehrsberuhigten Strasse. Geboten wird saisonale Küche, mittags reicht man eine einfachere Karte.

La Guida MICHELIN
Una collana da gustare!

Belgique & Luxembourg
Deutschland
España & Portugal
France
Great Britain & Ireland
Italia
Nederland
Portugal
Suisse-Schweiz-Svizzera
Main Cities of Europe

Ed anche:

Hong Kong Macau
Kyoto Osaka
London
New York City
Paris
San Francisco
Tokyo

Der MICHELIN-Führer
Eine Kollektion zum Genießen!

Belgique & Luxembourg
Deutschland
España & Portugal
France
Great Britain & Ireland
Italia
Nederland
Portugal
Suisse-Schweiz-Svizzera
Main Cities of Europe

Und auch:

Hong Kong Macau
Kyoto Osaka
London
New York City
Paris
San Francisco
Tokyo

Principales stations de sports d'hiver

Wichtigste Wintersportplätze
Principali Stazioni di sport invernali
Main-Winter sports Stations

	Altitude mini/maxi	Nombre	En km	Curling
	Altitude mini/maxi	Number	in km	
	Altitudine mini/massi	Numero	in km	
	Höhe mini/maxi	Anzahl	in km	
Adelboden (BE)	1353 m./2362 m.	23	25	⊜
Andermatt (UR)	1444 m./2963 m.	9	28	
Arosa (GR)	1800 m./2653 m.	13	26	⊜
Bettmeralp (VS)(mit 🚡)	1935 m./2869 m.	17	4	
Bever (GR)	1714m.		36	
Blatten bei Naters/Belalp (VS)	1327 m./3112 m.	8	6	
Breil/Brigels (GR)	1257 m./2418 m.	7	15	
Celerina/Schlarigna (GR)	1720 m./3057 m.	23	185	⊜
Champéry (VS)	900 m./2466 m.	186	10	⊜
Charmey (FR)	900 m./1630 m.	7	25	
Château-d'Oex (VD)	958 m./1630 m.	7	45	⊜
Crans-Montana (VS)	1500 m./3000 m.	23	70	⊜
Davos (GR)	1560 m./2844 m.	28	75	⊜
Les Diablerets (VD)	1151 m./2120 m.	28	30	⊜
Disentis/Muster (GR)	1227 m./2833 m.	9	25	⊜
Engelberg (OW)	1050 m./3028 m.	20	37	⊜
Fiesch (VS)	1060 m./2869 m.	17	12	
Flims (GR)	1100 m./3018 m.	23	29	⊜
Flumserberg (SG)	1400 m./2222 m.	15	19	
Grächen (VS)	1617 m./2868 m.	13		
Grimentz (VS)	1570 m./2900 m.	9	17	⊜
Grindelwald (BE)	1034 m./2500 m.	22	17	⊜
Gstaad (BE)	1050 m./2151 m.	16	15	⊜

Patinoire Skating rink Pattinatoio Eisbahn	Piscine couverte Indoor pool Picina copperta Hallenbad	Liaison avec Reliable by Riggato de Verbindung mit	🛈 : ✆	
⛷			033 673 80 80	**Adelboden** (BE)
			041 887 14 54	**Andermatt** (UR)
⛷			081 378 70 20	**Arosa** (GR)
⛷	🏊		027 928 60 60	(mit ⛷) **Bettmeralp** (VS)
⛷			081 852 49 45	**Bever** (GR)
	🏊		027 921 60 40	**Blatten bei Naters/ Belalp** (VS)
⛷	🏊	Waltensburg/Vuorz	081 941 13 31	**Breil/Brigels** (GR)
⛷		Top of Snow Corviglia: St. Moritz/Celerina	081 830 00 11	**Celerina/Schlarigna** (GR)
⛷	🏊	Les Portes du Soleil: Suisse-France	024 479 20 20	**Champéry** (VS)
	🏊		026 927 55 80	**Charmey** (FR)
⛷			026 924 25 25	**Château-d'Oex** (VD)
⛷	🏊	Aminona	027 485 04 04	**Crans-Montana** (VS)
⛷	🏊	Klosters	081 415 21 21	**Davos** (GR)
⛷	🏊	Villars-sur-Ollon/Gryon	024 492 33 58	**Les Diablerets** (VD)
⛷	🏊		081 920 30 20	**Disentis/Muster** (GR)
⛷	🏊		041 639 77 77	**Engelberg** (OW)
	🏊		027 970 60 70	**Fiesch** (VS)
⛷		Laax/Falera	081 920 92 00	**Flims** (GR)
	🏊		081 720 18 18	**Flumserberg** (SG)
⛷	🏊		027 955 60 60	**Grächen** (VS)
⛷	🏊		027 475 14 93	**Grimentz** (VS)
⛷	🏊	Wengen	033 854 12 12	**Grindelwald** (BE)
⛷	🏊	Saanen/Rougemont	033 748 81 81	**Gstaad** (BE)

	Altitude mini/maxi Altitude mini/maxi Altitudine mini/massi Höhe mini/maxi	Nombre Number Numero Anzahl	En km in km in km in km	Curling
Haute-Nendaz (VS)	1400 m./3300 m.	63	11	⏺
Kandersteg (BE)	1200 m./1700 m.	3	44	⏺
Klosters (GR)	1124 m./2844 m.	35	35	⏺
Laax (GR)	1100 m./3018 m.	23	15	
Lenk (BE)	1068 m./2200 m.	22	49	⏺
Lenzerheide/Lai (GR)	1475 m./2865 m.	27	52	⏺
Leukerbad (VS)	1411 m./2700 m.	12	25	⏺
Leysin (VD)	1350 m./2205 m.	13	7	⏺
Malbun (FL)	1602 m./2000 m.	5		
Maloja (GR)	1800 m./2159 m.	2	180	
Les Marécottes (VS)	1110 m./2220 m.	5		
Meiringen (BE)	602 m./2433 m.	13	12	
Moléson-sur-Gruyères (FR)	1110 m./2002 m.	5		
Morgins (VS)	1350 m./2466 m.	186	20	
Les Mosses (VD)	1450 m./1870 m.	13	42	
Münster (VS)	1350m./1550 m.	1	100	
Mürren (BE) (mit Zahnradbahn)	1650 m./2970 m.	10		⏺
Oberiberg/Hoch-Ybrig (SZ)	1087 m./1856 m.	9		
Obersaxen Meierhof (GR)	1201 m./2310 m.	15	22	
Ovronnaz (VS)	1400 m./2500 m.	8	25	
Les Paccots (FR)	1061 m./1500 m.	10		
Pontresina (GR)	1805 m./2262 m.	2	185	⏺
Riederalp (VS) (mit 🚠)	1925 m./2869 m.	17		
Rougemont (VD)	992 m./2151 m.	16	7	
Saas-Fee (VS)	1800 m./3600 m.	18	6	⏺
Saas-Grund (VS)	1559 m./3200 m.	7	26	⏺
Saignelégier/Franches-Montagnes (JU)	env. 1000 m.		100	⏺
Saint-Cergue (VD)	1044 m./1150 m.	3	90	
Saint-Luc (VS)	1650 m./3000 m.	13		
Samedan (GR)	1750 m./2453 m.	1	185	⏺
Samnaun (GR)	1840 m./2864 m.	35	7	

Patinoire / Skating rink / Pattinatoio / Eisbahn	Piscine couverte / Indoor pool / Picina copperta / Hallenbad	Liaison avec / Reliable by / Riggato de / Verbindung mit	ℹ : ⌀	
⛸		4 Vallées: Verbier/ Nendaz/Thyon/ Veysonnaz/La Tzoumaz	027 289 55 89	**Haute-Nendaz** (VS)
⛸			033 675 80 80	**Kandersteg** (BE)
⛸	🟦	Davos	081 410 20 20	**Klosters** (GR)
	🟦	Flims-Falera	081 920 81 81	**Laax** (GR)
⛸	🟦		033 736 35 35	**Lenk** (BE)
⛸	🟦	Lenzerheide-Valbella- Parpan-Churwalden	081 385 11 20	**Lenzerheide/Lai** (GR)
⛸	🟦		027 472 71 71	**Leukerbad** (VS)
⛸	🟦		024 493 33 00	**Leysin** (VD)
⛸			00423 263 65 77	**Malbun** (FL)
⛸			081 824 31 88	**Maloja** (GR)
	🟦		027 761 31 01	**Les Marécottes** (VS)
⛸	🟦	Haslital. Berner Oberland	033 972 50 50	**Meiringen** (BE)
			026 921 85 00	**Moléson-sur- Gruyères** (FR)
⛸		Les Portes du Soleil: Suisse-France	024 477 23 61	**Morgins** (VS)
⛸			024 491 14 66	**Les Mosses** (VD)
			027 973 17 45	**Münster** (VS)
⛸	🟦		033 856 86 86	**Mürren** (BE) (mit Zahnradbahn)
			055 414 26 26	**Oberiberg/Hoch-Ybrig** (SZ)
		Obersaxen/Lumnezia/ Mundaun	081 933 22 22	**Obersaxen Meierhof** (GR)
	🟦		027 306 42 93	**Ovronnaz** (VS)
⛸			021 948 84 56	**Les Paccots** (FR)
⛸	🟦		081 838 83 00	**Pontresina** (GR)
	🟦	Skiarena Aletsch: Riederalp-Bettmeralp- Fiescheralp	027 928 60 50	**Riederalp** (VS) (mit ⛷)
		Gstaad/Saanen	026 925 11 66	**Rougemont** (VD)
⛸	🟦		027 958 18 58	**Saas-Fee** (VS)
⛸			027 958 66 66	**Saas-Grund** (VS)
⛸	🟦	Mont Crosin/ Mont Soleil	032 420 47 70	**Saignelégier/Franches- Montagnes** (JU)
		La Givrine	022 360 13 14	**Saint-Cergue** (VD)
⛸		Chandolin	027 475 14 12	**Saint-Luc** (VS)
⛸			081 851 00 60	**Samedan** (GR)
⛸	🟦	Silvretta Arena: Samnaun/Ischgl (A)	081 868 58 58	**Samnaun** (GR)

	Page	Altitude mini/maxi	Nombre	En km	Curling
	Page	Altitude mini/maxi	Number	in km	
	Pagina	Altitudine mini/massi	Numero	in km	
	Seite	Höhe mini/maxi	Anzahl	in km	
Sankt Moritz (GR)		1772 m./3057 m.	23	185	⊜
Sankt Stephan (BE)		1000 m./2011 m.	19	14	
Savognin (GR)		1200 m./2713 m.	10	32	⊜
Schwarzsee (FR)		1046 m./1700 m.	7		
Scuol/Schuls (GR)		1250 m./2783 m.	12	77	⊜
Sedrun (GR)		1450 m./2215 m.	9	152	⊜
Le Sentier/ Vallée de Joux (VD)		1010 m./1437 m.	10	220	
Sils-Maria (GR)		1800 m./3303 m.	13	180	⊜
Silvaplana (GR)		1870 m./3303 m.	13	180	⊜
Sörenberg (LU)		1166 m./2350 m.	15	35	
Splügen (GR)		1464 m./2215 m.	6	40	⊜
Thyon - Les Collons (VS)		1800 m./3300 m.	63	6	
Ulrichen (VS)		1347 m.		100	
Unteriberg (SZ)		925 m./1096 m.	1	30	
Unterwasser (SG)		910 m./2262 m.	19	30	
Val Müstair: Müstair-Tschierv (GR)		2000 m./2700 m.	3	40	
Verbier (VS)		1500 m./3330 m.	63	10	⊜
Veysonnaz (VS)		1400 m./3300 m.	63		
Villars-sur-Ollon (VD)		1200 m./2120 m.	28	50	
Wengen (BE) (mit Zahnradbahn)		1274 m./2500 m.	22		⊜
Wildhaus (SG)		1050 m./2262 m.	19	18	⊜
Zermatt (VS) (mit Zahnradbahn)		1620 m./3883 m.	55		⊜
Zinal (VS)		1670 m./2896 m.	7	20	
Zuoz (GR)		1716 m./2465 m.	5	185	⊜
Zweisimmen (BE)		948 m./2011 m.	19	35	

Patinoire / Skating rink / Pattinatoio / Eisbahn	Piscine couverte / Indoor pool / Picina copperta / Hallenbad	⛷🚡 Liaison avec / Reliable by / Riggato de / Verbindung mit	𝒊 : ✆	
⛸		Top of Snow Corviglia: St. Moritz-Celerina	081 837 33 33	**Sankt Moritz** (GR)
		Zweisimmen/ Schönried/Saanenmöser	033 729 80 46	**Sankt Stephan** (BE)
⛸	🏊		081 659 16 16	**Savognin** (GR)
			026 412 13 13	**Schwarzsee** (FR)
⛸	🏊	Motta Naluns: Ftan-Scuol-Sent	081 861 22 22	**Scuol/Schuls** (GR)
⛸	🏊	Oberalppass	081 920 40 30	**Sedrun** (GR)
⛸	🏊		021 845 17 77	**Le Sentier/ Vallée de Joux** (VD)
⛸	🏊	Silvaplana-Surlej	081 838 50 50	**Sils-Maria** (GR)
⛸		Sils-Maria	081 838 60 00	**Silvaplana** (GR)
⛸	🏊		041 488 11 85	**Sörenberg** (LU)
⛸			081 650 90 30	**Splügen** (GR)
	🏊	4 Vallées: Verbier/Nendaz/ Thyon/Veysonnaz/ La Tzoumaz	027 281 27 27	**Thyon - Les Collons** (VS)
			027 973 32 32	**Ulrichen** (VS)
	🏊		055 414 10 10	**Unteriberg** (SZ)
		Obertoggenburg: Alt St. Johann/ Unterwasser/Wildhaus	071 999 19 23	**Unterwasser** (SG)
⛸			081 858 58 58	**Val Müstair: Müstair-Tschierv** (GR)
⛸	🏊	4 Vallées: Verbier/ Nendaz/Thyon/ Veysonnaz/La Tzoumaz	027 775 38 88	**Verbier** (VS)
⛸	🏊	4 Vallées: Verbier/ Nendaz/Thyon/ Veysonnaz/La Tzoumaz	027 207 10 53	**Veysonnaz** (VS)
⛸	🏊	Les Diablerets/Gryon	024 495 32 32	**Villars-sur-Ollon** (VD)
⛸	🏊	Grindelwald	033 855 14 14	**Wengen** (BE) (mit Zahnradbahn)
⛸		Obertoggenburg: Alt St. Johann/ Unterwasser/Widhaus	071 999 27 27	**Wildhaus** (SG)
⛸		Cervinia (I)/ Valtournenche (I)	027 966 81 00	**Zermatt** (VS) (mit Zahnradbahn)
⛸	🏊		027 475 13 70	**Zinal** (VS)
⛸			081 854 15 10	**Zuoz** (GR)
		St. Stephan/Schönried/ Saanenmöser	033 722 11 33	**Zweisimmen** (BE)

Cartes des stations de sports d'hiver

- ○ Stations de sports d'hiver
- ▫▪▪▪▫ Téléphérique
- ▫┼┼┼┼▫ Funiculaire, voie à crémaillère
- 🚗 Transport des autos par voie ferrrée

État des routes. Informations routières : ℰ 163

| 11-5 | Fermeture possible en période d'enneigement. *(Ex : Novembre-Mai)* |

Karte der Wintersportorte

- ○ Wintersportort
- ▫▪▪▪▫ Seilbahn
- ▫┼┼┼┼▫ Standseilbahn, Zahnradbahn
- 🚗 Autotransport per Bahn

Strassenzustand Telefonische Auskunft: ℰ 163

| 11-5 | Ggf. Wintersperre. *(Beisp. : November-Mai)* |

Carte delle stazioni di sport invernali

- ○ Stazione di sport invernali
- ▫▪▪▪▫ Funivia
- ▫┼┼┼┼▫ Funicolare, ferrovia a cremagliera
- 🚗 Trasporto auto su treno

Informazioni sullo stato delle strade: ℰ 163

| 11-5 | Chiusura possibile in periodo d'innevamento. *(Esempio : Novembre-Maggio)* |

Map of winter sports stations

- ○ Winter sports resort
- ▫▪▪▪▫ Cablecar
- ▫┼┼┼┼▫ Funicular, rack railway
- 🚗 Transportation of vehicles by rail

For the latest road conditions: ℰ 163

| 11-5 | Approximate period when roads are snowbound and possibly closed. *(Ex : November-May)* |

Jours fériés en Suisse

Date / Datum / Data	Jour férié / Feiertag / Giorno festivo	AI	AG	AR	BE	BL	BS	FR	GE	GL	GR	JU	LU	NE
1 janv. / 1 Jan. / 1 gennaio	Nouvel An / Neujahrstag / Capodanno	•	•	•	•	•	•	•	•	•	•	•	•	•
2 janv. / 2 Jan. / 2 gennaio	Berchtoldstag		•		•			•		•		•	•	
6 janv. / 6 Jan. / 6 gennaio	Epiphanie / Dreikönigstag / Epifania													
1 mars / 1 März / 1 marzo	Instauration de la République													•
19 mars / 19 März / 19 marzo	Saint-Joseph / Josephstag / San Giuseppe												•	
2 avril / 2 April / 2 avril	Vendredi Saint / Karfreitag / Venerdì santo	•	•	•	•	•	•	•	•	•	•	•	•	•
5 avril / 5 April / 5 aprile	Lundi de Pâques / Ostermontag / Lunedì di Pasqua	•	•	•	•	•	•	•	•	•	•	•	•	•
8 avril / 8 April / 8 aprile	Fahrtsfest									•				
1 mai / 1 Mai / 1 maggio	Fête du travail / Tag der Arbeit / Festa del lavoro					•	•					•		
13 mai / 13 Mai / 13 maggio	Ascension / Auffahrt / Ascensione	•	•	•	•	•	•	•	•	•	•	•	•	•
24 mai / 24 Mai / 24 maggio	Lundi de Pentecôte / Pfingstmontag / Lunedì di Pentecoste	•	•	•	•	•	•	•	•	•	•	•	•	•
3 juin / 3 Juni / 3 giugno	Fête-Dieu / Fronleichnam / Corpus Domini	•	•					•				•	•	
23 juin / 23 Juni / 23 giugno	Commémoration du Plébiscite jurassien											•		
29 juin / 29 Juni / 29 giugno	Sts-Pierre-et-Paul / Peter und Paul / SS. Pietro e Paolo													
1 août / 1 Aug. / 1 agosto	Fête nationale / Bundesfeier / Festa nazionale	•	•	•	•	•	•	•	•	•	•	•	•	•
15 août / 15 Aug. / 15 agosto	Assomption / Maria Himmelfahrt / Assunzione	•	•					•				•	•	
10 sept. / 10 Sept. / 10 settembre	Jeûne genevois / Genfer Bettag / Digiuno ginevrino								•					
20 sept. / 20 Sept. / 20 settembre	Lundi du Jeûne fédéral / Bettagsmontag / Lunedì del digiuno federale													•

Feiertage in der Schweiz
Giorni festivi in Svizzera
Bank holidays in Switzerland

NW	OW	SG	SH	SO	SZ	TG	TI	UR	VD	VS	ZG	ZH	Jour férié / Feiertag / Giorno festivo	Date / Datum / Data
•	•	•	•	•	•	•	•	•	•	•	•	•	Nouvel an / Neujahrstag / Capodanno	1 janv. / 1 Jan. / 1 gennaio
	•	•	•		•			•		•	•	•	Berchtoldstag	2 janv. / 2 Jan. / 2 gennaio
			•				•	•					Épiphanie / Dreikönigstag / Epifania	6 janv. / 6 Jan. / 6 gennaio
													Instauration de la république	1 mars / 1 März / 1 marzo
•				•			•	•		•			Saint-Joseph / Josephstag / San Giuseppe	19 mars / 19 März / 19 marzo
•	•	•	•	•	•	•		•	•		•	•	Vendredi Saint / Karfreitag / Venerdì santo	2 avril / 2 April / 2 aprile
•	•	•	•	•	•	•	•	•	•	•	•	•	Lundi de Pâques / Ostermontag / Lunedì di Pasqua	5 avril / 5 April / 5 aprile
													Fahrtsfest	8 avril / 8 April / 8 aprile
		•			•	•						•	Fête du travail / Tag der Arbeit / Festa del lavoro	1 mai / 1 Mai / 1 maggio
•	•	•	•	•	•	•	•	•	•	•	•	•	Ascension / Auffahrt / Ascensione	13 mai / 13 Mai / 13 maggio
•	•	•	•	•	•	•	•	•	•	•	•	•	Lundi de Pentecôte / Pfingstmontag / Lunedì di Pentecoste	24 mai / 24 Mai / 24 maggio
•	•				•		•	•		•	•		Fête-Dieu / Fronleichnam / Corpus Domini	3 juin / 3 Juni / 3 giugno
													Commémoration du Plébiscite jurassien	23 juin / 23 Juni / 23 giugno
							•						Sts-Pierre-et-Paul / Peter und Paul / SS. Pietro e Paolo	29 juin / 29 Juni / 29 giugno
•	•	•	•	•	•	•	•	•	•	•	•	•	Fête nationale / Bundesfeier / Festa nazionale	1 août / 1 Aug. / 1 agosto
•	•				•		•	•		•	•		Assomption / Maria Himmelfahrt / Assunzione	15 août / 15 Aug. / 15 agosto
													Jeûne genevois / Genfer Bettag / Digiuno ginevrino	10 sept. / 10 Sept. / 10 settembre
									•				Lundi du Jeûne fédéral / Bettagsmontag / Lunedì del digiuno federale	20 sept. / 20 Sept. / 20 settembre

Date / Datum / Data	Jour férié / Feiertag / Giorno festivo	AI	AG	AR	BE	BL	BS	FR	GE	GL	GR	JU	LU	NE
25 sept. / 25 Sept. / 25 settembre	Fête de St-Nicolas de Flüe/Bruderklausenfest/San Nicolao della Flüe													
1 nov. / 1 Nov. / 1 novembre	Toussaint / Allerheiligen / Ognissanti	●	●					●		●		●	●	
8 déc. / 8 Dez. / 8 dicembre	Immaculée Conception/ Maria Empfängnis/ Immacolata	●	●					●					●	
25 déc. / 25 Dez. / 25 dicembre	Noël/ Weihnachtstag / Natale	●	●	●	●	●	●	●	●	●	●	●	●	●
26 déc. / 26 Dez. / 26 dicembre	Saint-Etienne / Stephanstag / Santo Stefano	●	●	●	●	●	●	●		●	●		●	
31 déc. / 31 Dez. / 31 dicembre	Restauration de la République								●					

NW	OW	SG	SH	SO	SZ	TG	TI	UR	VD	VS	ZG	ZH	Jour férié Feiertag Giorno festivo	Date Datum Data
	•												Fête de St-Nicolas de Flüe/Bruderklau- senfest/San Nicolao della Flüe	25 sept. 25 Sept. 25 settembre
•	•	•		•	•		•	•		•	•		Toussaint Allerheiligen Ognissanti	1 nov. 1 Nov. 1 novembre
•	•				•		•	•		•	•		Immaculée Conception/ Maria Empfängnis/ Immacolata	8 déc. 8 Dez. 8 dicembre
•	•	•	•	•	•	•	•	•	•	•	•	•	Noël/ Weihnachtstag Natale	25 déc. 25 Dez. 25 dicembre
•	•	•	•	•	•	•	•	•	•		•	•	Saint-Etienne Stephanstag Santo Stefano	26 déc. 26 Dez. 26 dicembre
													Restauration de la République	31 déc. 31 Dez. 31 dicembre

Principales foires

Wichtigste Messen
Principali fiere
Main fairs

BASEL (BS)

5.02 – 14.02 – MUBA
→ Die Publikums- und Erlebnismesse.
→ La foire-événement grand public.

18.03 – 25.03 – BASELWORLD
→ Weltmesse für Uhren und Schmuck.
→ Foire mondiale de l'horlogerie et de la bijouterie.

23.10 – 31.10
→ Basler Herbstwarenmesse und Basler Weinmesse.
→ Foire commerciale d'automne et foire aux vins de Bâle.

BERN (BE)

30.04 – 09.05 – BEA
→ Ausstellung für Gewerbe, Landwirtschaft, Handel und Industrie.
→ Comptoir de Berne.

GENÈVE (GE)

04.03 – 14.03
→ Salon international de l'automobile.
→ Internationaler Automobil- Salon.

21.04 – 25.04
→ Salon international des inventions, des techniques et produits nouveaux.
→ Internationale Messe für Erfindungen, neue Techniken und Produkte.

28.04 – 02.05
→ Salon international du livre et de la presse.
→ Internationale Messe für Buch und Presse.

28.04 – 02.05 – EUROP'ART
→ Foire internationale d'art ancien, moderne et actuel.
→ Internationale Messe für alte, moderne und aktuelle Kunst.

12.11 – 21.11 – FOIRE DE GENÈVE
→ Salon des arts ménagers.
→ Haus und Heim Ausstellung.

LAUSANNE (VD)

27.02 – 07.03
→ Exposition Habitat et Jardin.
→ Haus und Garten Ausstellung.

17.09 – 26.09 – COMPTOIR SUISSE
→ Foire nationale.
→ Nationale Messe.

LUZERN (LU)

23.04 – 02.05 – LUGA
→ Luzerner Landwirtschafts- und Gewerbeausstellung.
→ Exposition pour l'agriculture et l'artisanat de la Suisse centrale.

SANKT GALLEN (SG)

07.04 – 11.04 – OFFA
→ Ostschweizer Frühlings- und Freizeitmesse mit OFFA-Pferdemesse.
→ Foire du printemps et des loisirs de la Suisse orientale, avec exposition internationale de chevaux.

07.10 – 17.10 – OLMA
→ Schweizer Messe für Land- und Milchwirtschaft.
→ Foire suisse de l'agriculture et de l'industrie laitière.

ZÜRICH (ZH)

18.03 – 25.03 – EXPOVINA
→ Zürcher Wein Ausstellung.
→ Salon du vin.

06.05 – 07.05 – COMMUNITY 36
→ Fachmesse für Informatik, Kommunikation und Organisation.
→ Salon de l'informatique, de la communication et de l'organisation.

24.09 – 03.10 – ZÜSPA
→ Zürcher Herbstschau für Haushalt, Wohnen, Sport und Mode.
→ Salon d'automne zurichois des arts ménagers, du logement, du sport et de la mode.

Indicatifs Téléphoniques Internationaux

Important : pour les communications internationales, le zéro (0) initial de l'indicatif interurbain n'est pas à composer (excepté pour les appels vers l'Italie).

Prefissi Telefonici Internazionali

Importante : per comunicazioni internazionali, non bisogna comporre lo zero (0) iniziale dell'indicativo interurbano (escluse le chiamate per l'Italia).

from \ to	A	B	CH	CZ	D	DK	E	FIN	F	GB	GR	FL
A Austria	–	0032	0041	00420	0049	0045	0034	00358	0033	0044	0030	00423
B Belgium	0043	–	0041	00420	0049	0045	0034	00358	0033	0044	0030	00423
CH Switzerland	0043	0032	–	00420	0049	0045	0034	00358	0033	0044	0030	00423
CZ Czech Republic	0043	0032	0041	–	0049	0045	0034	00358	0033	0044	0030	00423
D Germany	0043	0032	0041	00420	–	0045	0034	00358	0033	0044	0030	00423
DK Denmark	0043	0032	0041	00420	0049	–	0034	00358	0033	0044	0030	00423
E Spain	0043	0032	0041	00420	0049	0045	–	00358	0033	0044	0030	00423
F France	0043	0032	0041	00420	0049	0045	0034	00358	–	0044	0030	00423
FIN Finland	99043	0032	99041	00420	0049	0045	0034	–	0033	0044	0030	990423
FL Liechtenstein	0043	0032	0041	00420	0049	0045	0034	00358	0033	0044	0030	–
GB United Kingdom	0043	0032	0041	00420	0049	0045	0034	00358	0033	–	0030	00423
GR Greece	0043	0032	0041	00420	0049	0045	0034	00358	0033	0044	–	00423
H Hungary	0043	0032	0041	00420	0049	0045	0034	00358	0033	0044	0030	00423
I Italy	0043	0032	0041	00420	0049	0045	0034	00358	0033	0044	0030	00423
IRL Ireland	0043	0032	0041	00420	0049	0045	0034	00358	0033	0044	0030	00423
J Japan	00143	00132	00141	001420	00149	00145	00134	001358	00133	00144	00130	011423
L Luxembourg	0043	0032	0041	00420	0049	0045	0034	00358	0033	0044	0030	00423
N Norway	0043	0032	0041	00420	0049	0045	0034	0358	0033	0044	0030	00423
NL Netherlands	0043	0032	0041	00420	0049	0045	0034	00358	0033	0044	0030	00423
P Portugal	0043	0032	0041	00420	0049	0045	0034	00358	0033	0044	0030	00423
PL Poland	0043	0032	0041	00420	0049	0045	0034	00358	0033	0044	0030	00423
S Sweden	00943	00932	00941	009420	00949	00945	00934	009358	00933	00944	00930	009423
USA	01143	01132	01141	011420	01149	01145	01134	011358	01133	01144	01130	011423

Internationale Telefon-Vorwahlnummern

Wichtig: bei Auslandsgesprächen darf die Null (0) der Ortsnetzkennzahl nicht gewählt werden (ausser bei Gesprächen nach Italien).

International Dialling Codes

Note: when making an internationall call, do not dial the first «0» of the city codes (except for calls to Italy).

H	I	IRL	J	L	N	NL	P	PL	S	USA	
0036	0039	00353	0081	00352	0047	0031	00351	0048	0046	001	**Austria A**
0036	0039	00353	0081	00352	0047	0031	00351	0048	0046	001	**Belgium B**
0036	0039	00353	0081	00352	0047	0031	00351	0048	0046	001	**Switzerland CH**
0036	0039	00353	0081	00352	0047	0031	00351	0048	0046	001	**Czech CZ Republic**
0036	0039	00353	0081	00352	0047	0031	00351	0048	0046	001	**Germany D**
0036	0039	00353	0081	00352	0047	0031	00351	0048	0046	001	**Denmark DK**
0036	0039	00353	0081	00352	0047	0031	00351	0048	0046	001	**Spain E**
0036	0039	00353	0081	00352	0047	0031	00351	0048	0046	001	**France F**
0036	0039	00353	0081	00352	0047	0031	00351	0048	0046	001	**Finland FIN**
0036	0039	00353	0081	00352	0047	0031	00351	0048	0046	001	**Liechtenstein FL**
0036	0039	00353	0081	00352	0047	0031	00351	0048	0046	001	**United GB Kingdom**
0036	0039	00353	0081	00352	0047	0031	00351	0048	0046	001	**Greece GR**
–	0039	00353	0081	00352	0047	0031	00351	0048	0046	001	**Hungary H**
0036	–	00353	0081	00352	0047	0031	00351	0048	0046	001	**Italy I**
0036	0039	–	0081	00352	0047	0031	00351	0048	0046	001	**Ireland IRL**
00136	0139	001353	–	011352	00147	00131	001351	00148	00146	0011	**Japan J**
0036	0039	00353	0081	–	0047	0031	00351	0048	0046	001	**Luxembourg L**
0036	0039	00353	0081	00352	–	0031	00351	0048	0046	001	**Norway N**
0036	0039	00353	0081	00352	0047	–	00351	0048	0046	001	**Netherlands NL**
0036	0039	00353	0081	00352	0047	0031	–	0048	0046	001	**Portugal P**
0036	0039	00353	0081	00352	0047	0031	00351	–	0046	001	**Poland PL**
00936	0939	009353	0981	009352	00947	00931	009351	00948	–	0091	**Sweden S**
01136	01139	011353	01181	011352	00147	01131	011351	01148	01146	–	**USA**

Lexique

Lexikon (siehe S. 487)
Lessico (vedere p. 494)
Lexicon

A	→	→	→
à louer	zu vermieten	a noleggio	for hire
addition	Rechnung	conto	bill, check
aéroport	Flughafen	aeroporto	airport
agence de voyage	Reisebüro	agenzia di viaggio	travel bureau
agencement	Einrichtung	installazione	installation
agneau	Lamm	agnello	lamb
ail	Knoblauch	aglio	garlic
amandes	Mandeln	mandorle	almonds
ancien, antique	ehemalig, antik	vecchio, antico	old, antique
août	August	agosto	August
art-déco	Jugendstil	art-déco, liberty	Art Deco
artichaut	Artischocke	carciofo	artichoke
asperges	Spargeln	asparagi	asparagus
auberge	Gasthaus	locanda	inn
aujourd'hui	heute	oggi	today
automne	Herbst	autunno	autumn
avion	Flugzeug	aereo	aeroplane
avril	April	aprile	April

B	→	→	→
bac	Fähre	traghetto	ferry
bagages	Gepäck	bagagli	luggage
bateau	Boot, Schiff	barca	ship
bateau à vapeur	Dampfer	batello a vapore	steamer
baudroie	Seeteufel	pescatrice	angler fish
beau	schön	bello	fine, lovely
bette	Mangold	bietola	chards
beurre	Butter	burro	butter
bien, bon	gut	bene, buono	good, well
bière	Bier	birra	beer
billet d'entrée	Eintrittskarte	biglietto d'ingresso	admission ticket
blanchisserie	Wäscherei	lavanderia	laundry
bœuf bouilli	Siedfleisch	bollito di manzo	boiled beef
bouillon	Fleischbrühe	brodo	clear soup
bouquetin	Steinbock	stambecco	ibex
bouteille	Flasche	bottiglia	bottle
brochet	Hecht	luccio	pike

C	→	→	→
cabri, chevreau	Zicklein, Gitzi	capretto	young goat
café	Kaffee	caffè	coffee
café-restaurant	Wirtschaft	ristorante-bar	café-restaurant
caille	Wachtel	quaglia	partridge
caisse	Kasse	cassa	cash desk
campagne	Land	campagna	country
canard, caneton	Ente, junge Ente	anatra	duck
cannelle	Zimt	cannella	cinnamon
câpres	Kapern	capperi	capers
carnaval	Fasnacht	carnevale	carnival
carottes	Karotten	carote	carrots
carpe	Karpfe	carpa	carp
carte postale	Postkarte	cartolina postale	postcard
cascades, chutes	Wasserfälle	cascate	waterfalls
céleri	Sellerie	sedano	celery
cépage	Rebsorte	ceppo	grape variety
cèpes, bolets	Steinpilze	boleto	ceps
cerf	Hirsch	cervo	stag (venison)
cerises	Kirschen	ciliegie	cherries
cervelle de veau	Kalbshirn	cervella di vitello	calf's brain
chaînes	Schneeketten	catene da neve	snow chain
chambre	Zimmer	camera	room
chamois	Gems	camoscio	chamois
champignons	Pilze	funghi	mushrooms
change	Geldwechsel	cambio	exchange
charcuterie	Aufschnitt	salumi	pork butcher's meat
château	Burg, Schloss	castello	castle
chevreuil	Reh	capriolo	roe deer (venison)
chien	Hund	cane	dog
chou	Kraut, Kohl	cavolo	cabbage
chou de Bruxelles	Rosenkohl	cavolini di Bruxelles	Brussel sprouts
chou rouge	Rotkraut	cavolo rosso	red cabbage
chou-fleur	Blumenkohl	cavolfiore	cauliflower
choucroute	Sauerkraut	crauti	sauerkraut
circuit	Rundfahrt	circuito	round tour
citron	Zitrone	limone	lemon
clé	Schlüssel	chiave	key
col	Pass	passo	pass
collection	Sammlung	collezione	collection
combien ?	wieviel ?	quanto ?	how much ?
commissariat	Polizeirevier	commissariato	police headquarters
concombre	Gurke	cetriolo	cucumber
confiture	Konfitüre	marmellata	jam
coquille Saint-Jacques	Jakobsmuschel	cappasanta	scallops
corsé	kräftig	robusto	full bodied
côte de porc	Schweinekotelett	braciola di maiale	pork chop
côte de veau	Kalbskotelett	costata di vitello	veal chop
courge	Kürbis	zucca	pumpkin
courgettes	Zucchini	zucchino	zucchini
crème	Rahm	panna	cream
crêpes	Pfannkuchen	crespella	pancakes
crevaison	Reifenpanne	foratura	puncture
crevettes	Krevetten	gamberetti	shrimps, prawns
crudités	Rohkost	verdure crude	raw vegetables
crustacés	Krustentiere	crostacei	crustaceans
cuissot	Keule	cosciotto	leg

D

	→	→	→
débarcadère	Schiffanlegestelle	pontile di sbarco	landing-wharf
décembre	Dezember	dicembre	December
demain	morgen	domani	tomorrow
demander	fragen, bitten	domandare	to ask for
départ	Abfahrt	partenza	departure
dimanche	Sonntag	domenica	Sunday
docteur	Arzt	dottore	doctor
doux	mild	dolce	sweet, mild

E

	→	→	→
eau gazeuse	mit Kohlensäure (Wasser)	acqua gasata	sparkling water
eau minérale	Mineralwasser	acqua minerale	mineral water
écrevisse	Flusskrebs	gambero	crayfish
église	Kirche	chiesa	church
émincé	Geschnetzeltes	a fettine	thin slice
en daube, en sauce	geschmort, mit Sauce	stracotto, in salsa	stewed, with sauce
en plein air	im Freien	all'aperto	outside
endive	Endivie	indivia	chicory
entrecôte	Zwischenrippenstück	costata	sirloin steak
enveloppes	Briefumschläge	buste	envelopes
épinards	Spinat	spinaci	spinach
escalope panée	paniertes Schnitzel	cotoletta alla milanese	escalope in breadcrumbs
escargots	Schnecken	lumache	snails
étage	Stock, Etage	piano	floor
été	Sommer	estate	summer
excursion	Ausflug	escursione	excursion
exposition	Ausstellung	esposizione, mostra	exhibition, show

F

	→	→	→
faisan	Fasan	fagiano	pheasant
farci	gefüllt	farcito	stuffed
fenouil	Fenchel	finocchio	fennel
féra	Felchen	coregone	dace
ferme	Bauernhaus	fattoria	farm
fermé	geschlossen	chiuso	closed
fêtes, jours fériés	Feiertage	giorni festivi	bank holidays
feuilleté	Blätterteig	sfoglia	puff pastry
février	Februar	febbraio	February
filet de bœuf	Rinderfilet	filetto di bue	fillet of beef
filet de porc	Schweinefilet	filetto di maiale	fillet of pork
fleuve	Fluss	fiume	river
foie de veau	Kalbsleber	fegato di vitello	calf's liver
foire	Messe, Ausstellung	fiera	fair
forêt, bois	Wald	foresta, bosco	forest, wood
fraises	Erdbeeren	fragole	strawberries
framboises	Himbeeren	lamponi	raspberries
fresques	Fresken	affreschi	frescoes
frit	fritiert	fritto	fried
fromage	Käse	formaggio	cheese

fromage blanc	Quark	formaggio fresco	curd cheese
fruité	fruchtig	fruttato	fruity
fruits de mer	Meeresfrüchte	frutti di mare	seafood
fumé	geräuchert	affumicato	smoked

G

gare	Bahnhof	stazione	station
gâteau	Kuchen	dolce	cake
genièvre	Wacholder	coccola	juniper berry
gibier	Wild	selvaggina	game
gingembre	Ingwer	zenzero	ginger
girolles	Pfifferlinge, Eierschwämme	gallinacci (funghi)	chanterelles
glacier	Gletscher	ghiacciaio	glacier
grillé	gegrillt	alla griglia	grilled
grotte	Höhle	grotta	cave

H

habitants	Einwohner	abitanti	residents, inhabitants
hebdomadaire	wöchentlich	settimanale	weekly
hier	gestern	ieri	yesterday
hiver	Winter	inverno	winter
homard	Hummer	astice	lobster
hôpital	Krankenhaus	ospedale	hospital
hôtel de ville, mairie	Rathaus	municipio	town hall
huile d'olives	Olivenöl	olio d'oliva	olive oil
huîtres	Austern	ostriche	oysters

I – J

interdit	verboten	vietato	prohibited
jambon (cru, cuit)	Schinken (roh, gekocht)	prosciutto (crudo, cotto)	ham (raw, cokked)
janvier	Januar	gennaio	January
jardin, parc	Garten, Park	giardino, parco	garden, park
jeudi	Donnerstag	giovedì	Thursday
journal	Zeitung	giornale	newspaper
jours fériés	Feiertage	festivi	bank holidays
juillet	Juli	luglio	July
juin	Juni	giugno	June
jus de fruits	Fruchtsaft	succo di frutta	fruit juice

L

lac	See	lago	lake
lait	Milch	latte	milk
langouste	Languste	aragosta	spiny lobster
langoustines	Langustinen	scampi	Dublin bay prawns
langue	Zunge	lingua	tongue
lapin	Kaninchen	coniglio	rabbit
léger	leicht	leggero	light
légumes	Gemüse	legume	vegetable
lentilles	Linsen	lenticchie	lentils
lièvre	Hase	lepre	hare
lit	Bett	letto	bed

lit d'enfant	Kinderbett	lettino	child's bed
lotte	Seeteufel	pescatrice	monkfish
loup de mer	Seewolf, Wolfsbarsch	branzino	sea bass
lundi	Montag	lunedì	Monday

M

mai	Mai	maggio	May
maison	Haus	casa	house
maison corporative	Zunfthaus	sede corporativa	guild house
manoir	Herrensitz	maniero	manor house
mardi	Dienstag	martedì	Tuesday
mariné	mariniert	marinato	marinated
mars	März	marzo	March
mercredi	Mittwoch	mercoledì	Wednesday
miel	Honig	miele	honey
moelleux	weich, gehaltvoll	vellutato	mellow
monument	Denkmal	monumento	monument
morilles	Morcheln	spugnole (funghi)	morels
moules	Muscheln	cozze	mussels
moulin	Mühle	mulino	mill
moutarde	Senf	senape	mustard

N

navet	weisse Rübe	navone	turnip
neige	Schnee	neve	snow
Noël	Weihnachten	Natale	Christmas
noisettes, noix	Haselnüsse, Nüsse	nocciole, noci	hazelnuts, nuts
nombre de couverts limités	Tischbestellung ratsam	coperti limitati-prenotare	booking essential
nouilles	Nudeln	tagliatelle, fettuccine	noodles
novembre	November	novembre	November

O

octobre	Oktober	ottobre	October
œuf à la coque	weiches Ei	uovo à la coque	soft-boiled egg
office de tourisme	Verkehrsverein	informazioni turistiche	tourist information office
oignons	Zwiebeln	cipolle	onions
omble chevalier	Saibling	salmerino	char
ombragé	schattig	ombreggiato	shaded
oseille	Sauerampfer	acetosella	sorrel

P

pain	Brot	pane	bread
Pâques	Ostern	pasqua	Easter
pâtisseries	Feingebäck, Kuchen	pasticceria	pastries
payer	bezahlen	pagare	to pay
pêches	Pfirsiche	pesche	peaches
peintures, tableaux	Malereien, Gemälde	dipinti, quadri	paintings
perche	Egli	persico	perch
perdrix, perdreau	Rebhuhn	pernice	partridge
petit déjeuner	Frühstück	prima colazione	breakfast
petits pois	grüne Erbsen	piselli	green peas
piétons	Fussgänger	pedoni	pedestrians

pigeon	Taube	piccione	pigeon
pinacothèque	Gemäldegalerie	pinacoteca	picture gallery
pintade	Perlhuhn	faraona	guinea fowl
piscine, -	Schwimmbad	piscina,	swimming pool,
couverte	Hallen-	- coperta	in-door -
plage	Strand	spiaggia	beach
pleurotes	Austernpilze	gelone	oyster mushrooms
pneu	Reifen	pneumatico	tyre
poireau	Lauch	porro	leek
poires	Birnen	pere	pears
pois gourmands	Zuckerschoten	taccole	mange tout
poisson	Fisch	pesce	fish
poivre	Pfeffer	pepe	pepper
police	Polizei	polizia	police
pommes	Äpfel	mele	apples
pommes de terre,	Kartoffeln,	patate,	potatoes,
- à l'eau	Salz -	- bollite	boiled -
pont	Brücke	ponte	bridge
ponton d'amarrage	Bootsteg	pontile	jetty
poulet	Hähnchen	pollo	chicken
pourboire	Trinkgeld	mancia	tip
poussin	Küken	pulcino	young chicken
printemps	Frühling	primavera	spring
promenade	Spaziergang	passeggiata	walk
prunes	Pflaumen	prugne	plums

Q	→	→	→
quetsche	Zwetschge	grossa susina	dark-red plum
queue de bœuf	Ochsenschwanz	coda di bue	oxtail

R	→	→	→
raie	Rochen	razza	skate
raifort	Meerrettich	rafano	horseradish
raisin	Traube	uva	grape
régime	Diät	dieta	diet
remonte-pente	Skilift	ski-lift	ski-lift
renseignements	Auskünfte	informazioni	information
repas	Mahlzeit	pasto	meal
réservation	Tischbestellung	prenotazione	booking
résidents seulement	nur Hotelgäste	solo per clienti alloggiati	residents only
ris de veau	Kalbsbries, Milken	animelle di vitello	sweetbread
rive, bord	Ufer	riva	shore, river bank
rivière	Fluss	fiume	river
riz	Reis	riso	rice
roches, rochers	Felsen	rocce	rocks
rognons	Nieren	rognone	kidneys
rôti	gebraten	arrosto	roasted
rouget	Rotbarbe	triglia	red mullet
rue	Strasse	strada	street
rustique	rustikal, ländlich	rustico	rustic

S			
saignant	englisch gebraten	al sangue	rare
Saint-Pierre (poisson)	Sankt-Peters Fisch	sampietro (pesce)	John Dory (fish)
safran	Safran	zafferano	saffron
salle à manger	Speisesaal	sala da pranzo	dining-room
salle de bain	Badezimmer	stanza da bagno	bathroom
samedi	Samstag	sabato	Saturday
sandre	Zander	lucio perca	perch pike
sanglier	Wildschwein	cinghiale	wild boar
saucisse	Würstchen	salsiccia	sausage
saucisson	Trockenwurst	salame	sausage
sauge	Salbei	salvia	sage
saumon	Lachs	salmone	salmon
sculptures sur bois	Holzschnitzereien	sculture in legno	wood carvings
sec	trocken	secco	dry
sel	Salz	sale	salt
semaine	Woche	settimana	week
septembre	September	settembre	September
service compris	Bedienung inbegriffen	servizio incluso	service included
site, paysage	Landschaft	località, paesaggio	site, landscape
soir	Abend	sera	evening
sole	Seezunge	sogliola	sole
sucre	Zucker	zucchero	sugar
sur demande	auf Verlangen	a richiesta	on request
sureau	Holunder	sambuco	elderbarry

T			
tarte	Torte	torta	tart
téléphérique	Luftseilbahn	funivia	cable car
télésiège	Sessellift	seggiovia	chair lift
thé	Tee	tè	tea
thon	Thunfisch	tonno	tuna
train	Zug	treno	train
train à crémaillère	Zahnradbahn	treno a cremagliera	rack railway
tripes	Kutteln	trippa	tripe
truffes	Trüffeln	tartufi	truffles
truite	Forelle	trota	trout
turbot	Steinbutt	rombo	turbot

V	→	→	→
vacances, congés	Ferien	vacanze	holidays
vallée	Tal	vallata	valley
vendredi	Freitag	venerdì	Friday
verre	Glas	bicchiere	glass
viande séchée	Trockenfleisch	carne secca	dried meats
vignes, vignoble	Reben, Weinberg	vite, vigneto	vines, vineyard
vin blanc sec	herber Weisswein	vino bianco secco	dry white wine
vin rouge, rosé	Rotwein, Rosé	vino rosso, rosato	red wine, rosé
vinaigre	Essig	aceto	vinegar
voiture	Wagen	machina	car
volaille	Geflügel	pollame	poultry
vue	Aussicht	vista	view

Lexikon

Lexique (voir page 480)
Lessico (vedere p. 494)
Lexicon

A	→	→	→
Abend	soir	sera	evening
Abfahrt	départ	partenza	departure
Äpfel	pommes	mele	apples
April	avril	aprile	April
Artischocke	artichaut	carciofo	artichoke
Arzt	docteur	dottore	doctor
auf Verlangen	sur demande	a richiesta	on request
Aufschnitt	charcuterie	salumi	pork butcher's meat
August	août	agosto	August
Ausflug	excursion	escursione	excursion
Auskünfte	renseignements	informazioni	information
Aussicht	vue	vista	view
Ausstellung	exposition	esposizione, mostra	exhibition, show
Austern	huîtres	ostriche	oysters
Austernpilze	pleurotes	gelone	oyster mushrooms
Auto	voiture	Vettura	car

B	→	→	→
Badezimmer	salle de bain	stanza da bagno	bathroom
Bahnhof	gare	stazione	station
Bauernhaus	ferme	fattoria	farm
Bedienung inbegriffen	service compris	servizio incluso	service included
Bett	lit	letto	bed
bezahlen	payer	pagare	to pay
Bier	bière	birra	beer
Birnen	poires	pere	pears
Blätterteig	feuilletage	pasta sfoglia	puff pastry
Blumenkohl	chou-fleur	cavolfiore	cauliflower
Boot, Schiff	bateau	barca	ship
Bootsteg	ponton d'amarrage	pontile	jetty
Briefumschläge	enveloppes	buste	envelopes
Brot	pain	pane	bread
Brücke	pont	ponte	bridge
Burg, Schloss	château	castello	castle
Butter	beurre	burro	butter

C - D	→	→	→
Dampfer	bateau à vapeur	batello a vapore	steamer
Denkmal	monument	monumento	monument

Dezember	décembre	dicembre	December
Diät	régime	dieta	diet
Dienstag	mardi	martedì	Tuesday
Donnerstag	jeudi	giovedì	Thursday

E

Egli	perche	persico	perch
ehemalig, antik	ancien, antique	vecchio, antico	old, antique
Ei	œuf	uovo	egg
Einrichtung	agencement	installazione	installation
Eintrittskarte	billet d'entrée	biglietto d'ingresso	admission ticket
Einwohner	habitants	abitanti	residents, inhabitants
Endivie	endive	indivia	chicory
englisch gebraten	saignant	al sangue	rare
Ente, junge Ente	canard, caneton	anatra	duck
Erdbeeren	fraises	fragole	strawberries
Essig	vinaigre	aceto	vinegar

F

Fähre	bac	traghetto	ferry
Fasan	faisan	fagiano	pheasant
Fasnacht	carnaval	carnevale	carnival
Februar	février	febbraio	February
Feiertage	jours fériés	festivi	bank holidays
Feingebäck, Kuchen	pâtisseries	pasticceria	pastries
Felchen	féra	coregone	dace
Felsen	roches, rochers	rocce	rocks
Fenchel	fenouil	finocchio	fennel
Ferien	vacances, congés	vacanze	holidays
Fisch	poisson	pesce	fish
Flasche	bouteille	bottiglia	bottle
Fleischbrühe	bouillon	brodo	clear soup
Flughafen	aéroport	aeroporto	airport
Flugzeug	avion	aereo	aeroplane
Fluss	fleuve, rivière	fiume	river
Flusskrebs	écrevisse	gambero	crayfish
Forelle	truite	trota	trout
fragen, bitten	demander	domandare	to ask for
Freitag	vendredi	venerdì	Friday
Fresken	fresques	affreschi	frescoes
fruchtig	fruité	fruttato	fruity
Fruchtsaft	jus de fruits	succo di frutta	fruit juice
Frühling	printemps	primavera	spring
Frühstück	petit déjeuner	prima colazione	breakfast
Fussgänger	piétons	pedoni	pedestrians

G

Garten, Park	jardin, parc	giardino, parco	garden, park
Gasthaus	auberge	locanda	inn
gebacken	frit	fritto	fried
gebraten	rôti	arrosto	roasted

Geflügel	volaille	pollame	poultry
gefüllt	farci	farcito	stuffed
gegrillt	grillé	alla griglia	grilled
Geldwechsel	change	cambio	exchange
Gemäldegalerie	pinacothèque	pinacoteca	picture gallery
Gems	chamois	camoscio	chamois
Gemüse	légumes	legume	vegetables
Gepäck	bagages	bagagli	luggage
geräuchert	fumé	affumicato	smoked
geschlossen	fermé	chiuso	closed
geschmort, mit Sauce	en daube, en sauce	stracotto, in salsa	stewed, with sauce
Geschnetzeltes	émincé	a fettine	thin slice
gestern	hier	ieri	yesterday
Glas	verre	bicchiere	glass
Gletscher	glacier	ghiacciaio	glacier
grüne Erbsen	petits pois	piselli	green peas
Gurke	concombre	cetriolo	cucumber
gut	bien, bon	bene, buono	good, well

H	→	→	→
Hähnchen	poulet	pollo	chicken
Hartwurst	saucisson	salame	sausage
Hase	lièvre	lepre	hare
Haselnüsse, Nüsse	noisettes, noix	nocciole, noci	hazelnuts, nuts
Haus	maison	casa	house
Hecht	brochet	luccio	pike
Herbst	automne	autunno	autumn
Herrensitz	manoir	maniero	manor house
heute	aujourd'hui	oggi	today
Himbeeren	framboises	lamponi	raspberries
Hirsch	cerf	cervo	stag (venison)
Höhle	grotte	grotta	cave
Holunder	sureau	sambuco	elderbarry
Holzschnitzereien	sculptures sur bois	sculture in legno	wood carvings
Honig	miel	miele	honey
Hummer	homard	astice	lobster
Hund	chien	cane	dog

I - J	→	→	→
im Freien	en plein air	all'aperto	outside
Ingwer	gingembre	zenzero	ginger
Jakobsmuschel	coquille Saint-Jacques	cappasanto	scallops
Januar	janvier	gennaio	January
Jugendstil	art-déco	art-déco, liberty	Art Deco
Juli	juillet	luglio	July
Juni	juin	giugno	June

K	→	→	→
Kaffee	café	caffè	coffee
Kalbshirn	cervelle de veau	cervella di vitello	calf's brain
Kalbskotelett	côte de veau	costata di vitello	veal chop
Kalbsleber	foie de veau	fegato di vitello	calf's liver
Kalbsbries, Milken	ris de veau	animelle di vitello	sweetbread

Kaninchen	lapin	coniglio	rabbit
Kapern	câpres	capperi	capers
Karotten	carottes	carote	carrots
Karpfen	carpe	carpa	carp
Kartoffeln, Salz -	pommes de terre, - à l'eau	patate, bollite	potatoes, boiled
Käse	fromage	formaggio	cheese
Kasse	caisse	cassa	cash desk
Keule	gigue, cuissot	cosciotto	leg
Kinderbett	lit d'enfant	lettino	child's bed
Kirche	église	chiesa	church
Kirschen	cerises	ciliegie	cherries
Knoblauch	ail	aglio	garlic
Konfitüre	confiture	marmellata	jam
kräftig	corsé	robusto	full bodied
Krankenhaus	hôpital	ospedale	hospital
Kraut, Kohl	chou	cavolo	cabbage
Krevetten	crevettes	gamberetti	shrimps, prawns
Krustentiere	crustacés	crostacei	crustaceans
Kuchen	gâteau	dolce	cake
Kücken	poussin	pulcino	young chicken
Kürbis	courge	zucca	pumpkin
Kutteln	tripes	trippa	tripe

L	→	→	→
Lamm	agneau	agnello	lamb
Lachs	saumon	salmone	salmon
Land	campagne	campagna	country
Landschaft	site, paysage	località, paesaggio	site, landscape
Languste	langouste	aragosta	spiny lobster
Langustinen	langoustines	scampi	Dublin bay prawns
Lauch	poireau	porri	leek
leicht	léger	leggero	light
Linsen	lentilles	lenticchie	lentils
Luftseilbahn	téléphérique	funivia	cable car

M	→	→	→
Mahlzeit	repas	pasto	meal
Mai	mai	maggio	May
Malereien, Gemälde	peintures, tableaux	dipinti, quadri	paintings
Mandeln	amandes	mandorle	almonds
Mangold	bette	bietola	chards
mariniert	mariné	marinato	marinated
März	mars	marzo	March
Meeresfrüchte	fruits de mer	frutti di mare	seafood
Meerrettich	raifort	rafano	horseradish
Messe, Ausstellung	foire	fiera	fair
Milch	lait	latte	milk
mild	doux	dolce	sweet, mild
Mineralwasser	eau minérale	acqua minerale	mineral water
mit Kohlensäure (Wasser)	eau gazeuse	acqua gasata	sparkling water
Mittwoch	mercredi	mercoledì	Wednesday
Montag	lundi	lunedì	Monday

Morcheln	morilles	spugnole (funghi)	morels
morgen	demain	domani	tomorrow
Mühle	moulin	mulino	mill
Muscheln	moules	cozze	mussels

N → → →

Nieren	rognons	rognone	kidneys
November	novembre	novembre	November
nur für Hotelgäste	résidents seulement	solo per clienti alloggiati	residents only
Nudeln	nouilles	fettucine	noodles

O → → →

Ochsenschwanz	queue de bœuf	coda di bue	oxtail
Oktober	octobre	ottobre	October
Olivenöl	huile d'olives	olio d'oliva	olive oil
Ostern	Pâques	pasqua	Easter

P → → →

paniertes Schnitzel	escalope panée	cotolet a alla milanese	escalope in breadcrumbs
Pass	col	passo	pass
Perlhuhn	pintade	faraona	guinea fowl
Pfannkuchen	crêpes	crespella	pancakes
Pfeffer	poivre	pepe	pepper
Pfifferlinge, Eierschwämme	girolles	gallinacci (funghi)	chanterelles
Pfirsiche	pêches	pesche	peaches
Pflaumen	prunes	prugne	plums
Pilze	champignons	funghi	mushrooms
Polizei	police	polizia	police
Polizeirevier	commissariat	commissariato	police headquarters
Postkarte	carte postale	cartolina postale	postcard

Q → → →

Quark	fromage blanc	formaggio fresco	curd cheese

R → → →

Rahm	crème	panna	cream
Rathaus	hôtel de ville, mairie	municipio	town hall
Reben, Weinberg	vignes, vignoble	vite, vigneto	vines, vineyard
Rebhuhn	perdrix, perdreau	pernice	partridge
Rebsorte	cépage	ceppo	grape variety
Rechnung	addition	conto	bill, check
Reh	chevreuil	capriolo	roe deer (venison)
Reifen	pneu	pneumatico	tyre
Reifenpanne	crevaison	foratura	puncture
Reis	riz	riso	rice
Reisebüro	agence de voyage	agenzia di viaggio	travel bureau
Rinderfilet	filet de bœuf	filetto di bue	fillet of beef
Rochen	raie	razza	skate
Rohkost	crudités	verdure crude	raw vegetables
Rosenkohl	chou de Bruxelles	cavolini di Bruxelles	Brussel sprouts

Rotbarbe	rouget	triglia	red mullet
Rotkraut	chou rouge	cavolo rosso	red cabbage
Rotwein, Rosé	vin rouge, rosé	vino rosso, rosato	red wine, rosé
Rundfahrt	circuit	circuito	round tour
rustikal, ländlich	rustique	rustico	rustic

S → → →

Safran	safran	zafferano	saffron
Saibling	omble chevalier	salmerino	char
Salbei	sauge	salvia	sage
Salz	sel	sale	salt
Sammlung	collection	collezione	collection
Samstag	samedi	sabato	Saturday
Sankt-Peters Fisch	Saint-Pierre (poisson)	sampietro (pesce)	John Dory (fish)
Sauerkraut	choucroute	crauti	sauerkraut
Sauerampfer	oseille	acetosella	sorrel
schattig	ombragé	ombreggiato	shaded
Schiffanlegestelle	débarcadère	pontile di sbarco	landing-wharf
Schinken (roh, gekocht)	jambon (cru, cuit)	prosciutto (crudo, cotto)	ham (raw, cokked)
Schlüssel	clé	chiave	key
Schnecken	escargots	lumache	snails
Schnee	neige	neve	snow
Schneeketten	chaînes	catene da neve	snow chain
schön	beau	bello	fine, lovely
Schweinefilet	filet de porc	filetto di maiale	fillet of pork
Schweinekotelett	côte de porc	braciola di maiale	pork chop
Schwimmbad, Hallen -	piscine, - couverte	piscina, - coperta	swimming pool, in-door -
See	lac	lago	lake
Seeteufel	baudroie, lotte	pescatrice	angler fish, monkfish
Seewolf, Wolfsbarsch	loup de mer	branzino	sea bass
Seezunge	sole	sogliola	sole
Seilbahn	téléphérique	funivia	cable car
Sellerie	céleri	sedano	celery
Senf	moutarde	senape	mustard
September	septembre	settembre	Septembe
Sessellift	télésiège	seggiovia	chair lift
Siedfleisch	bœuf bouilli	bollito di manzo	boiled beef
Skilift	remonte-pente	ski-lift	ski-lift
Sommer	été	estate	summer
Sonntag	dimanche	domenica	Sunday
Spargeln	asperges	asparagi	asparagus
Spaziergang	promenade	passeggiata	walk
Speisesaal	salle à manger	sala da pranzo	dining-room
Spinat	épinards	spinaci	spinach
Steinbock	bouquetin	stambecco	ibex
Steinbutt	turbot	rombo	turbot
Steinpilze	cèpes, bolets	boleto	ceps
Stock, Etage	étage	piano	floor
Strand	plage	spiaggia	beach
Strasse	rue	strada	street

T → → →

Tal	vallée	vallata	valley
Taube	pigeon,	piccione	pigeon

Tee	thé	tè	tea
Thunfisch	thon	tonno	tuna
Tischbestellung	réservation	prenotazione	booking
Tischbestellung ratsam	nombre de couverts limités	coperti limitati-prenotare	booking essential
Torte	tarte	torta	tart
Traube	raisin	uva	grape
Trinkgeld	pourboire	mancia	tip
trocken	sec	secco	dry
trockener Weisswein	vin blanc sec	vino bianco secco	dry white wine
Trockenfleisch	viande séchée	carne secca	dried meats
Trüffeln	truffes	tartufi	truffles

U - V

Ufer	rive, bord	riva	shore, river bank
verboten	interdit	vietato	prohibited
Verkehrsverein	office de tourisme	informazioni turistiche	tourist information office

W

Wacholder	genièvre	coccola	juniper berry
Wachtel	caille	quaglia	partridge
Wald	forêt, bois	foresta, bosco	forest, wood
Wäscherei	blanchisserie	lavanderia	laundry
Wasserfälle	cascades, chutes	cascate	waterfalls
weich, gehaltvoll	moelleux	vellutato	mellow
weiches Ei	œuf à la coque	uovo à la coque	soft-boiled egg
Weihnachten	Noël	Natale	Christmas
weisse Rübe	navet	navone	turnip
wieviel ?	combien ?	quanto ?	how much ?
Wild	gibier	selvaggina	game
Wildschwein	sanglier	cinghiale	wild boar
Winter	hiver	inverno	winter
Wirtschaft	café-restaurant	ristorante-bar	café-restaurant
Woche	semaine	settimana	week
wöchentlich	hebdomadaire	settimanale	weekly
Würstchen	saucisse	salsiccia	sausage

Z

Zahnradbahn	train à crémaillère	treno a cremagliera	rack railway
Zander	sandre	lucio perca	perch pike
Zeitung	journal	giornale	newspaper
Zicklein, Gitzi	chevreau, cabri	capretto	young goat
Zimmer	chambre	camera	room
Zimt	cannelle	cannella	cinnamon
Zitrone	citron	limone	lemon
zu vermieten	à louer	a noleggio	for hire
Zucchini	courgettes	zucchino	zucchini
Zucker	sucre	zucchero	sugar
Zuckerschoten	pois gourmands	taccole	mange tout
Zug	train	treno	train
Zunfthaus	maison corporative	sede corporativa	guild house
Zunge	langue	lingua	tongue
Zwetschge	quetsche	grossa susina	dark-red plum
Zwiebeln	oignons	cipolle	onions
Zwischenrippenstück	entrecôte	costata	sirloin steak

Lessico

Lexique (voir page 480)
Lexikon (siehe S. 487)
Lexicon

A	→	→	→
a fettine	émincé	Geschnetzeltes	thin slice
a noleggio	à louer	zu vermieten	for hire
a richiesta	sur demande	auf Verlangen	on request
abitanti	habitants	Einwohner	residents, inhabitants
aceto	vinaigre	Essig	vinegar
acetosella	oseille	Sauerampfer	sorrel
acqua gasata	eau gazeuse	mit Kohlensäure (Wasser)	sparkling water
acqua minerale	eau minérale	Mineralwasser	mineral water
aereo	avion	Flugzeug	aeroplane
aeroporto	aéroport	Flughafen	airport
affreschi	fresques	Fresken	frescoes
affumicato	fumé	geräuchert	smoked
agenzia di viaggio	agence de voyage	Reisebüro	travel bureau
aglio	ail	Knoblauch	garlic
agnello	agneau	Lamm	lamb
agosto	août	August	August
al sangue	saignant	englisch gebraten	rare
all'aperto	en plein air	im Freien	outside
alla griglia	grillé	gegrillt	grilled
anatra	canard, caneton	Ente, junge Ente	duck
animelle di vitello	ris de veau	Kalbsbries, Milken	sweetbread
aprile	avril	April	April
aragosta	langouste	Languste	spiny lobster
arrosto	rôti	gebraten	roasted
art-déco, liberty	art-déco	Jugendstil	Art Deco
asparagi	asperges	Spargeln	asparagus
astice	homard	Hummer	lobster
autunno	automne	Herbst	autumn

B	→	→	→
bagagli	bagages	Gepäck	luggage
barca	bateau	Boot, Schiff	ship
battello a vapore	bateau à vapeur	Dampfer	steamer
bello	beau	schön	fine, lovely
bene, buono	bien, bon	gut	good, well
bicchiere	verre	Glas	glass
bietola	bette	Mangold	chards
biglietto d'ingresso	billet d'entrée	Eintrittskarte	admission ticket
birra	bière	Bier	beer
boleti	cèpes, bolets	Steinpilze	ceps
bollito di manzo	bœuf bouilli	Siedfleisch	boiled beef

bottiglia	bouteille	Flasche	bottle
braciola di maiale	côte de porc	Schweinekotelett	pork chop
branzino	loup de mer	Seewolf, Wolfsbarsch	sea bass
brodo	bouillon	Fleischbrühe	clear soup
burro	beurre	Butter	butter
buste	enveloppes	Briefumschläge	envelopes

C → → →

caffè	café	Kaffee	coffee
cambio	change	Geldwechsel	exchange
camera	chambre	Zimmer	room
camoscio	chamois	Gems	chamois
campagna	campagne	Land	country
cane	chien	Hund	dog
cannella	cannelle	Zimt	cinnamon
cappasanta	coquille Saint-Jacques	Jakobsmuschel	scallops
capperi	câpres	Kapern	capers
capretto	cabri, chevreau	Zicklein, Gitzi	young goat
capriolo	chevreuil	Reh	roe deer (venison)
carciofo	artichaut	Artischocke	artichoke
carne secca	viande séchée	Trockenfleisch	dried meats
carnevale	carnaval	Fasnacht	carnival
carote	carottes	Karotten	carrots
carpa	carpe	Karpfe	carp
cartolina postale	carte postale	Postkarte	postcard
casa	maison	Haus	house
cascate	cascades, chutes	Wasserfälle	waterfalls
cassa	caisse	Kasse	cash desk
castello	château	Burg, Schloss	castle
catene da neve	chaînes	Schneeketten	snow chain
cavolfiore	chou-fleur	Blumenkohl	cauliflower
cavolini di Bruxelles	chou de Bruxelles	Rosenkohl	Brussel sprouts
cavolo	chou	Kraut, Kohl	cabbage
cavolo rosso	chou rouge	Rotkraut	red cabbage
cervella di vitello	cervelle de veau	Kalbshirn	calf's brain
cervo	cerf	Hirsch	stag (venison)
cetriolo	concombre	Gurke	cucumber
chiave	clé	Schlüssel	key
chiesa	église	Kirche	church
chiuso	fermé	geschlossen	closed
ciliegie	cerises	Kirschen	cherries
cinghiale	sanglier	Wildschwein	wild boar
cipolle	oignons	Zwiebeln	onions
circuito	circuit	Rundfahrt	round tour
coda di bue	queue de bœuf	Ochsenschwanz	oxtail
collezione	collection	Sammlung	collection
commissariato	commissariat	Polizeirevier	police headquarters
coniglio	lapin	Kaninchen	rabbit
conto	addition	Rechnung	bill, check
coperti limitati-prenotare	nombre de couverts limités	Tichbestellung ratsam	booking essential
coregone	féra	Felchen	dace
costata	entrecôte	Zwischenrippenstück	sirloin steak
cosciotto	gigue, cuissot	Keule	leg
costata di vitello	côte de veau	Kalbskotelett	veal chop

cotoletta alla milanese	escalope panée	paniertes Schnitzel	escalope in breadcrumbs
cozze	moules	Muscheln	mussels
crauti	choucroute	Sauerkraut	sauerkraut
cremagliera	train à crémaillère	Zahnradbahn	rack railway
crespella	crêpes	Pfannkuchen	pancakes
crostacei	crustacés	Krustentiere	crustaceans

D → → →

dicembre	décembre	Dezember	December
dieta	régime	Diät	diet
dipinti, quadri	peintures, tableaux	Malereien, Gemälde	paintings
dolce	gâteau	Kuchen	cake
dolce	doux	mild	sweet, mild
domandare	demander	fragen, bitten	to ask for
domani	demain	morgen	tomorrow
domenica	dimanche	Sonntag	Sunday
dottore	docteur	Arzt	doctor

E → → →

escursione	excursion	Ausflug	excursion
esposizione, mostra	exposition	Ausstellung	exhibition, show
estate	été	Sommer	summer

F → → →

fagiano	faisan	Fasan	pheasant
faraona	pintade	Perlhuhn	guinea fowl
farcito	farci	gefüllt	stuffed
fattoria	ferme	Bauernhaus	farm
febbraio	février	Februar	February
fegato di vitello	foie de veau	Kalbsleber	calf's liver
festivi	jours fériés	Feiertage	bank holidays
fiera	foire	Messe, Ausstellung	fair
filetto di bue	filet de bœuf	Rinderfilet	fillet of beef
filetto di maiale	filet de porc	Schweinefilet	fillet of pork
finocchio	fenouil	Fenchel	fennel
fiume	fleuve, rivière	Fluss	river
foratura	crevaison	Reifenpanne	puncture
foresta, bosco	forêt, bois	Wald	forest, wood
formaggio	fromage	Käse	cheese
formaggio fresco	fromage blanc	Quark	curd cheese
fragole	fraises	Erdbeeren	strawberries
fritto	frit	fritiert	fried
fruttato	fruité	fruchtig	fruity
frutti di mare	fruits de mer	Meeresfrüchte	seafood
funghi	champignons	Pilze	mushrooms
funivia	téléphérique	Luftseilbahn	cable car

G → → →

gallinacci (funghi)	girolles	Pfifferlinge, Eierschwämme	chanterelles
gamberetti	crevettes	Krevetten	shrimps, prawns
gambero	écrevisse	Flusskrebs	crayfish

gelone	pleurotes	Austernpilze	oyster mushrooms
gennaio	janvier	Januar	January
ghiacciaio	glacier	Gletscher	glacier
giardino, parco	jardin, parc	Garten, Park	garden, park
ginepro	genièvre	Wacholder	juniper berry
giornale	journal	Zeitung	newspaper
giorni festivi	fêtes, jours fériés	Feiertage	bank holidays
giovedì	jeudi	Donnerstag	Thursday
giugno	juin	Juni	June
grossa susina	quetsche	Zwetschge	dark-red plum
grotta	grotte	Höhle	cave

I → → →

ieri	hier	gestern	yesterday
indivia	endive	Endivie	chicory
informazioni	renseignements	Auskünfte	information
informazioni turistiche	office de tourisme	Verkehrsverein	tourist information office
installazione	agencement	Einrichtung	installation
inverno	hiver	Winter	winter

L → → →

lago	lac	See	lake
lamponi	framboises	Himbeeren	raspberries
latte	lait	Milch	milk
lavanderia	blanchisserie	Wäscherei	laundry
leggero	léger	leicht	light
legume	légumes	Gemüse	vegetable
lenticchia	lentilles	Linsen	lentils
lepre	lièvre	Hase	hare
lettino	lit d'enfant	Kinderbett	child's bed
letto	lit	Bett	bed
limone	citron	Zitrone	lemon
lingua	langue	Zunge	tongue
località, paesaggio	site, paysage	Landschaft	site, landscape
locanda	auberge	Gasthaus	inn
luccio	brochet	Hecht	pike
luccio perca	sandre	Zander	perch pike
luglio	juillet	Juli	July
lumache	escargots	Schnecken	snails
lunedì	lundi	Montag	Monday

M → → →

maggio	mai	Mai	May
mancia	pourboire	Trinkgeld	tip
mandorle	amandes	Mandeln	almonds
maniero	manoir	Herrensitz	manor house
marinato	mariné	mariniert	marinated
marmellata	confiture	Konfitüre	jam
martedì	mardi	Dienstag	Tuesday
marzo	mars	März	March
mele	pommes	Äpfel	apples
mercoledì	mercredi	Mittwoch	Wednesday
miele	miel	Honig	honey

monumento	monument	Denkmal	monument
morbido, cremoso	moelleux	weich, gehaltvoll	mellow
mulino	moulin	Mühle	mill
municipio	hôtel de ville, mairie	Rathaus	town hall

N → → →

Natale	Noël	Weihnachten	Christmas
navone	navet	weisse Rübe	turnip
neve	neige	Schnee	snow
nocciole, noci	noisettes, noix	Haselnüsse, Nüsse	hazelnuts, nuts
novembre	novembre	November	November

O → → →

oggi	aujourd'hui	heute	today
olio d'oliva	huile d'olives	Olivenöl	olive oil
ombreggiato	ombragé	schattig	shaded
ospedale	hôpital	Krankenhaus	hospital
ostriche	huîtres	Austern	oysters
ottobre	octobre	Oktober	October

P → → →

pagare	payer	bezahlen	to pay
pane	pain	Brot	bread
panna	crème	Rahm	cream
partenza	départ	Abfahrt	departure
Pasqua	Pâques	Ostern	Easter
passeggiata	promenade	Spaziergang	walk
passo	col	Pass	pass
pasticceria	pâtisseries	Feingebäck, Kuchen	pastries
pasto	repas	Mahlzeit	meal
patate,	pommes de terre	Kartoffeln, Salz -	potatoes,
- bollite	, - à l'eau		boiled -
pedoni	piétons	Fussgänger	pedestrians
pepe	poivre	Pfeffer	pepper
pere	poires	Birnen	pears
pernice	perdrix, perdreau	Rebhuhn	partridge
persico	perche	Egli	perch
pescatrice	baudroie, lotte	Seeteufel	angler fish, monkfish
pesce	poisson	Fisch	fish
pesche	pêches	Pfirsiche	peaches
piano	étage	Stock, Etage	floor
piccione	pigeon, pigeonneau	Taube, junge Taube	pigeon
pinacoteca	pinacothèque	Gemäldegalerie	picture gallery
piscina,	piscine,	Schwimmbad,	swimming pool,
- coperta	- couverte	Hallen -	indoor -
piselli	petits pois	grüne Erbsen	green peas
pneumatico	pneu	Reifen	tyre
polizia	police	Polizei	police
pollame	volaille	Geflügel	poultry
pollo	poulet	Hähnchen	chicken
ponte	pont	Brücke	bridge

pontile	ponton d'amarrage	Bootsteg	jetty
pontile di sbarco	débarcadère	Schiffanlegestelle	landing-wharf
porro	poireau	Lauch	leek
prenotazione	réservation	Tischbestellung	booking
prima colazione	petit déjeuner	Frühstück	breakfast
primavera	printemps	Frühling	spring
prosciutto	jambon	Schinken	ham
(crudo, cotto)	(cru, cuit)	(roh, gekocht)	(raw, cokked)
prugne	prunes	Pflaumen	plums
pulcino	poussin	Kücken	chick

Q - R

quaglia	caille	Wachtel	partridge
quanto ?	combien ?	wieviel ?	how much ?
rafano	raifort	Meerrettich	horseradish
razza	raie	Rochen	skate
riso	riz	Reis	rice
ristorante-bar	café-restaurant	Wirtschaft	café-restaurant
riva	rive, bord	Ufer	shore, river bank
robusto	corsé	kräftig	full bodied
rocce	roches, rochers	Felsen	rocks
rognone	rognons	Nieren	kidneys
rombo	turbot	Steinbutt	turbot
rustico	rustique	rustikal, ländlich	rustic

S

sabato	samedi	Samstag	Saturday
sala da pranzo	salle à manger	Speisesaal	dining-room
salame	saucisson	Hartwurst	sausage
sale	sel	Salz	salt
salmerino	omble chevalier	Saibling	char
salmone	saumon	Lachs	salmon
salsiccia	saucisse	Würstchen	sausage
salumi	charcuterie	Aufschnitt	pork butcher's meat
salvia	sauge	Salbei	sage
sambuco	sureau	Holunder	elderbarry
sampietro (pesce)	Saint-Pierre (poisson)	Sankt-Peters Fisch	John Dory (fish)
scampi	langoustines	Langustinen	Dublin bay prawns
sculture in legno	sculptures sur bois	Holzschnitzereien	wood carvings
secco	sec	trocken	dry
sedano	céleri	Sellerie	celery
sede corporativa	maison corporative	Zunfthaus	guild house
seggiovia	télésiège	Sessellift	chair lift
Selvaggina	gibier	Wild	game
senape	moutarde	Senf	mustard
sera	soir	Abend	evening
servizio incluso	service compris	Bedienung inbegriffen	service included
settembre	septembre	September	September
settimana	semaine	Woche	week
settimanale	hebdomadaire	wöchentlich	weekly
sfoglia	feuilleté	Blätterteig	puff pastry
ski-lift	remonte-pente	Skilift	ski-lift
sogliola	sole	Seezunge	sole

solo per clienti alloggiati	résidents seulement	nur für Hotelgäste	residents only
spiaggia	plage	Strand	beach
spinaci	épinards	Spinat	spinach
spugnole (funghi)	morilles	Morcheln	morels
stambecco	bouquetin	Steinbock	ibex
stanza da bagno	salle de bain	Badezimmer	bathroom
stazione	gare	Bahnhof	station
stracotto, in salsa strada	en daube, en sauce	geschmort, mit Sauce	stewed, with sauce
succo di frutta	rue	Strasse	street
	jus de fruits	Fruchtsaft	fruit juice

T

taccole	pois gourmands	Zuckerschoten	mange tout
tartufi	truffes	Trüffeln	truffles
tè	thé	Tee	tea
tonno	thon	Thunfisch	tuna
torta	tarte	Torte	tart
traghetto	bac	Fähre	ferry
treno	train	Zug	train
triglia	rouget	Rotbarbe	red mullet
trippa	tripes	Kutteln	tripe
trota	truite	Forelle	trout

U

uovo à la coque	œuf à la coque	weiches Ei	soft-boiled egg
uva	raisin	Traube	grape

V

vacanze	vacances, congés	Ferien	holidays
vallata	vallée	Tal	valley
vecchio, antico	ancien, antique	ehemalig, antik	old, antique
venerdì	vendredi	Freitag	Friday
verdure crude	crudités	Rohkost	raw vegetables
vettura	voiture	Auto	car
vietato	interdit	verboten	prohibited
vino bianco secco	vin blanc sec	herber Weisswein	dry white wine
vino rosso, rosato	vin rouge, rosé	Rotwein, Rosé	red wine, rosé
vista	vue	Aussicht	view
vite, vigneto	vignes, vignoble	Reben, Weinberg	vines, vineyard
vitigno	cépage	Rebsorte	grape variety

Z

zafferano	safran	Safran	saffron
zenzero	gingembre	Ingwer	ginger
zucca	courge	Kürbis	pumpkin
zucchero	sucre	Zucker	sugar
zucchino	courgettes	Zucchini	zucchini

Le Guide MICHELIN
Une collection à savourer!

Belgique & Luxembourg
Deutschland
España & Portugal
France
Great Britain & Ireland
Italia
Nederland
Portugal
Suisse-Schweiz-Svizzera
Main Cities of Europe

Et aussi:

Hong Kong Macau
Kyoto Osaka
London
New York City
Paris
San Francisco
Tokyo

Cartes régionales

Regionalkarten
Carta regionali
Regional maps

Distances

QUELQUES PRÉCISIONS
Au texte de chaque localité vous trouverez la distance des villes environnantes et celle de Berne.
Les distances sont comptées à partir du centre-ville et par la route la plus pratique, c'est-à-dire celle qui offre les meilleures conditions de conduite, mais qui n'est pas nécessairement la plus courte.

Entfernungen

EINIGE ERKLÄRUNGEN
In jedem Ortstext finden Sie Entfernungen zu grösseren Städten in der Umgebung und nach Bern.
Die Entfernungen gelten ab Stadtmitte unter Berücksichtigung der günstigsten (nicht kürzesten) Strecke.

Distanze

QUALCHE CHIARIMENTO
Nel testo di ciascuna località troverete la distanza dalle città viciniori e da Berna.
Le distanze sono calcolate a partire dal centro delle città e seguendo la strada più pratica, ossia quella che offre le migliori condizioni di viaggio ma che non è necessariamente la più breve.

Distances

COMMENTARY
The text of each town includes its distance from its immediate neighbours and from Bern.
Distances are calculated from centres and along the best roads from a motoring point of view - not necessarily the shortest.

Entfernungen zwischen den grösseren Städten
Distanze tra le principali città
Distances between major towns

Genève – Winterthur: **299 km**

Aarau	Baden	Basel	Bellinzona	Bern	Biel/Bienne	Brig	La-Chaux-de-Fonds	Chur	Davos	Delémont	Frauenfeld	Fribourg	Genève	Lausanne	Locarno	Lugano	Luzerne	Martigny	Montreux	Morges	Neuchâtel	Nyon	Olten	St-Gallen	Schaffhausen	Schwyz	Sierre	Solothurn	Sion	Thun	Vevey	Winterthur	Yverdon-les-Bains	Zug	Zürich
30																																			
68	67																																		
205	192	237																																	
84	107	98	252																																
76	91	44	245																																
289	200	304	161	210	249																														
128	151	143	296	71	52	237																													
166	143	204	116	244	237	171	288																												
195	172	233	136	273	265	215	317	59																											
79	101	43	248	93	50	298	142	237	266																										
64	125	230	165	158	239	209	149	397	426	198																									
116	140	131	285	37	76	179	69	277	318	58	139																								
237	260	405	158	156	215	142	397	347	268	250	75	302																							
210	201	355	108	106	165	92	347	376	152	266	309	371	64																						
187	210	201	51	151	106	33	277	149	210	250	100	135	257	189																					
225	212	257	20	272	265	219	317	138	266	298	318	321	189	382	46																				
232	219	264	30	280	272	206	324	145	273	250	59	371	266	46	168																				
66	66	79	141	113	105	150	157	143	171	106	104	302	135	71	215	310	239																		
233	224	244	130	169	128	84	158	370	398	142	100	135	30	189	168	239	43																		
169	192	183	337	90	128	122	117	329	357	250	59	94	30	227	364	382	198	85	45																
187	210	201	355	108	146	165	92	347	376	152	89	59	13	270	216	140	99	74																	
108	132	123	277	51	33	219	20	269	297	79	189	47	124	73	300	304	137	99	74	31	103														
216	240	231	385	137	135	194	122	376	405	182	297	118	27	43	299	412	245	115	74	31	103														
15	50	57	195	70	63	275	114	186	215	64	107	100	223	173	218	222	55	196	155	173	95	202													
129	106	167	218	207	199	280	275	104	132	257	171	106	309	309	244	247	196	309	231	339	149														
96	73	134	238	174	166	247	218	157	167	218	104	142	266	276	236	265	112	299	276	306	116	83													
97	74	136	122	151	144	131	195	116	144	112	42	181	253	145	149	46	236	254	176	93	153	119													
250	274	265	199	71	210	199	209	439	257	331	141	175	112	144	239	279	44	83	125	180	236	372	338	169											
235	259	250	217	156	195	57	184	395	424	242	316	126	160	97	162	258	264	29	67	110	165	140	221	357	323	302	18								
53	76	67	221	43	26	248	78	213	242	36	134	73	196	245	248	82	169	128	146	58	176	38	175	141	120	209	194								
108	131	123	221	30	68	102	239	267	114	189	160	189	139	244	248	97	162	121	139	82	169	93	230	196	136	66	187	68							
165	189	180	334	86	125	131	114	325	354	172	246	56	90	236	361	194	51	7	44	95	70	151	287	253	232	91	76	126	120						
69	46	106	211	146	139	220	191	130	158	230	19	176	299	249	235	238	85	272	249	171	279	89	60	29	93	312	297	118	172	228					
155	178	169	323	76	70	184	57	315	343	117	236	52	88	38	347	350	104	64	38	68	140	277	243	221	144	130	96	109	60	217					
71	48	108	157	70	129	166	180	118	146	129	85	166	238	181	184	31	261	221	239	78	126	92	39	287	127	217									
48	25	86	178	126	119	187	170	120	148	119	45	156	279	228	202	205	52	251	211	229	151	258	68	87	52	60	292	277	97	152	207		27	196	34

Winterthur · Yverdon-les-Bains · Zug · Zürich
206 · 67 · 206 · 34

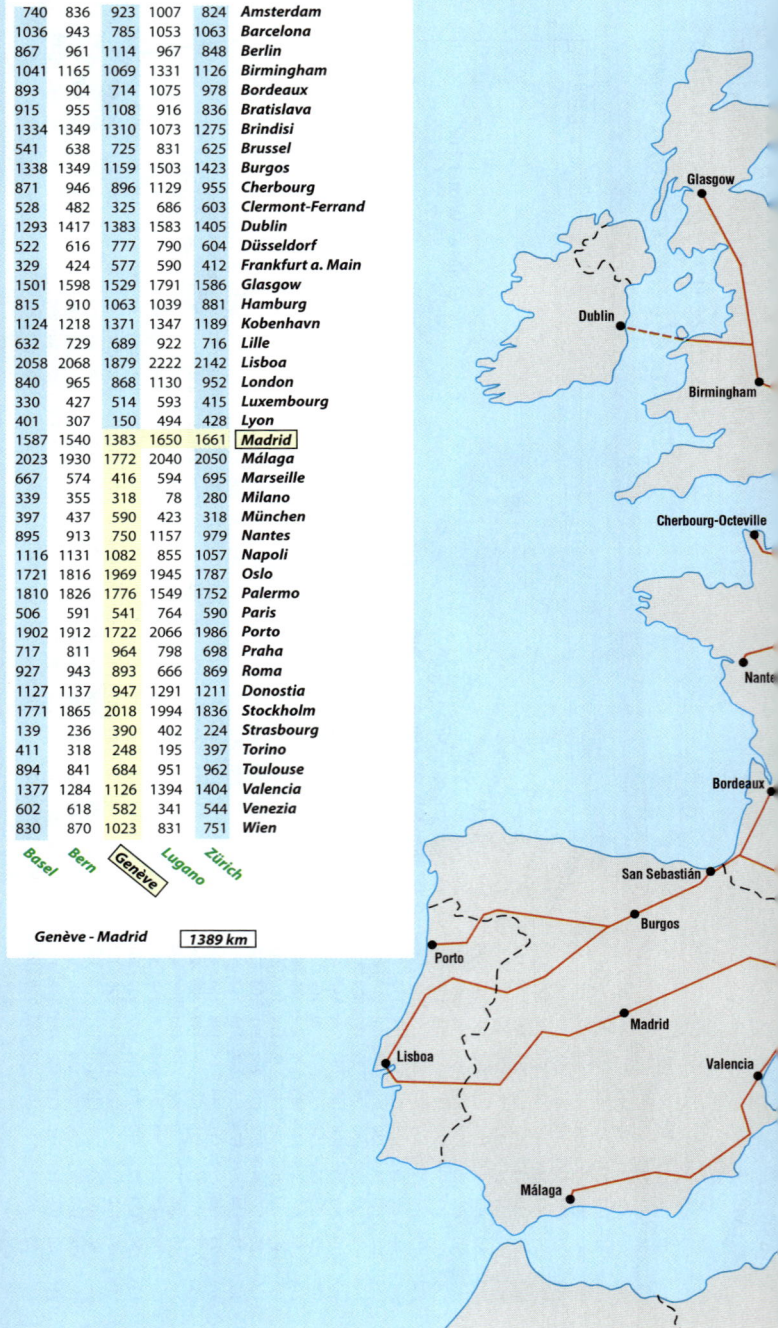

Basel	Bern	Genève	Lugano	Zürich	
740	836	923	1007	824	*Amsterdam*
1036	943	785	1053	1063	*Barcelona*
867	961	1114	967	848	*Berlin*
1041	1165	1069	1331	1126	*Birmingham*
893	904	714	1075	978	*Bordeaux*
915	955	1108	916	836	*Bratislava*
1334	1349	1310	1073	1275	*Brindisi*
541	638	725	831	625	*Brussel*
1338	1349	1159	1503	1423	*Burgos*
871	946	896	1129	955	*Cherbourg*
528	482	325	686	603	*Clermont-Ferrand*
1293	1417	1383	1583	1405	*Dublin*
522	616	777	790	604	*Düsseldorf*
329	424	577	590	412	*Frankfurt a. Main*
1501	1598	1529	1791	1586	*Glasgow*
815	910	1063	1039	881	*Hamburg*
1124	1218	1371	1347	1189	*Kobenhavn*
632	729	689	922	716	*Lille*
2058	2068	1879	2222	2142	*Lisboa*
840	965	868	1130	952	*London*
330	427	514	593	415	*Luxembourg*
401	307	150	494	428	*Lyon*
1587	1540	1383	1650	1661	*Madrid*
2023	1930	1772	2040	2050	*Málaga*
667	574	416	594	695	*Marseille*
339	355	318	78	280	*Milano*
397	437	590	423	318	*München*
895	913	750	1157	979	*Nantes*
1116	1131	1082	855	1057	*Napoli*
1721	1816	1969	1945	1787	*Oslo*
1810	1826	1776	1549	1752	*Palermo*
506	591	541	764	590	*Paris*
1902	1912	1722	2066	1986	*Porto*
717	811	964	798	698	*Praha*
927	943	893	666	869	*Roma*
1127	1137	947	1291	1211	*Donostia*
1771	1865	2018	1994	1836	*Stockholm*
139	236	390	402	224	*Strasbourg*
411	318	248	195	397	*Torino*
894	841	684	951	962	*Toulouse*
1377	1284	1126	1394	1404	*Valencia*
602	618	582	341	544	*Venezia*
830	870	1023	831	751	*Wien*

Genève - Madrid   1389 km

✿ Die Sterne
 Les étoiles
 The stars
 Le stelle

☺ **Bib Gourmand**
 Sorgfältig zubereitete, preiswerte Mahlzeiten
 Repas soignés à prix modérés
 Good food at moderate prices
 Pasti accurati a prezzi contenuti

🏨 **Bib Hôtel**
 Hier übernachten Sie gut und preiswert
 Bonnes nuits à petits prix
 Good accomodation at moderate prices
 Buona sistemazione a prezzo contenuto

🏠 Angenehme und ruhige Häuser

✗ Peaceful atmosphere and setting
 Amenità e tranquillità

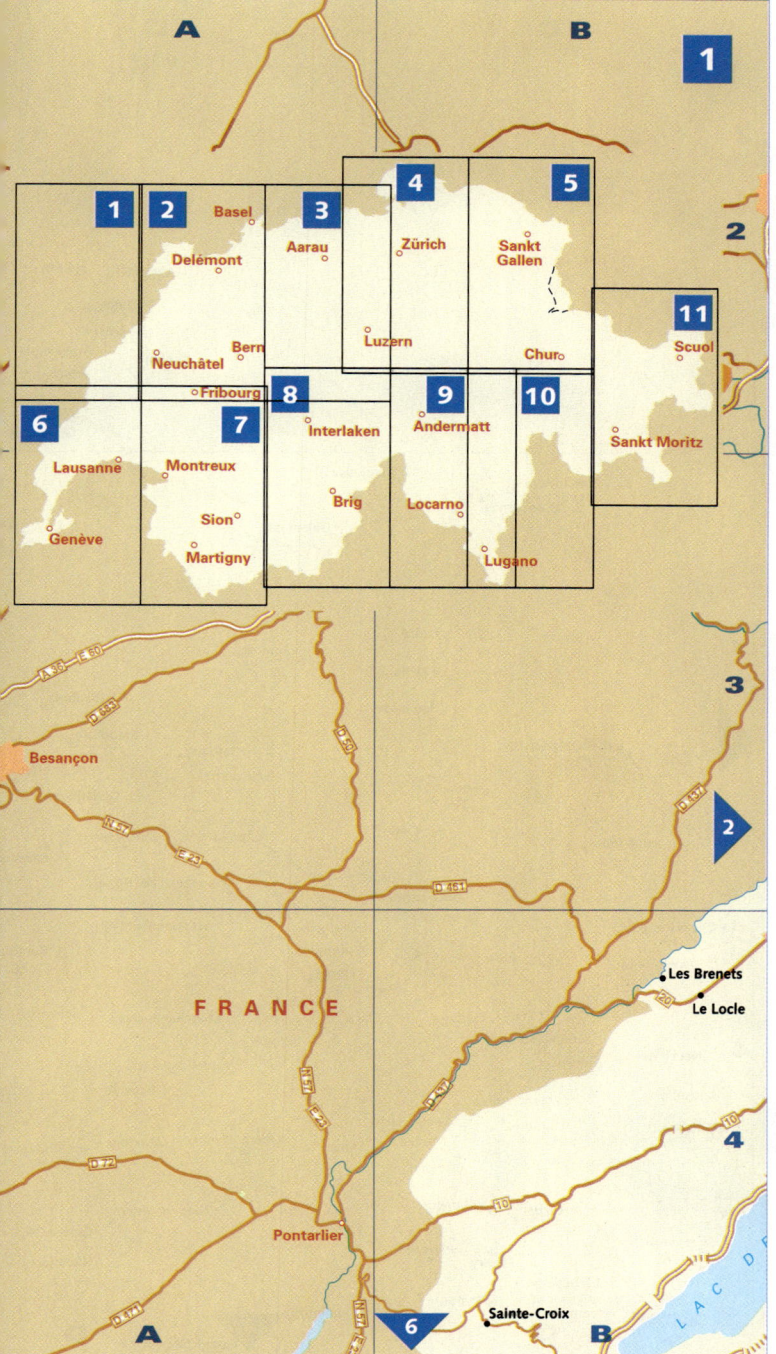

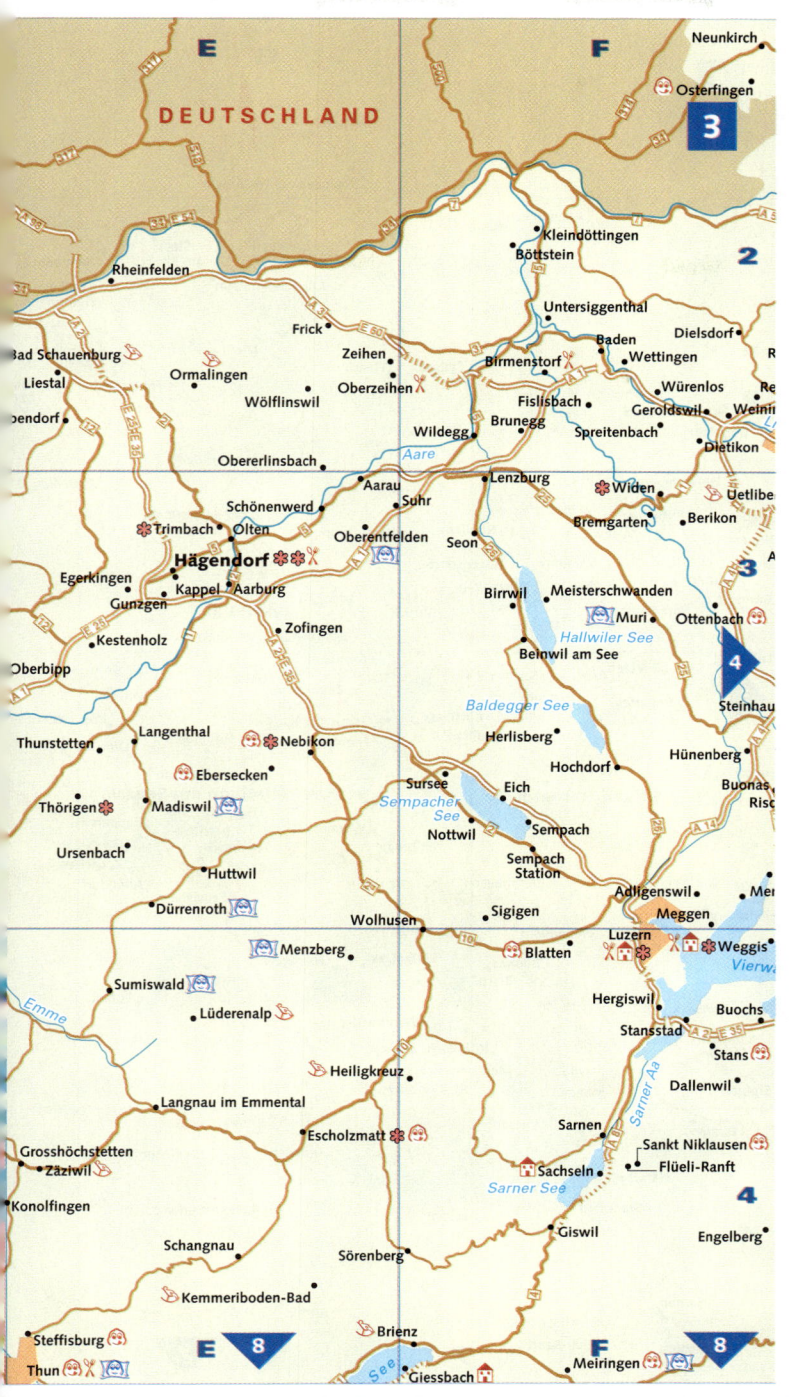

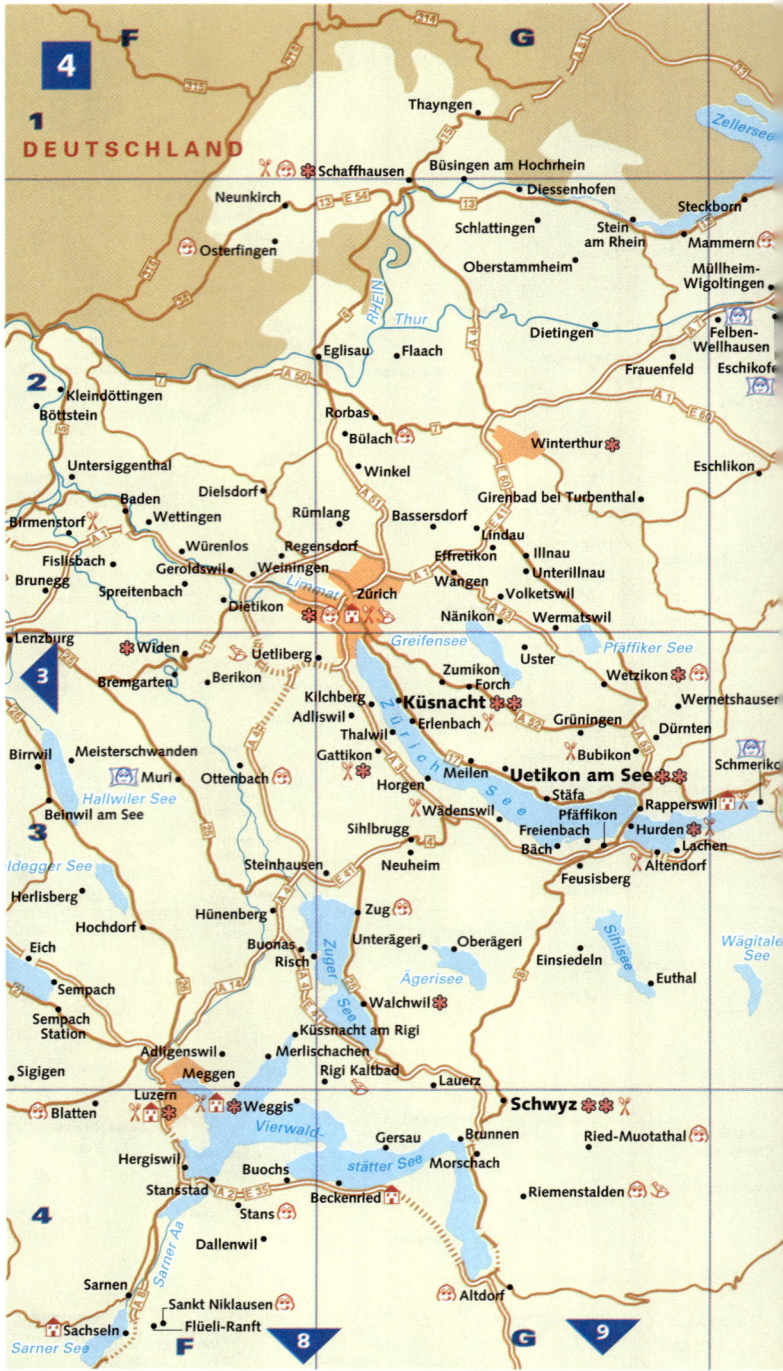

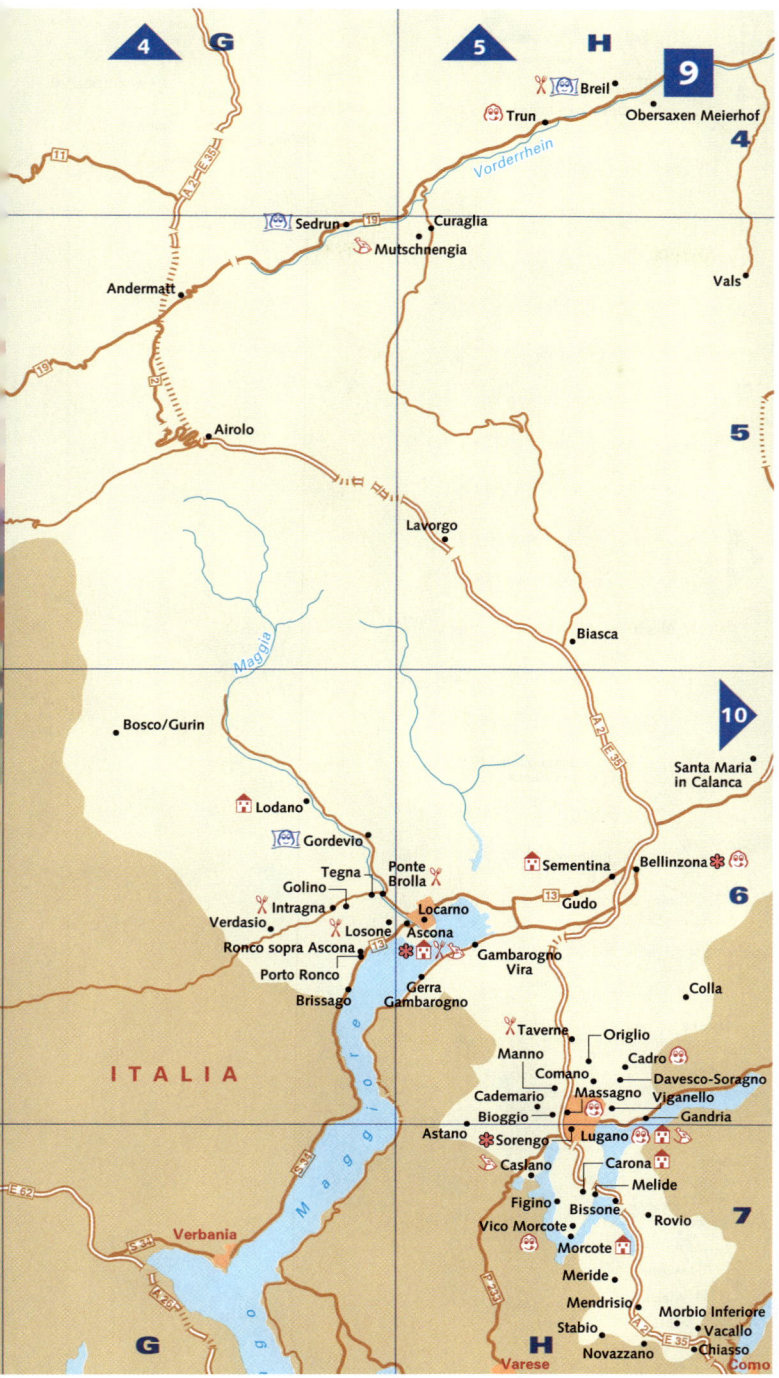

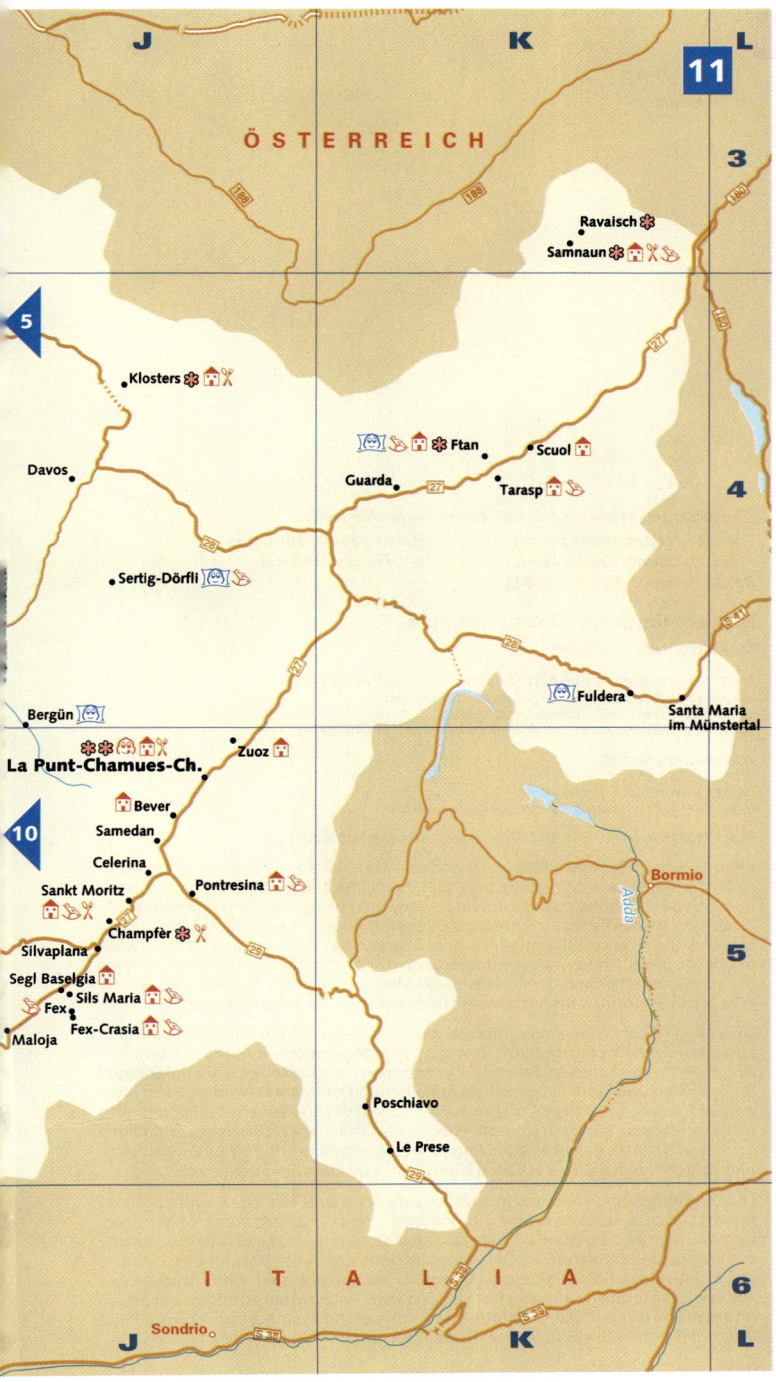

Manufacture française des pneumatiques Michelin
Société en commandite par actions au capital de 304 000 000 Euros
Place des Carmes-Déchaux – 63000 Clermont-Ferrand (France)
R.C.S. Clermond-Fd B 855 200 507

© **Michelin, propriétaires-éditeurs**
Dépôt légal octobre 2009

**Toute reproduction, même partielle et quel qu'en soit le support
est interdite sans autorisation préalable de l'éditeur
« Reproduit avec l'autorisation de swisstopo
(Direction fédérale des mensurations cadastrales) (VA072237) »**

Printed in Italy 10-2009

Compogravure : MCP-Jouve, Saran
Imprimeur et brocheur : La Tipografica Varese, Varese

Population : « Source : Office fédéral de la statistique, site Web Statistique suisse »

L'équipe éditoriale a apporté le plus grand soin à la rédaction de ce guide et à sa vérification. Toutefois, les informations pratiques (formalités administratives, prix, adresses, numéros de téléphone, adresses Internet...) doivent être considérées comme des indications du fait de l'évolution constante de ces données : il n'est pas totalement exclu que certaines d'entre elles ne soient plus, à la date de parution du guide, tout à fait exactes ou exhaustives. Avant d'entamer toutes démarches (formalités administratives et douanières notamment), vous êtes invités à vous renseigner auprès des organismes officiels. Ces informations ne sauraient de ce fait engager notre responsabilité.

Unser Redaktionsteam hat die Informationen für diesen Führer mit größter Sorgfalt zusammengestellt und überprüft. Trotzdem ist jede praktische Information (offizielle Angaben, Preise, Adressen, Telefonnummern, Internetadressen etc.) Veränderungen unterworfen und kann daher nur als Anhaltspunkt betrachtet werden. Es ist nicht auszuschließen, dass einige Angaben zum Zeitpunkt des Erscheinens des Führers nicht mehr korrekt oder komplett sind. Bitte fragen Sie daher zusätzlich bei der zuständigen offiziellen Stelle nach den genauen Angaben (insbesondere in Bezug auf Verwaltungs- und Zollformalitäten). Eine Haftung können wir in keinem Fall übernehmen.

I dati e le indicazioni contenuti in questa guida, sono stati verificati e aggiornati con la massima cura. Tuttavia alcune informazioni (prezzi, indirizzi, numeri di telefono, indirizzi internet...) possono perdere parte della loro attualità a causa dell'incessante evoluzione delle strutture e delle variazioni del costo della vita: non è escluso che alcuni dati non siano più, all'uscita della guida, esatti o esaustivi. Prima di procedere alle eventuali formalità amministrative e doganali, siete invitati ad informarvi presso gli organismi ufficiali. Queste informazioni non possono comportare responsabilità alcuna per eventuali involontari errori o imprecisioni.